간절히 찾던 책이며, 이제까지 '보이지 않은' 책이다. 『보이지 않는 세계』는 우주론, 특히 천상회의의 관점에서 구약과 신약에 흐르는 하나님의 웅장한 드라마를 해설한다. 매우 난해한 본문들을 초자연적인 시각에서 삶을 바라보았던 고대 독자의 시선으로 이해할 수 있도록 돕는다. 저자가 유일신론에 대한 신념 위에서 성경에 묘사된 초자연적 세계, 초자연적 표현, 초자연적 개입을 풀어 갈 때마다 독자의 심장은 격하게 뛰고 입에서는 감탄사가 연이어 터져 나올 것이다. 구약의 흐름을 따라가면서 분석한 결과물은 베드로전후서, 유다서, 계시록 등에 나오는 난해 본문의 의미를 확연히 드러낸다.
강대훈 | 개신대학원대학교 신약학 교수

마이클 하이저는 전자북 플랫폼 〈로고스바이블〉에 몸담으면서 목회자와 신학자를 위한 다양한 교육 콘텐츠 제작에 참여한 고대 근동 성서학자다. 이 책에서 저자는 가시적인 구속 역사를 '천상회의'라는 보이지 않는 세계의 관점에서 설명하는데, 주제의 방대함과 전문성에 비해 누구나 읽기 쉽게 저술했다. '천상회의'라는 생소한 개념을 본격적으로 소개하는 최초의 대중서라는 점에서 이 책의 가치가 크다. 근동 신화와 성경의 비교 연구에 관심 있는 신학생이나 목회자뿐 아니라, 보이지 않는 영적 세계에 관심 있는 누구에게나 일독을 추천한다.
김구원 | 개신대학원대학교 구약학 교수, 『사무엘상』 저자

성경에는 고대의 세계관이 반영되어 있다. 그 세계는 보이지 않는 하늘의 영역을 당연히 포함한다. 이 책은 이에 대한 성경의 진술을 그 어떤 선입견이나 고정 관념, 교리에 매이지 않은 채 정직하고 꼼꼼하게 다룬다. 성경의 배경이 되는 세계관을 제대로 다룬다는 점에서, 이 책은 성경을 오늘 우리의 현실을 위한 말씀으로 읽고자 하는 모든 그리스도인에게 필수적이다. 고대의 세계관을 모두 다 받고 믿어야 할 필요는 없되, 성경의 진술이 어떤 세계관을 염두에 둔 채 진행되는지를 아는 것은 무척 중요하다. 저자의 주장 전부에 동의할 수는 없지만, 성경 본문에 대한 정직하고 꼼꼼한 접근과 풀이는 주목할 만하다. 성경 본문 배경에 있는 '천상회의'에 근거한 저자의 풀이는, 우리가 그동안 간과했거나 문자적으로 받아들였던 하늘의 영역을 제대로 복원할 뿐 아니라, 흔히 '성경 난제'라 불리는 풀기 어려운 많은 본문에서부터 예정과 섭리 같은 매우 묵직한 신학적 주제와 구약 전체의 흐름까지 설명해 낸다는 점에서 놀랍다. 성경을 있는 그대로 정직하게 읽기 원하는 이들에게 이 책이 널리 읽히기를 기대한다.
김근주 | 기독연구원 느헤미야 전임 연구위원, 『특강 이사야』 저자

하이저가 바라보는 세계는 위대한 유일신 창조주의 절대 주권이 천상회의 구성원들을 통해 작동한다. 선하거나 악한 어떤 것이라도 이 절대자의 통치 영역을 벗어나지 못하며, 현실과 초월, 역사와 메타-역사가 지나치게 날카로운 경계선 없이 마주하는 한 쌍이다. 이 구도에서 고대 이스라엘의 유일신앙은 성경 전반의 신화적 드라마로 구현된다.

이사야의 바벨론과 에스겔의 두로는 절대자의 권세에 도전한 사탄의 역모이며, 창세기의 하나님의 아들들은 그 역모에 가담한 회의 구성원들이요, 그들과 사람의 딸들의 후손 네피림은 반(半) 인간이고, 이스라엘은 바벨의 건축자들과 달리 천상회의 구성원으로 선택된다. 물론 여자의 후손과 아브라함과 예수 그리스도의 구속사는 만물의 총체적 회복과 최종적 완성을 보여 준다. 제2성전기 에녹 문학의 묵시적 세계관 및 악의 기원에 대한 레벤슨(Jon D. Levenson)의 유대교 성경신학과 일정 정도 궤를 같이한 이 흥미로운 책의 비판적 일독을 권한다.

김대웅 | 총신대학교 신학대학원 구약학 교수

『보이지 않는 세계』는 우리가 성경을 읽으면서 알아야 하지만 모르고 지냈던 영적 세계에 대한 조심스럽고 깊이 있는 연구다. 천사와 악한 영들에 관한 내용은 구약성경과 신약성경을 관통하는 주제다. 영적인 존재들과 세계는 비록 우리 눈에 보이지 않지만 우리의 삶과 신앙에 밀접하게 연결되어 있다고 성경은 말한다. 이 책은 보이지 않는 세계를 우리가 이해할 수 있도록 보여 주고 있다. 성경을 본격적으로 연구하기 원하는 사람이라면 꼭 일독해 볼 만한 연구서다.

김철홍 | 장로회신학대학교 신약학 교수

성경을 본문대로 읽는다는 것은, 생각만큼 쉬운 일은 아니다. 선입견 등 여러 가지 이유 때문에 분명히 기록되어 있는 내용이 눈에 들어오지 않거나, 애써 얼버무리며 외면하기 때문이다. 『보이지 않는 세계』는 늘 성경의 그 자리에 있었으나, 분명히 보지 못했던 내용을 보다 명확하게 펼쳐준다. 특별히 저자가 근거 없는 상상력이 아니라, 철저한 원문 주해와 고대 주변 세계의 배경 연구를 통해 이른바 난제로 남겨져 있던 천상회의, 네피림, 거인 등 초자연 세계를 보여주고 있어서 놀랍다. 무엇보다 압권은 이런 과정을 통하여 신구약 상호 본문간 관계성이 치밀하게 드러난다. 보기 드물게 흥미진진한 책이다.

김한원 | 하늘샘교회 담임목사, 『바이블웍스 완전정복』 저자

마이클 하이저의 『보이지 않는 세계』는 계몽주의 이후 과학주의적이고 유물론적인 세계관에 과도한 영향을 받은 그리스도인들에게 성경의 낯선 세계를 파노라마처럼 보여 준다. 이 책의 대전제는 하나님은 인간과 물질 세계 외에 초자연적이고 초지구적인 천상 피조물을 창조하여 인간과 영적 피조 세계를 다스리신다는 것이다. 여기까지는 대부분의 보수적인 그리스도인들에게 친숙한 사고다. 하이저의 매력은 이런 초자연적 세계를 다루는 성경 본문들을 깊고 광범위하게 연구해 초자연적 하나님의 초자연적인 통치와 섭리를 훨씬 실감나게 표현한다는 점이다. 이 책을 추천하는 이유는 다음과 같다. 첫째, 이 책은 주제별로 초자연 세계의 실재와 사건들을 다루지만 기승전결의 흐름으로 다루고 있기도 하다. 창세기부터 요한계시록으로 진행되는 성경의 내러티브를 그대로 따라가서 재미있고 흥미진진한 하나의 이야기를 읽는 기쁨을 준다. 둘째, 하나님의

절대적 유일신의 지위를 훼손하지 않고도 천상 세계에서 하나님의 뜻을 대행하는 신적 피조물들의 자리를 정당하게 평가하고 있다. 독자들 중 일부는 초자연적인 세계는 인정하지만 하이저의 해석과 주장에 다 동의하지 않을 수도 있다. 그의 해석 일부가 전통적인 교회의 가르침과 부분적으로 충돌할 수는 있지만 이 책이 재미있게 읽히고 우리가 외면한 성경 본문들을 훨씬 더 친숙하게 만들어 준다는 점은 부인하지 못할 것이다. 셋째, 고대인들의 세계관과 렌즈로 해석된 성경의 낯설고 야생적인 면모를 세밀하게 보여 줌으로써 우리 그리스도인들이 잊거나 외면한 초자연적인 하나님의 초자연적 활동과 관심을 다채롭게 보여 준다. 하이저는 고대 성경 저자가 활용한 고대의 세계관을 일단 맥락 안에서 받아들여야지, 계몽주의 이후 전개된 유물론적 과학의 사고를 고대의 낯선 성경 본문에 집어넣어선 안 된다고 강조한다. 넷째, 책의 에필로그에 제시된 성경 해석의 원칙이 대체로 견실하다. 하이저는 성경의 초자연적 언어나 개념이나 비유에 대한 개방적 자세를 강조하는데 적절한 지적이다. 이와 더불어 성경의 내용을 우리의 맥락이 아니라 고대 성경 저자들의 세계관적 맥락에서 읽으려는 시도도 바람직하다. 더 나아가 성경으로 성경을 해석하는 상호본문적 읽기(intertextuality) 또한 건전한 해석 방법이다. 신약 해석 시에는 70인역에도 주목하라는 권고와 문자적 의미 못지않게 은유적 의미도 존중하자는 것 또한 수용할 만하다. "성경 단어들은 그 구체적 의미를 초월하는 큰 화물을 운반"하기 때문이다.

김회권 | 숭실대학교 기독교학과 교수, 『모세오경』 저자

구약성서 안에는 신비롭고 이상한 세계를 그리고 있는 본문들이 꽤나 있다. 현대인의 눈이나 머리로는 도무지 이해하기 힘든 초자연적 세계다. 일명 "신들의 세상"에 관한 본문들이 그렇다. 예를 들어, 고대 근동에서는 자연스런 만신전(pantheon) 사상이 성경에도 있는가? 천상회의, 신들의 모임, 북쪽 꼭대기, 우주적 산과 에덴동산, 네피림, 니므롯, 하나님의 아들들과 같은 용어들은 분명 초자연적 세계를 반영하는 것이 아닌가? 성경의 거대 드라마는 하늘의 세력들과의 거룩한 전쟁을 말하고 있는 것이 아닌가? 저자는 시편 82장을 시발점으로 하여 이러한 수많은 낯선 초자연적 본문들을 찾아 길을 떠난다. 이 책의 부제에 "성경의 초자연적 세계관 회복하기"에 잘 나타나 있듯 이 책에는 저자가 신앙심 깊은 현대인의 입장에서 고대의 성경 기자처럼 사유하려고 몸부림친 흔적이 깊숙이 묻어 있다. 보수적 신학에서 출발한 저자는 다신론적 배경을 지닌 고대 근동학을 전공하면서 고대인의 사유 방식과 성서의 세계관이 어떻게 연관성을 갖게 되는지를 심도 있게 연구하여 튼실하고도 흥미진진한 책을 만들어 냈다. 지금까지 변방에 밀려 있던 주제가 어떻게 성경 전체의 중심부로 진입하는지를 설득력 있게 보여 준다. 고대적 사유로 성경 전체를 일관성 있게 읽어 내는 접근 방법에 놀라움을 금치 못한다. 읽는 내내 판타지 소설을 읽는 듯한 스릴과 두근거림을 내려놓을 수 없었다. 목회자와 신학생은 물론 진지한 그리스도인들에게 강력하게 일독을 권한다.

류호준 | 백석대학교 신학대학원 구약학 교수, 『이사야서 I』 저자

이 책의 유용성은 단순히 책의 주제 즉, 성경에서 흔히 "대강 이런 뜻이겠지"라고 생각했던 '보이지 않던' 세계 – 네피림, 천상 회의, 하나님의 아들들 등 – 를 드러내 보여주는 데 그치지 않는다. 방대한 1, 2차 자료들을 사용한 배경연구, 그리고 성경 본문에 대한 치밀한 주해를 바탕으로 한 성경신학 연구의 한 좋은 예를 제공해 준다. 이제 구약성경 본문을 해설하고 설교하는 목회자/학자들은 성경의 배경이 되는 여러 세계들에 대한 하이저의 탁월한 연구를 사용하여 본문을 더 명확하게 드러내 줄 수 있다. '보이지 않는 세계'를 드러냄으로 더 많이 드러나는 분은 바로 삼위일체 하나님이시기 때문이다.
이정규 | 시광교회 담임목사, 『새가족반』 저자

하이저 박사는 그동안 신학적-성경적 주제의 변방에 머물러 왔던, 그래서 누구도 접근하기 껄끄럽게 생각했던 초월적 세계에 대한 주제를 매우 견고하고 풍성한 자료와 논거를 가지고 논증함으로 우리의 눈길을 사로잡는다. 더 이상 이 분야는 변방이 아니라 좀 더 탐구하고 살펴보아야 하는 중요한 성경적 주제임이 분명해졌다. 이제 이 연구를 시작으로 이 분야에 대한 내용들이 교회의 설교 강단에서 선포되어 성도들로 하여금 친근감을 갖도록 해야 할 것이다.
이필찬 | 이필찬요한계시록 연구소 소장, 『요한계시록』 저자

성경 속에는 우리 눈에 잘 보이지 않지만 엄연히 실재하며 운동하는 세계가 있다. 마이클 하이저의 『보이지 않는 세계』는 이 감추어진 세계를 드러낸다. 하이저는 이 세계를 이해하고 그 역할을 아는 것이 성경 연구에 얼마나 중요한지를 보여 준다. 사람들이 미처 보지 못하고 넘어간 여러 발상과 주제를 치밀하고도 명쾌하게 다루고 있다. 이 책 덕분에 더 이상 이런 주제들이 방치되는 일은 없을 것이다. 이 책을 읽고 성경의 가르침에 대해 새롭게 묵상할 영역을 발견해 가기 바란다.
대럴 L. 벅 | 하워드 헨드릭스 기독교 리더십 센터 기획국장, 신약학 선임연구 교수

그간 절실히 필요했던 도발적인 책이다. 이 책은 굵직굵직한 주제와 세부 내용, 두 가지 면에서 모두 독자를 놀라게 한다. 성경이 고대적 맥락에서 제시하는 보이지 않는 영역을 집중 조명하기 때문이다. 이 분야에 관한 성경의 가르침은 기독교 신학이나 (적어도 상당수) 교회의 설교에 제대로 편입되지 못했다. 우리는 보이지 않는 세계가 두드러지는 많은 본문을 그 함의와 함께 애써 외면하거나 축소하려는 경향이 있다. 저자는 자신이 어떻게 이 세계에 눈뜨게 되었는지 열정적으로 설명할 뿐 아니라, 그리스도 안에서 형제자매된 이들도 자기처럼 이 보이지 않는 (그러나 실재하는) 세계에 눈뜨도록 돕고자 이 책을 썼다.
리처드 E. 에이버벡 | 트리니티 복음주의 신학교 구약학/셈어 교수

『보이지 않는 세계』는 영적 지각 변동을 일으킬 책이다. 엘리사의 시종처럼 당신은 그간 늘 성경 속에 머물렀지만 놓치고 말았던 진실에 눈뜨게 될 것이다. 하이저는 복음주

의 세계에서 흔히들 잘못 알고 있거나 잘못 적용된 성경 개념에 새 생명을 불어넣는다. 그는 천상회의, 하나님의 아들들, 순찰자, 네피림, 거인 등 그리스도인들이 회피하는 성경의 기이한 내용들을 조명한다. 그리고 어떻게 이 기이한 내용들이 실은 인류를 향한 하나님의 구속 계획의 흐름을 간파하는 데 핵심으로 자리매김하는지를 제시한다. 이 책으로 하나님과 성경에 대한 나의 이해뿐 아니라 영적 생활도 바뀌었다. 결코 과장이 아니다. 이것은 실로 아름다운 신학이다.
브라이언 고다와 | 『네피림 연대기』 성경 픽션 시리즈 저자

대관절 왜 이제껏 이걸 못 본 걸까? 성경이 그리는 모습 그대로 초자연적 세계의 복잡다단한 실체를 조사한 하이저 박사의 책은 이상하리만치 기피 대상이 된 분야를 다루고 있다. 그가 책에서 주장하는 모든 내용에 전적으로 동의하기가 쉽지 않겠지만 이 분야는 신중하게 연구할 가치가 있고, 이 책이 바로 그 일을 감당하고 있다.
존 골딩게이 | 풀러 신학대학원 구약학 교수

마이클 하이저는 까다롭기로 악명 높은 성경 구절들에 대해 놀랄 만큼 접근성 있으며 깊이 있게 연구한 책을 집필했다. 그는 이미 오래 전부터 학계의 인정을 받았던 천상회의에 관한 연구를 이 책에서 선보인다. 의심할 나위 없이 『보이지 않는 세계』는 성경에 계시된 영적 세계에 대한 우리의 견해를 독려하고 교정하며 도전할 것이다. 그리고 보이지 않는 것들의 실재를 우리에게 보일 것이다!
윌리엄 R. '러스티' 오스본 | 오잘크스 대학 성경신학 부교수

이 책은 가장 좋은 의미에서 '통 큰' 책이다. 다루는 범위도 통이 크고 분석의 깊이도 통이 크다. 마이클 하이저는 성경을 고대의 문화적 맥락에 비추어 내밀하게 알고 있는 학자다. 학자든, 성직자든, 일반인이든 이 심오하고도 접근성이 뛰어난 책을 읽는 사람은 다들 신구약 전체를 이해하는 일에 괄목할 성장을 경험하게 될 것이다. 특히 성경의 '보이지 않는 세계'에 눈뜨게 될 것이다.
트렘퍼 롱맨 3세 | 웨스트몬트 대학 성경학 교수

이 탄복할 만한 책에서 마이클 하이저는 우리로 하여금 성경 속 보이지 않는 초자연적 세계에 눈뜨게 할 뿐 아니라 우리 자신의 경험 속에 실재하는 초자연적 권세들에 대해 주의하고 깨어 있게 한다. 이 책은 성경과 고대 근동 문헌 등의 1차 자료와 2차 학술 문헌에 대한 방대한 연구를 근거로 한다. 그러면서도 학자뿐 아니라 일반인도 쉽게 접근할 수 있는 문체로 쓰였다. 동의하기 어려운 본문 해석이 일부 있을지라도 독자들은 성경 계시 속 초자연성이 갖는 역할에 대해 일관된 그림을 구축해 가는 저자의 참신한 해석에 자극과 영감을 얻게 될 것이다.
대니얼 I. 블록 | 휘튼 대학 구약학 교수

보이지 않는 세계: 성경의 초자연적 세계관 회복하기

초판 1쇄 발행 | 2019년 6월 10일
초판 4쇄 발행 | 2022년 1월 10일

지은이 | 마이클 하이저
옮긴이 | 손현선
펴낸이 | 신은철
펴낸곳 | 좋은씨앗
출판등록 제4-385호(1999. 12. 21)
주소 | (06753) 서울시 서초구 바우뫼로 156(양재동, 엠제이빌딩) 402호
주문전화 | (02) 2057-3041 주문팩스 | (02) 2057-3042
페이스북 | www.facebook.com/goodseedbook
이메일 | good-seed21@hanmail.net

ISBN 978-89-5874-318-7 03230

The Unseen Realm: Recovering the supernatural worldview of the Bible
by Michael S. Heiser

Originally published in English under the title *The Unseen Realm*
Copyright © 2015 by Michael S. Heiser
published by the permission of Lexham Press,
1313 Commercial St., Bellingham, WA 98225, U.S.A.
All rights reserved.

This Korean translation copyright © 2019 by GoodSeed Publishing, Seoul, Korea.

이 한국어판의 저작권은 Lexham Press와 독점 계약한 좋은씨앗에 있습니다. 신저작권법에 의하여 한국 내에서 보호를 받는 저작물이므로 무단전재 및 복제를 금합니다.

로저에게 이 책을 바칩니다.

언젠가 주님이 날 앉혀 놓고
이 주제에 대해 얘기해 보자고 하시면
로저, 자네가 시작한 일이었다고
말씀드릴 걸세.

성경의 초자연적 세계관 회복하기

보이지 않는 세계

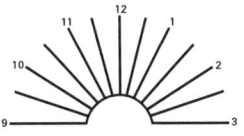

마이클 하이저 지음
손현선 옮김

좋은씨앗

한국어판 저자 서문 _Unseen Realm

2015년에 출간된 『보이지 않는 세계』는 4년이 지나 제가 한국어판 서문을 쓰고 있는 현재까지 10만 부 이상이 팔렸습니다. 프로젝트를 시작하던 당시엔 아무도 예상치 못한 결과입니다. 개인적으론 예상치 못한 책의 판매 실적보다 책의 내용을 접한 독자들의 반응이 훨씬 기쁘고 만족스러웠습니다. 이 책이 독자들의 민감한 부분을 건드렸다고 말하는 것으로는 부족할 것 같습니다.

지난 4년 동안 저는 이 책의 가치를 알아봐 준 다양한 교파의 목회자와 성도들로부터 수백 통의 이메일을 받았습니다. 많은 분들이 교회에서든 개인 성경공부를 통해서든 한동안, 심지어 수십 년간 풀지 못하던 질문들에 대한 답을 들었다며 감사를 표했습니다. 그들은 이 책을 읽고 나서 자신들이 다시금 성경공부에 불붙게 되었다며 흥분했습니다. 무엇보다 성경을 고대의 시각을 통해 읽을 수 있게 되었고, 후대에 만들어진 시각이나 낯선 콘텍스트로 본문을 여과하지 않게 되었다고 말합니다. 성경이 기록되던 당시 고대의 시각을 통해 단순하고 전략적으로 성경을 읽기 시작했다는 것입니다. 이 책은 성경의 저자와 (성경이 기록되던 당시 유대인들인) 최초 독자들의 초자연적 세계관을 통해 성경의 보다 광범위한 이야기를 이해할 수 있도록 하나의 틀을 제공하고 있습니다.

『보이지 않는 세계』가 성경신학의 초자연적 요소를 수용하고 있다는 사실은 누구도 간과할 수 없습니다. 그리스도의 성육신, 그리스도의 신성, 하나님과의 단절, 그리스도의 십자가 죽음을 통한 구원 같은 초자연적 교리는 완전히 포용하면서도, 성경의 세계관의 또 다른 초자연적 요소들은 거부하는 사람들의 인지 부조화를 이 책은 지적합니다. 이러한 원천적 모순을 인식하는 이들에게, 이 책은 현대의 과학 기술 발전에 따라 서구화된 문화 속에서 폄하되고 무시당해 온 영적 세계에 대한 믿음을 잃지 말자고 격려합니다.

솔직히 말해 이 책을 읽은 독자들의 반응이 그리 놀랍지는 않습니다. 성경을 제대로 이해하기 원한다면 하나님이 준비해 놓으시고 촉발하신 그 세계관을 반드시 받아들여야 함을 저도 깨달았기 때문입니다. 저는 이 책이 그러한 반응을 이끌어 내리란 사실을 이미 알고 있었습니다. 섭리 덕분인지, 저는 그동안 성경에 대해 알고 있노라 여겼던 사실들을 잊어버려야 했고, 궁극의 저자이신 하나님을 내 뜻대로 좌지우지하려 했음을 회개하게 되었으며, 이를 통해 위와 같은 깨달음에 도달하게 되었습니다. 너무 많은 지점에서 성경이 난해하게 다가오는 이유는 그것이 현대인의 사고에 낯설기 때문입니다. 그러므로 성경을 공부하려는 이들이 성경에 대한 자신들의 현대적 선입견을 내려놓을 때 더 이상은 예전과 같은 방식으로 읽을 수 없으리란 사실을 저는 알고 있었습니다. 저는 박사 과정 중에 그와 같은 과정을 겪었고, 이후로 저의 이런 변화를 결코 후회한 적이 없습니다. 또한 교파에 상관없이 그와 같은 깨달음에 준비된 사람들이 어느 교회에나 조금씩은 존재하지 않을까 의구심을 품었습니다. 10만 부를 넘는 책의 판매고가 이런 의구심이 적중했음을 확인해 주었습니다.

『보이지 않는 세계』가 한국의 독자들에게도 소개된 것을 알고 정말 기뻤습니다. 이 책이 한국 교회의 많은 성도들에게 긍정적으로 기여할 뿐 아니라 영미권의 많은 독자들이 경험한 바와 동일한 깨달음에 불을 붙일 수 있기를 기도합니다. 오래전에 주께서 저를 감동케 하신 것처럼, 우리는 성경을 두려워할 필요가 없으며 우리만의 독법으로 이해했던 성경으로부터 과감히 벗어나야 할 때입니다.

마이클 하이저
플로리다 잭슨빌에서

Contents

한국어판 저자 서문 … 10

Part 1
가장 중요한 것들

1. 생전 처음 읽어 보는 것처럼 … 19
2. 기본 수칙 … 25

Part 2
하나님의 권속

3. 하나님의 수행단 … 41
4. 유일하신 하나님 … 50
5. 하늘에서 이룬 것같이 땅에서도 … 68
6. 동산과 산 … 79
7. 에덴, 지상에 이 같은 곳이 없더라 … 87
8. 오직 하나님만 완전하시다 … 99
9. 위험과 섭리 … 108

단원 요약 … 120

Part 3
신적 존재들의 범죄

10. 낙원에서 일어난 문제 ··· 125
11. 지극히 높으신 자와 비기리라 ··· 143
12. 신적 존재들의 범죄 ··· 160
13. 나쁜 씨 ··· 175
14. 하나님의 배정하신 ··· 191
15. 우주적 지형 ··· 202
단원 요약 ··· 214

Part 4
여호와와 그의 분깃

16. 아브라함과 말씀 ··· 219
17. 보이는 여호와, 보이지 않는 여호와 ··· 231
18. 이름 안에는 무엇이 있는가? ··· 244
19. 여호와와 같은 자 누구니이까? ··· 259
20. 판 다시 짜기 ··· 270
21. 하나님의 율법, 하나님의 회의 ··· 285
22. 영역 구분 ··· 300
단원 요약 ··· 313

Part 5
정복과 실패

23. 거인 문제 … 317
24. 뱀의 자리 … 332
25. 거룩한 전쟁 … 348
단원 요약 … 368

Part 6
이제 여호와께서 말씀하시니라

26. 산과 골짜기 … 375
27. 천상회의 앞에 서다 … 393
28. 신의 오도 … 407
29. 구름을 타고 오시는 이 … 423
30. 죽음을 준비하다 … 432
단원 요약 … 445

Part 7
이미 임한 왕국

31. 누가 우리를 위하여 갈꼬? … 451
32. 유명한 장소 … 466
33. 유익한 죽음 … 485
34. 침투 … 500
35. 하나님의 아들들과 아브라함의 자손 … 517
36. 엘로힘보다 못하게 하시며 … 529
37. 전쟁을 의미하다 … 543
38. 어느 편을 선택할 것인가? … 565
단원 요약 … 580

Part 8
아직 완성되지 않은 왕국

39. 최후 평결 … 585
40. 북방의 대적 … 601
41. 집회의 산 … 617
42. 형언할 수 없는 것을 묘사하기 … 630

에필로그 … 644
감사의 글 … 648
주제 색인 … 652
성경 색인 … 668

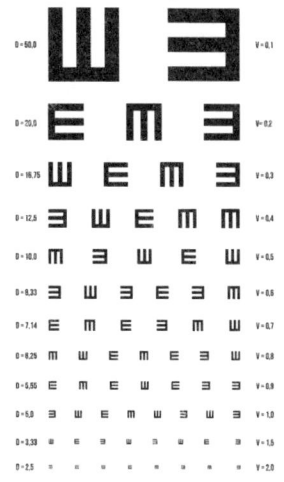

Part 1. 가장 중요한 것들

일러두기
1. 이 책에 인용된 성경 본문은 *Lexham English Bible* (Bellingham, WA: Lexham Press, 2012)입니다. 다만 한글 개역개정 본문과 크게 다르지 않은 경우에는 개역개정 본문을 그대로 가져왔으며, 필요한 경우 두 본문을 병기해 놓았습니다.
2. 이 책에 나오는 "엘로힘"이라는 단어가 복수의 신적 존재들을 의미할 경우, 일반인 독자의 이해를 돕기 위해, 편의상 "들"을 붙여 표기했습니다.

1.
생전 처음 읽어 보는 것처럼

우리 모두에게는 인생에서 분수령과 같은 지점들이 있다. 그 이후론 어떤 것도 예전 같지 않은 결정적인 전환점 말이다.

내 삶에도 그런 순간이 있었고 그 순간이 이 책의 발화점이 되었다. 대학원 시절, 교회에서 주일 오전예배를 드리던 날이었다. 예배 시작 전에 나처럼 히브리어 연구 박사과정 중에 있던 친구와 잡담을 하며 시간을 보내고 있었다. 대화 내용은 거의 기억나지 않지만 구약신학에 관한 내용이었던 것 같다. 그러나 그 대화가 끝난 지점은 결코 잊지 못할 것이다. 친구가 내게 자신의 히브리어 성경의 시편 82편을 펼쳐 보이며 별일 아니라는 듯 말했다. "자, 여기, 이 부분을 읽어봐. 찬찬히 보라고."

첫 구절이 날벼락처럼 나를 강타했다.

하나님(엘로힘)은 신들의 모임 가운데에 서시며
하나님은 그들(엘로힘) 가운데에서 재판하시느니라.[1]

내 시선을 잡아끌고 심장을 뛰게 만든 히브리어 단어를 위에 괄호로 표시했다. 이 짧은 한 절에 엘로힘이라는 단어가 두 번 나온다. 언약의 이름인 여호와를 제외하면 엘로힘은 구약에서 하나님을 지칭하는 가장 일반적인 단어다. 그리고 이 구절에서 첫 번째 엘로힘은 무난하고도 자연스러운 용례다. 히브리어 문법을 아는 나는 두 번째 엘로힘이 복수형으로 번역되어야 함을 단박에 알아챘다. 대낮처럼 환하게 내 눈앞에 펼쳐진 진실은 구약의 하나님이 다른 신들의 모임, 즉 만신전pantheon의 일원이었다는 것이다.

두말할 나위 없이 그날은 설교가 하나도 귀에 들어오지 않았다. 머릿속이 혼란스러웠다.

어떻게 이전에는 이걸 못 보고 넘어갔지? 나는 성경통독을 일곱 번인가 했고 신학교를 졸업했으며 히브리어도 공부했다. 성경대학에서 5년이나 강의도 했다.

이게 내 신학에 어떤 영향을 미칠까? 나는 성경에서 다른 '신들'gods이라고 지칭한 존재는 죄다 우상에 불과하다고 생각해 왔다(학생들에게도 그렇게 가르쳤다). 이는 손쉽고 간편한 설명이었지만 여기 이 구절과는 맞지 않았다. 이스라엘의 하나님은 일단의 우상들 중 하나일 수가 없다. 그러면서도 하나님이 정말 다른 신들과 함께하는 모습 역시 그

---

1. 따로 표기하지 않는 한 모든 성경 인용의 출처는 Lexham English Bible (Bellingham, WA: Lexham Press, 2012)이다.

림이 그려지지 않았다. 이건 성경이지 그리스 신화가 아니지 않은가. 그러나 흑과 백처럼 명백하게 성경에 그렇다고 나와 있었다. 성경본문이 내 멱살을 움켜쥐었고 나는 아무리 발버둥쳐도 빠져나갈 수가 없었다.

해답을 찾기 위해 작업에 돌입했다. 그러나 얼마 지나지 않아 내가 탐사하려는 땅은 복음주의자들이 아예 발 들여놓기를 주저하는 학계의 불모지임을 깨달았다. 내가 찾은 복음주의 학자들의 설명은 착잡할 정도로 빈약했다. 여기서 신들(엘로힘)은 그저 인간(유대 장로들)을 가리킨다거나 그 구절이 삼위일체에 관한 것이라는 주장이 대부분이었다. 나는 둘 다 정답이 아님을 알았다. 시편 82편은 신들이 세상의 나라들을 다스리는 일에 부패했다고 고발하는 내용이다. 성경 어디에도 하나님이 유대 장로들에게 이방 나라 통치를 맡기셨다는 가르침은 없다. 아울러 하나님이 삼위일체의 예수님과 성령님이 부패했다고 성토하실 리도 만무하다. 솔직히 이런 설명들은 시편 82편에 나오는 단어들을 있는 그대로 해석하려는 정직한 대응이 아니었다.

시선을 복음주의 학계 너머로 돌려보았다. 시편 82편과 이스라엘의 종교에 대해 수십 편의 글과 책을 내놓은 학자들이 있었다. 그들은 시편 82편 및 82편의 사상과 성경시대 다른 문화권에서 나온 문헌들 사이에 유사한 표현들이 있는지 하나하나 탐색했고, 어떤 경우에는 시편 본문의 단어마다 서로 연결되는 단어를 찾아내기도 했다. 그들은 시편 82편의 내용을 떠오르게 하는 다른 성경 본문들까지 살펴보았다. 나중에 알고 보니 성경대학과 신학교에서 내가 보이지 않는 세계에 대해 배운 바는 대부분 영어 번역에 의해 그럴듯하게 걸러진 것이거나 밀튼의 『실낙원』 같은 원전에서 비롯된 것이었다.

그 주일 오전의 충격은 나를 어떤 결단으로 몰아갔다. 내 양심은 내가 안락하게 여기는 신학을 고수하고자 성경을 외면하는 일을 용납하지 않았다. 나의 신실함은 성경 본문에 대한 신실함인가, 기독교 전통에 대한 신실함인가? 이것이 진정 양자택일의 문제일까? 확실하진 않았지만, 만일 내가 시편 82편에서 읽은 바를 액면 그대로 받아들인다면, 이제껏 배운 신학 패턴과 양립할 수 없을 것임을 알았다. 하지만 정답은 있을 것이다. 사실 바울을 위시한 사도들도 (그리고 예수님도) 지금에서야 내 눈에 띈 이 시편 구절을 읽었을 것이다. 그 답을 찾아내는 데 날 도와줄 이가 없다면 나 스스로라도 퍼즐을 맞춰 나가는 수밖에 없었다.

그 여정에 15년의 시간이 소요되었고, 그 종착점이 바로 이 책이다. 쉬운 길은 아니었다. 위험과 어려움이 따랐다. 때로는 친구들과 목회자들과 동료들이 내 질문과 그들이 제시한 답에 대한 나의 반론을 오해했고, 대화가 늘 좋게 끝난 것은 아니었다. 이는 우리가 신조와 전통을 성경본문 배후에 끼워 넣으려 할 때 늘 일어나는 일이다.

명료함이 결국은 이겼다. 시편 82편은 나의 박사논문 주제가 되었고, 나는 이 논문을 통해 이스라엘 유일신 사상의 핵심과 성경 기자들이 보이지 않는 영적 세계에 대해 정말로 어떤 생각을 했는지를 탐구했다. 내가 스스로 이치를 깨달을 만큼 똑똑했노라 말하고 싶지만 현실은 그렇지 않았다. 물론 하나님의 섭리를 따라 학문적 과제를 감당하도록 내가 준비된 것은 맞지만, 그 과정 속에는 분명 답으로 '인도함 받았다'고 표현할 수밖에 없는 고비들이 있었다.

나는 여전히 성경이 말하는 하나님의 고유성^{uniqueness}을 믿는다. 그리고 그리스도의 신성^{deity}을 인정한다. 그러나 우리가 성경의 영감설을 인정한다고 하면서도 좀더 솔직해지자면, 이런 교리뿐 아니라 다른 교리들에 관해서도 우리가 주장하는 내용은 성경 본문에 기반한 것이어야 한다.

이 책에서 당신이 접할 내용은 기독교 교리라는 소중한 손수레를 통째로 뒤엎진 않더라도 지뢰밭길이 될 것이다. 그러나 두려워할 필요는 없다. 그 과정은 흥미진진하고 믿음을 견고하게 세워주는 훈련이 될 것이다. 당신은 (오직 고대와 근대 이전 세계관을 지닌 저자들의 렌즈를 통해 이해한) 본문에서 가져온 '보이지 않는 세계'에 관한 신학이, '모든' 성경 교리 이해에 의미심장한 방식으로 도움이 될 것임을 배워갈 것이다. 과대광고처럼 들리는가. 그렇더라도 책 읽기를 마칠 때까지 판단을 유보하기 바란다.

이 책을 읽고 난 후에는 굉장한 변화가 시작될 것이다. 결코 예전처럼 성경을 볼 수 없을 테니 말이다. 이는 십여 년간 이 책의 초고를 읽은 수백 명이 내게 전한 말이었고, 그들은 그 경험을 언급하며 감사를 표했다. 나 역시 살아오면서 동일한 경험을 했기에 그들의 말이 진심임을 안다.

목표는 간명하다. 성경을 펼쳤을 때 고대 이스라엘 사람이나 1세기 유대인처럼 성경이 눈에 들어오고 인식되며 사유되도록 하는 것이다. '그들'의 초자연적 세계관이 '당신'의 머릿속에 탑재되는 것이 나의 바람이다.

어떤 대목에서는 그 경험이 불편하게 다가올 수도 있다. 그러나 성경 기자들이 우리 현대인처럼 본문을 읽고 이해했다거나 그들의 의도가 본문이 기록된 지 수 세기 후에 만들어진 신학적 체계에 들어맞아야 한다는 것은 정직하지 못한 주장이다. 우리의 상황은 그들과 아주 다르다.

　고대 독자의 눈으로 성경을 보려면 당신의 전통과 고정관념이라는 여과장치(필터)를 제거해야 한다. 고대의 독자는 삶을 초자연적인 관점으로 이해했다. 반면 오늘날 기독교인은 신조의 진술과 현대 합리주의의 조합으로 삶을 이해한다. 나는 성경을 기록한 저자들의 초자연적 세계관을 당신 안에 복원해 내는 일에 도움이 되고 싶다. 그들의 고대적인 사고방식을 획득하고 간직하려면 다음 장에서 검토할 몇 가지 기본수칙을 따라야만 한다.

2. 기본 수칙

나는 늘 기이하고 예스러운 것들에 흥미를 느꼈다. 학교 공부도 곧잘 했다. 고등학생 때 기독교인이 되었고, 그때 내가 성경공부를 위해 태어난 사람이라고 느꼈다. 십대에 그토록 성경에 비상한 관심을 갖는 건 비정상적임을 나도 안다. 그건 일종의 편집증이었다. 나는 성경을 공부했고 그것도 모자라 하루에 몇 시간씩 신학서적을 탐독했다. 주석집을 들고 열람실을 찾기도 했다.

내 중독을 고칠 단계별 치유 프로그램이 없었던 탓에, 오히려 중독을 충족시키고자 성경대학에 진학했다. 그 다음은 신학교였다. 나는 성경신학 교수가 되고 싶었다. 그래서 다음 단계로 신학대학원에 갔다. 그곳에서 나는 마침내 히브리어 성경과 이젠 더 이상 사용되지 않는 여러 고대어에 몰두할 수 있었다. 그렇게 성경은 강박에 사로잡혀 있던 나를 만족시켰다. 적어도 영어 번역에 의해 여과되지 않은 (원래의) 시편 82편을 본 주일 아침까지는 그랬다.

돌이켜 보면, 시편 82편 전과 후로 구분되는 내 모든 연구와 교육과 배움은 두 가지 은유로 설명할 수 있다. 여과장치와 모자이크다.

본문 여과장치

여과장치(필터)는 원하는 결과를 얻고자 무언가를 걸러낼 때 사용된다. 우리는 요리에 여과장치를 사용하여 무언가 원치 않는 요소를 걷어내고 걸러내고 내버린다. 우리는 자동차에 여과장치를 사용하여 미세먼지가 자동차 성능을 저해하는 것을 막는다. 우리는 이메일에 여과장치를 사용하여 읽고 싶지 않은 것들을 (또는 누군가를) 잡초처럼 솎아낸다. 우리는 걸러내고 남은 것을, 그러니까 우리 식사와 엔진과 정신건강에 유익한 것만을 이용한다.

내 교육은 대체로 이렇게 여과라는 방식으로 진행되었다. 어두운 음모가 있었던 건 아니다. 그냥 현실이 그랬다는 것이다. 내가 배운 내용은 특정 선입견과 전통이 나에게 맞는 자료들을 주문하여 내 현대적 사고에 쉽게 이해될 수 있는 체계 속으로 밀어넣은 여과과정의 산물이었다. 전통과 그다지 어울리지 않는 구절은 '문제의 본문'이 되었고 그런 구절은 여과되거나 중요도가 낮은 변방으로 밀려났다.

선한 의도를 지닌 성경 학도와 목회자, 교수들이 이런 식으로 성경에 접근하고 있음에도 좀처럼 이를 인정하지 않는 것을 나는 잘 알고 있다. 나도 한때는 인정하지 않았지만, 그것은 현실이다. 우리는 성경을 '우리가 이미 알고 있는 익숙함'이라는 렌즈를 통해 조망한다. 시편 82편이 내 여과장치를 부수었고, 더 중요하게는 내가 여과장치를 사용하고 있음을 일깨워주었다. 우리의 전통이 아무리 고귀한 것이라 해도 그것이 성경의 고유성과 동일시될 수는 없다. 전통은 우리가 성경을 정리하기 위해 고안한 체계다. 전통은 사람이 만든 것이다. 전통은 '여과장치'다.

이 사실에 눈을 뜨자 여과장치를 사용하는 것이 믿음 없는 일처럼 여겨졌다. 그러나 여과장치를 내다버리자 머릿속에서 성경과 교리를 정리하는 체계가 사라져 버렸다. 내게 남은 것은 무수한 파편들뿐이었다. 그리고 그 당시에는 그렇게 생각지 못했지만 그건 내게 일어난 가장 좋은 일이었다.

모자이크

성경의 사실들은 조각들, 그러니까 흩어진 데이터에 불과하다. 우리에게는 질서를 부여하려는 성향이 있고, 그래서 여과장치를 사용한다. 그러나 조각들을 있는 그대로 그 자체의 넓은 맥락 안에서 보면 더 깊고 넓은 관점이 생성된다. 우리는 조각들로 만들어진 모자이크 그림을 볼 필요가 있다.

사실 성경은 신학적, 문학적 모자이크다. 모자이크의 패턴은 아주 가까이에서는 잘 보이지 않는 경우가 많고, 그저 무작위로 끌어다 놓은 조각 모음처럼 보인다. 몇 걸음 뒤로 물러나면 놀랍게도 큰 그림이 눈에 들어온다. 그렇다, 각각의 조각들은 꼭 필요한 것들이다. 그 조각들 없이는 모자이크도 만들어지지 않는다. 그러나 모든 조각의 의미는 '완성된' 모자이크 안에서 발견된다. 그리고 모자이크는 조각들 '위에' 부과되는 것이 아니라, 조각들'로부터' 생성된다.

이제 나는 시편 82편을 내 여과장치를 갈갈이 찢어놓은 구절로 보지 않고, 더 크고 흡인력 있는 모자이크의 중요한 한 조각으로 보게 되었다. 시편 82편의 본질은 보이지 않는 세계와 인간 세계 사이의 상호작용에 있다. 시편 82편 외에도 이런 조각들이 많다. 사실 우리의 세계와 보이지 않는 세계의 교차점이 성경신학의 진수다(보이지 않는 세계에는 삼위일체 하나님 이외에 훨씬 많은 등장인물들이 있다).

내가 간절히 바라는 바는, 당신의 여과장치를 제거하고 성경의 조각들을 모자이크의 일부로 바라보는 작업에 돌입하도록 설득하는 것이다. 그래서 '큰 그림'이 당신의 눈앞에 나타나게 하는 것이다. 만일 이 일을 한다면 당신도 내가 그랬듯 다음과 같은 질문에 대한 답을 얻을 수 있을 것이다. "대체 왜 '이 내용이' 성경에 있지?" "이 모든 걸 어떻게 이해할 수 있을까?" 성경 앞에서 진지하게 시간을 보낸 적이 있는 사람은 알 것이다. 거기에는 기이한 문구와 신기한 표현과 심란한 역설들이 즐비하고, 어떤 사건이 다른 본문에서 메아리치듯 공명하고, 신구약 내부와 그 사이에 단순한 우연이라고 치부할 수 없는 연결점들이 존재한다는 것을 말이다.

장애물과 이를 극복하기 위한 대안

여과장치를 통해 성경을 보는 방식에서 모든 조각들이 모자이크를 형성하도록 하는 방식으로 이행하는 데에는 몇 가지 심각한 장애물이 있다. 모두 내가 경험한 것들이다.

1. 우리는 기독교의 역사가 성경의 실제 배경이라고 생각하도록 훈련 받았다. 우리는 상황을 고려하여 성경을 이해하는 것에 대해 많은 이야기를 하지만, (1세기 이후 비로소 시작된) 기독교의 역사는 성경 기자들이 겪었던 상황과 다르다. 성경을 해석하기 위한 적절한 상황은 아우구스티누스도 다른 어떤 교부도 아니다. 가톨릭 교회도 아니다. 고대 후기와 중세의 랍비 운동도 아니다. 종교개혁도, 청교도 운동도 아니다. 어떤 색깔의 복음주의도 아니다. 현대 세계도, 현대에 속한 어떤 시대도 성경을 해석하기 위한 적절한 배경이 될 수 없다.

성경 해석을 위한 적절한 배경은 성경 기자들이 처했던 상황이다. 즉, 성경이 '생성되던' 당시 상황이다.[1] 그 밖의 모든 상황은 성경 기자에게 낯선 것이며, 따라서 성경 해석에도 낯선 것이다. 그러나 교회 안에는 신조와 신앙고백과 교파적인 특성이라는 것으로 성경을 여과하려는 경향이 만연하다.

기독교의 선조들을 무시해도 좋다는 이야기가 아니다. 그저 선조들의 말과 사상을 객관화하고 그에 합당한 우선순위를 부여해야 한다는 의미다. 신조는 유익하다. 신조는 주의 깊게 선별된 중요한 신학 사상의 요체다. 그러나 신조는 그것이 영감으로 만들어진 것이 아니라는 점에서 성경과는 다르다. 신조는 성경 본문을 대체할 수 없다.

성경 본문은 주전 2천 년과 주후 1세기 사이에 고대 근동과 지중해 지역에 살던 사람들의 결과물이다. 성경 기자들이 어떻게 사유했는

---

1. 우리는 성경 기자들의 인지적 틀을 공유하지 않는다. 이 함의가 불편하게 다가올 수도 있지만 그렇지 않은 척 가장하는 것은 해석학적으로 부적절한 자세다. 이 자명한 사실에 대한 반발 사례는 나의 웹사이트를 참조하라. www.theunseenrealm.com

지 이해하려면 당대 지적 활동의 결과물들을 추적 탐구해야 한다. 우리는 첨단기술을 활용하여 이 방대한 자료에 접근할 수 있다. 우리가 성경 기자의 세계관을 더 잘 이해할수록, 그들이 말하고자 했던 바 역시 더 잘 이해할 수 있게 될 것이다. 즉 당시 사람들이 지녔던 사고방식의 모자이크가 우리의 머릿속에 구체화될 것이다.

2. 우리는 보이지 않는 세계의 역동성과 그 신학적 중요성에 무감각해진 상태다. 초자연계에 관한 한, 현대 기독교는 두 가지 심각한 맹점을 안고 있다.

첫째, 많은 기독교인들이 말로는 초자연계의 존재를 믿는다고 하지만, 실은 회의론자처럼 생각하고 또 그렇게 살아간다. 우리는 초자연계에 관한 대화를 어색하게 여긴다. 이런 양상은 전형적으로 은사주의 운동을 제외한 여러 교파나 복음주의 회중에게서 (달리 말하면 나와 같은 환경에서 자란 사람들에게서) 나타난다.

은사주의 이외의 진영에서 초자연계에 대해 문을 닫는 듯한 경향을 보이는 데에는 기본적으로 두 가지 원인이 있다. 하나는 은사주의의 관행이 건전한 성경 주해와 거리가 있다는 의구심이다. 성경학자로서 나 역시 그 의구심에 대해 십분 공감한다. 그러나 시간이 흐를수록 이 의구심은 폐쇄적 사고와 과민반응으로 전락하여 그 자체로 성경 기자의 세계관과 유리되어 버렸다.

또 다른 원인은 기독교인 스스로도 그리 떳떳하게 여기지 못하는 부분인데, 교회가 스스로 만든 현대 합리주의 아래에서 휘청거리고 있다는 점이다. 이 합리주의란 고대의 성경 기자들에게는 낯선 세계관일 수밖에 없다. 전통적인 기독교의 가르침은 보이지 않는 세계에 대한 믿음을 수백 년 동안 외면해 왔다. 우리가 삼위일체를 믿는 것은 삼위일체 없는 기독교가 무의미하기 때문이다. 그 밖의 보이지 않는 세계에 대해 우리는 수군거리거나 그저 웃어넘길 뿐이다.

두 번째 심각한 맹점은 은사주의 운동 내에서 뚜렷하게 드러난다. 바로 체험을 성경보다 높은 위치에 두는 것이다. 은사주의 운동의 대전제는 생동하는 영적 세계의 존재를 받아들이는 것이다. 하지만 그 세계에 대한 개념적 틀은 대체로 체험과 사도행전에 대한 엉뚱한 해석에 의해 형성된다.

이 두 가지 맹점은 일견 상당히 달라 보이지만 사실 동일한 근원적 문제에서 비롯되었다. 현대 기독교의 '보이지 않는 세계'에 대한 관점은 성경 기자들이 지녔던 고대 세계관의 틀에서 비롯된 것이 아니다. 어떤 이들은 보이지 않는 영역을 신학 담론의 변방으로 제쳐두는 오류를 범한다. 다른 이들은 보이지 않는 세계와의 상호작용을 추적하는 데 몰두하다가 그만 성경에 닻을 내리는 것을 잊고 캐리커처를 그리는 수준에서 그치고 만다.

나는 두 가지 맹점 모두가 우려스럽다. 하지만 이 책이 나 자신의 이야기에서 비롯된 것이므로 기독교 회의론자에게서 비롯되는 문제가 내 마음에 더 크게 와 닿고 더 걱정스럽다.

만일 당신의 성장배경이 나처럼 오순절 교단이 아닌 개신교 복음주의라면 당신은 내가 규정한 패턴에 예외라고 생각하거나 내가 상황을 과장했다고 생각할지 모른다. 그러나 만일 기독교인 친구가 당신에게 자신을 돕는 '수호천사'가 있다고 믿는다거나 어떤 위험을 경고하는 '실체 없는 음성'을 귀로 들었다고 고백한다면 어떻게 생각하겠는가? 만일 친구가 귀신 들린 사람을 보았다면, 또는 예수님이 '꿈'에 나타나셨고 하나님이 꿈으로 자신의 인생을 인도하신다고 확신한다면 어떻게 반응하겠는가?

    은사주의자가 아닌 우리 대다수는 일단 의심부터 하게 될 것이다. 그렇다고 실제로 그런 생각을 솔직하게 드러내진 않는다. 친구의 열띤 이야기를 고개를 끄덕이며 점잖게 듣는 척하면서 마음속으로는 그런 것을 설명해 줄 만한 다른 논리들을 궁리할 것이다. 우리 현대인에게는 무슨 일에든 증거를 요구하는 경향이 있기 때문이다. 과학 시대를 살아가는 우리는 이런 종류의 체험이 실은 사건을 감정적으로 그릇 해석한 탓이라고 여기거나 심지어 적절한 약물로 치료해야 할 병증이라고 생각한다. 물론 둘 다 사실일 수 있다. 그러나 진실은 이렇다. 현대 복음주의의 하위문화 속에서 우리는 보이지 않는 세계에 대한 체험들을 신학에서 '배제'시켜야 한다고 생각하도록 훈련받았다. 결과적으로 우리의 신학은 이런 체험을 중시하지 않는다.

    나의 주장은 이렇다. 만일 우리의 신학이 정말로 성경 본문에서 비롯된 것이라면 반드시 우리의 선택적인 초자연주의를 재검토하여 보이지 않는 세계에 대한 성경의 신학을 회복해야 한다. 이는 어떤 구절에 대한 초자연적 해석이 최고의 해석이라는 말이 아니다. 그러나 성경 기자들과 당시 독자들은 초자연주의적으로 사고하는 경향이 있었다. 그 세계관을 도외시하거나 주변부로 제쳐두면 우리의 성경 해석은 성경 기자의 사고방식이 아닌 '우리만'의 사고방식을 반영하는 꼴이 될 것이다.

3. 우리는 성경의 많은 내용들이 너무 이상하거나 주변적이어서 중요하지 않다고 속단한다.

박사과정 공부를 위해 위스콘신으로 이사한 직후 우리 부부는 우리의 새 둥지가 될지도 모를 느낌이 드는 한 교회를 발견했다. 목사님은 유명한 신학교에서 학위를 받은 분이었다. 처음 들은 베드로전서에 대한 두 편의 설교는 견실한 신학적 토대 위에 있었다. 앞으로 어떤 설교를 하실지 기대도 되었다. 세 번째 방문했을 땐 매우 기이하지만 내가 가장 좋아하는 구절이기도 한 베드로전서 3:14-22를 설교할 차례였다. 그 다음 일어난 일은 지금껏 내 뇌리에 뚜렷하게 각인되어 있다. 목사님은 강대상에 올라가 사뭇 진지한 어조로 선포하셨다. "베드로전서의 이 부분은 내용이 너무 이상해 그냥 건너뛰도록 하겠습니다." 우리는 다시 그 교회를 찾지 않았다.

이런 식의 회피를 목격한 것은 비단 그때뿐이 아니다. 보통 이렇게까지 극적으로 목회자가 교인들에게 성경의 어느 부분을 건너뛴다고 일러주진 않는다. 이상한 본문을 '다루는' 보다 흔한 전략은 좀 더 미묘하다. 그런 경우에는 기이한 구절에서 기이한 요소를 전부 걷어내고 가능한 한 무난하고 편안한 해석을 제공하고자 한다.

이 전략은 아무리 좋게 말해도 이율배반적이다. 기독교인들은 하나님의 실존이나 동정녀 잉태가 비과학적이며 비합리적이라는 고발에 맞서 믿음을 맹렬하게 변호하려 한다. 그런 기독교인들이 대체 왜 '기이한' 성경구절을 해명하는 일에는 전문학자들을 소환하지 않는 걸까? 기독교 신앙의 핵심 교리는 그 자체로 무난하지도, 실증적 합리주의와 편하게 맞아떨어지지도 않는다.

정말 이상한 점은 우리는 (신약신학을 포함한) 성경신학에서 시편 82편이 중추적인 역할을 한다는 얘기를 거의 한 번도 들어보지 못했을 것이라는 점이다. 내가 기독교인이 된 지 어언 30년이 넘었지만 이에 대한 설교는 한 번도 들어보지 못했다. 내용이 신기하거나 '앞뒤가 안 맞아' 방치하거나 대충 넘어가는 구절은 그밖에도 많다. 여기 몇 가지

예들을 제시한다.

창세기 1:26	사무엘상 23:1-14	고린도전서 2:6-13
창세기 3:5, 22	열왕기상 22:1-23	고린도전서 5:4-5
창세기 6:1-4	열왕기하 5:17-19	고린도전서 6:3
창세기 10-11장	욥기 1-2장	고린도전서 10:18-22
창세기 15:1	시편 82, 68, 89편	갈라디아서 3:19
창세기 48:15-16	이사야 14:12-15	에베소서 6:10-12
출애굽기 3:1-14	에스겔 28:11-19	히브리서 1-2장
출애굽기 23:20-23	다니엘 7장	베드로전서 3:18-22
민수기 13:32-33	마태복음 16:13-23	베드로후서 1:3-4
신명기 32:8-9 [2]	요한복음 1:1-14	베드로후서 2:4-5
신명기 32:17	요한복음 10:34-35	유다서 5-7절
사사기 6장	로마서 8:18-24	요한계시록 2:26-28
사무엘상 3장	로마서 15:24, 28	요한계시록 3:21

이것은 단순한 목록이 아니다. 의도적으로 모은 것이며 이 책에서 이 모든 본문을 검토할 예정이다. 이 모든 본문은 개념적으로 서로 연결되어 있으며, 일반적으로 연구가 많이 된 (우리가 '앞뒤가 맞는다'고 여기는) 구절들을 조명하는 데 도움이 된다. 앞으로 있을 논의의 맛보기로 위의 본문들을 찾아보길 권한다.

---

2. ESV 또는 NRSV 참조. 이 역본들은 사해 두루마리의 독법을 정당하게 반영했다.

창세기 6:1-4의 "하나님의 아들들"의 정체를 어떻게 이해해야 하는가? 왜 예수님은 베드로에게 화를 내시며 "사탄아 물러가라"고 꾸짖으셨을까? 왜 바울은 고린도 교인들에게 그만 다투라고 권면하면서 언젠가 그들이 "천사를 다스릴" 것이라고 하는가? 이것과 그 밖의 다른 이상한 본문에 대해 목회자와 성경교사들이 제시하는 해설들이 많지만, 대부분은 성경의 나머지 (이상하거나 '별로 이상하지 않은') 부분과 어떻게 맞물리는지를 고려하지 않은 해설이다.

이 책에서 나는 여러 "낯선 본문들"에 대한 나의 해석을 제시할 예정이다. 다른 학자들도 동일한 시도를 했으나 나의 해석이 남다른 이유는 모자이크 관점에서 발전되어 나온 것이기 때문이다. 이 "낯선 본문들"은 다른 본문들로부터 고립되어 있지 않으며, 비단 한 군데에서만 설명력을 지니는 것이 아니다.

우리가 성경의 모든 대목을 절대적 확실성을 가지고 해석할 수 있다는 말은 결코 아니다. 나를 포함하여 그 누구도 모든 구절의 의미에 대해 항상 옳은 해석을 제시할 수는 없다. 나는 내 자신이 하나님처럼 전지한 존재가 아님을 잘 알고 있다(인정하긴 싫지만, 내 아내도 그렇다). 다만 이 책에서 내가 주장하는 바는, 뭔가 이상하다면 그건 중요한 내용이라는 것이다. 모든 구절이 전체 모자이크의 통일성에 일조한다는 것이다.

***

나는 성경신학이라는 모자이크가 성경의 조각들에 통일성을 부여한다고 말했다. 이 책을 집필하는 과정에서 어려웠던 점은 어떤 주제를 다른 책을 위한 몫으로 남겨둘지를 결정하는 일이었다. 어떻게 하면 지나치게 방대하지 않으면서도 충분히 포괄적일 수 있을까? 나는 편법을 쓰기로 했다.

이 책은 장기간에 걸친 탐구의 결정판이다. 이를 위해 나는 성경본문을 읽고 연구하며 다른 학자들의 통찰을 탐구해 왔다. 나는 모자이크를 만들어낼 고대의 성경적 세계관과 직간접적으로 연관된 수천 권의 책과 학술지 논문을 모았고, 거의 대부분을 완독하거나 발췌했다. 내 참고문헌 목록은 이 책만큼이나 장황하다. 이 점을 일러두는 이유는 여기서 당신이 접하게 될 발상들이 억지로 쥐어짜낸 것이 아님을 분명히 밝히기 위함이다. 모든 내용은 학자들이 '동료평가'라고 부르는 과정을 거쳐 살아남은 것들이다. 나의 주된 공헌은 그 발상들을 '종합'하고 전통에서 비롯된 것이 아닌, 오로지 성경 자체가 보여주는 고대 세계관의 상황으로 구성된 성경신학을 언어화한 것이다.

이 책은 학술서 같기는 하지만 꼭 학자들을 위한 것만은 아니다. 신학교에 다니거나 고등학위를 받지 않아도 충분히 소화할 수 있는 내용이다. 전문적 논의는 가급적 관련 웹사이트에 수록하려고 했다. 그 사이트에서는 특정 주제에 대한 보다 풍성한 논의와 추가 참고문헌, 그리고 (원하는 사람에 한해서) 원어에서 가져온 기초적인 자료들을 제공한다.[3]

이 책이 너무 빡빡하다고 느끼는 사람들을 위해 〈수퍼내추럴〉이라는 제목으로 보다 평이하고 간결한 책을 집필했다. 〈수퍼내추럴〉은 성경 기자들의 초자연적 세계관을 실제적인 적용점 위주로 풀어냈고(여

---

3. 관련 웹사이트 주소는 www.moreunseenrealm.com이다.

기서 제시하는 성경 모자이크가 우리의 영성 및 세계관과 어떻게 연결되는지를) 이 책의 핵심 개념을 중심으로 다룬다.

  이 책의 부제인 "성경의 초자연적 세계관 회복하기"에는 신앙심 깊은 현대인의 입장에서 고대의 성경 기자처럼 사유하려고 몸부림친 흔적이 묻어 있다. 만일 당신도 그 갈등을 조금이나마 느끼고 있다면 내가 아주 오랜 세월 있었던 자리에 당신도 있는 것이다. 나는 아직도 그 여정 가운데 있다. 그 여정의 어딘가에서 더 이상 나의 성경과 나 사이에 보호막을 둘 필요가 없음을 깨달았다. 당신도 그 사실을 믿는가? 그렇다면 당신도 떠날 준비가 되었다.

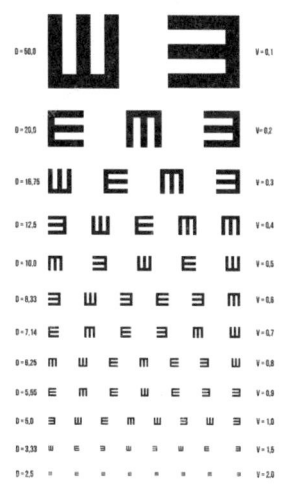

Part 2. 하나님의 권속

3. 하나님의 수행단

아이들은 가끔 묻는다. "하나님이 세상을 창조하기 전에는 뭐가 있었나요?" 어른들은 대부분 하나님이 계셨다고 답한다. 맞는 말이긴 해도 충분한 대답은 아니다. 하나님에게는 일행이 있었다. 그리고 나는 지금 삼위일체의 나머지 존재들에 대해 말하려는 게 아니다.

하나님의 가족

성경적으로 답하자면, 창세 전에는 하늘에 속한 무리, 즉 천군$^{heavenly\ host}$이 하나님과 함께 있었다. 사실 그들은 창조의 목격자다. 이 점은 욥기 38:4-7에서 하나님이 욥에게 말씀하시는 내용에도 분명하게 드러난다.

> ⁴ 내가 땅의 기초를 놓을 때에 네가 어디 있었느냐
> 네가 깨달아 알았거든 말할지니라
> ⁵ 누가 그것의 도량법을 정하였는지,
> 누가 그 줄을 그것의 위에 띄웠는지 네가 아느냐
> ⁶ 그것의 주추는 무엇 위에 세웠으며
> 그 모퉁잇돌을 누가 놓았느냐
> ⁷ 그때에 새벽 별들이 기뻐 노래하며
> 하나님의 아들들이 다 기뻐 소리를 질렀느니라.

하나님이 땅의 기초를 놓으실 때에 "하나님의 아들들"이 기뻐 소리를 지르며 거기 있었다. 그런데 하나님의 아들들은 누구인가? 그들이 인간이 아님은 분명하다. 이때는 창세 '전'이다. 그들이 천사라고 생각할 수도 있지만 이 역시 그리 정확한 답은 아니다.

'천사장'archangel과 '천사'angel 같은 용어를 통해서도 드러나듯, 보이지 않는 세계에는 위계질서가 존재한다. 이스라엘 백성이라면 위계질서를 묘사하는 여러 용어를 무리없이 소화했겠지만, 보이지 않는 세계를 하나의 왕조(이것에 대해서는 추후 더 살펴볼 예정이다)처럼 바라보는 관점에 익숙하지 않은 우리는 구약의 보이지 않는 세계를 식별하는 데 어려움을 겪는다.¹ 고대 셈족 사회에서 '하나님의 아들들'(히브리어로 '브

---

1. 하늘에 속한 무리인 신적인 존재들 사이에 존재하는 위계질서에 대해서는 다음을 참조하라. E. Theodore Mullen Jr., "Divine Assembly," *The Anchor Yale Bible Dictionary*, vol. 2 (ed. David Noel Freedman; New York: Doubleday, 1992), 215-16; S. B. Parker, "Sons of (The) God(S)," in *Dictionary of Deities and Demons in the Bible*, 2nd ed. (ed. Karel van der Toorn, Bob Becking, and Pieter W. van der Horst; Leiden; Boston; Cologne;

네 엘로힘')이란 고위직 또는 상위의 통치권을 가진 신적 존재들을 일컫는 표현이었다. '천사(사자)'^angel (히브리어로 '말라크')는 중요한 자리는 맞지만 하나님의 아들들보다 하위에 속한 메신저의 '직무'를 뜻하는 용어다.[2]

욥기 38장은 하나님의 아들들을 "새벽 별들"^morning stars 로 칭한다. 이와 동일한 묘사가 성경시대의 다른 여러 고대 문헌에서 발견된다. 고대인들은 별이 생명체라고 생각했다.[3] 그들의 논리는 단순했다. 많은

Grand Rapids, MI; Cambridge: Brill; Eerdmans, 1999), 798; Michael S. Heiser, "Divine Council," in *Lexham Bible Dictionary* (ed. John D. Barry and Lazarus Wentz; Bellingham, WA: Lexham Press, 2012); Michael S. Heiser, "Divine Council," in the *Dictionary of the Old Testament: Wisdom, Poetry, and Writings* (Downers Grove, IL: InterVarsity Press, 2008), 112-16; G. Cooke, "The Sons of (the) God(s)," *Zeitschrift für die alttestamentliche Wissenschaft* 35 (1964): 22-47.

2. 그래서 히브리어 성경에서는 한 번도 하나님의 아들들을 천사라고 부른 적이 없다. 즉 '브네 엘로힘'(및 유사 표현들)이 '말라킴'(천사들)과 병행해 나타난 적이 없다. 훗날 히브리어 성경의 헬라어 역본인 칠십인역과 같은 유대 본문들에서 '브네 엘로힘'을 헬라어 '앙겔로이'(천사들)로 옮긴 경우가 더러 발견되지만, 이런 번역상의 결정은 이 히브리어 어휘의 고유의미에 근거한 것은 아니다.

3. 비교. 사 14:13-14. 천체 종교와 태양 신화는 고대 세계에서 흔한 것이었다. 이스라엘 사람들도 별들이 살아 있는 신적인 존재들이라는 개념은 가지고 있었다. 별들은 각기 이름이 있었고(시 147:4), 하나님에 의해 창조되었으며(창 1:16), 하나님의 군대로 여겨졌다(삿 5:20; 사 40:25-26; 단 8:10; 계 12:1-9). 이 개념은 신약시대에도 줄곧 유지되었다. 참조. Mark S. Smith, "Astral Religion and the Representation of Divinity: The Cases of Ugarit and Judah," *Prayer, Magic, and the Stars in the Ancient and Late Antique World* (ed. Scott Noegel, Joel Walker, Brannon Wheeler; University Park: Pennsylvania State University Press, 2003), 187-206; Alan Scott, *Origin and the Life of the Stars: A History of an Idea*, Oxford Early Christian Studies (Oxford: Oxford University Press, 1994); Elmer B. Smick, "Another Look at the Mythological Elements in the Book of Job," *Westminster Theological Journal* 40 (1978): 213-28; Ulf Oldenburg, "Above the Stars of El: El in Ancient South Arabic Religion," *Zeitschrift für die alttestamentliche Wissenschaft* 82 (1970): 187-208.

별들이 움직인다는 것이다. 이런 활동성은 고대의 사고체계에서 생명의 표식이었다. 그들의 관점에서 별은 찬란하게 빛나는 생명체였다.

별은 또한 신적 영역$^{divine\ realm}$에 거주했다. 말 그대로 지상으로부터 유리되어 존재한다는 의미에서 말이다. 고대인들은 신적 존재가 인간으로부터 멀찍이 떨어져 인간의 거주가 불가능한 원거리에 산다고 믿었다. 그 중에서도 가장 먼 곳은 하늘, 곧 천상이었다.

새벽 별은 해가 뜨기 직전 지평선 너머로 보이는 별이다. 새벽 별은 새로운 생명, 즉 새 날의 시작을 알린다. 하나님의 아들들인 태고의 새벽별이 우리가 알고 있는 생명의 시작, 곧 세상의 창조를 목격했다는 점에서 이 '새벽별'이라는 이름은 우리에게 적절한 개념을 전달한다.

그렇다면 맨 처음부터 하나님 곁에는 일행, 곧 다른 신적 존재들인 하나님의 아들들이 있었다는 말이다. 그럼에도 창세 전에 무엇이 있었는지에 대한 대부분의 논의에선 천군의 구성원들이 누락되어 있다. 안타까운 일이다. 하나님과 하나님의 아들들로 이루어진 신적 가족$^{divine\ family}$이 모자이크의 첫 번째 조각이다.

아직 천지창조까지 진도가 나가지도 않았는데, 우리는 이미 단순하지만 우리의 신학에 지대한 변화를 일으킬 잠재적 중요성을 지닌 여러 사실들을 성경에서 도출했다. 아직은 분명하지 않더라도 곧 그 중요성이 드러날 것이다.

첫째, 우리는 하나님의 아들들이 인간이 아닌 신적 존재임을 배웠다. 하나님의 아들들은 인간이 존재하기 오래 전에 창조를 목격했다. 그들은 지적인 존재이지만 인간은 아니다. 하나님의 아들들을 별이라고 일컫는 것 역시 그들의 신적 정체성을 분명하게 드러낸다. 비록 그 언어가 은유적이긴 하지만 별은 은유 이상의 의미를 지닌다. 다음 장에서 우리는 하나님의 아들들이 이스라엘의 하나님 여호와에 의해 창조된, 실재하는 신적 존재임을 알려주는 다른 구절들을 살펴볼 계획이다.

둘째, '아들들'이라는 이름은 주의가 필요한 대목이다. 이는 가족 용어이며 우연히 또는 별 뜻 없이 쓴 용어가 아니다. 하나님에게는 보이지 않는 가족이 있다. 사실 그들이 하나님의 원래 가족이다. 이는 사도행전에서 바울이 마르스 언덕(아레오바고)에서 모든 인간이 하나님의 소생이라고 했던 발언(행 17:28) 기저의 논리와 동일하다. 하나님은 인간이 아닌 일단의 신적 존재들을 창조하셨고, 이들의 주된 활동무대는 인간의 눈에는 보이지 않는 영역이었다. 그리고 하나님이 그들을 창조하셨기에 그들을 하나님의 아들들이라고 주장하시는 것이다. 우리가 자녀의 출생에 기여했다면, 그 때문에 그들을 우리의 자녀라고 주장하는 것과 같은 이치다.

하나님의 아들들이 창세 전에 하나님과 함께 있었음은 분명하다. 하지만 여전히 그들에 대해 분명하지 않은 부분이 많다. 그들이 신적 존재라고는 하지만 그게 과연 어떤 의미일까? 그들은 하나님과 어떤 관계인가?

하나님의 권속

고대 이집트의 통치자는 '바로'라고 불렸다. 고대 이집트어에서 이 직함은 실은 '페르 아'$^{per\ a\text{-}a}$라는 두 단어의 합성어로 '위대한 집'이라는 뜻이다. 고대 이집트의 통치자 가족을 가리키는 권속^{household}이라는 개넘은 왕조적 관료제를 가리킨다. 바로의 가족은 대체로 대가족을 이루었다. 바로는 자기 가족 구성원들을 주요 통치자 자리에 임명했다. 그러므로 왕의 통치구조인 관료 시스템은 주로 바로의 권속에 속한 (가족이기도 한) 엘리트 신하들로 충원되었다. 그들은 낮은 직급의 심부름꾼 정도가 아니라 통치자들이었다.

이것이 고대사회 전반에 걸쳐 익히 알려진 개념과 구조다. 최정점에 왕이 있고 왕의 친인척인 엘리트 통치자들과 그 밑에서 그들을 섬기는 하급 관료들로 구성된 다층적 위계질서가 존재했다. 이 통치구조에 속한 모든 사람이 행정부의 일원이지만, 그들은 각기 다른 권한과 서열을 가지고 있었다.

몇몇 구약 본문을 보면 천상의 영역에도 이런 통치구조가 존재한다. 아마도 이를 가장 분명하게 묘사하는 (그리고 어쩌면 가장 놀라운) 본문은 시편 82편일 것이다. 앞서도 말했듯, 시편 82편은 내 눈을 번쩍 뜨이게 한 본문이다. 이 시는 여호와의 통치기구를 신들의 모임divine assembly으로 언급한다.[4] 시편 82편 1절이다.

---

[4] 가나안, 우가리트, 이스라엘의 천상회의 개념에 대한 주요한 학문적 연구로 다음을 참조하라. E. Theodore Mullen Jr., *The Divine Council in Canaanite and Early Hebrew Literature*, Harvard Semitic Monographs 24 (Chico, CA: Scholars Press, 1980) and Lowell K. Handy, Among the Host of Heaven: The Syro-Palestinian Pantheon as Bureaucracy (Winona Lake, IN: Eisenbrauns, 1994); H. W. Robinson, "The Council of Yahweh," *Journal of Theological Studies* 45 (1944): 151-57; David Marron Fleming, "The Divine Council as Type Scene in the Hebrew Bible PhD diss., Southern Baptist Theological Seminary, 1989); Min Suc Kee, "The Heavenly Council and Its Type-Scene," *Journal for the Study of the Old Testament* 31.3 (2007): 259-73; Patrick D. Miller, "Cosmology and World Order in the Old Testament: The Divine Council as Cosmic-Political Symbol," *Horizons in Biblical Theology*, no. 2 (1987): 53-78; Ellen White, *Yahweh's Council: Its Structure and Membership* (Forschungen zum Alten

하나님[God](엘로힘)은 신들의 모임 가운데에 서시며
하나님은 그들[gods](엘로힘) 가운데에서 재판하시느니라.

앞서 지적한 바와 같이, 엘로힘이라는 단어가 한 구절에 두 번 나오는 것을 이젠 금방 알았을 것이다. 또한 엘로힘이 '복수형'으로 쓰였지만 엘로힘이 하나님의 여러 이름 중 하나라는 것도 알고 있을 것이다. 영어는 단어를 복수로 만들 때 's'를 붙인다. 히브리어에서 남성 복수형 명사는 '-임'으로 끝난다.

형태 면에서 엘로힘이 복수인 것은 맞지만 그 '의미'는 복수일 수도 있고 단수일 수도 있다. 히브리어 성경에서 (2천 회 넘게) 가장 빈번하게 쓰인 엘로힘의 의미는 단수로서 이스라엘의 하나님을 가리킨다.

영어에도 이런 단어가 있다. 가령 sheep은 단수도 되고 복수도 된다. 그래서 이 단어만 놓고선 한 마리 양인지 한 무리의 양인지 알 수 없다. 만일 sheep이 문장 안에서 ("The sheep is lost") 동사 is와 함께 쓰이면 주어가 단수여야 하므로 한 마리의 양임을 알 수 있다. 마찬가지로 "The sheep are lost"는 언급되는 대상이 한 마리보다 많음을 알려준다. 문법이 우리에게 길잡이가 된다. 히브리어도 마찬가지다.

Testament 65; Tübingen: Mohr Siebeck, 2014). 화이트(White)의 책에 대한 나의 논평을 관련 웹사이트에서 참조하라. 신적인 회의에 대한 일반적인 학술연구는 다음을 참조하라. Heiser, "Divine Council," in *Dictionary of the Old Testament*; Heiser, "Divine Council," in *Lexham Bible Dictionary*. 시편 82편에 대한 연구로는 다음을 참조하라. Matitiahu Tsevat, "God and the Gods in Assembly," *Hebrew Union College Annual* 40-41 (1969-70): 123-37; James Stokes Ackerman, "An Exegetical Study of Psalm 82"(PhD diss., Harvard University, 1966); Willem S. Prinsloo, "Psalm 82: Once Again, Gods or Men?" *Biblica* vol. 76, no. 2 (1995): 219-28.

시편 82:1이 유달리 흥미로운 이유는 엘로힘이 한 구절에 두 번이나 등장하기 때문이다. 시편 82:1에서 첫 번째 엘로힘의 ("서시며"에 해당하는) 동사는 히브리어 문법상 단수형 stands이다. 그러므로 첫 번째 엘로힘은 단수가 틀림없다. 두 번째 엘로힘은 그 앞의 ("~가운데에서"를 뜻하는) 전치사구 in the midst of가 하나보다 많은 수를 요하므로 복수임이 틀림없다. in the midst of는 단수와 같이 쓰이지 않는다. 이 전치사는 복수의 무리가 나와야 한다(앞에 나온 명사 '모임'[assembly] 역시 마찬가지다). 이 구절의 의미로부터 도망치는 것은 불가능하다. 이스라엘의 엘로힘(단수)이 엘로힘(복수)의 모임을 주재하신다.

시편 82편을 간단히 살펴보면, 하나님이 부패한 열국 통치로 말미암아 엘로힘들(일반인 독자의 이해를 돕기 위해 엘로힘이 복수의 신적 존재들을 의미할 경우 편의상 "들"을 붙여 표기했다—편집자)을 심판하고자 회의를 소집하셨음을 알 수 있다. 6절은 엘로힘들이 하나님의 아들들이라고 밝힌다. 하나님이 그들에게 말씀하신다.

> 내가 말하기를 너희는 신들(엘로힘)이며
> 다 지존자의 아들들(브네 엘룐)이라 하였으나

성경 기자에게 '엘룐'이라는 단어로 된 지존자(또는 지극히 높으신 자)는 이스라엘의 하나님이었다. 구약은 여러 대목에서 하나님을 지존자로 부른다(예. 창 14:18-22; 민 24:16; 시 7:17; 18:13; 47:2). 6절의 대명사 '너희'는 히브리어 복수형이므로, 여기서 엘로힘은 하나님 곧 지존자의 아들들을 가리키는 것임이 분명하다.

본문 자체만으로는 심판을 받는 대상이 엘로힘 전체인지 또는 그 일부인지 분명하지 않다. 엘로힘들이 하나님의 권세 아래 열국을 다스린다는 사상은 앞으로 우리가 탐구할 다른 구절에도 등장하는 성경의 개념이다. 일단은 하나님의 아들들이 이스라엘 하나님의 권세 아래 있는 신적 존재들임을 확실하게 파악하는 것으로 충분하다.[5]

이제 내가 왜 이 시편을 보고 충격을 받았는지 알 것이다. 첫 구절은 하나님이 신들의 모임을 주재하시는 내용이다. 마치 다신론과 그리스 신화에나 나올 법한 만신전 같지 않은가? 바로 이런 이유로 많은 영어 번역본이 이 구절의 히브리어를 모호하게 처리해 버렸다. 가령 NASB는 이를 "하나님이 자신의 회중 가운데 자리를 차지하시며 하나님이 통치자들 가운데 심판하시니"로 번역했다.

히브리어 본문이 말하는 바를 애써 위장할 필요가 없다. 사람들을 성경으로부터 차단해선 안 된다. 성경 기자들은 다신론자들이 아니었다. 하지만 이 시편 82편이 의구심과 논쟁을 불러일으키기 때문에 우리는 (신들의 모임인) 천상회의$^{divine\ council}$에 대한 다른 본문들과 함께 시편 82편이 무엇을 말하고 또 무엇을 말하지 않는지에 대해 시간을 들여 연구해야 한다. 다음 장에서 그 일을 해보자.

---

5. 나는 성경 기자들의 '천상회의 세계관'(divine council worldview)이라는 표현을 쓸 것이다. 이 표현과 이와 유사한 다른 표현들은 하나님이 지적 능력을 갖춘 대행자들을 통해, 다시 말해 인간 및 비인간을 포함하여 하나님의 형상을 지닌 자들을 통해 보이는 세계와 보이지 않는 세계를 다스리심을 나타낸다. 우리가 앞으로 발견해 가겠지만, 인류를 향한 하나님의 원래 계획은 인류가 인간 존재를 넘어서는 하나님의 하늘 권속(heavenly non-human household)에 속하여 하나님과 함께 통치하는 것이었다. 그래서 천상회의 세계관은 인간세계의 모든 문제들을 망라한다. 성경신학 안에는 하나님에 대한 충성된 섬김이든, 신적 존재들과 인간의 반역 이후의 영적 투쟁이든 두 세계의 공생관계가 존재한다.

4. 유일하신 하나님

시편 82편이 당신의 성경적 세계관을 지축부터 뒤흔들 수 있음을 나는 의심하지 않는다. 이 본문이 실제로 무엇을 말하는지 발견했을 때 나는 성경을 내가 속한 교파의 전통이 아닌 고대의 시선에서 볼 필요가 있음을 확신하게 되었다. 이제 그 본문을 제대로 읽었으니 당신의 머리와 마음속에도 내가 품었던 질문들이 떠오르기 시작할 것이다.

먼저 해석자들이 시편 82편의 명료한 의미를 어떻게 왜곡했는지, 그리고 왜 이 시편이 다신론을 가르치는 것이 '아닌지'를 알아야 한다.

신적 존재들은 인간이 아니다

많은 기독교인이 시편 82편이 말하는 액면 그대로의 의미에 반대하며 이 시편이 성부 하나님이 삼위일체의 다른 구성원들, 즉 성자나 성령에게 말씀하시는 내용이라고 주장한다. 이 견해는 결국 이단적일 수밖에 없다. 왜 그런지는 당신도 알 수 있다. 이 시편은 엘로힘으로 불리는 하나님이 다른 엘로힘들의 부패성에 대해 심판하시는 내용이다(2-4절). 부패한 엘로힘들은 종국에는 사람처럼 사형에 처해진다(7절). 이 정도만 지적해도 기독교의 신론을 귀하게 여기는 신자라면 누구나 이 신적 존재들이 삼위일체를 가리킨다는 식의 해석을 거부할 것이다. 이 해석에는 또 다른 허점이 존재한다. 시편 82편의 끝부분을 보면 책망 받는 엘로힘들이 땅의 열국에 대해 모종의 권한authority을 부여받았고, 그런 후에 그 과업에 실패했음이 분명하게 드러난다. 이는 엘로힘들을 삼위일체적으로 해석하는 견해와 상충된다.

신적 존재들을 삼위일체의 다른 일원으로 해석하는 이론(삼위일체설)에 반대하는 기독교인들과, 특히 유대인들은 6절이 말하는 "지존자의 아들들"이 인간이라고 주장한다. (분명 삼위일체론자일 리가 없는) 일부 유대 독자들도 이 견해를 선호한다.

이 '인간설'은 삼위일체설만큼이나 잘못이다.[1] 구약의 어느 대목도 유대인이나 유대 지도자들이 다른 열국을 다스릴 권한을 부여받았다고 가르치지 않는다. 오히려 그 반대다. 유대인은 다른 열국과 분리되어야 했다. 아브라함 언약은 이 분리를 전제로 한 것이었다. 만일 이스라엘이 여호와께 온전히 헌신하면 이스라엘을 통해 다른 열국이 복을

---

1. 시 82편과 다른 곳에 등장하는 엘로힘이 인간이라는 주장에 깔린 그릇된 개념을 충분히 다루기에는 지면이 부족하다. 앞으로 전개될 논의에서 나는 이 견해에서 드러나는 명백히 논리적이고도 문헌적인 문제들을 더 많이 다루었다. 삿 18장; 출 22:7-9; 시 45:7, 또는 예수님이 요 10:34에서 시 82:6을 인용한 것을 근거로 엘로힘이 인간이라고 하는 주장에 대해 관련 웹사이트에서 더 상세하게 다루었다.

받을 것이었다(창 12:1-3). 또한 인간은 본질적으로 육체와 분리되지 않는 존재다. 엘로힘이라는 단어는 '거주지'^place of residence^를 가리키는 용어다. 우리의 집은 우리가 육신으로 거하는 이 세상이다. 엘로힘은 본질적으로 영적 세계에 거주한다.

인간설이 갖고 있는 실제적인 문제는 이 견해가 엘로힘으로 구성된 천상회의를 언급하는 히브리어 구약 성경의 다른 구절들과 상충된다는 데 있다.

천상회의에 등장하는 엘로힘을 인간들로 해석하면 시편 89:5-7(히브리어 성경은 6-8절)과 분명히 모순된다.

> ⁵ 여호와여 주의 기이한 일을 하늘이 찬양할 것이요
> 주의 성실도 거룩한 자들의 모임 가운데에서 찬양하리이다
> ⁶ 무릇 구름 위에서 능히 여호와와 비교할 자 누구며
> 하나님의 아들들 중에서 여호와와 같은 자 누구리이까
> ⁷ 하나님은 거룩한 자들의 모임 가운데에서 매우 무서워할 이시오며
> 둘러 있는 모든 자들 위에 더욱 두려워할 이시니이다.

하나님의 천상회의는 지상이 아니라 '하늘'의 모임이다. 이 표현은 오해의 소지가 없다. 이는 정확히 엘로힘을 신적 존재들로 이해할 때 마땅히 예상되는 내용이다. 엘로힘을 인간으로 해석하면 앞뒤가 전혀 안 맞는다. 성경에는 하늘에서 여호와를 섬기는 (유대인 또는 다른) 인간으로 구성된 회의에 대한 언급이 없다.

시편 82편과 89편이 묘사하는 바는 우리가 앞서 욥기 38:7에서 살펴본 대로, 하늘에 있는 하나님의 아들들로 구성된 무리에 대한 내용

과 완벽히 일치할 뿐 아니라, 복수형 엘로힘으로 하나님의 아들들을 언급한 다른 구절들과도 일치한다.

> 하루는 하나님의 아들들이 와서 여호와 앞에 섰고(욥 1:6; 2:1).

> ¹ 너희 하나님의 아들들아(개역개정, "너희 권능 있는 자들아"),
> 영광과 능력을 여호와께 돌리고 돌릴지어다
> ² 여호와께 그의 이름에 합당한 영광을 돌리며(시 29:1-2).

과연 이 구절들이 유대인 지도자 무리를 일컫는가? 그렇다면 왜 그 유대인 중에서 욥에게 고통을 가한 사탄이 불쑥 등장하는가? 결론은 자명하다.

복수형 엘로힘은 다신론을 의미하지 않는다

많은 학자들은 시편 82편과 몇몇 구절들이 고대 이스라엘의 종교가 다신론 체제로 출발했다가 유일신론으로 진화했음을 보여주는 증거라고 믿는다. 나는 이 해석에 반대한다. 그리고 이 본문의 문자적 해석을 애써 덮으려는 여러 다른 시도에도 반대한다. 모두 잘못된 해석이다.² 문제의 근원은 엘로힘이라는 단어의 뜻을 잘못 해석한 데 있다.

---

2. 이 주제에 대해 내가 쓴 세 편의 학술논문은 다음과 같다. "Are Yahweh and El Distinct Deities in Deut 32:8-9 and Psalm 82?" *HIPHIL* 3 (2006); "Monotheism, Polytheism,

엘로힘은 아주 빈번하게 '하나님'으로 번역된다. 그런 이유로 우리는 이 엘로힘이라는 히브리어를 우리가 사용하는 하나님^{God}이라는 단어와 동일시한다. (엘로힘으로 표기된) 하나님이라는 단어를 볼 때 우리는 본능적으로 편재성, 전능성, 주권 등과 같은 고유한 속성을 지닌 신적 존재를 떠올린다. 그러나 성경 기자들은 이 용어를 그런 식으로 생각하지 않았다. 성경 기자들은 엘로힘이라는 단어에 이러한 구체적인 속성을 연결하지 않았다. 이 점은 성경 기자들이 이 단어를 어떻게 사용했는지를 보면 확실하게 알 수 있다.

성경 기자들은 엘로힘이라는 단어로 예닐곱 개의 다른 존재들을 가리켰다. 어떤 종교적인 설명을 보더라도 이 존재들의 속성들은 일치하지 않는다.

- 여호와, 이스라엘의 하나님(수천 번; 예. 창 2:4-5; 신 4:35)
- 여호와의 천상회의의 일원(시 82:1-6)
- 다른 열국의 신들과 여신들(삿 11:24; 왕상 11:33)
- 귀신들^{demons}(히브리어로 '셰딤'; 신 32:17)[3]

Monolatry, or Henotheism? Toward an Assessment of Divine Plurality in the Hebrew Bible," *Bulletin for Biblical Research* 18.1 (2008): 1-30; and "Does Divine Plurality in the Hebrew Bible Demonstrate an Evolution from Polytheism to Mono- theism in Israelite Religion?" *Journal for the Evangelical Study of the Old Testament* 1.1 (2012): 1-24. 첫 번째와 세 번째 논문은 관련 웹사이트에 게재되어 있다. 세 번째 논문은 시 82편의 여호와와 엘이 서로 다른 존재라는 학계의 주론에 대한 근래의 설명들을 다루고 있다. 이 논문과 추가 논의를 부분적으로 발췌한 글은 관련 웹사이트를 참조하라.

3. 학자들과 비전문가들은 모두 귀신(demon)이라는 용어에 대해 적잖이 혼란스러워 한다. 고대 근동 세계에서의 귀신 개념과 중세 이래로 현대까지 이어온 귀신 개념은 엇갈리는 면이 많다. 이어지는 논의와 각주를 참조하라.

- 죽은 사무엘(삼상 28:13)
- 천사 또는 여호와의 천사/사자(창 35:7)[4]

이 목록의 중요성은 단 하나의 질문으로 요약할 수 있다. 세상을 떠난 인간 사망자나 귀신이 여호와와 동등한 수준이라고 진심으로 믿을 이스라엘 사람이, 아니, 성경 기자가 있겠는가? 없다. 성경 기자들이 엘로힘을 사용한 용례를 살펴보면, 이 용어가 하나님을 가리키는 일련의 속성들에 대한 것이 아님을 분명히 알 수 있다. 물론 '우리'는 하나님이라는 단어를 보면서 하나님을 가리키는 고유한 일련의 속성들을 떠올리지만, 성경 기자들은 엘로힘이라는 단어를 그런 식으로 이해하면서 사용하지 않았다. 만일 그랬다면 엘로힘이라는 용어를 여호와를 일컫는 용어로만 독점적으로 사용했을 것이다.

결과적으로 복수형 엘로힘이 서로 대체 가능한 신들^{deities}로 구성된 만신전을 말한다고 결론지을 근거는 없다. 또한 성경 기자들이 여호와를 다른 엘로힘과 다를 바 없는 존재로 보았다고 결론지을 근거도 없다. 성경 기자라면 여호와가 언젠가 다른 엘로힘에게 패배할 것이라고 생각하거나, 다른 엘로힘(그게 누군들 무슨 상관인가?)이 여호와와 동일한 속성을 지녔으리라고 가정하지 않았을 것이다. 이것이야말로 다신론적 사고이며 성경적 그림이 아니다.

---

4. 두 해석 중 무엇을 선택하느냐는 창 35:7과 그 구절의 배경이 된 사건에 대한 해석에 달려 있다. 이 책의 이어지는 장에서 나는 여호와의 천사가 가시적인 형체로 나타난 여호와이며, 따라서 특정 천사가 여호와의 속성을 공유한다는 나의 입장에 대해 분명하게 설명할 것이다. 그러나 여기서의 논의에 국한해서 보자면, 엘로힘이라는 용어가 다양한 실체들을, 사실 모든 영적 존재들을 가리키므로 천사도 엘로힘임을 분명히 알 수 있다.

우리는 다시금 성경 기자들이 여호와에 대해 했던 말(그리고 다른 엘로힘에 대해선 결코 하지 않았던 말)을 관찰함으로써 이 결론을 확신할 수 있다. 성경 기자들이 여호와에 대해 말한 내용을 보면 여호와의 고유성과 비교불가성에 대한 믿음이 전달된다.

> 여호와여 신(엘림) 중에 주와 같은 자가 누구니이까(출 15:11).
> 천지간에 어떤 신(엘)이 능히 주께서 행하신 일 곧 주의 큰 능력으로 행하신 일 같이 행할 수 있으리이까(신 3:24).
> 이스라엘의 하나님 여호와여 위로 하늘과 아래로 땅에 주와 같은 신(엘로힘)이 없나이다(왕상 8:23).
> 여호와여 주는 온 땅 위에 지존하시고 모든 신들(엘로힘)보다 위에 계시니이다(시 97:9).

아울러 성경 기자들은 여호와에게 그분만의 고유한 특성들을 부여한다. 여호와는 전능하시고(렘 32:17; 시 72:18; 115:3), 다른 엘로힘을 지배하는 왕이시며(시 95:3; 단 4:35; 왕상 22:19), 그가 주재하는 천상회의의 다른 구성원들을 창조하셨고(시 148:1-5; 느 9:6; 비교. 욥 38:7; 신 4:19-20; 17:3; 29:25-26; 32:17; 약 1:17)[5], 다른 엘로힘으로부터 경배를 받아 마땅한

---

5. 약 1:17은 하나님을 "빛들의 아버지"라고 부르는데, 이 표현은 천체들과 다른 모든 천상의 존재들의 창조자이신 하나님을 지목하는 것이다. 고대 사회의 광범위한 문화에서와 마찬가지로, 유대인 역시 별이 천상의 존재들이라고 생각했다. 이 발상은 구약에도 등장한다. 욥 38:7은 하나님의 아들들을 비유적으로 "하나님의 별들"이라고 칭한다. 그러므로 야고보가 하나님을 "빛들의 아버지"라고 묘사한 것은 하나님이 모든 천상의 존재들을 창조하셨음을 의미한다. 오직 하나님만이 피조물이 아니시다. 다른 천상의 존재들은 지음받았고, 따라서 하나님보다 열등하다. 참조. P. W. van der Horst, "Father of the

유일한 엘로힘이시다(시 29:1). 실제로 느헤미야 9:6은 명백하게 여호와의 유일성을 선포한다. 오직 한 분의 여호와만 계신다("오직 주는 여호와시라").

일단 성경의 엘로힘이 신적 속성과 관련된 용어가 아님을 이해하면 그 용례가 쉽게 이해된다. 위의 목록에 나온 모든 존재들의 공통점은 이들이 영적 세계의 거민이라는 점이다. 영적 세계에는 위계질서가 있다. 일례로 여호와는 모든 엘로힘에 대해 본질상 우월하시다. 그러나 하나님의 속성이 하나님을 엘로힘으로 만든 것이 아니다. 그분보다 열등한 존재들도 동일한 엘로힘 집단에 속해 있기 때문이다. 구약 기자들은 여호와가 엘로힘이긴 하지만, 그렇다고 다른 엘로힘까지 여호와라고 이해한 것은 아니다. 여호와는 영적 세계의 모든 거민과 비교할 때 전적으로 다른 고유성을 지닌 존재로 구분된다.

그렇다고 엘로힘이라는 존재가 인간 세계와 상호작용할 수 없었다는 말은 아니다. 성경은 신적 존재들이 인간과 소통하기 위해 육체적인 인간의 형체로 나타나거나, 심지어 육신을 덧입을 수도 있음을 (또 실제로 그렇게 했음을) 말하면서도, 그것이 그들의 일반적인 상태는 아님을 분명히 밝힌다. 영적 존재들은 "영들"[spirits]이다(왕상 22:19-22; 요 4:24; 히 1:14; 계 1:4). 인간 역시 영적 세계로 옮겨갈 수 있지만(예. 사 6장), 그것

Lights," Dictionary of Deities and Demons in the Bible, 2nd ed. (ed. Karel van der Toorn, Bob Becking, and Pieter W. van der Horst; Leiden; Boston; Cologne; Grand Rapids, MI; Cambridge: Brill; Eerdmans, 1999), 328-29. 성경신학적 개념에 따르면 창조되지 않은 존재가 오직 한 분일 수밖에 없다는 사실은 영적 세계의 다른 모든 '엘로힘' 거민들은 누군가에 의해 창조되었음을 뜻한다. 우리는 비물질성을 비가시성과 혼동하는 우를 범하지만, 이는 과학적으로 (물질적으로) 옳지 않다.

이 우리의 일반적인 존재 양태는 아닌 것과 마찬가지다. 내가 이번 장 앞부분에서 설명했듯, 엘로힘이라는 단어는 '거주지'를 가리키는 용어다. 엘로힘은 하나님의 고유성을 나타내는 특정한 일련의 속성들과는 무관하다.

이제 시편 82편이 제기하는 몇 가지 다른 의문점들을 살펴보자.

하나님은 왜 천상회의가 필요하신가?

당연한 질문이고, 그 답도 질문만큼이나 당연하다. 하나님은 어떤 회의 따위가 필요하신 분이 아니다. 그러나 성경에 따르면 하나님이 천상회의를 주재하시는 것이 분명하다. 이와 유사한 또 다른 질문이 있다. 하나님은 왜 인간이 필요하신가? 답은 동일하다. 하나님은 굳이 인간이 필요하신 게 아니다. 그러나 하나님은 인간을 들어쓰신다. 하나님은 자신의 계획을 이루기 위해 인간에게 의존하시지 않는다. 하나님은 우리 없이도 복음을 전하실 수 있다. 하나님은 단지 생각만으로도 만민을 구원하실 수 있다. 하나님은 눈 깜짝할 사이에 악을 진멸하실 수 있고 어느 때라도 원하시면 인류 역사를 끝내실 수 있다. 그러나 그렇게 하시지 않는다. 그렇게 하기보다 하나님은 인간을 사용하셔서 이 세상 만유를 향한 자신의 계획을 이루어 가신다. 하나님은 또한 우리의 예배가 없으면 불완전해지는 존재가 아니시지만 여전히 우리가 예배하기를 원하신다.

하나님에게 회의라는 것이 필요한가라는 이 질문이 무의미하다는 말이 아니다. 내 말은 그 필요성이 없다 해서 천상회의가 존재하지 않는다고 단정할 수 없다는 것이다.

엘로힘은 실재하는가?

시편 82편의 명백한 함의를 외면하고 싶어하는 사람은 그 신들이 단지 실제로 존재하지 않는 우상들idols일 뿐이라고 주장한다. 즉, 실체가 없는 존재라는 것이다. 이 주장은 성경과 정면으로 충돌한다. 논리적이지도 않을뿐더러, 이 본문이 우상숭배의 근거가 된다는 식의 오해를 드러낸다.

성경에서는 신명기 32:17 한 구절만 봐도 충분하다.

> 그들(이스라엘 백성)은 하나님(엘로아)께 제사하지 아니하고 귀신들(셰딤)에게 하였으니 곧 그들이 알지 못하던 신들(엘로힘)…

이 구절은 이스라엘 백성이 음란하게 숭배하던 엘로힘이 명백하게 귀신들demons(셰딤)이라고 말한다. 성경에서 드물게 사용되는 이 셰딤(신 32:17; 시 106:37)이라는 용어는 그 어원이 아카디아어의 '쉐두'이다.[6] 고대 근동에서 '쉐두'라는 용어는 중립적이었다. 선한 영도 악한 영도 모두 쉐두라 불렀다. 이 아카디아의 존재들은 수호자 또는 보호자로 곧잘 등장하는데, 한 사람의 생명력을 묘사하는 단어로 사용되기도 했

---

6. Ludwig Koehler et al., *The Hebrew and Aramaic Lexicon of the Old Testament* (Leiden; New York: Brill, 1999), 1417.

다.⁷ 신명기 32:17의 맥락에서 셰딤은 이스라엘이 숭배해서는 안 되는 엘로힘(이방의 영토를 지키는 영적 존재들)이었다.⁸ 이스라엘은 자신들의 하나님(여기선 '엘로아', 비교. 신 29:25)을 경배해야 했다.⁹ 신명기 32:17에서

---

7. "šedu," *The Assyrian Dictionary of the Oriental Institute of the University of Chicago*, Vol. 17: Š Part II (ed. John A. Brinkman, Miguel Civil, Ignace J. Gelb, A. Leo Oppenheim, Erica Reiner; Chicago: Oriental Institute, 1992), 256.
8. 신명기 전체라는 더 넓은 맥락에서 보자면, 이 셰딤/엘로힘은 열국에 배정된 신들이다 (참조. 14-15장). 이 셰딤이라는 용어에 대한 대표적인 근래의 복음주의적 연구는 존 월튼의 연구다. 비록 그의 연구가 이 논의에 기여한 바가 크지만 그는 영적 세계의 일원으로서의 존재(엘로힘)와 천상회의의 위계질서를 혼동하는 듯하다(존 H. 월튼과 있었던 구체적인 교신에 대한 내용은 관련 웹사이트를 참조하라. John H. Walton, "Demons in Mesopotamia and Israel: Exploring the Category of Non-Divine but Supernatural Beings," in *Windows to the Ancient World of the Hebrew Bible: Essays in Honor of Samuel Greengus* [Winona Lake, IN: Eisenbrauns, 2014], 229-246). 성경적인 그림은 동족어의 자료들과 깔끔하게 맞아떨어지지 않는다. 성경의 용례에 따르면 모든 영적 존재는 엘로힘으로 명명된다. 브네 엘로힘이나 브네 엘림 같은 표현은 천상회의 내의 서열을 가리키거나(예. 욥 1:6; 2:1; 시 89:6 [히브리 성경 89:7]) 보다 일반적인 영적 존재를 일컫는 것일 수 있다(욥 38:7; 시 29:1). 모든 영적 존재들은 저마다 위임받은 역할이 있다는 점에서 천군, 즉 천상회의의 일원이다(왕상 22:19-23; 개역개정, '하늘의 만군'). (혼자서 독립적으로 활동하는 영적 존재는 없다. 그들은 하나님의 권위 아래 있거나 반역 중이다.) 어떤 존재들은 사자(messenger)와 같이 그 맡은 바 역할로써 구별된다('말라크'는 종종 천사라고 번역되지만 사실 사자를 뜻한다). 고대 근동의 천상회의에서 사자는 낮은 서열에 속한다. 하지만 그 용어가 늘 낮은 지위를 가리키는 것은 아니다. 가령 우가리트어에서 바알의 사자(mlkm)는 여전히 신들로 칭함 받는다(엘림, KTU 1.3 iii:32). 그들이 그 역할로 인해 '열등한 신적' 존재가 되는 것이 아니다. 여호와도 육신을 덧입거나 인간 형체로 나타나실 때 천사라는 용어를 취하신다("여호와의 천사[말라키]"; 참조. 16-18장). 구약에서 육신을 덧입은 여호와는 파송자인 보이지 않는 여호와보다 낮은 존재가 아니다. 위계질서와 정체성은 전적으로 동일한 개념이 아니다. 여기서 우리의 목적에 한정해서 살펴보자면, 신 32:17은 성경 기자들이 엘로힘을 실재하는 존재들로 이해했다는 사실을 보여줄 뿐이다. 바울은 마귀와의 교제에 대한 우려를 표하기 위해 이 구절을 사용했다(고전 10:21-22; 이 책 38장도 참조하라). 이를 통해 우리가 알 수 있는 것은 바울이 신 32:17의 엘로힘을 실재하는 영적 존재로 믿었다는 것이다.
9. 이것이 고대 이스라엘의 신조(신 6:4)인 쉐마의 핵심이다. 쉐마 문구는 구약신학에서 익숙하고 중심적인 위치를 차지함에도 불구하고, 성경에서 번역하기 가장 어려운 구절로도 유명하다. 이 논의에 대해서는 관련 웹사이트를 참조하라.

귀신의 존재를 부정하지 않고서는 엘로힘/셰딤이 실재하는 존재임을 부인할 수 없다.[10]

셰딤이 어떤 종류의 실체였는지에 대해서는 학자들 간에 의견이 분분하다. 그러나 셰딤에 대한 올바른 이해와 상관없이, 분명 나무나 돌 조각은 아니었다.

학자들은 고린도전서에서 사도 바울이 귀신들과 교제하지 말라고 경고한 발언(고전 10:20)이 신명기 32장에서 묘사된 이스라엘 백성의 역사에 대한 각주였음을 안다.[11] 바울은 다른 신들을 예배했던 이스라엘의 실패 사례를 근거로 귀신들과 사귀지 말라고 신자들에게 경고한

---

10. 신 32:17을 졸역한 성경역본이 더러 있다. 참조. Michael S. Heiser, "Does Deuteronomy 32:17 Assume or Deny the Reality of Other Gods?" *Bible Translator* 59.3 (July 2008): 137-45.

11. 이 논점에 대한 훌륭한 학문적 자료는 Guy Waters, "The End of Deuteronomy in the Epistles of Paul"(Wissenschaftliche Untersuchungen zum Neuen Testament 221; Tübingen: Mohr Siebeck, 2006). 특히 134쪽의 12번 각주를 참조하라. 이 각주에서 워터스는 바울이 고전 10:20을 쓸 때 신 32:17을 염두에 둔 것이 분명하다고 주장하는 주해가들의 이름을 열거한다. 신 32:17의 엘로힘/셰딤이 단순히 우상이 아님을 입증하는 것은 고전 10:20에 달려 있지 않다. 엘로힘/셰딤의 영적 정체성은 신명기를 완독하면 분명하게 알 수 있다. 신 32:8-9(사해 두루마리와 ESV, NRSA는 8절)에서 바벨탑 사건으로 열국이 흩어졌을 때 하나님은 열국을 하나님보다 열등한 엘로힘인 "하나님의 아들들" 치하에 두셨다(보다 상세한 내용은 이 책 14장을 참조하라). 그 본문의 관련 구절은 신 4:19-20이다. 거기서 여호와가 이스라엘을 취하실 때 이방 나라들에 '배정'된 신들을 "하늘에 속한 무리"(host of heaven; 개역개정, "하늘 위의 모든 천체")라고 부른다. 그들을 숭배하는 것은 금지된 일이었다. 이는 왕상 22:13-23에서 미가야 선지자가 천상회의의 환상을 보는 장면에서 사용한 바로 그 언어이기도 하다(참조. 이 책 7장). 이 "하늘에 속한 무리"의 일원들은 신 17:2-5에서 엘로힘으로 불리고, 이스라엘 백성은 그들을 섬겨선 안 된다는 경고를 받는다. 안타깝게도 우리가 신 29:25을 통해 알 수 있는 사실은 이스라엘 백성이 그들에게 '배정'되지 않은 엘로힘을 숭배했다는 것이다. 신 32:17을 비롯해 이런 구절들은 하늘에 속한 무리, 신들(엘로힘), 귀신들(셰딤)과 같은 용어나 어구들을 교환적으로 사용한다. 바울은 이 개념에서 자신의 신학을 형성했다. 바울은 새로운 것을 주창한 것이 아니라 신명기에 정통했을 따름이다.

다. 바울은 신명기 32:17의 셰딤을 번역하기 위해 '다이모니온'이라는 단어를 사용했다. 이는 신약에서 악한 영적 존재들을 지칭하기 위해 자주 사용되는 단어였다. 바울은 히브리어 성경에 정통했고 셰딤, 즉 엘로힘의 실재를 부정하지 않았다.

"나 외에 다른 신이 없다?"

또 다른 잘못된 방향은 구약의 "나 외에 다른 신이 없다"는 하나님의 말씀을 다른 엘로힘이 존재하지 않는다는 의미로 해석하는 것이다. 그렇지 않다. 이 표현은 시편 82편이나, 가령 여호와가 모든 엘로힘 위에 계신다거나 "신(엘로힘) 중의 신"이라는 여타 구절들과 충돌하지 않는다.

    나는 이 주제에 대해 많은 글을 썼고, 이는 내 박사논문의 중심 주제이기도 하다.[12] 학자들은 이를 '부정어법'이라고 하는데, 다른 엘로힘은 없다는 주장으로 해석해선 안 된다. 사실 이 부정어법은 종종 다른 엘로힘의 실재를 긍정하는 장에서 발견된다. 우리는 바울이 신명기 32:17에 언급된 엘로힘의 실재를 믿는다는 것을 확인했다. 신명기 32:8-9 역시 하나님의 아들들을 언급한다. 신명기 4:19-20도 이에 대한 병행구절이지만 신명기 4:35은 여호와 외에는 다른 신이 없다고 말한다. 과연 성경은 모순으로 가득한가?

---

12. 이 사안을 다룬 내 논문의 일부분을 요약한 글로 Heiser, "Monotheism, Polytheism, Monolatry, or Henotheism?"의 1.2 와 1.3 단원을 보라.

그렇지 않다. 이 부정어법의 문장들은 다른 엘로힘의 존재를 부인하지 않는다. 다만 여호와와 견줄 만한 엘로힘이 없다고 말하는 것이다. 이는 여호와의 비교불가성incomparability에 대한 서술이다. 성경에서 동일한 부정어법의 표현이 있는 다른 구절들을 살펴보면 이를 쉽게 확인할 수 있다. 이사야 47:8과 스바냐 2:15은 바벨론과 니느웨가 스스로 "나 외에 다른 이가 없도다"라고 말한 내용이다. 이 선언을 바벨론이나 니느웨 외에는 다른 도시들이 '존재하지 않는다'는 의미로 받아들여야 하는가? 터무니없는 해석이다. 이 진술의 골자는 바벨론과 니느웨가 스스로를 다른 어떤 도시도 필적할 수 없는 '비교불가한' 존재로 여겼다는 것이다. 이것이 바로 다른 신들에 대해 이와 동일한 표현을 사용할 때 전달하고자 하는 논점이다. 즉, 그들은 여호와에 비길 수 없다는 것이다. 성경은 이 점에 대해 결코 모순적이지 않다. 다른 엘로힘이 존재하지 않는다고 주장하려는 자들은 성경 기자들의 초자연적 세계관과 부딪힐 수밖에 없다.

논리 검토

다른 엘로힘의 존재를 부인하는 것은 성경 기자들의 진실성과 하나님의 영광에 대한 모독이다. 다른 모든 엘로힘보다 우월하신 여호와를 칭송하는 구절(시 97:9)이 실은 여호와가 실재하지 않는 존재들보다 위대하시다는 뜻이라니, 도무지 앞뒤가 맞지 않는 얘기가 되기 때문이다. 여호와를 경배하라고 다른 엘림(개역개정, "권능 있는 자들")에게 촉구하는 시(시 29:1-2)를 쓴 저자들이 실제로는 그 존재의 실재를 믿지 않는다면, 그 구절 어디에 하나님의 영광이 깃들겠는가? 저자들이 우리에게 거짓말을 하거나 우리를 기만하도록 영감을 받았다는 말인가? 우리에게 신학적 궤변을 제공하려는 의도인가?

"당신은 존재하지 않는 어떤 것보다 위대합니다"라는 말은 내 귀에는 하나님을 조롱하는 말로 들린다. "실재하지 않음을 우리 모두가 알고 있는 어떤 존재들 중 여호와와 견줄 자가 없다"고 말하는 것은 여호와를 스파이더맨이나 네모바지 스폰지밥과 비교하는 것이나 다름없다. 이는 찬양을 조롱의 수준으로 끌어내리는 것이다. 왜 성령이 이런 말도 안 되는 내용을 영감으로 주시겠는가?

우상숭배에 대한 오해

성경의 선지자들은 우상 만드는 행위를 조롱한다. 나무나 돌로 조각하고 진흙으로 빚은 우상을 숭배하는 것은 너무도 어리석게 보인다. 그러나 고대인들이 돌이나 나무의 형상 자체를 신으로 믿은 것은 아니다. 우리가 그렇게 생각했다면 그것은 성경 기자들을 오해하는 것이다.

고대의 우상숭배자들은 그들이 만든 대상에 신이 '들어와 산다'inhabited고 믿었다. 그래서 그들은 동상의 '입을 여는' 의식을 행했다.[13] 입과 콧구멍을 여는 의식을 행하면 신의 영이 우상 안에 깃들어 머물게 된다는 것이다. 이는 살기 위해서는 호흡해야 한다는 그들의 관념에서

---

13. Edward M. Curtis, "Idol, Idolatry," in *The Anchor Yale Bible Dictionary* (ed. David Noel Freedman; New York: Doubleday, 1992), 377.

비롯된 의식이다. 우상은 살아 있는 신의 영이 그 속에 현존함으로써 생기를 얻어야 했다. 그러고 나면 우상이 숭배와 흥정의 대상이 되는 것이다.

이는 고대 문헌을 통해서도 쉽게 입증된다. 가령 파괴된 우상들을 언급하는 내용을 보면, 우상이 파괴되었다고 해서 자신들의 신이 죽었다고 여기며 두려워하는 대목은 없다.[14] 오히려 다른 우상을 또 만들면 된다고 생각하는 분위기다.

앞서 언급한 고린도전서 10:18-22에 담긴 바울의 경고도 이런 사상을 반영한다. 바울은 고린도전서 앞부분에서 우상은 힘이 없으며 그 자체로는 아무것도 아니라고 고린도 교인들에게 교훈한다(고전 8:4). 이방인에게는 여러 다른 군주와 여러 신이 있어도 기독교 신자에게는 오직 한 분 참 하나님이 계실 뿐이다. 그러나 10장에서 바울은 우상에게 바친 제물은 실제로 영적 세계에 속한 악한 존재들인 귀신에게 바쳐진 것이라고 말한다.

---

14. 이스라엘과 고대 근동의 우상숭배라는 주제에 이십 년 간 몰두해 온 마이클 딕도 같은 의견이다. 이 주제에 대한 학문적 연구에서 딕은 고대 우상숭배자들이 자신의 손으로 빚은 우상에 신적 언어를 사용하면서도, 그와 동시에 동상과 동상이 상징하는 신을 지적으로 구별했으며 동상을 신의 거처로 여겼음을 엿볼 수 있는 몇몇 본문을 인용한다. 참조. Michael P. Dick, *Born in Heaven, Made on Earth: The Making of the Cult Image in the Ancient Near East* (Winona Lake, IN:Eisenbrauns, 1999), 33-34. 딕이 언급한 설득력 있는 한 인용문에서는 고대 아카드의 도시인 시파르의 샤마쉬 동상의 파괴를 샤마쉬라는 신의 죽음으로 여기지 않는다. 오히려 계속하여 샤마쉬를 경배할 수 있다고 생각한다.

그러면 예수님은?

시편 82편을 읽은 사람들은 예수님에 대해 구체적인 문제제기를 한다. 만일 하나님에게 다른 신적 아들들이 있다면 예수님이 하나님의 '독생자'only beggotten라는 묘사는 어떻게 이해해야 하는가?(요 1:14, 18; 3:16, 18; 요일 4:9) 다른 아들들이 있다면 어떻게 예수님이 신령한 독생자가 될 수 있을까?

'독생자'라는 표현은 안타깝게도, 특히 현대인들이 듣기에 혼란을 주는 번역이다. 이 번역은 구약에 등장하는 하나님의 아들들에 대한 명백한 진술과 충돌하는 것처럼 보일 뿐 아니라, 아들 예수가 부재했던 때가 있다는 (그러니까 시작점이 있다는) 암시를 준다.

'독생자'라는 표현은 헬라어 '모노게네스'를 번역한 것이다. 이는 '출생'했다는 의미의 독생자를 뜻하지 않는다. 이 혼동은 헬라어에 대한 해묵은 오해에서 비롯되었다. 오랜 세월 '모노게네스'는 '모노스'(유일한)와 '겐나오'(출생하다, 낳다)라는 두 헬라어에서 유래한 것으로 여겨졌다. 헬라어 학자들은 훗날 '모노게네스'의 뒷부분이 헬라어 '겐나오'에서 유래한 것이 아니라 '게노스'(계층, 유형)라는 명사에서 유래한 것임을 발견했다. 게노스의 문자적 의미는 '독특한'one of a kind 또는 '고유한'unique 이다. 여기에는 시작점이 있다는 의미에서 피조된 존재라는 식의 함의가 전혀 없다. 결과적으로 예수님은 사실상 여호와와 동일시되며 하나님을 섬기는 엘로힘들과는 다른 고유한 존재이므로 '모노게네스'는 구약의 언어와 모순되지 않는다.

신약 성경을 보면 이 해석의 타당성을 확인할 수 있다. 히브리서 11:17은 이삭을 아브라함의 '모노게네스'라고 칭한다. 구약을 잘 알고 있는 사람이라면 이삭이 아브라함의 '독생자' 아들이 아님을 알 것이다. 아브라함은 이삭이 태어나기 전부터 이스마엘의 아버지였다(비교. 창 16:15; 21:3). 모노게네스가 의미하는 바는 틀림없이 이삭이 언약에 따른 약속의 아들이므로 아브라함의 아들들 중 유일무이한 고유성을 지닌 아들이라는 것이다. 이삭의 계보를 통해 메시아가 오실 것이기 때문이다. 여호와는 하나의 엘로힘이지만, 이는 다른 엘로힘까지도 여호와라는 말은 아니다. 마찬가지로 예수님은 고유한 아들이시며, 그 밖의 다른 어떤 아들들도 결코 예수님과 같지 않다.

우리는 이미 신중하게 검토해 볼 만한 많은 자료를 접했다. 그리고 이 거대한 이야기의 본론에 아직 들어가지도 못했다. 하나님의 아들들은 하나님이 땅의 모퉁잇돌을 놓으시는 것을 지켜보았다(욥 38:7). 우리는 이제 오래전 그들이 보았던 것처럼 창조주가 무슨 일을 하셨는지 살펴볼 차례다.

5. 하늘에서 이룬 것같이 땅에서도

"하늘에서 이룬 것같이 땅에서도 이루어지이다"는 기독교인에게는 익숙한, 주기도문에 나오는 표현이다(마 6:9-15). 그 기도를 통해 우리는 "나라가 임하시오며 뜻이 하늘에서 이룬 것같이 땅에서도 이루어"(6:10)진다는 것을 알게 된다. 하나님 나라는 하나님의 통치가 이루어지는 곳이다. 하나님은 자신이 창조하신 만물, 즉 보이지 않는 영적 세계와 보이는 지상 영역 모두를 다스리기 원하신다. 하나님은 두 영역 모두에서 자신의 뜻을 이루실 것이다.

나는 앞으로 세 장에 걸쳐 어떻게 고대 성경 기자들이 창조의 시작점부터 하나님의 왕권을 개념화했는지, 그 기원을 설명할 계획이다. 우리는 성경의 신학적 핵심이라 할 만한 진정한 요체를 발견하게 될 것이다. 나는 이것을 이렇게 표현하고자 한다.

성경 이야기는 하나님이 창조하신 (인간 및 비인간으로 구성된) '형상 담지자'를 통한, 하나님이 창조하신 가시적, 비가시적 영역에 대한 하나님의 계획과 통치에 대한 내용이다. 이러한 하나님의 의제는 두 영역에서 동시에 나란히 전개된다.

'형상 담지자'imager라는 용어가 낯설 수도 있겠다. 이번 장의 뒷부분에서 형상 담지자, 즉 하나님의 형상을 지닌 존재가 된다는 것의 의미에 대해 설명하겠다.

이 이야기에서 우리가 가장 많이 아는 부분은 우리가 속해 있는 가시적 지상 세계다. 자연스러운 일이지만 이는 또한 목회자와 신학자가 가장 많은 관심을 기울이는 영역이기도 하다. 사람들은 종종 비가시적 영역을 도외시하거나 성부, 성자, 성령과 관련이 있을 때만 이야기한다. 두 영역은 상호 배타적이지도, 종속적이지도 않다. 양자는 긴밀히 연결되어 있고, 본래부터 그렇게 작동하도록 설계되었다. 이 점은 성경 이야기의 맨 초반부에 드러난다.

창조자 또는 창조자들?

"하늘에서 이룬 것같이 땅에서도 이루어지이다"라는 개념은 주기도문보다 훨씬 오래되었다. 이 개념은 창세기에서부터 나타난다. 창세기 1장은 하나님의 (원래 가족이자 권속인) 천상회의를 잘 모르는 이들이 쉽게 오역하는 부분이다. 창세기 1:26-28에서 내가 고딕 글씨로 강조한 부분을 유의하여 보기 바란다.

²⁶ 하나님이 이르시되 우리의 형상을 따라 우리의 모양대로 우리가 사람을 만들고 그들로 바다의 물고기와 하늘의 새와 가축과 온 땅과 땅에 기는 모든 것을 다스리게 하자 하시고 ²⁷ 하나님이 자기 형상 곧 하나님의 형상대로 사람을 창조하시되 남자와 여자를 창조하시고 ²⁸ 하나님이 그들에게 복을 주시며 하나님이 그들에게 이르시되 생육하고 번성하여 땅에 충만하라, 땅을 정복하라, 바다의 물고기와 하늘의 새와 땅에 움직이는 모든 생물을 다스리라 하시니라.

많은 성경 독자들이 복수형 대명사(우리)의 의미에 대해 궁금해 한다. 이것이 삼위일체를 가리킨다고 말할 수도 있겠지만, 히브리어 문법과 주해를 전문적으로 연구한 이들은 삼위일체적 해석은 앞뒤가 맞지 않는다고 주장한다.[1] 해법은 고대 이스라엘 사람이라면 쉽게 간파했을

---

1. 복수형 단어와 형상에 대한 가장 방대한 학문적 연구는 W. Randall Garr, *In His Own Image and Likeness, Humanity, Divinity, and Monotheism* (Culture and History of the Ancient Near East 15, Leiden, Brill, 2003)이다. 특히 17-94쪽을 참조하라. 창 1:26의 '우리'를 삼위일체로 보는 것은 신약에서야 분명해진 개념을 구약 성경에 거꾸로 소급시켜 해석하는 것으로, 이는 구약 저자가 생각한 바를 판별하는 건전한 해석방법이 아니다. 신약과 달리 구약에는 삼위일체에 대한 표현이 없다(예. 성부, 성자, 성령, 비교. 마 28:19-20). 하나님이 삼위일체로 존재하신다는 개념은 결코 구약에서 직접적으로 표현된 적이 없다. 우리가 3장에서 보았듯, 신의 복수성에 대한 다른 언급들은 여호와보다 못한 신적인 존재들과 관련된다. 따라서 우리는 하나님을 복수로 표현하는 구약의 언어를 삼위일체로 해석하는 일에 신중해야 한다. 창 1:26에서 '우리'를 삼위일체로 보면 다른 구절에서 신학적 난항에 부딪히게 된다. 이 책 17장과 18장에서 보겠지만 이스라엘 백성과 1세기의 유대 저자들은 구약에서 신성이 두 위격을 지녔다(two-person Godhead)고 생각했다. 나는 이 책 17, 18장에서 논의한 두 위격으로 존재하는 신성 개념에 대한 증거가 또한 구약에서 제3위의 신을 계시할 수도 있다고 믿는다(관련 웹사이트 참조). 이 책 33장에서 우리는 어떻게 신약 저자들이 구약에 나타난 두 위격으로 된 신성 개념을 사용하여 예수를 하나님으로 소개하고, 성령도 삼위일체의 한 위격에 속한다는 믿음을 언어화 했는지 살펴볼 것이다. 복수형 언어에 대한 답은 또한 '위엄의 복수형'(plural of majesty)

훨씬 직설적인 설명에 있다. 우리가 볼 수 있는 단서는 바로 단수로 지칭된 하나님이 천상회의에 속한 무리에게 말씀하시는 장면에 있다.

이를테면 내가 방에 들어가 친구들에게 이렇게 말하는 것과 같다. "얘들아, 나가서 피자 사먹자!" 나는 말을 하고 있고, 여러 명이서 내 말을 듣고 있다. 마찬가지로 하나님은 천상회의에 흥미진진한 발표거리를 들고 오신다. "자, 인류를 창조하자!"

그러나 만일 여기서 하나님이 말씀하시는 상대가 천상회의였다면 인류가 다수의 엘로힘에 의해 창조되었다는 말인가? 과연 인류 창조는 집단 프로젝트였는가? 전혀 아니다. 다시 피자 이야기로 돌아가 보자. 만일 내가 음식값을 지불하는 사람이라면, 즉 내가 공표하고 또 내가 이를 실행하는 사람이라면, 나는 스스로 이 프로젝트 전체를 생각해 냈고, 이를 실행할 주도권이 내게 있다고 생각할 것이다. 이것이 창세기 1:26이 작동하는 방식이다.

창세기 1:27을 통해 우리가 분명히 알 수 있는 것은 하나님이 친히 이 창조의 일을 실행하신다는 것이다. 이 구절의 모든 히브리어 동사 '창조하다'는 단수형이다. "하나님이 자기 형상 곧 하나님의 형상대로 사람을 창조하시되." 천상회의의 다른 일원들은 인류 창조에 참여하지 않는다. 하나님이 땅의 기초를 놓으실 때 그랬던 것처럼 그들은 단

을 의미하는 것이 아니다. 주옹-무라오까(Joüon-Muraoka)는 이렇게 말한다. "히브리어에서 위엄의 복수형으로서 '우리'라는 단어는 존재하지 않는다."(Paul Joüon and Takamitsu Murakoa, *A Grammar of Biblical Hebrew* (Rome: Pontificio Instituto Biblico 2003), 2:375-76 (par. 114.e). 위엄의 복수형은 명사로는 존재하지만 (참조. Joüon-Muraoka, par. 136.d) 창 1:26은 명사가 아닌 동사 형태로 되어 있다. 또한 John C. Beckman, "Pluralis Majestatis: Biblical Hebrew," *Encyclopedia of Hebrew Language and Linguistics*, vol. 3 (P-Z) (ed. Geoffrey Khan; Leiden: Brill, 2013), 145-146을 참조하라.

지 하나님의 인류 창조를 지켜볼 뿐이다(욥 38:7).

그렇다면 왜 이 시점에서 26절의 복수형이("우리의 형상을 따라 우리의 모양대로 우리가 사람을 만들고") 27절에서는 단수형으로("하나님이 자기 형상 곧 하나님의 형상대로 사람을 창조하시되") 바뀌었는지 궁금할 것이다. 여기에선 성경이 자기모순에 빠진 것일까? 아니다. 그러나 이 변화를 이해하려면 '형상'^{image}이라는 언어가 의미하는 바를 이해해야만 한다.

형상 또는 형상 담지자?

하나님의 형상$^{divine\ image}$의 본질을 규명하는 것은 신학생과 목회자들의 오랜 숙원이었다. 당신도 이 주제에 대한 설교를 적어도 한두 번은 들어보았을 것이다. 아마도 당신은 하나님의 형상은 아래 목록 중 하나와 유사한 내용이라고 들었을 것이다.

- 지성
- 추론능력
- 감정
- 하나님과 교감하는 능력
- 자의식 (지각력)
- 언어/소통능력
- 혼 또는 영(또는 둘 다)의 존재
- 양심
- 자유의지

위의 모든 것은 그럴듯하게 들리지만 형상이 가리키는 바가 아니다. 위의 것 중 하나님의 형상에 해당하는 내용은 없다. 만일 그랬다면 성경을 믿는 사람들은 자궁 속에 있는 인간의 생명이 존엄하다는 개념을 포기해야만 할 것이다. 이 주장이 거슬릴지도 모르겠으나, 이는 성경이 하나님의 형상에 대해 말하는 바에 비추어 위의 목록을 살펴볼 때 분명하게 입증된다.

창세기는 우리에게 하나님의 형상에 대해 많은 것을 가르쳐준다(나는 이를 '하나님의 형상을 담지한다'[divine image bearing]고 표현한다). 우리는 형상이 의미하는 바에 대한 모든 논의의 토대를 성경 본문에서 찾아야 한다.

1. 남자와 여자 모두 동등하게 하나님의 형상을 지녔다.
2. 인류는 하나님의 형상을 지닌다는 점에서 동식물 같은 여타의 '지상' 피조물과 구별된다. 하지만 그것이 창조 시점에 이미 존재했던 하나님의 아들들, 즉 천상의 존재들과 우리가 뚜렷이 다르다는 것을 의미하지는 않는다. 어떤 의미에서 창세기 1:26의 복수형은 하나님의 형상을 지닌다는 점에서 우리가 하나님의 아들들과 무언가 공통점이 있음을 시사한다.
3. 형상이란 인류가 어떤 부분에선 하나님과 닮았음을 의미한다.
4. 본문에는 그 형상이 점진적 또는 부분적으로 주어졌다거나 그런 가능성에 대한 암시가 없다. 당신은 하나님의 형상을 담지한 자로 창조되었거나 아니면 결코 그렇지 않거나, 그 둘 중 하나다. 하나님의 형상을 '부분적' 또는 '잠재적'으로 가진다는 식으로 말할 수는 없다.

하나님의 형상을 담지한다는 말의 의미에 대한 가능성 있는 답변들은 대체로 (지성, 추론능력, 감정, 하나님과 교감하는 능력, 자의식, 언어/소통 능력, 자유의지 등) 능력이나 속성을 가리킨다. 형상을 어떤 자질로서 정의할 때의 문제점은 한편으론 동물과 같은 비인간 존재들도 이런 능력을 인간과 같은 수준은 아니더라도 '일정 정도' 보유한다는 데 있다. 만일 어떤 동물이 언제 어디선가 본능에 반하는 무언가를 습득하거나, 인간과 또는 동일 종 내에서 서로 지적으로 의사소통을 하거나, 인간이나 다른 생물에게 감정적 반응을 보인다면, 위의 항목들을 형상에서 제외시켜야 할 것이다. 동물의 인지능력에 대한 진지한 연구 덕분에 우리는 이런 능력을 보유한 동물들이 있음을 안다. 인공지능도 이와 유사한 거대한 진보를 눈앞에 두고 있다. 그리고 만일 지적 능력을 갖춘 외계 생명체가 발견된다면 이 역시 형상에 대한 위의 정의를 허물어뜨릴 것이다.

하나님의 형상을 지니는 것을 능력의 측면에서 정의하는 것은, 그 능력을 무엇이라 규정하든, 빗나간 접근이다. 여기서 다시 원점으로 돌아가 태아가 생명체라는 나의 주장을 따져보고자 한다. 태아생명론은 인간의 생명과 인격이 잉태 시점에, 곧 난자가 정자에 의해 수정되는 시점에 시작된다는 주장을 기초로 한다. 태아생명론자들이 인간이라고 믿는 바, 여성의 자궁 안에 있는 단세포로 된 수정란은 자의식도, 지능도, 합리적 사고력도, 감정도 없다. 말하지도 소통하지도 못하며, 하나님과 교감하지도 기도하지도 못하며, 자기 의지를 행사하거나 양심에 반응할 수도 없다. 만일 당신이 태아는 이런 것들을 '잠재적'으로 지닌 상태라고 주장하고자 한다면 그것은 태아가 아직 잠재적 인간에 불과하다는 말밖에 안 된다. 그것은 기실 (낙태 등에 관하여) 자기결정권을 옹호하는 사람의 입장이다. 잠재적 인격은 실질적 인격이 아니다. 이런 사고방식에 의하면 거의 대부분의 자기결정권을 주장하는 자들이 출생 이후라고 간주하는 인격 형성 시점 이전에 행한 낙태는 살인이 아니게 된다.

심지어 혼^{soul} 개념조차 고유성과 실재성의 시험대를 통과하지 못한다. 이 개념은 킹제임스 성경의 창세기 2:7에 대한 전통적인 해석("사람이 생령$^{living\ soul}$이 된지라")에서 비롯되었다. 여기서 혼의 히브리 원어는 '네페쉬'다. 성경에 의하면 동물 역시 네페쉬를 가지고 있다. 가령 창세기 1:20에서("하나님이 이르시되 물들은 생물을 번성하게 하라 땅 위 하늘의 궁창에는 새가 날으라 하시고") 하나님이 일군의 생물들을 창조하시는 장면을 읽을 때 이 생물에 해당하는 히브리어가 네페쉬다. 창세기 1:30이 말하는 바는 '살아 있는 네페쉬'가 동물 안에 있다는 것이다.

이 구절에서 네페쉬라는 용어는 '의식이 있는 생명체' 또는 식물 등과 대조적인 '활동성을 지닌 생명체'를 뜻한다. 인간은 비록 그 의식의 속성은 천양지차이지만 특정 동물들과 기본적인 의식^{consciousness}을 공유한다.

우리는 또한 형상을 담지하는 것이 영^{spirit}을 의미한다고 호소할 수도 없다. 우리가 방금 살펴본 네페쉬라는 단어는 영을 뜻하는 히브리어 '루아흐'와 교환적으로 사용된다. 그 예로 사무엘상 1:15과 욥기 7:11이 있다. 네페쉬와 루아흐 모두 사고, 이성, 감정, 그리고 이것들을 사용하는 일련의 활동들, 가령 기도를 하거나 의사결정을 하는 내면의 활동들을 가리킨다. 중요한 것은 구약에서는 혼과 영을 구별하지 않고 사용한다는 것이다.[2] 영과 관련된 모든 자질들은 인지적 기능을 필요로 하기 때문에 자궁 안에서 뇌가 형성된 후에야, 그리고 뇌를 사용하기 시작한 후에야 비로소 의미를 가진다.

그렇다면 이런 사안들에 걸려 넘어지지 않으면서도 창세기의 묘사와 조화를 이루는 방식으로 하나님의 형상을 이해하는 방법이 있을까? 히브리어 문법에 그 열쇠가 있다. "하나님의 형상대로"(in the image of God)라는 표현에 있는 전치사 'in'의 의미가 바로 그 전환점이라 할 수 있다. 영어에서 우리는 여러 다른 생각들을 가리키기 위해 전치사 in을 사용한다. 가령 "접시를 싱크대 안에 넣어라"(put the dishes in the sink)라고 할 때 위치 전치사 in을 사용한다. 만일 "나는 거울을 산산조각 냈다"(broke the mirror in pieces)고 한다면 in은 어떤 행동의 결과를 나타낸다. 만일 "나는 교육 분야에서 일한다"(I work in education)고 한다면, 내가 교사나 교장으로서, 또는 다른 교육계 종사자 신분status으로 일하고 있음을 나타낸다.

이 마지막 예가 창세기 1:26에서 'in'으로 번역된 히브리어 전치사가 의미하는 바다. 인류는 하나님의 형상으로as God's image 창조되었다. 만일 우리가 형상화imaging를 동사verb 또는 역할function로 생각한다면

---

2. 신약에서 딱 한 구절만 몸, 혼, 영을 구분해서 표현한다(살전 5:23). 구약에서는 분명히 인간을 두 부분(몸과 혼/영, 물질과 비물질)으로 보기 때문에 신학적 일관성을 고려한다면 이 한 구절 역시 다른 구절들과 동일한 방식으로 해석하는 것이 가장 적합할 것이다. 많은 학자들은 살전 5:23의 "혼과 영"을 분리된 별개의 실체로 보지 않는다. 이 절은 우리의 온 마음과 뜻(목숨)과 힘을 다해 하나님을 사랑하라고 촉구하는 쉐마 문구와 유사하다(신 6:4; 비교. 마 22:37; 막 12:29-30). 구약은 네페쉬와 루아흐를 둘 다 사용하여 인간 내면의 근원을 묘사한다. 히 4:12 역시 이러한 인간의 전인격적인 측면(totality)을 묘사한다(이 구절에는 심지어 세 개가 아닌 네 개씩이나 등장한다).

이 번역이 말이 된다. 우리는 하나님의 형상 담지자^{imagers}가 되기 위해, 하나님을 형상화$^{to\ image\ God}$하기 위해, 즉 하나님을 대표하는 자로 창조되었다. 이것이 바로 우리가 무엇인지를 규정해 준다. 형상은 우리가 소유한 능력이 아니라 일종의 신분이다. 우리는 하나님의 지상 대표자다. 인간이 된다는 것은 하나님을 형상화하는 것이다.

그래서 창세기 1:26-27 다음인 28절에 신학자들이 '지배명령'이라고 부르는 내용이 나오는 것이다. 이 구절은 하나님이 우리가 이 세상에 대해 하나님 '역할'을 하도록 의도하셨음을 알려준다. 우리는 이 세상의 자원을 관리하고 하나님의 형상을 지닌 모든 사람의 유익을 위해 이 자원을 활용하여("정복하라, 다스리라") 더 많은 형상 담지자들을 만들어 내야 한다("생육하고, 번성하여, 땅에 충만하라").

하나님의 두 가족-권속-회의

우리가 지상에서 하나님의 형상 담지자임을 이해하면, 창세기 1:26에서 복수형이 쓰이고 다음 절에서 단수형으로 변화되는 것을 해석하는 데 도움이 된다. 하나님은 땅에서 하나님의 통치를 실행할 대표자 역할을 맡기기 위해 홀로 인간을 창조하셨다. 그러나 하나님은 보이지 않는 세계에 속한 엘로힘이라는 존재도 창조하셨다. 그들도 하나님을 닮은 자들이다. 그들은 그 영역에서 하나님의 대표자 역할을 맡으며 하나님의 뜻을 수행한다. 그들은 바로 보이지 않는 세계의 천상회의다. 우리는 이 땅에서 하나님의 회의기구이자 행정부 역할을 맡는다. 결과적으로 엘로힘의 복수형은, 비록 다른 영역에 있지만 인간과 비인간을 망라하는 하나님의 가족들이 형상 담지자라는 신분을 공유하고 있음을 우리에게 알려준다. 그래서 하나님의 뜻이 하늘에서 이룬 것같이 땅에서도 이루어지는 것이다.

이 성경신학적 개념은 신구약 모두의 여러 다른 본문과 개념을 이해하는 초석이 된다. 우리가 앞서 이야기한 우상숭배의 논리는 새로운 아이러니가 된다. 타락 후 인간은 나무와 돌로 의지할 대상을 만들고 그 인공물에 '신성'을 끌어들이기 위해 생명을 불어넣는 의식을 행한다. 그런데 하나님이 처음부터 자기의 형상을 담은 존재들을 만들어 놓으시지 않았는가? 바로 남자와 여자로 불리는 인류 말이다. 하나님은 그런 인간들 사이에 거하기 원하셨고, 인간들이 하나님과 함께 다스리고 통치하기 바라셨다.

인류의 타락 직후에 그 계획이 변경되었다. 최종적으로 하나님은 성령을 통해 인간 속에 장막을 치기로 결정하셨다. 신자를 하나님의 아들들이나 자녀들(요 1:12; 요일 3:1-3) 또는 하나님의 가족에 '입양된' 자들(갈 4:5; 엡 1:5)과 같은 표현으로 설명하는 것은 결코 우연이 아니며, 실용적인 필요에 의한 것도 아니다. 이는 창세기에서부터 드러난 하나님의 본래 계획이 반영된 표현이다. 언젠가 우리가 영화롭게 되는 날에, 하늘과 땅의 두 회의 또는 두 가족이 새 에덴에서 하나가 될 것이다. 우리는 앞으로 이 모든 주제에 대해 더 많은 것을 발견해 나갈 계획이다.

"하늘에서 이룬 것같이 땅에서도 이루어지이다." 이것이야말로 에덴의 본질이었다. 고대의 에덴 개념을 이해하면 하나님의 원래 의도가 더 선명해질 것이다.

6. 동산과 산

우리는 구약이 두 가지 형태의 하나님의 권속-가족을 말하고 있으며 그 중 하나는 인간 가족이고 다른 하나는 비인간 가족임을 배웠다. 이 두 가족은 각기 다른 영역에서 하나님을 섬기기 위해 하나님의 대표자로 지음 받았다. 이번 장에서 우리는 에덴에 대한 묘사가 어떻게 이 개념을 뒷받침하는지 살펴보겠다.

우리는 보통 창세기 2:8에 묘사된 대로 에덴을 최초의 인간이 본향으로 불렀던 장소라고 생각한다. "여호와 하나님이 동방의 에덴에 동산을 창설하시고 그 지으신 사람을 거기 두시니라." 그러나 에덴을 인류의 본향으로만 설명하면 에덴의 1차적 위상을 간과하게 된다.

에덴은 하나님의 지상 집이자 하나님의 거주지였다. 그리고 왕이 사는 곳은 어전회의가 열리는 장소이기도 하다. 현대 독자인 우리는 이런 사고가 성경 본문을 통해 넌지시 드러나고 있음을 보지 못한다. 고대 독자라면 이 점을 절대 놓치지 않을 것이다.

고대의 배경

에덴을 바르게 이해하는 유일한 방법은 성경 기자들이 고대 근동에 살던 사람들과 공유했던 세계관에 비추어 보는 것이다. 가령 고대 이집트인과 메소포타미아인은 이스라엘 사람들과 마찬가지로 천상회의의 통치를 받는 보이지 않는 영적 세계가 존재한다고 믿었다. 신들의 거처, 즉 신들이 살기도 하면서 인간 세상을 다스리기 위해 회집하는 장소는 여러 방식으로 묘사되었다. 가장 흔한 것이 동산gardens과 산mountains이다. 구약에서 에덴은 동산과 산 이미지로 묘사된다.

고대인들은 단순한 이유로 신들이 '울창한' 동산이나 산에 살고 있다고 생각했다. 신이라면 최고의 라이프스타일을 향유하는 것이 당연했고, 어쨌든 그들은 '신'이기 때문이다. 우주의 유명인사들이 우리처럼 산다는 건 말이 되지 않았다.

고대 근동은 대부분의 사람들이 하루하루 근근이 먹고사는 농경 문화였다. 극소수의 왕족과 사제들만이 다른 방식의 삶을 누렸다. 고대인의 세계관에서 볼 때 그들은 신의 선택을 받아 높은 신분으로 승귀된 자들이었다. 날은 뜨겁고 비도 거의 내리지 않았다. 물의 근원지를 찾고 물의 힘을 활용하는 것은 사활이 걸린 문제였다. 그래서 나일 강, 티그리스 강, 유프라테스 강 등 큰 강 유역에서 문명이 움텄다. 당연히 신들도 물이 풍성한 곳에 살았다. 그런 곳은 도처에 생명 유지를 위한 채소와 과일이 자라며 영양섭취가 잘 된 살진 짐승들이 흔했다. 신들이 사는 곳에서 결핍은 생각조차 할 수 없다. 그곳이 동산이다.

산꼭대기도 어떤 인간도 살지 않는다는 점 때문에 신의 영역이었다. 고대는 현대와 달랐다. 아무도 취미 삼아 등산이라는 걸 하지 않왔다. 등산을 하고 싶어도 높고 먼 곳까지 올라갈 장비가 없었다. 산은 너무 멀고 높아 사람이 범접할 수 없는 곳이었고, 신들이 성가신 인간들을 피해 머물기에 완벽한 장소였다. 하늘을 향해 치솟은 산꼭대기는 누가 봐도 신들의 영역이었다.

이런 사고방식은 왜 이집트 신전을 울창한 동산 이미지로 조각하거나 그렸는지, 왜 고대인들이 피라미드와 지구라트를 건축했는지를 설명해 준다. 이 구조물들은 인간의 손으로 지은 인공 산山이었다. 이것들은 인간이 살아서 또는 죽어서 신의 영역인 영적 세계로 들어가는 관문 역할도 했다. 그야말로 돌로 된 은유라 할 수 있다.

고대 우가리트

하지만 우리의 목표에 초점을 맞춰보면, 이스라엘 북쪽에 인접한 고대 시리아의 도시국가 우가리트의 덜 거창한 고대 문명이 각별한 의미를 갖는다.[1]

---

1. 우가리트와 구약의 동산과 산 이미지에 대한 최고의 자료로 다음을 참조하라. Richard J. Clifford, *The Cosmic Mountain in Canaan and the Old Testament*, Harvard Semitic Monographs 4 (Cambridge: Harvard University Press, 1972; repr., Eugene, OR: Wipf & Stock, 2010); L. Michael Morales, *The Tabernacle Pre-Figured: Cosmic Mountain Ideology in Genesis and Exodus* (Biblical Tools and Studies 15; Leuven: Peeters, 2012); Daniel T. Lioy, "The Garden of Eden as a Primordial Temple or Sacred Space for Humankind," *Conspectus: The Journal of the South African Theological Seminary* 10 (2010): 25-57; Gordon Wenham, "Sanctuary Symbolism in the Garden of Eden Story," in *Cult and Cosmos: Tilting toward a Temple-Centered Biblical Theology* (ed. L. Michael Morales; Biblical Tools and Studies 18; Leuven: Peeters, 2014), 161-166.

우가리트 유적지는 1928년 발견된 이래로 수십 년에 걸쳐 발굴이 진행되었다. 주된 발견 중 하나는 수천 권의 토판들이 있는 도서관이었고, 그 토판 중 대략 1,400여 개가 다른 어떤 고대어보다 성경 히브리어와 비슷한 철자로 되어 있었다. 오늘날에는 이를 우가리트어라고 부른다. 히브리어와 우가리트어는 어휘와 문법이 거의 동일한 경우가 많다.

학자들은 이 도서관을 통해 우가리트어와 구약의 내용에 대해 많은 것을 배웠다. 우가리트 최고의 신은 '엘'El이었다. 엘은 구약에서 이스라엘의 하나님을 가리키는 여러 이름 중 하나다. 엘에게는 "엘의 아들들"로 구성된 천상회의가 있었다. 엘의 공동 통치자는 바알Baal이었다. 엘과 바알의 일이 겹치는 것처럼 보이는 경우도 많았다. 우가리트와 이스라엘의 지리적 근접성을 고려할 때 바알 숭배가 이스라엘에서 그토록 골칫거리가 된 것은 어쩌면 당연하다고 할 수 있다. 우가리트 발굴 덕분에 이 모든 구약 역사의 배경을 파악할 수 있었다.

엘과 바알은 이스라엘의 여호와와 전혀 다르게 행동했다고 해도 과언이 아니다. 그러나 우가리트 문헌은 그 밖의 측면에서는, 특히 우가리트의 천상회의와 엘과 바알이 거주하고 회집하던 장소에 대해서만큼은 아주 풍성한 시사점을 제공한다. 우가리트의 천상회의는 최고 권세자 엘(엘은 공동 통치자인 고관 바알을 통해 대부분의 판결을 내렸다), "엘의 아들들", 그리고 메신저 역할을 하는 신들(말라킴)까지, 이렇게 삼층 구조로 구성되어 있었다.

엘의 회의는 어떤 산 또는 울창한 동산에서 열렸다. 산과 동산은 별개의 다른 장소가 아니라 두 가지 방식으로 동일한 장소를 묘사한 것이다. 엘의 거처는 "이중의 깊은 샘 사이에" 있는 "두 강의 수원지"에 위치해 있어 물 공급이 넉넉했다. 신들의 회의가 열린 장소는 (북쪽이라는 의미의) '짜파누'^{Tsapanu}라는 멀리 떨어진 북쪽의 꼭대기였다.

회의는 "엘의 장막들"이나 엘의 "장막 신전"에서 열렸고 거기서 신들의 칙령이 반포되었다. 때로는 그곳에서 바알의 궁전이 보였는데, "벽돌을 깐 포장도로" 덕분에 그곳은 "라피스 라줄리(청금석)처럼 청명한" 곳이었다.

여호와의 거처

이 모든 것은 구약을 정독한 사람에게는 익숙한 이야기다. 히브리어 성경은 여호와의 거처와 보좌가 있는 어전회의실에 대해 동일한 표현으로 묘사한다. 그리고 여호와가 계신 곳에는 업무 수행 태세를 갖춘 천상회의가 여호와를 둘러 서 있다(비교. 사 6장; 왕상 22:13-28). 구약의 회의기구 역시 우가리트처럼 삼층구조로 되어 있으며 여호와가 그 정점에 계신다.[2] 그 아래에는 하나님의 가족-권속("하나님의 아들들")이 있다. 맨 아래층은 엘로힘의 메신저인('천사'로도 번역됨) '말라킴'의 자리다.

출애굽기부터 사사기까지 계속 언급되는 텐트형 성막^{Tarbernacle}과 회막$^{Tent\ of\ Meeting}$은 명백히 하나님이 거하시며 명을 내리시는 장소에 해

---

2. 이어지는 장들에서 여호와 역시 우가리트의 천상회의와 똑같이 공동 통치자 또는 고위 관료를 두었음을 보게 될 것이다. 그러나 그 인물은 또 다른 피조물인 엘로힘이 아니라, 여호와 자신이 제2위의 모습으로 등장한 것이다. 이는 기독교인이 흔히들 오직 신약에만 나온다고 생각하는 삼위일체 개념의 배경이 된다.

당한다. 여호와 역시 산(시내산이나 시온산)에서 만날 수 있었다. 시편 48:1-2을 보면 하나님의 도성 예루살렘이 "북쪽 꼭대기"(히브리어로 '짜폰')에 위치해 있다고 되어 있다.³ 시온산 역시 "북쪽 꼭대기"(개역개정, "북극")에 위치한 "집회의 산"이었다(사 14:13). 시내산에서 모세와 다른 이들은 좌정하신 이스라엘의 하나님과 그 발치의 "청옥을 편 듯하고 하늘 같이 청명"한 길을 보았다(출 24:9-10).

물론 에덴 동산도 울창하고 물이 넉넉한 거주지였다(창 2:5-14). 에스겔 28:13은 에덴 동산("하나님의 동산 에덴")을 언급하는데 거기에 덧붙여 하나님의 동산이 곧 "하나님의 성산"(겔 28:14)이라고 말한다.⁴ 우리는 하나님의 산이라고 하면 으레 시내산이나 시온산을 생각한다. 동산 이미지로 보자면 시온산 역시 에덴적 언어로 표현된 적이 있다. 에덴처럼 시온산 역시 물이 넉넉한 거주지로 묘사되었다(사 33:20-22; 겔 47:1-2; 슥 14:8; 욜 3:18). 시내산이든 시온산이든, 하나님의 산은 사실상 하나님의 성전이다.⁵

---

3. "북쪽 꼭대기"(heights of the north)는 나의 번역이다. 이는 여러 영역본의 "북방/북극"(far north) 같은 표현보다 더 문자적으로 번역한 것이다. 이 문구는 가나안 지역에서는 자폰(Zaphon)으로 알려진 가나안의 북녘 산간지방, 즉 가나안(우가리트)의 천상회의의 산속 거처를 가리킨다. 참조. "Zaphon," in *Dictionary of Deities and Demons in the Bible*, 2nd ed. (ed. Karel van der Toorn, Bob Becking, and Pieter W. van der Horst; Leiden; Boston; Cologne; Grand Rapids, MI; Cambridge: Brill; Eerdmans, 1999), 927.

4. 내가 아는 해석자들은 모두 겔 28장의 "하나님의 동산"과 "하나님의 성산"(holy mountain)을 동일한 신의 거처로 본다. 이유는 단순하다. 하나님은 자신의 거주 장소와 관련해 줄곧 단일한 신적 거민("너")에 대해 말씀하신다. 하나님이 겔 28장에서 여러 다른 개인들에게 말씀하고 계신다는 생각을 문법적으로 정당화할 길은 없다. 따라서 28장에 등장하는 인물의 거처에 대한 묘사는 한 곳을 가리킨다.

5. 참조. Ronald E. Clements, "Sacred Mountains, Temples, and the Presence of God," in Morales, Cult and Cosmos), 69-85, Richard J. Clifford, "The Temple and the Holy

함의

고대 이스라엘 사람들은 에덴을 하나님의 거처이자, 천상회의를 통해 인간사를 관할하는 곳으로 생각했을 것이다. 그 이미지는 이스라엘 주변국의 신관神觀과 완벽히 일치한다.[6] 그러나 성경신학에서는 추가적인 메시지가 담겨 있다.

이어지는 장에서 보겠지만, 성경에서는 신들의 거처에서 열리는 신들의 회의에 인간이 포함된다. 여기에 담긴 신학적 메시지는 이스라엘의 하나님이 이 에덴이라는 장소를 단지 자신만의 영역으로 창조하신 게 아니며, 자기 백성들 가운데서 살기 원하여 만드셨다는 것이다. 여호와는 자신이 창조하신 이 새 땅에 왕국의 통치가 이루어지기 원하셨고, 그 통치를 인류와 함께하기 원하셨다. 또한 천상회의는 여호와가 계신 곳이므로, 천상과 지상의 가족-권속은 합력하여 그 역할을 감당해야 했다. 만일 타락이 발생하지 않았다면 인류는 영화롭게 되었을 것이고 이 천상회의의 일원으로 남았을 것이다.

이것은 억측이 아니다. 지난 장에서 우리는 인간이 하나님의 자녀라는 신학적 개념의 출발점에 대해 살펴보았다. 하나님의 본래 취지는 인간을 하나님 가족의 일원으로 삼는 것이었다. 에덴에서의 실패로 하

Mountain," in ibid., 85-98.
6. 에덴과 그 주변 환경은 학계에서 큰 관심의 대상이었다. 주목할 만한 연구로 다음을 참조하라. Geo Widengren, *The King and the Tree of Life in Ancient Near Eastern Religion* (King and Saviour 4; Wiesbaden: Otto Harrassowitz, 1951); Tryggve N. D. Mettinger, *The Eden Narrative: A Literary and Religio-Historical Study of Genesis 2-3* (American Oriental Society; Winona Lake, Ind.: Eisenbrauns, 2007).

나님과 인간이 소원해졌지만, 하나님은 신자를 다시 자기의 가족으로 편입시킬 구원의 방도를 내셨다(요 1:12; 요일 3:1-3). 우리는 또한 인류가 존재한다는 것 자체가 "하나님의 본래 소망이 인간 자녀들을 하나님의 통치에 참여시키는 것"임을 보여준다는 점을 살펴보았다. 이 두 개의 신학적 씨줄과 날줄이 구약을 직조하여 신약 기자들이 하나님 나라와 신자의 영화^{glorification}에 대해 말하는 맥락이 된다. 이어지는 장에서 이 개념을 다시 다뤄보기로 하자.

우리를 다음 장으로 인도할 에덴에 관련된 구절 하나만 더 살펴보자. 에덴은 에스겔 28:2에서 "신들의 자리"$^{seat\ of\ the\ gods}$(개역개정, "하나님의 자리")로 묘사된다. 현대 독자에게는 이 표현이 낯설지 않을 것이다. 이것은 통치권(가령 '시의회 의석' '국회 의석')을 말한다. 에스겔의 표현은 에덴이 권한을 행사하는 자리라는 의미를 전하고 있다. 뭔가 해야 할 일이 있었던 것이다. 하나님은 단지 에덴만이 아니라 지구 전체에 대한 계획을 품고 계셨다.

7.
에덴, 지상에 이 같은 곳이 없더라

하나님은 목적 없이 행동하시지 않는다. 하나님은 자신의 뜻을 수행할 주체로서 천상의 무리들(천군)을 창조하셨다. 하나님이 자신의 특정한 필요를 충족시키기 위해 그들을 창조하셨을까? 결코 그렇지 않다. 하나님처럼 완전하고 완벽한 존재에게 어떤 식으로든, 그리고 어떤 이유로든 결핍이란 존재하지 않는다. 하나님은 천상회의가 필요하신 게 아니라 다만 그 회의를 사용하실 뿐이다. 마찬가지로 하나님은 창조 세계를 관리하거나 훗날 메시아의 도래를 계시할 대상으로서 인간이 필요하신 게 아니었지만, 인간을 쓰시는 길을 선택하셨다. 하나님은 자신을 대표하고 자신의 뜻을 수행할 대리인을 창조하길 기뻐하신다. 하나님의 이러한 결정에는 그에 상응하는 결과가 뒤따른다.

지구가 곧 에덴은 아니었다

첫 번째 고찰은 성경 본문을 통해 분명하게 드러나지만 어떤 이유에선지 많은 이들이 놓치는 부분이다. 바로 온 세상이 에덴은 아니었다는 것이다. 에덴이 지상 전체가 아니라 그 중에 작은 일부라는 점을 확인하고 가는 것이 중요하다. 이 구분은 이어지는 장들에서 중요한 의미를 가질 것이다. 본문은 여러 방식으로 이 점을 드러낸다.

실제로 에덴은 지상에 있는 자그마한 땅덩어리였다. 그 입지는 지리적 표식으로 경계가 그어져 있었다(창 2:8-14). 바로 앞장에서 우리는 우가리트의 천상회의가 열린 곳이 ("이중의 깊은 샘 사이에 있는") 두 강이 가로지르는 동산임을 보았다. 에덴은 네 개의 수원지로 묘사된다.

> [10] 강이 에덴에서 흘러 나와 동산을 적시고 거기서부터 갈라져 네 근원이 되었으니 [11] 첫째의 이름은 비손이라 금이 있는 하윌라 온 땅을 둘렀으며 [12] 그 땅의 금은 순금이요 그곳에는 베델리엄과 호마노도 있으며 [13] 둘째 강의 이름은 기혼이라 구스 온 땅을 둘렀고 [14] 셋째 강의 이름은 힛데겔이라 앗수르 동쪽으로 흘렀으며 넷째 강은 유브라데더라(창 2:10-14).

이 묘사 하나만으로도 세상 전체가 에덴은 아니었음을 분명히 알 수 있다. 다른 표식도 있다.

창세기 1:26-27에서 하나님은 인류를 이 새로운 지상 영역에서 자신의 형상 담지자, 즉 자신의 대표자로 삼으셨다. 28절의 명령에서 형상에 대한 역할론적 견해가 분명하게 드러난다.

하나님이 그들에게 복을 주시며 하나님이 그들에게 이르시되 생육하고 번성하여 땅에 충만하라, 땅을 정복하라, 바다의 물고기와 하늘의 새와 땅에 움직이는 모든 생물을 다스리라 하시니라.

1:28에서 '땅'이 충만해져야 할 필요성에 대해 말씀하신 것을 주목하라. 이는 에덴에 대한 언급이 아니었다. 에덴은 창세기 이야기에서 아직 등장하지 않았다. 에덴에 대한 최초의 언급은 창세기 2:8에서야 나온다.

여호와 하나님이 동방의 에덴에 동산을 창설하시고 그 지으신 사람을 거기 두시니라.

에덴 동산을 '동방에' 창설했다고 말한다. 방향을 지시하는 이 표현을 통해 우리는 땅에 다른 지역도 있었음을 알 수 있다. 하나님은 이 동산을 "창설하셨다." 우리는 창세기 1장을 통해 ('땅'이라고 부르는) 마른 대지가 이미 존재했다는 사실을 알고 있다. 하나님이 동방에 동산을 창설하시려면 마른 대지가 있어야 했다.

창세기 2:15 역시 흥미롭다. 하나님이 동산에 사람을 두신 데에는 나름의 이유가 있었다. "여호와 하나님이 그 사람을 이끌어 에덴 동산에 두어 그것을 경작하며 지키게 하시고." 그 사람이 할 일은 동산을 경작하고 지키는 것이었다. 앞서 창세기 1:28에서 사람에게 주어진 일은 "생육하고 번성하여 땅에 충만하라, 땅을 정복하라…다스리라"였다. 물론 그가 그 일을 하려면 여자가 필요했지만 창세기 2장에서 하나님이 동산에 사람을 두실 때에는 아직 여자가 창조되기 전이다. 그러니까 동산을 경작하는 일과 땅을 정복하는 일은 동일한 과업이 아니었다.

창세기 1장과 2장은 연대기적인 순서로 쓰이지 않았다. 1장과 2장에 의하면 사람의 본업은 자신이 거주하는 동산을 경작하는 것이었다 (창 2장). 하나님은 사람이 동반자를 구한 다음(창 1장) 두 사람 모두에게 생육, 번성하여 땅에 충만하고 땅을 정복하여 땅의 생물을 다스리라고 (히브리어 복수형 동사로 명령하며) 말씀하셨다.

에덴과 세상을 구분하는 앞의 고찰과 더불어 이 인류의 여러 임무들을 생각해 보면 에덴과 땅이 서로 구별되는^{distinct} 것임을 알 수 있다. 하나님의 동산을 정복한다는 것은 말이 되지 않는다. 에덴은 이미 하나님이 원하시는 상태였다. 땅에는 에덴 같은 곳이 없었다. 에덴이 정복할 필요가 있었다면 그것은 에덴이 불완전하다는 것을 암시한다. 에덴에 대해서는 그렇게 말할 수 없지만 에덴을 제외한 나머지 세상에 대해서는 불완전하다는 말이 맞다. 물론 하나님은 모든 창조세계를 기뻐하셨고, "심히 좋았더라"고 선언하셨다(창 1:31). 그러나 심히 좋다는 사실이 완전하다는 말은 아니었다.[1]

---

1. 맥락 속에서 창조세계를 "심히 좋았더라"고 표현한 것은 창조세계가 인간 거주와 지상 피조물의 존속과 생존에 적합하다는 뜻이다. 성경 기자가 아무 결핍도, 개선의 여지도 없는 완벽한 상태를 묘사하고자 했다면 그는 '토브'(좋다)라는 단어가 아닌 다른 단어를 선택했을 것이다. 히브리어에는 '톰'과 같이 완벽함을 표현하는 단어들이 있다(참조. *The Hebrew and Aramaic Lexicon of the Old Testament* [Leiden, New York: Brill, 1999], 1743). 창 1:31("하나님이 지으신 그 모든 것을 보시니 보시기에 심히 좋았더라")의 공언이 지구가 완벽한 상태로 창조되었음을 뜻한다는 개념은 초기 교부들을 비롯해 매우 초기부터 심심치 않게 제기되었다. 이 추정에는 여러 문제점이 있는데, 여기서 몇 가지만 언급하고자 한다. 여기서 내가 제기하는 주장은 창조세계가 하나님의 뜻에 부합하지 않았다는 말이 아니다. 정말로 창조세계는 당시에 정확히 하나님이 원하시던 모습이었다. 그러나

마지막으로 에덴과 땅을 구별해야 하는 이유는 타락 후 아담과 하와가 에덴에서 쫓겨나 다른 곳에서 살았기 때문이다. 그들을 대기권 밖에 있는 우주로 추방했다고 보지 않는 한 에덴과 땅이 서로 구별된다는 것을 인정할 수밖에 없다.

이 구별에 대한 고찰은 광범위한 성경적 개념에 영향을 주고, 일부 까다로운 신학적 난제들에 해결의 실마리를 제공한다. 그러나 나는 여기서 오로지 한 가지 사안에만 관심을 두고자 한다. 이 구별은 인류의 원래 임무가 온 땅을 에덴처럼 만드는 것이었음을 깨닫게 해준다.

아담과 하와는 동산에서 살았다. 그들은 동산을 경작했다. 그러나 땅의 나머지 부분은 정복되어야 했다. 땅의 나머지 부분이 형편없었다는 말이 아니다. 실제로 창세기 1장은 우리에게 나머지 땅도 거주할 만했음을 말해 준다. 그러나 그곳은 에덴과는 사뭇 달랐다. 온 세상은

창조세계는 에덴과 모든 면에서 같지 않았으며 이 둘 사이의 대비는 하나님이 의도하신 것이었고, 성경신학 이야기의 배경이다. 이 주제를 철저히 다룬 연구로 다음을 참조하라. Hulisani Ramantswana, "God Saw That It Was Good, Not Perfect: A Canonical-Dialogic Reading of Genesis 1-3"(PhD diss., Westminster Theological Seminary, 2010). 에릭 베일(Eric M. Vail)도 이와 비슷한 통찰을 제공한다. "Using 'Chaos' in Articulating the Relationship of God and Creation in God's Creative Activity"(PhD diss., Marquette University, 2009). 혼돈과 무질서, 그리고 창세기의 우주론이 인간 거주와 여호와의 안식과 거주를 위한 거룩한 성전 건축의 두 가지 차원에서 질서 부여 역할을 한다는 개념은 내가 이 책의 후속작을 위해 남겨두기로 한 주제다. 내 책이 출간되기 전까지는 이 주제를 다루고 있는 여러 저작을 통해 이 주제에 접근할 수 있다. 참조. *The Seven Pillars of Creation: The Bible, Science, and the Ecology of Wonder* (Oxford: Oxford University Press, 2010), esp. chapter 3, "The Cosmic Temple: Cosmology according to Genesis 1:1-2:3"; John H. Walton, *The Lost World of Genesis One: Ancient Cosmology and the Origins Debate* (Downers Grove, IL: InterVarsity Press, 2009); Moshe Weinfeld, "Sabbath, Temple and the Enthronement of the Lord," *Mélanges bibliques et orientaux en l'honneur de M. Henri Cazelles* (ed. A. Caquot, and M. Delcor; Alter Orient und Altes Testament 212; Kevelaer and Neukirchen-Vluyn, 1981), 501-12.

하나님의 집처럼 되어야 했다. 하나님은 그 일을 친히 하실 수 있었지만 자신을 대신하여 그 일을 수행할 자신의 형상 담지자인 인간을 창조하기로 결정하셨다. 하나님은 명을 내리셨고, 인간은 그 일을 이루어내야 했다. 인간은 생육하고 번성하며 하나님의 지시를 따름으로 그 일을 감당해야 했다.

에덴은 하나님 나라 개념이 시작되는 곳이다. 그리고 성경이 새 에덴 땅의 환상으로 끝나는 것 역시 우연이 아니다(계 21-22장).

하나님의 선포와 협력관계

타락 이전에도, 타락 이후에도, 하나님과 인류의 협력관계는 하나님의 형상 담지자들인 인간의 실질적이고 의미 있는 참여로 이루어졌다. 가장 분명한 예로, 하나님은 모세, 여호수아, 다윗, 솔로몬, 선지자, 사도와 같은 인물들을 통해 일하셨다. 이 패턴은 우리와 모든 신자에게 확대 적용된다. 우리가 하는 일 중 하나님이 스스로 성취하실 수 없는 일은 없다. 그러나 하나님은 그 방법을 택하지 않으셨다. 오히려 하나님은 자신의 뜻이 무엇인지 우리에게 알려주시고 자신의 충성된 자녀에게 그 일을 완수할 것을 명하신다.

우리는 앞서 인간과 인간이 아닌 신적 존재들이 공통적으로 형상 담지자로서의 신분을 갖는다는 점을 살펴보았다. 이 사실은 창세기 1:26에서 하나님이 복수형으로 "우리가 사람을 만들자"라고 말씀하신 문구에서도 드러난다. 27절의 단수형은 단일 창조자인 이스라엘의 하나님이 주도적으로 인류를 창조하셨으며, 그분이 인간을 자신의 형상 담지자로 창조하셨다는 결론으로 우리를 이끈다. 26절의 복수형은 이전 시점에 창조된 하나님의 다른 가족, 즉 하나님의 아들들 역시 창조자의 형상 담지자였음을 알려주는 단서다.

이 연결고리와 배경을 감안할 때, 하나님과 하나님의 형상 담지자인 인간의 협력관계가 본질적으로 참여지향적이라는 것은 전혀 놀랄 일이 못 된다. 천상회의 역시 동일한 종류의 참여지향적 구조를 통해 작동한다. 하나님이 자신의 뜻을 선포하시고 통치 권한을 지닌 자신의 권속에게 그 명령을 수행하도록 일임하신다. 구약에서 볼 수 있는 단적인 예가 아래의 두 본문이다.

먼저 열왕기상 22장은 천상회의의 모습을 흐릿하게나마 들여다 볼 기회를 제공한다. 처음 15절까지는 배경이 설정된다. 아람과 이스라엘의 3년 간의 평화기 이후 남유다의 여호사밧 왕이 북이스라엘의 아합 왕을 방문한다. 북이스라엘은 다윗 왕조에 충성하는 지파들로부터 떨어져 나온 왕국이다. 북이스라엘의 열왕들은 구약에서 줄곧 영적 배교자들로 묘사된다. 그 중에서도 가히 최악이라 할 만한 인물이 아합이었다.

아합은 아람의 통제 아래 있던 길르앗 라못을 (아람과의 평화를 깨고) 침공하려는 자신의 계획에 여호사밧이 힘을 실어주길 바랐다. 길르앗 라못은 원래 갓 지파에게 배분된 땅이었으며 레위 지파의 도피성이기도 했다(수 20:8; 21:38; 대상 6:80; 신 4:43). 아람은 길르앗 라못의 합법적인 소유자가 아니었다. 아합은 이를 명분으로 전쟁을 일으키려 했다.

여호사밧은 그 논리에는 수긍했지만 과연 여호와께서 이 계획을 좋게 보시는지 알고 싶어했다. 배교한 이스라엘의 왕은 자기 수하에 있는 400여 명의 선지자들을 부르고 그들은 일관되게 왕에게 승리를 예언한다. 뭔가 석연치 않았던 여호사밧이 주변에 물어볼 만한 다른 선지자가 없냐고 묻자 아합은 "한 사람이 있긴 하지요"라고 운을 뗀다. 아합은 노골적으로 그 선지자에 대한 적개심을 드러낸다. 여호와의 선지자인 미가야는 늘 아합이 듣기 싫어하는 말만 골라서 진실만을 말했기 때문이다.

미가야가 소환되고 왕들이 그에게 전쟁을 벌여야 할지를 묻는다. 처음에 미가야는 다른 선지자들 흉내를 내며 아합을 조롱하지만 아합은 바보가 아니었다. 그 다음 일이다.

> [16] 왕이 그에게 이르되 내가 몇 번이나 네게 맹세하게 하여야 네가 여호와의 이름으로 진실한 것으로만 내게 말하겠느냐 [17] 그가 이르되 내가 보니 온 이스라엘이 목자 없는 양 같이 산에 흩어졌는데 여호와의 말씀이 이 무리에게 주인이 없으니 각각 평안히 자기의 집으로 돌아갈 것이니라 하셨나이다 [18] 이스라엘의 왕이 여호사밧 왕에게 이르되 저 사람이 내게 대하여 길한 것을 예언하지 아니하고 흉한 것을 예언하겠다고 당신에게 말씀하지 아니하였나이까
> [19] 미가야가 이르되 그런즉 왕은 여호와의 말씀을 들으소서 내가 보니 여호와께서 그의 보좌에 앉으셨고 하늘의 만군이 그의 좌우편에 모시고 서 있는데 [20] 여호와께서 말씀하시기를 누가 아합을 꾀어 그를 길르앗 라못에 올라가서 죽게 할꼬 하시니 하나는 이렇게 하겠다 하고 또 하나는 저렇게 하겠다 하였는데 [21] 한 영이 나아와 여호와 앞에 서서 말하되 내가 그를 꾀겠나이다 [22] 여호와께서 그에게 이르시되 어떻게 하겠느냐 이르되 내가 나가서 거짓말하는 영이 되어 그의

모든 선지자들의 입에 있겠나이다 여호와께서 이르시되 너는 꾀겠고 또 이루리라 나가서 그리하라 하셨은즉 ²³ 이제 여호와께서 거짓말하는 영을 왕의 이 모든 선지자의 입에 넣으셨고 또 여호와께서 왕에 대하여 화를 말씀하셨나이다(왕상 22:16-23).

이 본문, 특히 19-22절은, 하나님이 주재하시는 천상회의 장면을 묘사하고 있다. 20절이 우리에게 명백하게 전하는 바는 하나님이 아합이 이제 죽을 때가 되었다고 결정하셨다는 것이다. 그러고 나서 하나님은 회의에 배석한 천상의 무리에게 아합의 죽음을 실현시킬 방도를 물으신다. 하나님은 아합이 길르앗 라못에서 죽게 될 것이라고 명을 내리셨지만 죽음의 방법까지 명하신 것은 아니다. 회의에서 이 문제를 논의하던 중 한 영이 나와 의견을 제시한다(21-22절). "내가 나가서 거짓말 하는 영이 되어 그 모든 선지자의 입에 있겠나이다." 이 말을 듣고 (의역하자면) 하나님이 말씀하신다. "옳거니, 그러면 되겠구나. 가서 그 일을 해라."

하나님이 뜻을 정하시고 천상회의가 실질적으로 이에 참여하는 과정을 보여주는 또 다른, 신적인 의사 결정 장면이 있다.

느부갓네살이 하늘까지 닿은 거대한 나무를 보았다며 꿈 이야기를 하는 다니엘서 4장이다. 느부갓네살은 다니엘에게 그 꿈에서 순찰자^{watcher}를 보았다고 하는데, 이 순찰자는 다니엘 4장에서 신적 존재("한 거룩한 자")로 묘사된다(단 4:13, 17, 23). 순찰자는 나무가 베임을 당해 그루터기만 남을 것이라고 말한다. 나무와 그루터기는 느부갓네살을 상징한다. 순찰자는 느부갓네살이 정신이 나가 짐승처럼 될 것이라고 말한다(단 4:13-16).

17절에서 독자들은 느부갓네살이 당할 운명을 결정한 자가 누구인지를 발견하게 된다.

> 이는(이 판결은) 순찰자들의 명령대로요 이 결정은 거룩한 자들의 명령대로니
> 지극히 높으신 자가 인간 나라를 다스리시며
> 자기의 뜻대로 그것을 누구에게든지 주시며
> …사람들이 알게 하려 함이라 하였느니라(단 4:17).

여기서 흥미로운 점은 명령의 원천은 순찰자들이라고 말하지만, 이에 대한 최종적인 주권은 지극히 높으신 자 한 분에게 있다는 점이다. 후에 다니엘이 꿈풀이를 하며 이렇게 말한다.

> 왕이여 그 해석은 이러하니이다 곧 지극히 높으신 이가 명령하신 것이 내 주 왕에게 미칠 것이라(단 4:24).

여기서 우리는 이 명령 배후에 있는 궁극적인 권세가 지극히 높으신 하나님임을 본다. 하지만 17절에서 이 명령을 전달한 순찰자는 "이 판결은 순찰자들의 명령대로요"라고 한다. 하나님과 그분의 신적 대행자들이 함께 이 결정에 관여한 것이다.

다니엘은 연달아 몇 가지 세부사항을 추가한다. 고딕 글씨로 강조한 부분을 주의 깊게 살펴보라.

> [25] (느부갓네살) 왕이 사람에게서 쫓겨나서 들짐승과 함께 거하며 소

처럼 풀을 먹으며 하늘 이슬에 젖을 것이요 이와 같이 일곱 때를 지낼 것이라 그때에 지극히 높으신 자가 인간 나라를 다스리시며 자기의 뜻대로 그것을 누구에게든지 주시는 줄을 아시리이다 ²⁶ 또 그들이 그 나무 뿌리의 그루터기를 남겨 두라 하였은즉 하늘이 다스리시는 줄을 왕이 깨달은 후에야 왕의 나라가 견고하리이다(단 4:25-26).

이 구절이 분명하게 전하는 바는 지극히 높으신 자가 다스리신다는 것이다. 이는 명백히 단수다. "하늘이 다스리신다"는 표현이 흥미로운 이유는 하늘로 번역한 아람어 '쉐마인'이 복수형 동사를 수반하는 복수형이기 때문이다. '쉐마인'이 복수인 것은 천상회의의 구성원들이나 집단적 함의를 지닌 회의를 지칭하기 때문일 수 있다. 여하튼 이 문구는 다니엘 4장 앞부분에서 천상회의의 일원들과 지극히 높으신 자 사이에 어떤 의견 교환이 있었음을 시사한다.

결론은 하나님이 형상 담지자, 즉 하나님을 대표하는 자들의 명실상부한 조력을 받으며 천상계와 지상계를 다스리신다는 것이다. 이는 명쾌한 논점이다. 아마도 이보다 조금 덜 분명한 사실은 하나님의 뜻을 수행하고 성취하는 방법이 열려 있어서, 하나님의 형상 담지자들이 하나님의 뜻을 성취할 집행상의 결정을 자율적으로 내릴 수 있다는 것이다. 하나님이 근본적으로 어떤 일의 결국을 명하시지만, 그것을 이루는 수단은 형상 담지자들에게 위임하실 수 있다. 실제로 위의 본문에서 나타나는 것처럼 때때로 그렇게 하셨다.

이러한 하나님의 주권과 (형상 담지자의) 자유의지 사이의 균형은 에덴에서 일어난 사건을 이해하는 데 필수적이다. 창세기 3장에서 묘사한 인간과 비인간 존재들이 내린 선택들은 자신의 더 위대한 계획을 이루기 위한 여호와의 강압이나 요구에 의해 발생한 것이 아니었다. 하나님은 반역을 자유롭게 선택할 수 있는 형상 담지자를 창조하는 일이 위험을 수반하는 모험임을 예견하셨다. 그렇다고 하나님이 반역이 일어날 것을 명하신 것도 아니다.

다음 장에서 이에 대해 보다 자세히 살펴보기로 하자.

8.
오직 하나님만 완전하시다

창세기 3장은 성경을 조금만 알고 있더라도 창조 이야기만큼이나 다들 익숙한 타락 이야기다. 그러나 이 이야기는 얼핏 눈에 들어오는 것보다 더 많은 내용을 담고 있다. 나는 앞으로 몇 장에 걸쳐 이 타락 이야기에서 종종 간과하는 세부사항과 그로 인해 제기되는 질문에 관심을 기울일 것이다.

우리가 이전 장들에서 고찰한 내용은 타락을 이해하는 데 결정적인 배경이 된다. 에덴은 하나님의 거처이자 이 땅을 향한 하나님 계획의 신경 중추였다. 성경 기자의 세계관을 한마디로 요약하면, 여호와가 계신 곳에 그분의 천상회의가 있다는 것이다.

태초에 여호와는 인류를 자신의 형상 담지자로 창조하겠다는 뜻을 선언하셨다(창 1:26). 천상회의의 일원들은 여호와 가족의 새 구성원인 인간들이, 온 땅에 편만하여 하나님 나라의 통치를 확장하는 과업을 부여받는다는 소식을 들었다. 인간은 하나님이 부여하신 권한으로 온땅을 에덴처럼 만드는 청지기-왕이 되도록 여호와에 의해 선택 받은 존재였다.

그러다 곧 한 신적 존재가 반기를 들었음을 보게 된다. 그런데 도대체 어떻게 낙원에 문제가 생길 수 있었을까? 어떻게 일이 잘못될 수 있었을까? 욥기에 일부 단서가 있다.

배경

욥기는 기이한 책이다. 그래서 그토록 흥미진진한 것인지도 모르겠다. 이야기는 천상회의 장면에서 시작한다. 하나님의 아들들이 여호와 앞에 나와 그분 앞에 선다(욥 1:6). 천상회의 도중 사탄이 등장한다. 사탄의 서열은 불분명하다. 하나님의 아들들과 같은 계급인지, 아니면 천상회의의 하급 관리로 등장하는지, 이에 대한 언어는 모호하다. 사탄의 일에 대해 우리가 배운 바를 감안하면 낮은 신분일 가능성이 크다.

나는 의도적으로 사탄$^{the\ satan}$이라는 표현을 썼다. 히브리어로 '사탄'은 대적자^{adversary}, 고소하는 자^{prosecutor}, 도전하는 자^{challenger}를 의미한다. 이는 그가 (여호와의 천상회의의) 통치 기구 내에서 맡은 공식적인 사법적 기능을 가리킨다. 여호와가 사탄에게 어디를 다녀왔냐고 물으신다. 이를 통해 우리는 땅에서 벌어지는 일을 조사하는 것도 사탄의 임무 중 하나임을 알 수 있다(욥 1:7). 말하자면 사탄은 땅에서 자신이 보고 들은 바를 보고하는 여호와의 눈이자 귀다.

욥기 1-2장에 등장하는 사탄은 악당이 아니다. 그는 하나님이 자신에게 맡기신 일에 충실할 뿐이다. 욥기는 이 장면에 등장하는 사탄을 (신약에서 마귀devil로 알려진) 창세기 3장의 뱀serpent과 동일시하지 않는다. 구약에서는 창세기 3장의 뱀이라는 존재에 대해 '사탄'이라는 히브리어를 한 번도 사용하지 않는다. 사실 구약에서 이 (사탄이라는) 단어는 인칭 고유명사가 아니다.[1]

구약학자들은 이 모든 사실을 잘 알고 있다. 구약에서 사탄이 인칭 고유명사가 아니라는 결론은 히브리어 문법을 통해 도출된 것이다. 영어처럼 히브리어는 정관사 'the'를 인격체를 가리키는 고유명사에 붙이지 않는다. 영어를 쓰는 사람들은 자신이나 타인을 일컬어 the Tom이나 the Sally라고 부르지 않는다. 나는 the Mike가 아니다. 영어는 사람의 이름에 정관사를 붙이지 않는다. 히브리어도 마찬가지다.

그런데 히브리어 성경에 27번 등장하는 '사탄'에는 대부분 정관사가 붙어 있다. 영어권 독자들이 마귀devil를 지칭한다고 추정하는 모든 구절도 마찬가지다(욥 1:6-9, 12; 2:1-4, 6-7; 슥 3:1-2). 이 27곳의 구절에서 묘사된 사탄은 마귀가 아니다. 오히려 그는 여호와의 천상회의에서 자기 역할을 수행하고 있는, 공소장을 낭독하는, 이름이 알려지지 않은 검사(고소하는 자)다. 구약에서 사탄이 정관사 없이 등장하는 사례들 역시 마귀나 뱀이라는 특정 인격체를 지칭하는 것이 아니다. 그 경우는 누군가에게 맞서거나 심판을 집행하기 위해 하나님이 이따금 파송하시는 인간 혹은 여호와의 천사를 일컫는다(예. 민 22:22-23).

---

1. 참조. Peggy Day, *An Adversary in Heaven: śātān in the Hebrew Bible* (Harvard Semitic Monographs 43; Atlanta: Scholars Press, 1988); John H. Walton, "Satan," *Dictionary of the Old Testament: Wisdom, Poetry, and Writings* (Downers Grove, IL: InterVarsity Press, 2008): 714-717.

다만 후기 유대 문헌에서 (에덴을 파멸로 몰아넣은) 창세기 3장의 뱀을 가리키는 고유명사로 이 사탄을 채택한 이유는 사탄이라는 직위가 수행하는 '역할' 때문이다. 그 뱀이라는 존재가 인간 형상 담지자들과 관련된 하나님의 결정에 맞서 대적했기 때문이다. 사람들은 창세기 3장에 등장하는 어둠 속의 존재를 "모든 대적자들의 어머니"로 여겼고 그에게 사탄이라는 이름표를 붙이게 되었다. 그 뱀은 그렇게 불릴 만했다. 다만 여기서 강조하려는 점은 구약이 에덴의 신적 범죄자(뱀)를 가리키면서 사탄이라는 용어를 사용하지 않는다는 것이다.

욥기 1장에서 하나님과 사탄이 욥을 두고 대화를 나눈다. 사탄이 다소 거들먹거리며 욥의 진정성에 대해 하나님께 반문한다. 우리는 나머지 이야기를 알고 있다. 그러니까 하나님은 누가 틀렸는지를 입증할 수 있는 충분한 재량권을 사탄에서 허락하시고, 이로 인해 욥은 고초를 겪는다.

욥기 도입부가 우리의 관심을 끄는 이유는 욥기 뒷부분에 나오는 두 발언 때문이다. 4장에서 욥의 친구 엘리바스가 욥이 탄식하며 죽고 싶다고 말한 것(욥 3:11)에 대답한다. 엘리바스는 그다지 훌륭한 위로자는 못 된다. 엘리바스는 자신이 고난당할 만한 일을 결코 한 적이 없다는 욥의 믿음에 의문을 제기한다(욥 4:6). 하지만 독자들은 욥의 말이 진실임을 안다(욥 1:8). 엘리바스는 이런 말까지 한다.

> [17] 사람이 어찌 하나님보다 의롭겠느냐
> 사람이 어찌 그 창조하신 이보다 깨끗하겠느냐
> [18] 하나님은 그 종들이라도 그대로 믿지 아니하시며
> 그의 천사들이라도 잘못을 지적(개역개정, "미련하다")하시나니

> ¹⁹ 하물며 흙 집에 살며
> 티끌로 터를 삼고
> 하루살이 앞에서라도 무너질 자이겠느냐(욥 4:17-19).

"욥, 주제파악 좀 하게나! 사람이 그 창조자보다 의롭겠는가! 하나님은 하늘의 천사들에게도 흠 없다 하지 않으시는데, 어찌 너를 무흠하다고 여기시겠는가?" 엘리바스는 욥기 15:14-15에서 이 생각을 되풀이한다.

> ¹⁴ 사람이 어찌 깨끗하겠느냐
> 여인에게서 난 자가 어찌 의롭겠느냐
> ¹⁵ 하나님은 거룩한 자들을 믿지 아니하시나니
> 하늘이라도 그가 보시기에 부정하거든.

엘리바스의 말은 의미심장하다. 여기서 성경의 두 진술이 나오는데, 하나는 하나님의 천상회의의 일원들이 부패할 수 있다는 것이고, 또 하나는 그들이 완전하지 않다는 것이다.

얼핏 보면 대단히 심오한 진술 같지는 않다. 진실로 완전한 존재는 오직 하나님 한 분밖에 없다. 실제로 하나님은 욥이 부패할 수 없다거나 완전하다고 말씀하신 적이 없다. 다만 천상회의 자리에서 욥이 흠 잡을 데 없다고 말씀하셨을 뿐이다. 하나님은 욥도 천상회의의 신적 존재들처럼 넘어질 수 있음을 아셨다. 하등한 엘로힘들 역시 완전히 신뢰할 대상은 못 되었다.

자유로운 형상 담지자들

하나님은 천상의 존재든 인간이든 자신의 형상 담지자들을 완벽하게 신뢰할 수 없음을 아신다. 이유는 명쾌하다. 형상 담지자들은 하나님과 닮았지만 하나님은 아니다. 이는 우리가 타락한 세상 속에 살면서 갈등과 경험을 통해 잘 알게 된 진실이다.

형상 담지자에게 진정한 자유의지가 없다면 그들은 진정한 의미에서 하나님을 대표한다고 말할 수 없다. 우리는 앞서 하나님의 형상이 어떤 속성이나 능력이 아니라는 점을 살펴보았다. 오히려 형상은 하나님에 의해 모든 인간에게 부여된 하나님을 대표하는 신분^{status}을 가리키는 말이다. 하나님은 에덴을 온 땅에 확장시키고자 인류를 창조하셨다. 그것이 신학자들이 공통적으로 지배명령이라고 부르는 창세기 1:28의 골자다. 인류는 번성하여 창조세계의 청지기 역할을 감당하고 하나님을 대신해 통치해야 했다. 목표는 이 땅을 돌보고 그 산물을 활용하여 동료 인간 형상 담지자들의 삶의 개선을 도모하되, 그 모든 과정 속에서 하나님의 임재를 누리는 것이었다.

타락 이후의 세상에서 이 모든 일이 어떻게 전개되는지는 사람에 따라 다르게 나타난다. 우리가 경험한 바에 의하면 인간의 삶은 편차가 크다. 어떤 이는 자연유산이나 낙태로 아예 태어나지도 못한다. 어떤 이는 에덴이 아닌 세상의 영향을 온몸으로 드러낸다. 어떤 인간은 심각한 정신적, 육체적 결함으로 인해 원래의 의도대로 하나님을 대표하는 일이 어렵거나 불가능해진다. 우리가 정상이라고 간주하는 건강 상태를 복으로 받고 태어나는 경우라도 질병, 상해, 노화라는 부패한 세상의 연약함에 모두 종속되어 있다. 그러나 하나님의 형상을 드러내는 일^{imaging}은 우리 인류 고유의 것이다. 능력이나 상태와 무관하게 인간의 삶이 신성한 이유는 우리가 바로 하나님이 자신의 대표자로 이 땅에 두신 피조물이기 때문이다.

심각한 장애를 겪지 않고 출생과정도 무사히 통과한 인간은 원래 의도대로 하나님을 대표할 수 있다. 인간은 우리가 인간으로서 지닌 다양한 능력을 발휘함으로 하나님을 대표하게 된다. 우리에게 능력이 있는 것은 우리가 하나님의 닮은꼴이기 때문이다. 이 능력은 우리가 하나님과 공유하는 지성이나 창조력 같은 속성이다. 하나님이 우리와 공유하신 속성이란 하나님을 형상화하기 위한 수단일 뿐이지, 그 자체로 형상 담지자 신분은 아니다. 형상 담지자로서의 신분과 우리의 속성은 서로 연관되어 있지만 동일한 개념은 아니다.

이 속성 중 하나가 자유다. 즉, 의사결정 과정에서 드러나는 자유의지다. 만일 인류가 참 자유를 가진 상태로 창조되지 않았다면 하나님을 대표하는 것이 불가능했을 것이다. 인간은 창조자를 구현하지 못하고 제대로 형상화할 수 없었을 것이다. 하나님은 로봇이 아니시다. 우리는 우주적 자동화 기계가 아니며, 하나님이라는 자유로운 존재의 반영이다.

달리 말하면, 하나님은 아무것도 하지 않는 형상 담지자를 창조하실 의향이 없으셨다. 형상 담지자가 아무것도 성취하지 못할지라도 (말하자면 낙태된 태아라 할지라도) 그들은 여전히 형상 담지자일 것이다. 그러나 하나님의 원래 의도는 형상 담지자를 하나님의 명을 실행에 옮길 의지와 능력으로 무장시키는 것이었다. 하나님의 형상 담지자로서 하나님을 대표하는 것과 자유의지를 갖추었다는 것은 결코 떼놓고 생각할 수 없는 관계다.

엘로힘들 역시 하나님의 형상 담지자로 지음 받았다. 따라서 그들 역시 자유의지를 가지고 있음이 틀림없다. 인간과 비인간 형상 담지자는 모두 창조주보다 못한 존재다. 오직 하나님만이 그 속성을 보유하고 발휘하는 일에 완벽하시다. 하나님보다 못한 모든 존재는 불완전하다. 하나님만이 유일하게 완전하신 존재다. 바로 그래서 에덴에서 일이 잘못될 수 있었고 실제로 잘못되었던 것이다.

신들의 회의가 열리는 지상 장소인 에덴의 상황이 이러할진대, 어찌 하나님의 임재 안에 있다 해서 자유의지적 존재의 탈선이나 방종이 없을 거라 할 수 있겠는가. 하나님만이 완전하시다. 하나님보다 못한 존재는 인간이든 신적 존재든 완벽하지 않다. 잘못과 불순종의 가능성은 원천적으로 존재한다.[2] 낙원에도 문제가 생길 수 있고 실제로 생겼다. 자유로운 형상 담지자를 창조하겠다는 하나님의 결정에는 처음부터 그 위험성이 내재되어 있었다.

당신은 우리가 그 모든 위험부담을 짊어졌다고 생각할지 모르겠다. 실제로 인류 사회는 타락의 여파로 고통당했지 않은가. 그러나 하나님이 전혀 위험부담을 떠안지 않으셨다고 주장하려면 그 위험부담을 해악harm의 위협으로 정의해야 한다. 하나님은 해악은 입으실 수 없다. 하지만 하나님은 슬퍼하며 근심하실 수 있다. 인간의 죄와 고통은 하나님의 마음을 움직인다(창 6:6; 사 54:6-7). 하나님은 인류를 얻기 위해 그 위험부담을 기꺼이 감당하셨다.

---

2. 하나님 나라와 하나님의 백성(신자들)은 최후심판 이후에 회복되고 영화롭게 될 것이다. 이 책의 마지막 장에서는 어떻게 새 에덴과 그 거민이 원래의 에덴 상황과 같으면서도 더 우월한지를 논할 것이다.

우리가 다룬 내용은 몇 가지 중요한 질문을 제기한다. 자유의지가 하나님을 형상화하고 하나님을 대표하는 일에 필요했다고 하더라도 하나님의 결정에 위험부담이라는 표현을 쓰는 것이 과연 적절한 일인가? 만일 하나님이 자신의 결정으로 초래될 모든 일을 미리 아셨다면 그런 일들 역시 예정하신 것이 아니었을까? 만일 예정하신 것이라면, 우리가 어떻게 자유의지를 논할 수 있는가? 어떻게 아담과 하와에게 진짜 책임이 있다고 하겠는가? 선과 악을 알게 되고(창 3:5) 하나님과 같아진다는 개념은 무슨 뜻인가? 하나님 내면에 악한 기질이 있다는 뜻인가?

이런 질문을 둘러싸고 오랜 세월 무성한 논의가 있었다. 그래서 내가 이 모든 질문에 단순명쾌한 답이 있다고 말한다면 당신은 짐짓 놀랄 것이다. 우리가 에덴과 하나님, 그리고 하나님의 천상회의에 대해 이번 장과 그 앞의 여러 장에서 살펴본 바는 이 답을 얻기 위한 준비과정이었다. 하나님은 악과 고통을 기뻐하시지 않는다. 하나님의 주권적 계획에는 악과 고통이 필요하신 것도 아니다. 우리가 본문으로 하여금 본문 그대로 말하도록 내버려두면 난제는 증발해 버린다. 우리는 일단 우리의 신학적 체계를 접어두고, 고대 이스라엘 사람처럼 이 질문들에 답해야 하고 그 결과를 수용해야 한다.

9.
위험과 섭리

우리는 지난 장을 일련의 질문들로 마무리했다. 하나님의 결정에는 위험부담이 따랐다고 말하는 것이 과연 적절한가? 만일 하나님이 무슨 일이 일어날지 미리 아셨다면 (그리고 그 사건들을 예정하셨다면) 어디에 그 위험부담이란 게 있다는 말인가? 어쩌면 아담과 하와는 선과 악에 대해 가르침을 받아야 했는지 모른다. (이미 모든 걸 알고 계셨던) 하나님은 이 일로 아무것도 배울 것이 없으셨다. 그러나 죄와 악의 출현과 관련하여 하나님에게도 도덕적 귀책사유가 있다는 주장은 어떻게 해야 하는가?

고대 이스라엘 백성이라면 이런 질문들에 대해 오늘날 대다수의 신자들과는 다른 방식으로 사유했을 것이다. 한 가지 이유는 우리가 머릿속에 겹겹이 쌓인 전통이란 것으로 성경을 여과해 내기 때문이다. 이제 그 다층적인 여과장치를 제거할 시간이 되었다.

하나님의 선물

왜 하나님이 이땅의 악과 고통을 없애지 않으시는지 의문을 가질 수 있다. 그러려면 모든 형상 담지자들도 없애 버려야 하므로 하나님이 그렇게 못하신다는 답은 이율배반처럼 들린다. 그러나 하나님은 종말에는 그렇게 하실 것이다. 악을 제거하려면 우리가 아는 지구와 인류도 종식되어야 한다. 하나님은 이 최종적인 상황을 위한 시간표와 계획을 갖고 계신다. 자신의 통치를 대행할 매개자로서 시간에 종속된 인간을 창조하는 것이 하나님의 결정이었다. 다른 길은 없었다. 그러나 한편으로 우리는 생명체의 존재가 주는 긍정적인 경이도 경험한다. 하나님은 에덴에 위험부담이 따를 것을 아셨지만 인류가 존재하는 것이 영원히 존재하지 않는 것보다 낫다고 여기셨다.

악이라는 위험부담에도 불구하고 자유의지는 경이로운 선물이다. 하나님의 결정은 사랑의 발로였다. 이를 이해하려면 두 가지 다른 대안을 고려해야 한다. (1) 아예 생명을 두지 않는 것, (2) 오로지 명령에 복종하고 설계에 반응하기만 하는 생각 없는 로봇을 두는 것.

만일 우리의 결정이 모두 강압에 의한 것이라면 그 결정이 어떻게 진정한 것이라 할 수 있겠는가? 사랑이 강압이나 설계에 의한 것이라면 과연 참되다 할 수 있는가? 이런 결정을 정말 진정한 의미에서 결정이라고 말할 수 있는가? 그렇지 않다. 결정이 진정한 의미에서 결정이 되려면 다른 선택안이 있어야 한다.

우리 모두는 자유와 강압의 차이를 알고 있다. 국세청은 납세자에게 4월 15일까지 세금을 납부해도 된다고 말하지 않는다. 당신이 피해를 주고 마음에 상처를 준 사람이 단순한 설계나 강압에 의해 당신에게 용서를 베풀었다고 하자. 과연 그 용서가 당신을 정서적으로 치유할 수 있을까? 자유의지는 위험부담에도 불구하고 선물이다.

선악을 알다

해석자들을 혼란에 빠뜨린 창세기 3:5, 22의 몇몇 표현을 우리가 이제껏 논의한 바에 비춰보면 한결 이해하기 쉬워진다.

창세기 3:5에서 뱀(히브리어로 '나하쉬')이 하와에게 말한다. "너희가 '모두' 그것을 먹는 날에는 너희가 '모두' 눈이 밝아 신들(엘로힘, 개역개정, "하나님")과 같이 되어 선악을 알 줄을 하나님(엘로힘)이 아심이니라." 이 구절은 시편 82:1과 같다. 엘로힘이라는 단어가 같은 절에 두 번 나온다. 두 번째는 문법적으로 단수다(동사 '알다'가 단수형이다). 대부분의 영어 성경은 첫 번째 엘로힘을 '하나님'으로 옮겼으나, 창세기 3:22이 제공하는 맥락상 이 표현은 복수가 되어야 한다. "여호와 하나님이 이르시되 보라 이 사람이 선악을 아는 일에 우리 중 하나같이 되었으니"(창 3:22). 창세기 1:26에서처럼 "우리 중 하나"라는 표현을 통해 우리는 하나님이 자신의 회의에 속한 일원들, 즉 엘로힘들에게 말씀하고 계심을 안다. 아울러 창세기 3:5의 첫 번째 엘로힘이 복수가 되어야 한다는 것도 분명히 알 수 있다.

이는 시편 기자가 인류가 "엘로힘(개역개정, "하나님")보다 조금 못하게" 창조되었다고 한 시편 8:5과도 잘 맞아떨어진다. 우리는 하나님보다 조금 못한 존재가 아니라, 비교할 수 없을 정도로 낮은 존재다. 상대성의 관점에서 우리가 시편의 엘로힘을 복수형("엘로힘들보다 조금 못하게")으로 추정하면 이 간극이 좁혀진다. 이것이 히브리서 기자가 이 구절을 이해한 방식이다. 히브리서 2:7("천사들보다 못하게 하시며")에서 저자는 복수형 엘로힘을 복수형 '천사들'로 번역한 시편 8:5의 칠십인역을 인용했다.

창세기 3:5에서 하와는 하나님의 명령을 어기면 자신과 아담이 선악을 아는 엘로힘들과 같이 될 것이라는 말을 듣는다. 여기서 "선악을 알게 된다"고 했지 선악을 '행할 능력이 생긴다'고 하지 않았음을 주목하라. 자유의지를 지닌 존재인 아담과 하와는 이미 불순종할 역량을 가지고 있었다. 하나님의 천상회의의 거룩한 자들처럼 아담과 하와는 불완전했다. 그러나 아직 악을 경험하지 못한, 즉 악을 저지르거나 목격하지 못한 상태였을 뿐이다.

성경의 다른 곳에 동일한 히브리어 어휘를 가진 "선악을 안다"는 표현이 등장한다. 신명기 1:39이다.

> 또 너희가 사로잡히리라 하던 너희의 아이들과 당시에 선악을 알지(개역개정, "분별하지") 못하던 너희의 자녀들도 그리로 들어갈 것이라 내가 그 땅을 그들에게 주어 산업이 되게 하리라.

여기서 언급한 자녀들은 이스라엘의 출애굽 2세대를 가리킨다. 1세대는 약속의 땅 정복을 거부한 죄로 모두 사망할 때까지 40년 간 광야를 방황하는 벌을 받았다(민 14장). 선악을 알지 못하던 다음 세대는 약속의 땅 입성을 허락받는다.

이는 분명 자녀 세대가 부모의 죄에 대한 도덕적 책임을 지지 않음을 의미한다. 자녀 세대는 자녀로서 부모의 권위 아래 있기에 그 문제에서 의사결정권을 가지지 못했고, 따라서 의지적 참여자들이 아니었다. 그러므로 그들은 귀책사유가 없는 것으로 간주되었다. 그들은 무죄했다.

동일한 관점이 창세기 3장에서도 통한다. 선악을 알기 전의 아담과 하와는 무죄였다. 그들은 한 번도 의도적으로든 의식적으로든 하나님에게 불순종하는 결정을 내린 적이 없다. 불순종을 저지른 적도 없다. 그들이 타락하자 상황이 변했다. 그들은 실제로 하나님처럼, 그리고 '나하쉬'(뱀)를 비롯한 여느 천상회의의 일원들처럼 선악을 알게 되었다.[1]

악과 예지

타락과 관련한 문제에서 하나님의 예지^{豫知}와 인류의 참 자유의지를 인정할 경우 당연히 제기되는 질문들이 있다. 타락은 예정되었는가? 만일 그렇다면 아담과 하와의 불순종이 어떻게 자유의지에 따른 것이 되는가? 어떻게 그들에게 진정한 의미에서 책임이 있다고 말할 수 있을까?

창세기에는 예지, 예정, 전지^{全知} 같은 하나님의 속성과 관련해 인간의 자유의지가 어떻게 작동하는지에 대한 언급이 별로 없다. 그러므로 명확한 설명을 위해 성경의 다른 부분을 찾아봐야 한다. 강조한 부

---

1. '나하쉬'는 신적인 존재이자 하나님의 회의의 일원이었다. 참조. 이 책 10, 11장.

분에 유의하면서 사무엘상 23:1-13을 보자.

¹ 사람들이 다윗에게 전하여 이르되 보소서 블레셋 사람이 그일라를 쳐서 그 타작 마당을 탈취하더이다 하니 ² 이에 다윗이 여호와께 묻자와 이르되 내가 가서 이 블레셋 사람들을 치리이까 여호와께서 다윗에게 이르시되 가서 블레셋 사람들을 치고 그일라를 구원하라 하시니 ³ 다윗의 사람들이 그에게 이르되 보소서 우리가 유다에 있기도 두렵거든 하물며 그일라에 가서 블레셋 사람들의 군대를 치는 일이리이까 한지라 ⁴ 다윗이 여호와께 다시 묻자온대 여호와께서 대답하여 이르시되 일어나 그일라로 내려가라 내가 블레셋 사람들을 네 손에 넘기리라 하신지라 ⁵ 다윗과 그의 사람들이 그일라로 가서 블레셋 사람들과 싸워 그들을 크게 쳐서 죽이고 그들의 가축을 끌어 오니라 다윗이 이와 같이 그일라 주민을 구원하니라 ⁶ 아히멜렉의 아들 아비아달이 그일라 다윗에게로 도망할 때에 손에 에봇을 가지고 내려왔더라 ⁷ 다윗이 그일라에 온 것을 어떤 사람이 사울에게 알리매 사울이 이르되 하나님이 그를 내 손에 넘기셨도다 그가 문과 문 빗장이 있는 성읍에 들어갔으니 갇혔도다 ⁸ 사울이 모든 백성을 군사로 불러모으고 그일라로 내려가서 다윗과 그의 사람들을 에워싸려 하더니 ⁹ 다윗은 사울이 자기를 해하려 하는 음모를 알고 제사장 아비아달에게 이르되 에봇을 이리로 가져오라 하고 ¹⁰ 다윗이 이르되 이스라엘 하나님 여호와여 사울이 나 때문에 이 성읍을 멸하려고 그일라로 내려오기를 꾀한다 함을 주의 종이 분명히 들었나이다 ¹¹ 그일라의 통치자들이 나를 그의 손에 넘기겠나이까 주의 종이 들은 대로 사울이 내려오겠나이까 이스라엘의 하나님 여호와여 원하건대 주의 종에게

일러 주옵소서 하니 여호와께서 이르시되 그가 내려오리라 하신지라 ¹² 다윗이 이르되 그일라의 통치자들이 나와 내 사람들을 사울의 손에 넘기겠나이까 하니 여호와께서 이르시되 그들이 너를 넘기리라 하신지라 ¹³ 다윗과 그의 사람 육백 명 가량이 일어나 그일라를 떠나서 갈 수 있는 곳으로 갔더니 다윗이 그일라에서 피한 것을 어떤 사람이 사울에게 말하매 사울이 가기를 그치니라.

이 기사에서 다윗은 전지하신 하나님께 장래의 일을 알려달라고 호소한다. 첫 번째 단락(23:1-5)에서 다윗은 하나님께 그일라 성읍으로 가야 하는지, 그리고 그곳의 블레셋 사람들을 무찌를 수 있을지를 묻는다. 이에 하나님은 모두 긍정으로 답하신다. 다윗은 그일라로 내려가고 실제로 블레셋 사람들을 물리친다.

두 번째 단락(23:6-13)에서 다윗은 여호와께 두 가지를 질문한다. (1) 원수 사울이 그일라로 내려와 다윗이 거한다는 이유로 성읍을 위협할 것인가? (2) 그일라의 백성들이 사울의 진노를 모면하기 위해 다윗을 사울에게 넘길 것인가? 다시금 하나님은 두 가지 질문에 모두 긍정으로 답하신다. "그가 내려 오리라" 그리고 "그들이 너를 넘기리라."

하나님이 예지하신 두 번째 단락의 사건에서 실제로 실현된 것은 하나도 없다. 일단 하나님의 답변을 듣고 나서 다윗과 그의 부하들은 성을 떠난다. 이 사실을 알게 된 사울은(13절) 그일라 출정을 단념한다. 사울은 그 성으로 내려가지 않았다. 그일라의 백성도 다윗을 사울에게 넘기지 않았다.

왜 이것이 중요한가? 이 본문은 신적 예지가 반드시 신적 예정으로 귀결되는 것은 아니라는 분명한 증거다. 하나님은 사울이 어떻게 행할지,

그 일라 백성이 특정 상황에서 어떻게 행할지를 예지하셨다. 달리 말하면 하나님은 '가능성'을 예지하셨다. 하지만 예지가 반드시 '가능성이 현실이 되는' 예정이 되는 것은 아니다. 그 사건들은 결코 일어나지 않았으므로 당연히 예정되었을 수 없다. 그럼에도 전지하신 하나님이 그 사건들을 예견하신 것은 사실이다. 예정과 예지는 '분리 가능'하다.

그 신학적 논점은 이렇게 표현할 수 있다.

> 결코 일어나지 않을 일을 하나님이 예지하실 수는 있지만, 그 일은 결코 일어나지 않았으므로 하나님이 예정하신 것은 아니다.

그런데 실제로 일어난 일에 대해서는 어떻게 이해해야 하는가? 하나님이 그 일을 예지하실 수 있는 건 당연해 보이는데, 그러면 예정하신 일인가?

우리는 위에서 하나님이 예지하신다는 그 자체가 반드시 예정을 수반하는 것은 아님을 보았다. 그러므로 예지가 실제로 보장하는 바는 무언가가 미리 예견되었다는 것뿐이다. 만일 하나님이 어떤 사건이 일어날 것을 예지하신다면 그 사건은 예정되었을 수 있다. 그러나 어떤 사건을 예지하셨을 때 그 사건이 실현되었다고 해서 그 사건이 반드시 예정되었다고 할 수는 없다. 그 사건이 실현되든 단순한 가능성으로 남든 유일하게 확신할 수 있는 점은 하나님이 정확히 미리 아신다는 것이다.

그 신학적 논점은 이렇게 표현할 수 있다.

> 예지가 예정을 필요로 하는 것은 아니다. 그러므로 하나님이 예지하

시고 실제로 일어난 사건은 예정된 것일 수도, 아닐 수도 있다.

이 일련의 개념들은 일부 현대 신학체계와 상충된다. 어떤 신학체계는 예지가 곧 예정을 요구한다고 전제한다. 그러므로 모든 것이, 즉 최초의 타락부터 유대인 대학살과 당신이 저녁 메뉴로 무엇을 선택할지까지 전부 다 예정되어야만 한다고 본다. 또 어떤 신학체계는 모든 가능성이 실현될 수 있는 것은 아니므로 하나님이 모든 가능성을 예지하시진 않는다는 제안으로 예지 개념을 희석시킨다. 혹은 (하나님이 예지하시되 실제로 일어나지 않은 어떤 일들의 경우) 모든 가능성이 실현되는 다른 우주들이 있다고 상정한다. 이는 사무엘상 23장과 다른 구절들에서 공명하는 근본적인 개념(예지가 반드시 예정으로 귀결되진 않는다는 개념)에 비춰보면 쓸데없는 생각들이다.

우리가 앞에서 논의한 내용 덕분에 이 논의를 한층 더 진전시킬 수 있다. 하나님은 어떤 사건을 예지하시고 예정하실 수 있다. 하지만 이런 예정이 꼭 사건의 실현을 초래하는 결정을 포함하는 것은 아니다. 달리 말하면 하나님은 결말을, 즉 궁극적으로 일어날 사건을 아시고 예정하실 수 있지만 그 결말에 이르기 위한 수단을 예정하진 않으실 수 있다.

우리가 하나님의 천상회의에서 이루어지는 의사결정 과정을 통해 살펴본 것이 바로 이 관계다. 열왕기상 22:13-23과 다니엘 4장을 통해 우리가 알 수 있는 것은 하나님이 무언가를 명하신 다음, 그것을 성취하는 수단에 대해서는 자유의지를 가진 다른 대행자들이 결정할 몫으로 남겨두실 수 있다는 것이다. 결말은 하나님의 직권으로 결정하시지만 그 결말에 이르기 위한 수단은 하나님 자신의 직권을 따라 결정하실 수도 있고 그렇게 하지 않으실 수도 있다.

함의

고대 이스라엘 사람이라면 예지, 예정, 주권, 자유의지에 대한 위의 분석을 무리 없이 소화했을 것이다. 고대 이스라엘 사람이라면 우리의 신학적 전통에 매이지 않을 것이다. 그는 하나님이 스스로 이런 방식으로 인간사를 주관하기로 결정하셨음을 이해했을 것이다. 이는 여호와의 결정이고 우리는 그 결정을 받아들인다.

이것은 단지 타락뿐 아니라 우리 사회 일반에 존재하는 악에 대해서도 중대한 함의를 가진다. 하나님은 악한 분이 아니시다. 비록 하나님이 타락을 예지하셨을지라도, 하나님이 타락을 예정하셨다고 주장할 성경적 근거는 없다. 단지 하나님이 인류 역사 전반에 걸쳐 발생한 모든 악한 사건들을 예지하셨다고 해서 그것을 예정하셨다고 주장할 성경적 근거는 없다.

하나님이 수 세기에 걸친 그분의 원대한 계획 안에 이 모든 악한 행위들이 있을 것을 감안하셨다는 발상도 성경과 일치하지 않는다. 이는 앞서 말한 바, 하나님이 악한 사건들을 직접적으로 예정하신다는 생각을 피해가기 위해 흔히들 채택하는 완화된 관점이다. 하지만 이것은 틀렸다. 이 관점이 부지중에 암시하는 바는 하나님의 완전한 계획 안에 필연적으로 악한 행위가 포함되어야 한다는 것이다. 그 이유는 하나님이 모든 것을 예지하시므로 우리가 날마다 목격하는 악행들이 우연히 일어나는 일일 수는 없다는 것이다. 그러므로 (이 그릇된 관점에 의하면) 이런 악행들은 하나님이 역사를 최선으로 이끌어가시는 여러 방법 중 하나가 되는 것이다.

그러나 하나님은 어떤 선한 것을 얻기 위해 아동 성폭행을 필요로 하시지 않는다. 하나님의 예지는 이 땅에 하나님의 나라를 주시려는 계획의 일환으로 유대인 대학살을 필요로 하시지 않는다. 하나님은 무언가를 성취하기 위한 수단으로 악을 필요로 하시지 않는다.

하나님은 타락을 예지하셨다. 그렇다고 그 예지가 타락 사건을 야기한 것은 아니다. 하나님은 또한 타락에 대한 자신의 해법을 예지하셨고, 그 해법은 땅의 기초를 놓기 오래 전에 이미 하나님의 머릿속에 있었다. 하나님은 감수할 준비를 하신 상태였다. 끔찍한 위험부담이 따랐지만 그럼에도 하나님은 인류에 대한 개념을 너무도 사랑하신 나머지 이 모든 것을 무효화하실 수 없었다.

악은 하나님이 스스로 무너뜨린 최초의 도미노에서 흘러나온 것이 아니라, 자유의지라는 하나님의 좋은 선물이 변질된 것이다. 악은 불완전한 형상 담지자들이 내린 선택에서 비롯된 것이지 하나님이 유도하시거나 하나님의 예정에서 비롯된 것이 아니다. 하나님은 악을 필요로 하시지 않는다. 하지만 하나님은 인간이나 다른 존재의 자유의지적 결정으로 초래된 악을 취하여, 지금 이 땅에서 그분의 손과 발이 된 충성스런 형상 담지자들의 복종을 통해 선을 이루고 자신의 영광을 도모하는 수단으로 사용하실 권능을 가지고 계시다.

이 모든 것이 의미하는 바는, '우리가 무엇을 행하기로 선택하는가'가 상황전개에 중요하다는 것이다. 우리가 하는 일이 정말 중요하다. 하나님은 모든 일의 결말을 명하셨다. 믿는 우리는 성령의 격려하심으로 그 명령하신 목적을 이루는 선한 수단이 된다.

그러나 성령만 영향을 미치는 것은 아니다. 경험에 따르면, 우리 인생에는 선하기도 하고 악하기도 한 여러 다른 형상 담지자들이 연루되어 있다. 여기에는 우리 눈에 보이지 않는 신적인 형상 담지자들도 포함된다. 성경 기자들의 세계관은 보이지 않는 세계의 구성원들이 인간과 상호작용하는 역동적인 그림이었다. 하나님이 우리를 섬기라고 보내신(히 1:14) 하나님의 천상회의에 속한 충성스런 일원들은 하나님의 에덴 비전을 수용했다. 그러므로 우리는 그들과 형제지간이다(히 2:10-18).

하나님의 계획을 반대하는 다른 신적 존재들도 있었다. 다음 장에서는 원조 반체제주의자가 무대 한가운데로 등장할 것이다.

단원 요약
Unseen Realm

우리는 여정의 출발선상에 있다. 그러나 일부 핵심 개념들을 배웠고, 이 개념들은 성경의 다른 곳에서 수면 위로 부상하여 여러 패턴을 형성할 것이다. 다른 발상들이 이 개념들로 수렴될 것이며, 모자이크가 점차 윤곽을 드러낼 것이다. 이 책의 첫 번째 단원에서 배운 (뒤로 갈수록 보다 풍성한 형태와 개념으로 나타날) 것들을 정리하면 다음과 같다.

첫째, 하나님에게는 신적인 가족이 있다. 이는 엘로힘들로 구성된 천상의 모임 또는 천상회의다. 이 엘로힘들은 삼위일체의 대체어가 아니며 삼위일체에 추가된 존재들도 아니다. 여호와는 엘로힘들 가운데 계시지만 다른 모든 엘로힘보다 탁월하시다. 여호와는 엘로힘들의 창조자이자 주권을 가진 주님이시다. 여호와는 고유한 위치에 계신다. 예수님은 육체를 덧입은 여호와이시므로, 예수님 역시 모든 엘로힘과 구분되면서 동시에 모든 엘로힘보다 우월하시다. 하나님은 어떤 회의기구를 필요로 하시지 않지만 성경은 하나님이 회의기구를 사용하신다는 점을 명백히 밝힌다. 하나님의 신적 가족은 그분의 신적 행정부이기도 하다. 엘로힘들은 하나님의 명령을 수행하기 위해 하나님을 섬긴다.

하나님에게는 또한 인간 가족과 행정부가 있다. 인류의 신분과 역할은 신적 가족 및 신적 행정부를 그대로 반영한다. 인간은 하나님을 대표하는 천상회의 일원들과 마찬가지로 맡은 바 소임을 수행함으로써 하나님을 대표한다. 인간은 하나님을 형상화하고 드러내는 대표자다. 하나님은 천상회의를 필요로 하시지 않는 것처럼, 인간 역시 필요로 하시지 않는다. 다만 이 땅을 향한 하나님의 뜻을 이루기 위해 인간을 사용하기로 선택하신 것뿐이다.

하늘과 땅은 구별된 영역이지만 서로 연결되어 있다. 하나님의 권속들은 공동의 종착지를 향해 협력하며 나아간다. 그 여정에서 그들이 교차하는 지점들이 성경신학의 여러 중요한 이야기들을 알려준다.

에덴과 함께 하나님이 이 땅에 임하셨고, 이 땅은 그분께 순응하게 될 것이다. 인간은 하나님의 충성스런 엘로힘들과 나란히 일하며 지근거리에서 하나님의 임재를 누리도록 창조되었다. 그러나 하나님의 뜻에는 위험부담이 따랐다. 하나님은 그 위험부담을 충분히 알고 계셨고 받아들이셨다. 인간이든 신적 존재든 불완전한 존재들의 마음과 손에 쥐어진 자유의지는 곧 그들이 하나님이 주신 권한을 버리고 자신만의 권한을 선택할 수 있음을 의미했다.

슬프게도 이 역시 거듭되는 패턴이 될 것이다. 하나님의 두 권속은 공히 반역을 시도할 것이다. 그 결과 하나님의 뜻을 거스르는 지난한 전쟁이 있게 될 것이다. 좋은 소식은 여전히 하나님은 자신이 시작한 일을 이루기 위해 힘을 다하실 것이라는 점이다.

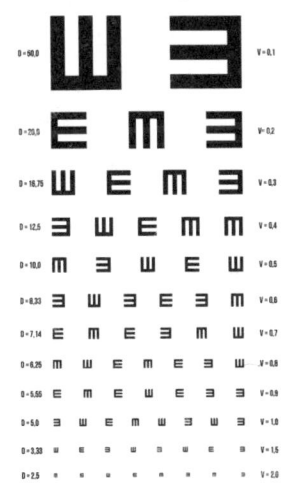

Part 3. 신적 존재들의 범죄

10.
낙원에서 일어난 문제

창세기 3장에 나오는 인류의 타락 이야기는 간단해 보인다. 어쩌면 너무 많이 듣다보니 그럴 수도 있겠다. 실제로는 이 본문의 해석을 놓고 무수한 질문이 제기된다. 우리는 앞에서 이 가운데 두어 개의 질문을 다루었다. 이젠 주연급에 해당하는 뱀^{serpent}에 대해 살펴볼 시간이다. 다시 말하지만 보기보다 다룰 내용이 많다.

뱀 이야기 중 내가 늘 꺼림칙하게 여겼던 대목은 왜 뱀이 말을 걸어왔을 때 하와가 기절초풍하지 않았느냐다. 성경 어디에도 하와가 이 사건을 기이하게 여겼다는 암시는 없다. 이에 대해 내가 접한 여러 기이한 해석들이 있다. 그 중에는 동물들이 그 시절에는 걷고 말도 할 수 있었다는 것도 있다. 이런 류의 억측은 본문에 대해 지나치게 문자적인 견해를 고수하려는 태도에서 비롯되며 종종 과학을 차용한 변명이 덧붙는다. 즉, 뱀의 해부도를 보면 한때 다리가 있었음을 알 수 있다는 것이다. 성경 문자주의를 옹호하기 위해 뱀의 진화 역사까지 언급하는 것은 좀 지나친 시도로 보인다. 여하튼 이 접근 자체는 논점에서 비켜나간 것이다. 또한 이 해석은 악당이 단순히 동물이었다고 가정하는데, 사실은 그렇지 않다.

만일 고대 독자였다면, 하와가 말을 하는 뱀의 등장에 기겁했으리라는 예상조차 하지 않았을 것이다. 하와는 여호와와 그의 엘로힘들의 회의 영역인 에덴에 있었다. 이 맥락을 감안하면 하와가 자신의 대화 상대가 신적 존재임을 분명히 인지했을 것임을 알 수 있다. 우리가 이전 장에서 보았듯, 성경 기자는 이미 하와가 신적 영역에 있었음을 내비쳤다.

창세기 3장의 배경

구약시대의 고대 근동 문학에서 동물이 말하는 것은 이상한 일이 아니었다. 이런 말하는 동물이 등장하는 맥락은 물론 신들의 세계나 신의 직접적 개입과 연결된 마법적 영역이었다. 가령 어떤 이집트인도 자신들의 평범한 일상에서 말하는 동물을 만날 것을 기대하진 않았을 것이다. 그러나 신들이나 마법적 힘이 개입되면 이야기가 달라진다. 이야기 속에서 동물은 종종 신적 임재나 권능을 나타내는 매개가 되었다. 그 매개로 어떤 종류의 동물이 등장하는가에 대한 문제는 그 동물에 결부된 특징이나 한 문화권의 종교에서 그 동물이 차지하는 위상에 따라 달라졌다.

결과적으로 창세기 3장의 논점은 고생물학이나 동물이 말하던 시절에 대한 지식이 아니다. 우리는 과학적 설계도면을 다루고 있는 게 아니다. 창세기는 이스라엘 독자들에게 단순하지만 심오한 사상을 전파했다. 바로 당신이 경험하는 세상이 전능한 하나님의 작품이라는 것이다. 하나님이 인간을 하나님의 대표자로 창조하셨으며, 에덴이 하나님의 거처였다는 것이다. 하나님 곁에는 많은 수의 초자연적 존재들이 있었으며, 그 신적인 수행단에 속한 누군가가 인류를 창조하고 인류에 통치권을 주시려는 하나님의 결정에 불만을 품었다. 이 모든 것이 인류가 현재의 구렁텅이에 빠지게 된 발단이다.

어떤 면에서 우리는 창세기의 뱀이 실제로는 동물군의 한 종이 아님을 알고 있다. 그 점을 파악하는 데 도움이 될 만한 다른 구절이 성경, 특히 신약에 있다. 신약 저자들도 옛 에덴의 뱀을 언급한다. 하지만 그들이 단순한 동물군의 한 종이 아니라 초자연적 실체를 지칭하고 있음을 우리는 안다(고후 11:3; 살전 3:5; 계 12:9).

이것이 우리가 창세기 3장의 이야기를 대할 때 가져야 할 사고의 틀이다. 이스라엘 사람이라면 이 일화가 여호와의 천상회의 안에서 불만을 품은 어떤 신적 존재가 인간 드라마에 개입한 내용임을 알았을 것이다.[1] 창세기 기자가 사용한 어휘는 이 회의기구에 속한 신적인 대적divine enemy에 대해 몇 가지 사실을 드러낸다. 만일 우리가 오로지 동물 뱀snake에 대한 생각만 하고 있다면 그 메시지를 놓치고 말 것이다.

---

1. 나는 여기서 신적 회의체 또는 천상회의(divine council)를 천군(heavenly host)과 대체로 동의어로 폭넓게 사용하고 있다. 뒤에 가서 독자들은 신적 반역자(divine rebel)에 대한 묘사가 곧 하나님의 보좌를 지키는 자들(divine throne guardian)에 대한 묘사라는 나의 발견을 접할 것이다. 천상회의를 개념적으로 의사결정자들에 국한시킬 필요는 없다. 이를 천상회의 개념을 가지고 있던 문명국가들의 인간 정부로 비유하면 논점이 분명해진다. 왕의 '정부'에 속한 모든 이가 의사결정에 직접적으로 관여하는 것은 아니지만 모두 최고 통치자를 위해 일한다.

이번 장과 다음 장에서 나는 당신의 생각이 뱀[serpent]에 대한 문자적 집착을 넘어서도록 돕고자 한다. 만일 동산 안에 있던 원수가 초자연적 존재였다면, 그렇다면 그 존재는 동물 뱀[snake]이 아니게 된다.[2]

그러나 창세기가 이야기를 이런 식으로 전한 것은 나름의 이유가 있을 것이다. 이상하게 들리겠지만 그런 어휘와 이미지를 사용한 것은 문자적 뱀[snake]이 아닌 어떤 신적 존재에 대해 독자들이 경각심을 가지게 하려는 의도가 있었기 때문이다. 이 주장을 이어가려면 창세기 3장을 다른 구약 본문들과 비교하는 작업을 해야 한다. 그러나 그 구절들이 실제로 창세기 3장과 개념적으로 연결되어 있음을 알아보기 위해 먼저 앞에서 배운 내용을 복습해 보자.

에덴은 신적 존재들의 거처이고 따라서 여호와가 회의를 소집하던 곳이다. 바로 여기에 이전 장에서 간단히 짚고 넘어간 에덴과 관련된 몇몇 용어와 구절이 있다. 한글(및 영어)과 더불어 히브리 원어도 다루고자 한다.

히브리어	의미	개념	주요 구절들
엘림, 엘로힘(복수형)	신들(gods)	회의 일원들	창 3:5, 22

---

2. 이와 동일한 견해를 개진한 다른 학자들 중 대표적인 인물이 반 다이크이다(van Dijk, *Ezekiel's Prophecy on Tyre(Ez. 26:1-28:19): A New Approach*). 그의 견해는 뒤의 논의에서 더 풍성하게 인용할 것이다.

간	동산(garden)	신들의 거처, 신들의 회의장소	창 2:8-10, 15-16 창 3:1-3, 8, 10, 23-24
에드 나하르 야밈	(촉촉한) 안개(mist) 강(river) 바다, 물(seas, waters)	회의가 열리는, 물이 넉넉한 동산에 대한 묘사	창 2:6, 10-14; 겔 28:2
하르	산, 산들(mount, mountain)	천상회의가 소집된 산악	겔 28:13
모샤브 엘로힘	신들의 자리(seat of gods, 통치의 권좌)	신들의 모임	겔 28:2

창세기 2-3장 외에 다른 성경 인용구는 전부 에스겔 28장임을 알아챘을 것이다. 에스겔 28장은 창세기 3장과 개념적으로 연결된 장들 중 하나다. 연관성은 명백하다. 에스겔 28:13-14은 "하나님의 동산 에덴…하나님의 성산"에 대해 묘사한다.

이 표에 창세기 2-3장과 에스겔 28장의 연결점을 빠짐없이 열거한 것은 아니다. 그 밖의 다른 연결점들도 있으며 대부분 그것들은 학자들 사이에 치열한 논쟁의 대상이다.[3] 1장에서 나는 성경의 이상한 구

---

3. 겔 28장과 창 3장의 관계에 대한 논쟁은 금세 매우 전문적인 깊이로 들어간다. 이번 장과 다음 장에서는 일부 연결점과 그 연결점에 관련된 몇 가지 사안들을 선별적으로 소개할 것이다. 겔 28장의 에덴 묘사와 관련된 문법적, 본문비평적, 개념적 쟁점에 대한 상세한 분석은 관련 웹사이트를 참조하라.

절을 해석하는 최고의 방법은 여타 구절의 맥락 속에서, 즉 모자이 크로 된 더 큰 그림에서 조각의 자리를 맞춰보는 것이라고 말한 바 있다. 창세기 3장과 에스겔 28장, 그리고 그 밖의 관련 구절들의 관계가 이 주장의 훌륭한 예시가 될 것이다.

에스겔 28장

에스겔 28장은 인류 타락을 구체적으로 다루고 있지 않으며 창세기 3장에 대한 주해도 아니다. 에스겔 28장은 하나님이 두로 왕을 책망하시는 장면으로 시작한다(겔 28:1-8). 하나님은 유달리 교만했던 두로 왕을 비난하신다. 2절에서 두로 왕은 자신을 천상회의와 관련된 표현인 신들의 자리(모샤브 엘로힘)에 좌정한 신(엘)으로 간주한다.[4]

---

4. "신들의 자리"와 "바다 가운데"라는 두 문구 모두 신적 권위의 장소, 곧 천상회의의 어전 회의실(throne room)을 가리킨다. 우가리트어에도 '모샤브 엘로힘'과 유사한 어휘가 나타난다(Ugar.m[t]b il, "seat of El"; *KTU* 1.4.i.13). 참조. Richard J. Clifford, *The Cosmic Mountain in Canaan and the Old Testament* (Harvard Semitic Monographs 4; Cambridge: Harvard University Press, 1972; reprinted by Wipf and Stock, 2010; but page numbers refer to the original edition, not the reprint by Wipf and Stock), 170; E. Theodore Mullen Jr., *The Divine Council in Canaanite and Early Hebrew Literature* (Harvard Semitic Monographs 24; Chico, CA: Scholars Press, 1980), 150-55. 블록(Block)은 정통적인 야훼주의자라면 이런 비유를 끌어오지 않았을 것이라고 주장하면서 이 구절의 천상회의와의 연결점을 부인하려 한다(Daniel Isaac Block, *The Book of Ezekiel, Chapters 25-48* [The New International Commentary on the Old Testament; Grand Rapids, MI: Eerdmans, 1997], 94-95). 내가 보기에 이런 해석은 문제가 있다. 성경 기자가 우가리트어의 어휘와 개념을 재활용하여 자기 목적에 맞게 재구성한 것은 우가리트 신학을 긍정하기 때문이 아니다. 따라서 이는 전혀 비정통적이지 않다. 성경 기자들의 목적은 사실 정반대다. 성경 기자들은 악인의 교만을 여호와에 대한 초자연적 반역에 빗댐으로써 악한

두로 왕이 자신의 정체를 엘과 동등시한 것은 흥미롭다. 이는 9절에도 등장하는데, 여기서 엘은 엘로힘의 대응어다. 엘은 히브리어와 여러 다른 셈어에서 신^{god}을 뜻하는 또 다른 단어다. 우가리트 사람들은 최고 지위에 있는 신을 엘이라 불렀다(그들은 이 용어를 고유명사로 사용했다). 페니키아의 도시인 두로 사람들 역시 마찬가지다. 페니키아 종교에는 엘이 주재하는 천상회의가 있고, 엘은 페니키아 문헌에서 엘룐(지극히 높은 자)으로도 불리며 지상의 창조자로 여겨졌다.

고대 독자라면 엘이라는 단어에 익숙했을 것이고, 두로 왕이 자신이 엘의 자리에서 통치하기에 합당하거나 천상회의에 참여하는 보다 포괄적인 개념의 신이 되기에 합당한 자라고 생각했다는 사실을 터무니없다고 여겼을 것이다. 성경 기자들은 이런 개념에 불쾌감까지 느꼈을 것이다. 성경 기자들에게 여호와는 지극히 높으신 자$^{Most\ High}$이며, 모든 신들 중 참된 왕이자 하늘과 땅의 창조자였다. 그래서 성경 기자

자의 역할을 정형화하려 했다. 헤르만(W. Herman)은 이 쟁점과 관련한 많은 학자들의 견해를 요약한다. "The residence of El (*mtb il*) is referred to in *KTU* 1.3 iv:48; v:39; 1.4 i:12; iv:52. El's mythic dwelling is situated at *mbk nhrm / apq thmtm*, 'the fountainhead of the two rivers / bedding of the two floods'(e.g. *KTU* 1.2 iii:4; 1.6 i:33-34)"("El," in *Dictionary of Deities and Demons in the Bible*, 2nd ed. [ed. Karel van der Toorn, Bob Becking, and Pieter W. van der Horst; Leiden: Brill, 1995], 278). 성경 기자들이 이방신들을 인정해서가 아니라 나름의 신학적 논점을 개진하기 위해 고대 근동의 종교자료를 끌어 쓴 사례는 수십 건, 아니 어쩌면 수백 건에 달할 것이다. 히브리어 성경은 여호와의 통치의 자리를 "시온의 모샤브"라고 표현한다(시 132:13; 개역개정, "시온, 거처"). 마찬가지 개념으로 시온은 "북쪽 꼭대기"라고 불리는데(시 48:2), 셈어 학자들은 이 문구가 바알의 거처에 대한 묘사에서 가져온 것임을 인정한다(*KTU*) 1.3 i:21-22; iii:29, 47-iv:1; iv: 19-20, 37-38; 1.4 iv:19; v:23, 55; 1.5 i:10-11; 1.6 vi:12-13; 1.10 iii:27-37). 니엘(Nierh)이 지적하듯, "거의 모든 신화적 본문에서 자폰산이 바알과 나란히 등장하는 이유는 자폰산이 바알의 신적 거처였기 때문이다."("Zaphon," in *Dictionary of Deities and Demons in the Bible*, 928).

들이 여호와를 엘-엘룐(지극히 높으신 하나님, 창 14:20, 22)이라고 칭하는 것이다. 그들이 여호와를 엘과 엘룐이라고 부른 것은 페니키아인과 우가리트인이 자신들의 신들에 대해 생각하던 바를 인정하지 않는 동시에 여호와의 우월성을 주장하기 위함이었다. 여호와는 영적 존재들 가운데 비교불가한 존재시며 다른 신들은 신을 사칭하는 자들에 불과했다. 따라서 성경 기자들은 두로 왕의 인간적 교만을 이스라엘의 하나님을 대놓고 모독한 것으로 보았을 것이다.

하나님은 뒤이어 이 왕의 지혜와 총명을 인정하시면서도 그가 신이 아니며 지극히 높은 자는 더더욱 아님을 상기시키신다(겔 28:2-6). 이런 형태의 교만은 벌을 받아 마땅하다. 심판이 임할 것이다. 하나님은 조롱하듯 반문하신다. "네가 너를 죽이는 자 앞에서도 내가 하나님이라고 말하겠느냐"(9절).

10절에서 하나님은 이상한 내용 하나를 덧붙이신다. "네가 외인의 손에서 죽기를 할례 받지 않은 자의 죽음같이 하리니." 어차피 두로 왕은 할례 받지 않은 이방인이었으므로 이 표현은 앞뒤가 안 맞는 듯 보인다. 에스겔서를 좀 더 읽어 보면, 고대 독자들은 이 논점을 어렵지 않게 이해했으리라는 점을 알 수 있다. 에스겔은 죽은 자들의 지하세계인 스올^{Sheol}을 이스라엘의 대적인 할례 받지 않은 용사나 왕들의 종착지로 묘사한다(겔 32:21, 24-30, 32; 사 14:9). 이곳은 우리가 뒤에서 접하게 될 르바임(죽은 영혼들), 곧 준^{準}신급의 존재들이 나중에 맞닥뜨리게 될 장소다.

이 시점에서 하나님은 에스겔 선지자를 시켜 자신의 교만으로 인해 바다까지, 아니 땅 아래로까지 추락해 버린 총명한 두로 왕에 대한 애가를 부르게 하신다. 하나님이 선지자를 통해 부르시는 애가다.

> ¹² 너는 완전한 모범이었고(개역개정, "도장이었고")
> 지혜가 충족하며 온전히 아름다웠도다
> ¹³ 네가 옛적에 하나님의 동산 에덴에 있어서
> 각종 보석 곧 홍보석과 황보석과 금강석과 황옥과 홍마노와
> 창옥과 청보석과 남보석과 홍옥과
> 황금으로 단장하였음이여
> 네가 지음을 받던 날에
> 너를 위하여 소고와 비파가 준비되었도다(겔 28:12-13).

이 구절은 의문을 자아낸다. 두로 왕은 에덴이 아닌 두로에 있지 않았던가. 우리는 비로소 알게 된다. 즉, 에스겔 28장은 두로 왕에 대한 내용이지만 선지자가 에덴의 타락 사건이라는 더 오랜 이야기를 활용하여 이 왕의 교만과 타락과 그 본래의 상태를 묘사하고 있다는 것을 말이다.

아담의 교만?

많은 학자들은 이 에덴의 인물이 아담이라고 주장한다. 이 견해는 이 단락의 전통 히브리어 본문을 거부할 때 가능한 해석이다. 만일 여기서 칠십인역을 받아들인다면 하나님이 (기름부음 받은 그룹에게 직접 말씀하시는 것이 아니라) "기름부음 받은 그룹cherub과 함께 있는" 한 존재에게 말씀하시는 것이 된다. 보다 일관된 선택지는 이 에덴의 존재가 뱀, 더 구체적으로는 자신의 서열을 망각한 신적 존재라는 것이다.

그러나 에스겔 28장 어디에 뱀이 나오는가? 이 질문에 답하기 이전에 먼저 분명한 것부터 살펴보자.

이 "왕"은 하나님의 동산 에덴에 있었다(13절). 그는 아름답다. 그를 '단장'한 천연의 보석에 대해 읽다 보면 "빛나다, 눈부시다" 같은 단어가 떠오른다(12b-13절).

어떤 이들은 이 언어가 문자적으로 보석이 촘촘히 박힌, 인간 왕이 입는 의복을 가리킨다고 해석한다. 그러면서 에덴의 왕은 아담이었다고 주장한다. 더불어 여기서 열거한 수많은 보석이 이스라엘 대제사장의 흉배에 있는 보석과 일치한다고 지적한다(출 28:17-20; 39:10-13). 말하자면, 이 언어가 그리는 대상은 에덴의 제사장-왕인 아담이라는 것이다. 예수님이 둘째 아담이자 제사장-왕이므로 이 비유는 일관성이 있다. 두로 왕의 교만의 배후에는 뱀이 아니라 부패한 아담이 있다는 것이다.

이 해석은 아래 구절에서 묘사한 특징을 읽기 전까진 그럴듯하게 들린다.

> [14] 너는 기름 부음을 받고 지키는 그룹임이여
> 내가 너를 세우매 네가 하나님의 성산에 있어서
> 불의 돌들 사이에 왕래하였도다
> [15] 네가 지음을 받던 날로부터
> 네 모든 길에 완전하더니
> 마침내 네게서 불의가 드러났도다
> [16] 네 무역이 많으므로
> 네 가운데에 강포가 가득하여 네가 범죄하였도다

> 너 지키는 그룹아 그러므로 내가 너를 더럽게 여겨
> 하나님의 산에서 쫓아냈고
> 불의 돌들 사이에서 멸하였도다
> ¹⁷ 네가 아름다우므로 마음이 교만하였으며
> 네가 영화로우므로 네 지혜를 더럽혔음이여
> 내가 너를 땅에 던져 왕들 앞에 두어
> 그들의 구경거리가 되게 하였도다(겔 28:14-17).

아담이 "기름부음을 받고 지키는 그룹"이었던가? 창세기 3장 어디에 아담이 강포로 가득 찼다거나, 자신의 아름다움과 영화로움으로 자기애에 빠져 죄 가운데로 추락했다는 내용이 있는가? 언제 아담이 왕들 앞에 구경거리가 되도록 땅에 내던져졌는가?(17절)

위에서 제기한 질문들에서 언급한 표현 하나하나가 다 중요하다. 그 표현들을 모조리 다루려면 이번 장 나머지 부분과 다음 장을 써야 한다. 이 질문들에 대한 논의의 틀을 결정하는 핵심 질문은 이것이다. 에스겔이 인유引喩한 이야기가 하나님을 거역한 어떤 신적 존재에 대한 것인가, 아니면 하나님을 거역한 아담에 대한 것인가? 나는 앞의 선택지가 더 설득력이 있다고 본다. 아담이 아닌 신적 존재라고 판단하면, 에스겔 28장의 내용은 창세기 3장의 유일한 신적 반역자, 뱀과 연결된다. 이번 장의 나머지 부분에서 나의 이 주장에 대한 설명을 시작해 다음 장까지 이어가보겠다.⁵

---

5. 이번 장과 다음 장에서 개진한 논점에 대한 훨씬 심도 있고 상세한 분석은 관련 웹사이트를 참조하라.

다른 접근법

에스겔 28:12는 두로 왕을 이런 식으로 묘사한다. "너는 완전한 모범이었고." 어떤 번역은 "너는 완전한 인장^{signet}이었고"(개역개정, "너는 완전한 도장이었고")로 되어 있다. 이 구절은 에스겔서에서 번역하기 까다로운 구절로 손꼽힌다. 어떤 학자들은 더 멀리 나아가 이 구절이 구약 전체를 통틀어 가장 골치 아픈 구절이라고 말한다.[6] "완전한 모범"이나 "인장 반지"로 번역된 히브리어 '호템'이 문제의 핵심이다. 이 단어는 명사가 아니라 문자적으로 봉인하는 자^{sealer}를 뜻하는 분사다. '인장 반지'라는 번역은 이 단어가 어떤 사물을 지칭하는 것으로 해석한 것이지만, 이 단어는 ("너"라는) 인격체를 가리킨다. 이 봉인하는 자가 "지혜로 충만"하고 "온전히 아름다웠다"고 묘사되는 사실만 봐도 이것이 사물이 아니라 지성을 갖춘 사람이나 어떤 존재임이 분명해진다.

물론 문제는 이 존재의 정체를 어떻게 밝히느냐에 있다. 궁극적으로 정체성 질문에 대한 대답은 에스겔이 인유한 이야기가 신적인 반역자인가, 인간 반역자인가라는 앞의 질문에 대한 답으로 수렴될 것이다. 그 질문이 다음 장의 초점이다. 그러나 여기서는 그 논의의 틀을 정립하는 데 도움이 될 만한 몇 가지 사실만 지적하고자 한다.

에스겔 28:13에서 봉인하는 자에 대한 묘사에 나오는 보석들을 다

---

6. 참조. H. J. van Dijk, *Ezekiel's Prophecy on Tyre(Ez. 26:1-28:19): A New Approach* (Biblica et orientalia 20; Rome: Pontifical Biblical Institute, 1968), 113-14. 이는 전문적인 연구다. 반 다이크는 겔 28:12-19의 아담 이론에 반대하여 신적인 뱀 이론을 옹호한다. 그의 주장에 대한 추가정보는 관련 웹사이트를 참조하라.

시 살펴보자. 앞서 언급했듯, 에스겔이 두로 왕을 비유적으로 묘사하기 위해 아담의 반역을 기술하고 있다고 주장하는 이들은 여러 보석들이 인간 제사장-왕의 표식이라고 말한다. 그러나 "장식"이란 다른 것, 즉 어떤 존재의 신성^{divinity}을 쉽게 전달하는 방식일 수 있다. 모든 보석은 공통적으로 빛이 나고 반짝인다. 광채는 고대 근동과 구약에서 신적 존재나 신적 임재의 특성을 나타낸다(예. 겔 1:4-7, 27-28 [비교. 겔 10:19-20]; 단 10:6; 계 1:15). 이처럼 에덴에 있던 신적 존재인 그룹을 눈부시게 빛나는 존재로 묘사한다면 그것은 신적인 분위기를 전달하기 위함이었다.

이것 말고도 더 많은 내용들이 있다. 기름부음 받은 그룹은 결국 에덴의 "불의 돌들 가운데"로부터 쫓겨났다(개역개정, "불타는 돌들 사이에서"). 우리는 이미 다른 자료를 통해 에덴이 신적 회의의 장소임을 알고 있다. 이 "불의 돌들"이 해석의 또 다른 단서다. 이 문구는 다른 유대 문헌(에녹1서 18:6-11; 24-25장)에서 말하는 바, 하나님과 천상회의가 거하는 초자연적이고 산으로 이루어진 거처와 연결된다.[7]

---

[7] 참조. Kelley Coblentz Bautch, *A Study of the Geography of 1 Enoch 17-19: 'No One Has Seen What I Have Seen'*(Leiden: Brill, 2003), 107-115. 보취(Bautch)의 연구에는 에녹1서 18:1-6의 메소포타미아적 배경에 대한 논의도 포함되어 있다. 겔 28:12-29의 모티프와 메소포타미아와의 연결점에 대해서는 *Ezekiel's Prophecy on Tyre*, 118-23에 나와 있는 반 다이크(van Dijk)의 글과 그가 인용한 문헌을 참조하라. 겔 28장의 칠십인역은 "불의 돌들"이 신적 존재들의 거처라는 또 다른 단서를 제공한다. 겔 28:13의 모든 돌들은 단 하나를 제외하고는 성경의 다른 구절들에서 신적인 처소이자 어전회의실이 분명한 초자연적 예루살렘을 묘사하는 돌로 사용되었다(계 21장). 광채로 신성을 묘사한다는 점에서 겔 28장과 계 21장은 전적으로 일치한다. 유일한 예외는 칠십인역의 '안드락스'(히브리어로 '타르쉬스')이다. 그 단어는 에스겔의 다른 대목에서 하나님의 보좌(겔 10:9)를 묘사하기 위해, 이사야서(사 54:11)에서는 새 예루살렘을 묘사하기 위해 사용되었다. 헬라어를 꼼꼼하게 확인하는 독자들은 겔 28:13의 칠십인역의 다른 한 대목이 불

여기서 제기할 수 있는 반론은, 에덴이 하나님의 거처이므로, 따라서 "불의 돌들"이 여호와의 어전회의에 속한 신적 존재들을 가리키는 게 아니라는 것이다. 여기까진 맞는 말이다. 하지만 이 문구에는 거처 이상의 의미가 있다. 다른 학자들은 고대 근동에서 신적 존재들을 별들stars로 묘사하는 경향이 있음을 주목했다. 욥기 38:7은 하나님의 아들들을 "별들"로 칭했고, 이사야 14:12-13은 신적 영역인 "하나님의 별들"보다 높이 올라가려다 하늘에서 떨어진 존재를 "낮의 별, 새벽의 아들"(ESV; 개역개정, "아침의 아들 계명성")로 칭했다. 그러므로 "불의 돌들"은 단지 거소를 묘사하는 것이 아니라 그 처소에 있는 신적 존재들

일치한다고 생각할 수도 있을 것이다. 즉, 헬라어 '오뉘키온'(히브리어로 '바르카트')은 계 21장에는 등장하지 않는다는 점에서 말이다. 이것을 불일치라고 가정하는 것은 잘못된 생각이다. '오뉘키온'이라는 단어는 호마노의 일종으로 볼 수 있기 때문이다. "a kind of onyx, Thphr. *Lap.* 31, LxxEx.28.20: as Adj. ὀνύχιος (sc. λίθος), Suid"(Henry George Liddell et al., *A Greek-English Lexicon* [Oxford: Clarendon Press, 1996], 1234). 계 21:19에는 '오뉘키온'이 아니라 '사르도닉스'라고 되어 있다. 두 용어 모두 호마노 보석을 가리키므로 겔 28장(칠십인역)의 모든 보석과 계 21장의 초자연적 예루살렘에 대한 묘사는 일치한다. 참조. James Harrell, "Gemstones," *UCLA Encyclopedia of Egyptology* 1.1 (2012): 5 (table 1, pts. 5-6). 해럴(Harell)은 오닉스(홍마노)와 사르도닉스 둘 다 오뉘키온으로 불렸다고 지적한다. 몇몇 다른 학자들이 계 21장과 겔 28장의 보석 묘사 간의 긴밀한 연계성을 주장했다. F. Petrie, "Precious Stones," *Dictionary of the Bible*, vol. 4 (ed. J. Hastings; New York: Scribner, 1919), 619-21; J. L. Myres, "Stones (Precious)," *Encyclopedia Biblica*, vol. 4 (ed. T. K. Cheyne and J. S. Black; New York: Macmillan, 1903), 4799-4812; and E. F. Jourdain, "The Twelve Stones in the Apocalypse," *Expository Times* 22 (1911): 448-50. 대니얼 블록(Daniel Block)은 히브리어 '바르카트'에 대한 칠십인역의 해석을 잘못 규명한 것 같다. 그는 이 단어에 대해 이렇게 말했다. "'번쩍이다, 빛나다'를 뜻하는 바라크의 파생어로서 '번개'와 연결된 단어"이다. 출 28:17의 칠십인역은 이를 '스마라그도스'라고 번역하는데, 이는 아마도 에메랄드와 동일한 것이다" 참조. Block, *Book of Ezekiel, Chapters 25-48*, 109. 히브리어 '바르카트'를 '오뉘키온'으로 보는 견해에 대해서는 다음을 참조하라. Emanuel Tov, *The Parallel Aligned Hebrew-Aramaic and Greek Texts of Jewish Scripture* (Bellingham, WA: Logos Bible Software, 2003). 더 상세한 논의는 관련 웹사이트를 참조하라.

을 가리킨다.[8]

이 교만한 신적 존재가 쫓겨나 수치를 당한 '땅'[ground]에도 관심을 가질 필요가 있다. 땅으로 번역된 히브리어는 '에레츠'다. 에레츠는 우리가 발을 딛고 선 땅을 뜻하는 일상어다. 그러나 에레츠는 또한 지하세계, 곧 죽은 자의 영역(예. 욘 2:6), 고대 용사 및 왕이 죽어 동류를 기다리는 곳(겔 32:21, 24-30, 32; 사 14:9)을 가리키기도 한다. 물론 아담은 이미 땅에 있었으므로 땅으로 떨어지는 벌을 받을 수 없다. 그렇다고 아담이 지하세계로 떨어진 것도 아니다. 이런 종류의 표현은 천상의 존재가 천상회의로부터 추방되었을 때 사용됐을 법한 언어다.

마지막으로 어떤 학자들은 이 문제적 용어인 '봉인하는 자'(히브리어로 '호템')가 창세기 3장의 뱀이라는 존재를 가리키는 비밀스런 호칭일 수 있다고 제안한다. 만일 그들의 제안이 옳다면 이 혼돈을 빚은 '봉인하는 자'라는 표현은 아담을 논의선상에서 배제하라는 영리한 신호일 것이다.[9]

고대 셈어에서 마지막 글자 '멤'이 묵음인 경우(전접어 '멤')는 보기 드문 현상이다.[10] 만일 우리에게 혼란을 야기하는 이 단어에서 '멤'이

---

8. 우주적 산과 천상회의에 대한 클리포드의 책에 수록된 겔 28장과 사 14:4b-21의 천체 언어에 대한 연구는 천체 용어와 신적인 존재들 간의 분명한 연계성에 대한 풍부한 설명을 제공한다. 참조. Clifford, *Cosmic Mountain*, 160-73. 또한 참조. John Gray, "The Desert God 'Athtar in the Literature and Religion of Canaan," *Journal of Near Eastern Studies* 78 (1949): 72-83; Ulf Oldenburg, "Above the Stars of El: El in Ancient South Arabic Religion," *Zeitschrift für die alttestamentliche Wissenschaft* 82 (1970): 187-208.

9. 다음에 이어지는 내용이 이 대안의 요약이다. 더 전문적인 논의를 보려면 관련 웹사이트를 참조하라.

10. 딱 들어맞진 않아도 영어 철자법을 비유로 들자면 묵음 e와 유사한 경우다. 전접어 '멤'

라는 철자를 묶음 처리하면 (사실상 히브리어 '호템'에서 마지막 철자 '멤'을 제거한다면) 페니키아어와 다른 여러 셈어에서 '뱀'을 뜻하는 호트가 된다.[11] 호트라는 명사의 기본형(레마)은 '후'(חן)다.[12]

물론 이 해석을 결정적인 수준으로까지 주장할 순 없지만 그 메시지는 에스겔 28:11-19을 창세기 3장과 거기에 등장하는 뱀을 고려하며 읽으라는 말일 것이다.[13] 그렇게 하면 우리를 곧장 에덴의 타락 장

은 강조를 위하여 해당 단어에 이목을 집중시키는 역할을 하는 접미사로 간주된다. 학자들은 성경 히브리어에 전접어 '멤'이 쓰인 실례가 있는가를 두고 논쟁한다. 참조. Horace D. Hummel, "Enclitic mem in Early Northwest Semitic, Especially Hebrew," *Journal of Biblical Literature* LXXVI (1957): 85-107; Mitchell Dahood, "Enclitic mem and emphatic lamedh in Psalm 85," *Biblica* 37, no. 3 (1956): 338-40; J. A. Emerton, "Are There Examples of Enclitic mem in the Hebrew Bible?" in *Texts, Temples, and Traditions: A Tribute to Menahem Haran* (ed. Menahem Haran and Michael V. Fox; Winona Lake, IN: Eisenbrauns, 1996): 321-38; C. Cohen, "The Enclitic mem in Biblical Hebrew: Its Existence and Initial Discovery," in *Sefer Moshe: The Moshe Weinfeld Jubilee Volume; Studies in the Bible and the Ancient Near East, Qumran, and Post-Biblical Judaism* (ed. Chaim Cohen, Avi Hurvitz, and Shalom M. Paul; Winona Lake, IN: Eisenbrauns, 2004), 231-260. 한 가지 분명한 예는 시 29:1이다('멤'이 '브네 엘림'이라는 문구 끝에 붙었다). 이 문구는 오랫동안 "엘/하나님의 아들들"(브네 엘림)로 해석되었지만, 근래에 나온 히브리어 본문 현대판에서는 "신들의 아들들"(브네 엘림)로 개역되었다. 데이빗 프리드먼(David N. Freedman)은 이렇게 쓴다. "첫 줄의 엘림은 전접어 멤이 붙으면(eli-m) 엘(El)로 읽어야 한다. 따라서 엘의 아들들, 즉 신들의 아들들이 된다"(David N. Freedman, "Archaic Forms in Hebrew Poetry," *Zeitschrift für die alttestamentliche Wissenschaft* 31 [1960]: 101-107 [esp. 104]).

11. 참조. Jacob Hoftijzer, Karel Jongeling, Richard C. Steiner, Adina Mosak Moshavi, and Bezalel Porten, *Dictionary of the North-West Semitic Inscriptions*, 2 vols. (Leiden: Brill, 1995), 2:726 (nḥš₆), 353.

12. 히브리어 철자로 חן이다. 레마는 접미사나 접두사, 또는 다른 어떤 변형이 없는 한 단어의 가장 기본적인 형태다. 가령 사전에는 running이 표제어가 되지 않고 가장 기본형인 run이 등재될 것이다. run이 레마, 즉 기본형이다.

13. 다음 장과 관련 웹사이트에서 논의하겠지만 창 3장, 겔 28장, 사 14장의 관계에 대한 나의 견해는 이런 재구성을 토대로 하지 않는다. 세 장들 간에는 여러 교차점이 있다. 결국 그 배경이 신적인 반역자인지 인간 반역자인지의 문제는 모든 교차관계에 대해 가장 포

면으로 인도하는 언어유희가 발생한다. 창세기 3장이 단순한 동물이 아니라 짐승의 모습으로 등장하는 어느 신적 존재를 가리키는 것임을 우리는 안다. 그럴 경우 동산의 이 존재가 "기름부음을 받고 지키는 그룹"이라는 묘사와 맞아떨어진다. 고대 근동의 세계관에서 그룹은 신의 보좌를 호위하는 신적 존재였다.[14] 고대 근동의 예술과 조각품에는 뱀을 비롯한 동물들이 보좌를 지키는 존재들로 그려진 예가 많다. 에스겔 28장에서 지키는 역할을 하는 그룹을 인간 아담으로 보는 것은 별로 설득력이 없다.

이제껏 우리가 파악한 바를 요약해 보자. 에스겔 28장은 옛 에덴에서 지극히 높으신 자와 비기려 했던, 여호와의 어전회의에 속한 어느 신적 존재의 교만을 이야기하며 두로 왕을 꾸짖는다. 보좌를 호위하던 이 신적 존재는 에덴으로부터 땅 또는 지하세계로 쫓겨났다.

이 요소들은 성경의 또 다른 구절에도 나타난다. 바로 이사야 14

괄적인 설명력을 가지는 쪽으로 결론이 나게 될 것이다. 비록 성경학계 내에서 다수가 인간 반역자로 해석하는 쪽이지만, 나의 견해는 인간 반역자로 해석하는 견해는 어떤 연결점들을 설명하지 못하며 따라서 일관성이 떨어진다는 것이다(아래 14번 각주를 참조하라).

14. 다음을 참조하라. Alice Wood, *Of Wings and Wheels: A Synthetic Study of the Biblical Cherubim* (Beihefte zur Zeitschrift für die alttestamentliche Wissenschaft 385; Berlin: Walter de Gruyter, 2008). 우드는 겔 28:11-19 구절에 등장하는 (신 또는 인간?) 인물의 정체를 밝히기 위한 노력의 일환으로 이 본문의 형태론적, 문법적, 본문비평적 해석의 어려움에 대한 탁월하고도 간명한 요약을 제공한다. 그녀와 내가 교신한 내용은 관련 웹사이트를 참조하라. 버나드 바토(Bernard F. Batto)도 유사한 관점을 취한다. 그는 에덴의 반역자를 이렇게 묘사한다. "그 '뱀'은 사 6:2의 스랍처럼 날개와 발이 달렸고 거룩한 사람들과 하나님의 지혜의 나무와 같은 성물을 수호하는 역할을 하는 반신적 생물(semi-divine creature)이었다" (*In the Beginning: Essays on Creation Motifs in the Bible and the Ancient Near East* [Siphrut: Literature and Theology of the Hebrew Scriptures 9; Winona Lake, IN: Eisenbrauns, 2013], 47).

장이다.[15] 이제 이와 관련해 이사야가 무슨 말을 했는지 살펴본 다음, 에덴에서 일어난 일을 새롭게 조망해 보자.

---

15. 겔 28장의 배경으로 숨어 있는 에덴의 반역자를 아담으로 보는 접근의 중대한 약점 중 하나는 겔 28장과 사 14장의 연관성이다. 학자들은 겔 28장과 사 14장이 분명하고도 부정할 수 없는 방식으로 개념적으로 중첩된다는 점을 인정하지만, 사 14장이 아담 이야기라고 가정하지 않는다. 오히려 학자들은 아담을 겔 28장 배후에 있는 반역자로 가정하면서도 사 14장의 바벨론 왕 묘사의 개념적 출처는 신적 존재의 반역 이야기라고 간주한다. 분명히 중첩되는 두 구절에 대한 이런 상반된 접근은 방법론적으로 일관되지 못하다. 두 구절의 모든 요소를 옛적의 신적인 반역자 이야기로 설명하는 논의에 대해서는 관련 웹사이트를 참조하라.

11.
지극히 높으신 자와 비기리라

앞에서 우리는 에스겔 28장에 그려진 두로 왕의 비극적 초상을 살펴보았다. 에스겔 선지자는 스스로를 "신들의 자리"(겔 28:2)인 천상회의의 우두머리라고 여긴 에덴의 어느 신적 존재에 대한 옛 이야기를 문학적으로 인유하는 전략을 구사했다. 이 존재는 에덴으로부터 지하세계로 추방당하는 벌을 받았다. 이 존재를 찬란하게 빛나는 보석과 뱀의 이미지를 사용하여 신적 호위자인 그룹으로 묘사한 것은 창세기 3장과 개념적으로 연결된다.

이 요소들은 이사야 14장에도 등장한다. 먼저 이사야 14장을 살펴본 다음 다시 에덴의 뱀을 검토해 보기로 하자.

이사야 14장

이사야 14:4에서 하나님은 선지자에게 바벨론 왕에 대해 조롱하는 노래(히브리어로 '마샬')를 지어 부르라고 말씀하신다. 마샬은 사실 '빗대어 말하는 비유에 더 가깝다. 앞으로 염두에 두어야 할 질문은 바벨론 왕을 누구에 빗댔느냐이다.[1]

---

1. 사 14장의 마샬은 하급신이 엘을 업신여기는 우가리트의 천상회의 장면과 여러 지점에서 상관관계가 있다. 참조. Michael S. Heiser, "The Mythological Provenance of Isaiah 14:12-15: A Reconsideration of the Ugaritic Material," *Vetus Testamentum* 51.3 (Fall 2001): 354-369. 내가 바로 앞장의 끝부분에서 지적한 것은 모든 학자들이 사 14장과 겔 28장이 개념적으로 연관되어 있다고 보는데, 사 14장의 배경은 신적 존재의 반역이고 겔 28장의 배경은 인간(아담)의 반역이라고 보는 것은 일관성이 떨어진다는 것이다. 사 14장의 배경에 모종의 신적 존재들의 반역이 있다는 관점에서 사 14장을 다룬 연구들이 있다. 참조. Joseph Jensen, "Helel Ben Shahar (Isaiah 14.12-15) in Bible and Tradition," in *Writing and Reading the Scroll of Isaiah: Studies of an Interpretive Tradition* (Supplements to Vetus Testamentum 70; Leiden: Brill, 1997), 339-57; J. W. McKay, "Helel and the Dawn-Goddess: A Re-Examination of the Myth in Isaiah XIV 12-15," *Vetus Testamentum* 20 (1970): 451-64; Peter C. Craigie, "Helel, Athtar and Phaethon (Jes 14 12-15)," *Zeitschrift für die alttestamentliche Wissenschaft* 85 (1973): 223-25; W. S. Prinsloo, "Isaiah 14.12-15: Humiliation, Hubris, Humiliation," *Zeitschrift für die alttestamentliche Wissenschaft* 93.3 (1981): 432-38; Ulf Oldenburg, "Above the Stars of El: El in Ancient South Arabic Religion," *Zeitschrift für die alttestamentliche Wissenschaft* 82 (1970): 187-208. 사 14장의 배경과 신적 반역 간의 상관관계의 가능성이 이토록 풍부한데, 어떻게 사 14장과 매우 밀접하게 연관된 겔 28장에서는 아담을 지목하는 걸까? 이에 대한 근래의 주요 연구는 Hugh R. Page, *The Myth of Cosmic Rebellion: A Study of Its Reflexes in Ugaritic and Biblical Literature* (Supplements to Vetus Testamentum 65; Leiden: Brill, 1996)이다. 나의 결론은 페이지(Page)의 결론과 몇몇 지점에서 차별화된다. 페이지는 겔 28장의 배경으로 케레트 서사시(Keret Epic, 인간 왕에 대한 서사시)를 선호한다. 내가 관련 웹사이트에서 제시했듯 페이지의 제안의 모든 증거들은 어떤 신적 존재의 반역 신화에서 가져온 것이다. 간단히 말하면, 신적 존재의 반역 모티프는 겔 28장과 사 14장(둘 다 창 3장의 '나하쉬'와 분명하게 연결점이 있다)의 모든 요소를 설명하지만 아담이나 케레트 서사시는 그렇지 못하다는 것이다. 이 논점에 대한 더 상세한 논의는 관련 웹사이트를 참조하라.

두로 왕에 대한 에스겔서의 묘사가 이 통치자에 대해 호의적이지 않았던 것처럼 이사야의 비유 역시 시작부터 바벨론 왕에게 호의적이지 않은 것처럼 들린다. 바벨론 왕은 가차없이 열국을 박해하던(5-6절) "압제자"(4절, ESV)로 불린다. 세상은 이 압제자가 "낮아질 때"(7-8절, ESV) 마침내 안식을 되찾을 것이다. 다음은 마침내 바벨론 왕이 사라진다는 기쁨으로 마음이 들뜬 선지자가 쓴 글이다.

> ⁹ 아래의 스올이 너로 말미암아 소동하여
> 네가 오는 것을 영접하되
> 그것이 땅(에레츠, 개역개정, "세상")의 모든 영웅인
> 죽은 영혼들(르바임)을 너로 인하여 움직이게 하며
> 열국의 모든 왕들을 그들의 왕좌에서 일어서게 하므로
> ¹⁰ 그들은 다 네게 말하여 이르기를
> 너도 우리 같이 연약하게 되었느냐
> 너도 우리 같이 되었느냐 하리로다
> ¹¹ 네 교만(개정개역, "영화")이 스올에 떨어졌음이여
> 너의 비파 소리까지로다
> 구더기가 네 아래 깔림이여
> 지렁이가 너를 덮었도다(사 14:9-11).

에스겔 28장처럼 이 독설의 표적인 이사야 14장의 주인공 역시 지하세계인 스올로 내려간다. 르바임이 거기 있으며, 여기서 그들의 정체는 다시금 죽은 전사-왕들로 밝혀진다("너도 우리 같이 되었느냐"). 바벨론 왕은 두로 왕과 똑같이 이 살아 있는 사망자$^{living\ dead}$ 무리에 합류할

것이다.

에스겔 28장이 두로 왕으로부터 에덴의 신적 존재로 전환했음을 상기하라. 그 전환은 저자가 지상 왕의 교만을 빗대어 묘사하기 위해 우주적, 신적 존재의 반역 이야기를 사용하고 있음을 알려준다. 이사야 14장은 11절 이후부터 신적 존재를 가리키는 맥락으로 전환한다. 이는 에스겔 28장과 뚜렷하게 연결되는 지점이다. 그 연결점은 우리로 하여금 또 다시 개념적으로 창세기 3장으로 회귀하게 한다.

이사야 14:12-15이다.

> [12] 너 아침의 아들 계명성이여 어찌 그리 하늘에서 떨어졌으며
> 너 열국을 엎은 자여 어찌 그리 땅에 찍혔는고
> [13] 네가 네 마음에 이르기를
> 내가 하늘에 올라
> 하나님의 뭇별 위에 내 보좌를 높이리라
> 내가 '자폰산 꼭대기'(개역개정, "북극") 집회의 산 위에 좌정하리라
> [14] 가장 높은 구름에 올라
> 지극히 높은 자와 비기리라 하도다
> [15] 그러나 이제 네가 스올 곧 구덩이
> 맨 밑에 떨어짐을 당하리로다(사 14:12-15).

이 구절을 보면 그 맥락이 천상회의임이 확연하게 드러난다. 당신은 이미 6장에서 신성한 동산과 산에 대한 전문용어를 많이 접했을 것이다.

바벨론 왕과 비교되는 이 인물은 "하늘에서" 떨어진 신적인 존재

다(12절). 그는 "아침의 아들 계명성"으로 불린다. 이 언어는 우리를 다시금 하나님의 아들들을 "계명성"이라 부른 욥기 38:7로 인도한다. 그러나 이사야 14:12의 히브리어는 욥기 38:7과 다르다.

"아침의 아들, 계명성"은 히브리어 '헬렐 벤-샤하르'를 영어로 옮겨 놓은 것으로, 그 문자적 의미는 "아침의 아들, 빛나는 자"이다. 3장에서 욥기 38:7을 다루면서, 나는 "계명성"이 일출 때 지평선에 나타나는 환한 별이라고 말한 바 있다. 고대와 현대의 천문학자들은 이와 똑같은 방식으로 운행했던 (너무 환하게 빛나 일출 때도 보이는) 다른 천체를 알고 있었다. 바로 금성(우리말로 계명성이라 부른다)이다. 그래서 금성은 행성인데도 고대인들에게는 "밝은 아침의 별"로 알려졌다.

요점은 이사야가 에스겔 28장의 언어를 빌려와 이 특정한 신적 존재를 구제불능일 정도로 자신의 눈부심에 현혹된 존재로 그린다는 것이다. 그의 교만이 너무 지나쳐 그 스스로 모든 "하나님의 별들"(히브리어로 '코크베 엘'), 즉 천상회의의 다른 구성원들보다 높다고 큰소리친다(욥 38:7).

이 "빛나는 자"가 천상회의에 속한 다른 이들보다 높아지려 했음은 "나의 보좌를 높이리라", 그리고 "집회의 산 위에 좌정하리라"는 표현을 통해서도 알 수 있다. 이 "집회의 산"이 천상회의를 말한다는 것은 그 소재지가 자폰(북쪽)과 구름이라는 데서 분명하게 드러난다. 이사야 14장을 보면 마치 천상회의에서 쿠데타를 시도한 이야기를 읽는 듯하다. '헬렐 벤-샤하르'는 다른 모든 자들보다 높아지고 싶은 마음에 신성한 산 위의 천상회의에 좌정하기를 원했다. 그는 "지극히 높은 자(엘룐)와 비기기" 원했다. 그러나 지극히 높은 자는 하나일 수밖에 없다.

어찌 보면 빛나는 자인 '헬렐 벤-샤하르'가 에스겔 28장의 보좌를 호위하는 신적 존재와 동일한 결말을 맞게 된 것은 당연한 일이다. 세 곳에서 우리는 '헬렐 벤-샤하르'의 운명을 발견한다. 이미 두 구절은 살펴보았다. 고딕 글씨로 강조한 부분에 유의하기 바란다.

> ⁹ 아래의 스올이 너로 말미암아 소동하여
> 네가 오는 것을 영접하되
> 그것이 땅의 모든 영웅인
> **죽은 영혼들(르바임)을 너로 말미암아 움직이게 하며**
> 열국의 모든 왕들을 그들의 왕좌에서 일어서게 하므로…
> ¹² 너 아침의 아들 계명성이여 어찌 그리 하늘에서 떨어졌으며
> …어찌 그리 **땅(에레츠)에 찍혔는고**
> ¹⁵ 그러나 이제 네가 스올
> 곧 **구덩이 맨 밑에 떨어짐을 당하리로다**(사 14:9, 12, 15).

'헬렐'에게 내려진 형벌은 죽은 자의 영역에 살게 되는 것이다. 헬렐의 종착지는 스올, 곧 구덩이(히브리어로 '보르')이며 진정한 의미에서 지극히 높으신 자이신 하나님에 의해 땅(에레츠)으로 끌어내려졌다.

다음의 표는 지난 장에서 시작한 표의 확장판이다. 나는 계속해서 에스겔 28장의 용어와 관련구절들에 살을 붙여 나갈 예정이다. 나의 초점은 에스겔 28장과 이사야 14장과 창세기 3장에 나타난 천상회의의 연계성이지만, 적절한 경우에는 다른 관련구절도 추가하겠다.

천상회의의 배경			
히브리어	의미	개념	주요 구절들
엘림, 엘로힘(복수형)	신들	의회의 일원들	창 3:5, 22; 시 82:1, 6; 겔 28:2
브네 엘림 브네 엘로힘 코크베 보케르 코크베 엘 헬렐 벤-샤하르	하나님의 아들들 새벽별(계명성) 하나님의 별들 빛나는 자, 새벽의 아들(아침의 아들)	의회의 일원들 빛나는 모습	욥 38:7; 시 29:1; 89:6; 사 14:13; 겔 28:13 (보석들)
간	동산	신들의 거처, 신들의 회의장소	창 2:8-10, 15-16 창 3:1-3, 8, 10, 23-24 겔 28:13
에드 나하르 야밈	(촉촉한) 안개 강 바다, 물	회의를 둘러싼 물이 넉넉한 동산에 대한 묘사	창 2:6, 10-14(시온), 겔 47:1-12(예루살렘 성전, 비교. 슥 14:8); 겔 28:2
짜폰 야르크테 짜폰 바모트	북쪽 북쪽 꼭대기 꼭대기	천상회의가 소집된 산악	시 48:1-2(예루살렘 성전, 비교. 겔 40:2); 사 14:13-14
하르	산, 산들	천상회의가 소집된 산악	출 24:15 (시내산; 비교. 시 68:15-17; 신 33:1-2); 사 14:13; 27:13(시온); 겔 47:1-12 (예루살렘 성전)
아다트 소드 모에드 모샤브	집회 의회 모임 자리(통치)	천상회의	시 82:1; 89:7; 사 14:13; 겔 28:2

창세기 3장의 나하쉬

창세기 3장의 주역은 뱀^{serpent}이다. 뱀으로 번역된 히브리어는 '나하쉬'다. 이 단어는 평범하면서도 탄력적이다.

대부분의 역자와 해석자들은 '나하쉬'를 가장 직설적인 의미인 뱀으로 번역한다. 히브리어 어근인 נחש(n-ch-sh)가 명사라면 이는 뱀을 뜻한다.

그러나 이 자음 묶음은 동사도 될 수 있다. 만일 여기에 모음을 넣어 동사 형태로 바꾸면(히브리어는 원래 모음이 없음을 유념하라) '노헤쉬'가 되고 그 뜻은 점술사^{diviner}다. 점술은 초자연적 세계와의 교통을 의미한다. 고대 사회에서 점술사는 불길한 일을 예언하거나 신성한 정보(신탁)를 제공하는 사람이다. 우리는 창세기 3장의 이야기에서 점술적 요소를 엿볼 수 있다. 즉 하와는 뱀이라는 존재로부터 어떤 정보를 얻고 있다.

자음 נחש(n-ch-sh)는 때로는 형용사처럼 수식적으로 사용되기도 하는 또 다른 명사 '나하쉬'도 될 수 있다. 성경 밖에서는 '나하쉬'가 여러 지명에 사용되었고 구약에서는 한 번 사용되었다. 역대상 4:12에 "이르-나하쉬(개역개정, "이르나하스")의 아버지 드힌나"라는 표현이 나온다. 달리 알려진 바가 없는 드힌나는 이 절에서 '나하쉬'라는 도시(히브리어로 '이르')의 설립자로 여겨진다.

'이르-나하쉬'는 아직 고고학자들이 확실히 규명하지 못한 도시다. 이 표현은 "구리/동(대장간)의 도시"를 뜻한다. '네호쉐트'(동, 구리)와 같은 히브리어가 이 명사에서 파생되었다. '이르-나하쉬'는 구리와 동 금속으로 유명한 지역이었다. 이 해석이 흥미로운 이유는 구리와 동이

닦으면 광택이 나기 때문이다. 실제로 구약에서는 '네호쉐트'가 신적 존재를 묘사하는 단어로 쓰인다(단 10:6).

영어에서도 이렇게 문장 내의 위치에 따라 의미가 달라지는 탄력적인 단어들이 있다. 예를 들어 보자.

명사: "Running is a good form of exercise"(달리기는 좋은 운동이다).
동사: "The engine is running on diesel"(이 엔진은 디젤로 작동한다).
형용사: "Running paint is an eyesore"(페인트가 흘러내린 자국이 볼썽사납다).

작가는 때로는 어떤 단어를 쓸 때 독자가 가능한 모든 의미와 뉘앙스를 떠올리길 바란다. 만일 내가 "How has your reading been?"이라고 묻는다면 독자는 세 가지 가능성을 모두 생각할 수밖에 없다. 이 사람이 최근의 독서 과제물(명사)을 말하고 있는가? 아니면 내가 안경을 제대로 맞췄는지를(형용사) 궁금해 하는가? 아니면 어떤 과정(동사)을 말하는 것인가? 내 생각에는 이 이야기에 뱀이 단순한 뱀 이상의 존재라는 직접적인 단서들이 있으므로 그는 신적인 대적자일 수도 있다. 따라서 '나하쉬'라는 단어는 중의법일 수 있다. 창세기 저자는 독자가 해석적, 지적 체험에서 가능한 모든 뉘앙스들을 고려하기 원했을 것이다. 모든 가능성이 신학적 고려 대상이다.[2]

---

2. 내 말은 '나하쉬'를 뱀으로 번역해선 안 된다는 말이 아니다. 번역상의 문제가 아니라 이 이야기가 단순히 동물에 국한되지 않음을 인식해야 한다는 것이다. 뱀은 실제로 신적 존재다. 내 생각에는 히브리어에 능통한 성경 독자들은 '나하쉬'의 레마(기본형)를 보고 저

뱀('나하쉬')은 보좌를 호위하는 신적 존재를 가리키기 위해 흔히 사용된 이미지다. 에덴이라는 배경을 감안할 때 이 이미지는 악당의 정체가 신적 존재임을 파악하는 데 도움이 된다. 신적인 대적자는 신적인 정보를 제공함으로써 하와를 자극한다. 그는 하와에게 신탁을 (아니, 저주를!) 제공한다. "넌 정녕 죽지 않을 거야. 하나님은 네가 그걸 먹으면 엘로힘처럼 될 걸 알고 계셔." 마지막으로 '나하쉬'의 찬란한 외양이 그가 신적 존재임을 나타낸다. 모든 의미들이 뭔가 중요한 것에 대한 신호를 드러내고 있다. 그 의미는 이사야 14장과 에스겔 28장의 이미지와도 일맥상통한다.

하나님의 심판

나는 하와에게 동정심을 느끼는 편이다. 너무 많은 이들이 하와를 철없고 아둔한 캐릭터로 설정한다. 하나님의 형상 담지자이며 하나님 가족의 새 일원으로서 그녀가 천상회의에서 갖는 신분이라는 맥락에서

자의 의도대로 자신들의 인지적 틀 안에 있는 다른 요소들을 함께 떠올렸을 것이다. 즉, 독자는 신묘한 지식의 제공(동사형)과 광채('나하쉬'는 히브리어 성경의 구리, 동을 뜻하는 '네호쉐트'와 어근이 같다)를 떠올렸을 것이다. 후자와 관련하여 한 가지 지적할 점은 창 1-11장의 어떤 부분에 대한 바벨론/아람 배경을 감안하면(참조. 이 책 12-15장) 아람어 n-ch-sh 역시 '구리, 빛나는 동'을 가리키며 동일한 의미의 탁월함이나 찬란함을 연상케 했을 것이다. 참조. Marcus Jastrow, *A Dictionary of the Targumim, the Talmud Babli and Yerushalmi, and the Midrashic Literature*, Vol. I and II (London; New York: Luzac & Co.; G. P. Putnam's Sons, 1903), 896 (נחש II); Jacob Hoftijzer, Karel Jongeling, Richard C. Steiner, Adina Mosak Moshavi, and Bezalel Porten, *Dictionary of the North-West Semitic Inscriptions*, 2 vols. (Leiden: Brill, 1995), 2:726 ($nhš_6$).

보면, '나하쉬'가 하와에게 했던 말은 합당하게 들린다. 물론 하나님은 우리가 엘로힘처럼 되기 원하신다. 우리는 모두 한 가족이다. 우리는 모두 창조주를 대표하지 않는가? 대체 우리가 왜 죽겠는가?

그렇다고 이것이 하와(또는 아담)에게 핑곗거리가 될 순 없다. 그들의 불순종에는 끔찍한 후과가 따랐다. 비록 하나님이 심판하시는 이유는 분명하지만 그 심판의 의미에 대해서는 신중한 숙고가 필요하다. 하나님의 반응이 지닌 함의에 대해 책 전체를 할애하는 이들이 많기에 나는 일부만 추려서 논하고자 한다.[3]

아담에게 내린 저주(창 3:17-19)가 땅을 정복하고 다스리라는 하나님의 위임명령을 없던 것으로 하지는 않았다. 그러나 이 저주로 인해 그 과업이 더 어려워졌다. 인류가 에덴에서 추방된 사건(창 3:22-25)은 영광스런 다스림이라는 사명을 지루하고 고단한 일상으로 만들어 버렸다. 우리는 하나님이 자신의 통치를 복원하기 위해 어떤 조치를 취하실 것을 안다. 곧 아담의 후손이, 특히 그 후손 중 하나가 왕국의 주역이 될 것을 안다(창 3:15). 이런 견지에서 유토피아에 대한 인간의 갈망은 흥미롭다. 우리에게는 뭔가 상실한 것을 되찾으려는 내적인 갈망이 있는 것 같다. 그러나 순전히 인간의 노력만으론 에덴을 복원할 수 없다.[4]

---

3. 나는 아담과 하와에 대한 하나님의 반응을 저주보다는 심판이라고 부르고 싶다. 저주라는 표현은 뱀에게만 쓰고자 한다. 나는 웬함(Wenham)의 평가에 동의한다. "남자나 여자 모두가 저주받은 것이 아니고 오직 뱀(14절)과 땅(17절)만 사람 때문에 저주받았음을 지적해야겠다. 남자와 여자에 대한 문장은 그들에게 맡겨진 소임이 붕괴되는 형태를 취한다(Gordon J. Wenham, *Genesis 1-15* [vol. 1; Word Biblical Commentary; Dallas: Word, Incorporated, 1998], 81).

4. 유토피아 사상은 서구 고전 문학의 단골 테마다. 그 대표적 사례가 플라톤의 『국가론』,

하와에 대한 하나님의 심판은 어떤 의미에서 '나하쉬'의 저주와 긴밀히 얽혀 있다. 하와는 강렬한 산고를 겪을 것이다(창 3:16: "네게 잉태하는 고통을 크게 더하리니"). 하와가 타락 이전에 아이를 출산했다는 내용은 없지만 아마 출산했다면 고통을 전혀 못 느꼈을 것이다. 하와는 인간이었다. 그리고 그녀의 출산이 '나하쉬'의 운명과 행위와 모종의 관계가 있을 것이므로, 그녀가 아이를 낳는다는 점은 중요했다.

¹⁵ 내가 너로 여자와 원수가 되게 하고
너의 후손도 여자의 후손과 원수가 되게 하리니
여자의 후손은 네 머리를 상하게 할 것이요
너는 그의 발꿈치를 상하게 할 것이니라 하시고(창 3:15).

창세기 3:15의 문구는 베일에 가려져 있다. 그 이유는 나중에 밝히겠지만, 이처럼 궁극적으로 메시아를 가리키는 예언들은 의도적으로 모호하게 표현되었다. 하지만 적어도 이 구절을 통해 우리는 하나님이 아직 인류를 포기하지 않으셨음을 알게 된다. '인류를 통한' 지상 통치

어거스틴의 『하나님의 도성』, 토마스 모어의 『유토피아』다. 기독교적 맥락에서 세상과의 분리나 기독교적 이상에 의거한 문화개혁을 도모했던 유토피아 공동체적 시도에는 칼빈의 제네바, 쉐이커 운동, 에프라타 클로이스터(수도원 운동)등이 있다. 초월주의 운동과 마르크스주의 같은 사회정치적 이념 역시 잘 알려진 유토피아 운동의 세속적 사례들이다. 완벽하게 조화로운 사회를 건설하려는 모든 시도가 실패로 돌아간 이유는 사람이 불완전하며 규율에 전면적으로 순응하는 일이 인간 본성에 부합하지 않기 때문이다. 참조. Frank Edward Manuel, Fritzie Prigohzy Manuel, and Frank Edward Manuel, *Utopian Thought in the Western World* (Cambridge: Harvard University Press, 2009); Michael Fellman, *The Unbounded Frame: Freedom and Community in Nineteenth Century American Utopianism* (Westport, CT: Greenwood Press, 1973).

라는 하나님의 목표는 폐기되지 않는다. 언젠가는 하와의 후손이 출현하여 신적 반역자, '나하쉬'가 끼친 피해를 원래대로 복구할 것이다. 이 후손이 하와와 연결되어 있다는 사실은 그녀의 혈통을 통해 그 일이 실현될 것임을 암시한다.

이것이 '나하쉬'에게 위협이 될 것은 분명했다. 인간은 꾐에 넘어가 죄를 저질렀다. 이제 (자신의 말씀에 신실하신) 여호와는 자신이 말씀하신 대로 인류를 멸절시켜야 했다. '나하쉬'는 하나님의 공의로 말미암아 자신의 경쟁상대가 제거되리라 믿었다. 하나님은 이 점에서 공의로우셨다. 에덴에서의 배제는 사실상 죽음을 의미하지만 그렇다고 즉각적인 멸절은 아니었다. 하나님은 그들의 생명이 끝나게 하시겠지만 그 전에 자신의 계획을 이어나가실 방도를 마련하셨다. 마찬가지로 인류는 죽겠지만 결국 언젠가 하나님의 에덴 비전을 회복하고 '나하쉬'를 파멸시킬 후손이 탄생할 것이다.

타락 이전에 아담과 하와는 조건적 불멸을 소유했다. 그들은 조건부의, 결코 끝나지 않는 생명을 가졌다. 생명을 주는 자의 집이라는 에덴의 이미지와 에덴의 생명나무는 아담과 하와가 생명나무의 과실을 먹는 한, 에덴을 자신들의 집으로 부르는 한, 그리고 죽음에 이르는 상해를 초래하는 어떤 일을 겪지 않는 한(결국 그들도 진짜 인간이었다) 계속 산다는 것을 뜻했다.[5] 아담과 하와는 완벽한 환경에서 보호받으며 번성하고 하나님의 지상 대표자로서 과업을 완수하기까지 수행했을 것이다.

---

5. 생명나무 이미지의 신학적 메시지에 대해서는 관련 웹사이트를 참조하라.

이 모든 것이 에덴에서 쫓겨남으로 말미암아 좌초되었다. 하나님은 그들이 에덴의 생명나무로 돌아오는 것을 막기 위한 후속조치까지 취하셨다(창 3:24). 만일 그들이 생명나무에 접근한다면 이미 벌어진 상황에도 불구하고 계속 살 수 있었을 것이다. 타락 후 하나님의 회의 및 가족의 일원으로서 인간의 일을 지속시킬 유일한 방도는 출산이었다. 하와는 출산을 통해 속량되었다(딤전 2:15). 출산이 하나님의 본래 계획을 유효하게 유지하는 유일한 길이라는 사실은 우리 나머지 사람에게도 마찬가지다. 자손이 없으면 인간이 하나님을 형상화하는 일도, 왕국도 없게 된다.

그러나 또한 하와의 심판 장면을 통해 우리는 '나하쉬'에게도 후손이 있을 것임을 안다. 성경의 나머지 이야기는 인간들이 뱀 족속과 전투를 벌이는 내용이 아니다. 인류의 원수는 단순한 동물 뱀^{snake}이 아니므로 그것은 당연한 이야기다. 오히려 성경은 여호와를 따르는 자들과 '나하쉬'의 영적 노선을 따르는 인간 및 신적 존재들 사이에 지속적인 충돌이 있을 것임을 묘사하고 있다. 하나님의 왕국 계획을 반대하는 모든 사람이 '나하쉬'의 씨다.

여전히 에덴에서 오직 동물로서의 뱀^{snake}만을 보고 싶어하는 많은 독자들은 '나하쉬'에게 선포된 저주에서 '나하쉬'가 단지 뱀^{snake}에 불과함을 확신할 수 있다고 주장할 것이다. 나는 이에 동의하지 않는다. 문자적 해석은 풍성한 신학적 메시지와 총체적 세계관의 맥락을 담기에는 부적합한 그릇이다.

에스겔 28장과 이사야 14장에서 발견되는 심판의 언어를 배경으로 '나하쉬'에게 일어나는 일을 살펴보라.

뱀/빛나는 자의 이미지와 형벌			
히브리어	의미	개념	주요 구절들
나하쉬	뱀 (명사) 점술을 사용하다, 저주를 내리다(동사) 구리, 놋으로 된(형용사)	언어유희(중의법) 뱀의 이미지(보좌를 호위하는 신적 존재), 신적 영역으로부터 받은 정보(점술), 신성과 연관된 빛나는 외양(빛난 놋과 같고)	창 3:1-2, 4, 13-14
하바트	뱀		겔 28:12 ('뎀'과 같은 묶음)
헬렐 벤-샤하르	빛나는 자, 새벽의 아들	신성을 연상시키는 빛나는 외양	사 14:12 겔 28:13(보석들)
야라드 가다 샬라크	끌어내리다 잘라버리다 내던지다	여호와를 섬기던 종전의 역할과 신적 임재로부터의 추방[6]	겔 28:8, 17 사 14:11-12, 15

---

6. 욥 1-2장의 '사탄'은 에덴의 '나하쉬'가 아니다. 이 책 8장 논의를 참조하라. 에덴의 신적인 반역자는 여호와의 보좌를 호위하는 역할을 박탈당했고, 그 결과 여호와의 천상회의에 출입할 수 없었다. 이어지는 장들에서 지적하겠지만 죽은 자의 주(lord), 즉 '나하쉬'(훗날 신약에서는 '사탄'이라고 부른다)는 사망으로 인류를 주관할 수 있다. 하나님의 임재 안에서 인간이 누리던 불멸이 에덴에서 인간이 저지른 죄로 꺾였고, 이로 인해 다시금 하나님의 영원한 가족이 되기 위한 구속(redemption)이 요구되었다.

에레츠 스올	땅, 흙 (추상적으로) 죽은 자의 지하세계, 스올: 죽은 자의 영역	지하세계, 죽은 자의 영역 주의: 창 3장의 나하쉬는 땅에서 다른 동물들의 발 아래에서 배로 기어다니게 되었다(창 3:14)	겔 28:17 사 14:9, 11-12, 15
르바임 멜라킴	르바임, 그늘, 지하세계의 죽은 자 왕들(추락한 원수들)	지하세계의 거민들	겔 28:17 사 14:9

'나하쉬'는 배로 기어다니는 저주를 받았고, 여기에는 내던져졌다는 이미지가 녹아 있다(겔 28:8, 17; 사 14:11-12, 15). 우리는 에스겔 28장과 이사야 14장에서 악당이 '에레츠'로 내던져짐을 보았다. '에레츠'는 문자적으로 흙을, 비유적으로 지하세계를 뜻한다(겔 28:17; 사 14:9, 11-12, 15). '나하쉬'가 "흙을 먹는" 저주도 있는데, 뱀이 영양섭취를 위해 실제로 흙을 먹진 않으므로 이는 비유적 표현임이 분명하다. 흙은 뱀의 자연스런 먹이가 아니다. 이 저주의 골자는 "지극히 높은 자"가 되려 했던 '나하쉬'가 오히려 (하나님과 신적 회의로부터 땅으로 쫓겨나고 그것도 모자라 땅 밑으로 떨어져) "지극히 낮은 자"가 된다는 것이다. 지하세계에서 '나하쉬'는 들짐승보다 비천해질 것이다. '나하쉬'는 하나님의 세계의 시야 밖으로, 그 삶 밖으로 멀어질 것이다. 그의 영역은 사망이다.

비록 타락 후 인간이 하나님으로부터 멀어지고 불멸을 상실하지만 하나님의 계획은 소멸되지 않았다. 창세기 3장은 왜 우리가 죽는지, 왜 우리에게 구속과 구원이 필요한지, 왜 우리가 스스로를 구원할 수 없는지를 알려준다. 창세기 3장은 또한 하나님의 계획이 좌절된 것이 아니라 지연되었을 뿐임을 알려준다. 그리고 인간의 이야기가 비극적 갈등과 기적적 섭리의 대서사가 될 것임을 알려준다.

그러나 상황은 나아지기 전에 일단 먼저 악화될 것이다.

12. 신적 존재들의 범죄

에덴이 황폐해진 후 인간 이야기는 황급히 뱃머리를 튼다. 그건 예상된 일이었다. 동산의 타락 사건 이후 뒤따른 저주로 인해 인류의 운명은 (지상 세계든 영적 세계든 하나님의 통치에 대적하는 모든 자들인) '나하쉬'의 씨$^{\text{seed of nachash}}$와 얽히게 된다. 에덴으로 알려진 하나님의 통치는 사라지고, 하나님이 자비를 베푸신 신생 인류를 통해서만 명맥을 유지하는 듯 보였다.

여기서 '나하쉬'의 씨란 (실제로 인간과 신적 존재가 있다는 점에서) 문자적이기도 하고 (영적 반역자의 계보라는 점에서) 영적이기도 하다. '나하쉬'에 대한 설명은 확고하게 성경에 뿌리를 두고 있다. 예수님은 바리새인들에게 "너희는 너희 아비 마귀에게서 났으니 너희 아비의 욕심대로 너희도 행하고자 하느니라"(요 8:44)고 말씀하시며 그들을 "뱀"^{serpent}과 "독사의 새끼들"$^{\text{offsping of vipers}}$이라고 부르셨다(마 23:33). 요한일서 3장에서 사도 요한은 '사람의 마음으로부터 그 실체를 드러내는 (선하거나 악한) 영적인 씨'라는 개념을 표현한다.

> ⁸ 죄를 짓는 자는 마귀에게 속하나니 마귀는 처음부터 범죄함이라 하나님의 아들이 나타나신 것은 마귀의 일을 멸하려 하심이라 ⁹ 하나님께로부터 난 자마다 죄를 짓지 아니하나니 이는 하나님의 씨가 그의 속에 거함이요 그도 범죄하지 못하는 것은 하나님께로부터 났음이라 ¹⁰ 이러므로 하나님의 자녀들과 마귀의 자녀들이 드러나나니 무릇 의를 행하지 아니하는 자나 또는 그 형제를 사랑하지 아니하는 자는 하나님께 속하지 아니하니라 ¹¹ 우리는 서로 사랑할지니 이는 너희가 처음부터 들은 소식이라 ¹² 가인 같이 하지 말라 그는 악한 자에게 속하여 그 아우를 죽였으니 어떤 이유로 죽였느냐 자기의 행위는 악하고 그의 아우의 행위는 의로움이라 (요일 3:8-12).

이 본문은 악한 삶을 살아가는 "마귀의 자녀"들에 대해 기술하고 있다. 마귀의 자녀들은 영적으로 "하나님의 자녀"들과 대비를 이룬다. "하나님의 자녀"들은 그 속에 (성령을 지칭하는) "하나님의 씨"가 거하는 사람들을 말한다. 베드로전서 1:23도 이와 동일한 개념을 피력한다. 여기서는 "위로부터" 난 자들이라고 표현하는데, 이는 거듭난 자들을 의미하며 썩어질 후손이나 씨가 아니라 하나님의 말씀을 통해 "썩지 아니할 씨"로 태어났다고 설명한다. 여기서 사용된 "씨"라는 용어 역시 영적인 의미이며, 여호와를 따르거나 원조 반역자인 '나하쉬'의 본을 따른다는 개념으로 사용된다.

흥미롭게도 요한은 여기서 구체적으로 가인을 언급한다. 가인은 지금 우리의 연구대상인 부모의 에덴 추방 이후 얼마 지나지 않아 아벨을 살해했다. 가인의 영적 아비는 '나하쉬'였다. 가인과 '나하쉬'는 같은 길을 걸었다.

상황은 악화일로로 치닫다가 마침내 창세기 6:5에 이른다. "여호와께서 사람의 죄악이 세상에 가득함과 그의 마음으로 생각하는 모든 계획이 항상 악할 뿐임을 보시고." 그러나 이 평결보다 네 구절 앞서 다른 종류의 반역, 즉 신적 존재들의 반역에 대한 서술이 나온다. 신적 세계에는 '나하쉬'처럼 하나님의 지상통치 구상과 전략을 거스르고 자유의지로 자신들만의 노선을 취한 자들이 있었다.

이번 장의 나머지 부분에서 우리는 이 신적 존재들의 범죄를 자세히 들여다볼 예정이다. 여기서 초점은 대부분의 기독교 해석자들이 어떤 식으로 이 기사에서 초자연적 특징을 제거했는지, 그리고 그 결과 초자연적 의미가 어떻게 사라지고 말았는지를 살펴보는 데 있다. 다음 두 장에서 이 논의를 이어가면서, 이 구절의 원래 맥락과 의도를 이해하면 초자연적 해석을 피할 수 없다는 점을 확인할 것이다. 그리고 나서 그 해석적 함의를 탐구하기로 하겠다.

홍수의 전조: 신적 존재들의 반역

창세기 6:1-4은 많은 독자들과 목회자들이 건너뛰고 싶어하는 본문이다. 여기선 건너뛰지 않을 것이며, 그 신학적 메시지는 중요하다.

[1] 사람이 땅 위에 번성하기 시작할 때에 그들에게서 딸들이 나니 [2] 하나님의 아들들이 사람의 딸들의 아름다움을 보고 자기들의 좋아하

는 모든 자로 아내를 삼는지라 ³ 여호와께서 가라사대 나의 신이 영
원히 사람과 함께하지 아니하리니 이는 그들이 육체가 됨이라 그러
나 그들의 날은 일백이십 년이 되리라 하시니라 ⁴ 당시에 땅에 네피림
이 있었고 그 후에도 하나님의 아들들이 사람의 딸들을 취하여 자
식을 낳았으니 그들은 용사라 고대에 유명한 사람이었더라.

성경에 이처럼 많은 의문을 야기한 본문도 드물 것이다.[1] 대체 하나
님의 아들들은 누구인가? 그들은 신인가 인간인가? 네피림은 또 누
구인가? 이 구절이 창세기 6:5에 묘사된 "사람의 죄악"과 어떤 관련이
있는가?

이를 비롯한 여러 질문을 다루기 전에, 먼저 이 단락에 대한 잘못
된 해석법부터 배워야 한다.[2]

셋 족속 이론

하나님의 아들들이 '셋 족속'이라는 이론은 복음주의나 다른 기독교
교회에서 가장 흔하게 가르치는 창세기 6:1-4에 대한 해석이며, 주후

---

1. 창 6:1-4에 대한 방대한 양의 학술자료가 있다. 관련사안은 많고도 복잡하다. 관련 웹사이트를 참조하라.
2. 여기서 열거된 질문들은 이번 장과 다음 장에서 다룰 것이다. 이 이야기의 성적인 요소를 어떻게 봐야 하는가, 그리고 노아와 그의 가족을 빼고 모든 사람이 홍수로 죽었다면 어떻게 홍수 후 네피림이 등장할 수 있을까 등과 같은 질문도 있다. 이 질문들은 23장에서 다룰 것이다.

4세기말 이래 기독교의 지배적 입장이었다.[3]

이 접근에 의하면 창세기 6:1-4의 하나님의 아들들은 가인이 아벨을 살해한 후 아담과 하와에게서 난 아들 셋의 계보에 속한 사람들이다(창 4:25-26; 5:3-4). 즉, 이 네 구절은 셋 계보의 경건한 남자들("하나님의 아들들")과 가인 계보의 불경건한 여자들("사람의 딸들") 간의 금지된 통혼에 대한 기록이라는 것이다. 이 해석에 따르면, 지상에 사는 모든 사람은 결국 두 계보 중 하나에 속하며, 두 계보 모두 아담과 하와의 자녀들에게서 나왔다.[4] 이런 식으로 성경은 경건한 자와 경건하지 않은 자를 구분한다는 것이다. 이 견해를 주장하는 근거 중 하나가 창세기 4:26에서 (번역에 따라) 셋 또는 인류가 "여호와의 이름을 부르기 시작하였다"(NIV)는 대목이다.[5] 셋의 계보는 악의 계보로부터 구별되어 순결함을 유지해야 했다. 그런데 창세기 6:1-4의 통혼이 이 구별됨을 지워버렸고, 홍수로 나타난 하나님의 진노를 유발했다는 것이다.

---

3. 창 6:1-4의 해석사를 연대기로 자세히 정리한 자료로 다음을 참조하라. Annette Yoshiko Reed, *Fallen Angels and the History of Judaism and Christianity: The Reception of Enochic Literature* (Cambridge: Cambridge University Press, 2005).
4. 어떻게 여자들로만 구성된 계보가 생기는지 의문이 든다.
5. '시작하였다'의 동사 형태는 3인칭 남성 단수형이다. 이 절에는 현대 번역에서 종종 인류나 인간으로 번역하는 아담이라는 단어(예. 창 1:26)가 없다. 따라서 가장 자연스러운 번역은 "셋이 여호와의 이름을 부르기 시작했다"일 것이다. 만일 셋이 주어라면 '셋 족속 이론'은 셋의 신앙이 오직 남자들에게만 전수되었다고 전제해야 한다. 인류의 "딸들"로부터 영적으로 구별되어야 하는 존재가 하나님의 "아들들"이었기 때문이다. 이를 우회할 한 가지 방법은 창 6:1-4이 경건한 셋 족속 남자들과 셋 족속이 아닌 불경건한 여자들과의 결혼을 묘사한다고 주장하는 것이다. 물론 이 구절에는 그런 언급이 전혀 없지만 개념상 지구에서 경건한 여자들은 셋 족속밖에 없다고 전제한다. 이 절에 ("인류가 여호와의 이름을 부르기 시작하였다"는 식으로) 인류(humankind)라는 말을 끼워 넣은 자들은 그 결정으로 '셋 족속 이론'의 근거를 약화시키고 말았다. 단지 셋 계보만이 아니라 다른 계보에 속한 인간들도 여호와의 이름을 불렀다는 이야기가 되기 때문이다.

셋 족속 이론의 결함은 어렵지 않게 드러낼 수 있다. 사실 이 입장은 여러 심각한 결함을 안고 있다.

첫째, 창세기 4:26은 오직 셋 계보의 사람들만 "여호와의 이름을 불렀다"고 말한 적이 없다. 그 개념은 외부로부터 끼어들어온 것이다. 둘째, 다음 장에서 보겠지만, 이 견해는 네피림을 설명하는 부분에서 여지없이 무너진다. 셋째, 본문에는 이 일화에 등장하는 여자들이 "가인의 딸들"이라는 표현이 전혀 없다. 그저 "사람의 딸들"이라고 말할 뿐이다. 본문에는 가인과의 실제적인 연결고리가 없다. 이는 본문을 셋 족속으로 해석하는 견해가 본문 안에 있지도 않은 무언가를 근거로 한다는 것을 의미한다. 이것이야말로 성경적 주해 원칙에 크게 반하는 것이다. 넷째, 본문에는 특정인과의 결혼을 금지하는 것을 비롯해 결혼과 관련된 일체의 계명이 존재하지 않는다. 그 당시에는 유대인과 이방인의 구분이 없었다.[6] 다섯째, 창세기 6:1-4이나 성경 어디에도 셋 계보의 사람들을 "하나님의 아들들"로 묘사한 구절이 없다. 셋과 "하나님의 아들들" 간의 연결고리는 셋 족속 이론을 신봉하는 이들이 창세기 6:1-4의 이야기를 여과해 내기 위해 사용하는 추정에 불과하다.

창세기 6:1-4을 자세히 읽어 보면 두 계층에 속한 개별적 존재들

---

6. 셋 족속 이론이 타당한 이유가 토라의 저자들과 편집자들이 율법 아래 살고 있었기 때문이라고 주장하는 것 역시 그릇된 생각이다. 시내산 율법 이전의 창세기 이야기에는 근친 결혼이 나온다. 가령 아브라함과 사라는 아버지는 같고 어머니는 다른 이복 남매였다. 이는 토라에서 금지된 성관계였다(창 20:12; 비교. 레 18:9, 11; 20:17; 신 27:22). 달리 말하면 시내산 율법과 같은 이후 시기의 배경은 창세기의 전제가 아니므로 율법을 창 6:1-4의 배경으로 전제할 수 없다는 것이다. 본문 내에는 인간 통혼에 대한 정죄가 전혀 없다.

간의 대비가 이루어지고 있음을 분명하게 알 수 있는데, 하나는 인간이며 다른 하나는 신적 존재다. 인류가 어떻게 땅에서 수적으로 번성했는가를 말하면서(1절) 본문은 딸들만 언급한다("딸들이 나니"). 요점은 가인과 아벨 이후 지상의 모든 출생자가 문자적으로 여자였다는 것이 아니다.[7] 그게 아니라, 창세기 저자는 두 집단을 대비하기 위한 배경 설정을 하고 있는 것이다. 첫 번째 집단은 인간이고 여자다("사람의 딸들"). 2절은 대비를 위한 다른 집단을 소개하는데, 바로 하나님의 아들들이다. 그 집단은 인간이 아닌 신적 존재다.

셋 족속 이론에는 내가 여기서 시간을 들여 밝히게 될 것보다 더 많은 결함이 있지만 논점은 분명하다. 셋 족속 이론은 일관성 결여라는 하중을 견디지 못하고 무너진다.

신격화된 왕 이론

창세기 6:1-4의 "하나님의 아들들"이 사람이라고 주장하는 또 다른 접근에 의하면, 하나님의 아들들은 신격화된^{divinized} 인간 통치자들이다. 이 관점을 주장하는 학술 문헌을 조사해 보면, 그 근원이 다음 중 하나라는 것이 드러난다. (1) 시편 82:6의 "지극히 높으신 자의 아들들"을 인간을 지칭하는 것으로 이해한 다음 그 해석에 비추어 창세기 6:1-4을 해석하는 것이다. (2) 하나님이 인간을 자신의 아들들이라고

---

7. 이런 식의 어색할 정도로 과도한 문자적 해석은 가령 노아가 누구에게서 아들을 낳았는지를 설명하지 못한다.

칭한 언어에 주목하여(출 4:23; 시 2:7), 이것이 왕을 신의 자손으로 여긴 고대 근동 신앙에 상응하는 본문이라고 주장한다. (3) 신격화된 인간 통치자들의 일부다처혼이 이 구절에서 정죄당한 악한 결혼의 실체라고 주장한다.

우리는 이미 시편 82편의 복수형 엘로힘을 인간으로 보는 견해가 어떻게 허물어지는지를 살펴보았으므로 여기서 그 근본적 결함을 재론할 필요는 없다. 그러나 이 접근에는 다른 결함도 있다.

첫째, 창세기 6장 본문에는 그 결혼이 일부다처혼이었다는 언급이 전혀 없다. 그런 발상은 본문 바깥에서 가져온 것이다. 둘째, 이 내용에 상응하는 고대 본문들과의 유사성을 따지자면, 고대 근동에서 하나님의 아들이라는 표현은 왕에만 국한된다. 따라서 하나님의 아들들로 이루어진 무리라는 개념은 고대 근동의 다른 본문들과 일관성이 떨어진다. 복수형인 "하나님의 아들들"은 구약의 다른 곳에서 왕들이 아닌 신적 존재들을 가리킨다(욥 1:6; 2:1; 38:7; 시 29:1; 82:6 [비교. 82:1]; 89:6 [히브리 성경 89:7]).[8] 셋째, 구약의 다른 대목에 나오는 "신격화된

---

8. 신격화된 왕 이론를 뒷받침하는 근거로, 고대 근동 자료에서 신적 존재들이 인간 여자들과 결혼한 사례는 없지만 자신의 선조가 신과 인간의 결합이라고 주장한 왕들의 사례를 들기도 한다. 이것이 말장난에 불과한 이유는 결혼이라는 개념이 영어 번역에서 유래했기 때문이다. "아내"로 번역된 단어는 일반적인 복수형 '여자'(나쉼)다. "여자를 취하다"(창 6:2) 또는 "여자에게로 들어간다"(창 6:4)는 성경의 완곡어법은 비단 결혼에만 쓰이지 않고 혼외 성관계에도 쓰였다. 즉 여자를 "취하다"는 표현은 간통을 뜻할 수도 있다(창 38:2; 레 18:17; 20:17, 21; 21:7). 여자 "안으로 들어가다/들어오다"라는 표현 역시 마찬가지다(창 38:2; 39:14; 레 21:11; 삿 16:1; 암 2:7). 창 6:1-4 언어의 초점은 결혼제도가 아니라 성관계에 있다. 따라서 이 반론은 별다른 차이가 없는 구분이다. 이 견해는 또한 논리적으로도 말이 안 된다. 신과 인간 사이의 '결혼'이 흔치 않다는 반론은 창 6:1-4에서 신적인 요소를 제거함으로써, 이 일화를 순전히 인간들 간의 관계로 축소시키려는 데 목표가 있다(비록 신격화된 왕들에 초점을 두긴 하지만 말이다). 대체 어떤 논리적 근거로 왕과

인간 왕"이라는 광범위한 개념은 초자연적 배경으로 창세기 6장을 해석하는 것에 대한 설득력 있는 반론이 아니다. 본래 하나님의 계획은 인간 자녀들이 하나님의 권한을 받아 하나님의 대표자로서, 즉 하나님의 영광스런 임재 안에서, 지상에서 섬기는 통치자가 되는 것이었다. 상실한 에덴 비전을 복원하려면 결국 이스라엘로 알려진 한 민족을 세워 그들에게 메시아의 표상인 왕(다윗)을 허락하셔야 했다. 이 최후의 종말론적 결론은 메시아가 궁극의 다윗 왕이 되고 영화롭게 된 모든 신자들이 새로운 전지구적 에덴의 통치에 참여하는 것이다.[9] 그러나 고대 왕의 신분이나 신자의 영화라는 관점을 가지고 창세기 6장을 독해하는 것은 해석학적으로 잘못된 접근이다. 그 이유는 자명하다. 홍수 이야기의 서막이 된 창세기 6:1-4의 결혼으로 땅이 부패해졌다. 성경신학에 의하면 회복된 에덴에서 신격화된 인간의 통치는 부패한 것도 악한 것도 아닐 것이다.

여자들 간의 결혼이 만연한 결과 세상이 혼돈에 빠지고 홍수 재앙이라는 하나님의 심판이 촉발되었다고 주장할까?

9. 계 2:7, 26-28; 3:21; 5:10; 21:24 [왕들=통치자들]. 신자들이 열국을 다스린다는 관념은 신 32:8-9에서 하나님이 쫓아내신 열국을 되찾으신다는 맥락에서 읽어야 한다(참조. 이 책 15장, 마지막 장). 영화롭게 된 인간 통치자들이 전지구적 에덴을 다스린다는 종말론적 묘사야말로 호 1:10을 들어 창 6:1-4의 하나님의 아들들이 인간이라고 주장할 수 없는 이유가 된다. 첫째, 이 문구들은 정확한 유사관계에 있지 않다. 둘째, 이 문구들은 성경신학의 더 큰 맥락에서 접근해야 한다. 호세아 1:10은 종말론적이다. 이는 북이스라엘이 하나님의 백성으로 회복되는 먼 미래의 때를 내다보고 있다. 그 종말론적 사건은 신자의 영화와 동시에 일어날 것이다. 과거에 살아계신 하나님의 자녀였고 미래에도 그러한 신자들이 전지구적 새 에덴에서 여호와의 원래 의도대로 여호와와 함께 통치하고 다스릴 것이다. 하나님은 인간 가족을 통해 원래의 에덴 비전을 성취하실 것이다. 이 사실이 하나님에게 또 다른 신적 가족이 있다는 사실을 뒤집지는 못한다. 마지막 날에 인간 신자들은 영화롭게 될 것이며 인간과 신, 두 형태의 가족과 회의기구는 통일될 것이다. 하나님에게 어떤 가족이 있다고 해서 다른 형태의 가족이 없어야 하는 것은 아니다.

요약하면, "하나님의 아들들"이 복수형이라는 사실, 그리고 이 표현이 성경의 다른 대목에서는 천상이라는 배경에서 사용되었다는 사실은 창세기 6:2, 4의 "하나님의 아들들"이 될 만한 후보선상에서 초자연적 존재를 배제할 주해상의 근거가 없음을 우리에게 보여준다. 우리가 초자연적 존재를 배제하는 쪽으로 달음질하는 이유는 초자연적 존재로 해석하는 대안에 불안감을 느끼기 때문이다.

베드로전후서와 유다서

베드로와 유다는 초자연성을 두려워하지 않았다. 그들은 창세기 6:1-4에 대한 초자연적 견해를 수용했다. 두 단락이 특별히 연관성이 있다.

[1] 그러나 백성 가운데 또한 거짓 선지자들이 일어났었나니…[3] 그들이 탐심으로써 지어낸 말을 가지고 너희로 이득을 삼으니 그들의 심판은 옛적부터 지체하지 아니하며 그들의 멸망은 잠들지 아니하느니라 [4] 하나님이 범죄한 천사들을 용서하지 아니하시고 어둠의 쇠사슬로 결박하여 '타르타루스'(Tartarus, 개역개정, "지옥")에 가두고 던져 두어 심판 때까지 지키게 하셨으며 [5] 옛 세상을 용서하지 아니하시고 오직 의를 전파하는 노아와 그 일곱 식구를 보존하시고 경건하지 아니한 자들의 세상에 홍수를 내리셨으며 [6] 소돔과 고모라 성을 멸망하기로 정하여 재가 되게 하사 후세에 경건하지 아니할 자들에게 본을 삼으셨으며 [7] 무법한 자들의 음란한 행실로 말미암아 고통 당하는 의로운 롯을 건

지셨으니 ⁸ (이는 이 의인이 그들 중에 거하여 날마다 저 불법한 행실을 보고 들음으로 그 의로운 심령이 상함이라) ⁹ 주께서 경건한 자는 시험에서 건지실 줄 아시고 불의한 자는 형벌 아래에 두어 심판 날까지 지키시며 ¹⁰ 특별히 육체를 따라 더러운 정욕 가운데서 행하며 주관하는 이를 멸시하는 자들에게는 형벌할 줄 아시느니라(벧후 2:1-10).

⁵ 너희가 본래 모든 사실을 알고 있으나 내가 너희로 다시 생각나게 하고자 하노라 주께서 백성을 애굽에서 구원하여 내시고 후에 믿지 아니하는 자들을 멸하셨으며 ⁶ 또 자기 지위를 지키지 아니하고 자기 처소를 떠난 천사들을 큰 날의 심판까지 영원한 결박으로 흑암에 가두셨으며 ⁷ 소돔과 고모라와 그 이웃 도시들도 그들과 같은 행동으로 음란하며 다른 육체를 따라 가다가 영원한 불의 형벌을 받음으로 거울이 되었느니라(유 5-7절).

학자들은 이 두 본문이 동일한 주제를 다루고 있다고 본다.¹⁰ 두 본문은 "천사들"이 범죄했던 노아 시대와 대홍수의 일화를 기술하고 있다.¹¹ 홍수를 촉발한 죄는 본질적으로 성적인 죄로서, 소돔과 고모

---

10. 참조. Peter H. Davids, *The Letters of 2 Peter and Jude* (Pillar New Testament Commentary; Grand Rapids, MI: Eerdmans, 2006), 3; Michael Green, *2 Peter and Jude: An Introduction and Commentary* (Tyndale New Testament Commentaries 18; Downers Grove, IL: InterVarsity Press, 1987), 68; Jerome H. Neyrey, 2 Peter, *Jude: A New Translation with Introduction and Commentary* (Anchor Yale Bible 37C; New Haven; London: Yale University Press, 2008), 120-22.
11. "천사들"이라는 단어의 출처는 칠십인역이다. 물론 이 단어가 부정확하긴 해도 신적 존재를 가리킨다는 취지는 분명하다.

라의 심판을 초래한 죄와 같은 범주로 묶인다. 베드로와 유다는 이 성적 범죄를 하나님의 권세를 멸시하고 자신들에게 "마땅한 거처"를 떠난 증거로 해석한다. 이 모든 요소가 창세기 6:1-4에 뚜렷하게 드러난다. 구약에는 이런 구체적인 세부내용과 맞아떨어지는 다른 죄가 나오지 않는다(구약에는 이 내용과 연결되는, "천사의" 다른 죄도 나오지 않는다).[12]

그럼에도 창세기 6:1-4에는 이 범죄에 대한 형벌이 언급되어 있지 않다. 베드로는 하나님의 신적인 아들들이 심판 때까지 어둠의 쇠사슬에 매여 "타르타루스"에 갇혀 있을 것이라고 말한다.[13] 유다는 이 사상을 반복하면서 심판이 여호와의 날이라고 밝힌다("큰 날", 비교. 습 1:1-7; 계 16:14). 이런 요소들은 신구약 중간기(제2성전기)에 쓰인 (창 6장의 일화를 재기술한) 유대 문헌에도 나온다. 이 중 가장 지명도가 높은 것이 에녹1서다. 이 책은 베드로와 유다의 사상에 영향을 미쳐 그들의 지적

---

12. 일부 해석자들은 벧후 2장이 타락 전 천사들의 반역을 가리킨다고 생각한다. 성경에는 이런 천사의 반역에 대한 기록이 없다. 가장 근접한 사건이 계 12:7-9인데, 요한계시록은 성경에서 가장 마지막에 기록된 책으로서 베드로후서의 참고서가 될 수 없다. 게다가 계 12:7-9은 하늘의 전쟁을 대홍수 이전 사건이라고 하지 않고 메시아의 초림과 결부시킨다. 타락 전 천사의 반역에 대한 성경적 증거는 존재하지 않는다. 그 발상의 출처는 성경이 아닌 존 밀턴의 『실낙원』이다.

13. 벧후 2:4의 "타르타루스에 갇혀 있다"는 문구는 그리스 고전문학에 나오는 타이탄 신의 종착지를 가리키는 동사 기본형 '타르타로오'를 번역한 것이다. 이 용어는 타이탄의 반신반인 자손들을 가리키기도 한다. 이 용어들이 우리에게 분명하게 알려주는 바는 베드로와 유다가 창 6:1-4에 대한 반(反)초자연적 해석을 전혀 염두에 두지 않았다는 것이다. 참조. G. Mussies, "Titans," in *Dictionary of Deities and Demons in the Bible*, 2nd ed. (ed. Karel van der Toorn, Bob Becking, and Pieter W. van der Horst; Leiden; Boston; Cologne; Grand Rapids, MI; Cambridge: Brill; Eerdmans, 1999), 872-874; G. Mussies, "Giants," in ibid., 343-345; David M. Johnson, "Hesiod's Descriptions of Tartarus (*Theogony*) 721-819)," *The Phoenix* 53:1-2 (1999): 8-28; J. Daryl Charles, "The Angels under Reserve in 2 Peter and Jude," *Bulletin for Biblical Research* 15.1 (2005): 39-48.

세계관에도 녹아들었다.[14] 영감을 받은 신약 저자들은 일말의 거리낌도 없이 자신들의 신학을 언어화하기 위해 에녹1서를 비롯한 다른 유대 문헌을 참조했다.[15] 이는 중요한 고찰이다. 신약시대 이전의 모든 유대 전승은 창세기 6:1-4에 대해 초자연적 관점을 취한다.[16] 달리 말해,

---

14. 이는 인간 경험상 흔한 일이다. 가령 일단 장 칼뱅의 예정론이나 세대주의자의 예언에 대한 서적을 읽은 사람은 누구든 로마서나 요한계시록을 읽을 때 그 배경지식을 머릿속에서 지우는 것이 불가능하다는 점을 발견할 것이다. 당대에 이름을 떨치고 동시대인들이 진지하게 취급했던 에녹1서와 다른 저작들 역시 베드로와 유다의 사고 속으로 녹아들었다. 베드로전후서와 유다서의 다른 부분에도 에녹1서의 내용이 엿보인다. 이 모든 본문들을 연구하는 사람에게는, 특히 헬라어로 연구하는 이들에게는 베드로와 유다가 에녹1서에 정통했다는 사실이 뚜렷하게 눈에 들어온다. 에녹1서와 베드로전후서 및 유다서 간의 병행을 밝히는 데 상당한 공을 들인 학자들이 있다. 참조. George W. E. Nickelsburg, *1 Enoch: A Commentary on the Book of 1 Enoch 1-36, 81-108* (Minneapolis: Fortress, 2001), 83-87, 560; Pieter G. R. de Villiers, ed., *Studies in 1 Enoch and the New Testament* (= *Neotestamentica* 17; Stellenbosch: University of Stellenbosch Press, 1983); and Richard J. Bauckham, *2 Peter, Jude* (Word Biblical Commentary, vol. 50; Dallas: Word, 1998), 139-40.

15. 그렇다고 에녹1서가 영감을 받아 기록됐다는 이야기는 아니다. 에녹1서는 영감된 책이 아니며 그렇다고 말해서도 안 된다. 초기교회 지도자 중 에녹1서에 영감의 지위를 부여한 이들은 극소수였고 그들 역시 결국에는 그 생각을 폐기했다. 다음을 참조하라. James C. VanderKam, "1 Enoch, Enochic Motifs, and Enoch in Early Christian Literature," in *The Jewish Apocalyptic Heritage in Early Christianity* (ed. James C. VanderKam and William Adler; Minneapolis: Fortress, 1996), 33-101.

16. 에녹1서의 유명한 본문들은 창 6장의 범죄자들을 신적 존재들로 보았으며(에녹1서는 하나님의 아들들을 '순찰자'[Watchers]로 칭했고 이 순찰자라는 용어의 유래는 이 책 다음 장에서 제시하겠지만 메소포타미아를 배경으로 한다.) 그 자손들은 거인이다. 에녹1서는 이를 귀신론과 결부시켜 거인이 죽으면 "순찰자의 영"이 귀신이 된다고 말한다. 따라서 창 6장의 신인(神人) 동거는 제2성전기 유대 사상에서 귀신의 유래에 대한 답이 된다. 그 주제에 대해서는 다음을 참조하라. Reed, *Fallen Angels*; Archie T. Wright, *The Origin of Evil Spirits: The Reception of Genesis 6:1-4 in Early Jewish Literatur* (*Wissenschaftliche Untersuchungen zum Neuen Testament* 198, second series; Tübingen: Mohr Siebeck, 2013). 동일한 관점을 취하는 제2성전기 유대 본문이 몇 개 더 있다(그리고 내가 아는 한 유대 문헌 중 이 관점에 반대하는 문헌은 없다). 예컨대 몇몇 사해 두루마리는 귀신을 "악질적인 영혼들"이라고 부른다(4Q510[=4QShir^a] frag. 1:5; 4Q511[=4QShir^b] frag. 35:7;

그들은 베드로후서와 유다서와 맥이 닿아 있다. 이 단락의 해석은 적어도 그 초자연적 지향점에 있어서는 이를 못마땅하게 여긴 아우구스티누스를 위시한 일부 영향력 있는 교부들이 목소리를 낸 주후 4세기 후반까지는 전혀 문제시되지 않았다.

그러나 성경신학은 교부들로부터 비롯되는 것이 아니다. 성경신학은 성경 본문에서 비롯되는 것이며, 성경 본문의 틀은 본문의 맥락이다. 베드로와 유다에게 영향을 미친 제2성전기의 유대 문헌은 창세기 6:1-4에 담긴 원래의 메소포타미아적 배경과 가깝고 익숙하다.[17] 구약과 신약이 동등하게 영감으로 기록되었다고 보는 사람에게 창세기 6:1-4을 "맥락 속에서" 해석한다는 것은, 그 메소포타미아적 배경과 당대 유대신학에서 익숙했던 초자연적 해석 내용을 활용한 베드로후

4Q204[=4QEnoch^c ar], Col V:2-3). 다른 두루마리(11QapocPsa[=11Q11])는 Col II:3의 귀신들을 언급했다가 나중에 그 귀신들이 "인간의 자손과 거룩한 자들의 씨"(Col V:6)라고 한다. 그 본문들은 관련 웹사이트에 수록되어 있다. 이는 어떻게 제2성전기의 유대인들이 창 6:1-4을 해석했는지에 대한 명료한 증거이며, 그 해석의 근저에는 창 6:1-4에 대한 본래의 논쟁적인 배경에 대한 이해가 깔려 있다. 그 배경에 대해서는 이 책 13장을 참조하라. 상기한 쿰란 두루마리에 대해서는 다음을 참조하라. Loren T. Stuckenbruck, "The 'Angels' and 'Giants' of Genesis 6:1-4 in Second and Third Century BCE Jewish Interpretation: Reflections on the Posture of Early Apocalyptic Traditions," *Dead Sea Discoveries* 7.3 (2000): 354-77; Ida Fröhlich, "Theology and Demonology in Qumran Texts," *Henoch* 32.1 (2010):101-128; Hermann Lichtenberger, "Spirits and Demons in the Dead Sea Scrolls," in *The Holy Spirit and Christian Origins: Essays in Honor of James D. G. Dunn* (ed. James D. G. Dunn, Graham Stanton, Bruce W. Longenecker, and Stephen C. Barton; Grand Rapids, MI: Eerdmans, 2004), 22-40.

17. 참조. Amar Annus, "On the Origin of the Watchers: A Comparative Study of the Antediluvian Wisdom in Mesopotamian and Jewish Traditions," *Journal for the Study of the Pseudepigrapha* 19.4 (2010): 277-320, and Ida Frölich, "Mesopotamian Elements and the Watchers Traditions," in *The Watchers in Jewish and Christian Traditions* (ed. Angela Kim Hawkins, Kelley Coblentz Bautch, and John Endres; Minneapolis: Fortress, 2014), 11-24.

서와 유다서에 비추어 본문을 분석한다는 것을 의미한다. 신약시대로부터 수 세기가 지난 후에 생겨난 기독교적 전통이라는 여과장치로 창세기 6:1-4을 걸러내는 것은 본문을 그 배경에 비추어 정직하게 해석하는 태도가 아니다.

　이제 우리에게는 지금껏 배운 바를 토대로 차근히 쌓아올리는 일이 남았다. 다음 장에서 우리는 창세기 6:1-4의 고대적 맥락이 어떻게 이 단락에 대한 초자연적 전망을 필요로 하는지를 더 면밀하게 들여다볼 예정이다. 그러면 성경의 더 큰 내러티브 속에서 이 단락이 전하는 메시지와 역할을 파악할 수 있을 것이다.

13. 나쁜 씨

바로 앞장에서 우리는 신약 저자들이 신구약 중간기를 풍미했던 유대 공동체의 지적 풍토를 공유했다는 점을 배웠다. 굳이 말할 필요까지 없을 듯한데, 오늘날 많은 성경 독자들은 예수님과 사도들의 말씀을 더 잘 이해하고자 유대 사상을 탐구하는 데 열심을 낸다. 하지만 막상 유대 사상에 비추어 창세기 6:1-4을 해석할 때는 그 해석의 결과가 가장 무난한 현대 기독교의 해석을 지지해 주지 않기 때문에 그 열정이 사그라든다.

사실상 신약 저자들은 셋 족속 이론에 대해 아무것도 몰랐다. 그들은 창세기 6:1-4에 등장하는 하나님의 아들들이 인간이라는 견해에 대해서도 무지했다. 이번 장에서 우리의 목표는 이 단락을 다시 한 번 살피며 더 깊이 파고드는 것이다. 우리가 이 단락을 있는 그대로 해석한다면, 그 특징과 의미를 판별할 수 있을 것이다.

고대 근동 배경

창세기 1-11장이 메소포타미아 문헌과 연결고리가 많다는 점은 복음주의 학자뿐 아니라 비복음주의 학자들도 이의를 제기하지 않는 정설이다. 창조 이야기, 홍수 이전 족보, 홍수, 바벨탑 사건 모두 구약보다 훨씬 오래된 메소포타미아 자료와 분명한 연결점을 가지고 있다.[1]

창세기 6:1-4 역시 메소포타미아적 배경에서 출발하고 있는데, 근래까지만 해도 이런 요소가 온전히 인식되거나 제대로 평가받지 못했다.[2] 창세기 6장을 재기술한 에녹1서와 같은 유대 문헌은 그 이야기가

---

1. 이 연결점에 대한 문헌은 방대하다. 우리가 창 1-11장에서 접한 내용과 밀접한 병행을 가지고 있는 메소포타미아 서사들은 다음과 같다. *Enuma Elish* ("The Epic of Creation"), the *Eridu Genesis*, the *Tale of Adapa*, the Sumerian King List, *Atrahasis*, the *Epic of Gilgamesh*, and *Enmerkar and the Lord of Aratta*. 이외에도 병행하는 내용을 가지고 있는 본문들이 훨씬 많은데, 그 중에는 이집트와 가나안 본문들도 있다. 이 연결점에 대해 알려면 다음을 참조하라. John H. Walton, *Ancient Israelite Literature in Its Cultural Context* (Grand Rapids, MI: Zondervan, 1994), and Bill Arnold and Brian Beyer, *Readings from the Ancient Near East: Primary Sources for Old Testament Study* (Grand Rapids, MI: Baker Book House, 2002). 더 학문적인 저작으로는 다음을 참조하라. Richard S. Hess and David Toshio Tsumura, eds. *I Studied Inscriptions from before the Flood: Ancient Near Eastern, Literary, and Linguistic Approaches to Genesis 1-11*, Sources for Biblical and Theological Study 4 (Winona Lake, IN: Eisenbrauns, 1994).

2. 이 방면에서 가히 최고라고 할 만한 연구서 하나를 꼽자면 다음과 같다. Amar Annus, "On the Watchers: A Comparative Study of the Antediluvian Wisdom in Mesopotamian and Jewish Traditions," *Journal for the Study of the Pseudepigrapha* 19.4 (2010): 277-320. 찬사를 받을 만한 다른 저작들도 있다. Helge S. Kvanvig, *Roots of Apocalyptic: The Mesopotamian Background of the Enoch Figure and the Son of Man* (Wissenschaftliche Monographien zum Alten und Neuen Testament 61; Neukirchen-Vluyn: Neukirchener Verlag, 1988); Kvanvig, *Primeval History: Babylonian, Biblical, and Enochic* (Supplements to the Journal for the Study of Judaism 149; Leiden: Brill, 2011); and S. Bhayro, *The Shemihazah and Asael Narrative of 1 Enoch 6-11: Introduction,*

메소포타미아적 배경을 예리하게 인식하고 있었다는 사실을 보여준다. 이런 인식은 제2성전기의 유대 사상가들이 그 이야기를 신적 존재와 거인 자손들이 연루된 것으로 바르게 이해했음을 보여준다.[3] 또한 이런 이해는 성경 기자들이 전달하고자 했던 바를 파악하는 데 필수적이다.

창세기 6:1-4은 본질적으로 논쟁을 일으키려는 의도가 있다. 그러니까 메소포타미아 신들에 대한 신망뿐 아니라 그 지역의 문화적 세계관에 대한 신뢰도를 흠집내려는 문학적, 신학적 시도라는 것이다. 성경 기자들은 이런 일을 곧잘 벌인다. 그들이 종종 구사하는 전략은 표적으로 겨냥한 동시대 문명에 속한 다른 문헌으로부터 특정 대사나 모티프를 끌어와서 여호와에 대한 올바른 신학을 언어화하거나 이방 신에 대한 경멸을 드러내는 수단으로 삼는 것이다. 창세기 6:1-4은 이런 기술 방식의 표본이다.

메소포타미아에는 (동물과 인간을 구원하는 큰 배가 나오는) 홍수 대재앙을 다룬 여러 버전의 이야기가 있었다.[4] 그 이야기에는 홍수 이전

Text, Translation and Commentary with Reference to Ancient Near Eastern Antecedents (Alter Orient und Altes Testament 322; Münster: Ugarit Verlag, 2005).

3. 에녹1서는 쿰란 원본 외 다른 여러 원본에서 발견되었다. 쿰란 자료가 중요한 이유는 특정 유대 분파들이 이를 높이 평가했기 때문이다. 참조. George W. E. Nickelsburg, "Scripture in 1 Enoch and 1 Enoch as Scripture," in *Texts and Contexts: Biblical Texts in Their Textual and Situational Contexts: Essays in Honor of Lars Hartman* (Oslo: Scandinavian University Press, 1995), 333-54.

4. 참조. Victor Matthews, *Old Testament Parallels* (rev. and exp. ed.; Mahwah, NJ: Paulist Press, 2007), 21-42, and Stephanie Dalley, *Myths from Mesopotamia: Creation, Flood, Gilgamesh, and Others* (Oxford: Oxford University Press, 1998). 표준적인 학문적 논의는 다음과 같다. Alan Millard and W. G. Lambert, *AtraHasis: The Babylonian*

시대의 위대한 지식을 소유한 압칼루^{apkallu}라고 불리는 현자들 무리가 등장한다. 이들 압칼루는 신적 존재였다. 많은 압칼루가 악한 존재로 간주되었고, 악한 압칼루는 메소포타미아 악마론의 요체였다. 홍수 이후 압칼루의 자손들은 혈통으로는 (예를 들어 인간 부모를 가진) 인간으로 불리면서도 "3분의 2는 압칼루"였다.[5] 달리 말하면 압칼루는 인간 여자들과 짝을 맺어 준^準신급의$^{quasi\text{-}divine}$ 자손을 낳았다.

창세기 6:1-4과의 유사성은 못 보고 지나치기가 불가능할 정도다. "3분의 2가 신"이라는 설명이 특히 주목할 만하다. 이것이 메소포타미아의 영웅 길가메쉬에 대한 묘사와 정확하게 일치하기 때문이다. 『길가메쉬 서사시』의 설형문자판에 대한 근래의 결정적 연구에 의하면 길가메쉬는 홍수 이전의 지식을 보유한 거인이었다.[6]

다른 연결점도 있다. 『에라 서사시』 본문에서 발견된 메소포타미아 홍수 설화에 따르면 바벨론의 높은 신 마르둑^{Marduk}이 악한 압칼루

Story of the Flood with the Sumerian Flood Story (Winona Lake, IN: Eisenbrauns, 2010).

5. 더 구체적으로 말하면 메소포타미아 전승(Lu-Nanna)에서 홍수 이후 마지막 압칼루들은 3분의 2만 압칼루였다. 참조. Anne Draffkorn Kilmer, "The Mesopotamian Counterparts of the Biblical Nepilim," in *Perspectives on Language and Text: Essays and Poems in Honor of Francis I. Andersen's Sixtieth Birthday, July 28,* 1985 (ed. Edgar W. Conrad and Edward G. Newing; Winona Lake, IN: Eisenbrauns, 1987): 39-44. (esp. 41). 애너스(Annus, "Origin of the Watchers," 282)는 이 묘사가 "정확히 홍수 이후의 길가메쉬의 지위와 잘 맞아떨어진다고 지적한다. 여기서 길가메쉬 역시 '3분의 2가 신'이었고, 나머지 3분의 1은 사람'이었다."

6. 참조. Andrew George, *The Babylonian Gilgamesh Epic: Introduction, Critical Edition and Cuneiform Texts* (Oxford: Oxford University Press, 2003); George, "The Gilgamesh Epic at Ugarit," *Aula Orientalis* 25 (2007): 237-54. 이 길가메쉬 서사시에서 관련있는 행은 1번 토판의 8행과 48행이다

를 압수^{Apsu}라는 이름의 땅속 깊은 곳의 물로 추방하는 벌을 내린다.[7] 압수도 지하세계의 일부로 여겨졌다.[8] 마르둑은 압칼루들이 다시는 올라오지 못하게 하라고 명한다. 바로 이 지점에서 명백한 병행이 나타난다. 이 흉악한 신들을 땅 밑으로 추방했다는 것이 의미심장하다. 나는 바로 앞장에서 이 이야기가 구약에는 나오지 않지만 베드로후서와 유다서에 나온다는 점을 지적했다. 이 내용이 에녹1서와 그 이후의 신약성경에 기록되어 있다는 사실은 신구약 중간기의 유대 저자들이 창세기 6:1-4의 메소포타미아적 배경을 인지하고 있었음을 분명하게 보여주는 대목이다.[9]

이 모든 것의 의미를 논하기 전에 먼저 우리의 논의에서 강조해야 할 점이 두 가지 더 있다.

---

7. 애너스(Annus)는 이 사안에 대해 명료하지 못하고, 압칼루와 압수에 대한 그의 표현 역시 명료하지 못하다. 애너스는 어느 대목에서는 압칼루 현자들을 압수로 보냈다고 말하고 또 다른 대목에서는 이 주장이 추측에 불과하다고 말한다(예. 309-10쪽). 『에라 서사시』에는 압칼루 현자들이 압수로 보내졌음을 확증하는 마르둑의 대사가 있다. "내가 저 (본래의) 장인들[일곱 현인들]을 압수로 내려 보냈고 그들이 다시 올라선 안 된다고 말했다."(William W. Hallo and K. Lawson Younger, *The Context of Scripture* [Leiden; New York: Brill, 1997-], 1:407. 압칼루 현자들로서 장인들의 정체에 대해서는 에라 서사시의 마지막 행에 있는 각주 19번을 참조하라.) 압수는 지하세계의 일부로 알려져 있다.
8. 참조. Wayne Horowitz, *Mesopotamian Cosmic Geography* (Winona Lake, IN: Eisenbrauns, 1998), 342-44.
9. 우리가 이 책 2장에서 본 것처럼 벧후 2:4은 범죄한 신적 존재들이 '타르타루스'에 투옥되는 이야기다. '타르타루스'라는 헬라어는 고대 타이탄과 거인들에 대한 고전인 그리스 신화에서 사용된 용어다. 두 집단은 다르지만 고대 그리스 작가들에 의해 병합되기도 한다. 그러나 그리스 신화에서는 두 집단 모두 신적 기원을 지닌다. 우리의 목적에 국한해서 보자면 여기서 베드로가 '타르타루스'라는 단어를 선택했다는 것은 창 6:1-4의 하나님의 아들들이 신적 존재임을 구체적으로 드러내는 대목이다.

하나님의 아들들: 순찰자들, 하늘의 아들들, 거룩한 자들

신구약 중간기의 몇몇 유대 본문에 홍수 이전 신적 존재들의 범죄에 대한 이야기가 나온다. 적어도 하나 이상의 본문에 신적 범죄자들이 인류라는 골칫거리를 "바로잡기" 위해, 즉 자신들의 지식으로 이끌고 계도하기 위해, 지상으로 내려오는 내용이 나온다. 그런데 도우려는 목적으로 지상에 내려온 이들이 육신을 입은 후에는 스스로의 육적 충동을 제어하는 데 실패한다.[10] 창세기 6장 사건에 대해 가장 널리 알려진 해석은 에녹1서 6-11장이다. 이 본문은 제법 우울한 분위기를 자아낸다. 이것이 바로 베드로와 유다가 알았던 내용이다. 그 이야기는 창세기 6장과 매우 비슷하게 시작한다.

> 그때에 사람들의 아들들의 수가 늘어나자 곱고 아리따운 딸들이 그들에게서 나오니 순찰자들, 곧 하늘의 아들들이 이 딸들을 보고 탐했더라. 그들이 서로에게 말했다. "오라, 우리가 사람의 딸들로부터 아내들을 취하여 우리를 위해 자식을 낳자."

이 기술에 의하면 순찰자들[watchers]은 성경 이야기에서 의외의 방식으로 중요하게 대두될 헤르몬 산에 강림한다. 순찰자라는 단어는 아

---

10. 제2성전기의 창 6장 재기술에 대한 최고의 학문적 연구는 다음을 참조하라. Loren T. Stuckenbruck, "The 'Angels' and 'Giants' of Genesis 6:1-4 in Second and Third Century BCE Jewish Interpretation: Reflections on the Posture of Early Apocalyptic Traditions," *Dead Sea Discoveries* 7.3 (2000): 354-77.

람어 '이르'를 영어로 번역한 것으로 우리에게는 생소한 단어가 아니다. 우리는 이전 장에서 하나님과 그의 천상회의가 함께 의사결정을 내린다는 내용을 다뤘고, 히브리어가 아닌 아람어로 기록된 다니엘 4장 본문을 살펴보았다. 다니엘 4장은 여호와의 천상회의에 속한 신적 존재들인 거룩한 자들을 묘사하기 위해 순찰자라는 단어를 구체적으로 사용한 유일한 성경구절이다.[11] 물론 다니엘서의 지리적 배경은 메소포타미아에 위치한 바벨론이었다(단 1:1-7).

에녹1서에서 순찰자들(하나님의 아들들)의 후손은 거인들이다(에녹1서 7장). 에녹1서의 일부 사해 두루마리 단편에는 거인들의 이름이 일부 등장한다. 그 이야기를 재기술한 (그러므로 에녹1서와 관련이 있는) 다른 본문들에도 거인들의 이름이 기록되어 있다. 그 가운데 가장 놀라운 내용은 오늘날 학자들에게 『거인의 책』으로 알려진 본문에 실려있다. 이 책은 파편으로만 존재하지만 순찰자들의 자손인 몇몇 거인들의 이름이 보존되어 있다. 그 중 하나가 메소포타미아의 『길가메쉬 서사시』의 주인공, 길가메쉬다.[12]

하나님의 아들들의 메소포타미아 버전인 압칼루의 조각상들이 메

---

11. 순찰자는 다니엘 시대부터 제2성전기까지의 유대 문학에서 천상의 하나님의 아들들을 가리키는 일반적 용어였다. 참조. John C. Collins, "Watcher," in *Dictionary of Deities and Demons in the Bible*, 2nd ed. (ed. Karel van der Toorn, Bob Becking, and Pieter W. van der Horst; Grand Rapids, MI; Eerdmans, 1999), 893-95.

12. 다른 이름들은 Humbaba(아람어로 Chobabish), Utnapishtim, the Babylonian Noah이다. 이 자료를 연구한 학자들은 Utnapishtim이라는 이름으로부터 세 번째 거인의 이름 (Atambish)이 파생되었다고 믿는다. 참조. J. C. Reeves, "Utnapishtim in the Book of the Giants?" *Journal of Biblical Literature* 112 (1993): 110-15; Matthew Goff, "Gilgamesh the Giant: The Qumran *Book of Giants*' Appropriation of Gilgamesh Motifs," *Dead Sea Discoveries* 16.2 (2009): 221-53.

소포타미아 고고학자들의 작업으로 세상에 알려지게 되었다. 그 조각상들은 악한 세력들의 접근을 막을 목적으로 메소포타미아 건물의 기초벽 일부로 나란히 묻힌 궤짝 안에 들어 있었다.[13] 메소포타미아인들은 이 궤짝들을 순찰자들을 뜻하는 '마츠-짜레이' mats-tsarey라고 불렀다.[14] 연결점은 명백하고도 직접적이다.

네피림

창세기 6:1-4을 둘러싼 큰 논란 중 하나가 네피림 nephilim이라는 단어의 의미다. 우리는 메소포타미아적 배경에서 압칼루가 신적 존재였으며 인간 여자들과 짝을 맺어 거인 자손을 낳았음을 살펴보았다. 우리는 또한 제2성전기의 유대 사상가들 역시 메소포타미아적 배경과 동일하게 창세기 6:1-4의 자손을 거인으로 간주했음을 살펴보았다. 네피림에 대한 어떤 분석도 이런 배경을 설명할 수 있어야 하며 이를 회피하거나 이와 충돌해선 안 된다.

아울러 네피림이라는 단어의 해석은 신구약 중간기의 또 다른 유대적 현상인 구약성경의 헬라어 번역을 설명할 수 있어야 한다. 나는 지금 칠십인역에 대해 말하고 있다. 네피림이라는 단어는 히브리어 성경에 두 번 등장한다(창 6:4; 민 13:33). 두 경우 모두 칠십인역에서는 "기

---

13. 성경의 엘로힘과 마찬가지로 압칼루들 가운데 악령에 맞서 싸우는 선한 압칼루들도 있었다.
14. 참조. Annus, "On the Watchers"

가스"gigas 즉 거인으로 번역되었다.[15]

이제껏 우리가 다룬 배경들을 감안할 때 네피림은 당연히 거인으로 이해해야 할 듯하다. 하지만 많은 주석가들이 이 해석을 거부한다. 그들은 네피림을 '추락한 자들'이나 '~위로 추락하는 자들'(이는 전투 용어다)로 해석해야 한다고 주장한다. 이런 대안들은 네피림이 히브리어 동사 '나팔'(추락하다)에서 유래한다는 생각에 근거한 것이다. 더 중요한 대목은, 네피림을 거인이 아닌 추락으로 번역해야 한다고 주장하는 이들은 네피림이 가진 준準신급의 신분을 회피하고 싶어서 그렇게 한다는 것이다. 거인이 아니라고 하면 하나님의 아들들이 인간이었다고 주장하기가 한결 쉬워진다.

실은 추락한 자들로 번역해도 달라질 건 없다. 메소포타미아적 배경과 제2성전기 후기 유대 사상이라는 맥락 모두 네피림의 아버지들이 신적 존재이며 네피림이 (어떻게 번역하든) 거인이라고 기술하고 있다.[16] 따라서 네피림이라는 이름이 추락을 의미한다고 고집하더라도 이것이 초자연적 해석에 대한 반론이 될 수는 없다.

그런데 불필요한 논증임에도 불구하고 나는 여전히 추락이라는 번역을 인정하고 싶지 않다. 나는 네피림이 추락한 자들을 뜻한다고 생각하지 않는다.[17] 유대 저자들과 역자들은 네피림이라는 용어를 사

---

15. 본문의 맥락에서 이것은 각각 '기간테스'(gigantes)와 '기간타스'(gigantas)로 쓰였으며 모두 복수형이다.
16. 칠십인역의 경우와 마찬가지로 에녹1서의 헬라어 원본도 순찰자들의 자손을 묘사할 때 '기가스'(거인)라는 용어를 쓴다. 참조. 에녹1서 7:2, 4; 9:9.
17. '추락한 자들'이라는 번역은 네피림의 의미에 대한 배경지식을 제공하는 구절을 근거로 한 것이 아니라 거인들의 행동이 지닌 특징을 근거로 한 것이다. 어떤 사해 두루마리 본

용하거나 번역할 때 습관적으로 거인을 생각한다. 거기에는 그만한 이유가 있다.

네피림 단어의 의미에 대한 내 자신의 견해를 설명하려면 히브리어에서 단어가 표기되거나 형성되는 방식인 히브리어 형태론을 들여다봐야 한다. 그 논의는 금세 전문적 영역으로 들어가기 때문에 그와 관련된 세부내용은 다른 곳에 수록하기로 했다.[18] 그러나 질문을 답하지 않은 채 놔두면 견디지 못하는 나의 성격상 여기서 다만 조금이라도 들여다보고자 한다.

네피림이라는 단어의 철자는 이 용어의 뿌리말에 대한 단서를 제공한다. 네피림은 히브리어 성경에서 네필림^{nephilim}과 네피일림^{nephiylim} 두 가지 방식으로 표기된다. 차이점은 두 번째 단어에는 알파벳 '요드'(י, 영어 음역에서는 y로 표기함)가 있다는 것이다. 히브리어에는 원래 모

문은 순찰자들이 하나님과의 관계에서 올바른 위치로부터 "추락했고," 그들의 자손이 조상의 전철을 밟았다고 한다(CD[Damascus Document] II:19-19). 이 절에 동사 나팔이 나오지만 네피림이라는 단어는 나오지 않는다는 점을 주목하라. 즉 "추락한 상태"는 그 이름 자체에 귀속되지 않는다. 네피림이라는 단어는 사해 두루마리에 딱 두 번 나온다. 그 중 어느 경우도 어떤 행동과의 연결점을 밝히지 않는다. 사실 이 용어에 대해서는 어떤 설명도 제공되지 않는다. 사해 두루마리의 특정 영역본에 이따금 추락이라는 표현이 등장하지만 이는 외부에서 삽입된 것이다. 즉 원본상의 근거가 있는 것이 아니라, 역자들이 스스로 제공한 것이다(예. 4Q266 Frag. 2 ii:18). 네피림과 후일의 거인 족속에 대한 가장 최근의 학문적 연구는 최근 발표된 브라이언 도우크(Brian Doak)의 하버드 대학 박사논문이다. Brian Doak, *The Last of the Rephaim: Conquest and Cataclysm in the Heroic Ages of Ancient Israel*, Ilex Series 7 (Cambridge: Harvard University Press, 2013). 도우크의 거인에 대한 책은 많은 강점이 있음에도 불구하고 네피림에 대해서는 틀렸다. 도우크의 논문이나 책의 참고문헌 목록에는 애너스(Annus)의 기념비적인 논문이 없다. 그의 논문이 도우크가 논문작업을 끝낸 후 발표된 탓일 수도 있다. 도우크의 연구에 대한 논의는 관련 웹사이트 참조하라.

18. 관련 웹사이트를 참조하라.

음이 없다. 모든 단어가 자음으로만 표기된다. 세월이 흐르면서 히브리어 필사자들은 장모음 소리를 표시하기 위해 일부 자음을 사용했다. 영어에서 자음 y가 때로는 모음으로 쓰이는 것과 마찬가지로, 히브리어 역시 '요드'(י)를 모음으로 사용한다.

여기서 짚고 넘어갈 점이 있다. 두 번째 철자 네피일림을 보면 이면의 뿌리말에 복수형 접미사 '-임'이 추가되기 전 장모음 '이-'(י)가 있었다는 것이다. 이 부분은 이 단어가 "추락하는 자들"이라는 의미가 아님을 규명하는 데 도움이 된다. 만일 그랬다면 이 단어의 철자는 노펠림^{nophelim}이었을 것이다. 동사 '나팔'^{naphal}을 '추락하다'로 번역했다는 주장은 요드 철자법에 의해 힘을 잃는다. 만일 이 단어가 동사 나팔에서 비롯되었다면 '추락하다'는 '네풀림'^{nephulim}이라는 철자로 표기했어야 옳다.

'추락하다'라는 번역을 다른 방식으로 뒷받침할 수도 있다. 이 동사가 나팔이라는 동사에서 비롯된 것이 아니라 두 번째 음절에 장모음 '이-'(י)를 가진 명사에서 유래했다고 보는 것이다. 이런 류의 명사를 '카티일 명사'$^{qatiyl\ noun}$라고 한다. 비록 히브리어 성경에는 '나피일'^{naphiyl}이라는 단어가 없지만 그 복수 형태가 있다고 가정하면 '네피일림'이 될 것이고 이것이 바로 민수기 13:33에 나오는 네피림의 철자다.

이 대안은 철자 문제는 해결하지만 다른 것은 아무것도 설명하지 못한다. 즉 메소포타미아적 배경과 이 배경을 받아들이는 제2성전기 유대인들의 인식, 이 용어와 아낙 거인들과의 연결점(민 13:33; 신 2-3장), 칠십인역 역자들이 이 단어를 거인으로 해석했다는 사실을 설명하지 못한다.

그렇다면 '네피일림'이라는 철자는 어디에서 유래했는가? 왜 번역자들이 일관되게 거인을 생각했는지까지 단번에 설명해 주는 해답이 있을까?

있다.

구약을 통해 우리는 남유다의 지식인들이 바벨론에 사로잡혀 갔음을 안다. 그들은 70년 포로기 동안 아람어를 습득했고, 훗날 아람어 지식을 가지고 유다로 귀환했다. 이런 연유로 예수님 시대에는 아람어가 유대 지역의 제1언어가 되었다.

창세기 6:1-4은 메소포타미아의 신들인 압칼루와 그들의 거인 자손들에 대한 경멸감을 표출하는 데 목적이 있었다. 성경 기자들은 신적 존재를 가리키는 "하나님의 아들들"이라는 익숙한 어휘를 이미 알고 있었다. 성경 독자들은 그 표현이 신적 존재를 가리킨다는 것을 알았을 것이고, 토라의 다른 구절(신 32:17)에서는 다른 신적 존재들에게 귀신(셰딤)이라는 이름표를 붙였다. 그러나 성경 기자들은 거인 자손을 악당으로 그릴 만한 다른 좋은 단어가 필요했다. "추락한 자들"은 거인이라는 의미를 나타내지 않으므로 논점을 부각시키는 데 별 도움이 되지 않는다.

나의 견해는 이렇다. 유대 서기관들은 이 메시지를 담아내는 문제를 해결하고자 거인을 뜻하는 아람어 명사 '나피일라'^{naphiyla}를 채택했다. 그 단어를 히브리어로 복수화하면 바로 우리가 민수기 13:33에서 본 '네피일림'이 된다. 이것만이 모든 맥락과 세부사항들을 일거에 해명할 수 있는 단어 뜻풀이다.

창세기 6장의 전략

그러나 이 모든 것이 의미하는 바는 무엇인가? 대체 왜 성경에 창세기 6:1-4이 있는 것인가? 그 신학적 메시지는 무엇인가? 나는 이미 그 본문의 목표가 본질적으로 논쟁을 일으키기 위함임을 밝혔다. 즉 메소포타미아의 이방 종교를 깎아내리기 위함이었다. 그러나 이 표현은 좀 모호한 감이 있다. 좀더 자세히 살펴보자.

창세기 1-11장의 내용은 메소포타미아 문학작품들과 긴밀하고도 구체적인 접점을 많이 가지고 있다. 그렇기에 이 장들이 바벨론 포로기에 쓰였거나 그 기간에 편집되었다고 믿는 학자들이 많다.[19] 서기관들은 특정 종교의 신들과 세계에 대한 사상이 그릇되었으며 허구라는 것을 확실히 해두고 싶어했을 것이다.

배경에 대해 한번 생각해 보자. 여호와를 따르는 유대인들이 세상에서 알려진 가장 큰 제국인 바벨론에 의해 강제이주를 당했다. 비록 유배민의 신분이었지만 에스겔과 그보다 앞선 세대의 예레미야는 백성들에게 이 상황이 한시적이며 이스라엘의 하나님이 여전히 참 통치자이심을 알리고 싶어했다. 하나님이 모든 상황을 통제하시며 그분만이 참 하나님이시다. 유대인은 풀려날 것이고 바벨론은 멸망할 것이다.

---

19. 창세기 1-11장의 메소포타미아적 배경의 문제는 자연스럽게 토라의 모세 저작설(그리고 그것의 실제적 의미)에 대한 논쟁으로 연결된다. 이는 복잡다단한 사안이다. 나는 직업상 수백 명의 복음주의 학자들을 직간접적으로 만났는데, 개중에는 모세저작설을 전적으로 수용하는 이도 있었고 부분적으로만 수용하는 이도 있었다. 하지만 토라의 최종판이 바벨론 포로기에 완성되었다는 생각에 이의를 제기하는 이는 여지껏 거의 만나보지 못했다.

유대 서기관들은 유배 기간 중 후대를 위한 역사 바로잡기 작업을 하기 원했다. 그리고 그 작업을 이루어냈다.

대체로 제사장 계급이었던 바벨론의 지식인들은 홍수 이전의 메소포타미아 문명이 그들의 신들에 의해 전수되었다고 믿었다. 그런 연유로, 그들은 자기 자신뿐 아니라 자신들의 지적 성취물을 홍수 이전의 지식과 연결짓기 원했다. 그들은 이런 식으로 자신들의 지식과 재능이 신성한 것이며, 따라서 모든 피정복국에 대해 자신들의 우월성을 주장하고자 했다. 그것은 또한 다른 민족의 신들이 바벨론의 신들보다 열등함을 의미했다.

압칼루는 홍수 이전의 지식을 보유한 위대한 문화적 영웅들이었다. 그들은 영광스런 과거 시대의 신적 현인들이었다. 바벨론의 왕들은 자신들이 홍수 이전의 압칼루와 다른 신적 존재들의 후손이라고 주장했다. 찬란한 바벨론이 신적 지식의 유일한 보유자이며, 바벨론 제국에 의한 통치 역시 신들에게 승인받은 것이라는 주장이 바벨론의 집단 논리였다.

성경 기자들과 후대의 유대인들은 이 주장에 동조하지 않았다. 그들은 바벨론의 지식이 귀신에게서 유래한다고 생각했는데, 이는 전반적으로 압칼루 자체가 메소포타미아의 귀신 계보와 너무도 밀접하게 얽혀 있었기 때문이다. 바벨론의 지식층은 압칼루의 신적 지식이 (홍수 이전 압칼루들을 아버지로 둔 거대한, 준*신급의 자손인) 홍수 이후 세대의 압칼루에 계승되었다고 가르쳤다.

성경 기자들은 바벨론인들이 자신들의 것이야말로 신적 유산의 증거라고 자부하던 내용을 끌어다가 전혀 다른 이야기를 풀어갔다. 그렇다, 그들은 거인들이었고 홍수 전후에 이름을 떨치던 유명한 자들이었다(창 6:4). 그러나 그들의 자손들과 그 지식은 참 하나님께 속하지 않았다. 그들은 여호와보다 못한 신적 존재들이 여호와께 반역한 결과로 생겨났을 뿐이다. 창세기 6:1-4과 베드로후서와 유다서는 바벨론의 자랑거리를 참담한 범죄로, 아니 그보다 더 나쁘게 묘사하여 전 인류를 패역하게 만든 악으로 그려냈다. 창세기 6:5은 본질적으로 그 범죄의 결과를 요약한 것이다. 이 내용은 짧고 절제된 형태로 서술되었다. 제2성전기 후기 유대 문헌들은 이 내용을 본격적으로 파헤쳤다.

에녹1서 8장은 어떻게 특정 순찰자들이 금지된 신적 지식과 바벨론 과학에서 주로 가져온 관습으로 인류를 부패하게 만들었는지 상술한다. 이는 제2성전기 저자들이 이 이야기의 지적 배경을 파악하고 있었음을 뚜렷하게 보여주는 또 하나의 단서다. 바벨론의 압칼루들은 귀신적인 존재로 간주되었다. 그렇기 때문에 베드로와 유다가 창세기 6:1-4의 사건을 거짓 선생들과 연결시킨 이유는 의문의 여지가 없다(벧후 2:1-4). 베드로와 유다는 한편으로 거짓 선생들의 해괴한 지식을 공격하면서 다른 한편으로 창세기 6장의 이미지를 소환한다. 거짓 선생들은 "더러운 정욕" 가운데서 행하는 "호색하는" 자들이다(벧후 2:2, 10; 유 8절). 여호와의 천상회의의 충성된 엘로힘으로부터 이탈하여 "자기 처소를 떠난"(유 6절) 창세기 6장의 신적 존재들처럼, 거짓 선생들은 "권위를 업신여기며" 천사도 감히 꾸짖지 못하는 "영광을 훼방한다"(벧후 2:9-11; 유 8-10절).

이보다 덜 분명한 것은 하와에게 약속된 후손과 관련하여 이 사건이 암시하는 바다. 성경 기자들은 노아의 완전함(창 6:9)을 주목한다. 성경에는 노아와 노아의 가족이 창세기 6:1-4의 사악한 동거의 죄를 짓지 않았다는 말이 없다. 하지만 이 사건이 너무도 극악무도했으므로 노아 가족이 참여했다고 보는 건 무리일 것이다.[20] 여호와의 백성 이스라엘(출 4:23), 이스라엘 왕(시 2:7), 종국에는 메시아와 관련된 신적인 아들 신분 같은 개념이 성경에 등장하기 시작하자 신학적 메시지 전달이 중요해졌다. 노아는 그리스도의 계보에 있다(눅 3:36; 비교. 3:38). 어느 시점에도 하와의 궁극적인 후손인 구세주 메시아가 여호와 이외에 다른 엘로힘의 아들이라고 주장할 수는 없었다.[21]

창세기 6:1-4은 그 중요성으로 보자면 전혀 주변적이지 않다. 이는 에덴의 복원을 훼방하는 신적 반역자들("나하쉬의 씨")과 인류의 충돌이라는 주제의 확장판이다. 이는 구약에서 이스라엘의 역사를 근본적으로 백성과 땅이라는 틀로 바라본 두 본문 중 하나다. 또 다른 본문은 다음 장에서 다루기로 하겠다.

---

20. 일부 유대 작가들은 거인을 비롯하여 홍수의 생존자가 있다는 난제를 풀기 위해 노아가 순찰자의 자식이었다는 추측을 제시했다. 사해 두루마리인 ⟨The Genesis Apocryphon⟩에는 노아의 아버지가 자기 아내에게 순찰자의 아이를 임신했냐고 추궁하는 이야기가 나온다(*Genesis Apocryphon* [=1QapGen] 1:1-5:27). 그녀는 맹렬하게 혐의를 부인한다. 홍수 후 네피림에 대한 논의는 23장을 참조하라.

21. 어떤 유대 본문에도 순찰자들이 메시아 계보를 더럽히는 것을 목표로 삼았다는 이야기는 없다. 그럼에도 메시아가 여호와의 아들이며 그 유산을 앗아갈 다른 신적인 경쟁 상대는 없다는 신학적 메시지 전달은 중요한 문제였다.

14.
하나님의 배정하심

창세기 3장과 6장에 기술된 신적 존재들의 범죄는 성경 나머지 부분의 틀이 된 신학적 도입부다. 이들 두 일화는 이번 장에서 다룰 세 번째 일화와 더불어 고대 이스라엘 사람들과 (기독교의 모태인) 유대교 공동체의 초자연적 세계관에서 핵심을 이루는 요소다.

종합하면, 이 세 일화들이 전하는 신학적 교훈은 하나님이 마련하신 방법 이외의 다른 방법으로 에덴을 복원하려는 시도가 얼마나 헛되고 위험천만한가이다. 에덴 이후에도 하나님은 여전히 인류와 함께 거하고자 하셨다. 그러나 반대가 예상되는 일이었다. 여호와를 섬기는 신적 존재들이 문제를 일으킬 가능성도 있었다. 여호와와 그의 통치에 반대하는 자들이 (인간에서부터 신적 존재들에 이르기까지) 지평선 너머에 도사리고 있었다. 하늘과 땅은 다시 통일되어야 할 운명이었지만 그 과정은 거대한 싸움으로 점철될 것이었다.

한편 에덴 복원을 위한 하나님의 전략 및 의도와 별개로 유토피아를 구현하려는 모든 시도는 재앙으로 끝날 것이다. 인간이나 다른 신적 존재들은 에덴의 유토피아를 회복할 수 없다. 이는 고통스럽게 배워야 하는 교훈이었다.

홍수에서 바벨까지

창세기 6장에는 이스라엘 사람들이 토라의 다른 본문을 읽는 데 도움이 될 대목들이 있다. 4절이 특히 주목할 만하다.

> 당시에 땅에 네피림이 있었고 그 후에도 하나님의 아들들이 사람의 딸들을 취하여 자식을 낳았으니 그들은 용사라 고대에 유명한 사람이었더라.

네피림은 "용사"(깁보림)와 "유명한 사람"으로 묘사되는데, 문자적으로는 "이름(셈) 있는 사람들"이다.[1] '깁보르(림)'와 '셈'이라는 용어는 구

---

1. 나는 '네피림'과 '깁보림'(gibborim)이라는 용어를 구별해야 함을 알고 있다. 특정 유대 문헌과 번역이 그렇게 한다는 것 또한 알고 있다(참조. Stuckenbruck, "The 'Angels' and 'Giants' of Genesis 6:1-4 in Second and Third Century BCE Jewish Interpretation: Reflections on the Posture of Early Apocalyptic Traditions," *Dead Sea Discoveries* 7.3 [2000]: 354-77, and Brian Doak, *The Last of the Rephaim: Conquest and Cataclysm in the Heroic Ages of Ancient Israel*, Ilex Series 7, Ilex Foundation; Center for Hellenic Studies [Cambridge: Harvard University Press, 2013]). 네피림과 깁보림을 동일 집단을 두 가지로 지칭한 것으로 해석하는 것은 문법적으로나 구문론적으로나 타당하다. 우리가 앞서 논의한 창 6:1-4의 메소포타미아적 배경을 감안하면 이 해석이 바람직하며 실은 유일하게 설득력 있는 선택이다. 압칼루는 기골이 장대한 거인들이었고 압칼루가 전수한 성스러운 신

약의 여러 곳에 등장한다.[2]

홍수 직후에는, (문자적으로 "반역"을 의미하는 것으로 보이는) 니므롯을 '깁보르'라고 불렀다.[3] 니므롯은 앗수르와 바벨론 문명의 선구자로 등장한다(창 10:6-12). 창세기 6장과 마찬가지로 여기서도 메소포타미아적 배경이 뚜렷하게 드러난다. 앗수르와 바벨론은 이후 역사에서 하나님의 지상왕국을 이스라엘에 건설하려던 꿈을 산산이 무너뜨리게 될 두 문명국가였다. 북왕조인 이스라엘은 앗수르에 의해, 남유다는 바벨론에 의해 멸망한다.

니므롯이라는 표현은 우연적인 것이 아니다. 이는 바벨론을 앞의 창세기 6장과 그 신적 존재들의 범죄와 결부시킨다. 그러므로 이른바 열국 목록Table of Nations이라고 부르는 창세기 10장의 니므롯에 대한 묘

적 지식으로 문명이 잉태되었다. 따라서 압칼루는 거인의 체구를 가진 문화적 영웅이었다. 성경 기자가 압칼루에 맞서 논쟁을 걸며 두 이름으로 한 집단을 지칭한 것은 충분히 합리적이다.

2. '깁보르는 깁보림의 단수형이다.
3. 창 10장의 니므롯에 대해서는 관련 웹사이트를 참조하라. 니므롯은 메소포타미아 본문들에 나온 역사적 인물과 일치한다고 볼 수 있다. 다른 학자들은 이 이름을 반역에 대한 언어유희로 보고 니므롯을 깁보르라고 묘사하는 것이 바벨론에 대한 또 다른 시비걸기라고 본다. 달리 말하면 니므롯은 역사적 인물이 아니라 바벨론과 바벨론의 신들을 향해 날린 신학적 일격이라는 것이다. 이는 니므롯이라는 이름과 단어가 네피림/압칼루 논쟁을 지목하기 때문이다. 성경 기자들은 니므롯에 대한 삽입구의 진술을 통해 홍수에서 살아남은 바벨론과 바벨론의 종교적 지식의 사악함을 지적했을 수도 있다. 니므롯은 또한 별자리 오리온(신적 존재들의 영역인 하늘에 있는 거인 사냥꾼)과 동일시되기도 한다. 니므롯을 거인 네피림과 연결시키는 내용도 있는데, 아브라함의 족보를 거슬러 올라가면 거인이 있다는 내용을 비롯한 아브라함에 대한 몇몇 기이한 유대 전승들이 이에 해당한다(Pseudo-Eupolemos, quoted from Alexander Polyhistor by Eusebius, *Praeparatio Evangelica* 9.18.2). 니므롯 전승을 다룬 매우 탁월한 연구로 다음을 참조하라. Karel van der Toorn, "Nimrod before and after the Bible," *Harvard Theological Review* 83.1 (1990): 1-29.

사는 창세기 6:1-4의 범죄와 오경 내에서 모든 이스라엘 이야기의 틀이 될 다음의 분수령적인 사건을 잇는 신학적 가교가 된다.[4]

바벨탑

이 유명한 바벨탑 건축 이야기는 단순히 비운의 건축 프로젝트와 언어적 혼란에 대한 내용이 아니다. 이 일화는 구약 세계관의 중심부에 위치해 있다. 사람들은 바로 이 바벨론이라는 곳에서 신들의 영역인 하늘까지 닿는 탑을 건축하여 "스스로를 위하여 이름(셈)을 내고자" 했다. 이 도시는 다시금 악한 활동과 지식의 원천으로 등장한다.

창세기 11:1-9을 보자.

¹ 온 땅의 언어가 하나요 말이 하나였더라 ² 이에 그들이 동방으로 옮기다가 시날 평지를 만나 거기 거류하며 ³ 서로 말하되 자, 벽돌을 만

---

4. 이 언어는 미래지향적인 측면도 있다. 여호와는 바벨에서 열국을 "하나님의 아들들에게" 배정하시고 이스라엘을 하나님 자신의 "분깃"으로 선포하신 후(신 32:8-9) 아브람을 부르신다. 그 의도는 새롭게 한 민족을 시작하시고 그 민족을 통해 지상에 하나님의 통치를 재건하는 것 그 이상이었다. 창 12:1-3을 통해 우리는 여호와가 아브라함의 이름(셈)을 창대하게 하신다는 내용을 접한다. 이는 아브라함 언약의 일면에 불과하다. 언약에 대한 다른 묘사를 보면 "창대한 이름"을 신적 보호와 축복과 결부시킨다. 언약 언어에 사용된 단어의 기본형(레마)은 아브람과 멜기세덱(창 14장)의 만남에도 사용되며, 족장 야곱이 유다를 축복하며 그 유명한 왕권 예언을 할 때(창 49:10)에도 사용된다. 이에 대한 보다 상세한 논의는 관련 웹사이트를 참조하라. 수 세기 후에 모세와 여호수아가 여호와가 자기 백성에게 기업으로 배정하신 땅을 차지하기 위해 전투하는 과정에서 이스라엘 백성은 깁보림과 "유명한 자들"이라 불린 네피림과 조우한다(민 13:32-33; 21:31-35; 신 1-3장; 수 11:21-22; 14:12-15). 참조. 이 책 23-25장.

들어 견고히 굽자 하고 이에 벽돌로 돌을 대신하며 역청으로 진흙을 대신하고 ⁴또 말하되 자, 성읍과 탑을 건설하여 그 탑 꼭대기를 하늘에 닿게 하여 우리 이름을 내고 온 지면에 흩어짐을 면하자 하였더니 ⁵여호와께서 사람들이 건설하는 그 성읍과 탑을 보려고 내려오셨더라 ⁶여호와께서 이르시되 이 무리가 한 족속이요 언어도 하나이므로 이같이 시작하였으니 이 후로는 그 하고자 하는 일을 막을 수 없으리로다 ⁷자, 우리가 내려가서 거기서 그들의 언어를 혼잡하게 하여 그들이 서로 알아듣지 못하게 하자 하시고 ⁸여호와께서 거기서 그들을 온 지면에 흩으셨으므로 그들이 그 도시를 건설하기를 그쳤더라 ⁹그러므로 그 이름을 바벨이라 하니 이는 여호와께서 거기서 온 땅의 언어를 혼잡하게 하셨음이니라 여호와께서 거기서 그들을 온 지면에 흩으셨더라.

창세기 1:26에서 보았던 것과 똑같은 형태의 "복수형 권고"가 7절에도 있음을 단번에 눈치챘을 것이다. 7절에서 여호와는 "자, 우리가 내려가서 거기서 그들의 언어를 혼잡하게 하자"고 선포하신다. 창세기 1:26의 경우처럼 복수형으로 공표하신 후 단일 주체인 여호와의 실행이 이어진다. "여호와께서 그들을 흩으셨으므로"(11:8).

이 시점에서 대부분의 성경 독자들은 11장에는 더 이상 생각할 거리가 없다고 여길 것이다. 이 사건을 다루는 구약의 다른 본문들이 논의에서 생략되는 경향이 있기 때문이다. 그 중 가장 중요한 구절이 신명기 32:8-9(ESV)이다.

⁸지극히 높으신 자가 민족들에게 기업을 주실 때에,

> 인류를 나누실 때에
> 하나님의 아들들의 수효대로(개역개정, "이스라엘 자손의 수효대로")
> 백성들의 경계를 정하셨도다
> ⁹ 여호와의 분깃은 자기 백성이라
> 야곱은 그가 택하신 기업이로다.

신명기 32:8-9은 여호와가 바벨에서 열국을 흩으셨고 그 결과로 열국이 여호와의 백성으로서 상속권을 박탈당했다는 disinheriting 기술이다. 이는 하나님이 끈질기게 반역하던 (인류를) 내버려 두었다 gave over 는 익숙한 로마서 1:18-25의 구약판인 셈이다. "여호와의 분깃은 자기 백성이라, 야곱은 그가 택하신 기업"이라는 신명기 32:9의 진술은 애정과 소유에 차별이 있을 것임을 넌지시 알려준다. 여호와는 세상 열국의 백성이 더 이상 자기와 관계를 맺지 못하게 하기로 작정하셨다. 여호와는 새 출발을 하고자 하셨다. 여호와는 아직 존재하지 않는 새 백성, 즉 이스라엘과 언약 관계를 맺으실 것이다.

이 결정과 이 본문의 함의는 구약의 많은 부분을 이해하는 데 결정적이다.[5]

대부분의 영어 성경은 신명기 32:8의 "하나님의 아들들의 수효대로"라는 문구를 "이스라엘 자손의 수효대로"(개역개정)라고 번역했다. 그 차이는 구약 필사본들 간의 불일치에서 비롯된 것이다. 현재까지 사해 두루마리를 통해 밝혀진 바로는 "하나님의 아들들"이 올바른 독

---

[5]. 이어지는 장들에서 보겠지만 이 구절에 담긴 세계관은 이스라엘의 예전, 성소, 정복전쟁, 열국의 운명, 그리고 신약의 복음 전파와 교회의 본질에까지 영향을 미친다.

법이다.[6]

솔직히 왜 신명기 32:8-9을 "하나님의 아들들"로 해석하는 것이 이 구절에서 원래 말하고자 했던 바에 부합하는지, 그 학문적인 근거까지 속속들이 알 필요는 없다. 그러나 "이스라엘 자손"이 왜 틀린 해석인지는 알아볼 필요가 있다. 신명기 32:8-9은 이스라엘 민족의 조상 아브람을 부르시기 전에 일어난 바벨탑 사건을 가리킨다. 이것이 뜻하는 바는 이 땅의 열국(민족들, 열방)이 이스라엘이라는 민족의 탄생 이전에 바벨에서 분화되었다는 것이다. 이스라엘이 존재하지도 않는데 하나님이 지상의 열국을 "이스라엘 자손의 수효대로" 나누셨다는 것은 말이 안 된다. 이 논점은 다른 식으로도 표현할 수 있다. 즉 이스라엘이 이 열국 목록에는 포함돼 있지 않았다는 것이다.

신명기 32장 세계관

그렇다면 다른 열국(민족들, 열방)에게는 어떤 일이 일어났을까? 그 열국이 하나님의 아들들의 기업으로 그 수효대로 나뉘었다는 말은 무슨 의미인가?

이상하게 들리겠지만, 이스라엘을 제외한 나머지 민족들은 여호와

---

6. "하나님의 아들들"로 번역하는 것에 대한 히브리어 본문과 필사본 상의 근거에 대한 논의는 다음을 참조하라. Michael S. Heiser, "Deuteronomy 32:8 and the Sons of God," *Bibliotheca Sacra* 158 (January-March 2001): 52-74. ESV와 NRSV는 일반적인 번역에 사해 두루마리의 해석을 통합했다. 다른 영어성경들은 사해 두루마리의 해석을 각주로 처리했다.

의 천상회의 구성원들의 권한 아래 놓이게 되었다.[7] 열국은 지극히 높으신 자인 여호와의 심판으로 인해 여호와보다 하등한 엘로힘들에게 배정되었다.

이것이 건전한 해석이라는 사실은 명백한 대응-구절인 신명기 4:19-20을 보면 알 수 있다. 다음은 신명기 4:19-20에서 모세가 이스라엘 백성에게 한 말이다.

> [19] 또 그리하여 네가 하늘을 향하여 눈을 들어 해와 달과 별들, 하늘의 모든 주재 곧 너희의 하나님 여호와께서 천하 만민을 위하여 배정하신 것을 보고 미혹하여 그것에 경배하며 섬기지 말라 [20] 여호와께서 너희를 택하시고 너희를 쇠 풀무불 곧 애굽에서 인도하여 내사 자기 기업의 백성을 삼으신 것이 오늘과 같아도.

신명기 4:19-20은 바벨에서 하나님이 내리신 징벌적 조치의 또 다른 측면이다. 신명기 32:8-9에서는 하나님이 하나님의 아들들에게 열국을 기업으로 배분 또는 나눠주신 반면, 여기서는 하나님이 열국에게 신들을 "배정"하셨다고 한다. 하나님이 바벨탑 사건 이후로 내버려 두신 다른 열국이 하나님 외에 다른 신들을 숭배하도록 하신 것이다. 흡사 하나님이 이렇게 말씀하시는 것 같다. "너희가 나에게 순종하길

---

7. 흥미로운 점은 창 10장에 열거된 민족들의 수효가 70이라는 것이다(참조. Nahum M. Sarna, *Genesis* [JPS Torah Commentary; Philadelphia: Jewish Publication Society, 1989], 69). 이는 우가리트의 천상회의에 등장하는 엘의 아들들의 수와 정확하게 일치한다. 이 숫자는 우리가 열국의 상속권 박탈이라는 맥락에서 복음서를 다룰 때 다시 등장한다.

원하지 않는다면 나도 너희들의 신이 되는 데 관심이 없다. 너희를 다른 신들과 짝 지어주겠다." 천상회의 논의의 발단인 시편 82편도 이 결정을 반영한다. 82편에서 여호와는 지극히 높으신 자의 아들들인 다른 엘로힘들이 열국을 다스리는 일에 부패했다고 판단하신다. 이 시는 "하나님이여 일어나사 세상을 판단하소서 모든 열방이 주의 기업이 되겠음이니이다"라는 시인의 호소로 끝난다.

바벨탑 사건에 대한 하나님의 대응이 지나치게 가혹해 보일 수 있다. 그러나 맥락을 고려해 보라. 여호와가 영광을 받으시라고 쌓은 바벨탑이 아니었잖은가.

우리가 이전 장에서 고찰했듯, 사람들은 신들이 산 위에 산다고 생각했다. 모든 학자들이 메소포타미아의 유명한 성스러운 인공산 중 하나인 지구라트^{ziggurat}가 바벨탑이라고 본다. 지구라트는 신들의 거처였고 메소포타미아인이 하늘과 땅의 교차점이라고 믿었던 곳이다.[8] 이 구조물의 특징을 보면 그 건축 목적이 신들을 땅으로 끌어내리는 것임이 확연하게 드러난다.

성경 기자는 한 치의 주저함도 없이 이 행위를 앞의 창세기 6:1-4의 신적 존재들의 범죄와 연결시킨다. 그 단락에서는 홍수에서 살아남은 준^準신급의 거인이자 바벨론의 문화 영웅(압칼루)들을 "유명한 자" 또는 보다 문자적으로 "이름(셈) 있는 자들"로 그리려 한다. 바벨탑을 건축한 자들은 자기 "이름(셈)을 내기 위하여" 탑을 쌓고 싶어했다. 바

---

8. 나훔 사르나(Nahum Sarna)가 고찰했듯이 니푸르와 앗수르의 지구라트 이름은 각각 "산의 집"과 "하늘과 땅의 산(山)집"이었다. 바벨론의 지구라트 이름은 "하늘의 땅의 기초집" 이었다(Sarna, *Genesis*, 82).

벨탑 건축은 바벨론의 종교적 지식을 이어가며 여호와의 통치를 바벨 신들의 통치로 대신한다는 것을 의미한다.

여호와가 이를 수수방관하실 리 없었다. 홍수 이후 하나님은 다시금 인류에게 "생육하고 번성하여 땅에 충만하라"고 명하셨다(창 9:1). 이는 본래의 에덴 비전을 재천명하신 것이다. 그러나 사람들은 이 명령에 복종하여 여호와를 신으로 삼는 대신 탑을 쌓고자 결집했다. 이 이야기의 신학적 메시지는 분명하다. 인류는 여호와를 기피하고 인류를 통해 에덴을 복원하려는 여호와의 계획을 기피했다. 그러므로 여호와도 그들을 기피하시고 새로운 출발을 하고자 하신 것이다.

이 결정은 가혹한 것이었지만 그렇다고 열국이 완전히 버려진 것은 아니었다. 여호와는 열국에게서 상속권을 박탈하셨지만, 창세기의 바로 다음 장에서 아브람을 부르신 곳이 다름 아닌, (그렇다, 당신의 추측이 맞았다) 메소포타미아였다. 다시금 이는 우연의 일치가 아니다. 여호와는 반역의 심장부에서 한 사람을 취하여 새 민족 이스라엘을 만들고자 하셨다. 그런데 하나님은 아브람과 언약을 맺으시면서 이 땅의 열국이 아브람과 그의 자손을 통해 복을 받게 될 것이라고 말씀하셨다(창 12:1-3).

이 언약 언어는 (이미 열국을 징계하겠다는 결정을 내린 그 시점부터) 이스라엘 백성이 열국이 참되신 하나님께로 돌아오는 통로가 되는 것이 하나님의 의도임을 드러낸다. 바로 이런 이유로 이스라엘은 훗날 "제사장 나라"로 불리게 된다(출 19:6). 이스라엘은 "신 가운데 신"이시며 "주 가운데 주"이신 분과 언약관계를 맺게 될 것이다(신 10:17). 상속권을 박탈당한 이들은 부패한 하나님의 아들들에게 영적 종살이를 할 것이다. 그러나 이스라엘이 통로와 중재자가 될 것이다. 여호와는 자신에게로 돌아올 길을 위해 영적인 빵 부스러기를 곳곳에 남겨두실 것이다. 그 길은 이스라엘을 거치고, 궁극적으로는 이스라엘의 메시아를 거쳐 가는 굴곡진 길이 될 것이다.

바벨에서의 운명적인 결정 이래로 구약 이야기는 "이스라엘 대(對) 상속권을 박탈당한 열국", 그리고 "여호와 대(對) 부패하고 패역한 열국의 엘로힘들"에 대한 이야기가 된다. 열국을 나누어 다른 엘로힘들에게 분깃으로 배정한 사건이 성경 역사의 숱한 장면들 이면에 배경으로 깔려 있다. 이것이 무슨 의미인지는 다음 장에서 설명하겠다.

15.
우주적 지형

앞장에서 우리는 여호와가 열국을 흩으시고 백성으로서의 상속권을 박탈하신 신명기 32:8-9 내용을 처음 접했다. 이는 고대 이스라엘 사람들이 모든 이방민족에 대해 자기 민족을, 그리고 그 민족들의 신들과 대비되는 바 자신들의 엘로힘인 여호와를 바라보는 신학적 렌즈였다. 여호와는 신명기 32:8-9에 사용된 호칭인 '지극히 높으신 자'(엘룐)였다.[1]

그러므로 구약성경의 세계는 우주적 지형^{cosmic geography}에 따른 경

---

1. 가장 비평주의적인 학자들은 이스라엘의 신앙이 다신론에서 진화했다고 믿으며 신 32:8-9의 여호와와 엘룐(지극히 높으신 자)이 별개의 존재라고 주장한다. 일부 비평주의적인 복음주의 학자들은 이런 발상을 '점진적 계시'라는 분류함에 넣겠지만, 나는 이런 진화론적 개념을 거부한다. 이 주제에 대한 논의는 다음을 참조하라. Michael S. Heiser, "Does Divine Plurality in the Hebrew Bible Demonstrate an Evolution from Polytheism to Monotheim in Israelite Religion?" *Journal for the Evangelical Study of the Old Testatment* 1.1(2012): 1-24.)

계선이 그어진 세계다. 신명기 32:8-9의 언어에서 이스라엘은 여호와의 "기업"inheritance이었기에 거룩한 땅이었다. 다른 열국의 영토는 여호와가 명하신 바대로 다른 엘로힘들의 소유였다. 시편 82편이 우리에게 알려주는 바는 이 엘로힘들이 부패했다는 것이다.[2] 우리는 여호와에게서 열국을 배정 받은 엘로힘들이 어떻게 부패했는지, 그 과정에 대해 들은 바가 없다. 다만 부패했다는 사실만 알 뿐이다. 신명기 4:19-20; 17:3; 29:25; 32:17은 이스라엘이 이 엘로힘들을 숭배하는 것이 불법이라고 분명히 밝히고 있다.

이 우주적 지형에 대한 관점을 알면 성경의 몇몇 기이한 구절들이 설명되고 그 배후에 놓인 극적인 신학적 배경이 눈에 들어온다. 가장 놀라운 구절은 신약에 있다. 나는 예수님과 사도 시대에 도달할 때까지는 그 내용을 다루지 않을 것이다. 우선 짤막하게 몇몇 경이로운 사례들을 예시로 들고자 한다.

다윗의 환난

사무엘에게 기름부음을 받고 골리앗을 물리친 후(삼상 16-18장), 다윗은 상당 기간 사울 왕의 맹목적인 분노를 피해 도피자 생활을 했다. 이 시절 다윗은 종종 이스라엘 경계 바깥 지역으로 도피해야 했다. 그

---

2. 이어지는 장들에서 특히 여호수아가 이끄는 정복전쟁을 논의할 때 이 점을 구체적으로 살펴볼 것이다. 구약은 창 6:4의 네피림 후손이 가나안의 여러 민족들의 영토를 차지하고 있었음을 분명히 밝히고 있다.

러던 중 다윗은 추격자 사울이 방심한 틈을 타 그를 죽일 절호의 기회를 맞는다. 그 일화에 나오는 대화를 살펴보자.

> ¹⁷ 사울이 다윗의 음성을 알아 듣고 이르되 내 아들 다윗아 이것이 네 음성이냐 하는지라 다윗이 이르되 내 주 왕이여 내 음성이니이다 하고 ¹⁸ 또 이르되 내 주는 어찌하여 주의 종을 쫓으시나이까 내가 무엇을 하였으며 내 손에 무슨 악이 있나이까 ¹⁹ 원하건대 내 주 왕은 이제 종의 말을 들으소서 만일 왕을 충동시켜 나를 해하려 하는 이가 여호와시면 여호와께서는 제물을 받으시기를 원하나이다마는 만일 사람들이면 그들이 여호와 앞에 저주를 받으리니 이는 그들이 이르기를 너는 가서 다른 신들을 섬기라 하고 오늘 나를 쫓아내어 여호와의 기업에 참여하지 못하게 함이니이다(삼상 26:17-19).

다윗이 겪은 고통의 한 부분은 그가 쫓겨나 "여호와의 기업에 참여하지 못하게" 되는 것이었다. "기업"이라는 표현은 신명기 32:8-9에서 야곱, 즉 이스라엘이 여호와의 기업(분깃)이며 여호와가 자신을 위해 "택한" 땅이자 백성이라는 내용과 동일하다(신 4:19-20).

다윗은 천지를 지으신 하나님이 무소부재하심을 몰랐다는 말인가? 아니다. 그는 알고 있었다. 그러나 다윗의 머릿속에서 이스라엘 경계 밖으로 쫓겨나는 일은 여호와를 예배하지 못하게 되는 것을 의미했다. 그가 기럇여아림에 있던 언약궤(삼상 7:2)나 놉으로 추정되는 지역의 성막(삼상 21-22장)에서 멀리 쫓겨났다는 식으로 한탄하지 않았다는 점을 주목하라. 다윗의 고충은 여호와의 "기업"으로부터, 즉 하나님의 거룩한 땅으로부터 내침을 당했다는 데 있었다. 다윗은 거룩한 땅 안에 있지 않으면 (자신이 드려야 마땅한) 예배를 드릴 수 없었다. 이스라엘 경계 바깥 영토는 다른 신들의 영역이었다.

흙을 구한 나아만

이스라엘의 우주적 지형 세계관을 엿볼 수 있게 하는 또 다른 기막힌 본문은 이스라엘 북쪽 앗수르의 군대 총사령관 나아만이 등장하는 이야기다. 나아만은 나병 환자였다.

열왕기하 5장은 포로로 잡혀온 이스라엘 여종의 권유로 나아만이 병 고침을 얻고자 엘리사 선지자를 찾아나서는 이야기다. 먼 길을 여행하여 이스라엘에 당도했으나 엘리사는 문밖으로 나와 말조차 섞지 않는다. 대신 엘리사는 시종을 통해 그가 낫고 싶으면 요단강에 일곱 번 몸을 담그라는 전언을 이 군사 영웅에게 보낸다. 모욕감을 느낀 나아만은 역정을 내지만 종들의 다독임으로 화를 누그러뜨린다. 나아만은 엘리사가 시킨 대로 행하고 강에서 나오자 피부병이 나아 깨끗해진 것을 발견한다. 나아만이 선지자를 찾아가 문을 두드리고, 이번에는 엘리사가 이 앗수르인과 이야기를 나눈다.

[15] 나아만이 모든 군대와 함께 하나님의 사람에게로 도로 와서 그의 앞에 서서 이르되 내가 이제 이스라엘 외에는 온 천하에 신이 없는 줄을 아나이다 청하건대 당신의 종에게서 예물을 받으소서 하니 [16] 이르되 내가 섬기는 여호와께서 살아 계심을 두고 맹세하노니 내가 그 앞에서 받지 아니하리라 하였더라 나아만이 받으라고 강권하

되 그가 거절하니라 ¹⁷ 나아만이 이르되 그러면 청하건대 노새 두 마리에 실을 흙을 당신의 종에게 주소서 이제부터는 종이 번제물과 다른 희생제사를 여호와 외 다른 신에게는 드리지 아니하고 다만 여호와께 드리겠나이다 ¹⁸ 오직 한 가지 일이 있사오니 여호와께서 당신의 종을 용서하시기를 원하나이다 곧 내 주인께서 림몬의 신당에 들어가 거기서 경배하며 그가 내 손을 의지하시매 내가 림몬의 신당에서 몸을 굽히오니 내가 림몬의 신당에서 몸을 굽힐 때에 여호와께서 이 일에 대하여 당신의 종을 용서하시기를 원하나이다 하니 ¹⁹ 엘리사가 이르되 너는 평안히 가라 하니라 그가 엘리사를 떠나 조금 가니라 (왕하 5:15-19).

나아만은 이스라엘로의 짧은 여정, 그리고 그곳에서 여호와의 선지자와 나눈 짧은 만남을 통해 신학을 제대로 배운다. 그는 "이스라엘 외에는 온 천하에 신이 없는 줄을 아나이다"(15절)라고 말한다. 그는 그날부터 오직 여호와에게만 희생제사를 드리기로 결단한다. 그러나 앗수르로 돌아가서 어떻게 그 서원을 지키게 되는가? 답은 간단하다. 그는 집에 흙을 가져가게 해 달라고 청한다. 나아만은 이스라엘 땅을 거룩한 땅이자 여호와의 영토로 본 것이다. 나아만은 비록 림몬 신의 영역에 살고 있었지만 여호와의 영토에서 여호와를 예배하기 위해 노새 두 마리에 흙을 실어 가져간다.

나아만이 고국으로 돌아가 그 집 실내에 흙을 깔아놓았는지는 알 수 없다. 우리는 그가 노쇠한 왕을 림몬 신전에서 보좌하는 임무를 어떻게 수행했는지에 대해서도 들은 후일담이 없다. 어쩌면 그는 여호와를 신실하게 믿겠다는 서원의 표현으로 흙을 가지고 갔는지 모른다.

우리가 아는 바는 그 흙이 어떤 신학적 선언이었다는 것이다. 이스라엘의 흙은 나아만이 자신의 신앙을 드러내고 참 하나님인 여호와에 대한 서원을 지키는 방편이었다.

다니엘과 바울

신명기 32장의 세계관을 반영하는 구약의 다른 구절이 있는데, 바로 다니엘 10장이다. 다니엘 10장에서 우리는 선지자 다니엘의 환상을 접한다. 다니엘은 세마포 옷을 입은 한 "사람"을 보고, 그를 이렇게 묘사한다.

> 또 그의 몸은 황옥 같고 그의 얼굴은 번갯빛 같고 그의 눈은 횃불 같고 그의 팔과 발은 빛난 놋과 같고 그의 말소리는 무리의 소리와 같더라(단 10:6).

우리는 빛나는 현상이나 눈부신 광채가 신적 존재에 대한 전형적 묘사임을 이미 살펴보았다. 이 구절에서 끝까지 정체를 드러내지 않는, 광채를 발하는 인물이 다니엘에게 말한다.

> 12 그가 내게 이르되 다니엘아 두려워하지 말라 네가 깨달으려 하여 네 하나님 앞에 스스로 겸비하게 하기로 결심하던 첫날부터 네 말이 응답 받았으므로 내가 네 말로 말미암아 왔느니라 13 그런데 바사 왕국의 군주가 이십일 일 동안 나를 막았으므로 내가 거기 바사 왕국

의 왕들과 함께 머물러 있더니 가장 높은 군주들 중 하나인 미가엘이 와서 나를 도와주므로 ¹⁴ 이제 내가 마지막 날에 네 백성이 당할 일을 네게 깨닫게 하러 왔노라 이는 이 환상이 오랜 후의 일임이라 하더라(12-14절).

이 인물은 대화를 마치기 전에 이런 말을 덧붙인다.

²⁰ 그가 이르되 내가 어찌하여 네게 왔는지 네가 아느냐 이제 내가 돌아가서 바사 군주와 싸우려니와 내가 나간 후에는 야반³의 군주가 이를 것이라 ²¹ 오직 내가 먼저 진리의 글에 기록된 것으로 네게 보이리라 나를 도와서 그들을 대항할 자는 너희의 군주 미가엘뿐이니라 (20, 21절).

성경학자들은 다니엘 10장에서 언급된 이 군주들^{princes}이 인간이 아니라 신적 존재들이라는 점에 의견을 같이한다. 이는 "군주"로 불리는 미가엘(비교. 단 12:1)에 대한 10:13과 10:21의 언급에서도 뚜렷이 드러난다. 학자들은 또한 이 개념이 신명기 32:8-9에 기초한다는 점에도 동의한다.[4]

---

3. 야반(Javan)은 그리스 땅을 일컫는 히브리어다(개역개정, "헬라의 군주").
4. 가령 "'바사 왕국의 군주'는 바사를 후원하는 천사(patron angel of Persia)를 가리킨다. 나라마다 그 나라에 배정된 신이나 천상의 존재가 있다는 것은 고대세계의 보편적 관념이었다. 신 32:8-9 ("지극히 높으신 자가 민족들에게 기업을 주실 때에, 인종을 나누실 때에 하나님의 아들들의 수효대로 백성들의 경계를 정하셨도다")의 개념적 기원은 고대 근동의 천상회의 개념에서 찾아야 한다"(John Joseph Collins and Adela Yarbro Collins, *Daniel: A Commentary on the Book of Daniel* [Hermeneia: A Critical and Historical Commentary

신명기 32:8-9과 더불어, 다니엘 10장은 보이지 않는 세계에 대한 바울 신학의 토대가 되었다.[5] 사도행전 17:26-27에서 누가가 기록한 바울의 아레오바고 설교에 그 의미가 포괄적으로 표현되었다. 하나님의 구원 계획에 대해 논하며 바울이 한 말을 살펴보자.

> [26] 인류의 모든 열국(개역개정, "족속")을 한 사람으로부터 만드사 온 땅에 살게 하시고 그들의 연대를 정하시며 거주의 경계를 한정하셨으니 [27] 이는 사람으로 혹 하나님을 더듬어 찾아 발견하게 하려 하심이로되 그는 우리 각 사람에게서 멀리 계시지 아니하도다(행 17:26-27).

바울은 바벨에서 하나님의 심판으로 열국이 생겨난 신명기 32:8-9의 세계관을 상당히 명료하게 거론한다. 하나님은 자기 백성이던 열국을 흩어 상속권을 박탈하셨으며 자신을 위해서는 "분깃"으로 이스라엘이라는 새 백성을 만드셨다(신 32:9). 바벨에 대한 심판 직후(창 11:1-9) 하나님은 새 백성을 세우실 목적으로 아브라함을 부르시고 아브라함과 아직 태어나지 않은 그의 후손들과 언약관계를 맺으신다. 그 언약관계에는 바울이 사도행전 17:27에서 언급한 바 상속권을 박탈당한 이방 열국을 모으신다는 개념이 포함되어 있다(창 12:3). 바울은 자신의 이방인 선교를 정당화하는 근거로 하나님의 의도가 본래의

---

on the Bible; Minneapolis: Fortress, 1993], 374).

5. 참조. Ronn Johnson, "The Old Testament Background for Paul's Principalities and Powers,"(PhD diss., Dallas Theological Seminary, 2004).

에덴 비전을 복원하기 위해 열국을 되찾으시는 것이라고 말한다.[6] 열국의 모든 사람에게 회개하고 부활하신 그리스도를 믿을 기회가 주어진다(행 17:30-31). 구원은 단지 아브라함의 육신적 자손뿐 아니라 믿는 사람 누구에게나 주어진다(갈 3:26-29).

더 중요하게는, 어둠의 권세를 가리키기 위해 바울이 사용한 용어도 신명기 32:8-9에서 비롯된 우주적 지형 세계관을 반영한다. 다니엘 10장 전반부에 사용된 "군주"의 히브리어는 '사르'다. 미가엘을 "가장 높은 군주들 중 하나"로 칭한 다니엘 10:13의 칠십인역은 미가엘이 가장 높은 '아르콘톤'이라고 한다.[7] 많은 학자들이 현재 사용되고 있는 칠십인역보다 더 오래된 역본이라고 여기는 다니엘서의 다른 헬라어 역본에서는 바사의 군주와 이스라엘의 군주 미가엘이 둘 다 헬라어 '아르콘'으로 기술된다.[8] 바울은 "이 세상의 통치자들"(고전 2:6, 8), "하늘

---

6. 이 책 32, 35-36장을 참조하라.
7. 칠십인역이 구약의 고대 헬라어 역본임을 기억하라. 신약 저자들은 칠십인역을 상당히 많이 사용했다. 신약을 헬라어로 썼기 때문에 신약 저자들이 인용한 구약 구절의 대다수는 전통적인 히브리어 본문이 아닌 칠십인역을 반영한 것이다.
8. 다니엘서의 데오도티안(Theodotian) 헬라어 본문을 말한다. 미가엘은 유다서 9절에서 천사장(archangel)으로도 불린다. 이 칭호는 다른 천사들보다 높은 서열의 천사(다른 천사들을 다스리는 권한을 가진 자, 참조. J. W. van Henten, "Archangel," in *Dictionary of Deities and Demons in the Bible*, 2nd ed. [ed. Karel van der Toorn, Bob Becking, and Pieter W. van der Horst; Leiden; Boston; Cologne; Grand Rapids, MI; Cambridge: Brill; Eerdmans, 1999], 80-82)를 의미한다. 그러나 미가엘이 유일한 천사장은 아니다. 첫째, 살전 4:16은 '아르칸겔루' 앞에 정관사를 붙이지 않았다. 해당 본문은 또한 그 용어를 사용해 재림하시는 예수와 구별한다. 나는 이 책 16-18장에서 구약에 나타난 삼위일체의 증거를 논할 것이다. 즉 서로 호환되나 구별되는 두 여호와에 대한 위상을 보여주는 다양한 구절들이 구약에 있다. 둘째 여호와(second Yahweh)는 눈에 보이며 인간 몸을 덧입었다. 가장 설득력 있는 증거는 그 안에 여호와의 임재(그 이름)가 거하는 여호와의 천사다. 이 인간 모습을 한 둘째 여호와와 관련된 모티프들은 여호와가 예수님으로 성육신하시는 사상의 토대가 된다. 내가 여기서 이 내용을 거론하는 이유는 미가엘이 둘째 여호와라

에 있는" 통치자들 (엡 3:10), "공중의 권세 잡은 자"(엡 2:2)를 설명할 때

고 생각하지 않기 때문이다. 간략하게 말하면, 나는 다음의 이유로 이 등식을 거부한다. 미가엘은 이스라엘의 군주(단 10:21; 12:1)로, 그리고 밝혀지지 않은 규모의 가장 높은 군주들 중 하나로 불린다(단 10:13). 이 진술들이 단 8:11에서 다니엘이 환상 중에 본 작은 뿔이 "스스로 높아져서 '군대'의 주재(prince of the host)를 대적"했다(강조는 저자의 것임)는 내용의 배경지식이 되어야 한다. '군대의 주재'라는 표현은 천군, 즉 천상에 속한 무리 전체(예. 여호와를 제외한 모든 신적 존재들)의 지도자를 묘사한 것이 분명하다. 성경에서는 미가엘에 대해 단 한 번도 이런 표현을 쓰지 않았다. 단 8:11은 끝까지 이 인물의 정체를 밝히지 않는다. 따라서 미가엘을 이 표현과 연결시키는 것은 자의적이다. 이 사실은 단 8:25에서 앞서 말한 "군대의 주재"가 "만왕의 왕"(the prince of princes)이라고 한 대목을 읽을 때도 중요하게 작용한다. 단 8장에서 이 인물은 여호와 아래에 있는 모든 신적 존재들 위에 높임을 받으며 작은 뿔의 공격을 받는다. 단 11:36은 이 동일한 공격을 약간 다른 언어로 묘사한다. 작은 뿔이 비유하는 지상 '왕'이 "스스로 높여 모든 신보다 크다 하며 비상한 말로 신들의 신을 대적"(RSV)한다고 했다. 단 8장의 '만왕의 왕'인 '군대의 주재'가 단 11:36의 '신들의 신'과 연관되어 있으므로, 문맥상 이 정체불명의 인물을 둘째 여호와로 보는 것이 맞다. 이 인물은 내가 뒤에 묘사하겠지만 예수님과 동일시된다. 사실 칠십인역에서 "여호와의 군대 대장"(수 5:13-15)은 '아르키스트라테고스'로 묘사되는데, 이는 제2성전기 유대 문헌(예. Testament of Abraham, long rescension 1:4 and 14:10, 3 Baruch [Greek Apocalypse] 11:8)에서 '아크앙겔로스'의 유의어다. 나는 16-18장에서 이 인물이 육신을 덧입은 둘째 여호와임을 논증할 것이다. 그러나 위의 묘사 중 어떤 것도 미가엘과 들어맞지 않는다. 단 8장의 문구들은 미가엘을 가리켜 사용된 적이 한 번도 없으며, 미가엘을 이 인물(따라서 '신들의 신'과 예수님)과 동일시하는 것은 성경적 근거가 부족하다. 미가엘은 여러 높은 군주들(chief princes) 중 하나에 불과하다(단 10:13). 미가엘은 다른 모든 군주들보다 높임을 받지 않는다(단 8:11, 25). 유대교와 기독교 전승에 나타난 미가엘에 대한 가장 치밀한 최근의 학문적 참구는 다음을 참조하라. Darrell D. Hannah, *Michael and Christ: Michael Traditions and Angel Christology in Early Christianity* (Wissenschaftliche Untersuchungen zum Neuen Testament 109, second series; Tübingen: Mohr Siebeck, 1999). 또한 참조. Gillian Bampfylde, "The Prince of the Host in the Book of Daniel and the Dead Sea Scrolls," *Journal for the Study of Judaism in the Persian, Hellenistic, and Roman Periods* 14.2 (1983): 129-34; Benedikt Otzen, "Michael and Gabriel: Angelological Problems in the Book of Daniel," in *The Scriptures and the Scrolls: Studies in Honor of A. S. van der Woude on the Occasion of his 65th Birthday* (ed. F. Garcia Martinez, A. Hilhorst, and C. J. Labuschagne; Leiden: Brill, 1992), 114-24. 군주의 주재(그리고 더 나아가 예수님과)와 단 7:13의 인자를 별개의 것으로 이해하려는 시도들에 대해서는 관련 웹사이트에 게재된 나의 학위논문을 참조하라.

이 용어들을 사용한다.

바울은 종종 이 용어들을 대부분의 성경 연구자에게 익숙한 다른 단어들과 서로 교환해 사용한다.

- 통치/정사^{principalaties}(아르케)
- 권세^{powers}/주관자^{authorities}(엑수시아)
- 능력^{powers}(뒤나미스)
- 주권^{dominions}/주^{lords}(퀴리오스)
- 왕권/보좌^{thrones}(드로노스)

이 용어들에는 공통점이 있다. 바로 신약과 다른 헬라어 문헌에서 지리적 영역에 대한 통치권을 의미하는 단어로 사용된다는 것이다. 이는 신명기 32:8-9에 나타난 신적 존재들에 의한 지배 개념이기도 하다. 때로는 이 용어들이 인간에 의한 통치를 가리킬 때 사용되기도 하지만 몇몇 사례를 보면 바울이 염두에 둔 것은 영적 존재임을 알 수 있다.

처음 세 용어들은 에베소서 6:12에 나온다("우리의 씨름은 혈과 육을 상대하는 것이 아니요 통치자들과 권세들과 이 어둠의 세상 주관자들과 하늘에 있는 악의 영들을 상대함이라"). 바울은 에베소서 1:20-21에서 하나님이 예수님을 죽은 자 가운데서 일으키셨을 때 "하늘에서 자기의 오른편에 앉히사 모든 통치^{rule}와 권세^{authority}와 능력^{power}과 주권^{dominion}과 이 세상뿐 아니라 오는 세상에 일컫는 모든 이름 위에 뛰어나게 하셨다"(ESV)고 우리에게 알려준다. 그리스도가 부활하신 후에야 비로소 하나님의 계획이 "하늘에 있는 통치자들과 권세들에게 알려졌다"는 것이다(엡 3:10). 이 우주적 세력은 십자가로 말미암아 무력화되고 구경 거리가 된 "통치자들과 권세들"이다(골 2:15).

바벨탑 사건, 그리고 이에 대해 하나님이 열국의 상속권을 박탈하기로 결정하신 일로 인해 지구에 우주적 영토 분쟁의 전선이 형성되었다. 열국 위에 세우신 하나님의 아들들, 즉 엘로힘들의 타락은 여호와의 전지구적 에덴 비전에 저항하는 신적 세력이 형성되었음을 의미한다. 그들은 이스라엘 경계 밖의 영토를 한 뼘이라도 더 차지하고자 각축전을 벌일 것이며, 그 와중에 이스라엘 땅도 적대적인 정복의 먹잇감이 되었다. 그 신들은 자기들의 기업을 여호와께 순순히 반납하려 하지 않을 것이다. 여호와가 가서 되찾으셔야 할 것이다. 하나님은 바벨탑 사건 직후부터 이 수복 작전의 첫 수순을 밟으신다.

단원 요약
Unseen Realm

지상의 모든 곳을 에덴으로 만들려는 하나님의 계획은 출범하자마자 좌초되었다. '나하쉬'(뱀)는 지극히 높은 자와 비기려 했다. '나하쉬'의 범죄로 인류를 향한 하나님의 최초 비전은 꺾였지만, 인류까지 파멸되지는 않았다. 반역자는 하나님의 대변인을 자처하며 지극히 높으신 자의 역할에 개입하려 했지만 결국 죽은 자들의 주¹로 전락했다.

어떤 면에서 '나하쉬'는 아담과 하와가 하나님(의 임재)와 생명나무로부터 차단되었을 때 인류를 사로잡은 채 추락했다. 그 이미지에는 인간이 결국 죽을 수밖에 없으며 하나님의 임재 가운데 있는 영생은 하나님의 은혜와 자비를 통해서만 얻을 수 있다는 신학적 메시지가 담겨 있다. 구원에 이르는 은혜가 없다면, 인류는 사망과 사망의 군주의 합법적 차지가 된다.

생명을 주시는 자인 하나님이 아담과 하와를 용서하셨다. 그들은 파멸되지 않았다. 인류는 살아남을 것이다. 그들은 아이를 출산하여 계보를 이어갈 것이고, 이로써 하나님의 원래 의도를 실현해 나갈 것이다. 언젠가는 하나님의 통치가 이 땅에 (하나님의 때에, 하나님의 방법으로) 다시 임할 것이다. 악은 하나님의 목적을 좌절시키지 못하고 다만 지연시킬 뿐이다. 이 은혜의 복음이라 불리는 새로운 상황은 인류에게 (그들이 에덴에서는 거부했던) 선택을 다시 할 것을 요구한다. 이 시점부터 하나님의 가족-회의의 일원으로 영원히 거주하려면 다른 어떤 신의 음성에 귀기울이기보다 하나님께 신실하기로 선택해야 한다.

자유의지로 선택한 반역은 에덴에서 멈추지 않았다. 에덴은 시작에 불과했다. 하나님의 형상을 담지한 신적 존재와 인간 모두가 그랬다. 홍수 이전 범죄(창 6:1-4)와 홍수 이후 범죄(창 11:1-9; 신 32:8-9)가 대표적인 예이자 기준점이다. 이 범죄들은 구약 나머지 부분의 배경이 되었다.

여호와의 분깃은 이스라엘이 될 것이다. 여호와는 다른 열국을 흩어 내버리신 다음 하등한 신들에게 배정하셨다. 하지만 그 신들은 여호와의 종이 아닌 신적 라이벌이 되었다. 그들의 통치는 부패했다(시 82편). 구약의 나머지 부분은 여호와와 그 신들, 그리고 이스라엘과 열국 간의 대립구도로 이어진다. 설상가상으로, 창세기 6장의 잔류자들은 여호와가 아브라함에게 약속하신 땅에서 열국의 거민으로 살았다. 여호와가 분깃으로 택하신 땅을 둘러싼 각축전이 벌어질 것이다. 전운이 감돌았다.

그러나 먼저 여호와의 분깃인 그분의 백성이 뿌리를 내려야 했다. 여호와는 아브라함과 관계를 시작하실 것이며, 그러기 위해서는 '만남'이 필요했다. 이것이 하나님에게는 근본적인 문제를 야기했다. 하나님은 인간이 경험한 그 무엇과도 같지 않으셨기에 인간의 감각으로는 하나님의 순수한 임재를 소화할 수 없었다. 아니, 치명적이었을 것이다. 하나님은 인간이 죽지 않도록 보호하면서도 인간이 하나님을 인지할 수 있도록 하기 위해 스스로를 베일로 가리시는 해법을 찾으셨다. 에덴에서조차 이 베일이 필요했다. 창세기 기자는 에덴의 하나님을 동산에서 거니시고, 타락한 자신의 형상 담지자들을 찾아 헤매는 인간으로 설정했다(창 3:8). 이 역시 얼핏 보기에는 잘 드러나지 않는 하나의 패턴으로 부상할 것이다.

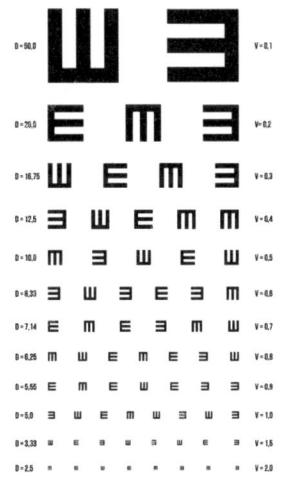

Part 4. 여호와와 그의 분깃

16. 아브라함과 말씀

우리는 신명기 32:8-9을 통해 여호와가 열국을 (천상회의에 속한 하나님의 아들들인) 하등한 엘로힘들의 다스림 아래 두셨음을 배웠다. 하나님은 온 땅에 번성하여 충만하라는 에덴의 지상명령을 완수할 의지가 없는 인류의 상속권을 박탈하신 후 새 출발을 결심하셨다. 창세기 독자는 아브라함을 부르신 이야기가 바벨탑 사건 다음에 바로 이어지는 것에서 보듯, 이 새 출발이 거의 즉각적이라는 느낌을 받는다.

알다시피 아브라함의 본명은 아브람이다. 하나님은 이 메소포타미아 사람을 난데없이 부르시고, 그가 속한 대가족의 품을 떠나 타국으로 떠나라고 하신다. 하나님은 그와 언약을 맺으시고 그의 이름을 아브라함[1]으로 바꾸신 다음, 부부의 말년에 아들 이삭의 출생을 허락하

---

1. 편의상 이번 장부터 책의 끝까지 아브라함이라는 이름으로 통일하기로 하겠다.

실 것이다. 이삭은 훗날 이스라엘로 개명한 야곱의 아버지다.

간단하지 않은가? 하지만 당신도 이미 알다시피 보기보다는 훨씬 많은 일이 진행되고 있었다. 아브라함은 이제 곧 하나님을 만날 것이다. 그러나 먼저 아브라함을 보호해야 했다. 하나님은 자신이 사람에게 다가가기 위해 그리고 사람인 아브라함이 자신에게 나아오게 하기 위해 자신에게 있는 영광의 광채를 무디게 하는 방식을 취하셔야만 했다.

아브라함의 기쁨

우리는 먼저 창세기 12장에서 하나님이 아브라함에게 하신 언약의 약속을 접한다. 그러나 12장이 하나님과 아브라함의 첫 만남은 아니었다. 창세기 12장에서 아브라함은 메소포타미아에 있지 않았다. 그는 이미 가나안 북부의 하란이라는 곳에 있었다(창 12:4). 하나님과 아브라함의 접촉이 있던 실제 시작점은 더 앞부분이다.

바벨탑 사건 이후 창세기 11장의 나머지 부분은 아브라함의 족보로부터 노아의 아들 셈으로 거슬러 올라가는 계보로 채워진다. 족보는 종종 뭔가 중요하거나 흥미로운 내용을 담고 있는데, 이 족보도 예외는 아니다. 아브라함 가계의 처음 뿌리에 해당하는 마지막 두 구절(창 11:31-32)과 사도행전 7:2-4을 비교해 보면 여호와가 아브라함과 처음 접촉하신 것은 하란으로 가기 전이었음을 알게 된다. 그리고 그것은 아브라함에게 한 차례의 대화 그 이상의 의미가 있다. 사도행전 7:2-4에서 스데반이 한 말이다.

² 우리 조상 아브라함이 하란에 있기 전 메소보다미아에 있을 때에 영광의 하나님이 그에게 보여 ³ 이르시되 네 고향과 친척을 떠나 내가 네게 보일 땅으로 가라 하시니 ⁴ 아브라함이 갈대아 사람의 땅을 떠나 하란에 거하다가 그의 아버지가 죽으매 하나님이 그를 거기서 너희 지금 사는 이 땅으로 옮기셨느니라.

여기서 주목해야 할 중요한 내용은 첫 줄에 있다. 여호와가 아브라함에게 나타나셨다^{appeared} (개역개정, "보여"). 아브라함이 메소포타미아에서 처음으로 경험한 신과의 만남은 눈에 보이게 나타나신 여호와다. 창세기 12장은 그 이후의 사건이다. 아브라함과 여호와는 이미 얼굴을 대면하고 대화를 나눈 사이다.

창세기 12장에서 일어난 일도 마찬가지다. 첫 세 절은 우리에게 친숙한 내용이다.

¹ 여호와께서 아브람에게 이르시되 너는 너의 본토 친척 아비 집을 떠나 내가 네게 지시할 땅으로 가라 ² 내가 너로 큰 민족을 이루고 네게 복을 주어 네 이름을 창대케 하리니 너는 복의 근원이 될지라 ³ 너를 축복하는 자에게는 내가 복을 내리고 너를 저주하는 자에게는 내가 저주하리니 땅의 모든 족속이 너를 인하여 복을 얻을 것이니라 하신지라 (창 12:1-3).

더 세밀하게 볼 필요가 있는 대목은 6-7절이다.

⁶ 아브람이 그 땅을 지나 세겜 땅 모레 상수리나무에 이르니 그때에

가나안 사람이 그 땅에 거주하였더라 ⁷ 여호와께서 아브람에게 나타나 이르시되 내가 이 땅을 네 자손에게 주리라 하신지라 그가 자기에게 나타나신 여호와께 그 곳에서 제단을 쌓고(6-7절).

위의 두 구절에서 여호와가 아브라함에게 "나타나셨다"는 내용이 두 번 나온다.² 창세기 12장부터 50장까지를 찬찬히 읽어보면 아브라함과 그의 아들과 손자, 즉 족장들에게는 여호와가 가시적으로 현현하시는 것이 통상적인 하나님의 선택이었음을 알 수 있다.

이는 다시금 우리를 창세기 12:1-3의 언약을 재천명하고 비준하는 창세기 15:1-6의 언약식 장면으로 인도한다. 여기서 아브라함에게 말하는 화자에 대한 묘사가 특히 더 놀랍다. 고딕 글씨로 강조한 부분을 눈여겨보기 바란다.

¹ 이 후에 여호와의 말씀이 환상 중에 아브람에게 임하여 이르시되 아브람아 두려워 말라 나는 너의 방패요 너의 지극히 큰 상급이니라 ² 아브람이 이르되 주 여호와여 무엇을 내게 주시려 하나이까 나는 자식이 없사오니 나의 상속자는 이 다메섹 사람 엘리에셀이니이다 ³ 아브람이 또 이르되 주께서 내게 씨를 주지 아니하셨으니 내 집에서 길린 자가 내 상속자가 될 것이니이다 ⁴ 여호와의 말씀이 그에게 임하여 이

---

2. 여호와가 사람으로 육신을 덧입는 것을 포함하여 가시적으로 나타나신다는 개념은 새로운 것이 아니다. 참조. Esther J. Hamori, *"When Gods Were Men": The Embodied God in Biblical and Near Eastern Literature* (Beihefte zur Zeitschrift für die alttestamentliche Wissenschaft 384; Berlin: Walter deGruyter, 2008).

르시되 그 사람이 네 상속자가 아니라 네 몸에서 날 자가 네 상속자가 되리라 하시고 5 그를 이끌고 밖으로 나가 이르시되 하늘을 우러러 뭇별을 셀 수 있나 보라 또 그에게 이르시되 네 자손이 이와 같으리라 6 아브람이 여호와를 믿으니 여호와께서 이를 그의 의로 여기시고 (창 15:1-6).

매우 경이로운 본문이다. 맨 처음부터 아브라함에게 "여호와의 말씀"Word이３ "환상 중에"in a vision 임했음을 주목하라. 이전처럼 이 만남은 여호와의 가시적인 현현이었다. 여기서 말씀은 '눈에 보이는'can be seen 것이었다. 그렇지 않으면 왜 '환상'이라고 하겠는가? 4 4절에서 우리는 그 말씀이 "(아브라함을) 이끌고 밖으로 나가"라는 내용을 읽는다. 아브라함이 단지 소리만 듣고 있었다면 이런 식으로 표현하지 않았을 것이다.

이런 여호와의 현현을 동반한 말씀의 출현은 요한복음에서 '예수님이 곧 말씀'이라고 한 사도 요한의 언어의 개념적 배경이 된다. 가장 익숙한 사례는 요한복음 1:1("태초에 말씀이 계시니라 이 말씀이 하나님과 함께 계셨으니 이 말씀은 곧 하나님이시니라")과 요한복음 1:14("말씀이 육신이 되어 우리 가운데 거하시매 우리가 그의 영광을 보니 아버지의 독생자의 영광이

---

3. 나는 하나님의 가시적인 현현의 경우, 말씀을 대문자(Word)로 표기할 것이다.
4. 이번 장과 다른 장에서 있을 여호와의 말씀에 대한 논의를 근거로, 이런 동일한 문구가 성경에 등장할 때마다 매번 하나님이 가시적인 형상으로 나타났다는 의미로 받아들여서는 안 된다. 대부분의 경우에는 그런 결론을 내릴 만한 문맥이 암시되지 않는다. 내가 짚어낼 다른 사례들은 맥락상 그런 결론을 내릴 수밖에 없다. 물론 요점은 여호와가 육신을 덧입을 정도까지 가시적인 말씀이라는 이 언어가 요한의 예수님에 대한 언어의 개념적 배경이라는 것이다.

요 은혜와 진리가 충만하더라")이다.[5] 그러나 요한은 이렇듯 다소 낯선 개념과 관련하여 몇몇 극적인 것들을 말한다.

요한복음 8:56에서 성육신한 말씀이신 예수님은 자신과 적대관계에 있는 유대인들에게 자신이 성육신 이전에 아브라함에게 나타났다고 말씀하신다. "너희 조상 아브라함은 나의 때 볼 것을 즐거워하다가 보고 기뻐하였느니라." 유대인들이 이 주장에 격렬하게 반발하자 예수님이 하신 그 유명한 발언이 바로 요한복음 8:58이다("아브라함이 나기 전부터 내가 있느니라[I am]"). 창세기 12장과 15장만이 이 주장에 일관된 배경을 제공한다.[6]

이 대화가 얼마나 의미심장한 것인지 간파했길 바란다. 그 말씀[the Word]이 창세기 12장과 15장에 언급된 여호와와 동등하고 동일한 존재임이 분명하므로, 신약에서 예수님이 "그게 바로 나였다"고 하신 것은

---

5. 가시적이고 육신을 덧입은 말씀에 대한 요한의 신학은 당시 유대 공동체에서 널리 사용된 구약의 아람어 번역(Targums)에서 영향을 받았다. 참조. John Ronning, *The Jewish Targums and John's Logos Theology* (Grand Rapids, MI: Baker Academic, 2010).
6. 주석가들은 종종 이 문구에 대한 구약적 배경을 놓치거나 누락한다. 요한이 요 8:56-58에서 사용한 언어는 말씀으로서의 여호와 가시적 출현 그 이상을 가리키지만, 그럼에도 요한복음 분석에서 '가시적 말씀이신 여호와'라는 요소를 배제하는 것은 타당하지 않다. 가령 예수님은 흔히 기대할 법한 "내가 있었다" 대신 "내가 있느니라"(I am)라고 답하셨는데, 이것은 예수님이 출 3장의 불타는 떨기나무 사건에서 하나님이 모세에게 계시하신 이름을 취해서 자신의 것으로 사용하신 것이다. 거기서 하나님은 자신의 이름이 "스스로 있는 자"(I am)라고 하셨다(출 3:14). 우리가 차차 보겠지만 불타는 떨기나무 사건에도 가시적 출현이 있었다(출 3:1-3). 예수님의 유대인 청중은 아브라함이 메시아를 봤다는 사상에 거부감을 보이지 않았다(참조. Andreas J. Kustenberger, *John* [Baker Exegetical Commentary on the New Testament; Grand Rapids, MI: Baker Academic, 2004], 271-72; George R. Beasley-Murray, *John* [Word Biblical Commentary 36; Dallas: Word, 2002], 138). 그들이 불쾌감을 느꼈던 이유는 예수님이 자신을 이 범주에 집어넣으셨기 때문이다.

구약에서 눈에 보이는 형체로 나타나신 여호와, 즉 말씀이 바로 자신이라고 주장하신 것이다.

이 이해가 바울이 아브라함과 예수님에 대해 선포한 내용의 배후에 있다. 갈라디아서 3:8에서 바울은 하나님이 이방 열국을 의롭게 하신다는 복음이 아브라함에게 전해졌다고 말한다. 이는 그 '말씀'에 의해 인격적, 가시적으로 아브라함에게 전달된 아브라함 언약의 내용을 말하는 것이 분명하다.

육신을 입은 가시적 여호와

구약에서 때때로 여호와가 눈에 보이는 형태로 나타나셨다는 사실이 이제 당신의 레이더망 안에 들어왔을 것이다. 우리는 앞으로 그런 여호와를 훨씬 더 많이 '보게' 될 것이다.

성경에서 내가 가장 좋아하는 여호와의 가시적 현현 장면은 사무엘상 3장, 선지자 사역을 눈앞에 둔 청년 사무엘 이야기에 나온다. 독자들도 잘 아는 이야기다. 본문은 암호문 같은 문장으로 시작한다. "여호와의 말씀이 희귀하여 이상이 흔히 보이지 않았더라." 이 발언은 독자로 하여금 "여호와의 말씀"으로 된 이상^{vision}에 대한 기대감을 품게 한다. 사무엘은 잠을 청하던 중 연달아 자신의 이름을 부르는 한 음성을 듣는다. 엘리 제사장의 목소리라고 생각하고 노인에게로 갔지만 말한 이는 엘리가 아니었다. 세 번째로 음성을 듣자 엘리는 부르시는 이가 여호와임을 깨닫고 사무엘에게 또 부르시면 어떻게 행할지를 일러 준다.

사무엘은 다시 침상으로 간다. 내러티브는 10절에서 재개된다. "여호와께서 임하여 거기 서서 전과 같이 사무엘아 사무엘아 부르시는지라 사무엘이 이르되 말씀하옵소서 주의 종이 듣겠나이다." 이 묘사에 따르면 여호와가 사무엘 앞에 서 계신다. 이 장의 엔딩 장면을 보면 여호와가 분명하게 눈에 보이는 형체로 나타나셨음을 알 수 있다.

> [19] 사무엘이 자라매 여호와께서 그와 함께 계셔서 그의 말이 하나도 땅에 떨어지지 않게 하시니 [20] 단에서부터 브엘세바까지의 온 이스라엘이 사무엘은 여호와의 선지자로 세우심을 입은 줄을 알았더라 [21] 여호와께서 실로에서 다시 나타나시되 여호와께서 실로에서 여호와의 말씀으로 사무엘에게 자기를 나타내시니(삼상 3:19-21).

나는 이 구절이 말하는 바를 처음 제대로 깨달았을 때 너무나 신기했다. 21절을 보면 여호와가 사무엘에게 자주 "나타나셨다"고 한다. 사무엘상 3장의 첫 절은 여호와의 말씀과, (그저 청각적이지 않은) 시각적 체험을 분명히 연결시키고 있다. '서 있다'는 10절의 표현은 사람의 형체로 나타난 가시적인 말씀, 즉 눈에 보이는 여호와 개념을 확실히 보여준다.

어떤 본문은 여호와를 가시적인 사람의 형체로 제시하는 것에서 더 멀리 나간다. 창세기 18장은 아마도 가장 놀라운 사례로, 거기서 여호와는 단순히 가시적일 뿐 아니라 육신을 덧입고 나타나신다.

> [1] 여호와께서 마므레의 상수리나무들이 있는 곳에서 아브라함에게 나타나시니라 날이 뜨거울 때에 그가 장막 문에 앉아 있다가 [2] 눈을

들어 본즉 사람 셋이 맞은편에 서 있는지라 그가 그들을 보자 곧 장막 문에서 달려나가 영접하며 몸을 땅에 굽혀 ³ 이르되 내 주여 내가 주께 은혜를 입었사오면 원하건대 종을 떠나 지나가지 마시옵고 ⁴ 물을 조금 가져오게 하사 당신들의 발을 씻으시고 나무 아래에서 쉬소서 ⁵ 내가 떡을 조금 가져오리니 당신들의 마음을 상쾌하게 하신 후에 지나가소서 당신들이 종에게 오셨음이니이다 그들이 이르되 네 말대로 그리하라(창 18:1-5).

이 세 사람 중 하나가 여호와라는 점은 1절에서부터 분명하게 드러난다. 여호와와 두 동행이 육신을 입고 나타났음을 확실하게 알 수 있는 대목은, 아브라함이 그들에게 발을 씻고 같이 밥을 먹자고 청했으며(4-5절), 그들이 그렇게 했다는 점이다(8절).

물론 서술자와 독자는 일행 중 하나가 여호와라는 것을 안다. 하지만 아브라함도 알았을까? 아브라함도 이를 알았다는 것이 단적으로 드러나는 대목이 있다. 그가 육신을 입은 여호와와 나눈 대화에서다. 식사 후 다른 두 사람은(창세기 19장을 통해 우리는 이들이 천사였음을 안다) 일어나 소돔으로 걸음을 옮긴다. 소돔과 고모라의 멸망이 임박했음을 감지한 아브라함은 소돔 거민인 조카 롯을 걱정하며 이를 반대한다. 25절에서 아브라함은 여호와에 해당하는 인물에게 말한다. "이런 일을 행하시다니 당신답지 않으십니다. 의인을 악인과 함께 죽이시다뇨. 의인이 악인이나 마찬가지라는 건데요. 당신답지 않으십니다. 세상을 심판하시는 분이라면 정의를 행하셔야 하지 않겠습니까?" 아브라함이 이렇듯 단도직입적으로 호소하는 장면을 보면, 아브라함은 자기 앞에 있는 인물이 "세상을 심판하시는 분"임을 알고 있었다. 아브라함은 두 번씩이나 "당신"이라고 가리키며, 신적 호칭이 들어 있는 수사적 질문을 던진다.

아브라함은 어떻게 자기 앞에 서 있는 인물이 여호와임을 알았을까? 창세기에 소개된 아브라함과 여호와의 만남의 이력을 통해 우리는 그가 이전에도 여호와의 음성을 들었음을 알 수 있다. 이렇게 청각적으로 상대를 알아보는 장면은 우리가 곧 살펴볼 아브라함이 등장하는 다른 구절에도 나타난다. 그러나 나는 아브라함이 이전에 여호와를 만난 경험을 토대로 그 방문자를 시각적으로도 알아보았으리라 생각한다.[7]

육신을 입은 '말씀'이 되신 여호와에 대한 구약의 마지막 사례는 훨씬 인지도가 낮지만 그 극적 효과는 동일하다. 예레미야 1장에서 예레미야가 선지자로 부르심을 받는다. 예레미야는 "여호와의 말씀"이

---

[7]. 많은 학자들이 아브라함이 자신의 대화 상대가 여호와임을 알았다고 해석하지 않는다. 그 이유는 3절, 27-32절에서 그 인물을 신성한 이름인 여호와로 부르지 않고 '아도나이'라고 부르기 때문이다. 아브라함은 과거에 여호와를 이름으로 부른 적이 있다(창 15:2, 8). 사라 역시 하나님을 여호와라는 이름으로 불렀다(창 16:2, 5). 물론 독자들은 창 18장을 읽을 때, 마므레에서 아브라함에게 나타난 분이 여호와이심을 단번에 알아차렸을 것이다(1절). 하지만 이 문제는 사실 문제랄 것도 아니다. 아브라함이 우리가 지금 읽는 성경 본문에 나오는 여호와라는 이름을 알았다고 해서(비교. 출 6:3), 매번 그 이름을 사용하란 법은 없다. '아도나이'라는 용어는 손님을 맞을 때나 존경을 표하는 자리에 적합한 문화적 표현이었다(예. 창 18:18; 23:6; 24:18; 32:4; 33:8, 13). 창 18:25에서는 아브라함이 자신의 손님이 누구인지를 알아보았음을 엿볼 수 있다. 소돔과 고모라의 운명을 알게 된 아브라함은 (우리는 아브라함이 어떻게 알게 되었는지는 모른다) 여호와께 "부당하니이다 세상을 심판하시는 이가 정의를 행하실 것이 아니니이까"라고 말한다. 이 진술에서 상대방을 세상을 심판하시는 이라고 말했음을 주목하라. 아브라함이 세 남자를 동등하게 보고 세상을 심판하시는 이는 그 자리에는 없던 제4의 존재라고 생각했을 수도 있다. 하지만 이 가능성은 설득력이 떨어지며 이전의 만남에 대한 기록과도 일관성이 떨어진다. 아브라함이 그 일행 가운데 주도 인물이 여호와임을 알아보았다는 생각을 부정할 만한 본문상의 근거는 없다.

자신에게 임하여 "내가 너를 모태에 짓기 전에 너를 알았고 네가 태에서 나오기 전에 너를 구별하였고 너를 열방의 선지자로 세웠노라"고 말씀하셨다고 한다.

예레미야는 이 '말씀'을 여호와와 동일시한다. 그래서 "주 여호와여 보소서 나는 아이라 말할 줄을 알지 못하나이다"(6절)라고 대답한 것이다. 말씀이신 여호와가 예레미야에게 두려워하지 말라고 하신 다음, 뭔가 충격적인 일이 일어난다. 예레미야는 9절에서 말씀이신 여호와가 "그 손을 내밀어 내 입에 대셨다"고 전한다.

그 '말씀'이 단지 음성이기만 하다면 손을 내밀어 사람을 만지지 않았을 것이다. 이것은 몸을 입은 육신의 임재를 가리키는 언어가 분명하다.

삼위일체에 대한 암시

이 구절들은 세 가지 의문을 자아낸다.

첫째, 여호와가 육신을 입으면서까지 인간의 형체로 나타나시는 것은 그저 한 가지 방법이었다. 그럼에도 그런 식의 언어로 기술된 것은 어떤 논리인가? 달리 말해, 왜 그렇게 하는가?

둘째, 만일 이 '말씀'이 여호와였고, 이 말씀이 육신을 입은 가시적인 형체라면, 예수님 시대의 유대인들은 (여전히 여호와가 하늘에 계시는데) 예수님이 이 땅에 성육신한 여호와시라는 개념을 어떻게 용인할 수 있었을까? 사실 예수님도 성부에게 기도하셨고 이스라엘의 여호와인 성부에 대해 3인칭으로 말씀하셨다. 어떻게 유대인들이 (본질적으로 두 여호와가 계시는데 한 여호와는 눈에 보이지 않고 하늘에 계시며, 다른 여호와는 지상에 눈에 보이는 형태로 계신다는) 이 '이위일체론적'^{binitarian} 개념을 수용할 수 있었을까?[8]

셋째, 이것이 신약의 삼위일체 개념을 정립하는 데 유익한가, 해로운가? 삼위일체는 과연 새로운 개념이었는가?

구약에 이런 의문들에 대한 답이 다 들어 있다. 우리는 이번 장에서 유대교의 성경인 구약 속에서 삼위일체 개념에 대한 속삭임들에 대해 살펴보았다. 이런 속삭임은 뒤로 갈수록 점점 커질 것이다.

---

8. 다음 두 장의 주제는 일레이즘(illeism), 즉 하나님/여호와가 자신을 3인칭으로 부르는 화법을 근거로 이스라엘의 삼위일체를 논증하는 것이 아니다. 3인칭 화법의 사용이 유대교 내에서 하늘의 두 권능에 대한 논의의 일부이긴 하나, 나는 이와는 다른 보다 실질적인 내용의 궤적을 추적하고자 한다. 구약의 3인칭 화법에 대해서는 다음을 참조하라. Andrew S. Malone, "God the Illeist: Third-Person Self-References and Trinitarian Hints in the Old Testament," *Journal of the Evangelical Theological Society* 52.3 (2009): 499-518.

17.
보이는 여호와, 보이지 않는 여호와

바로 앞장의 맺음말에서 나는 "여호와의 말씀"^{Word of Yahweh}이 눈에 보이는 사람의 형체로 나타나심으로 말미암아 제기되는 의문들이 있다고 했다. 그 중 하나는 예수님이 "육신이 되신 말씀"으로 오셨다는 개념을 1세기의 유대인이 어떻게 받아들일 수 있었는가 하는 것이다. 그렇다. 구약에도 여호와가 눈에 보이는 육신을 덧입은 선례가 있다. 그 현상 덕분에 유대인은 하나님이 인간의 모습으로 나타나실 수 있다는 개념을 받아들일 수 있었을 것이다.

그러나 문제가 간단하진 않다. 예수님이 하나님을 3인칭으로 지칭하거나 하나님께 기도한 것은 어떻게 이해해야 하는가? 과연 유대인의 사고로 이것도 받아들일 수 있을까? 눈에 보이는 육신의 형체로 이곳에 계시는 하나님이 어떻게 여전히 하늘에도 계실 수 있는가? 오늘날 많은 유대인들이 이 난제 때문에 기독교를 받아들이는 데 어려움을 겪는다. 유대인에게는 이것이 다신론처럼 여겨진다. 이 맥락을 감안하면 매우 흥미로운 점이 발견된다. 말하자면, 1세기 유대인들이 예수님을 여호와로 받아들이면서도, 어떻게 그들이 이스라엘의 하나님을 배반하고 있다고 생각하지 않을 수 있었는지, 그것이 매우 놀랍다는 것이다. 실제로 유대인들은 헬라인과 로마인의 신들을 숭배하느니 차라리 죽음을 택하고자 했던 이들이다.

우리는 또한 예수님 시대 이전 구약의 독자들에 대해서도 질문을 던질 수 있다. 고대 이스라엘 사람들은 우리가 지난 장에서 살펴본 본문을 읽으면서 여호와가 한 장소에만 계실 수 있다고 생각했을까? 그러면 여호와가 하늘을 떠나신 건가? 하나님이 더 이상 무소부재하지 않으시다는 것인가?

놀랍게도 예수님과 신약시대 훨씬 이전부터 구약을 꼼꼼히 읽은 독자들은 본질적으로 두 여호와가 존재한다는 개념을 부담스러워하지 않았다. 말하자면, 한 여호와는 눈에 안 보이며 하늘에 계시고, 다른 여호와는 사람을 비롯한 다양한 가시적 형체로 지상에 현현하신다는 개념 말이다. 두 여호와가 한 장면에 나란히 등장하는 경우도 있다. 이번 장과 다음 장에서 우리는 '말씀'Word이 사람의 형체를 취한 가시적 여호와를 가리키는 여러 표현 중 하나임을 볼 것이다.[1] 삼위일체

---

[1]. 구약성경이라는 유산을 가진 유대 공동체는 이 점을 잘 알고 있었다. 수 세기 동안 유대교는 두 여호와가 있다는 관념을 불편하게 여기지 않았다. 하늘의 두 권능(two powers in heaven)으로 알려진 이 관념이 주후 2세기까지는 유대교 내에서 용인되었다. 중요한 점은 두 권능이 모두 거룩하다는 것이다. 이는 동등한 두 신이 존재하는데, 한 신은 선하고 한 신은 악하다는 이원론이 아니다. 유대교의 이러한 가르침에 대한 주요 연구는 1971년 초판이 출판된, 작고한 앨런 시걸(Alan Segal)의 저작이다. 시걸은 유대인이었고 그의 학문적 업적은 제2성전기의 유대교와 랍비 유대교에 맞춰져 있다. 그는 어떻게 두 권능이라는 개념이 주후 2세기 유대교에서 이설로 치부되어 버렸는지를 연구했고, 이 저작은

에 대한 구약의 개념은 다면적이고 다층적이다.[2] 약속의 아들 이삭의 출생 이후, 아브라함의 영적 여정에 (이스라엘의 신격 사상에서 매우 중요한) 신적 존재가 개입한다. 바로 여호와의 천사(개역개정, "여호와의 사자")다. 비록 이 천사가 가시적인 육신을 입은 여호와의 임재임을 가장 뚜렷하게 보여주는 본문들은 아브라함 시대 이후에 등장하지만, 아브라함과 그 아들의 생애 중에도 그 천사의 본질을 엿볼 수 있는 초기 단서들이 있다.

여호와의 천사

우리가 들를 다음 정거장은 창세기 22장, 즉 아브라함이 언약의 아들 이삭을 희생제물로 바칠 준비를 하는 가슴저린 이야기다. 이는 뭔가 전환적인 성격을 띠는 단락이다. 우리는 아브라함이 이미 여호와와 몇 차례 조우한 적이 있음을 살펴보았다. 지금까지는 이 만남의 가시적이

최근에 재출판되었다. 참조. Alan F. Segal, *Two Powers in Heaven: Early Rabbinic Reports about Christianity and Gnosticism* (reprint, Waco, TX: Baylor University Press, 2012). '두 권능' 교리의 구약적 뿌리는 나의 박사 논문의 주된 초점 중 하나였다. 구약에서 두 여호와가 존재한다는 논리는 천상회의의 최고층을 구조화한 가나안 문명의 사상을 이스라엘이 개정하여 반영한 것이다. 참조. Michael S. Heiser, "The Divine Council in Late Canonical and Non-Canonical Second Temple Jewish Literature"(PhD diss., University of Wisconsin-Madison, 2004).

2. 더 넓은 가나안 환경의 맥락 속에서 정통 이스라엘 사상의 삼위일체 개념이 내 논문의 초점이었다. 참조. Michael S. Heiser, "Co-Regency in Ancient Israel's Divine Council as the Conceptual Backdrop to Ancient Jewish Binitarian Monotheism", *Bulletin for Biblical Reserach* Vol. 26, No. 2(2016), 195-225. 관련 웹사이트에 게재할 계획이다. 논문에 실린 자료와 논의는 이 책의 수준보다 훨씬 깊이 들어간다.

면서도 물리적인 특성을 전달하기 위해 "여호와의 말씀"이라는 표현을 썼다. 창세기 22장은 눈에 보이는 여호와를 표현하는 언어가 "여호와의 말씀"에서 "여호와의 천사"로 이행하는 전환점이다.

창세기 22장 이전에도 여호와의 천사가 등장하지만(창 16:7-11; 21:17), 창세기 22장의 출현은 여호와와 그 천사의 정체성의 구분이 흐릿해지기 시작하는 기점이다. 창세기 22:1-9은 아들을 번제물로 바치라는 여호와의 기이한 명령을 받들고자 아브라함이 이삭을 모리아산으로 데리고 가는 내용이다. 우리는 10절부터 읽어보자.

> [10] 손을 내밀어 칼을 잡고 그 아들을 잡으려 하니 [11] 여호와의 천사가 하늘에서부터 그를 불러 이르시되 아브라함아 아브라함아 하시는지라 아브라함이 이르되 내가 여기 있나이다 하매 [12] 천사가 이르시되 그 아이에게 네 손을 대지 말라 그에게 아무 일도 하지 말라 네가 네 아들 네 독자까지도 내게 아끼지 아니하였으니 내가 이제야 네가 하나님을 경외하는 줄을 아노라 [13] 아브라함이 눈을 들어 살펴본즉 한 숫양이 뒤에 있는데 뿔이 수풀에 걸려 있는지라 아브라함이 가서 그 숫양을 가져다가 아들을 대신하여 번제로 드렸더라 [14] 아브라함이 그 땅 이름을 여호와 이레라 하였으므로 오늘날까지 사람들이 이르기를 여호와의 산에서 준비되리라 하더라 [15] 여호와의 천사가 하늘에서부터 두 번째 아브라함을 불러 [16] 이르시되 여호와께서 이르시기를 내가 나를 가리켜 맹세하노니 네가 이같이 행하여 네 아들 네 독자도 아끼지 아니하였은즉 [17] 내가 네게 큰 복을 주고 네 씨가 크게 번성하여 하늘의 별과 같고 바닷가의 모래와 같게 하리니 네 씨가 그 대적의 성문을 차지하리라 [18] 또 네 씨로 말미암아 천하 만민이 복을

받으리니 이는 네가 나의 말을 준행하였음이니라 하셨다 하니라(창 22:10-18).

먼저 주목해야 할 점은 여호와의 천사가 아브라함에게 말씀하실 때 아브라함이 그 음성을 듣고 누구인지 알았다는 것이다. 아브라함은 마치 낯선 음성을 들은 것처럼 화자의 정체를 되묻지 않았다. 아브라함은 자신이 다른 신의 음성을 경청하는 것은 아닌지 두려워하지도 않았다. 그러나 독자는 그 음성의 원천이 여호와 당사자가 아니라 여호와의 천사임을 안다. 여기서 '천사'angel로 번역된 히브리어는 단순히 메신저를 뜻하는 '말라크'이다.

그 다음 고찰이 매우 중요하다. 11절에서 천사가 아브라함에게 말했다고 했으니, 천사는 하나님과 구별되는 존재다. 그러나 이 여호와의 천사는 그렇게 말하고 나서 곧바로 이삭을 "내게"from me 아끼지 않았다며 아브라함을 칭찬한다. 바로 여기서 1인칭으로의 전환이 일어나는데, 하나님 자신이 아브라함에게 이삭을 바치라고 말씀하셨음을 감안하면(창 22:1-2), 이 화자는 여호와라고 볼 수밖에 없다.

이를 두고 많은 학자들은 천사가 여호와의 대변인이 되어 여호와를 대신한 것이라고 본다. 그러나 그 개념은 나중에 가서, 즉 천사가 "여호와께서 이르시기를"이라고 발언한 구절(16절)을 통해 전달된다. 11절에는 그런 설명이 나타나지 않는다. 본문의 표현은 아브라함에게 말하는 천사를, 처음에 아브라함을 시험하여 이삭을 희생제물로 요구했던 자(창 22:1-2)인 여호와 자신으로 치환시켜 표현함으로써 여호와와 여호와의 천사 사이의 구분을 모호하게 만든다. 결과적으로 성경 기자는 여호와와 그의 천사가 구별된 존재임을 분명히 밝힐 기회가 있었지만 그렇게 하지 않았다. 이런 조치는 구약의 몇몇 다른 곳에서 더 확연하게 나타난다. 이것은 사실 잘못도, 무심코 저지른 불찰도 아니다. 이런 어법은 두 존재의 경계를 모호하게 하려는 의도로 고안된 것이다.

이삭과 야곱의 하나님들

창세기 26:1-5은 여호와가 이삭에게는 처음으로 눈에 보이는 형체로 나타나신 장면이다("이삭이 그랄로 가서…여호와께서 이삭에게 나타나"). 이는 하나님이 아버지 아브라함과 맺으신 언약이 이삭을 통해 이어질 것이라는 징표다. 여호와는 언약의 말씀을 이삭에게 반복하신다(3-4절). "이 땅에 거류하면 내가 너와 함께 있어 네게 복을 주고 내가 이 모든 땅을 너와 네 자손에게 주리라 내가 네 아버지 아브라함에게 맹세한 것을 이루어 네 자손을 하늘의 별과 같이 번성하게 하며 이 모든 땅을 네 자손에게 주리니 네 자손으로 말미암아 천하 만민이 복을 받으리라 이는 아브라함이 내 말을 순종하고 내 명령과 내 계명과 내 율례와 내 법도를 지켰음이라 하시니라." 이후에 창세기 26장(23-25절)에서 여호와가 다시 이삭에게 나타나신다. 바통이 완전히 넘어간 것이다.

    이삭의 아들 야곱도 마찬가지다. 가시적 형태로 이루어지는 여호와와의 몇 번의 만남을 통해 인정을 받는다. 첫 번째 만남은 창세기 28:10-22의 유명한 '야곱의 사다리' 이야기다. 우리의 논의를 전개하는 데 주목할 만한 가치가 있는 몇 가지 세부사항이 이 장면 속에 있다.

    야곱은 선조 아브라함이 여호와의 명을 받고 오래 전에 떠났던 하란으로 가는 길이었다(1-2절). 야곱은 에서의 장자권을 속여 빼앗은 후, 형의 분노를 피해 도망하던 중이었다(창 27장). 학자들은 (야곱의 꿈에 나온) 그 "사다리"[3]가 하늘과 지상을 잇는 일종의 계단식 구조물이었을 것이며, 어쩌면 지구라트였을지도 모른다는 데 전반적으로 의견을 같이한다. 야곱은 "하나님의 천사들"이 그 구조물을 오르내리는 것을 보았고, 이는 천상회의의 임재를 나타내는 표시다. 또 야곱은 자기 곁에 눈에 보이는 형체로 서 있는 여호와를 본다(28:13). 이는 아브라함 이야기에서 살펴본 사람 형체의 여호와를 가리키는 익숙한 언어로 표현된다.[4] 15절에서 여호와는 자신이 야곱을 보호하실 것이며, 아브라함에게 주기로 약속한 땅으로 그를 돌아오게 할 것이라고 약속하신다. 야곱은 그 장소를 "하나님의 집"을 뜻하는 벧엘이라 이름 짓고(19절) 여호와와 대화한 것을 기념하기 위해 돌기둥을 세운다(18-19절).

야곱은 벧엘에서 눈에 보이는 여호와를 보았다. 우리가 창세기에서 이미 살펴본 바를 감안하면, 이는 이례적인 것이 아니다. 상황은 창세기 31장, 즉 야곱이 삼촌 라반을 능가하는 부자가 된 이야기에서 한층 더 흥미로워진다. 야곱의 양 떼는 야곱을 속이려는 라반의 시도에

---

3. 이 용어가 어려운 이유는 히브리어 성경의 '하팍스 레고메논'(hapax legomenon: 성경에서 한 번만 등장하는 단어)이기 때문이다. 비록 확실하진 않지만, 동일 어족에 속한 다른 언어권의 자료를 살펴보면 "사다리"가 지구라트를 의미할 수 있음을 시사한다. 그 외에 또 다른 대안적 해석은 '서 있는 돌'(히브리어로 '마쩨바')이다. 두 해석 모두 하나님과 유한한 인간 간의 개념적, 신학적 연결점을 의미한다. 참조. Alan R. Millard, "The Celestial Ladder and the Gate of Heaven (Gen 28:12, 17)," *Expository Times* 78 (1966/1967): 86-87; C. Houtman, "What Did Jacob See in His Dream at Bethel? Some Remarks on Gen 28:10-22," *Vetus Testamentum* 27 (1977): 337-51.
4. 창 28:13의 문구는 LEB에는 "그 곁에"(beside him)로, 다른 역본들에는 "그것 곁에"(beside it, 즉 사다리 구조물), 또는 "그것 위에"(above it, 역시 사다리를 지칭함)로 되어 있다.

도 불구하고 초자연적으로 증식되었다. 삼촌과의 관계가 틀어질 무렵 야곱에게 꿈이 임했다. 이 대목의 문구가 의미심장하다.

> [11] 꿈에 하나님의 천사가 내게 말씀하시기를 야곱아 하기로 내가 대답하기를 여기 있나이다 하매 [12] 이르시되 네 눈을 들어 보라 양 떼를 탄 숫양은 다 얼룩무늬 있는 것, 점 있는 것과 아롱진 것이니라 라반이 네게 행한 모든 것을 내가 보았노라 [13] 나는 벧엘의 하나님이라 네가 거기서 기둥에 기름을 붓고 거기서 내게 서원하였으니 지금 일어나 이 곳을 떠나서 네 출생지로 돌아가라 하셨느니라(창 31:11-13).

13절에서 하나님의 천사는 자신이 벧엘의 하나님이라고 야곱에게 노골적으로 말한다. 야곱은 벧엘에서 천사들 그리고 홀로 있는 한 신, 즉 아브라함의 하나님 여호와를 보았다. 지켜주신다 약속하신 이는 여호와시고, 야곱은 여호와께 돌기둥을 세웠다. 13절은 두 존재를 융합한다. 이 융합은 야곱이 경험하게 될 하나님과의 여러 만남을 해석하는 데 도움이 된다.

이후 야곱의 삶은 곤경에 빠졌다 나오기를 거듭한다. 그러나 여호와가 그와 함께하신다. 라반 삼촌으로부터 벗어나는 데 성공한 야곱은 형 에서와 대면하게 된다. 수십 년 전 그는 형 에서에게서 아버지의 축복을 가로챈 적이 있다. 에서는 자신이 속았음을 알고 야곱을 죽이려 했으며, 이제 야곱은 형이 아직도 앙심을 품고 있는지 알고 싶어한다. 그 만남이 창세기 33장에서 이루어진다. 그러나 우리가 관심 있게 살펴볼 내용은 이전 장에서 야곱에게 일어난 일이다.

창세기 32장에서 우리는 야곱의 심리 상태와 야곱에 대한 하나님의 신실하심에 대해 많은 것을 알게 된다. 창세기 32:1에서 하나님은 그를 만나기 위해 천사들을 보내신다. 이번에는 꿈이 아니다. 그럼에도 야곱의 불안은 잠재워지지 않는다. 야곱은 에서에게 뇌물공세를 하려고 값진 선물을 들려 선발대로 보낸다. 자식들과 네 명의 아내들도 얍복강 너머로 먼저 보낸다(창 32:22-23). 혼자가 된 그날 밤, 야곱은 하나님과, 아니 어쩌면 또 한 분의 하나님과 그 유명한 만남을 갖는다. 이야기는 이렇다.

> [24] 야곱은 홀로 남았더니 어떤 사람이 날이 새도록 야곱과 씨름하다가 [25] 자기가 야곱을 이기지 못함을 보고 그가 야곱의 허벅지 관절을 치매 야곱의 허벅지 관절이 그 사람과 씨름할 때에 어긋났더라 [26] 그가 이르되 날이 새려하니 나로 가게 하라 야곱이 이르되 당신이 내게 축복하지 아니하면 가게 하지 아니하겠나이다 [27] 그 사람이 그에게 이르되 네 이름이 무엇이냐 그가 이르되 야곱이니이다 [28] 그가 이르되 네 이름을 다시는 야곱이라 부를 것이 아니요 이스라엘이라 부를 것이니 이는 네가 하나님과 및 사람들과 겨루어 이겼음이니라 [29] 야곱이 청하여 이르되 당신의 이름을 알려주소서 그 사람이 이르되 어찌하여 내 이름을 묻느냐 하고 거기서 야곱에게 축복한지라 [30] 그러므로 야곱이 그곳 이름을 브니엘이라 하였으니 그가 이르기를 내가 하나님과 대면하여 보았으나 내 생명이 보전되었다 함이더라(창 32:24-30).

창세기 32:28-29은 야곱이 씨름한 "사람"이 신적 존재임을 분명하게 드러낸다. 이 신비로운 겨루기 상대는 자신의 입으로 "네가 엘로힘과 싸웠다"고 말한다. 이 엘로힘이라는 용어는 '하나님'^God 또는 '한 신'^a god 으로 옮길 수 있다. 이 서술 어디에도 이 만남이 단순한 환상이었다는 암시는 없다. 이 엘로힘은 손으로 만질 수 있고 육체를 가지고 있었다. 호세아 12:3-4은 야곱의 상대가 신의 정체성을 지니고 있었음을 확증하면서도 두 가지 놀라운 세부사항을 덧붙인다.[5] 호세아가 그 생각을 표현하기 위해 사용한 대구법을 눈여겨보라.

> [3] 야곱은 모태에서 그 형의 발뒤꿈치를 잡았고 또 힘으로는 하나님과(엘로힘) 겨루되(사라) [4] 천사와 겨루어(야사르) 이기고 울며 그에게 간구하였으며 하나님은 벧엘에서 그를 만나셨고 거기서 그와 말씀하셨나니.[6]

호세아는 야곱의 상대인 엘로힘을 천사로 묘사했을 뿐 아니라, 이 인용구의 마지막 줄에서는 이 천사를 '벧엘'과 동일시하고 있다. 이상한 점은 창세기 32장을 통해 우리가 아는 바로는 이 사건은 벧엘에서 일어나지 않았다는 것이다(이 일은 얍복강 가에서 일어났다). 영감을 받은 호세아가 전하는 이 사건에서 초점은 지리적인 것이 아니었다. 호세아가 우리에게 말하고자 하는 바는 야곱이 물리적으로 육신을 덧입은 하나님과 씨름했다는 것이다(그리고 하나님은 자신을 '벧엘의 하나님'으로

---

5. 히브리어 본문으로는 4-5절이다.
6. "그와"(with him)는 LEB의 번역으로 의역한 것이다. 히브리어 원문은 복수형 대명사인 '우리'로 되어 있다(개역개정, "우리에게"). 복수형 대명사(우리)는 이 존재들의 이중성을 유지한다. 그 이중성은 창 48:15-16에서 긴밀하게 융합된다. 이는 다음 논의에서 탐구할 주제다.

소개한 천사와 동일시한다).⁷

우리는 앞에서도 하나님과 그의 천사에 대한 이런 식의 '혼란'을 야기한 사례를 살펴보았다. 이는 의도적인 것이다. 요점은 이스라엘의 하나님 여호와가 단순히 천사라는 점에 있지 않다. 오히려 정반대다. 즉 이 천사가 여호와라는 것이다.

우리가 고려해야 할 또 하나의 메시지가 있다. 호세아서에서 여호와와 천사를 융합한 방식은 가히 경이롭다고 할 만하다.

창세기 48장은 야곱이 임종 때 요셉의 자녀들을 축복한 말을 기록하고 있다. 이 구절은 벧엘에서 그에게 나타나셨던 하나님에 대한 언급이다(독자들은 창 31:13을 통해 하나님이 천사로 불린다는 것을 알고 있다). 이 모든 것은 아래 단락에서 고딕 글씨로 강조한 부분에서 내리칠 천둥번개를 위한 설정이다(15-16절).

¹ 이 일 후에 어떤 사람이 요셉에게 말하기를 네 아버지가 병들었다 하므로 그가 곧 두 아들 므낫세와 에브라임과 함께 이르니 ² 어떤 사람이 야곱에게 말하되 네 아들 요셉이 네게 왔다 하매 이스라엘이 힘을 내어 침상에 앉아 ³ 요셉에게 이르되 이전에 가나안 땅 루스(벧엘)⁸에서 엘-샤다이(전능하신 하나님)가 내게 나타나사 복을 주시며 ⁴

---

7. 창 35:1-7에 대한 논의는 관련 웹사이트를 참조하라. 7절은 엘로힘이라는 단어가 문법적으로 '복수형' 동사의 주어인 흔치 않은 경우다. 이 구조는 여기서의 논의에 영향을 미친다. 이 문법적 사안에 대한 나의 논문도 참조하라. Michael S. Heiser, "Should elohim with Plural Predication be Translated 'Gods'?" *Bible Translator* 61.3 (July 2010): 123-36.

8. 루스는 벧엘이다. 비교. 창 28:19; 35:6; 48:3; 삿 1:23.

내게 이르시되 내가 너로 생육하고 번성하게 하여 네게서 많은 백성이 나게 하고 내가 이 땅을 네 후손에게 주어 영원한 소유가 되게 하리라 하셨느니라…
¹⁴ 이스라엘이 오른손을 펴서 차남 에브라임의 머리에 얹고 왼손을 펴서 므낫세의 머리에 얹으니 므낫세는 장자라도 팔을 엇바꾸어 얹었더라 ¹⁵ 그가 요셉을 위하여 축복하여 이르되 내 조부 아브라함과 아버지 이삭이 섬기던 하나님(엘로힘), 나의 출생으로부터 지금까지 나를 기르신 하나님(엘로힘), ¹⁶ 나를 모든 환난에서 건지신 천사(말라크), 그가 이 아이들에게 복을 주시오며(창 48:1-4, 14-16).

'엘로힘'과 '말라크'의 병행 배열이 확연하게 눈에 들어온다. 성경은 하나님이 영원하시고 만유 전부터 존재하셨으며 천사들은 피조물임을 매우 분명하게 가르친다. 그러므로 이 노골적인 병행 배열의 취지는 하나님이 천사라는 의미가 아니라, 바로 '이 천사'가 하나님임을 인정하는 것이다.⁹ 그러나 가장 충격적인 대목은 마지막 문장의 동사다 ("may he bless", "그가 복을 주시오며"). 히브리어에서 이 구절의 '복을 주다'를 의미하는 동사는 문법적으로 복수가 아니다. 복수형이었다면 야곱이 서로 다른 두 존재에게 복을 빌고 있다는 이야기가 된다. 아니, 이 동사는 단수다. 이로써 창세기 기자는 두 신적 존재가 긴밀하게 융합되었다는 신호를 드러내고 있다. 달리 말하면 창세기 기자는 이스라엘의 하나님과 천사를 분명하게 구별할 기회가 있었지만 도리어 그들

---

9. 해당 히브리어 본문에 대한 추가 논의는 관련 웹사이트를 참조하라. 웹사이트에는 두 존재가 서로 연결되어 있음을 보여주는 또 다른 내용이 있다.

의 정체성을 병합했다.

　이번 장을 맺으며 이제껏 우리가 살펴본 내용의 함의를 생각해 보면 다리가 휘청거릴 지경이다. 족장들의 이야기가 우리에게 선사하는 그림은 놀랍기 짝이 없다. 만일 한 분뿐이신 하나님, 오직 한 분의 여호와만 있다면, 왜 창세기 저자는 몇몇 구절에서 여호와와 천사를 융합했는가? 그리고 왜 그렇게 융합하면서도 어떤 구절에서는 천사가 하나님을 3인칭으로 칭하도록 기록했는가? 왜 여호와와 이 천사의 경계를 흐릿하게 처리하면서도 구별했는가? 대체 무엇을 전달하고자 했는가?

　성경본문이 이런 일을 할 때 우리는 하늘에는 보이지 않는 여호와, 그리고 지상에는 보이는 여호와, 즉 이렇게 두 여호와가 있는 것은 아닌가 하는 의문을 품게 된다. 우리는 이제 이것이 바른 논점임을 살펴보려고 한다. 이스라엘의 하나님은 하나님이시지만, 하나 이상의 위격 ^{person}으로 존재하신다.

18.
이름 안에는 무엇이 있는가?

바로 앞의 두 장에서 우리는 몇 가지 예사롭지 않은 점들을 살펴보았다. 첫째, 여호와는 아브라함을 언약관계로 부르신 후 그 관계를 이삭, 그리고 이스라엘로 개명한 야곱과 이어가신다. 이스라엘의 후손이 인류 중 여호와의 분깃이었다.

그러나 여호와와 족장들 간의 상호작용은 난해해 보인다. 때로는 여호와가 "말씀"으로 가시적으로 임하셨다. 때로는 여호와가 보내신 듯한 천사로 임하셨다! 때로는 어떤 설명이 적힌 꼬리표도 없이 사람의 모습을 하신 여호와만 계시기도 했다. 이런 언어는 이스라엘 백성이 하나님의 무소부재하심을 긍정했는지 부정했는지 여부, 그리고 여호와의 정체성에 대한 이스라엘 사람들의 관념에 의문을 품게 만든다.

이번 장에서 우리는 여호와에 대한 또 다른 표현을 소개받을 것이다. 성경에는 성경 기자들이 두 여호와 개념, 다시 말해 하나는 눈에 보이지 않고 영적 세계(천상)에 늘 임재하며, 다른 하나는 (대개는 한 사람으로 나타나) 지상의 인류와 상호작용하도록 전면에 나선다는 개념을 가지고 있었음을 뚜렷하게 보여주는 구절들이 있다. 이 사실은 일부 친숙한 이야기 속에서 그들이 동시에 임재한다는 사실로 드러난다.[1]

불타는 떨기나무

출애굽 이야기의 진짜 시작은 그 사건이 그대로 책 제목이 된 출애굽기 3장이다. 불타는 떨기나무에서의 하나님과 모세의 만남은 숱한 주일학교 수업과 설교와 세실 드밀 감독의 〈십계〉라는 영화로 우리 뇌리에 각인되어 있다. 그러나 그 떨기나무에는 당신이 십중팔구 전혀 관심을 두지 않았을 무언가가 있다. 할리우드는 분명 이 점을 놓쳤다.

[1] 모세가 그의 장인 미디안 제사장 이드로의 양 떼를 치더니 그 떼를 광야의 서쪽으로 인도하여 하나님의 산 호렙에 이르매 [2] 여호와의 천사가 떨기나무 가운데로부터 나오는 불꽃 안에서 그에게 나타나시니라 그가 보니 떨기나무에 불이 붙었으나 그 떨기나무가 사라지지 아니하는지라 [3] 이에 모세가 이르되 내가 돌이켜 가서 이 큰 광경을 보

---

1. 17장 1번 각주를 참조하라. 신들이 하나 이상의 위격(personage)일 수 있으며 한 번에 하나 이상의 장소에 임할 수 있다는 관념은 비단 성경에만 있는 것이 아니다. 이 발상은 고대 근동 문학에도 드러난다. 이 관념은 육체화와 양립불가한 것으로 간주되지 않았다. 이런 발상들을 정리한 가장 근래의 학문적 연구는 다음을 참조하라. Benjamin D. Sommer, *The Bodies of God and the World of Ancient Israel* (Cambridge: Cambridge University Press, 2009).

리라 떨기나무가 어찌하여 타지 아니하는고 하니 그때에 ⁴여호와께서 그가 보려고 돌이켜 오는 것을 보신지라 하나님이 떨기나무 가운데서 그를 불러 이르시되 모세야 모세야 하시매 그가 이르되 내가 여기 있나이다 ⁵하나님이 이르시되 이리로 가까이 오지 말라 네가 선 곳은 거룩한 땅이니 네 발에서 신을 벗으라 ⁶또 이르시되 나는 네 조상의 하나님이니 아브라함의 하나님, 이삭의 하나님, 야곱의 하나님이니라 모세가 하나님 뵈옵기를 두려워하여 얼굴을 가리매(출 3:1-6).

본문은 상당히 명료하게 "여호와의 천사"가 떨기나무 가운데 있었다고 말한다(2절). 그러나 본문은 또한 모세가 떨기나무를 보려고 몸을 돌이켰을 때(3절) 여호와가 "떨기나무 가운데서" 그를 지켜보고 계셨고, 부르셨다고 한다(4절). 사람의 형체를 취한 가시적인 여호와인 천사와 눈에 보이지 않는 여호와가 모두 이 불타는 떨기나무 장면에 등장한다. 흥미롭게도 우리는 6절에서 모세가 하나님 보기를 두려워했음을 본다. 이것이 시사하는 바는 모세가 떨기나무에서 불 이외의 다른 무언가를 감지했다는 것이다. 아마도 모세는 사람의 형체를 취한 천사를 봤을 가능성이 높다. 신약은 사도행전 7:30-35에서 이 설명을 긍정한다. 순교자 스데반은 두 번에 걸쳐 우리에게 떨기나무 안에 천사가 있었다고 말한다(30, 35절).

잇따른 대화에서 여호와(7절)는 모세에게 자신의 언약의 이름을 "스스로 있는 자"[I AM]라고 계시하신다(출 3:14). 만일 여호와가 모세에게 말씀하시는 것이라면 왜 천사가 필요했는지 의문이 들지 않을 수 없다. 어쩌면 성경 기자는 여호와가 말씀하셨다고 했을 때 천사를 의미했을 수 있다. 우리가 살펴본 창세기 구절들처럼 출애굽기 3장은 한 장면에 여호와와 여호와의 천사가 별개의 인물로 등장하면서도 그 둘 사이의 모호함을 만들어낸다. 거기 존재하는 것이 둘인가 하나인가? 둘은 똑같은가 다른가? 여기서 독자는 무언가 극적인 것을 맞이할 준비를 하게 된다. 그리 오래 기다리지 않아도 된다.

천사, 이름, 임재

우리는 불타는 떨기나무 다음에 무슨 일이 일어났는지 안다. 여호와가 모세를 통해 이스라엘을 애굽에서 건져내신다. 이제 모세는 백성을 시내산으로 인도하여 하나님과 만나고 율법을 받아 약속의 땅으로의 여정을 준비한다. 이 과업에 대해 하나님과 모세가 짤막하게 대화한 내용이 있는데, 이는 성경 독자들이 습관적으로 지나치는 대목이기도 하다. 출애굽기 23장에서 하나님은 이렇게 말씀하신다.

> [20] 내가 천사를 네 앞서 보내어 길에서 너를 보호하여 너로 내가 예비한 곳에 이르게 하리니 [21] 너희는 삼가 그의 목소리를 청종하고 그를 노엽게 하지 말라 그가 너희의 허물을 용서하지 아니할 것은 내 이름이 그에게 있음이니라 [22] 네가 그의 목소리를 잘 청종하고 내 모든 말대로 행하면 내가 네 원수에게 원수가 되고 네 대적에게 대적이 될지라(출 23:20-22).

하나님이 모세에게 설명하신 내용에는 이 천사가 보통 천사가 아님을 알려주는 뭔가 이상한 부분이 있다. 이 천사는 하나님의 속성인 죄를 사하거나 사하지 않을 권세를 가졌다. 더 구체적으로 말하면, 하나님은 "내 이름이 그에게 있기 때문"에 이 천사가 죄 사함의 권세를 가진다고 모세에게 일러주신다(21절).

이 궁금함을 자아내는 표현은 무엇을 의미하는가? 모세는 즉각 알았다. 불타는 떨기나무에 대한 기술을 기억하는 사람이라면 누구나 알 것이다. 하나님이 모세에게 자신의 '이름'이 이 천사 안에 있다고 하셨을 때, 하나님이 의도하신 바는 하나님이 이 천사 안에 계신다는 것이다. 즉, 하나님의 임재 또는 본질 자체가 이 천사 안에 있다는 것이다. 불타는 떨기나무의 "스스로 있는 자"는 모세와 이스라엘 백성과 함께 약속의 땅으로 동행하며 그들을 위해 싸우실 것이다. 오직 그분만이 모세와 여호수아가 그곳에서 마주할 열국의 신들과 네피림 후손들을 무찌를 수 있다.

다른 본문들은 이 해석이 옳음을 방증한다. 이 천사는 여호와다. 어쩌면 이 점을 입증할 가장 쉬운 길은 이스라엘을 애굽에서 건져내시고 약속의 땅으로 들어가게 하신 분이 누구인지에 대한 구약 본문들을 제시하는 것이다.

> 나는 너희의 하나님이 되려고 너희를 애굽 땅에서 인도하여 낸 여호와라(레 11:45).

> [35] 이것을 네게 나타내심은 여호와는 하나님이시요 그 외에는 다른 신이 없음을 네게 알게 하려 하심이니라 [36] 여호와께서 너를 교훈하시려고 하늘에서부터 그 음성을 너로 듣게 하시며 땅에서는 그 큰

불을 네게 보이시고 네가 불 가운데서 나오는 그의 말씀을 듣게 하셨느니라 37 여호와께서 네 조상들을 사랑하신 고로 그 후손인 너를 택하시고 큰 권능으로 친히 임재하고 with his own presence 인도하여 애굽에서 나오게 하시며 38 너보다 강대한 여러 민족을 네 앞에서 쫓아내고 너를 그들의 땅으로 인도하여 들여서 그것을 네게 기업으로 주려 하심이 오늘과 같으니라²(신 4:35-38).

이는 우리 하나님 여호와께서 친히 우리와 우리 조상들을 인도하여 애굽 땅 종 되었던 집에서 올라오게 하시고 우리 목전에서 그 큰 이적들을 행하시고 우리가 행한 모든 길과 우리가 지나온 모든 백성들 중에서 우리를 보호하셨음이며 여호와께서 또 모든 백성들과 이 땅에 거주하던 아모리 족속을 우리 앞에서 쫓아내셨음이라(수 24:17-18a).

여호와의 천사가 길갈에서부터 보김으로 올라와 말하되 내가 너희를 애굽에서 올라오게 하여 내가 너희의 조상들에게 맹세한 땅으로 들어가게 하였으며 또 내가 이르기를 내가 너희와 함께 한 언약을 영원히 어기지 아니하리니(삿 2:1).

이 본문들에서는 여호와, 여호와의 천사, 하나님의 "임재"(파님)가

---

2. 출 33:12-14은 하나님의 임재(히브리어로 '파님') 자체가 백성을 가나안으로 인도할 때 모세와 함께 가실 것이라고 반복한다. 이 구절은 출 23장 뒤에 나오는 본문이지만 모세는 이전에 한 대화를 전혀 의식하지 못하는 듯하다. 자료비평학자들과 문학비평학자들은 이 난해한 순서배치에 대해 다른 설명들을 제시한다. 하지만 그 설명들은 모두 이 책의 범위를 넘어서는 내용이다.

애굽에서 이스라엘을 건져낸 신적 구원자의 정체를 나타내는 말로 교환적으로 사용되고 있다. 서로 다른 세 명의 구원자가 있었던 것이 아니다. 그들은 모두 동일한 존재였다. 그들 중 하나인 천사가 사람의 형체를 취한다. 만일 출애굽기 23:20-23에 비추어 신명기 4:37을 해석한다면 하나님의 직접 임재와 여호와의 천사가 공통의 정체성을 가지고 있음을 알게 될 것이다. 그 천사 속에 있는 "이름"의 의미에 비추어 보아도 앞뒤가 잘 맞는다.

그 이름

유대인 친구를 두었거나 유대적 배경을 가진 독자들은 오늘날에도 많은 유대인이 하나님의 이름인 여호와 대신 '그 이름'(하셈)$^{\text{the Name}}$이라는 표현을 사용한다는 것을 알 것이다.³ 우리가 위에서 본 성경 본문들은 이 관습에 성경적 근거가 있음을 보여준다. 다른 본문들에서 '그 이름'은 여호와의 대체어 역할을 한다. 몇몇 구절에서 '그 이름'은 인격화된다. 즉, '그 이름'은 '하나의 위격'$^{\text{a person}}$이다. 이 점에서 이사야 30:27-28은 가히 충격적이다.

> ²⁷ 보라 여호와의 이름이 원방에서부터 오되
> 그의 진노가 불 붙듯 하며 빽빽한 연기가 일어나듯 하며

---

3. 이후로 이 책에서 그 이름을 여호와의 임재의 대체어로 쓸 때는 '그 이름'(the Name)으로 표기하겠다.

그 입술에는 분노가 찼으며
그 혀는 맹렬한 불 같으며
²⁸ 그의 호흡은 마치 창일하여
목에까지 미치는 하수 같은즉.

이 본문에서 '그 이름'은 분명히 하나의 실체로, 여호와 자신으로 등장한다. 이 점은 시편 20:1, 7에서도 명백하게 드러난다.

¹ 환난 날에 여호와께서 네게 응답하시고
야곱의 하나님의 이름이 너를 높이 드시며
⁷ 어떤 사람은 병거, 어떤 사람은 말을 의지하나
우리는 여호와 우리 하나님의 이름을 자랑하리로다.

어째서 시편 기자는 '그 이름'에게 누군가를 지켜달라고 기도하는가? 여호와(Y-H-W-H)라는 일련의 자음들이 이스라엘을 충분히 보호해 주지 못한단 말인가? 이 시편의 골자는 '그 이름'을 신뢰하는 것이 곧 여호와 자신을 신뢰하는 것이라는 점이다. 즉, 그가 곧 '그 이름'이라는 것이다.

신명기는 '그 이름'에 대해 많은 말을 한다. 특히 '그 이름'이 성막, 거룩한 도시, 그리고 결국에는 성전에 거할 하나님의 임재 자체라는 것이다.⁴ 신명기 12장이 대표적인 예다(고딕으로 강조한 부분을 보라).

---

4. 근래에 이스라엘 종교와 성경 본문의 이름 현상(the Name phenomenon)에 대한 연구가 상당히 많이 진척되었다. 샌드라 리히터(Sandra Richter)의 연구는 이름이 하나의 실체로

² 너희가 쫓아낼 민족들이 그들의 신들을 섬기는 곳은…그 모든 곳을 너희가 마땅히 파멸하며…⁴ 너희의 하나님 여호와께서는 너희가 그처럼 행하지 말고 ⁵ 오직 너희의 하나님 여호와께서 자기의 이름을 두시려고 너희 모든 지파 중에서 택하신 곳인 그 계실 곳으로 찾아 나아가서…¹¹ 너희는 너희의 하나님 여호와께서 자기 이름을 두시려고 택하실 그곳으로 내가 명령하는 것을 모두 가지고 갈지니(신 12:2, 4-5, 11).

여호와의 군대 대장

독자들은 여호와의 이름, 곧 여호와의 임재가 거하는 그 천사가 여호수아가 정복전쟁 전에 만난 신비한 존재와 동일 인물임을 이미 예상

설정되었다는 생각에 비판적이다(Sandra L. Richter, *The Deuteronomistic History and the Name Theology: lešakkēn šemô šām in the Bible and the Ancient Near East* (Beihefte zur Zeitschrift für die alttestamentliche Wissenschaft 318; Berlin: Walter de Gruyter, 2002). 가장 기본적인 차원에서 리히터는 신명기의 이런 이름 신학이 여호와의 소유권만을 가리킬 뿐이며 그 이름이 하나의 위격이거나 여호와의 본질적 현현은 아니라고 주장한다. 이 주제에 대해 리히터의 연구를 날카롭게 비평한 사람이 트릭브 메팅어(Tryggve Mettinger)이다(www.bookreviews.org, 2004). 메팅어의 비판 중 일부는 리히터의 연구보다 앞서 출판되었다(Gordon J. Wenham, "Deuteronomy and the Central Sanctuary," *Tyndale Bulletin* 22 (1971): 103-18; Ian Wilson, *Out of the Midst of the Fire: Divine Presence in Deuteronomy* [SBL Dissertation Series 151; Atlanta: Scholars Press, 1995]). 하지만 리히터의 주장에 대한 가장 철저한 반박은 마이클 헌들리의 것이다. 참조. Michael B. Hundley, "To Be or Not to Be: A Reexamination of Name Language in Deuteronomy and the Deuteronomistic History," *Vetus Testamentum* 59 (2009): 533-55; and Hundley, *Keeping Heaven on Earth: Safeguarding the Divine Presence in the Priestly Tabernacle* (Forschungen zum Alten Testament 50, second series; Tübingen: Mohr Siebeck, 2011).

했을 것이다. 나도 같은 의견이다. 여호수아 5장에 해당 본문이 있다.

> ¹³ 여호수아가 여리고에 가까이 이르렀을 때에 눈을 들어 본즉 한 사람이 칼을 빼어 손에 들고 마주 서 있는지라 여호수아가 나아가서 그에게 묻되 너는 우리를 위하느냐 우리의 적들을 위하느냐 하니 ¹⁴ 그가 이르되 아니라 나는 여호와의 군대 대장으로 지금 왔느니라 하는지라 여호수아가 땅에 대고 엎드려 절하고 그에게 이르되 내 주여 종에게 무슨 말씀을 하려 하시나이까 ¹⁵ 여호와의 군대 대장이 여호수아에게 이르되 네 발에서 신을 벗으라 네가 선 곳은 거룩하니라 하니 여호수아가 그대로 행하니라(수 5:13-15).

이 "사람"의 정체가 여호와의 천사라는 것을 보여주는 중요한 단서가 있다. 바로 그의 손에 빼든 칼이다. 여기서 사용된 히브리어 표현은 성경 전체를 통틀어 민수기 22:23과 역대상 21:16에 두 번만 등장한다. 두 번 모두 여호와의 천사가 '빼든 칼'을 들고 있는 자로 명시되어 있다.

다른 두 구절에서도 이 연결점을 명백하게 알 수 있다. 여호수아가 이 남자에게 절을 하는데, 이는 하나님의 임재에 대한 본능적 반응이다. 군대 대장은 여호수아에게 "네 발에서 신을 벗으라 네가 선 곳은 거룩하니라"고 명한다. 이 문구의 출처는 출애굽기 3:5의 불타는 떨기나무 구절이다. 여호와의 천사가 그 떨기나무 안에 있었다.[5]

---

5. 어떻게 여호수아가 이 '사람'을 여호와의 천사로 인식했는지를 추측해 보는 것도 흥미롭다. 여호수아는 사령관의 음성을 듣자마자 엎드렸다. 마치 여호수아가 그 음성을 알아차

흥미진진한 대화

출애굽기 23:20-23의 천사는 실제로 약속의 땅을 정복하는 여정에 모세와 여호수아와 동행한다. 그러나 이스라엘은 여호수아가 죽은 후 이 과업을 완수하지 못한다. 사사기 2장에 여호와의 천사가 등장하여 누구도 듣고 싶어하지 않는 비보를 전한다.

> [1] 여호와의 천사가 길갈에서부터 보김으로 올라와 말하되 내가 너희를 애굽에서 올라오게 하여 내가 너희의 조상들에게 맹세한 땅으로 들어가게 하였으며 또 내가 이르기를 내가 너희와 함께 한 언약을 영원히 어기지 아니하리니 [2] 너희는 이 땅의 주민과 언약을 맺지 말며 그들의 제단들을 헐라 하였거늘 너희가 내 목소리를 듣지 아니하였으니 어찌하여 그리하였느냐 [3] 그러므로 내가 또 말하기를 내가 그들을 너희 앞에서 쫓아내지 아니하리니 그들이 너희 옆구리에 가시가 될 것이며 그들의 신들이 너희에게 올무가 되리라 하였노라 [4] 여호와의 천사가 이스라엘 모든 자손에게 이 말씀을 이르매 백성이 소리를 높여 운지라(삿 2:1-4).

린 것 같다. 여호수아가 누차 하나님의 임재가 있던 곳에서 매우 가까이 모세를 수행했다는 점을 생각해 보면 이는 그럴듯한 설명 같다. 그러나 이 사건은 모세가 죽은 후 여호수아와 천사를 파트너로 만나게 하는 문학-신학적 방식에 불과할 수 있다. 여호수아는 민 27:18-23에서 부르심을 받았다. 수 5장은 천사 안에 있는 여호와의 임재가 모세와 함께하셨듯, 여호수아와도 함께하실 것이란 메시지를 독자에게 전하고 있다. 모세가 죽은 후 이 시점까지 여호수아의 행적은 여호와의 인정을 받는다. 관련 웹사이트를 참조하라.

여호와의 천사가 떠난다는 것은 이스라엘과 여호와의 상시적인 동행이 종식된다는 신호다. 그러나 암흑기였던 사사들의 시대에도 여호와가 완전히 멀어지신 것은 아니다. 사사기 6장에서 기드온이 부름받은 일이 사사기에 여호와가 출현한 예시 중 하나다. 그 본문은 장황하기 때문에 중요한 대목을 고딕 글자로 표시했다.

¹¹ 여호와의 천사가 아비에셀 사람 요아스에게 속한 오브라에 이르러 상수리나무 아래에 앉으니라 마침 요아스의 아들 기드온이 미디안 사람에게 알리지 아니하려 하여 밀을 포도주 틀에서 타작하더니 ¹² 여호와의 천사가 기드온에게 나타나 이르되 큰 용사여 여호와께서 너와 함께 계시도다 하매 ¹³ 기드온이 그에게 대답하되 오 나의 주여 여호와께서 우리와 함께 계시면 어찌하여 이 모든 일이 우리에게 일어났나이까 또 우리 조상들이 일찍이 우리에게 이르기를 여호와께서 우리를 애굽에서 올라오게 하신 것이 아니냐 한 그 모든 이적이 어디 있나이까 이제 여호와께서 우리를 버리사 미디안의 손에 우리를 넘겨 주셨나이다 하니 ¹⁴ 여호와께서 그를 향하여 이르시되 너는 가서 이 너의 힘으로 이스라엘을 미디안의 손에서 구원하라 내가 너를 보낸 것이 아니냐 하시니라 ¹⁵ 그러나 기드온이 그에게 대답하되 오 주여 내가 무엇으로 이스라엘을 구원하리이까 보소서 나의 집은 므낫세 중에 극히 약하고 나는 내 아버지 집에서 가장 작은 자니이다 하니 ¹⁶ 여호와께서 그에게 이르시되 내가 반드시 너와 함께 하리니 네가 미디안 사람 치기를 한 사람을 치듯 하리라 하시니라 ¹⁷ 기드온이 그에게 대답하되 만일 내가 주께 은혜를 얻었사오면 나와 말씀하신 이가 주 되시는 표징을 내게 보이소서 ¹⁸ 내가 예물을 가지고 다시 주께로

와서 그것을 주 앞에 드리기까지 이곳을 떠나지 마시기를 원하나이다 하니 그가 이르되 내가 너 돌아올 때까지 머무르리라 하니라 [19] 기드온이 가서 염소 새끼 하나를 준비하고 가루 한 에바로 무교전병을 만들고 고기를 소쿠리에 담고 국을 양푼에 담아 상수리나무 아래 그에게로 가져다가 드리매 [20] 하나님의 천사가 그에게 이르되 고기와 무교병을 가져다가 이 바위 위에 놓고 그 위에 국을 부으라 하니 기드온이 그대로 하니라 [21] 여호와의 천사가 손에 잡은 지팡이 끝을 내밀어 고기와 무교병에 대니 불이 바위에서 나와 고기와 무교병을 살랐고 여호와의 천사는 떠나서 보이지 아니한지라 [22] 기드온이 그가 여호와의 천사인줄 알고 가로되 슬프도소이다 주 여호와여 내가 여호와의 천사를 대면하여 보았나이다 하니 [23] 여호와께서 그에게 이르시되 너는 안심하라 두려워하지 말라 죽지 아니하리라 하시니라 [24] 기드온이 여호와를 위하여 거기서 제단을 쌓고 그것을 여호와 살롬이라 하였더라 그것이 오늘까지 아비에셀 사람에게 속한 오브라에 있더라 (삿 6:11-24).

이는 가히 경이로운 본문이다. 11절에서 천사가 대화를 하기 위해 상수리나무 아래 앉는다. 12절에서는 천사가 기드온에게 가시적인 존재로 나타난다. 기드온이 이 임재를 기이하게 여겼다는 언급은 없다. 기드온이 13절에서 여호와께 호소한 것만 봐도 이 남자가 여호와이심을 알아차리지 못했음이 분명하다. 그러나 독자는 내레이터가 이 대화의 참여자가 여호와임을 이미 밝혔기에 그 사실을 알고 있다(14-16절).

이 장면은 두 여호와 모두 화자 역할을 맡았다는 점을 제외하고는 불타는 떨기나무(출 3장)를 연상케 한다. 이로써 독자는 두 등장인물을 동일한 반열에 올려놓게 된다. 지금쯤이면 당신도 두 등장인물을 동등하게 취급하여 구분을 모호하게 만드는 기법에 익숙할 것이다. 그러나 사사기 6장의 경우에는 기자가 그들을 분명하게 구분한다.

19절 이후에는 두 명의 분명하게 구별된 여호와의 존재가 있다는 사실이 더 극적으로 부각된다. 기드온은 이 남자(논리상 여호와의 천사)를 위해 먹을 것을 준비할 동안 그 자리에 머물러 달라고 청한다. 그는 청을 수락한다. 기드온은 그가 있던 나무로 먹을 것을 가지고 돌아온다(19절). 내레이터는 하나님의 천사가 이를 받았다고 말한다. 천사가 이야기 도입부에 거기 앉아 있었으므로 이 역시 논리적이다.

충격적인 일격은 이제부터 나오기 시작한다. 여호와의 천사는 희생제물을 불사르고 떠난다(21절). 그러나 우리는 23절에서 천사가 떠난 후 여호와가 아직 거기 계시며 기드온에게 이야기하신다는 점을 알게 된다. 저자는 두 인물 사이의 경계를 흐렸을 뿐 아니라 두 인물을 한 장면에 나란히 등장시켰다.

결과

우리가 살펴본 바를 가장 익숙한 방식으로 소화하는 방법은 우리가 예수님에 대해 말하는 방식을 생각하는 것이다. 기독교인은 하나님이 하나 이상의 위격이시지만, 본질에 있어서는 각각의 위격이 동일하다고 본다. 우리는 예수님이 그 위격들 중 하나라고 본다. 그러나 또 다른 측면에서 예수님은 하나님이 아니시다. 즉, 그는 성부가 아니시다. 성부는 성자가 아니시며 성자는 성부가 아니시다. 그럼에도 그들은 본질에 있어서 동일하시다.

이 신학은 신약에서 발원한 것이 아니다. 이제 그 구약적 뿌리가 드러났다. 구약적 사고에서는 두 여호와가 있는데, 하나는 보이지 않고, 하나는 눈에 보이는 인간의 형체를 하고 있다. 예수님 시대인 1세기 이전의 유대교도 이 가르침을 알았다. 그래서 고대 유대교 신학이 한때 두 여호와("두 권능")를 포용한 것이다.[6] 그러나 이 가르침이 나사렛 출신의 부활한 예수님과 결합되자 유대교는 더 이상 이 가르침을 용인할 수 없었다.

우리는 이어지는 장들에서 어떻게 신약 저자들이 두 여호와 사상을 재설정했는지를 구체적으로 살펴볼 것이다. 그 전에 먼저 시내산을 방문할 필요가 있다. 여호와는 그곳에서 여호와의 천사와 천상회의의 도움으로 율법을 제시하셔야 했다.

---

6. 나는 이전 장의 첫 번째 각주에서 이 방면의 연구로 앨런 시걸의 연구를 언급했다. Alan F. Segal, *Two Powers in Heaven: Early Rabbinic Reports about Christianity and Gnosticism* (reprint, Waco, TX: Baylor University Press, 2012). 시걸 이외에도 아래의 학문적 연구는 유대교의 두 권능에 대한 가르침과 관련하여 주목할 만하다. Daniel Boyarin, "The Gospel of the Memra: Jewish Binitarianism and the Prologue to John," *Harvard Theological Review* 94.3 (2001): 243-84; Boyarin, "Beyond Judaisms: Met. at. ron and the Divine Polymorphy of Ancient Judaism," *Journal for the Study of Judaism in the Persian, Hellenistic, and Roman Periods* 41 (2010): 323-65.

19. 여호와와 같은 자 누구니이까?

지존자이자 신 중의 신인 여호와가 열국을 흩어 멀리하셨다. 여호와는 이 땅에서 택한 분깃, 곧 자기 백성에게 사람의 모습으로 나타나 자신을 알리셨다. 그 계시는 아브라함을 시작으로 아브라함의 아들 이삭과 손자 야곱에게로 이어진다. 사람의 형체로 나타난 여호와인 천사는 야곱의 이름을 이스라엘로 바꾼다(창 32:27-28). 야곱의 아들들이 자신들의 형제 요셉을 해치려고 음모를 꾸미고, 섭리로 말미암아 이스라엘은 애굽으로 가게 된다.

많은 성경 독자들은 왜 하나님이 이스라엘의 애굽행을 허락하셨는지(창 46:3-4에 따르면, 심지어 지시하셨는지)에 대해 의문을 던진다(창 46:3-4). 이 의문은 내가 '신명기 32장 세계관'이라고 부르는 열국과 그 신들 대^對 이스라엘과 여호와의 대립구도를 이해할 때 더 부담으로 다가온다. 왜 애굽인들은 요셉 사후 이스라엘 백성을 두려워하다가 노예로 삼고 급기야 인구 억제책으로 학살까지 저질렀는가. 이를 악으로 치닫는 본원적인 인간의 성향으로 설명할 수도 있을 것이다(출 1-2장). 그러나 더 많은 것이 그 이면에 있다.

섭리의 목소리

여호와가 열국을 흩어 상속권을 박탈하신 이야기는 애굽의 종살이 시절에 이스라엘 백성 가운데 대대로 구전되었을 것이다. 이스라엘의 모든 아이들은 아브라함, 이삭, 야곱, 요셉에 대해 들었을 것이다. 그들은 이삭이 초자연적인 역사로 인해 태어났고, 그래서 자신들의 존재 자체가 초자연적 행위의 산물임을 배웠을 것이다. 이삭이 출생하지 않았으면 이스라엘 자손도 없었을 것이다.

그러나 이 이야기는 한 가지 의문을 남겼다. 왜 이 신 중의 신이 우리를 구원하지 않으시는가? 구전 전승에는 구원에 대한 어떤 약속이 보존되어 있었을 것이다. 여호와는 기근 중에 이스라엘 백성을 보존하시기 위해 요셉을 애굽에 보내셨고 아브라함과 야곱도 역시 약속의 땅으로 돌아오게 하신다는 약속을 받았다(창 15:13-16; 46:4).

애굽으로부터의 구원이 그 문제에 대한 해결책이 될 것이다. (그리고 하나님의 섭리적 행위로 해결해야 할 문제는 그 외에도 많았다). 이스라엘 백성은 적대적인 영토로 자신들을 들여보내시려는 하나님의 결정이 내려진 지 얼마 지나지 않아 "여호와가 '어디' 계시냐?"고 물었다. 그러나 바로와 애굽 백성, 그리고 모든 열국은 다른 질문을 던졌다. "여호와가 '누구'냐?"(출 5:2). 그들은 우여곡절을 겪으며 그 답을 알아가게 되었다.

이스라엘이 이런 상황에 처한 이유는 여호와가 모든 신 중에서 지극히 높으신 자이며 이스라엘이 여호와의 분깃이라는 점을 이스라엘만 아는 것으론 모자랐기 때문이다. 다른 열국도 알아야 했다. 성경이 분명히 밝히는 바는 이스라엘의 출애굽이 정확히 이런 효과를 야기했다는 것이다. 이스라엘 백성은 여호와가 구원하기 위해, 그럼으로써 위의 신학적 메시지를 전달하기 위해 애굽에 있었던 것이다.

여호와와 애굽의 신들

여호와가 행하신 일들에 대한 소문이 가나안 땅 이방인들의 귀에까지 들렸다(수 2:8-10; 비교. 출 15:16-18; 수 9:9). 미디안에서 모세의 장인 이드로는 그 충격을 선명하게 표현했다. "이제 내가 알았도다 여호와는 모든 신보다 크시므로 이스라엘에게 교만히 행하는 그들을 이기셨도다"(출 18:11). 열국 가운데 드러날 여호와의 명성은 이스라엘이 애굽에서 나와 가나안 땅에 옮겨 심기는 과정과 연결되어 있었다(민 14:15-16; 신 9:28; 수 7:9; 삼하 7:23).

출애굽 사건이 반복적으로 여호와와 신들 간의 대립구도로 부각되는 이유가 바로 이런 배경 때문이다. 알다시피 바로는 하나님이 모세를 통해 내리신, 내 백성을 풀어주라는 명령을 고분고분 따르지 않았다. 출애굽기 5:2에서 바로가 모세에게 비아냥거리며 묻는다. "여호와가 누구이기에 내가 그의 목소리를 듣고 이스라엘을 보내겠느냐?" 이에 돌아온 여호와의 대답은 끔찍한 재앙의 연속이었다.

성경은 재앙이 애굽의 신들, 즉 여호와가 여호와 대신 애굽을 다스리도록 권한을 부여한 엘로힘들을 겨냥한 것이라고 우리에게 말해 준다(출 12:12; 민 33:4). 이는 각각의 재앙이 애굽의 신들에 대해 일대일로 대응관계에 있다는 의미가 아니다. 다만 여호와의 권능의 행위가 애굽의 신들과 그들의 신적 대표자-아들인 바로의 권능을 능가했다는 의미가 있다.[1]

애굽 신학에서 바로와 애굽의 만신전은 서로 연결된 존재다. 애굽의 4대 왕조 이래로 바로는 계속 높은 신 레^{Re}의 아들로 간주되었다. 성경의 방식대로 표현하면, 바로는 지상에서 레를 대표하는 형상이자 창조 때 레와 그의 만신전이 기초를 놓은 우주 질서의 관리자였다.

바로는 레의 아들이었다. 이스라엘은 바로와의 대결에서 명백하게 여호와의 아들로 불린다(출 4:23; 비교. 호 11:1). 여호와와 그의 아들이 애굽의 높은 신과 그 아들을 물리칠 것이다. 신 대^{對} 신, 아들 대^{對} 아들, 형상 담지자 대^{對} 형상 담지자의 싸움이다. 이 맥락에서 재앙은 영적 전쟁이다. 여호와가 우주 질서를 뒤흔들어 그 땅을 혼돈으로 몰아넣으실 것이다.[2]

---

1. 재앙과 그 신학적 메시지에 대한 논의는 다음을 참조하라. James K. Hoffmeier, *Israel in Egypt: The Evidence for Authenticity of the Exodus Tradition* (Oxford: Oxford University Press, 1996), 149-53. 호프마이어는 재앙이 애굽 나라를 대표하는 신으로 인식되던 바로의 역할을 표적으로 삼았다는 개념을 소개한다(151쪽). 그는 다른 곳에서도 이런 접근을 전개한 바 있다. "Egypt, Plagues in," in *The Anchor Yale Bible Dictionary* (ed. David Noel Freedman; New York: Doubleday, 1992), 374-76. 바로의 신성 개념에 대해서는 다음을 참조하라. David P. Silverman, "Kingship and Divinity," in *Religion in Ancient Egypt: Gods, Myths, and Personal Practice* (ed. Byron Esely Shafer, Leonard H. Lesko, and David P. Silverman; Ithaca, NY: Cornell University Press, 1991), 58-87.
2. 출애굽의 우주론적 함의에 대해서는 다음을 참조하라. Thomas Dozeman, "The Song of the Sea and Salvation History," in *On the Way to Nineveh: Studies in Honor of George M. Landes*, American Schools of Oriental Research 4 (ed. S. L. Cook and S. C. Winter; Atlanta: Scholars Press, 1999), 94-113; and L. Michael Morales, *The Taberna-*

특히 마지막 재앙인 장자의 죽음은 애굽의 신들을 겨냥한 것이었다. 하나님이 모세에게 이르신다. "내가 그 밤에 애굽 땅에 두루 다니며 사람이나 짐승을 막론하고 애굽 땅에 있는 모든 처음 난 것을 다 치고 애굽의 모든 신을 내가 심판하리라 나는 여호와라"(출 12:12).

영적 충돌은 이 마지막 재앙에서 생생하고도 비극적인 초점으로 수렴된다. 여호와가 천사의 모습으로 애굽의 신들과 백성에 대해 직접 행동에 나서신다. 출애굽기 12:23에는 이런 내용이 있다. "여호와께서 애굽 사람들에게 재앙을 내리려고 지나가실 때에 문 인방과 좌우 문설주의 피를 보시면 여호와께서 그 문을 넘으시고 멸하는 자(마쉬키트)에게 너희 집에 들어가서 너희를 치지 못하게 하실 것임이니라."

여기서는 천사에 대한 명시적인 언급이 없다. 그러나 "멸하는 자"로 번역된 단어 '마쉬키트'는 이 멸하는 자가 누구인지에 대한 단서가 된다. '마쉬키트'라는 용어는 신의 심판을 묘사하는 세 구절에서만 사용된다(출 12:23; 삼하 24:16; 대상 21:15). 마지막 두 예시는 여호와의 천사가 집행한 다윗의 죄에 대한 심판으로, 동일 사건을 기술하고 있다. 사무엘하 24:16-17의 내용이다.

[16] 천사가 예루살렘을 향하여 그의 손을 들어 멸하려 하더니 여호와께서 이 재앙 내리심을 뉘우치사 백성을 멸하는 천사(마쉬키트)에게 이르시되 족하다 이제는 네 손을 거두라 하시니 여호와의 천사가 여부스 사람 아라우나의 타작 마당 곁에 있는지라 [17] 다윗이 백성을 치

---

cle Pre-Figured: Cosmic Mountain Ideology in Genesis and Exodus, Biblical Tools and Studies 15 (Leuven: Peeters, 2012), 196-205.

는 천사를 보고 곧 여호와께 아뢰어 이르되.

멸하는 자를 주의 천사와 동일시하는 내용은 스가랴 12:8-10에도 암시되어 있다. 말세에 나타날 주의 날을 배경으로 한 말씀이다.

⁸ 그날에 여호와가 예루살렘 주민을 보호하리니 그 중에 약한 자가 그날에는 다윗 같겠고 다윗의 족속은 하나님 같고 무리 앞에 있는 여호와의 천사 같을 것이라 ⁹ 예루살렘을 치러 오는 이방 나라들을 그날에 내가 멸하기를 힘쓰리라 ¹⁰ 내가 다윗의 집과 예루살렘 주민에게 은총과 간구하는 심령을 부어 주리니 그들이 그 찌른바 그를 바라보고 그를 위하여 애통하기를 독자를 위하여 애통하듯 하며 그를 위하여 통곡하기를 장자를 위하여 통곡하듯 하리로다(슥 12:8-10).

이 구절은 분명히 천사를 예루살렘 거민을 치러 오는 열국을 멸하시는 여호와와 동일시한다. 장자를 위해 애통하며 고통스러워하는 자들에 대한 언급은 애굽에 내린 마지막 재앙 및 죽음의 천사에 대한 충격적인 인유다.

그 멸하는 자가 여호와의 특별한 천사라는 것은 전혀 놀라운 일이 못된다. 우리는 이미 그가 여호수아에게 여호와의 군대 대장으로 나타난 것을 보았다. 여호와는 자기 백성들 가운데 임재하여 그들을 위해 싸우고자 사람의 형체로 임하시며, 자기 백성을 노예로 부리고 죽이려는 자들을 심판하신다(출 1-2장; 13-14장). 이 눈에 보이는 여호와는 훗날 앗수르와 같은 다른 대적들에 대해서도 동일한 일을 행하실 것이다(사 37:36).

신 중에 여호와와 같은 자가 누구니이까?

홍해를 건넌 사건의 또 다른 측면은 이렇게 지상에서 실현된 애굽에 대한 심판이 보이지 않는 세계의 우주적 충돌에서의 승리로 여겨진다는 것이다. 우리가 앞에서 숱하게 살펴보았듯, 고대의 우주관을 파악하지 않으면 익숙한 이야기 이면에 있는 많은 것들을 놓치게 된다.

물로 가득 찬 협곡[3]을 마른 땅으로 건넌 후 모세와 이스라엘 백성은 비길 자 없는 여호와를 찬양하는 노래를 부른다. 우리의 유익을 위해 이 노래가 출애굽기 15장에 기록되어 있다. 모세는 묻는다. "여호와여 신(엘림) 중에 주와 같은 자 누구니이까?" 이 수사적 질문에 대한 답은 명백하다. 여호와에 필적할 자는 없다. 다른 어떤 신도 여호와 같지 않다. 앞서 고찰했듯 이스라엘 사람들이 다른 신들에 대한 언급을

---

[3]. 이스라엘 백성은 홍해를 건넜다(출 15:4). 성경 구절은 '얌 수프'라고 표기하는데, 대부분의 학자들이 "갈대 바다"로 번역한다(히브리어로 "빨강"이라는 단어는 에돔[edom]이며, "바다"라는 단어와 함께 사용되지 않는다). 이 표현과 번역으로 사람들이 건넌 위치에 대한 논쟁이 크게 벌어졌다. 더 혼란스러운 것은 이스라엘 백성이 "바다 가운데를 지나 에담 광야로 사흘 길을 가서"(민 33:8)라고 말하고, 며칠 뒤 "홍해(얌 수프) 가에 진을 치고"라는 말이 나온다는 것이다(민 33:10-11). 학자들은 이에 대해 여러 가능성을 제안하지만 모두 추측에 의존할 뿐이다. 우리의 목적을 위해, '얌 수프'가 실제 장소와 혼돈의 원시적인 물 둘 다를 기술한다는 제안은 특히 뒤따르는 시 74편의 논의에 비추어 볼 때 가장 흥미롭다. 관련 웹사이트에는 다음의 두 논문과의 대화가 수록되어 있다. N. H. Snaith, "ים סוף: The Sea of Reeds; The Red Sea," *Vetus Testamentum* 15.3 (July 1965): 395-98 (논문 제목의 히브리어 점 표시는 스나이스의 것임.); Bernard F. Batto, "The Reed Sea: Requiescat in Pace," *Journal of Biblical Literature* 102.1 (1983): 27–35.

동화 속 이야기로 여겼다면 이 발언은 기껏해야 농담 혹은 거짓말이 될 것이다.

그렇다면 왜 시편 74:12-17에서는 홍해를 건널 때 바다괴물이 패했다고 했을까?

> [12] 하나님은 예로부터 나의 왕이시라
> 사람에게 구원을 베푸셨나이다
> [13] 주께서 주의 능력으로 바다(얌)를 나누시고
> 물 가운데 바다괴물들(탄니님)의 머리를 깨뜨리셨으며
> [14] 리워야단(리베야탄)의 머리를 부수시고
> 그것을 사막에 사는 자에게 음식물로 주셨으며
> [15] 주께서 바위를 쪼개어 샘과 와디를 내시며
> 주께서 늘 흐르는 강들을 마르게 하셨나이다
> [16] 낮도 주의 것이요 밤도 주의 것이라
> 주께서 빛과 해를 마련하셨으며
> [17] 주께서 땅의 경계를 정하시며
> 주께서 여름과 겨울을 만드셨나이다.

이 언어를 간파했는가? 하나님이 "바다를 나누시고" "바다괴물들"(탄니님)과 리워야단(리베야탄)의 머리를 부수셔서 그 짐승들을 "사막에 사는 자"에게 양식으로 주셨다. 하나님이 사막의 물 근원을 말하는 "샘과 와디"(wadi, 계절천)를 여시고 "강들"을 말리셨다(창 1:6-7). 시편 74:16-17의 언어는 거의 대부분 창세기 1장에 나오는 언어다(창 1:4-5, 9-10, 14-18).

혼란스러운가? 고대 이스라엘 사람이라면 별로 어렵지 않게 시편 74편의 메시지를 해독했을 것이다. 그리고 이것이 출애굽의 홍해 도하와 창조를 연결시키며 두 사건을 리워야단으로 알려진 바다괴물의 살육과 결부시키고 있음을 파악했을 것이다.[4]

리워야단과 "바다"(얌)의 상징적 이미지는 고대 시리아의 도시국가인 우가리트의 고대문헌에서 익히 알려진 바다.[5] 현존하는 우가리트의 가장 유명한 설화로 꼽히는 것이 바로 바알이 신들의 왕으로 등극하는 이야기다. 이 이야기가 시편 74편의 배경이다.

이 대서사시는 어떻게 바알이 얌[Yamm] 신에 대항해 싸웠는지를 묘사한다. 얌은 무질서하고 폭력적인 힘을 상징하는 신으로서, 용처럼 생긴 바다괴물로 묘사되었다. 때로는 이 바다괴물로 변장한 얌을 탄눈[Tannun] 또는 리타누[Litanu]라고 부른다. 성경용어들과의 중첩성이 분명하게 엿보인다. 바알은 격동하는 바다와 바다괴물을 물리쳐 신들에 대한 "영속적인 지배권"을 얻는다. 우가리트 설화의 교훈은 신들 중 높은 왕(바알)이 예측을 불허하는 자연세력을 다스릴 권능을 가지고 있다는 것이다.[6]

성경의 창조 이야기는 비단 창세기 1장과 2장에만 나오는 게 아니

---

4. 혼돈의 세력에 대한 논의, 즉 익히 알려진 리워야단의 고대적 상징성에 대한 논점과 성경의 창조기사는 생략했다.
5. 우가리트에 대한 나의 언급과 설명은 이 책 6장을 참조하라.
6. 구약에서 우가리트 설화에서 발견되는 묘사를 사용하여 리워야단을 칭하는 다른 구절들이 있다. 일부 우가리트 설화에서는 리타누가 "꼬불꼬불한 뱀"(twisting serpent)과 "도망치는 뱀"(fleeing serpent)으로 묘사된다. 이 정확한 문구가 사 27:1과 욥 26:13에서 리워야단을 가리켜 사용되었다.

다. 시편 74편 역시 창조에 대한 묘사다(창조를 원시적 혼돈 세력에 대한 여호와의 승리로 그린다). 여호와가 세상에 질서를 부여하여 세상을 인류와 그 백성이 살 만한 곳으로 만드셨다. 우가리트 설화에서는 바알이 신들의 왕이라고 선포하지만 이는 사실이 아니다. 여호와가 신들의 왕이시다.

바로나 다른 어떤 애굽의 신도 왕이 아니긴 마찬가지다. 성경 기자들은 (혼돈의 물을 다스려 여호와의 백성이 옷깃 하나 상하지 않은 채 그 가운데로 통과한) 출애굽 사건을 창조 이야기와 결부시킴으로써 단순하면서도 강력한 메시지를 전하고 있다. 여호와가 모든 신들의 왕이시다. 애굽 신학에서 창조 질서를 유지하는 소임을 맡은 바로가 왕이 아니라는 말이다. 창조주 하나님이 친히 자신의 창조세계를 보존하시며, 필요에 따라 자신을 섬기도록 창조세계를 부르신다.[7]

출애굽기 15:11에서 바다 건너편에서 모세가 이렇게 질문할 만도 하지 않은가. "신 중에 여호와와 같은 자가 누구니이까?"

고대사회에서 이스라엘 사람이든 아니든 누구도 이 신학적 충격을 못 본 채 지나칠 순 없었다. 이 구절은 누가 보이지 않는 세계의 왕인지, 그리고 그 왕이 누구의 편인지에 대해 의심의 여지를 남겨두지 않는다. 창조주이신 여호와가 온 인류가 거주할 만한 세상을 만드셨다. 하지만 열국은 내버려졌다. 이제 그 동일한 하나님이 자신의 분깃이 거할 약속의 땅을 예비하신 다음 그들을 건져내기 위해 혼돈의 세력

---

7. 여호와는 종종 돌풍과 불, 번개, 폭풍 가운데 임하심으로써 이 모든 세력들의 원천이자 통제자이심을 드러내신다(욥 22:14; 38:1; 시 97:2; 104:3; 나 1:3). 그는 천군의 주이시며 모든 신들의 왕이시다(신 10:17; 대하 2:5; 시 86:8; 95:3; 96:4; 136:2).

을 굴복시키실 것이다.

그러나 그 땅에 도착하기 전 여호와가 백성에게 몇 가지 가르치셔야 할 것이 있었다. 이제 여호와의 새로운 지상 거처이자 보이지 않는 회의의 거점인 시내산에서 신학 수업을 받을 시간이다.

20.
판 다시 짜기

애굽의 종살이로부터 건짐을 받은 출애굽 사건은 이스라엘이 한 백성에서 한 나라로 옮겨가도록 만든 기폭제였다. 성경에 대한 훌륭한 주해나 길잡이는 모두 이 점을 부각시킬 것이다. 그러나 더 많은 일이 진행되고 있었다. 우리는 앞으로 세 장에 걸쳐 출애굽 직후의 사건들이 경이로운 방식으로 에덴과 천상회의를 생각나게 한다는 것을 살펴볼 계획이다.

에덴에 대한 하나님의 비전은 인류가 하나님의 형상이라는 선포에서 시작되었다. 여호와에게는 이미 신적인 아들들이 있었지만 여호와는 인간 가족을 두고자 하셨다. 우리는 창세기를 통해 하나님에게 이미 형상 담지자들로 구성된 천상회의가 있었고, 그들이 보이지 않는 세계에서 하나님의 권위를 대표하며 하나님의 통치에 참여했다는 점을 배웠다. 창세기는 또한 우리에게 하나님이 지상의 형상 담지자인 인류로 구성된 천상회의에 상응하는 지상의 회의기구를 계획하셨음을 알려준다. 이러한 두 가족-행정부는 하나님의 임재 안에서 동역했다. 하늘이 지상의 에덴으로 임했다. 인류에게 맡겨진 소임은 하나님의 지상임재와 통치를 온 땅으로 확장시키는 것이었다. 하나님은 자신이 창조하신 새로운 세계에서 모든 자녀와 함께 살며 함께 다스리기 원하셨다.

창세기 3-11장은 인류의 비참한 실패에 대한 분명한 기록이다. 불완전한 존재의 손에 주어진 자유의지는 위험천만한 모험이었다. 바벨탑 사건이 인류의 어리석은 자업자득인 것은 맞지만, 그러나 이는 인간의 가슴 속에 살아 있는 에덴에 대한 갈망과 유토피아에 대한 열망, 하나님의 임재에 대한 감수성의 방증이기도 하다. 그러나 하나님은 자신의 에덴 비전을 인류의 것과 맞바꾸기를 원치 않으셨다. 하나님은 열국의 상속권을 박탈하시고 징계하셨다. 하나님은 자신의 분깃이 될 새 백성을 만들고자 하셨다. 그 기업은 아브라함과의 언약을 기점으로 시작되었고 아브라함의 가족을 통해 계승되었다.

하나님은 모세를 지도자로 세워 아브라함의 가족을 종살이로부터 건져내셨다. 애굽과 그 신들은 패배했다. 에덴에서 부패하고 홍수와 바벨 시대에 변질되었던 무언가가 혼돈의 물을 건넌 후 급격하게 생명력을 되찾았다.

이스라엘은 내 아들이라

이스라엘에 대한 여호와의 인식은 분명하다. "이스라엘은 내 아들, 내 장자라"(출 4:22). "내 아들을 애굽에서 불러내었거늘"(호 11:1). 여호와의 분깃인 아브라함(신 32:9)이 새 아담이므로 아브라함의 집단적 후계자인 이스라엘 역시 새 아담이었다. 아담은 여호와의 아들이었다. 이스라엘도 여호와의 아들이었다.

이것은 그다지 심오하게 들리지 않겠지만 사실 심오한 이야기다. 이 패턴이 성경 나머지 부분에서 계속 되풀이된다는 것을 깨닫게 되면, 그 메시지가 뚜렷하게 다가올 것이다. 결국 하나님이 이스라엘의 왕을 자신의 아들로 칭하실 것이다(시 2:7). 장래의 궁극의 왕인 메시아 역시 다윗의 자리에 앉을 것이므로 여호와의 아들이 틀림없다. 그리고 우리 영화롭게 된 신자들 역시 그 보좌에 앉아 함께 다스릴 것이므로(계 3:21) 우리도 하나님의 아들, 곧 하나님의 자녀다. 모든 신자 역시 아브라함의 믿음의 자손이다(갈 3:26-29). 우리는 현재뿐 아니라 종말에 이르러서도 하나님의 아들들이다. 우리의 신분은 아담에서 시작했다가, 아브라함을 통해 구출되어, 다윗 보좌의 계승자인 예수님 안에서 완성되었다.

사실 이 연결고리들은 명백하게 겉으로 드러난 부분에 불과하고, 이스라엘의 아들 됨으로부터 우리의 영광으로까지 이어지는 연장선상에는 훨씬 더 많은 것이 있다.

하나님을 믿는 이스라엘: 하나님의 지상회의

나는 신명기 32:8-9을 설명하면서 바벨의 심판에서 여호와가 상속권을 박탈하여 쫓아낸 열국의 수가 칠십이라고 말했다.[1] 이 숫자는 의미심장하다. 이스라엘에 가장 인접한 종교적 경쟁자인 우가리트와 가나안의 엘, 바알, 아세라 숭배자들은 그들의 천상회의에 속한 아들들의 수가 칠십이라고 믿었다. 여호와가 열국의 상속권을 박탈하시고 하나님의 아들들에게 그 열국을 배정하시면서 일종의 신학적 도전장을 내민 것이다. 즉, 오직 여호와만이 홀로 열국과 그 신들 위에 호령하시며 다른 신들은 여호와를 섬긴다는 선언이다.

출애굽 이야기는 다른 신들의 코를 납작하게 하는 신학적 일격이었다. 이스라엘은 여호와의 아들이자 지상의 분깃일 뿐 아니라, 모세의 인도 아래 '칠십' 명이라는 특별한 무리의 다스림을 받을 것이며, 후대에는 여호와의 보좌에 오른 아들, 곧 이스라엘 왕의 통치를 받을 것이다.

바다를 건넌 지 얼마 후에 이드로가 모세와 이스라엘을 찾아온다. 이 내용은 출애굽기 18장에 기록되어 있다. 모세에게 몰려든 무리를 본 이드로는 모세를 도와 백성을 다스릴 사람들을 세우라고 조언한다. 이 본문에 구체적인 숫자가 기록되어 있지 않으나 후에 출애굽기 24장에 나온다.

[1] 또 모세에게 이르시되 너는 아론과 나답과 아비후와 이스라엘 장로 칠십 명과 함께 여호와께로 올라와 멀리서 경배하고 [2] 너 모세만 여호와에게 가까이 나아오고 그들은 가까이 나아오지 말며 백성은 너

---

1. 참조. 이 책 14장 각주 7을 보라.

와 함께 올라오지 말지니라…

⁹ 모세와 아론과 나답과 아비후와 이스라엘 장로 칠십 인이 올라가서 ¹⁰ 이스라엘의 하나님을 보니 그의 발 아래에는 청옥을 편 듯하고 하늘같이 청명하더라(출 24:1-2, 9-10).

이 문구를 보면 보다 큰 무리 가운데서 칠십 명의 장로를 선발한 것임을 알 수 있다(각기 다른 서열과 과업이 주어진 여호와의 천상회의의 엘로힘들처럼 말이다). 천상회의의 모든 구성원이 동등한 서열을 가진 것은 아니었다.² 열국의 통치권을 부여받은 하나님의 아들들은 자신들에게 배정된 열국을 다스리는 과정에서 부패했고, 시편 82편의 내용을 따라 징계의 대상이 되었다.³

여기에는 의도적인 대응점이 있다. 여호와가 바벨탑 사건으로 열국을 심판하신 후, 칠십 곳의 나라가 여호와보다 하등한 신들의 지배 아래 놓이게 되었다. 여호와 자신의 왕국은 여호와가 직접 대면하시는 단일 지도자(현재로선 모세)와 칠십 명의 회의기구 체제로 구성되어 있다. 역사적으로 이 지도체제는 예수님 시대까지 이어진다(대제사장이 이끄는 유대 산헤드린도 칠십 명으로 구성되었다.)

우리가 주목하는 것은 그 신학적 메시지다. 성경신학적 관점에서 이 이미지는 독특한 의미를 담고 있다. 하나님은 그가 의도하신 에덴 통치를 이스라엘에서부터 시작하신다. 이스라엘은 한 명의 지상 지도

---

2. 여호와의 천상회의와 우가리트와 같은 다른 문화권에 등장하는 회의체의 위계적 구조에 대한 추가 논의는 관련 웹사이트를 참조하라.
3. 여호와의 천상회의의 신들에 대한 심판에 대해서는 이 책 30장을 참조하라.

자(결국 하와의 궁극적 후손인 메시아 왕)와 칠십 명의 회의기구를 가질 것이다. 이 숫자는 하나님 나라가 지상에 재건되는 과정에서 칠십 곳에 이르는 열국을 되찾을 것이며, 그 과정은 예수님의 사역에서 시작하여 마지막 날까지 계속될 것을 시사한다.[4]

천상회의와 명백하게 연결된 구절들을 통해 우리는 여호와가 열국을 되찾으시는 과정의 최종 결말을 엿볼 수 있다. 여호와의 회의에 속한 신실한 구성원들은 이사야 24:3에서 여호와의 장로들로 불리는데, 그 맥락은 뚜렷하게 종말론적이다.

> [21] 그날에 여호와께서 높은 데에서 높은 군대를 벌하시며 땅에서 땅의 왕들을 벌하시리니…
> [23] 그때에 달이 수치를 당하고 해가 부끄러워하리니 이는 만군의 여호와께서 시온산과 예루살렘에서 왕이 되시고 그 장로들 앞에서 영광을 나타내실 것임이니라 (사 24:21, 23, ESV).[5]

---

4. 참조. 이 책 32, 37, 40-42장. 창세기에 기록된 나라들의 수는 성경 기자들이 성경을 제작하던 당시에 사람들이 알던 세계를 반영한다. 교회가 아브라함의 약속을 상속하고 예수님이 70명을 파송하며(눅 10:1) 모든 신자에게 지상명령이 부여되는 과정에서 나라들을 되찾는다는 식의 언어는 보다 포괄적인 언어가 된다. 우리 시대에도 그 메시지는 동일하다. 모든 나라가 여호와께 속했고 흑암의 통치는 무너질 것이다.

5. Timothy M. Willis, "Yahweh's Elders (Isa 24, 23): Senior Officials of the Divine Court," *Zeitschrift für die alttestamentliche Wissenschaft* 103.3 (1991): 375-85. 사 24장은 학자들이 "소묵시록" 또는 "이사야 묵시록"(24-27장)으로 부르는 대목이다. 참조. T. J. Johnson, "Apocalypticism, Apocalyptic Literature," in *Dictionary of the Old Testament: Prophets* (ed. Mark J. Boda and Gordon J. McConville; Downers Grove, IL; Nottingham, England: IVP Academic; Inter-Varsity Press, 2012), 41.

그 설정이 말이 되는 이유는 하나님의 보좌를 둘러선 이십사 장로들이 등장하는 요한계시록 4-5장의 천상회의 장면 때문이다.[6] 여기에는 심오한 가르침이 담겨 있다. 즉, 현재 열국을 지배하고 있는 하나님의 부패한 아들들을 밀어내고 하나님 가족의 신실한 구성원들이 대신 열국을 지배하게 된다는 것이다.

그런데 대체 어느 가족인가? 신약에 그 설명이 나온다.

만유의 상속자

신자의 집합체인 교회가 아브라함에게 주어진 약속의 상속자이므로 (갈 3:26-29), 신약에서 말하는 "참 이스라엘"은 신자들이다. 우리가 말세에 예수님과 더불어 열국을 다스릴 권세를 상속받을 때(계 3:21), 우리는 현재 열국의 통치자이자 심판 아래 있는 하나님의 아들들, 즉 부패한 신들을 몰아낼 것이다(시 82편). 우리는 채 완성되지 않은, 하지만 이미 실현된 여호와의 새로운 지상회의다. 사도 요한은 이 논점에 담긴 정신을 이렇게 언어화했다.

---

6. 이 책 39장의 계 4-5장 논의를 참조하라. 신자들의 공동체, 장로 모티프, 천상회의 역시 계 4-5장에 등장하는 천상의 어전회의 광경과 연결되어 있다. 다음을 참조하라. Jürgen Roloff, *The Revelation of John: A Continental Commentary* (trans. John E. Alsup; Minneapolis: Fortress, 1993), 69; David E. Aune, *Revelation 1-5*, Word Biblical Commentary 52A (Dallas: Word, 1998), 277; Joseph M. Baumgarten, "The Duodecimal Courts of Qumran, Revelation, and the Sanhedrin," *Journal of Biblical Literature* 95 (1976): 59-78; Larry W. Hurtado, "Revelation 4-5 in the Light of Jewish Apocalyptic Analogies," *Journal for the Study of the New Testament* 25 (1985): 105-24.

영접하는 자 곧 그 이름을 믿는 자들에게는 하나님의 자녀가 되는 권세를 주셨으니(요 1:12).

보라 아버지께서 어떠한 사랑을 우리에게 베푸사 하나님의 자녀라 일컬음을 받게 하셨는가 우리가 그러하도다 그러므로 세상이 우리를 알지 못함은 그를 알지 못함이라(요일 3:1).

이 구조를 알면 바울의 다른 발언들을 이해하기가 쉬워진다. 열국을 통치하는 일은 메신저(천사라는 단어의 뜻)가 되는 것보다 높은 서열에게 주어지는 일이었다. 신자의 운명은 예수님과 함께 보좌에 앉아 열국을 다스리는 것이다. 바로 이 배경에서 바울은 교인 간의 분쟁을 세상 법정으로 가져가지 말라고 말한 적이 있다. 고린도전서 6:3에서 바울은 "우리가 천사를 판단할 것을 너희가 알지 못하느냐"라고 책망한다. 우리가 새 땅에서 거룩하게(영화롭게) 될 때 우리의 서열은 천사보다 높을 것이다. 신자는 과거와 장래에 걸쳐 하나님의 가족이자 회의 기구이며 예수님과 더불어 모든 열국을 다스릴 공동 통치자다. 이스라엘의 풀려남으로 이 신학에 추진력이 붙었다.

인간으로 이루어진 여호와의 가족-회의의 영화롭고 거룩한 면모를 다른 방식으로 드러낸 내용도 있다.

신적 존재로서의 하나님 아들들은 욥기 38:7에서 "새벽별들"로, 이사야 14:13에서 "하나님의 별들"로 불린다. 요셉의 꿈에 야곱(이스라엘)의 아들들이 별 이미지로 등장한 것은 우연이 아니다. 아브라함의 후손이 "별처럼" 되리라는 말도 우연이 아니다. 이 표현은 별처럼 무수한 자손으로 해석되지만 꼭 그것만 의미하진 않는다.

별을 사용한 언어는 다른 곳에서 신성divinity 또는 영화glorification를 의미한다. 계시록은 (스스로를 광명한 새벽별로 부른) 예수님과 천사들에게 있는 이 땅에 속하지 않은 신적 속성을 이런 언어로 표현한다(계 1:20; 22:16; 비교. 2:28). 다니엘서는 의인이 "궁창의 빛과 같이 빛날 것이요…별과 같이 영원토록 비추일"(단 12:2-3) 것이라 말한다. 말세에 예수님과 더불어 보좌에 앉아 열국을 기업으로 받을 때(계 3:21), 우리는 부활하여 영화롭게 된, 즉 신적인 상태일divine state 것이다. 창세기 15장의 별 모티프에는 종말론적 함의가 있다.

로마서에서 바울은 이 개념을 파고든다. 학자들은 바울이 로마서 4장에서 하나님이 아브라함에게 주신 창세기 15장의 약속의 언어를 살짝 바꾼 것을 발견했다.[7] 창세기 15:5에서 육신을 덧입은 여호와가

---

7. 이 해석의 궤적은 신약과 제2성전기 시절 신자의 영화(angelification, apotheosis, deification라고도 한다)에 대한 유대사상의 일부이기도 하다. 제2성전기 시절 이런 접근법의 사례는 알렉산드리아의 필로가 있다(*Who Is the Heir of Divine Things* 86-87, 280-83; *Questions and Answers in Genesis* 4.181; *On the Posterity of Cain* 89; *The Special Laws* 1.13-19); Sirach 44:21. 참조. David Burnett, "'So Shall Your Seed Be': Paul's Use of Genesis 15:5 in Romans 4:18 in Light of Early Jewish Deification Traditions"(paper presented at the Annual Meeting of the Society of Biblical Literature, San Diego, CA, November 22-25, 2014; forthcoming in *Journal for the Study of Paul and His Letters*); M. David Litwa, *We Are Being Transformed: Deification in Paul's Soteriology*, Beihefte zur Zeitschrift für die neutestamentliche Wissenschaft 187 (Berlin: Walter de Gruyter, 2012); Devorah Dimant, "Men as Angels: The Self-Image of the Qumran Community," in *Religion and Politics in the Ancient Near East*, Studies in Jewish History and Culture (ed. Adele Berlin; Bethesda, MD: University Press of America, 1996), 93-103; James Tabor, "Firstborn of Many Brothers: A Pauline Notion of Apotheosis," in *Society of Biblical Literature Seminar Papers* 1984, 295-303. 이 사상의 종말론적 결론은 성경신학에서 '신명기 32장 세계관'이라 부르는 것의 최종 해법과 일치한다. 아브라함 자손의 영화(모든 신자들, 갈 3:26-29)를 하나님의 신적인 아들들과 결부시키는 버넷(Burnett)의 글은 유대 사상사의 궤적(특히 필로)을 선명하게 제시한다는 면에서 상당히 위력적이다. 영화롭게 된 신자들은 여호와의 가족-회의로 재건되어 (현재 여호와의 왕국 확장

"그(아브라함)를 이끌고 밖으로 나가 이르시되 하늘을 우러러 뭇별을 셀 수 있나 보라"고 하시고 아브라함에게 "네 자손이 이와 같으리라"고 하셨다. 로마서 4장에서 바울은 이 구절을 두 번 언급한다.

> 아브라함이…네 후손이 이같으리라 하신 말씀대로 많은 민족의 조상이 되게 하려 하심이라(롬 4:18).

> 아브라함이나 그 후손에게 세상(코스모스)의 상속자가 되리라고 하신 언약은 율법으로 말미암은 것이 아니요 오직 믿음의 의로 말미암은 것이니라(롬 4:13).

몇 가지 살펴볼 점이 있다. 바울의 입장에서 아브라함은 단지 이스라엘의 조상이 아니라 많은 민족의 조상이 되었다. 물론 이 논점은 유대인이든 이방인이든 모든 신자가 "아브라함의 자손"이라는 갈라디아서 3장의 바울신학을 반영한 것이다(갈 3:26-29).

아브라함의 후손이 "세상의 상속자"가 된다는 사상은 그 후손들이 열국을 통치한다는 이야기다. 신명기 32:8의 부패한 하나님의 신적인 아들들은 새로운 하나님의 신적인 아들들, 즉 영화롭게 된 신자들에게 그 자리를 내어줄 것이다.[8]

만일 신자들이 여호와의 자녀라면, 특히 옛 에덴에서 인류가 신적

과 열국 탈환에 저항하는) 열국을 다스리는 하나님의 패역한 아들들을 축출하고 대체할 것이다. 추가 논의는 관련 웹사이트를 참조하라.

8. 참조. 이 책 35-36, 42장.

인 임재와 하나였음을 생각한다면, 바울의 논리는 일관성이 있다. 우리는 이미 "신적 속성을 함께 나누는 자"(벧후 1:4, 개역개정, "신성한 성품에 참여하는 자")이지만 언젠가 예수님처럼 될 것이며(요일 3:1-3; 고전 15:35-49), 그와 함께 열국을 통치할 것이다. 아브라함의 영적 후손인 신자들은 결국 에덴에서의 실패가 불러온 사망의 저주와 열국의 상속권 박탈을 되돌릴 것이다.

에덴과 시내산

창세기에서 에덴은 여호와의 집이었고 그의 천상회의의 모임 장소였다. 하나님은 후에 주소를 이전하셨다. 이제 시내산이 하나님의 영역이자 이스라엘의 목적지가 되었다.

앞서 우리는 에덴이 거처이자 천상회의의 본거지라는 점을 발견했다.[9] 우리는 창세기에서 에덴이 네 개의 강이 있는 울창한 동산^{garden}으로 묘사되었음을 기억한다(창 2:10-14). 에덴은 또한 산^{mountain}이었고(겔 28:13-14), 행정부 역할을 하는 "신들의 자리"(겔 28:2; 개역개정, "하나님의 자리")였으며, (물이 풍부한 천상회의 본부 이미지에 대한 표현으로) "바다의 한가운데"에 있었다(겔 28:2). 신들은 가장 좋고 가장 먼 곳에 살았다. 앞서 에덴과 시온산의 연관성을 고찰하는 논의를 했는데, 이제는 에

---

9. 참조. 이 책 6장.

덴과 시내산의 연관성을 살펴볼 차례다.[10] 에스겔 28:13-14에서 에덴을 동산과 산, 둘 다로 가리켰다는 점은 의미심장하다. 이는 에덴과 하나님의 성산인 시내산 사이에 뚜렷한 개념적 연결고리가 있음을 시사한다.[11]

우리는 이미 시내산이 하나님의 집이자 회의 장소라는 단서를 확보했다. 장로 칠십 명이 등장하는 본문(출 24:9-11)에서, 여호와는 이전에 족장들과 모세에게 그랬듯 다시금 사람의 형체로 나타나셨다. 그러나 이번에는 지상의 장로 칠십 명과 회의를 하기 위해 나타나셨다. 이스라엘 사람 칠십 명을 위해 회의 장소를 마련하신 것이다.

시내산이 여호와의 어전회의실이라는 내용은 다른 식으로도 전달된다. 출애굽기 24장에서는 여호와가 좌정하며 그 발 아래 "하늘같이 청명한" 빛나는 청옥(사파이어)으로 포장한 길이 있다고 했다(출 24:10). 다시금 빛은 신적 임재를 뜻한다. 이 이미지는 다른 구절에서도 반복 및 확장되어 불, 연기, 번쩍이는 빛, 번개, 굉음까지 아우른다(출 19:16,

---

10. 에덴-시내산 연결점에 대해서는 다음을 참조하라. Morales, "Mountain of God in the Wilderness," ch. 4 in L. Michael Morales, *The Tabernacle Prefigured: Cosmic Mountain Ideology in Genesis and Exodus* (Biblical Tools and Studies 15; Leuven: Peeters, 2012); Richard J. Clifford, "The Temple and the Holy Mountain," in *Cult and Cosmos: Tilting Toward a Temple-Centered Biblical Theology*, Biblical Tools and Books 18 (ed. L. Michael Morales; Leuven: Peeters, 2014), 85-98; D. W. Parry, "Sinai as Sanctuary and Mountain of God," in *By Study and Also by Faith*, vol. 1 in *Essays in Honor of Hugh Nibley on the Occasion of His Eightieth Birthday* (Provo, UT: Brigham Young University Press, 1990), 482-500; and Daniel C. Timmer, *Creation, Tabernacle, and Sabbath: The Sabbath Frame of Exodus 31:12-17; 35:1-3 in Exegetical and Theological Perspective* (Forschungen zur Religion und Literatur des Alten und Neuen Testaments 227; Göttingen: Vandenhoeck & Ruprecht, 2009).
11. 시내산은 구약에서 호렙산이라고도 한다. 참조. 출 3:1-3; 신 4:15; 5:2; 왕상 8:9.

18; 20:18; 신 5:4-5, 22-26).

이 모든 요소들은 우리에게 익숙한 보좌에 계신 여호와의 환상에서 발견할 수 있다(사 6장; 겔 1장; 단 7장; 시 18편). 이 구절들에서는 여호와가 좌정하신 곳에 대해 그곳이 영적 세계든 지상 세계든 모두 동일한 이미지가 사용된다. 하늘과 땅이 연결되어 있고 하늘과 땅 모두 여호와가 다스리신다.

이 단락들 중 천상회의인 천군이 등장하는 대목이 있다. 에덴과 시내산의 또다른 연관성에 비추어 볼 때 충분히 예상가능한 일이다. 일례로 다니엘 7장의 보좌에 앉은 하나님이 계시는 천상의 어전회의실 장면에서 우리는 이런 내용을 읽게 된다.

> [9] 내가 보았는데
> 왕좌들(개역개정, "왕좌")이 놓이고
> 옛적부터 항상 계신 이가 좌정하셨는데
> 그 옷은 희기가 눈 같고
> 그 머리털은 깨끗한 양의 털같고
> 그 보좌는 불꽃이요
> 그 바퀴는 붙는 불이며
> [10] 불이 강처럼 흘러
> 그 앞에서 나오며
> 그에게 수종하는 자는 천천이요
> 그 앞에 시위한 자는 만만이며
> 법정이 열려 심판을 베푸는데 the court sat in judgment
> 책들이 펴 놓였더라(9-10절, ESV).

이는 구약에서 천상회의가 확연하게 실체를 드러낸 구절로 꼽힌다. 천상을 그린 장면에는 옛적부터 항상 계신 이, 곧 이스라엘의 하나님의 단일 보좌와 더불어 다수의 보좌들이 있었다.[12] 이는 분명히 회의에 대한 언급이다(여기서 '법정'으로 번역한 단어는 사법기구를 가리킨다).[13] 천상회의를 시내산과 연결시킬 뿐 아니라 (시내산이 명성을 얻는 계기가 된) 율법 수여와도 연결시키는 놀라운 시내산 단락이 또 하나 있다. 이상하게 들릴 수도 있는 이야기다. 내 경험으로는 사람들은 대개 시내산과 율법이라고 하면 머릿속에서 〈십계〉의 찰튼 헤스턴을 떠올린다. 영화 장면에서는 어떤 천사도 등장하지 않는다. 그러나 만일 천상회의가 율법과 무관하다면 다음과 같은 구절을 어떻게 취급해야 할까?

[52] 너희 조상들이 선지자들 중의 누구를 박해하지 아니하였느냐 의인이 오시리라 예고한 자들을 그들이 죽였고 이제 너희는 그 의인을

---

12. 일부 유대인 해석자들은 복수형 '보좌들'이 이스라엘의 하나님 보좌와 다윗의 왕좌, 이렇게 단 두 개의 보좌를 가리킨다고 주장한다. 그들은 다윗 왕이 13절의 인자에 해당하는 인물이라고 본다. 이 견해에는 몇 가지 문제점이 있다. 구체적으로 말하면, 〈Ugarit Baal Cycle〉의 천상회의 장면과의 분명한 문학적 병행, 그리고 인자가 보좌에 앉지 않은 상태였고 옛적부터 항상 계시던 이에게 다가갔을 때 보좌에 앉으라는 권유를 받지도 않았다는 사실이다. 이 책 29장의 논의를 참조하라. 그렇다고 다수의 보좌가 사람인 유대인 장로들을 위한 것이라고 주장할 수도 없다. 다니엘 7장의 법정/회의는 분명 천상에 있었고 인자의 왕국이 세워지는 시점에서 거룩한 인간들을 위한 판단을 내리고 있기 때문이다(비교. 단 7:22; 참조. 단 6장). 참조. "The Divine Council in the book of Daniel" in Michael S. Heiser, "The Divine Council in Late Canonical and Non-Canonical Second Temple Jewish Literature"(PhD diss., University of Wisconsin-Madison, 2004). 이 논문은 관련 웹사이트에 수록되어 있다.
13. 서술상 이미 법정 착석이 이루어진 시점이고(10절), 주재하는 재판장이신 하나님도 착석하신 상태다(9절).

잡아준 자요 살인한 자가 되나니 ⁵³ 너희는 천사가 전한 율법을 받고도 지키지 아니하였도다 하니라(행 7:52-53, ESV).

¹ 그러므로 우리는 들은 것에 더욱 유념함으로 우리가 흘러 떠내려가지 않도록 함이 마땅하니라 ² 천사들을 통하여 하신 말씀이 견고하게 되어 모든 범죄함과 순종하지 아니함이 공정한 보응을 받았거든 ³ 우리가 이같이 큰 구원을 등한히 여기면 어찌 그 보응을 피하리요(히 2:1-3a, ESV).

천사들이 전한 율법이라니? 헐리우드 영화는 성경 대본에 그리 충실하지 않았던 것 같다. 다음 장에서 이 사실관계를 바로잡아보자.

21.
하나님의 율법,
하나님의 회의

솔직히 말해, 나는 하나님의 율법이라고 하면 그다지 설레지 않는다. 과연 우리 중 몇이나 하나님의 율법을 마음으로 기뻐한다고 한 바울의 말에 공감할까?(롬 7:22) 확실히 우리는 율법에 대해 다윗이 생각한 것만큼 생각하지 않는다.

> ⁷여호와의 율법은 완전하여 영혼을 소성시키며
> 여호와의 증거는 확실하여 우둔한 자를 지혜롭게 하며
> ⁸여호와의 교훈은 정직하여 마음을 기쁘게 하고
> 여호와의 계명은 순결하여 눈을 밝게 하시도다(시 19:7-8).

우리는 흔히들 율법이라고 하면, 그 안에 담긴 613개의 명령 하나하나가 여호와와의 관계를 위해 어쩔 수 없이 지켜야 하는 것이라고 생각한다. 우리는 마치 율법이 죄책감을 야기하거나 이스라엘 백성에

게 하나님을 만족시키는 것이 불가능하다는 좌절감을 심어주기 위해 주어졌다고 생각하며 율법을 부정적으로 바라보는 경향이 있다. 이는 잘못된 생각이다. 토라의 율법은 한 개인과 여호와의 관계(예. 예배, 성소에 나아가는 문제 등),[1] 이스라엘 동족 간 또는 이방인과의 관계(예. 성관계, 사업, 재산문제 등), 이스라엘과 하나님 사이의 언약적 유대를 폭넓게 다루고 있다. 율법은 구원을 공로화하는 수단이 아니었다. 이스라엘 백성이라면 (율법에 담긴 실천 및 금기 목록의 기계적 준수가 아니라) 믿음이야말로 여호와와 바른 관계를 맺는 열쇠임을 알았을 것이다. 물론 이방 나라에 유배되었던 충격으로 인해 그릇된 사고에 빠진 이스라엘 백성도 있었겠지만 그것은 율법이 의도하는 바가 아니었다.[2]

---

1. 이 개념들에 대해서는 22장을 참조하라.
2. 토라는 약속의 땅을 소유하는 것이, 순종, 특히 이방신과 우상숭배를 거부하는 것과 연결되어 있음을 분명히 했다(예. 레 26장; 신 4:25-27, 39-40; 11:18-24). 선지자들의 가르침, 성전 파괴, 본토로부터의 추방과 유배로 인해 이스라엘 백성은 유배가 불순종의 결과임을 깨닫게 되었다. 결과적으로 토라는 살아남은 공동체의 구심점이 되었다. 유배기에 새롭게 생겨난 제도인 회당의 율법 연구가 이스라엘 공동체의 종교생활에서 성전 의례가 차지하던 자리를 대신했다. 회당과 율법에 대한 관심은 본토로 귀환하여 새 성전을 건축한 후에도 계속되었다. 다시는 본토에서 쫓겨나지 않겠다는 이스라엘의 굳은 결심으로 율법이 유대교의 지향점이 되었다. 율법 순종에 전력투구한 것은 이스라엘을 택정하시고 땅에 거하게 하신 하나님께 유대 공동체가 충성을 표현하는 방식이었다. 이 정서와 관련하여 어떤 학자는 이렇게 말했다. "유배자들에게 모세오경의 언약 불순종에 대한 저주들은 바벨론 침공과 유배와 관련하여 숨이 멎을 정도로 정확한 예언으로 다가왔을 것이 틀림없다(레 26:14-46; 신 28:43-52, 64-67; 29:22-28; 31:14-29). 페르시아가 바벨론을 멸망시키고 이스라엘 국외자들의 본토 귀환을 허락했을 때, 귀환을 이끈 지도자들은 율법을 엄수하여 불순종으로 인한 심판을 미연에 방지하겠다는 굳은 각오를 가지고 있었다. 이는 충분히 이해할 만한 일이다. 그들은 자신들이 유배당하기 전에 이방의 미혹을 받아 우상숭배에 빠졌던 것을 아킬레스건이라고 생각했다. 그들은 율법을 준수함으로써 이방의 악한 영향을 차단하는 것이 하나님과의 언약관계를 회복하는 길이라고 확신했다"(F. Theilman, "Law" in *Dictionary of Paul and His Letters* [ed. Gerald F. Hawthorne, Ralph P. Martin, and Daniel G. Reid; Downers Grove, IL: InterVarsity Press, 1993], 533).

달리 말하면 율법주의는 율법에 대한 성경의 신학에서 본질적인 것이 아니다. 구약과 신약을 통틀어 성경신학에서 구원의 요체는 여호와에 대한 신실한 믿음이다. 그 지향성은 에덴에서 비롯되었으며 시내산에서 일어난 일에 깊은 뿌리를 두고 있다. 여호와의 분깃인 이스라엘이 시내산에서 여호와와 만난 결과가 여호와와 이스라엘을 신실하게 묶어주는 율법이 포함된 2차 언약이었다는 점은 우연의 일치가 아니다. 게다가 이 언약식에는 증인이 있었다. 바로 여호와의 천상회의 구성원들이다.

우주적 산: 율법의 탄생지

바로 앞장에서 우리는 에덴과 시내산의 연관성을 처음 접했다. 에덴과 시내산은 모두 여호와의 자녀들이 사람의 형체로 나타나신 여호와를 본 성지였다(창 3:8; 출 24:9-11). 우리는 하나님의 산, 특별히 율법을 수여하는 현장에 천상회의가 있었다는 도발적인 생각으로 논의를 일단락했다.

율법과 천상회의의 연결점을 지목하는 몇몇 신약 구절들이 있다. 여기선 천상회의를 광범위한 표현으로 "천사들"이라고 기술한다. 나는 바로 앞장의 끝부분에서 율법을 "천사들이 전하고" "천사들이 선포한" 것으로 묘사한 두 구절을 소개했다.[3]

---

3. 신적 존재들에 대한 신약의 언어는 구약보다 위계질서를 묘사하는 정도에 있어서 정확도가 다소 떨어진다는 점을 상기하라. 우리가 37장에서 살펴보겠지만 바울은 신적 존재

나는 구약을 그렇게도 많이 읽었으면서도 위의 신약 구절들을 처음 접했을 때 그 개념들이 매우 낯설었던 탓에, 은연중에 신약 기자들이 그것을 어디서 가져왔는지 다소 의아스러웠다. 사실 이것은 매우 까다로운 문제다. 시내산에 천사들이 있었다고 기술한 본문이 몇 있지만 그 중 구체적으로 율법을 언급한 구절은 하나도 없다.

일례로 시편 68:15-18이 있다.

> [15] 바산의 산은 하나님의 산임이여
> 바산의 산은 높은 산이로다
> [16] 너희 높은 산들아 어찌하여 하나님이 계시려 하는 산을
> 시기하여 보느냐
> 진실로 여호와께서 이 산에 영원히 계시리로다
> [17] 하나님의 병거는[4] 천천이요 만만이라

들이 지리적으로 관할한다는 사상을 반영하는 용어들을 사용하지만(예. 통치자, 권세), 대부분의 신약 어휘는 단순화된 것이다. 선한 신적 존재들(good divine beings)은 압도적으로 '앙겔로스', 즉 천사로 기술한 반면, 악한 존재들(evil ones)은 주로 '다이몬, 다이모니온'으로 기술했다. 이 세 용어는 일반적인 헬라어 용례상 모두 중립적이다(선하지도 악하지도 않다). '앙겔로스'는 메신저를 가리키고 '다이몬 및 다이모니온'은 영적 존재들을 가리킨다. 신적인 메신저라는 개념에는 하나님이 자신의 선한 목적을 따라 보내신 존재라는 전제가 깔려 있기 때문에, '앙겔로스'는 선한 영을 가리키는 보편적인 용어가 되었다. 그렇다고 해서 헬레니즘 시대의 유대 신학에서 히브리어 복수형 '엘로힘'이나 '엘림(신들)'이나 헬라어 '데오이(신들)'를 제거하려 했다는 말은 아니다. 37장의 자료와 함께 다음을 참조하라. Michael S. Heiser, "Monotheism and the Language of Divine Plurality in the Hebrew Bible and the Dead Sea Scrolls," *Tyndale Bulletin* 65.1 (2014): 85-100; R.B. Salters, "Psalm 82, 1 and the Septuagint," *Zeitschrift für die alttestamentliche Wissenschaft* 103.2 (1991): 225-39.

4. 참조. 왕하 6:17.

주께서 그중에 계심이 시내 산 성소에 계심 같도다

18 주께서 높은 곳으로 오르시며 사로잡은 자들⁵을 취하시고
선물들을 사람들에게서 받으시며
반역자들로부터도 받으시니
여호와⁶ 하나님이 그들과 함께 계시기 때문이로다.

율법에 대한 직접적인 언급이 없으므로 사도행전 7장과 히브리서 2장의 신약 사상은 완전히 만들어낸 것처럼 보인다. 이는 당신의 성경이 초대교회의 성경이었던 칠십인역(구약의 헬라어 역본)이 아니기 때문이다.

율법과 천군을 연결하는 데 결정적인 열쇠인 두 번째 시내산 관련 본문은 신명기 33:1-4이다. 칠십인역에 의하면 시내산에는 다수의 신적 존재들이 있었다. 반면 전통적인 히브리어 본문은 그렇게 말하지 않는다. 차별점은 이뿐이 아니다. 두 가지 역본으로 이 구절을, 특히 밑줄 친 단어들을 대조해 보라.⁷

---

5. 바울이 이 구절을 신약(엡 4:8)에서 인용했음을 알아차린 독자도 있을 것이다. 이 인용에 대한 평가는 이 책 33장을 참조하라.
6. 히브리어 본문은 여호와의 축약체인 '야'를 사용했다.
7. 내가 직접 번역한 것이다.

전통 마소라 히브리어 본문	칠십인역
하나님의 사람 모세가 죽기 전에 이스라엘 자손을 위하여 축복함이 이러하니라 그가 일렀으되 여호와께서 시내 산에서 오시고 세일 산에서 일어나시고 바란 산에서 비추시고 일만의 거룩한 자들과 더불어 강림하셨고 그의 오른손에는 그들을 위해 불타는 율법이 있도다 여호와께서 백성을 사랑하시나니 모든 성도가 그의 수중에 있으며 주의 발 아래에 앉아서 주의 말씀을 받는도다 모세가 우리에게 명령한 법이라, 야곱의 회중의 소유라.	하나님의 사람 모세가 죽기 전에 이스라엘 자손을 위하여 축복함이 이러하니라 그가 일렀으되 여호와께서 시내 산에서 오셨으며 세일 산에서 우리에게 나타나시고 바란 산에서 수만의 거룩한 자들(카데쉬)과 함께 급히 오셨고 우편에 그의 천사들과 함께 하셨더라 그가 백성을 불쌍히 여기시고 모든 거룩한 자들이 당신의 손 아래 있나니 이들조차 당신 아래 있나이다 (백성이) 그의 말씀을 받는도다 이는 모세가 우리에게 명령한 법이라, 야곱의 회중을 위한 기업이라.

근본적인 차이점은 칠십인역에는 시내산에 천사들이 있고(2절) 전통 마소라 히브리어 본문에는 없다는 것이다. 3절에서 전통 히브리어 본문은 "거룩한 자들"이 율법을 받을 이스라엘 사람들이라고 암시하는 듯하다. 칠십인역에서는 권세를 상징하는 위치인 하나님의 우편에 천사들이 있어서 이스라엘의 율법 수여를 지켜본다.[8]

신약 기자들이 구약 인용 시 가장 빈번하게 사용한 본문이 칠십인

---

8. 율법과 천사들의 연결점에 관련하여 신약 전후의 고대 유대 본문에 대한 탐구는 다음을 참조하라. Terrance Callan, "Pauline Midrash: The Exegetical Background of Gal. 3:19b," *Journal of Biblical Literature* 99.4 (December 1980): 549-67.

역임을 상기할 때, 사도행전 7:52-53과 히브리서 2:1-2의 논점이 더 잘 이해된다.

그러나 갈라디아서 3:19(ESV)에는 이 연관성을 더 극적으로 부각시키는 놀라운 세부사항이 하나 더 있다.

> 그런즉 율법은 무엇이냐 범법하므로 더하여진 것이라 천사들을 통하여 한 중보자의 손으로 베푸신 것인데 약속하신 자손이 오시기까지 있을 것이라.

갈라디아서 3:19은 하나님과 천사들과 이스라엘 사이에 중보자가 있음을 알려준다. 대부분의 학자들은 이 중보자가 모세라고 본다. 일부에서는 바로 다음 절에 비춰볼 때 이 해석이 틀렸다고 본다(ESV, "그 중보자는 한 명 이상임을 암시하지만, 하나님은 한 분이시다.") 만일 이 중보자가 단순히 모세 한 사람이었다면 왜 바울은 하나님의 고유한 위치가 이 중보자에 의해 방해받지 않음을 굳이 해명하려 했을까?[9]

바울의 후속 발언을 설명하는 또 다른 해석이 있다. 바로 중보자를 사람의 형체로 계신 여호와로 보는 것이다.[10]

---

9. 이 절은 신약에서 가장 혼란스러운 구절로 꼽힌다. 참조. F. F. Bruce's discussion of Gal 3:19-20 in the New International Greek Testament Commentary series, *The Epistle to the Galatians: A Commentary on the Greek Text* (Grand Rapids, MI: Eerdmans, 1982), 175-80.

10. 여호와의 천사와 관련된 이 접근은 희년서 1:27-29와 같은 제2성전기 본문들에서 발견되었다. 놀랍게도 그 본문에 의하면 하나님이 천사에게 율법을 받아 적게 하신 다음 천사가 이를 모세에게 전달했다. 참조. Hindy Najman, "Angels at Sinai: Exegesis, Theology and Interpretive Authority," *Dead Sea Discoveries* 7.3 (2000): 313-33. 요세푸스의

신명기 33장에 사용된 언어는 여호와가 사람의 형체로 나타나야만 말이 된다("나타나시고," "그의 우편에"). 이 견지에서 보면 신명기 9:9-10이 새로운 의미를 지니게 된다.[11] 모세의 말이다.

> [9] 그때에 내가 돌판들 곧 여호와께서 너희와 세우신 언약의 돌판들을 받으려고 산에 올라가서 사십 주 사십 야를 산에 머물며 떡도 먹지 아니하고 물도 마시지 아니하였더니 [10] 여호와께서 두 돌판을 내게 주셨나니 그 돌판의 글은 하나님이 손으로 기록하신 것이요 너희의 공회 날에 여호와께서 산상 불 가운데서 너희에게 이르신 모든 말씀이니라.

지금쯤이면 사람의 신체("손") 용어를 여호와에게 적용하는 방식의 묘사에 익숙해졌을 것이다. 이는 둘째 여호와인 천사에 대한 전형적인 묘사다. 신약에서 천사가 율법을 중재했다고 해서 놀랄 이유는 없다. 율법은 천상회의의 구성원들("거룩한 자들")이 배석한 가운데 하나님으로 계신 천사에 의해 기록된 후 모세를 통해 이스라엘에게 건네졌다.

저작 중 논란이 분분한 구절이 이 논의와 연관성이 있다(*Antiquities* 15:136). 이 구절은 분명하게 천사들과 율법을 결부시키는데, 일부 학자들은 헬라어 '앙겔로이'를 선지자로 번역하기도 한다(W. D. Davies, "A Note on Josephus, Antiquities 15:136," *Harvard Theological Review* 47.03 [1954]: 135-40). 이 개념을 설득력 있게 반박한 자료는 다음을 보라. Andrew J. Bandstra, "The Law and Angels: Antiquities 15.136 and Galatians 3:19," *Calvin Theological Journal* 24 (1989) 223-40. 그러나 밴스트라(Bandstra)는 요세푸스 저작의 천사 언급을 시내산이 아닌 다른 맥락에 적용한다.

11. 출 24:12; 31:18; 32:15-16; 신 4:13; 5:22.

시내산 율법 언약과 증인들

신명기 33:1-4은 천사들이 율법을 "전달하고" "선포했다"는 핵심 사상을 기술하고 있다. 여호와의 천상회의를 구성하는 신적 존재들이 이 합의의 목격자다.[12] 이 정보는 적어도 우리 눈에 뭔가 암호문처럼 보인다. 우리가 그 단서들을 파악하려면 꼼꼼하게 읽어야 하고 또 일정 부분 히브리어로 읽어야 한다.

학자들은 출애굽 후 시내산에서 일어난 사건들로 여호와와 이스라엘 백성 사이에 언약이 수립되었다는 데 의견을 같이 한다. 언약은 기본적으로 관계를 규정하는 합의나 조례다. 여호와가 이스라엘 백성을 애굽에서 건져내신 일은 여호와가 과거에 아브라함, 이삭, 야곱에게 하셨던 언약의 약속으로 촉발되었다(창 12:1-3; 15:1-6; 22:18; 26:4; 27:29; 28:14). 기적적인 출애굽으로 귀결된 일련의 사건들은 과거의 약속들을 생각나게 한다(출 3:7-8, 16-22; 6:4-6; 13:5, 11). 아브라함의 후손은 애굽에서 큰 족속이 되었고(출 1:6-10) (하나님이 수 세기 전 아브라함에게 말씀하신 대로) 이방 땅에서 나그네가 되었다(창 15:13). 하나님은 그들을 구출하셨고 이제 시내산에서 관계의 조건을 확립하시는 중이었다.

시내산에서 발효된 여호와와 이스라엘 사이의 언약은 고대 근동

---

12. 그렇다고 구약과 신약에서 천상회의의 신적 존재들과 율법의 연관성을 나타내는 언어가 의미하는 바가 하나님의 율법이 천사들의 비준(결재)을 받아야 했다는 것은 아니다. 이번 장에서 제시하려는 개념은 천상회의가 율법 수여 현장의 목격자 노릇을 했다는 것이다. 즉, 단지 그 사건을 지켜볼 뿐 아니라 언약이 발효되는 맥락에서 공적 참여자 역할을 했다는 것이다. 이 견해는 고대 근동의 조약 개념과 일관성을 가질 뿐 아니라 신약 구절에서 이 개념을 전하는 다양한 방식을 설명해 준다.

문헌에서 찾아볼 수 있는 언약 관습을 따른 것이다. 학자들은 이를 종주권 조약(봉신 조약)^vassal treaty^이라고 부른다.[13] 이런 언약 유형의 본질은 약자(속국, 여기선 이스라엘)가 강자(여호와, 합의의 발안자)에게 충성을 맹세하는 것이다.

출애굽기 20-23장에는 다른 율법들도 나오지만, 언약 관계의 기본 조항들은 우리가 십계명으로 알고 있는 내용이다(출 20장). 과거의 아브라함 언약처럼(창 15:9-10), 언약 비준은 희생제물을 바치는 의식을 통해 이루어진다(출 24:3-8). 의식을 치른 후에는 당사자들 간에 희생제물을 먹는 식사 시간을 갖는다. 이는 우리가 이미 간략하게 고찰한 출애굽기 24:9-11의 천상회의 장면이다.

대체로 고대 근동에서 정식으로 체결하는 종주권 조약에는 시행의 증인 역할을 하는 제3자가 명시된다. 어떤 학자는 이렇게 지적한다. "증인은 모두 신적 존재나 신격화된 자연계의 요소였다…당사자 양측과 관련이 있는 모든 신들이 증인으로 소환되었다. 그래서 후일에 속국이 엄중한 서약을 파기하고 싶어도 하소연할 신이 없었다."[14] 이 세계관에서 신들은 "언약 집행관"이었다.

물론 이스라엘 백성이 이런 조약에서 이방신들을 인정했을 리 만

---

13. 이런 유형의 조약은 출애굽기의 흐름 속에 존재하는 요소들을 포함하고 있다. 이 요소들과 출애굽기의 시내산 언약 안에 엿보이는 이 요소들의 증거를 상세하게 묘사한 자료는 다음을 보라. P. R. Williamson, "Covenant," in *Dictionary of the Old Testament: Pentateuch* (Downers Grove, IL: InterVarsity Press, 2003), 139-55 (esp. 149-55). 또한 참조. George E. Mendenhall and Gary A. Herion, "Covenant," in *The Anchor Yale Bible Dictionary* (ed. David Noel Freedman; New York: Doubleday, 1992), 1179-1202 (esp. 1180-87).

14. Mendenhall and Herion, "Covenant," 1181.

무하다. 따라서 대부분의 학자들은 시내산 조약 기술에는 이방신이라는 요소가 배제되었으리라고 추정한다. 그러나 여호와 천상회의의 엘로힘들은 이방신이 아니었다. 적어도 칠십인역의 히브리어 원문과 신약 저자들에 의하면 엘로힘들은 여호와의 군대였고 율법 수여의 증인들이었다. 그들은 또한 열왕기상 22장의 아합 이야기에서 드러나듯 여호와가 언약의 배도자를 징벌하는 수단이었다.

정확히 이 지점에서 신적 존재들과 율법의 연결점을 시사하는 의미 있는 언어유희가 있는데, 많은 학자들은 이를 포착하지 못하고 지나친다.

출애굽기에서는 율법이 적힌 돌판을 종종 '에두트'라는 용어로 칭한다.[15] 영역본들은 대체로 '에두트'를 '증거'^{testimony}라고 번역한다. '에두트'는 시편 19:7과 78:5에서 토라(율법)의 대응어로 사용되므로 가장 기본적인 의미는 성문$^{written\ text}$ 율법이다. 출애굽기 25:16을 통해 우리는 여호와가 모세에게 '에두트'를 언약궤 안에 넣어 두라고 명하셨음을 알고 있다. 사실 언약궤는 '에두트'를 위해 만든 것이었다. 그래서 언약궤를 '에두트의 궤'(개역개정, "증거궤")라고 부르는 것이다(예. 출 25:22; 30:6, 26; 39:35; 40:3, 5, 21). 언약궤는 이동 중 성막 안에 있었으므로 이 기동성 있는 텐트 구조물 역시 '에두트의 성막'(개역개정, "증거막", 출 38:21; 민 1:50, 53; 10:11) 또는 '에두트의 장막'(개역개정, "증거의 성막", 민 9:15; 17:22-23; 18:2; 대하 24:6)으로 불린다.

---

15. 히브리어 자음 철자는 '-d-w-t(עדות)이다. 이 용어에 대한 탁월하지만 전문적인 논의는 다음을 참조하라. Ernst Jenni and Claus Westermann, *Theological Lexicon of the Old Testament* (Peabody, MA: Hendrickson, 1997), 838-46 (esp. 844-46).

이것이 흥미로운 이유는 '에두트'라는 용어에 '증인들'[witnesses]이라는 뜻이 있기 때문이다.[16] 사실 아카디아어에서 복수형 '증인들'에 해당하는 단어는 오직 이런 조약의 증인들을 가리키는 용도로만 쓰이는 전문용어다(아카디아어는 출애굽기의 시내산 조약의 모형이 된 종주권 조약의 언어다).[17]

그렇다고 해서 '에두트'라는 용어가 돌판에 새겨진 율법을 지칭하지 않는다는 것은 아니다. 오히려 돌판은 오직 여호와의 임재만을 위해 마련된 성스러운 전용공간(지성소 내부의 언약궤 안) 내부에 안치되었기 때문에, 이 용어는 율법 토판이 그 사건을 목격한 천상회의 구성원들의 대리자[proxy]였음을 상징하는 물건임을 시사한다. 달리 말하면 율법 토판은 시내산에서 일어난 사건의 표징이었다. 마치 족장들이 쌓은 제단과 돌탑이 지나가는 행인에게 하나님과의 만남을 떠올리게 하는 상징물이었던 것처럼, 율법 토판은 시내산에서의 천상회의와 더불어 하나님과의 만남을 상징하는 역할을 했다(창 12:7; 13:18; 출 17:15; 24:4).

다시금 여호와의 집(에덴, 시내산, 성막, 후일에는 성전)에 여호와가 임재하신다는 것은 개념상 여호와를 보필하는 회의기구와 보좌가 있는 어전회의실을 암시한다. 율법 토판은 언약 조항을 담고 있을 뿐 아니라, (천상회의가 증인으로 지켜보던) 시내산에서 일어난 사건을 상기시키는 상징물이기도 하다.

---

16. 같은 책., 844-46.
17. 같은 책., 845.

율법과 구원

가장 단순한 차원에서 시내산 언약은 이스라엘을 향한 여호와의 뜻을 전달한다. 이스라엘이 여호와 앞에서 어떠해야 하며 쫓겨난 열국과는 어떤 관계를 맺어야 하는지를 규정한다. 이스라엘은 신학적, 윤리적으로 구별되어야 했다. 이 구별은 권고가 아닌 의무였다. 이스라엘은 거룩해야 했고(레 19:2) 모든 열국에 하나님의 영향력(하나님 왕국의 통치)을 확산시키는 하나님의 본래적인 에덴의 목표를 달성해야 했다.

여호와의 분깃이라는 이스라엘의 신분은 그 자체로 목표가 아니라 열국을 여호와께로 다시 돌아오게 하는 수단이었다(신 4:6-8; 28:9-10). 이것이 이스라엘이 "제사장 나라"(출 19:6)이며 "열방의 빛"(사 42:6; 49:6; 51:4; 60:3)이라는 말 이면에 있는 사상이다. 요한계시록 5:10의 천상회의 장면에 쓰인 언어가 신자들이 온 땅을 다스린다는 대목에서 시내산 언약과 동일하다는 것은 전혀 이상한 일이 아니다. 이스라엘 민족 전체가 아브라함의 신분과 임무를 유업으로 물려받았으며, 이는 아브라함을 통해 그리고 이제는 이스라엘 민족을 통해 모든 열국이 복을 얻게 될 것이란 의미다(창 12:3).

그러나 이 구원이 율법 준수를 통해 오는 것이었을까? 이런 질문을 한다는 것 자체가 이미 논점에서 벗어났음을 의미한다. 구약에서 구원이란 오직 여호와 한 분만을 사랑한다는 뜻이었다. 인간은 여호와가 모든 신 중의 신임을 믿어야 했고, 이 지극히 높으신 하나님이 다른 모든 열국을 버리면서까지 이스라엘과의 언약 관계를 선택하셨음을 신뢰해야 했다. 율법은 우리가 그 사랑을, 즉 신실함을 표현하는 방식이었다. 구원은 공로로 획득하는 것이 아니었다. 다른 누구가 아닌 오직 여호와가 관계를 먼저 시작하셨다. 여호와의 택하심과 언약의 약속은 이스라엘이 믿음으로 받아들여야 하는 것이었다. 이스라엘 백성이 가진 그 믿음의 신실함은 율법에 대한 신실함으로 드러나야 했다.

율법의 요체는 모든 신들 위에 계신 여호와 한 분에 대한 신실함이었다. 다른 신을 숭배하는 것은 이 믿음과 사랑과 신실함의 부재를 드러냈다. 일편단심 여호와만을 향하는 마음 없이 율법을 준행한다는 것은 부적절한 일이었다. 이런 이유로 토라에서 약속의 땅을 차지하리라는 약속이 처음 두 계명들(예. 우상숭배와 배교 금지)과 반복적으로, 떼려야 뗄 수 없는 관계로 연결된 것이다.[18]

이스라엘 열왕의 역사가 이 논점의 풍성한 예시를 제공한다. 다윗 왕은 밧세바와 헷 사람 우리아 사건에서 최악의 반인륜적 범죄를 저질렀다(삼하 11장). 그는 분명 율법을 어겼고 죽어 마땅했다. 그럼에도 모든 신들 위에 계신 여호와에 대한 다윗의 믿음은 한 번도 흔들린 적이 없었다. 하나님의 자비로 다윗은 죽음에서 건짐을 받았지만 남은 여생을 죗값을 치르며 살아야 했다. 그러나 다윗은 늘 여호와를 믿는 사람이었고 의심의 여지없이 결코 다른 신을 섬기지 않았다. 하지만 북이스라엘과 남유다의 다른 왕들은 다른 신들을 섬겼고, 그로 인해 두 왕국 모두 버림을 받아 포로로 끌려가게 되었다. 비록 최악의 경우라 해도 개인적인 실패는 민족이 포로로 잡혀가는 결과를 초래하진 않았다. 하지만 이방신을 선택하는 것은 그런 결과를 초래했다.

신약에서도 마찬가지다. 복음을 믿는다는 것은 이스라엘의 하나님

---

18. 레 26장; 신 4:15-16; 5:7; 6:14; 7:4, 16; 8:19; 11:16, 28; 13:2, 6, 13; 17:3; 28:14, 36, 64; 29:18; 30:17-18.

여호와가 사람으로 성육신하여 이 땅에 임하셨고 우리 죄에 대한 희생제물로 자발적으로 십자가에서 죽으셨다가 삼일 후에 다시 살아나셨음을 믿는 것이다. 이것이 십자가를 통과한 우리의 신앙고백이다. 우리 믿음의 신실함은 "그리스도의 법"에 대한 순종으로 드러난다(고전 9:21; 갈 6:2). 우리는 다른 신을 숭배할 수 없다. 구원은 과거에도 현재도 눈에 보이는 여호와이신 그리스도에 대한 신실한 믿음을 의미한다. 다른 어떤 이름으로도 구원을 얻을 수 없으며(행 4:12), 믿음은 온전하게 보존되어야 한다(롬 11:17-24; 히 3:19; 10:22, 38-39). 개인적인 실패는 예수님을 다른 신으로 맞바꾸는 것과 동일한 범죄가 아니다. 하나님은 이 점을 아신다.

그러므로 믿음의 신실함은 단지 학문적인 것이 아니다. 믿음의 신실함은 개념상 의지적이고 활동적이어야만 한다. 이스라엘은 하나님이 자신들을 얻기 위해 싸우셨으며 자신들을 사랑하셨음을 알았다. 하지만 그 관계에는 기대가 따랐다. 이스라엘이 약속의 땅을 향해 출발했을 때 이스라엘에게는 여호와의 임재뿐 아니라 여호와의 전적인 타자성otherness을 날마다 가시적으로 일깨워주는 상징물이 있었다. 신적 임재와 함께한다는 것은 멋지면서도 두려운 일이었다.

22. 영역 구분

우리는 이제껏 여호와와 그의 분깃인 아브라함의 후손들의 이야기를 추적해 왔다. 여호와는 바벨에서 열국의 상속권을 박탈하는 길을 택하셨다. 여호와는 언약관계를 시작하기 위해 눈에 보이는 인간의 형체로 아브라함에게 나타나는 방법을 택하셨다. 여호와는 이삭과 이스라엘로 개명한 야곱과 그 언약을 이어가는 길을 택하셨다. 여호와는 이스라엘을 애굽으로부터 건져내는 길을 택하셨다.

    이 선택들은 어떤 신학적 메시지를 시사한다. 이스라엘이 존재할 수 있었던 것은 여호와가 초자연적으로 이삭의 출생을 가능케 하셨기 때문이다. 이스라엘이 존속할 수 있었던 것은 여호와가 이 땅에 자신의 계획과 권능에 의지해 존재하는 한 민족을 원하셨기 때문이다. 여호와가 쫓겨난 열국 위에 세우신 하등한 엘로힘, 특히 애굽의 엘로힘들은 여호와의 뜻을 막을 수 없었다. 여호와 같은 신은 없다. 이 땅을 새 에덴으로 만드시려는 여호와의 목표는 꺾이지 않을 것이다.

애굽 재앙과 출애굽 전까지 야곱의 후손들은 여호와를 오직 구술로 전해진 이야기와 소문으로만 알고 있었다. 이제 그들은 여호와의 산에 있으며 여호와가 자신과 그들을 위해 취하신 땅으로 이동할 준비를 갖추었다. 그들은 돌판에 새긴 율법을 가지고 있었다. 하지만 그것은 출발점에 불과했다. 애굽과 애굽의 신들은 패배했지만, 그것은 열국과 그 신들과 벌일 충돌의 서막일 뿐이었다. 이스라엘은 알아야만 했다. 여호와의 분깃이 된다는 것은 그들을 대적하는 열국과 그 신들로부터 구별되어야 한다는 의미인 것을. 영역 구분$^{\text{Realm distinction}}$은 고대 이스라엘의 초자연적 세계관에서 근본적인 개념이었다.

거룩과 신성한 공간

여호와는 유한한 사람이 아니라 엘로힘이시다. 여호와가 사람으로 나타나신 것은 제한적인 지성을 갖춘 유한한 사람들에게 여호와의 임재를 이해시키기 위해서였다. 더불어 사람이 죽지 않고 살아남아 여호와에 대해 전하게 하기 위한 낮아지심이었다. 여호와는 너무도 타자적인 분이어서 뭔가 친숙한 외양 없이는 도저히 이해 불가능한 존재시다. 그러나 이스라엘에게는 이 타자성이 늘 임재하는 실체, 그리고 언제나 인지할 수 있는 실체여야 했다.

타자성이라는 개념은 이스라엘 정체성의 요체였다. 타자성은 거룩의 요체였다. 거룩에 해당하는 히브리어 어휘는 구분$^{\text{set apart}}$ 또는 구별^{distinct}을 뜻한다. 이 개념에는 행위와 관련된 도덕적 차원도 포함되지만 그렇다고 도덕성이 거룩의 내적 본질은 아니다. 거룩의 본질은 구별이다. 이스라엘은 아브라함 언약과 시내산 언약의 조건에 힘입어 여호와와 밀접한 관계를 맺었다. 이는 레위기 19:2에 간략하게 요약되었듯, 여호와가 구별된(거룩한) 분이듯이 이스라엘 역시 구별되어야(거룩해야) 함을 의미했다.[1]

여호와의 전적 타자성에 대한 이스라엘 사람들의 인식은 예배와 희생제사를 통해 강화되었다. 여호와는 이스라엘의 생명의 원천일 뿐 아니라 생명 그 자체였다. 여호와는 온전하게 완전하시다. 여호와는 사망과 질병과 불완전이 있는 이 땅에 속하지 않으셨다. 여호와의 영역은 초자연적인 반면 우리의 영역은 이 땅이다. 여호와가 머무시는 공간은 신성하고 여호와의 임재로 말미암아 초자연적 세계가 된다. 우리가 차지하는 공간은 불경하거나 평범하다. 여호와는 평범함과는 결코 어울릴 수 없는 분이다. 인간이 여호와와 한 장소에 머무르기 위해서는 초청받아야 하고 정결케 되어야 한다.

토라에 기록된 무수한 율법은 이 세계관과 메시지의 예시다. 제사장이든 아니든, 남자든 여자든, 사람들은 온갖 활동과 조건에 의해 거룩한 공간에 들어갈 자격을 상실한다. 그 예로는 성행위, 신체적 배출, 신체적 장애, 사체와의 접촉, 출산 등이 있다.[2]

이런 배제의 논리는 단순하지만 우리의 현대적, 분석적 사고에서

---

1. 히브리어로 구별됨은 '카도쉬'이다. 다양한 어휘사전에서 '구별되다'의 의미를 보자면, "평범한 용도로 사용하지 않고 특별한 정성으로 돌보다⋯성소에 속하다⋯하나님이 사용하시도록 바쳐지다"를 의미한다(참조. Willem VanGemeren, ed. *New International Dictionary of Old Testament Theology & Exegesis* [Grand Rapids, MI: Zondervan, 1997], 877).
2. 어떻게 영역 구분 논리가 이방인과의 통혼과 정한 음식과 부정한 음식에 대한 율법에 영향을 미쳤는지에 대한 논의는 지면의 제약이 있어 생략하기로 한다. 관련 웹사이트를 참조하라.

는 이질적인 것이다. 성관계, 성적 유체流體의 배출, 자궁 분비물, 생리를 점잖게 부정한 것으로 취급한 것이 아니다. 그 개념은 육체가 생명을 보존, 생성, 지탱하는 수단인 유체를 상실했음을 의미했다.[3] 온전하지 않고 생명의 상실과 연관된 것은 회복을 위한 의식을 통해 그 상태를 교정하지 않고서는 여호와의 임재로 들어갈 수 없었다. 이와 똑같은 논리로 신체장애가 있거나 전염병에 걸렸거나 동물이나 인간의 사체와 접촉한 자는 의식적으로 부정한 자로 간주되었다.[4] 여호와의 임재는 죽음과 흠결이 아닌 생명과 완전을 뜻했다. 이 율법들은 공동체로 하여금 항상 여호와의 타자성을 의식하게 만들었다.

여호와의 신성한 거처와 관련된 율례는 영역 구분에 대한 구체적인 실례를 제공했다. 여호와의 거처가 속한 땅은 이스라엘 백성과의 관계에서 신성한 공간이었다. 신적 영역에 대한 구별은 여호와에게 가까이 나아가는 것을 허용하거나 금지한 율법들로 강화되었다. 심지어 이 허용이나 금지는, 여호와 예배에 관련되어 있으나 생명이 없는 사물에까지 적용되었다.[5]

신성한 공간 안에서도 거룩함 또는 성스러움의 단계가 있었다.[6] 여

---

3. 참조. 레 12장; 15:1-30; 18:19; 20:18; 22:4-6; 신 23:10-15.
4. 참조. 레 11:24-25, 39; 21:16-24; 민 19:11, 16, 19; 31:19, 24.
5. 가령 언약궤와 성막 내에서 사용되었던 집기와 기구가 이에 해당한다. 참조. 출 28-31장. 향후 논의의 초점이 될 장막 구조 자체와 마찬가지로 이스라엘의 신성한 공간에 있는 가구 역시 고대 근동에서 유사한 대응물들이 있다. 참조. W. F. Albright, "The Furniture of El in Canaanite Mythology" *Bulletin of the American Schools of Oriental Research* 91 (1943): 39-44.
6. 참조. Menahem Haran, *Temples and Temple-Service in Ancient Israel: An Inquiry into the Character of Cult Phenomena and the Historical Setting of the Priestly*

호와의 임재에 가까이 있는 땅이나 사물일수록 더 거룩했다. 구조물의 배치를 묘사하는 용어들이 이 점진성의 증거다. 입구에서 안쪽으로 진행하는 방향으로 안뜰, 성소, 지성소(성소 중 최고로 거룩한 곳)가 있었다. 성막 입구에서 가장 안쪽의 방으로 들어갈수록 점진적으로 더 거룩해졌다.

점진적인 거룩의 구획은 이와 연관된 제사장의 의복에도 반영되었다(출 28-29장).[7] 일례로, 지성소 출입이 허용된 대제사장은 독특한 에봇과 흉판과 "여호와께 거룩"이라는 문구가 새겨진 두건을 착용했다. 더 거룩한 구획일수록 의식을 집행할 제사장은 여호와의 존전으로 나아가기 위해 제사장 정결의식에 더 값진 짐승을 바쳐야 했다(레 8장).

성막: 지상에 있는 하늘

먼 훗날 솔로몬이 성전을 짓기 전까지는 여호와가 장막에 거하셨다는 사실이 신성한 공간 표시에 각별한 의미를 지닌다. 성막(히브리어로 '거처'를 뜻하는 '미쉬칸')은 여호와가 그 이름, 즉 그 임재가 거하게 하신 곳

School (Oxford: Clarendon Press, 1978), 158-88, 205-21, 226-27.

7. 이스라엘 백성의 희생제와 제물과 그 의미에 대해 내가 추천하고 싶은 탁월한 글로 다음을 참조하라. Richard Averbeck: "Sacrifices and Offerings," in *Dictionary of the Old Testament: Pentateuch* (Downers Grove, IL: InterVarsity Press, 2003), 721-33; "כפר (kāpar II)," in *New International Dictionary of Old Testament Theology & Exegesis*, 689-709.

이었다.[8] 하나님의 처소였던 성막은 에덴과 유사하다. 에덴과 마찬가지로 성막은 개념상 하늘과 땅이 만나는 우주적 공간이었고, 하나님이 맨처음 땅에 거하시던 에덴이라는 창조세계의 진정한 소우주였다.[9] 에덴과 성막 간에는 여러 세밀한 연관성이 있는데, 그 중 일부는 히브리어 본문으로만 식별할 수 있다.[10] 우리의 목적에 한해서 고찰할

---

8. 구약의 '이름 신학'에 대해서는 18장을 참조하라. 출 35-40장에서 성막(tabernacle)을 짓기 전에는 모세가 회막(the tent of meeting)이라는 작은 장막(tent)에서 여호와를 만났다. 회막과 성막이 동일한 구조물이라고 보는 학자들도 더러 있긴 하지만, 출 33:7-11에 의하면 회막은 성막 이전부터 존재했다. 이 사안이 복잡한 이유는 회막이라는 표현이 명백하게 성막을 가리키는 말로 사용된 적도 있고(예. 출 27:21; 28:43; 30:26) 그렇지 않은 경우도 있기 때문이다. 출 33:7-11 같은 구절은 몇 가지 측면에서 회막과 성막이 별개임을 보여준다. (1) 출애굽기에 이 구절 자체가 성막 건축 이전에 등장한다. (2) 모세 한 사람이 회막 텐트를 세울 수 있었다. 이는 수십 명의 일꾼을 동원하여 해체, 운반, 설치해야 했던 훨씬 큰 규모의 성막과 다른 점이다. (3) 진 중앙에 위치한 성막과 달리 회막은 진 바깥에 있었다. (4) 회막은 한 명이 지키고 관리했다. (5) 회막이 제사 장소였다거나 언약궤를 그 안에 보관했다는 내용이 없다. 성막 이전에는 여호와가 생활하시면서 모세와 만나시던 회막이 있었다. 그 장막 구조물이 성막 내부의 지성소로 반입되었을 수도 있고 또는 (더 문맥에 맞는 설명은) 장막 구조의 지성소가 성막 건축 후 새로운 회막이 되었을 수도 있다. 그러나 역사서 내 특정 구절들을 보면 성막이 존재하던 이후에도 회막이 있었음을 알 수 있다(삼상 2:22; 대하 1:3; 왕상 8:4). 이 구절들이 여전히 현존하는 원래의 회막을 말하는지, 혹은 혼란스러운 사사들의 시대 중 성물을 보관하던 장막 구조물을 말하는지, 또는 언약궤를 성막으로부터 분리한 것을 말하는지는 논란의 여지가 있다.

9. 제2성전기 유대교 문헌에, 특히 필로와 요세푸스의 작품들에 이 연결점이 뚜렷하게 자주 등장한다. 참조. James Palmer, "Exodus and the Biblical Theology of the Tabernacle," in *Heaven on Earth* (ed. T. Desmond Alexander and Simon Gathercole; Carlisle, England: Paternoster Press, 2004) 11-22; Gregory Beale, "The Final Version of the Apocalypse and Its Implications for a Biblical Theology of the Temple," in Alexander and Gathercole, *Heaven on Earth*, 191-210.

10. 제2성전기의 유대 작가들처럼 현대 학자들 역시 에덴과 성막 간에 상징적이고 본문적인 연결점이 있다고 주장한다. 참조. Jon D. Levenson, *Creation and the Persistence of Evil: The Jewish Drama of Divine Omnipotence* (Princeton: Princeton University Press, 1988), especially chapter 7; Eric E. Elnes, "Creation and Tabernacle: The Priestly Writer's 'Environmentalism,'" *Horizons in Biblical Theology* 16.1 (1994): 144-55; Gordon J. Wenham, "Sanctuary Symbolism in the Garden of Eden Story," in *Proceedings*

만한 가치가 있는 몇몇 보다 확연한 연결점을 살펴보자.

우선 성막을 장막 거처$^{\text{tent dwelling}}$로 묘사한 것이 의미심장하다. 성경 시대의 다른 지역에서는 신들과 그들의 회의가 우주적 산 정상과 울창한 동산 안에 있는 장막에 거하는 것으로 여겨졌다.[11] 신(들)의 장막은 산과 울창한 동산처럼 하늘과 땅이 교차하는 곳, 신의 칙령이 반포되는 장소였다. 이는 문화적으로 일반적인 개념이고 어쩌면 많은 이들이 교회에 대해 가지고 있는 생각과 유사해 보인다(즉, 교회는 하나님을 만날 것을 기대하는 곳 또는 하나님을 찾을 수 있는 곳이다).

모세는 여호와가 거룩한 산에서 제시하신 양식 그대로 성막과 성막 기구를 만들라는 지시를 받았다(출 25:9, 40; 26:30).[12] 그 함의는 "하

---

of the Ninth World Congress of Jewish Studies (ed. M. Goshen-Göttstein and D. Assaf; Jerusalem: World Union of Jewish Studies, 1986), 19-24; T. Stordalen, *Genesis 2-3 and Symbolism of the Eden Garden in Biblical Hebrew Literature*, Contributions to Biblical Exegesis and Theology 25 (Leuven: Peeters, 2000); A. M. Rodriguez, "Sanctuary Theology in the Book of Exodus," *Andrews University Seminary Studies* 29 (1991): 213-24; Shimon Bakon, "Creation, Tabernacle, and Sabbath," *Jewish Bible Quarterly* 25.2 (1997): 79-85; Daniel C. Timmer, *Creation, Tabernacle, and Sabbath: The Sabbath Frame of Exodus 31:12-17; 35:1-3 in Exegetical and Theological Perspective*, Forschungen zur Religion und Literatur des Alten und Neuen Testaments 227 (Göttingen: Vandenhoeck & Ruprecht, 2009).

11. 하나님과 그의 천상회의와 관련된 동산과 산이라는 어휘에 대해서는 6장을 참조하라. 장막 형태로 된 여호와의 성소에 대한 주요한 학문적 논의는 6장에서 이미 인용한 저작들 속에 있다. Richard J. Clifford, *The Cosmic Mountain in Canaan and the Old Testament*, Harvard Semitic Monographs 4 (Cambridge: Harvard University Press, 1972; repr., Eugene, OR: Wipf & Stock, 2010), and E. Theodore Mullen Jr. *The Divine Council in Canaanite and Early Hebrew Literature*, Harvard Semitic Monographs 24 (Chico, CA: Scholars Press, 1980), 128-74. 또한 참조. Richard J. Clifford, "The Tent of El and the Israelite Tent of Meeting," *Catholic Biblical Quarterly* 33.2 (1971): 221-27.

12. 성전 양식에 대해서도 동일한 문구를 사용했음이 주목할 만한 대목이다(대상 28:19). 참조. 이 책 26장.

늘에서 이룬 것같이 땅에서도 이루어지이다"라는 신앙 원리대로 성막이 하늘 장막의 복사판이 되어야 한다는 것이었다.

이사야 40:22이 우리에게 알려주는 바는 하늘 장막의 원형이 곧 하늘 그 자체였다는 것이다("그는 땅 위 궁창에 앉으시나니 땅에 사는 사람들은 메뚜기 같으니라 그가 하늘을 차일같이 펴셨으며 거주할 천막같이 치셨고"). 이런 식의 언어를 보면 왜 땅을 하나님의 발등상이라고 불렀는지를 알 수 있다(사 66:1). 여호와는 둥근 땅 위, 하늘 장막 안, "궁창" 위의 물 위에 있는 보좌에 앉으셔서 자신의 발등상인 땅 위에 발을 딛고 계시다(욥 9:8; 시 104:2).

에덴이 인류가 하나님의 임재를 경험하는 곳이었던 것처럼 성막 역시 그랬다. 특히 제사장들이 이 성막에서 하나님의 임재를 경험했다. 그럼에도 하나님의 임재는 때때로 지성소 밖에서 이스라엘의 지도자들에게 나타나기도 했다(레 9:23; 민 12:5-19; 20:6; 신 31:15). 가장 단적인 예가 영광의 구름이었다(출 40:34-35).

성막 안의 '메노라'(등잔대)는 에덴의 생명나무와 놀라울 정도로 유사하다.[13] 등잔대는 나무 모양으로 만들어져(출 25:31-36) 지성소 바로 밖에 놓였다.

지성소 내부의 그룹 역시 에덴과 긴밀하게 연결되어 있었다.[14] 언약

---

13. Carol L. Myers, "Lampstand," in *Anchor Yale Bible Dictionary* (ed. David Noel Freedman; New York: Doubleday, 1992), 4:143. See also Carol L. Meyers, *The Tabernacle Menorah: A Synthetic Study of a Symbol from the Biblical Cult* (Piscataway, NJ: Gorgias Press, 2003).

14. Menahem Haran, "The Ark and the Cherubim: Their Symbolic Significance in Biblical Ritual," *Israel Exploration Journal* 9.1 (1959): 30-38.) 에덴의 그룹은 에덴에서 하나님 거처를 지키는 수문장 역할을 했다.

궤 덮개 위에 그룹이 위치한 것은 우연이 아니다. 성막의 가장 내밀한 지성소는 하나님이 이스라엘을 통치하시는 장소였다. 그룹은 보이지 않는 여호와의 보좌를 형성한다. 훗날 지성소 장막이 성전 내부로 옮겨졌을 때 두 개의 거대한 그룹이 여호와의 보좌로 장막 안에 설치되었고, 이로써 언약궤가 여호와의 발등상이 되었다.[15]

마지막으로 그레고리 빌이 고찰했듯, "에덴으로 들어가는 입구는 동편으로 나 있었고(창 3:24) 성막과 훗날의 이스라엘 성전 역시 동쪽에 입구가 있었다. 창세기 2:12에 의하면 "순금"과 "베델리엄과 호마노"가 에덴의 소재지로 보이는 "하윌라의 땅"에 있었다고 한다. 물론 다양한 성막 기구들이 금으로 만들어졌고, 솔로몬 성전 안 지성소의 벽, 천정, 바닥도 금으로 만들어졌다(왕상 6:20-22)."[16]

희생제와 이스라엘의 우주적 지형

영역 구분을 구체적으로 예시하는 이스라엘의 제사 의식이 있다. 열국이 하위 신들의 다스림 아래 놓였다는 신명기 32장의 세계관적 배경에서 이스라엘 진영 전체는 우주적 영토이자 신성한 공간이었다. 이스라엘은 여호와와 동일시되었다. 여호와가 아브라함 자손의 소유라고 정하신 백성과 땅 모두 여호와의 "분깃"이었다(신 4:19-20; 32:8-9).

---

15. 참조. 이 책 26장.
16. Beale, "Final Vision of the Apocalyse," 199.

대속죄일(레 16장)은 이러한 개념들이 아주 매력적으로 수렴되는 지점이다. 이 제사 의식에 대한 묘사를 일부분만 살펴보자.

> [7] 또 그 두 염소를 가지고 회막 문 여호와 앞에 두고 [8] 두 염소를 위하여 제비 뽑되 한 제비는 여호와를 위하고 한 제비는 아사셀을 위하여 할지며 [9] 아론은 여호와를 위하여 제비 뽑은 염소를 속죄제로 드리고 [10] 아사셀을 위하여 제비 뽑은 염소는 산 채로 여호와 앞에 두었다가 그것으로 속죄하고 아사셀을 위하여 광야로 보낼지니라.

왜 염소 한 마리는 "아사셀을 위하여"라고 했을까? 아사셀은 무엇인가? 우리가 이제껏 논의한 우주적 지형의 개념을 모르면 이 구절을 설명할 수 없다.

히브리어 '아사셀'은 떠나는 염소라고 번역할 수 있다. 이는 일부 영역본(NIV, NASB, KJV)에서 아사셀을 희생양으로 번역한 것을 합리화하기 위해 흔히들 제시하는 근거다. 역자들은 희생양이 이스라엘 진영에서 광야로 사람들의 죄를 짊어지고 가는 것을 상징한다고 말한다. 충분히 단순명쾌한 설명인 듯하다.

그러나 사실 '아사셀'은 고유명사다. 레위기 16:8은 한 염소는 "여호와를 위하고" 다른 염소는 "아사셀을 위하여"라고 되어 있다. 여호와가 고유명사이고 염소들을 동일한 방식으로 묘사했으므로 히브리어 대구법에 의하면 아사셀 역시 고유명사여야 한다. 이제 해결해야 할 문제는 아사셀의 뜻이다.

사해 두루마리와 다른 고대 유대 문헌에 의하면 아사셀은 귀신

demon의 이름이다.[17] 실제로 한 두루마리(4Q 180 1:8)에서는 아사셀이 창세기 6:1-4에서 범죄한 천사들의 대장으로 나온다. 동일한 설명이 에녹1서에도 등장한다(8:1; 9:6; 10:4-8; 13:1; 54:5-6; 55:4; 69:2).

중간기 유대교에서는 창세기 6장에서 하나님을 진노하게 한 하나님의 아들들이 지하세계의 구덩이나 무저갱에 감금되었다고 믿었음을 상기하라. 아사셀의 영역은 성지의 경계를 넘어선 저 바깥 광야 어딘가에 있었다. 이는 초자연적인 악과 관련된 장소였다.

구약 내에서는 아사셀이 귀신이라는 언급이 없다. 그러나 학자들은 이 이름을 죽음의 신 모트[Mot]와 연결시켰다.[18] 아사셀을 귀신과 동일시하는 것은 우주적 지형과 광야를 하나님께 적대적인 혼돈의 세력과 결부시키는 것에서 유래했을 수 있다.[19] 이는 몇 가지 차원에서 설득력이 있다. 우선 사막은 생명이 발붙이기 어려운 장소일 뿐 아니라 이스라엘과 생명의 원천인 여호와의 진영 바깥에 있는 땅으로서 혼돈과 분명한 연관성을 가질 것이다.

레위기 17:7은 이스라엘 백성이 광야를 영적으로 음산한 장소로 보았음을 시사한다. "그들이 전에 음란하게 섬기던 염소 귀신에게 다시 제사하지 말 것이니라"(ESV; 개역개정, "숫염소"). 왜 그들이 염소 귀신

---

17. 참조. B. Janowski, "Azazel," in *Dictionary of Deities and Demons in the Bible*, 2nd ed. (ed. Karel van der Toorn, Bob Becking, and Pieter W. van der Horst; Leiden; Boston; Cologne; Grand Rapids, MI; Cambridge: Brill; Eerdmans, 1999), 128.
18. Hayim Tawil, "Azazel, the Prince of the Steepe: A Comparative Study," *Zeitschrift für die alttestamentliche Wissenschaft* 92.1 (1980):43-59.
19. 이 가능성에 대해서는 다음을 참조하라. Dominic Rudman, "A Note on the Azazel Goat Ritual," *Zeitschrift für die alttestamentliche Wissenschaf* 116.3 (2004):396-401.

을 섬겼는지에 대한 언급은 없지만, 이 문제를 아사셀을 위한 제사용 염소와 가까이 배치했다는 것은 개념적 연관성을 시사한다. 후대의 유대인들은 분명 이렇게 연결시켰을 것이다.[20]

대속죄일에 (속죄제의 희생양으로 바쳐진) 여호와를 위한 염소로 인해 이스라엘 백성의 더러움이 깨끗해지고 성소는 정결케 된다. 이스라엘 백성의 죄를 상징적으로 짊어진 아사셀을 위한 염소는 멀리 보내진다.

아사셀을 위한 염소에 대한 논점은 (마치 인질의 몸값을 지불하듯) 귀신의 영역에 갚을 빚이 있다는 의미는 아니다.[21] 아사셀을 위한 염소는 이스라엘 백성의 죄를 이스라엘 '바깥' 영역으로 추방했다는 의미다. 왜일까? 여호와가 거처로 삼으신 땅이 거룩했기 때문이다. 죄는 악에 속한 땅으로 이전되어야 했다. 즉, 이교도 민족을 다스리는 신들의 통제 아래 있는, 이스라엘 바깥 영토로 옮겨져야 했다. 대제사장이 아사

---

20. 라이트풋(J. B. Lightfoot)은 민족의 죄가 다시 성지로 기어 올라오지 못하도록 아사셀을 위한 염소를 벼랑 너머로 밀어뜨렸던 유대 관습을 묘사한다. "그들은 아사셀 염소를 속죄일에 내보냈다…[염소몰이를 하는 자가] 홍색 줄을 양갈래로 찢어 한 갈래로는 염소 뿔에 동여매고 다른 갈래는 바위에 맨 다음 염소를 밀쳐 떨어뜨렸다. 염소는 절벽 중간도 못 가서 갈기갈기 찢겼다."(John Lightfoot, *A Commentary on the New Testament from the Talmud and Hebraica, Matthew-1 Corinthians, Place Names in the Gospels*, [Bellingham WA:Logos Bible Software, 2010], 1:110-11). 탈무드의 다섯 번째 책(tractate)과 미쉬나(*Seder Moed*, "Order of Festivals")의 (*Yoma*) 6.6에 염소의 운명이 묘사되어 있다. 또한 참조. Robert Helm, "Azazel in Early Jewish Tradition," *Andrews University Seminary Studies* 32.3 (Autumn 1994): 217-26.
21. 레 16장의 아사셀이 속죄에 대한 이른바 속전설(Ransom Theory)을 뒷받침한다고 주장하는 신학자들이 더러 있다. 이 이론에 의하면 대속죄일은 하나님의 진노를 만족시키기 위한 대리속죄가 아니라 사탄에게 몸값을 지불하는 것이다. 대속죄일이 그리스도의 속죄적 희생을 미리 보여주는 것이기 때문에 예수의 삶이 사탄에게 몸값으로 지불되었다는 주장이다. 속전설은 C. S. 루이스의 고전 『사자와 마녀와 옷장』에서 아슬란의 죽음을 하얀 마녀에 대한 빚 청산으로 그린 대목에 암시되어 있다.

셀에게 희생제를 바친 것이 아니라 사실 아사셀이 자신에게 속한 것, 즉 죄를 차지한 것이다.

영역 구분과 우주적 지형 개념은 함께 맞물린다. 약속의 땅으로 가는 고대 이스라엘 백성의 여정은 그 하루하루가 지상에서 그들이 누구이며 무슨 목적을 가졌는지에 관련된 주제의 반복이었다. 보이지 않는 여호와와 보이는 여호와가 구름과 천사로 임하여 이스라엘을 적대적 신들과 열국의 구역을 거쳐 하나님이 정하신 본향으로 인도하셨다. 그들이 진을 치면 지상으로 귀환한 에덴 성막 위에 여호와의 불이 머물러 진을 환하게 비췄다. 이스라엘 백성은 여호와의 분깃이었다. 눈에 보이기도 하고 안 보이기도 하는 혼돈의 세력들이 사방을 에워싸고 있었다. 당신은 이스라엘이 이런 방식의 실물 교육을 받았으니 혼돈의 세력들을 마주할 때 확고한 믿음으로 대응했으리라 생각할지 모르겠다. 그러나 그렇지 않다.

단원 요약
Unseen Realm

바벨 심판으로 인해 세상은 아주 딴판이 되고 말았다. 여호와가 열국의 상속권을 박탈하기 전에는 노아의 모든 후손들이 여호와와 언약 관계에 있었다. 하나님은 노아의 아들들에게 생육하고 번성하여 땅에 충만하라고 명하셨다(창 9:1). 앞서 아담과 하와에게도 같은 말씀을 주신 것은 우연이 아니다(창 1:22, 28). 노아의 아들들은 하나님의 인간 가족을 확장하여 에덴적 세상을 이루려는 본래 목표를 수행해야 했다. 바벨탑 사건이 이 모든 것을 밑동부터 뒤흔들었다.

여호와의 반응은 열국을 외부자로 만드는 것이었다. 여호와의 뜻이 그토록 부담스럽다면 다른 신들을 섬기면 되었다. 여호와는 에덴의 꿈을 다른 누군가에게로, 즉 아직 존재하지 않지만 곧 존재하게 될 백성에게로 옮기셨다. 여호와는 아담과 하와에게 하셨던 것과 똑같이 사람의 형체로 아브라함에게 임하셨다(창 3:8). 그 관심이 인격적이었기에 접촉은 인격적이었다. 여호와의 왕국 통치는 언약에 따른 신실함이라는 토대 위에 세워질 것이다. 여호와는 계속 신실하실 것이며, 아브라함으로부터 시작해 아브라함처럼 언약의 약속을 믿고 다른 신들로부터 돌이키는 자라면 누구든 언약에 참여할 수 있었다.

언약은 아브라함에서 이삭, 야곱(이스라엘)으로 이어졌다. 여호와의 가족은 요셉을 통해 보존되고 모세를 통해 구출되었다. 물론 이 구원은 특정 목적을 이루기 위한 방편이었다. 여호와가 원하시는 바는 맨 처음의 염원 그대로다. 즉 그가 창조하신 하늘과 땅의 가족들이 (그가 창조하신) 지상에서 어우러지는 것이다. 여호와는 그 목적을 위해 이스라엘을 본향인 시내산으로 데리고 오셨다. 아브라함과 원래 약속하신 내용의 일면이 실현되었다. 이스라엘은 큰 민족을 이루었다. 그러나 여호와의 백성에게는 아직 땅이 없었고, 열국을 내치셨던 그분께로 열국을 되돌림으로써 열국에게 복이 되는 일도 아직 성취되지 못했다.

그러므로 과업은 남아 있었다. 여호와는 이스라엘을 가나안 땅으로 이끄시고, 거기서 이 두 가지 언약의 약속들을 성취하실 것이다. 여호와는 또한 그 땅에서 그들 가운데 거하실 것이다. 그 목적을 위해 (하나님의 임재 안에 살고, 약속의 땅에 머무르며, 제사장 나라가 되리라는) 언약이 증인들 (즉 여호와의 천상회의) 앞에서 체결되었다.

백성이 신들이나 사람의 위협을 받을 때면, 여호와가 불타는 떨기나무 속의 천사로, 광야를 통과하도록 이스라엘을 인도하는 육신을 입은 이름^{Name}으로, 전장에서는 여호와의 군대 대장으로, 그렇게 가시적으로 개입하실 것이다. 신들뿐 아니라 인간들과 싸우기에는 숫자가 턱없이 부족했지만 이스라엘에게는 진짜 중요한 하나님이 계셨다. 그들에게 필요한 모든 것은 믿음의 신실함, 즉 신뢰와 순종이었다.

대체 잘못될 일이 무엇이 있겠는가?

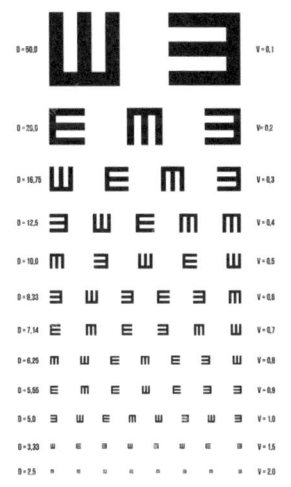

Part 5. 정복과 실패

23. 거인 문제

앞에서 논의했던 부분을 잠시 되짚어 보자. 하나님은 하와에게 그녀의 후손이 뱀의 후손과 필연적으로 충돌하게 될 것이라고 하셨다(창 3:15). 사실 뱀^{serpent}은 단순히 동물 세계의 일원이 아니라 신적 존재였다. '나하쉬'라는 용어의 의미가 유동적이어서 우리는 이 어휘가 이중적인 (또는 삼중적인) 의미를 갖는다고 볼 수밖에 없다. 그러나 분명한 사실은 (사람이 동산에서 에덴적 세상의 통치자가 되길 바라시던) 여호와의 뜻에 반기를 든 (동산에 있던) 신적 존재는 한 번도 사람의 형체로 등장한 적이 없다는 점이다.[1] 창세기 6:1-4의 하나님의 아들들은 사람의

---

1. 욥 1-2장의 '사탄'은 에덴에 있던 그 대적이 아님을 상기하라. 히브리어 성경에서는 '나하쉬'를 '사탄'이라고 부른 적이 한 번도 없다. 구약에서 '사탄'이라는 단어를 사용하여 신적 존재를 묘사한 경우에도 '나하쉬'라는 단어가 사용된 적은 없다. 욥 1-2장의 언어만 봐서는 여기에 등장하는 '사탄'이 하나님의 아들들 중 하나인지, 하나님의 아들들의 모임에 출두한 것인지 불분명하다.

육신을 입고 사람과 동거하는 것이 가능한 존재였다. 이들과 달리 에덴의 신적인 반역자는 그런 방식으로 하와에게 나타나지 않았다.[2]

따라서 성경 기자는 '나하쉬'로부터 나온 씨 또는 후손을 문자적으로 보지 않았을 것이다. 오히려 그 발상은 은유적이거나 영적이다. 성경의 다른 곳에서 이 표현이 등장할 때 우리도 바로 이런 식으로 이해한다. 그 은유가 가장 단적으로 드러난 예는 아마도 신약에서 예수님 스스로 바리새인을 뱀들이라고 부르시며(마 23:33) "그 아비가 마귀"라고 하셨을 때일 것이다(요 8:44; 비교. 계 12:6).[3]

에덴 이야기가 본질적으로 은유적 언어로 되어 있음에도 불구하고, 신적 존재들이 여호와의 뜻을 대적할 인간들을 낳는다는 개념은 실제로 창세기 6:1-4에 등장한다. 이 본문은 후에 성경 기자들이 가나안 정복을 묘사할 때도 자주 사용된다. 이번 장과 다음 두 장에서 우

---

2. 우리가 앞서(이 책 10장) 살펴보았듯, 이 신적인 반역자(divine rebel)를 생물로 묘사한 것은 에덴의 원수를 그룹(cherub)이라는 용어로 묘사한 것과 통하는 부분이 있다. 그룹은 하나님의 보좌를 호위하는 신적인 피조물이었다. 아울러 창세기 6장에서 신적 존재들("하나님의 아들들")을 마치 사람처럼 기술한 이유는 메소포타미아의 압칼루와 병행 대비를 시도하면서 논란을 일으키려는 의도가 있었기 때문이다(참조. 이 책 13장). 이번 장과 다음 두 장의 논의를 통해 나는 독자들에게 창세기 6:1-4에 대한 두 번째 해석을 소개할 예정이다. 이 접근법으로는 문자적으로 신과 인간이 동거한다는 개념이 반드시 필요한 건 아니지만, 하나님의 아들들을 초자연적으로 해석해야 한다. 이 대안적 관점은 사람의 후손을 창세기 6:1-4의 초점으로 이해하면서도 '나하쉬'라는 생물의 후손을 은유적으로 이해하는 것과 맥이 통한다.

3. 구약에서도 이 은유가 사용된다. 가령 블레셋에 대한 예언을 보면, 이 악한 나라에 대해 "뱀[나하쉬]의 뿌리"(사 14:29)라며 경고한다. 뿌리(쇼레쉬)로 번역된 단어는 바로 다음 절에서 심판을 당할 블레셋 백성을 칭하는 단어로 쓰인다. 하나님이 다른 (사람인) 대적을 일으켜 블레셋을 심판하시는 내용이 뱀이라는 단어를 은유적으로 사용하여 표현되었다. '쇼레쉬'라는 단어가 사람의 후손을 가리키는 대표적인 예는 메시아를 "이새의 뿌리"라는 문구로 칭한 경우다(사 11:10; 비교. 사 11:1; 호 9:16).

리는 성경의 이스라엘 역사 중 가나안 정복 부분에 대한 성경 기자들의 생각을 살펴볼 계획이다.

아담과 하와의 추방 이후 하와의 후손들이 옛 원수의 영적 자녀들과 충돌하는 에피소드들이 연이어 나온다. 하나님의 계획에 대한 반대는 두 가지로, 즉 인간적이며 신적인 형태로 일어났다. 가인은 구체적으로 이런 견지에서 언급되었다(요일 3:12, "그는 악한 자에게 속하여 그 아우를 죽였으니"). 분명 창세기 6:1-4은 하나님이 지키려 했던 하늘과 땅을 구분하는 영역 한계선을 침범한 사건에 대한 기록이다. 그런 다음에 바벨에서의 반역이 일어났다(창 11:1-9).

더 되짚어 보자. 이스라엘은 출애굽을 통해 하나의 민족으로 거듭났다. 그들은 율법을 받고 성막을 짓고 제사장 제도를 확립한 후 약속의 땅을 향해 출발했다.[4] 그들은 이내 가나안 경계에 이르렀고 모세는 가나안 땅을 정탐하고자 열두 정탐꾼을 보냈다(민 13장). 정탐꾼들은 그 땅이 풍요롭고 만족스럽다는 사실을 확인하면서도 상당수가 절망에 빠졌다. 그 땅은 성벽 도시 거민들이 차지하고 있었고 그 중에는 네피림의 후손인 거인들도 있었다.

[32] 이스라엘 자손 앞에서 그 정탐한 땅을 악평하여 이르되 우리가 두루 다니며 정탐한 땅은 그 거민을 삼키는 땅이요 거기서 본 모든 백성은 신장이 장대한 자들이며 [33] 거기서 네피림 후손인 아낙 자손의

---

4. 이 일련의 사건이 토라에서 많은 분량을 차지한다. 이스라엘이 시내산에 도착해서 시내산을 떠날 때까지 13개월이 소요된다(출 19:1-민 10:10). 가나안으로의 여정을 시작하기 위해 시내산에서 출발하는 이야기는 민수기에 나온다.

거인들을 보았나니 우리는 스스로 보기에도 메뚜기 같으니 그들이 보기에도 그와 같았을 것이니라(민 13:32-33).

민수기 13장에 나타난 이스라엘의 트라우마를 이해해야만 그 이후의 정복 기사를 제대로 이해할 수 있다. 히브리어 성경이 완성된 후에 태어난 이스라엘 사람이나 유대인은 약속의 땅을 얻기 위한 정복 전쟁을 이 민수기 13장을 통해 이해했을 것이다. 이 본문은 여호와의 백성으로서 이스라엘의 생존을 네피림 후손의 패배와 연결짓고 있기 때문이다.

홍수 이전의 네피림

창세기 6:1-4에 대한 우리의 이전 논의에서 처리하지 않고 넘어간 질문들이 있다.[5] 창세기 6:4의 네피림이 홍수 당시 이 땅에 있었고 "그 후에도" 있었다는 대목을 대체 어떻게 이해해야 할까? 옛적부터 네피림이 존재했다는 사실을 어떻게 다루어야 할까?

우리의 이전 논의에서 분명하게 밝혔듯, 이 기사에서 초자연적 색채를 걷어내는 관점은 폐기되어야 한다. 창세기 6:1-4에 묘사된 사건들은 이스라엘에게 있던 초자연적 세계관의 일부였다. 우리는 이스라

---

5. 창 6:1-4과 정복기사와 관련된 사안들은 복합적이다. 몇몇 사안들은 뒤에 나오는 자료와 다음 두 장에서 다루었다. 더 상세한 내용, 특히 문법과 구문론에 대해서는 관련 웹사이트를 참조하라.

엘 사람들이 현대 독자들처럼 세상을 이해했으리라 짐작하며 진실을 왜곡해선 안 된다. 네피림도 이스라엘의 초자연적 세계관의 일부였다. 그리고 네피림의 후손이 이스라엘의 약속의 땅 정복 과정에서 주요 장애물로 드러났으므로 정복 자체도 초자연적인 관점에서 이해해야 한다.

창세기 6:1-4에 언급된 네피림의 기원에 대해 생각해 보자. 여기에는 하나님의 아들들을 초자연적으로 이해하는 이스라엘의 세계관과 맥이 닿는 두 가지 접근 방식이 있다. 첫 번째 가장 확실한 접근은 신적 존재들이 지상으로 내려와 인간의 육신을 취하고서 인간 여자들과 동거하여 네피림으로 알려진 비범한 후손을 낳았다는 것이다. 이 관점을 취하면 정복전쟁에서 마주친 거인 족속을 자연스럽게 네피림의 육신적 후손으로 보게 된다(민 13:32-33).[6]

이 접근에 대한 일차적 반대는 성적인 요소와 관련이 있다.[7] 현대의 계몽주의적 사고로는 이 관점을 도저히 용납하지 못한다. 어떤 사람은 마태복음 22:23-33을 근거로 이 접근에 반대하면서 마태복음 22:30이 천사가 성관계를 할 수 없다는 점을 가르친다고 전제한다.

> [23] 부활이 없다 하는 사두개인들이 그날 예수께 와서 물어 이르되 [24] 선

---

6. 아울러 이 견해를 따르면 네피림이 예사롭지 않은 체구에도 불구하고 인간이었다고 결론 내릴 수밖에 없다. 이 책 25장 각주의 논의를 참조하라.
7. 동거(또는 뒤의 논의에서 다룰 모종의 신적 개입)의 결과 역시 우리를 머뭇거리게 만드는 대목이다. 성경 본문과 고고학을 통해 얻은 정보를 보면, 네피림이나 그 후손 모두 괴물처럼 큰 키는 아니었다는 결론에 도달하게 된다. 증거 자료는 오늘날의 초장신의 범주(대략 200cm에서 240cm까지, 참조. 이 책 25장)와 일치한다. 바산 왕 옥의 침상 크기(신 3:11)가 옥의 정확한 신체 사이즈를 반영한다고 볼 수는 없다. 이 책 24장의 논의를 참조하라.

생님이여 모세가 일렀으되 사람이 만일 자식이 없이 죽으면 그 동생이 그 아내에게 장가 들어 형을 위하여 상속자를 세울지니라 하였나이다 [25] 우리 중에 칠 형제가 있었는데 맏이가 장가 들었다가 죽어 상속자가 없으므로 그 아내를 그 동생에게 물려 주고 [26] 그 둘째와 셋째로 일곱째까지 그렇게 하다가 [27] 최후에 그 여자도 죽었나이다 [28] 그런즉 그들이 다 그를 취하였으니 부활 때에 일곱 중의 누구의 아내가 되리이까 [29] 예수께서 대답하여 이르시되 너희가 성경도, 하나님의 능력도 알지 못하는 고로 오해하였도다 [30] 부활 때에는 장가도 아니 가고 시집도 아니 가고 하늘에 있는 천사들과 같으니라 [31] 죽은 자의 부활을 논할진대 하나님이 너희에게 말씀하신 바 [32] 나는 아브라함의 하나님이요 이삭의 하나님이요 야곱의 하나님이로라 하신 것을 읽어 보지 못하였느냐 하나님은 죽은 자의 하나님이 아니요 살아 있는 자의 하나님이시니라 하시니 [33] 무리가 듣고 그의 가르치심에 놀라더라(마 22:23-33).

본문은 천사가 성관계를 할 수 없는 게 아니라 하지 않는다고 말한다. 이유는 자명하다. 이 발언은 부활논쟁을 배경으로 하는데, 부활은 넓은 의미에서 내세 또는 더 정확하게는 마지막 때에 새롭게 될 전지구적 에덴을 말한다. 어느 쪽을 택하든 논점은 분명하다. 신적 존재들의 영역인 영적 세계에서는 출산할 필요가 없다. 출산은 물리적으로 인구를 보존하기 위해 필요한 물리적인 세상에 속한 일이다. 마찬가지로 완전해진 에덴적 세계의 삶에서는 출산을 통해 인류를 보존할 필요가 없다. 누구나 죽지 않는 부활의 몸을 갖기 때문이다. 결과적으로 비인간의 영적 세계에서 성이 불필요한 것처럼 부활 후에도 성은 불필요하다.

그러나 창세기 6장의 맥락은 영적 세계나 마지막 에덴적 세계가 아니다. 따라서 마태복음 22장의 이 비유는 연관성이 전혀 없으며, 창세기 6:1-4에 대한 주석으로는 아무 쓸모가 없다.

이 복음서 본문을 잘못 연결시켰다는 점을 인정하더라도, 기독교인들은 창세기 6:1-4을 해석하는 데 있어 여전히 머뭇거린다. 고대 독자라면 거리낌이 전혀 없었을 것이다. 그러나 현대인의 생각에는 신적 존재들이 인간의 육체를 취해서 이 본문에서 묘사하는 행위를 한다는 것이 가당치도 않은 일로 여겨진다.

현대인의 이런 반대는 기이하다고 말할 수 있다. 이 해석이 여호와가 예수 그리스도로 성육신한 것보다는 덜 극적이기 때문이다. 더 받아들이기 어려운 사실은 하나님이 처녀를 통해 사람으로 잉태되었다는 점이다. 예수님이 신성과 인성이 결합된 존재라는 사실이야말로 완전히 기막힌 이야기 아닌가? 그런 문제라면, 하나님이 여성의 자궁에서 태어나서 걷고 말하고 숟가락 사용법을 배우고 배변을 훈련하고 사춘기를 거치면서 인간으로서의 삶을 감내하셨다는 점에 대해서는 왜 현대의 과학적 사고에 익숙한 이들이 불쾌하게 여기지 않는 걸까? 이 모든 것들이 창세기 6:1-4보다 훨씬 더 충격적인데도 말이다. 성경이 우리에게 명백하게 말하는 바는 삼위일체의 두 번째 위격이 사람이 되었다는 것이다. 하나님이 잉태 시점부터 사람이 되었다는 것이다.

사실 기독교인들이 성육신을 수긍하는 이유는 마땅히 그래야만 하기 때문이다. 그래야만 기독교라 할 수 있기 때문이다. 기독교인들은 창세기 6:1-4을 부수적인 것으로 치부하고 구석으로 밀쳐놓았다. 그러나 성경이 묘사하는 인격적인 하나님을 믿는다는 것은 초자연성을 수용한다는 것을 의미한다. 기독교인에게 성경의 초자연적 세계에 대한 이야기의 절정은, 즉 가장 극적이고 상상을 초월하는 초자연적 표현은 하나님이 그리스도로 성육신하신 것이다. 하나님의 아들들이 육신의 형태로 세상에 왔다는 사상은 그리스도의 성육신에 비하면 덜 파격적인 초자연적 사건이다. 따라서 성육신보다 더 수용할 만하다. 신적 존재들이 육신을 입고 나타난 것이 실제 사람이 되는 성육신과 동일한 과정이라는 암시는 없다. 창세기 6:1-4에 대한 이 특정한 초자연적 접근은 신적 존재(천사)가 육신을 입은 사람의 형체로 등장한 것이 자명한 다른 성경 구절들에서 비롯되었다.

가령 창세기 18-19장은 다름 아닌 여호와와 또다른 두 신적 존재가 물리적 육신으로 아브라함과 만난 내용이다. 그들은 같이 밥을 먹었다(창 18:1-8). 창세기 19:10을 통해 우리가 알 수 있는 바는 두 천사가 소돔의 패거리로부터 롯을 보호하기 위해 롯의 몸을 물리적으로 붙들어 집안으로 끌어들였다는 것이다. 만일 두 존재가 실제 몸을 지니지 않았다면 그렇게 하기 어려웠을 것이다.

우리가 앞에서 살펴본 또 다른 예는 창세기 32:22-31이다. 이 구절에서 야곱은 "사람"과 씨름했으며(32:24), 본문에는 그 사람이 엘로힘이라는 언급이 두 번이나 나온다(32:30-31). 호세아 12:3-4에서는 이 사건을 언급하며 야곱과 씨름한 존재를 '엘로힘'과 '말라크'(천사)라고 설명했다. 이 씨름은 야곱에게 부상을 입힌 육체적인 싸움이었다(32:31-32).

신약에서 천사들이 사람의 형체를 입고 가시적인 모습으로 나타난 예는 보다 흔하며,[8] 천사를 육체를 가진 존재로 이해하는 일화들이 소개된다. 마태복음 4:11에서 예수님이 마귀의 시험을 받으신 후 천사들이 예수님의 "수종을 들었다"(비교. 막 1:13). 분명 이것은 천사들이 예수님 면전에서 둥둥 떠다니기만 하는 존재가 아니었음을 말해 준다. 천사들은 나타나 말을 했고(마 28:5; 눅 1:11-21, 30-38), 이것은 실제로 음파가 발생했음을 뜻한다. 만일 단순한 청각적 경험을 의미했다면 이 의사소통을 꿈이나 환상으로 묘사했을 것이다(행 10:3). 천사들은 문을 열기도 하고(행 5:19), 제자들의 몸을 밀쳐 잠을 깨우기도 했다(행 12:7). 이 특정 일화가 특별히 흥미로운 이유는 베드로가 천사를 보면서 그것을 환상으로 착각했다는 내용이 본문에 나오기 때문이다.

창세기 6:1-4에 대한 두 번째 초자연적 접근은 성적인 언어를 문자적으로 받아들이지 않고 완곡어법으로 받아들이는 것이다. 이 관점에 의하면, 여호와를 대적하는 신적 존재들이 네피림을 탄생시켰고, 그 때문에 훗날 거인 족속이 생겨나게 되었다는 개념을 전달하기 위해 동거^{cohabitation}를 의미하는 표현을 사용했다는 것이다.

이 관점에서는 여호와와 아브라함과 사라의 관계를 비유로 든다.[9] 육신을 입은 여호와와 사라 사이에 이삭을 낳기 위한, 따라서 이스라엘 백성을 만들기 위한 성적인 관계가 있었다는 암시는 없다. 하지만 이스라엘 백성이 초자연적 개입을 통해 생겼다는 것은 엄연한 사실이

---

8. 예. 마 2:19; 행 10:3; 11:13.
9. 사라는 수정에 필요한 난자를 생성하고 임신 기간을 채울 만한 체력을 갖추지 못한 노인이었다.

다.¹⁰ 그런 의미에서 여호와는 이스라엘의 "아버지가 되었다." 성경은 아브라함과 사라가 아이를 낳게 하기 위해 하나님이 어떤 수단을 사용하셨는지 한 번도 밝힌 적이 없다. 하지만 모종의 신적 개입이 필요했음은 분명하다. 성경은 이 초자연적 개입의 성격에 대해 침묵한다.

---

10. 어떤 학자가 최근에 제시한 이론은 구약에서 여호와를 성적인 신(sexual deity)으로 간주했다는 것이다. David E. Bokovoy, "Did Eve Acquire, Create, or Procreate with Yahweh? A Grammatical and Contextual Reassessment of קנה in Genesis 4:1," *Vetus Testamentum* 63 (2013): 19-35. 나는 "성적인 신" 같은 표현이 창 4:1의 의미론적 논점을 제대로 포착한 것이라고 보지 않는다. 보코보이(Bokovoy)는 창 4:1에서 문제가 되는 동사(카나)가 '창조하다' 또는 '생식하다'를 뜻한다고 주장한다. 나는 이 동사에 분명 이런 뜻도 있을 것이라는 데 동의한다. 보코보이의 주장은 성경 기자가 하나님이 생식의 신비에 참여하셨다고 믿었다는 것이다. 비록 보코보이가 그렇게 진술하진 않았지만, 그는 성경 기자들이 임신의 문제를 신에게 귀속시킨 이유는 우리와 달리 인간의 수정과 자궁 안에서 일어나는 일에 대한 과학적 지식이 없었기 때문이라고 추정한다. 나는 이 논점에도 동의한다. 그러나 보코보이처럼 여호와가 가인의 생식에 "적극적으로 참여했다"는 결론을 도출하려면, 보코보이가 자신의 저서에 포함시키지 않은 근거를 제공해야 한다. 성경 기자의 인식에서 그리고 심지어 하와 자신의 인식에서도 하나님이 하와를 임신하게 하셨다고 볼 수 있다. 그러나 그것이 의미하는 바는 무엇일까? 성경 기자는 사람(아담)의 역할에 무지하지 않았다. 창 4:1의 전반부 본문에서는 명백하게 "아담이 그의 아내 하와와 동침하매 하와가 임신하여"라고 되어 있다. 성경 기자는 남녀가 성관계를 하면 아이를 임신한다는 것을 알고 있다. 이 점을 파악하기 위해 현대적 과학 지식이 필요한 것은 아니다. 창 4:1의 후반부에서 하와는 "내가 여호와로 말미암아 사람을 얻었다[기본형: 카나, 기록형태: 카니티]"고 말한다. 그러나 하와가 이 성적인 행위(동사)의 목적어가 아닌 문법상의 주어임을 주목하라. 보코보이의 글을 읽으면 마치 여기서 주어가 여호와이며 여호와가 하와와 성적으로 연루되는 것처럼 들린다. 그것은 본문의 문법이 말하는 바가 아니다. 저자의 표현은 정확성이 떨어져 오해를 빚을 여지가 있다. 그럼에도 논의의 목적상 보코보이의 논증을 따라가 보면 하와의 진술을 이렇게 번역할 수 있다. "내가 여호와와 더불어 사람을 낳았다." 저자가 하와와 성관계를 가진 주체가 아담임을 분명히 밝힌 이 상황에서 이것이 의미하는 바는 무엇일까? 답은 간단하다. 이 문구는 구약에서 저자가 남녀가 성관계 후 임신했을 때 그 임신(예. "태를 여심")이 여호와의 행하심에 기인하는 것으로 말하는 다른 구절들과 흡사하다(생식의 신비를 하나님의 공로로 돌리는 것이다. 예. 창 18:9-14; 21:1-2; 25:21; 29:32-35; 30:16-24; 삼상 1:19-20; 시 17:14; 127:3; 사 44:2, 24). 이는 복잡할 것도 충격적일 것도 없으며, 여호와가 누군가와 성적으로 연루되었다는 증거도 아니다. 창 4:1과 다른 구절은 생식의 신비와 성관계 행위를 구분하고 있다.

그래서 여호와와 경쟁관계에 있는 신들이 여호와의 자녀들을 대적하기 위해 자녀들을 낳았다는 발상이 들어설 여지가 생긴다.

다음 장에서 살펴보겠지만, 두 접근법에 대한 성경 기자들의 믿음은 가나안의 특정 인종 집단의 멸절을 합리화하는 근거가 되었다. 거인 족속이 문자 그대로 동거를 해서 생겨났든, 성적인 언어가 이 개념을 전달하기 위한 단순한 매개이든 간에, 여호와로 말미암아 이스라엘 백성이 존재하게 된 것처럼 거인 족속은 여호와와 경쟁하는 다른 신들에 의한 모종의 초자연적 개입으로 생겨났다.[11]

따라서 두 접근법 모두 네피림의 뒤를 이은 거인 족속이 초자연적 기원을 가지고 있음을 전제 하지만 그 발생 방법에 대해서는 견해가 엇갈린다.

홍수 이후의 네피림

창세기 6:4이 독자에게 지적하는 바는 이 땅에 네피림이 홍수 이전

---

11. 첫 번째 견해(신적 존재들과 사람의 물리적 성관계)는 벧후 2:4-10과 유 6-7절의 "범죄한 천사들"에 대한 언급과 어렵지 않게 양립시킬 수 있다. 특히 베드로와 유다 모두 비유적 상황으로 소돔과 고모라 사건을 언급했고 그 사건의 본질이 성적 관계임을 감안할 때 그러하다. 두 번째 견해(신적 존재들이 초자연적으로 인간의 생식에 개입함)는 성적인 언어에 이의를 제기하지 않지만 이를 완곡어법으로 간주한다. 베드로와 유다가 성적인 언어를 포함시켰다는 것은 놀랄 일이 못 된다(구약에도 성적인 언어가 나와 있다). 이 접근법에 의하면 베드로와 유다 역시 성적인 언어를 완곡어법으로 간주하지 않았다고 고집할 근거가 없다. 여하튼 베드로와 유다가 말한 범죄자가 단순한 인간이 아니라 신적 존재들이었음을 부정하는 것은 어불성설이다.

뿐 아니라 "이후에도" 존재했다는 것이다. 민수기 13:33은 기골이 장대한 아낙 자손이 "네피림 후손"이라고 똑같이 명료하게 밝히고 있다. 창세기 6:4은 민수기 13:33을 예견한다.[12] 아낙의 자손들인 아낙 족속은 정복 내러티브에 등장하는 거인 족속 중 하나였다(예. 신 2:10-11, 21; 수 11:21-22; 14:12, 15). 이 본문은 분명히 아낙 족속과 네피림을 연결시키고 있지만 홍수기사를 감안할 때 대체 어떻게 이런 일이 가능할까?[13]

이 문제는 고대 이래로 해석자들을 미궁에 빠트렸다. 내가 13장에서 지적했듯, 일부 유대 저자들은 노아 자신이 하나님의 아들들 중 한 명의 자식이었고 네피림 거인이었다는 데 답이 있다고 가정했다. 창세기 6:9은 홍수의 발단이 된 불의와 노아 간에 분명히 거리를 두고 있으므로 이것은 설득력이 없다.

홍수 후 거인 네피림에게서 나온 후손의 존재를 설명할 두 가지 다른 대안이 있다. (1) 창세기 6-8장의 홍수가 전지구적 홍수가 아닌

---

12. 많은 복음주의 학자들과 신앙이 없는 학자들이 두 구절이 모두 후대에 의해 덧붙여진 편집자적 논평이라고 여긴다. 참조. Brian Doak, *The Last of the Rephaim: Conquest and Cataclysm in the Heroic Ages of Ancient Israel*, Ilex Series 7 [Cambridge: Harvard University Press, 2013], 78). Claus Westermann, *Genesis 1-11: A Continental Commentary* (Minneapolis:Fortress, 1994), 378. 이 구절들이 성경의 최종 본문에 포함된다는 사실은 이것들이 영감의 산물이었던 정경 자료에 포함되어야 함을 의미한다.
13. 민 13:33의 히브리어 문구를 문자적으로 읽으면, 아낙의 아들들(브네)이 네피림에게서 나왔다(from, 히브리어로 '민')고 되어 있다. 그 의미는 아낙 족속이 혈통적, 즉 생물학적 후손이었든지 또는 네피림의 후손 집단에 속한다고 간주되었든지 둘 중 하나라는 것이다. 혹자는 '민'이라는 전치사가 아낙 족속이 네피림과 닮기만 했음을 시사한다고 주장한다. 하지만 히브리 성경에는 이런 의미론적 뉘앙스를 뒷받침할 뚜렷한 사례가 없다. 이 문구에 대한 도우크(Doak)의 주장은 이렇다. "무엇이 진실이든 여기서 아낙인을 네피림의 육체적 (따라서 도덕적 또는 영적) 후손으로 여겼음은 거의 확실하다고 볼 수밖에 없다"(*Last of the Rephaim*, 79).

국지적 재난이었다고 보는 것이다. (2) 창세기 6:1-4에서 묘사된 것과 동일한 행태가 홍수 후에도 재현되어 (또는 지속되어) 다른 네피림이 생겨났고 그로부터 거인 족속의 혈통이 이어졌다고 보는 것이다.

첫 번째 대안인 국지적 홍수설은 당연하게도 지역 규모의 홍수를 뒷받침하는 논증들이 얼마나 일관성이 있는지, 특히 그런 논증들이 성경 본문에서 홍수 사건이 세계적인 규모라고 암시하는 듯한 표현을 어떻게 취급하는지에 달려 있다. 여러 성경학자, 과학자, 연구자들이 이 해석을 옹호하는 증거를 제시했다.[14] 우리의 목적에 한해서 보자면, 이 대안은 성경 기자들에게 알려진 지역, 구체적으로는 고대 근동, 지

---

14. 국지적 홍수설은 과학적 논증과 별개로 몇 가지 궤도를 따라 전개된다. 과학적 논의에 대해서는 다음을 참조하라. David F. Siemens Jr., "Some Relatively Non-Technical Problems with Flood Geology," *Perspectives on Science and the Christian Faith* 44.3 (1992): 169-74; Davis Young and Ralph Searly, *The Bible, Rocks and Time: Geological Evidence for the Age of the Earth* (Downers Grove, IL:IVP Academic, 2008), 224-40. 우리의 관심은 국지적 홍수에 대한 성경본문과 본문 자체의 증거다. 첫째, 히브리어 성경의 홍수 내러티브에서 전지구적 사건을 시사하는 표현들을 보면, 맥락상 전지구적이거나 지구의 모든 사람을 포함할 수 없다. 가령 "온 땅"(콜-에레츠)이라는 표현은 전후맥락상 분명히 국지적 지리를 말하는 구절에 등장한다(예. 창 13:9; 41:57; 레 25:9, 24; 삿 6:37; 삼상 13:3; 삼하 24:8). 이런 경우 "온 나라" 또는 "그 지역의 모든 사람"이라고 이해하는 것이 더 낫다. 그렇다면 이 표현이 창 6-8장에 등장할 때 국지적 홍수를 의미한다고 볼 여지가 생긴다. 둘째, 창 9:19은 노아의 아들들이 "온 땅"에 거주했다고 한다. 창 10장(참조 10:1)에는 노아의 아들들이 낳은 민족의 목록이 제시되어 있다. 이들은 모두 고대 근동, 지중해, 에게해 연안에 정착했다. 성경 기자들은 지구 반대편에 있는 미국, 또는 인도, 중국, 호주와 같은 지역에 있는 민족들에 대해선 무지했다. 따라서 창 10장의 언어는 창 7:21의 열국 목록에 수록된 민족 집단 (또는 그 일부에) 국한된다고 볼 여지가 있다. 그 해석은 국지적 홍수와 일관성을 가진다. 셋째, 창 7:21에 사용된 "온 인류"(콜-아담)는 모든 지역의 모든 인간을 가리킨다고 말할 수 없는 문맥에서도 등장한다(예. 렘 32:20; 시 64:9는 지구 반대편의 사람들이 아닌 하나님이 행하신 바를 목격한 사람들만을 가리킨다). 마지막으로 시 104:9은 창세 때처럼 땅을 물로 뒤덮지 않으시겠다고 약속하시는 내용이므로 전지구적 홍수를 배제하는 말로 여겨진다.

중해, 에게해의 어딘가에 인간 생존이 가능했다는 것을 의미한다.[15]

두 번째 대안은 히브리어 문법에서 파생된 가능성이다. 창세기 6:4에 의하면 홍수 전과 "그 후에도 하나님의 아들들이 사람의 딸들에게로 들어왔다"(when the sons of God went into the daughters of humankind)고 한다. 이 절의 when(~할 때)은 whenever(~할 때마다)로도 번역할 수 있으므로 홍수 이전 사건이 홍수 이후에도 반복되었음을 시사한다.[16] 달리 말하면 창세기 6:4이 훗날의 거인 족속을 가리키

---

15. 창 6:1-4에 대한 두 가지 초자연적 접근법 모두 국지적 홍수 개념을 포용할 수 있다. 두 접근법 모두 (어떤 방법으로 살아남았든지) 홍수 생존자들이 당시 알려진 성경의 세계인 지중해나 에게해에 있음을 상정한다. 그 생존자들은 (적어도 일부는) 결국 가나안으로 이주했을 것이다. 적어도 거인 혈통 중 하나는 에게해(참조. 25장)에서 왔다고 추정할 수 있다. 이와 유사한 방식으로 네피림의 홍수 후 기원설을 전제하려면 묘사되지 않은 동일 유형의 신적 개입이 더 많이 요구된다.

16. when을 번역할 때 아쉐르절(that절)은 일시적인 것으로 간주된다. 베스터만(Westermann)에 의하면 이것이 대부분의 주석가들이 받아들이는 견해다. 그러나 그는 일시적인 것으로 이해하든 다른 가능성으로 이해하든 무방하다고 본다. "아쉐르를 일시적인 것으로 해석하든지(대부분의 해석자들), 아니면 반복적인 것으로 보든지(E. König, W. H. Schmidt와 다른 이들), 인과적인 것으로 보든지(예. B.S. Childs는 이에 반대하고, W. H. Schmidt는 찬성한다)" 무방하다. '아쉐르'는 저자가 내러티브에 첨언한 것인데, 그 기능은 사실 연결과 종속을 의미하는 절로만 기능한다(Westermann, *Genesis 1-11*, 377). 웬함(Wenham)은 일부 히브리어 학자들이 이 절에서 히브리어의 미완료 형태를 사용한 것은 반복을 허용하기 위함이라고 본다. "'신들의 아들들이 사람의 딸들에게로 들어갈 때마다 그들에게서 자녀를 낳았다.' 이를 단순 과거형 사건(그들에게로 들어갔을 때…)으로 번역하는 것도 불가능하진 않지만, 이 미완료 형태의 '들어갔다'(아보우)와 완료형의 '자녀를 낳았다'(얄레두)를 반복적 성격으로 해석하는 것이 더 자연스럽다(Skinner, König, Gispen). '들어가다'는 종종 성관계에 대한 완곡어법으로 사용된다(비교. 창 30:16; 38:16)." 또한 참조. Gordon J. Wenham, *Genesis 1-15*, Word Biblical Commentary 1 (Dallas: Word, 1998), 143. 또한 참조. Friedrich Wilhelm Gesenius, *Genesius' Hebrew Grammar*, 2nd English ed. (ed. E. Kautzsch and Sir Arthur Ernest Cowley; Oxford: Clarendon Press, 1910), 315 (sec. 107e). 게제니우스(Gesenius)는 이 해석적 뉘앙스의 사례에 창 6:4을 포함시킨다.

기 때문에 이 표현은 다른 하나님의 아들들이 홍수 후에 더 많은 네피림을 낳았음을 암시할 수 있다.¹⁷ 결과적으로 원래의 네피림은 홍수 심판으로 인해 생존하지 않은 셈이 되고, 이로써 '홍수 이후' 네피림의 존재에 대한 딜레마는 해결된다. 홍수 이전과 동일한 방법으로 후대에 다른 네피림이 출현한 것이다.

---

17. 내가 "다른"이라는 표현을 쓴 것은 신약의 베드로후서와 유다서를 비롯한 모든 고대 유대 전승에 하나님을 진노하게 만든 하나님의 아들들(순찰자라고도 부름)이 그 소행으로 말미암아 마지막 때까지 지하세계에 갇히게 되었다는 기록이 있기 때문이다. 이 해석은 창 6:1-4의 네피림의 발단이 된 개입 사건의 실체가 무엇이든 그 일이 반복되었음을 시사하므로, 두 가지 초자연적주의적 접근법 모두와 양립가능하다.

24.
뱀의 자리

민수기 13장에서 이스라엘 백성은 가나안 땅 경계에 당도한다. 모세는 가나안 땅으로 열두 정탐꾼을 보내 그 땅과 거민에 대한 보고를 받는다. 정탐꾼들은 하나님이 말씀하신 것이 사실이었다고 전한다. 그 땅은 실로 "젖과 꿀이 흐르는 땅"이었다(민 13:27). 그러나 그들은 "거기서 네피림 후손인 아낙 자손의 거인들을 보았나니 우리는 스스로 보기에도 메뚜기 같으니 그들이 보기에도 그와 같았을 것"(민 13:33)이라는 말을 덧붙인다.

바로 뒷장인 민수기 14장이 우리에게 말하는 바는 출애굽의 기적에도 불구하고 이스라엘 백성은 하나님이 아낙 자손을 물리쳐 주시리라고 도무지 믿지 않았다는 것이다. 그 반역으로 하나님은 믿지 않은 자들이 다 죽어 사라질 때까지 40년 간 광야를 방황하는 벌을 이스라엘에게 내리신다. 하나님은 40년을 보낸 후에 그들을 약속의 땅으로

들여보내실 것이다(민 14:33-35).[1]

아낙 족속은 누구인가? 그리스 신화에 나오는 괴물스러운 거인이었을까? 얼마나 많은 수가 그 땅에 살았을까? 본문은 아낙 족속과 네피림을 분명하게 연결짓는데, 정확히 어떻게 연결되는 것인가?

이 질문들에 답하려면 구약의 이스라엘 역사 기술을 완성한 성경 기자들의 고대적 배경이라는 큰 틀을 이해해야 한다. 어떤 기록을 보아도 이 작업이 바벨론 유배기간에 마무리되었다는 것은 우연이 아니다. 성경 기자들은 이스라엘이 정복전쟁에서 마주한 원수인 거인 족속을 바벨론을 뿌리로 하는 고대의 배교자들(즉 하나님의 아들들과 네피림, 그리고 바벨탑에서 쫓겨난 열국)과 의도적으로 연결시키고 있다.

이 사건들은 이스라엘의 초자연적 세계관의 배경지식이 되었고, 약속의 땅을 차지하기 위한 전쟁에 의미를 부여했다. 이스라엘은 치명적인 두 세력과 마주하게 될 것이다. 그들은 적대적인 신들의 지배 아래 있던 열국 백성과 네피림의 후손들이다. 정복기사에서 그 둘은 때때로 하나로 융합되기도 했다. 이스라엘은 이 둘 다 물리쳐야 했지만 특히 하나는 진멸해야만 했다.

---

1. 혹자는 정탐꾼의 보고가 거짓말이었거나 두려움으로 말미암아 일부러 과장된 보고를 했다고 주장한다. 이것은 설득력이 부족하다. 이 해석이 맞다면 거인들(아낙 사람 또는 다른 거인들)에 대한 다른 모든 성경의 언급을 무시하거나 거짓말로 간주해야 한다. 아울러 이 해석이 맞다면 네피림이라는 용어를 맥락에서 제거하거나 이 단어의 형태론을 무시해야 한다(참조. 12-13장). 이 해석을 뒷받침하는 건전한 주해는 없다.

요단 동편의 거인들

40년 방황의 끝이 다가오자 하나님은 모세에게 이스라엘의 새 세대 (그리고 믿음을 저버리지 않은 소수의 구세대)를 다시 가나안으로 인도하라고 지시하신다. 그러나 하나님은 이전처럼 남쪽으로 가나안으로 진입하는 길이 아닌 가나안 측면인 동편("요단강 동편")으로 인도하셨다.

이것은 우발적인 일이 아니었다. 신명기 2장에 이 이야기가 나온다.

> [8] 우리가 세일 산에 거주하는 우리 동족 에서의 자손을 떠나서 아라바를 지나며 엘랏과 에시온 게벨 곁으로 지나 행진하고 돌이켜 모압 광야 길로 지날 때에 [9] 여호와께서 내게 이르시되 모압을 괴롭히지 말라 그와 싸우지도 말라 그 땅을 내가 네게 기업으로 주지 아니하리니 이는 내가 롯 자손에게 아르를 기업으로 주었음이라 [10] (이전에는 에밈 사람이 거기 거주하였는데 아낙 족속 같이 강하고 많고 키가 크므로 [11] 그들을 아낙 족속과 같이 르바임이라 불렀으나 모압 사람은 그들을 에밈이라 불렀으며 [12] 호리 사람도 세일에 거주하였는데 에서의 자손이 그들을 멸하고 그 땅에 거주하였으니 이스라엘이 여호와께서 주신 기업의 땅에서 행한 것과 같았느니라)
> [17] 여호와께서 내게 말씀하여 이르시되 [18] 네가 오늘 모압 변경 아르를 지나리니 [19] 암몬 족속에게 가까이 이르거든 그들을 괴롭히지 말고 그들과 다투지도 말라 암몬 족속의 땅은 내가 네게 기업으로 주지 아니하리니 이는 내가 그것을 롯 자손에게 기업으로 주었음이라 [20] (이곳도 르바임의 땅이라 하였나니 전에 르바임이 거기 거주하였음이요 암몬 족속은 그들을 삼숨밈이라 일컬었으며 [21] 그 백성은 아낙 족속과 같이 강하

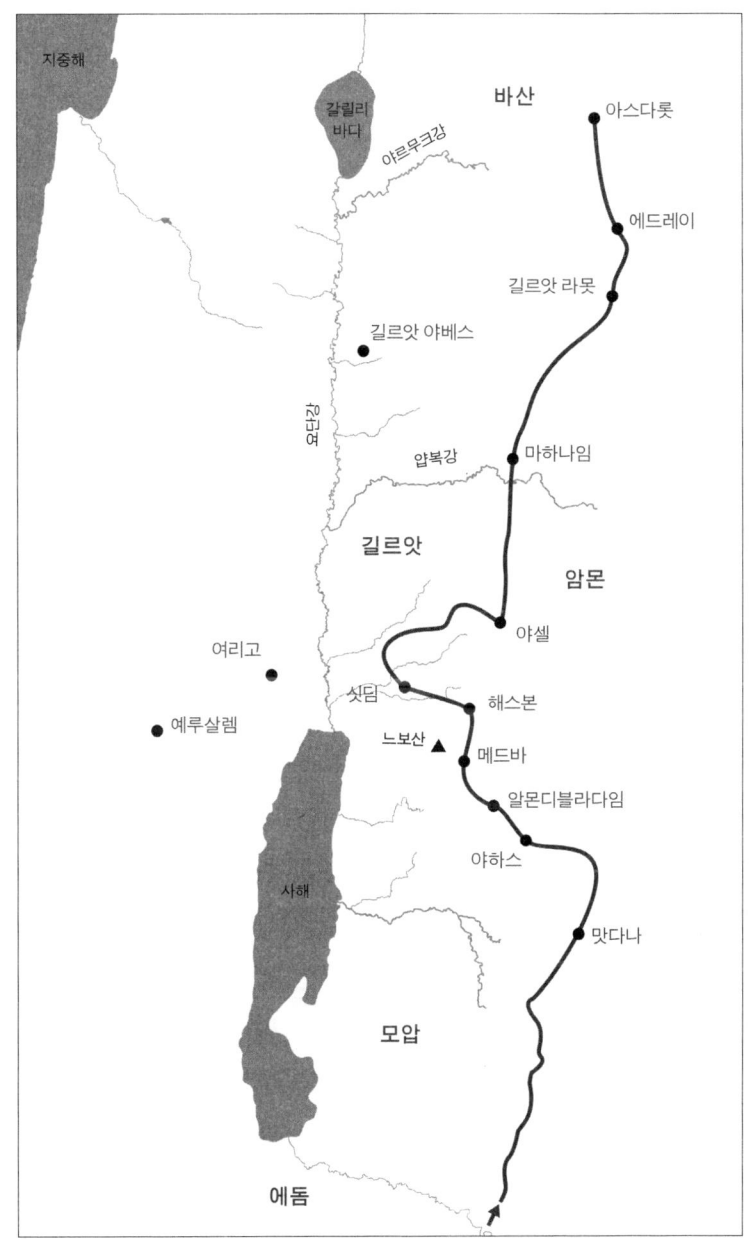

고 많고 키가 컸으나 여호와께서 암몬 족속 앞에서 그들을 멸하셨으므로 암몬 족속이 대신하여 그 땅에 거주하였으니 22 마치 세일에 거주한 에서 자손 앞에 호리 사람을 멸하심과 같으니 그들이 호리 사람을 쫓아내고 대신하여 오늘까지 거기에 거주하였으며 23 또 갑돌에서 나온 갑돌 사람이 가사까지 각 촌에 거주하는 아위 사람을 멸하고 그들을 대신하여 거기에 거주하였느니라)(신 2:8-23).

우리는 이 단락과 그 지리적 정보를 통해 몇 가지 의미심장한 점을 알 수 있다. 하나님은 남에서 북으로 진행하는 과정에서 에돔, 모압, 암몬은 괴롭히지 말고 내버려두라고 하셨다. 그 이유는 오래 전 하나님이 그 땅을 아브라함의 조카인 롯과 아브라함의 손자이자 야곱의 형인 에서에게 배정하셨기 때문이다. 모세, 여호수아, 이스라엘 백성이 당도하기 전 그 영토에 거인들이 살았던 시절이 있었다는 게 흥미롭다(10-11, 19-20절). 이 거인족은 모압과 암몬에게 에밈과 삼숨밈으로 알려져 있었다. 호리, 아위, 갑돌 같은 다른 거민들 역시 이미 쫓겨난 상황이었다. 이 부족들은 여러 구절들에서 거인 족속들과 연계되어 등장하긴 하지만, 그들 자체로는 비범하게 키가 크다는 소리를 들은 적이 한 번도 없었다.[2] 여기서 고찰해야 할 점은 (이스라엘이 여호와가 약속하신 땅에서 행한 것같이) 이 거인 족속들도 아브라함의 후손인 에서와 롯의 후손에 의해 아브라함 후손에게 약속하신 땅에서 이미 제거되었다는 사실이다(12, 21절).

---

2. 갑돌 사람이 "가사까지 각 촌에 거하였다"는 것을 주목하라(23절). 가사는 블레셋 도시가 되었다. 갑돌은 크레타처럼 에게해의 한 섬이다. 다윗 시대의 골리앗은 블레셋 족속이다.

이 거인 족속들 역시 "네피림 자손"(민 13:32-33)인 아낙 사람과 혈연관계였다(10-11절). 우리는 구체적으로 어떻게 이 혈통이 연결되는지 모르지만 혈연관계가 존재했음은 안다. 덧붙여 이 모든 집단은 르바임(11, 20절)이라는 이름으로도 불렸던 것으로 보이는데, 이 용어는 뒤로 갈수록 더 중요하게 대두될 것이다.[3]

시혼 그리고 바산으로 진군하다

하나님은 모세에게 이스라엘이 요단 동편을 따라 북진할 때 롯과 에서의 아들들에게 통행 허가를 요청하라고 말씀하신다. 그들은 허가를 받아 그 지역을 통과했다(신 2:27-29). 하나님의 인도하심을 따라 이스라엘이 향한 목적지는 요단 동편에서 네피림 혈통의 지배 아래 있던 마지막 지역이었다. 모세는 이 여정에서 하나님이 목표하신 바를 미처 간파하지 못했던 것 같다. 신명기 2장은 하나님이 표적으로 삼으신 대적에게 모세가 전갈을 보내는 이야기다.

> [26] 내가 그데못 광야에서 헤스본 왕 시혼에게 사자를 보내어 평화의 말로 이르기를 [27] 나를 네 땅으로 통과하게 하라 내가 큰 길로만 행하고 좌로나 우로나 치우치지 아니하리라 [28] 너는 돈을 받고 양식을 팔

---

3. 르바임에 대해서는 다음을 참조하라. Michael S. Heiser "Repahim" in *Lexham Bible Dictionary* (Bellingham WAL Lexham Press, 2015). 옥이 다스리던 지리적 지역에 대해서는 다음을 참조하라. Doak, *Last of the Rephaim*, 81-83.

아 내가 먹게 하고 돈을 받고 물을 주어 내가 마시게 하라 나는 걸어서 지날 뿐인즉 [29] 세일에 거주하는 에서 자손과 아르에 거주하는 모압 사람이 내게 행한 것같이 하라 그리하면 내가 요단을 건너서 우리 하나님 여호와께서 우리에게 주시는 땅에 이르리라 하였으나 [30] 헤스본 왕 시혼이 우리가 통과하기를 허락하지 아니하였으니 이는 네 하나님 여호와께서 그를 네 손에 넘기시려고 그의 성품을 완강하게 하셨고 그의 마음을 완고하게 하셨음이 오늘날과 같으니라(신 2:26-30).

마지막 구절의 의미를 파악했는가? 하나님이 시혼의 마음을 완고하게 하셨다. 이는 하나님이 애굽에서 신으로 여겨지던 바로와 싸우실 때를 연상하게 하려고 일부러 골라 쓴 표현이다. 시혼이 사라질 때가 된 것이다. 그러나 왜 시혼을 표적으로 삼으셨을까? 이 질문에 답하려면 과거의 성경 역사를 상고한 후 다시 신명기의 다음 장을 봐야 한다. 먼저 과거로 돌아가 아브라함부터 보자.

창세기 15장은 여호와가 아브라함과 언약관계를 맺기 위해 아브라함에게 나타나신 내용이다. 하나님이 아브라함의 꿈에서 말씀하신다.

[13] 여호와께서 아브람에게 이르시되 너는 반드시 알라 네 자손이 이방에서 객이 되어 그들을 섬기겠고 그들은 사백 년 동안 네 자손을 괴롭히리니 [14] 그들이 섬기는 나라를 내가 징벌할지며 그 후에 네 자손이 큰 재물을 이끌고 나오리라 [15] 너는 장수하다가 평안히 조상에게로 돌아가 장사될 것이요 [16] 네 자손은 사대 만에 이 땅으로 돌아오리니 이는 아모리 족속의 죄악이 아직 가득 차지 아니함이니라 하

시더니(창 15:13-16).

하나님은 아브라함에게 그의 후손(에돔, 암몬, 모압, 이스라엘)이 종살이를 하겠지만 언젠가는 약속의 땅으로 돌아올 것이며 그때는 아모리 족속의 죄악이 하나님이 심판하실 정도로 관영했을 때라고 말씀하셨다. 왜 하필 시혼인가? 시혼은 아모리의 왕이었다(신 3:2). 그런데 왜 하필 아모리 족속인가?

아모리에 대한 사료는 흔치 않다. 포괄적으로 보면 아모리 족속의 문화는 메소포타미아 문명권에 속해 있었다. 아모리라는 용어와 민족은 구약과 모세와 이스라엘 백성의 시대보다 수 세기 앞선 수메르와 아카디아의 사료를 통해 알려졌다. 실제로 아모리라는 단어의 어원은 대략 수메르 서편과 바벨론 지역과 그 거민을 지칭하는 수메르어(MAR.TU)다.

구약에서 아모리라는 단어는 무차별적으로 사용되었다.[4] 어떤 구절에서는 아모리가 가나안 거민 전체를 지칭하기도 한다(수 7:7).[5] 그런 의미에서 아모리 사람과 가나안 사람은 가나안 땅의 비이스라엘 사람들을 가리키는 말로 교환적으로 사용된다.[6] 다른 구절에서는 가나안

---

4. 창 14:13에 한 아모리인이 아브라함과 동맹관계라는 언급이 있다. 이는 그다지 놀랄 일이 못 된다. 아모리라는 용어가 단순하게 메소포타미아 인종을 가리키기도 하기 때문이다. 그러나 정복 이야기의 굵직한 줄거리상 아모리는 대적이며 그들의 바벨론 유산은 네피림으로 소급해 올라가는 연결고리가 된다.
5. 수 7:7에서 아모리는 요단 동편의 아모리가 아님이 분명하며, 실상 가나안 사람이다.
6. 일종의 포괄적 용어인 가나안 사람에 대해서는 창 12:6; 28:1, 6를 참조하라. 일부 학자들은 아모리와 가나안이 다른 오경 자료들 사이에서 비슷한 말로 사용되었다고 본다 ("Canaan, Canaanites," in *Harper's Bible Dictionary* [ed. Paul J. Achtemeier, San Francisco:

내 몇몇 민족 중 한 민족 집단을 보다 구체적으로 지목하는 용도로 쓰인다(창 15:19-21).[7]

그러므로 가나안 사람과 아모리 사람은 이스라엘의 대적을 가리키는 포괄적인 표현으로 사용되었다. 둘 중에서도 아모리라는 단어가 당시 이스라엘 역사보다 선행하는 바벨론 논쟁의 맥락에서 더 음산한 어감을 지닌다. 이는 가나안 거민에게 먹칠을 하고 꼬리표를 붙여 이스라엘 독자로 하여금 창세기 6장과 11장의 초자연적 재앙을 떠올리게 하는 심오한 신학적 효과를 낸다.

그러나 그 연결점은 사실 수사적이기보다는 직접적이다. 성경의 한 구절은 구체적으로 아모리 사람(가나안 사람)을 네피림에서 비롯된 거인과 연결시킨다.[8] 하나님이 아모스 선지자를 통해 하신 말씀이다.

[9] 내가 아모리 사람을 그들 앞에서 멸하였나니
그 키는 백향목 높이와 같고 강하기는 상수리나무 같으나
내가 그 위의 열매와 그 아래의 뿌리를 진멸하였느니라
[10] 내가 너희를 애굽 땅에서 이끌어 내어

Harper & Row, 1985], 152-53).

7. 포괄적 용어(창 15:16)와 하위 용례(창 15:19-21) 둘 다 창 15장에 등장한다는 점이 흥미롭다.

8. 암 2:9의 표현은 시혼이나 옥 개인을 가리키는 것으로 단정할 수 없다. 아모리(하-에모리)라는 표현은 단일한 한 개인(예. 창 14:13)이나 집단(예. 창 10:16)을 가리킬 수 있다. 암 2:9(ESV)의 Whose는 단순 관계대명사 '아쉐르'이다. 3인칭 단수 접미대명사 ('그의' [열매])는 집단에 대해서도 쓸 수 있다. 그 정확한 이유는 아쉐르가 표방하는 명사와 정렬되도록 문법적으로 호응하기 때문이다. 아모리 사람이 형태론적으로는 단수이므로 접미대명사는 단수다. 그러나 앞서 상술했듯 단수 명사가 의미론적으로 복수가 될 수도 있다. 결과적으로 이 접미대명사 역시 문맥에 따라 동일한 방식으로 이해할 수 있다.

사십 년 동안 광야에서 인도하고
아모리 사람의 땅을 너희가 차지하게 하였고(암 2:9-10).

이 발언의 전후맥락이 출애굽과 가나안 정복전쟁이었음을 주목하라. 이스라엘은 아모리 사람 중에 예사롭지 않은 장신이 있었다는 사실을 그들이 네피림 후손이라는 증거로 받아들였을 것이다. 이것이 민수기 13:32-33에서 주장하는 바다. 이스라엘의 입장에서 이 모든 것은 가나안의 원주민이 초자연적으로 불길한 기원을 지녔음을 의미했다. 이것은 단순한 영토 싸움이 아니었다. 이는 여호와와 다른 신들 간의 전투였다. 그리고 그 신들은 여호와의 계획과 백성을 대적하기 위해 인간 혈통의 경쟁자를 길러냈다.

시혼에 대한 다른 무언가가 이 해석에 보탬이 된다. 시혼은 바산이라는 지역을 다스리던 또 다른 아모리 왕인 '옥'이라는 이름의 동류와 연합했다. 옥은 거인이었다. 신명기 3장을 보면 시혼과 이스라엘의 전쟁 다음에 어떤 일이 일어났는지 알 수 있다.

¹ 우리가 돌이켜 바산으로 올라가매 바산 왕 옥이 그의 모든 백성을 거느리고 나와서 우리를 대적하여 에드레이에서 싸우고자 하는지라 ² 여호와께서 내게 이르시되 그를 두려워하지 말라 내가 그와 그의 모든 백성과 그의 땅을 네 손에 넘겼으니 네가 헤스본에 거주하던 아모리 족속의 왕 시혼에게 행한 것과 같이 그에게도 행할 것이니라 하시고 ³ 우리 하나님 여호와께서 바산 왕 옥과 그의 모든 백성을 우리 손에 넘기시매 우리가 그들을 쳐서 한 사람도 남기지 아니하였느니라…⁶ 우리가 헤스본 왕 시혼에게 행한 것과 같이 그 성읍들을 멸망

시키되 각 성읍의 남녀와 유아를 멸망시켰으나 [7] 다만 모든 가축과 그 성읍들에서 탈취한 것은 우리의 소유로 삼았으며 [8] 그때에 우리가 요단 강 이쪽 땅을 아르논 골짜기에서부터 헤르몬 산에까지 아모리 족속의 두 왕에게서 빼앗았으니 [9] (헤르몬 산을 시돈 사람은 시룐이라 부르고 아모리 족속은 스닐이라 불렀느니라) [10] 우리가 빼앗은 것은 평원의 모든 성읍과 길르앗 온 땅과 바산의 온 땅 곧 옥의 나라 바산의 성읍 살르가와 에드레이까지이니라 [11] (르바임 족속의 남은 자는 바산 왕 옥뿐이었으며 그의 침상은 철 침상이라 아직도 암몬 족속의 랍바에 있지 아니하냐 그것을 사람의 보통 규빗으로 재면 그 길이가 아홉 규빗이요 너비가 네 규빗이니라)(신 3:1-11).

히브리어를 구사하며, 이스라엘에 대한 초자연적 대항이 메소포타미아의 홍수 이전 사건들과 연관되었다는 의식을 가진 고대 이스라엘 독자라면, 이 본문에서 몇 가지 사실을 단번에 간파했을 것이다. 그 중 어떤 것도 영어 번역에는 확연하게 드러나지 않는다.

첫째, 바벨론 논쟁에 대한 가장 직접적인 연결고리는 옥의 침상(히브리어로 '에레스')이다.[9] 그 (세로 9, 가로 4 규빗의) 규격은 에테메난키$^{\text{Ete-menanki}}$라는 지구라트에 있는 제의용 침상 규격과 정확히 일치했는데, 에테메난키는 대부분의 고고학자들이 성경의 바벨탑이라고 여기는 지구라트다.[10] 지구라트는 신전과 신의 거처 기능을 겸했다. 에테메난키

---

9. 침대 사이즈는 대략 가로 180cm, 세로 400cm였다.
10. 에테메난키 = 에사길(수메르어) (Brian Doak, *The Last of the Rephaim: Conquest and Cataclysm in the Heroic Ages of Ancient Israel*, Ilex Series 7 [Cambridge: Harvard University

에 있는 이 거대한 침대는 "침대의 집"(비트 에르시)에 있었다. 이곳은 마르둑Marduk 신과 그의 아내 자르파니투Zarpanitu가 매년 제의적인 성행위를 하기 위해 만나던 장소였고, 그 성행위의 목적은 땅에 신령한 복을 내리기 위함이었다.[11]

학자들은 그 정확한 상관관계에 강한 인상을 받았다. 창세기 6:1-4과 마찬가지로 신명기 3장에서도 바벨론 포로 기간에 구약을 최종집필한 자들이 마르둑과 옥을 어떤 식으로든 연결지었다는 결론을 피해가기 어렵다. 가장 확연하게 드러난 연결고리는 사실 거인의 체구

Press, 2013], 92). 도우크의 고찰에 의하면 이 연결고리를 파악한 학자들의 결론은 성경 기자들이 침상 규격을 논한 이유는 옥을 이방종교의 창기들과 비교하고 싶어했기 때문이었다. 이는 어색한 연결일 뿐 아니라 창세기 6장으로 소급하여 연결되는 더 폭넓은 바벨론 논쟁을 감안하지 못한 것이다. 또한 참조. Andrew R. George, "The Tower of Babel: Archaeology, History, and Cuneiform Texts," *Archiv Für Orientforschung* 51 (2005/2006): 75-95, John H. Walton, "The Mesopotamian Background of the Tower of Babel Account and its Implications," *Bulletin for Biblical Research* 5 (1995): 155-75.

11. 성스러운 결혼 의식에는 땅과 그 거민을 위한 다산의 복이 포함되어 있었다. 다음을 참조하라. Martti Nissine, "Akkadian Rituals and Poetry of Divine Love" in *Mythology and Mythologies: Methodological Approaches to Intercultural Influences, Proceedings of the Second Annual Symposium of the Assyrian and Babylonian Intellectual Heritage Project Held in Paris, France, October 4-7, 1999*, Melammu Symposia 2 (ed. R. M. Whiting: Helsinki: Neo-Assyrian Text Corpus Project, 2001), 93-106. 이 의식은 또한 신들이 세운 우주 질서를 유지하는 것과도 관련이 있었다. 결과적으로 거인주의적 요소와 더불어 침대 규격이 일치하는 것을 통해 옥과 마르둑의 연계점을 보여주는 것은 옥이 홍수 이전부터 바벨론의 지식과 우주 질서의 계승자이자 존속자였다는 사상을 전하기 위함일 수 있다. 이는 물론 옥을 창 6:1-4과 그 압칼루 논쟁에 연결시키는 것이다. 다음을 참조하라. Beate Pongratz-Leisten, "Sacred Marriage and the Transfer of Divine Knowledge: Alliances between the Gods and the King in Ancient Mesopotamia," in *Sacred Marriages: The Divine-Human Sexual Metaphor from Sumer to Early Christianity* (ed. Martti Nissine and Risto Uro, Winona Lake, IN: Eisenbrauns, 2008), 42-72. 여하튼 옥의 침상 규격은 옥 자신의 체구를 정확히 반영한 것이라고 볼 수 없다. 그보다 훨씬 더 많은 요소가 작용할 수 있다.

였다. 옥은 르바임의 마지막 후손으로 알려져 있는데, 르바임이라는 용어는 거인 아낙 족속 및 요단 동편의 다른 고대 거인족과 연결되어 있다(신 2:11, 20). 고대의 다른 신들처럼 마르둑은 체구가 초인간적으로 그려졌다.[12] 그러나 성경 기자들의 머릿속에 있는 개념적 틀은 사실상 바벨론 신화에 근거한 언어유희에서 파생한 것일 수 있다.[13]

---

12. 참조. *Enuma Elish* 1.99-100: "그는 신들 중에서 우뚝 솟아 있었고 체구가 월등했으며 사지가 거대하고 키가 매우 컸다." 어떤 학자는 이 면에서 다음과 같이 지적했다. "바벨론에서 마르둑의 거대한 이미지는 마르둑과 다른 바벨론 신들을 거인으로 묘사하는 근거로 작용했을 수 있다. 헤로도투스(Herodotus, *Histories* 1.183)는 바벨론 신전에 있는 벨(Bel)이라는 황금 형상의 높이가 12규빗이라고 했다. 크테시아스(Ktesias, Diodorus Siculus, *Library* 2.9.5)는 이 동상의 높이가 12미터였다고 주장했다"(Russel E. Gmirkin, *Berossus and Genesis, Manetho and Exodus: Hellenistic Histories and the Date of the Pentateuch*, Library of Hebrew Bible/Old Testament Studies 433 [London: T&T Clark, 2006], 128).

13. 마르둑은 바벨론 시대 이전에는 군소 신이었다가 바벨론 시대에 신들의 왕이자 바벨론 도시의 후견신(patron deity)으로 등극했다. 마르둑의 주요 신전은 우리가 앞서 고찰했듯 바벨론에 있는 에테메난키 지구라트였다(참조. Jeremy A. Black, "Marduk," in *Dictionary of the Ancient Near East* [ed. Piotr Bienkowski and Alan Millard, London, British Museum Press, 2000], 188-89). 따라서 포로기에는 마르둑이 여호와의 최고의 신학적 라이벌이었다. 성경 문헌에서 마르둑은 '므로닥'(메로다크) 혹은 '벨'로 불린다. 제2성전기의 여러 유대 본문에는 홍수에서 살아남은 벨루스(Belus)라는 거인에 대한 전승이 있다. 벨루스는 바벨론에 탑(바벨탑)을 건축하여 거기 살았다. 마르둑과 거인 벨루스를 개념적으로 연결시키는 일련의 사고의 흐름이 있다. 동일한 전승은 벨루스를 성경의 니므롯과 동일시하며 니므롯을 노아와 동일시할 수도 있다고 시사한다. 포로기의 성경 편집자들이 벨/벨루스의 언어유희를 포착했고 옥의 침상 규격을 사용하여 옥을 마르둑과 동일시했을 수도 있다. 하지만 이는 우리가 확실하게 단정할 수 없는 부분이다. 우리가 알 수 있는 바는 이런 류의 사고가 제2성전기의 유대 저술에 등장했다는 것이다. 반 데르 투른(Van der Toorn)의 요약이다. "니므롯이 메소포타미아 신으로 거슬러 올라간다는 견해는 새로운 것이 아니다. 일찍이 1871년에 그리벨(J. Grivel)이 니므롯을 마르둑(성경에서는 므로닥 또는 벨)과 동일시해야 한다는 제안을 했다. 이렇게 그는 자기도 모르게 니므롯을 벨루스와 동일시하는 고대 학자다의 추측을 부활시켰다…Pseudo-Eupolemus의 파편들 중 하나에서 다음의 글이 발견되었다. '아브라함은 자신의 가족의 기원을 거인들에서 찾았다. 이 거인들은 바벨론에 살았지만 그 사악함으로 인해 신들이 그들을 멸했다. 그들 중 하나인 벨루스가 가까스로 도망쳐 죽음을 모면했고 바벨론에 살고자 왔다. 벨루스는 바

둘째, 신명기 3장에는 옥이 에드레이라는 도시를 다스렸다고 되어 있다(10절). 여호수아 12:4-5에서는 옥과의 전투를 회고하며 옥이 아스다롯과 에드레이에 거주하는 바산의 왕이라고 했다.[14] 아스다롯, 에드레이, 바산은 이스라엘과 심지어 다른 신들을 섬기던 이웃 민족들에게도 신학적 함의가 풍성한 단어들이었다.

아스다롯, 에드레이, 르바임은 여러 우가리트 본문에도 등장하는 이름들이다.[15] 우가리트의 르바임은 거인으로 묘사되지 않는다. 오히려 그들은 지하세계에 살고 있는, 사망한 용사들로 이루어진, 준(準)신급의 왕들이다. 우가리트어에서 아스다롯과 에드레이의 소재지는 '바산'Bashan이 아니라 '바단'Bathan으로 발음되고 표기된다. 이 어학적 고찰이 흥미로운 이유는 바산/바단이 둘 다 뱀serpent을 뜻하며 바산 지역

벨론에서 탑 하나를 짓고 거기 살았다. 이 탑은 탑 건축자인 벨루스의 이름을 따라 벨루스라고 이름지었다'(Alexander Polyhistor by Eusebius, *Praeparatio Evangelica* 9.18.2에서 인용). 여기에 창 6장(거인과 홍수의 모티프가 둘 다 있다)과 창세기 11장(바벨탑 건축)의 인유 메들리가 있다. 앞으로 창 6장을 창 11장과 연결시키는 다른 사례들을 통해서도 보겠지만 그 중간고리는 창 10장의 니므롯이다. 그러나 이 경우 문제점이 하나 있다. 만일 탑을 지은 거인 벨루스가 니므롯과 동일인물이라면 벨루스는 홍수를 피해 살아남았다고 했으니 노아와 니므롯이 동일인물이 되는 셈이다!"(K. van der Toorn, "Nimrod before and after the Bible," *Harvard Theological Review* 83.1 (January 1990): 8, 16). 마지막으로 추측에 불과하지만 마르둑의 수메르어 이름이 AMAR. UTU('우투의 송아지' 예를 들어 '태양신의 어린 수소')였음은 주목할 만하다. 아모리에 해당하는 수메르어는 MAR.TU였다. 성경 필사자들이 거인 아모리 왕 옥과 마르둑의 이름의 묘사 이면의 중의법을 알아챘을지 궁금하다.

14. 수 13:11-12, 30-31은 옥의 왕국 전체가 여섯 도시를 아우르는 바산 지역이라고 설명한다.
15. 우가리트와 그 언어와 문학이 히브리어와 이스라엘 지역에 대해 가지는 의미에 대해서는 6장을 참조하라. 히브리어 '르바임'에 상응하는 우가리트 단어는 '라피우마'다. 이 용어들에 대해 더 알고 싶으면 관련 웹사이트를 참조하라.

은 "뱀의 자리"가 되기 때문이었다.[16] 우리가 앞서 살펴보았듯, 신적 존재인 뱀('나하쉬'의 또 다른 번역)은 에덴의 반역 사건 이후 죽은 자의 주가 되었다. 사실 바산은 (신약의 표현을 빌리자면) "지옥의 문"이 위치한 곳으로 간주되었다. 후대의 유대 저자들은 이 개념적 연결고리를 이해했다. 그 교차점은 왜 에녹1서와 같은 책들이 실제로 죽은 네피림의 영들이 귀신이 되었다고 가르치는지를 설명해 준다.[17]

마지막으로 바산이라는 지역은 지하세계로 들어가는 관문 외에도 신명기 3장에서 밝힌 또 하나의 음산한 특징을 가지고 있다. 바로 헤르몬 산이다. 에녹1서 6:1-6에 의하면 헤르몬 산은 창세기 6장의 하나

---

16. 다음을 참조하라. G. del Olmo Lete, "Bashan," in *Dictionary of Deities and Demons in the Bible*, 2nd ed. (ed. Karel van der Toorn, Bob Becking, and Pieter W. van der Horst, Leiden, Boston, Cologne, Grand Rapids, MI, Cambridge, Brill, Eerdmans, 1999), 161-63. 찰스워스(Charlesworth)는 바산이라는 지역이 뱀을 사용한 언어와 동일시되어야 한다는 데 의견을 같이한다(James H. Chalesworth, "Bashan, Symbology, Haplography and Theology in Psalm 68," in *David and Zion: Biblical Studies in Honor of J.J. M. Roberts* [ed. Bernard Frank Batto and Kathryn L. Roberts, Winona Lake, Ind.: Eisenbrauns, 2004], 351-372 [esp. 355-56]). 우리가 앞서 보았듯 신적 존재인 뱀('나하쉬'의 또 다른 번역)이 에덴에서의 반역 후 죽은 자의 주가 되었다. 그러므로 뱀에 대한 연결고리는 관념적인 것일 뿐 문헌학적이거나 언어학적인 것은 아니다. 사실 바산은 신약의 표현인 "지옥의 문"을 차용한 것으로 생각되었다. 우리는 이어지는 장에서 그 이미지와 장소를 다시 살펴볼 것이다. 이곳은 바로 예수님이 그 유명한 "지옥의 문"에 대해 말씀하신 지역이었다(마 16:18; 개역개정은 "음부의 권세"로 번역함). 구약 역시 르바임이 지하세계에 있다고 한다(스올; 참조. 사 14:9; 겔 32:27; 시 88:10-12 [히브리 성경, 11-13절]; 욥 26:1-6). 구약의 스올에 대한 이야기에 대한 추가 정보는 관련 웹사이트를 참조하라. 창 6:1-4의 바벨론적 배경 때문에 (신적 존재인 압칼루와 그들의 준신급 거인 자손 압칼루에 반대하는 논쟁; 참조. 이 책 12-13장) 성경 기자들이 후에 네피림과 르바임을 연결시킨 것은 르바임이 거인으로 나오지 않는 우가리트 문학 전승으로부터의 이탈이었다.
17. 이 믿음의 전개과정에 대한 추가 정보는 관련 웹사이트를 참조하라. 이 주제에 대한 주요한 학문적 연구는 Archie T. Wright, *The Origin of Evil Spirits: The Reception of Genesis 6:1-4 in Early Jewish Literature*, Wissenschaftliche Untersuchungen zum Neuen Testament 198, second series, Tübingen: Mohr Siebeck, 2013.

님의 아들들이 인간 여자들과 동거하기 위해 (그 결과로 네피림을 낳았다) 강림한 곳이다.[18] 여호수아 12:4-5은 이 모든 구슬을 하나로 꿴다. "옥은 르바임의 남은 족속으로서 아스다롯과 에드레이에 거주하던 바산의 왕이라 그가 다스리던 땅은 헤르몬 산과…"

헤르몬이라는 이름 하나만으로도 이스라엘 사람과 유대 독자의 관심을 사로잡았을 것이다. 이 명사는, 신명기 3장과 정복기사에서 핵심적 위치를 차지하는 단어이자 "진멸하여 바치다"라는 뜻을 가진 동사 '하람'^{Kharam}과 같은 어근(kh-r-m)을 지닌다. 하람은 거룩한 전쟁, 즉 성전$^{holy\ war}$에서 사용되는 고유한 동사로서 멸절을 의미한다. '하람'에는 깊은 신학적 의미가 담겨 있으며, 그 의미는 하나님이 여호수아와 그의 군대에게 완전히 진멸하라고 명하신 거인 족속들과 명백하게 연결되어 있다. 이제 그 땅을 차지하기 위한 전쟁의 국면으로 들어간다.

---

18. 에녹1서에서 신적 존재인 "하나님의 아들들"을 "순찰자"로 표현했다는 점을 기억하라 (참조. 이 책 12-13장).

25. 거룩한 전쟁

지난 장은 르바임의 마지막 자손 거인 옥의 죽음으로 마무리됐다(신 3:1-11). 요단 동편에서 벌어진 이스라엘의 전쟁은 수 세기 동안 성경 연구자들과 학자들을 고민에 빠뜨린 주제로 우리를 이끈다. 바로 이스라엘 정복전쟁의 멸족 관행이다. 옥의 패배가 전형적인 예다. "우리가 헤스본 왕 시혼에게 행한 것과 같이 그 성읍들을 멸망시키되 각 성읍의 남녀와 유아를 멸망시켰으나"(신 3:6).[1]

---

1. 성경 본문은 거인 족속이 예사롭지 않은 체구에도 불구하고 인간임을 분명히 밝힌다. 일례로 거인 족속과 관련된 도시들의 정복전쟁 희생자를 '아담'(인류; 비교. 창 1:26-27)이라는 단어로 묘사했다(수 11:14). 아르바는 "아낙 사람 중 가장 위대한 사람(아담)"으로 불렸다. 아울러 거인 족속에 대해 '사람들'('암', 인간 거민)을 뜻하는 일반적 히브리어를 사용했다(신 2:10[에밈]; 신 2:20[삼숨밈]; 신 3:1-3[옥의 백성]; 신 9:2[아낙 자손]). 이 언어로 인해 제기되는 질문이 있다. 바로 창 6:1-4에 대한 두 가지 초자연주의적 견해(참조. 13장)에 의거하여 준신급 네피림으로 거슬러 올라가는 혈통적 연계성(민 13:33)과 이와 대조적으로 분명하게 아낙 사람을 인간으로 묘사한 이 본문을 어떻게 이해해야 하는가다.

옥은 헤르몬 산이 있는 바산 지역의 군주였다. 우리는 '진멸하여 바치다'(하람)로 번역된 동사가 헤르몬 산과 동일한 어근을 가지고 있음을 이미 살펴보았다.[2] 시혼과 옥과의 전쟁은 무언가를 진멸하여 바치는 행위인 '헤렘'[kherem][3] 논리의 서막이었다. 우리가 이번 장에서 살펴보겠지만, 이 논리의 초점은 네피림의 혈통에 맞춰져 있다.

헤렘과 성경의 초자연적 세계관

'헤렘'은 전쟁보다 더 포괄적인 개념이다. 이 개념은 근본적으로 어떤 사람이나 사물을 제한하거나 금지하는 것으로, 이는 (그 사람이나 사물이) 저주받은 상태여서, 혹은 여호와께 봉헌된 것이어서 금기시 되었기 때문이다.[4] 이 단어를 동사로 사용할 때는 사람이나 사물을 여호와께 거룩한 것으로 바친다는 개념을 표현할 수 있다(레 27:28; 민 18:14;

---

1. 창 6:1-4이 문자적으로 동거를 가리킨다는 관점을 선호하는 이들에게는 네피림의 후손을 인류로 규정하는 언어의 골자는 단순하게 아낙 사람이 불멸의 신이 아니라 유한한 인간이라는 것을 의미한다. 여호와의 개입으로 인해 이스라엘 백성이 생겨난 것에 빗댈 수 있는, 신적인 존재들을 부모로 해석하는 입장을 선호하는 이들에게도 인간에 대한 묘사는 예상 밖의 일이 아니다. 여호와의 개입으로 생겨난 이스라엘 백성 역시 인간이기 때문이다.
2. *Theological Lexicon of the Old Testament*에서 이 상관관계를 지적한다. 참조. Ernst Jenni and Claus Westermann, *Theological Lexicon of the Old Testaement* (Peabody, MA: Hendrickson, 1997), 474.
3. '헤렘'은 동사 '하람'의 명사 형태다.
4. *Theological Lexicon of the Old Testament*, 474. 참조. Jackie A. Naudé, "חָרַם (I), חֵרֶם (I)" in *New International Dictionary of Old Testament Theology & Exegis* (ed. Willem VanGemeren, Grand Rapids, MI: Zondervan, 1997), 276.

수 6:18; 미 4:13). 이 의미로 거룩하게 구별된 것은 다른 어떤 사물이나 사람으로도 대체될 수 없었다. 다른 신을 숭배한 죄로 받는 형벌로서의 사형에 대한 설명에도 '하람'이라는 동사가 등장한다(출 22:20). 이 범죄를 저지른 사람은 누구라도 저주를 받는다. 형벌은 취소될 수 없었다. 여호와가 그 사람의 생명이나 물건의 배타적 소유주였다.

여호수아의 헤렘 사상은 창세기 6:1-4과 내가 '신명기 32장 세계관'이라고 부르는 내용(여호와가 열국의 상속권을 박탈한 후 하등한 신들에게 열국을 배정하신 것)을 배경으로 놓고 보아야만 한다. 민수기 13:32-33에서 그 땅의 거민들과 이스라엘이 처음 접촉한 대목은 창세기 6:1-4을 연상케 한다. 거인족인 아낙 족속이 네피림의 후손으로 기술되고 있기 때문이다. 이후의 논의에서 살펴보겠지만, '하람'(진멸하여 바치다)이라는 동사를 사용해 이스라엘 전쟁의 특정 사례들을 기술한 정복 본문들 배후에는 이런 믿음이 존재한다. 신명기 32:8-9은 정복이라는 일반적인 목표에 대한 근거다. 이스라엘은 여호와가 인류 중에서 택하신 분깃이며, 가나안 땅은 소유주이신 여호와가 특별히 자기 백성에게 배정하신 지리적 영토다.[5]

성경 기자들의 관점은, 이스라엘이 여호와와 경쟁하는 신들에 의해 태어난 대적 무리와 전쟁 중이라는 것이다. 네피림 혈통은 상속권을 박탈당한 열국의 백성들과 같지 않았다. 창세기 10장은 그 열국의 인간 거민들이 여호와에 의해 탄생한 자들이라고 분명히 밝히고 있다. 그들은 노아의 아들들, 즉 노아의 후손이며 더 거슬러 올라가면

---

5. 여호와가 가나안/이스라엘을 "나의 땅" 또는 "나의 기업"이라고 말한 구절이 몇 개 있다 (예. 대하 7:20; 사 19:25; 렘 2:7; 16:18; 겔 38:16; 욜 1:6; 3:2).

여호와가 창조하신 최초의 인간인 아담의 후손이다. 네피림 혈통은 다른 족보를 가지고 있었다. 네피림은 다른 신적 존재들에 의해 탄생했다. 그들은 여호와께 속하지 않았다. 그러므로 여호와는 네피림을 되찾아오는 데 관심이 없으셨다. 다른 신들의 자녀들과의 공존은 불가능했다.

이런 배경에서 보면, 여호수아의 '헤렘'은 모세의 지휘 아래 요단 동편, 특별히 시혼(신 2:34)과 옥(신 3:6)의 아모리 왕들에 대항하여 시작된 성전^{聖戰}이다.[6] 이스라엘의 대적들의 생명은 여호와께 드리는 희생 제사의 행위로 "진멸하여 바쳐졌다." 그러나 대체 이 정도까지 여호와의 표적 안에 놓이게 된 이들은 누구였을까?

여호수아의 헤렘의 정당성

독자들은 여호수아의 '헤렘'을 어떻게 생각할까? 다른 사례와 마찬가지로 우리는 민수기 13:32-33로 돌아가 이를 출발점으로 삼고자 한

---

[6] 전쟁의 맥락에서 보면 거인들에 맞선 요단 동편의 전쟁 전에 또 하나의 '헤렘' 사례가 있다. 바로 민 21:2-3이다. 이 사례에서는 여호와가 '헤렘'을 명하신 것이 아니라 "이스라엘"이 (화자는 더 자세히 주체를 밝히지 않는다) 아랏 왕과 그 도시를 '헤렘'에 처하겠다고 하나님께 약속한다. 이는 아랏 왕이 이스라엘 사람 몇 명을 납치한 것에 대한 보복이었다. 여호와는 승낙하여 이 파괴의 장소를 이름하여 호르마('파괴'를 뜻한다. 여기서도 '헤렘'과 자음이 동일하다)라고 하신다. 비록 하나님이 '헤렘'을 명하신 것은 아니지만 이 서술은 가나안 사람을 진멸하여 바친다고 한다. 나는 앞장에서 가나안이라는 용어를 (그리고 아모리 사람을) 무차별적으로 사용했다고 지적했다. 어떻게 이것이 '헤렘'의 구체적 표적인 거인 족속과 연관되는지에 대해서는 후속 논의를 참조하라.

다. 중요한 대목은 고딕 글씨로 명시했다.

> ³² 이스라엘 자손 앞에서 그 정탐한 땅을 악평하여 이르되 우리가 두루 다니며 정탐한 땅은 그 거민을 삼키는 땅이요 거기서 본 모든 백성은 신장이 장대한 자들이며 ³³ 거기서 네피림 후손인 아낙 자손의 거인들을 보았나니 우리는 스스로 보기에도 메뚜기 같으니 그들이 보기에도 그와 같았을 것이니라.

이스라엘이 처음 만난 그 땅의 거민은 아낙 사람이었다. 정탐꾼들의 보고에는 그 땅에서 본 모든 백성이 예사롭지 않은 장신이었다는 과장된 발언이 담겨 있다. 이 발언의 포괄성을 놓고 볼 때, 이를 문자적으로 옳은 평가로 보지 않을 본문상의 근거는 충분하다. 우리는 이미 성경 기자들이 때로는 정확성과 무관하게 과장된 일반화를 한다는 점을 고찰했다. 일례로 창세기 15:16과 여호수아 7:7은 그 땅의 주민을 아모리 사람으로 불렀는데, 충분히 검증되었듯, 그 땅에는 다른 인종 집단들도 있었다.[7] 가나안이라는 용어 역시 동일하게 부정확한 방식으로 쓰였다(창 12:6; 28:1, 6).

결과적으로 이 발언은 전후맥락상 이스라엘 정탐꾼이 어디를 가든 굉장히 키가 큰 인종 집단을 목격했다는 뜻으로 읽는 게 더 맞을 것이다.[8] 민수기 13:28-29은 이 독법을 뒷받침한다. 이 구절은 정탐꾼

---

7. 가령 브리스, 헷, 히위, 기르가스 족속 등 (출 3:8; 23:23; 신 7:1; 20:17; 수 12:8).
8. 그렇다고 해서 엄청난 수의 거인족이 있었다는 뜻은 아니다. 이 면에서 갈렙의 묘사는 주목할 만하다. 갈렙은 모세가 원래 파송했던 열두 정탐꾼 중 하나였다(민 13:6, 30). 오

이 밟은 땅이 어디인지를, 즉 네게브와 산지와 해변과 요단 강변이었음을 알려준다. 29절에서는 정탐꾼이 가는 곳마다 아말렉, 헷, 여부스, 아모리, 가나안 중 아낙 사람을 보았다고 말한다.

이 논점은 우리가 앞으로 진행할수록 더 분명하게 드러날 무언가를 설명하는 데 유익하다. 즉, 정복 기사에 나오는 '하람'이라는 표제어는 거인족 집단이 등장하는 도성이나 지역에 대한 공격에만 사용되었다는 것이다. 단 하나의 예외가 신명기 7:1-2에서 '하람'을 따로 무차별

직 갈렙과 여호수아 두 사람만 여호와가 거인 아낙 사람을 이기게 해주실 것을 믿었고, 그 결과 40년 후 그 땅에 들어가도록 허락받았다(민 14:30). 민 13:22의 원래의 정탐 기술에는 정탐꾼들이 헤브론에서 "아낙 자손인 아히만과 세새와 달매"를 만났다고 되어 있다. 여호수아 15:14에서는 이 세 인물이 다시 돌아온 갈렙에 의해 쫓겨난 인물로 열거되었다. 헤브론에는 아낙 사람이 이들 세 명밖에 없었을까? 아니면 이 세 이름이 어떤 계보의 대표자였을까? 전자보다는 후자가 그럴듯하게 들리는 이유는 이 세 명의 이름이 삿 1:10에서 유다 족속에게 패배한 자들의 명단에 재등장하기 때문이다. 동일한 3인의 아낙 사람(또는 그들의 가족들)이 갈렙의 수중에서 벗어나 죽음을 모면했다가 (수 15:14에서는 그들을 "쫓아냈다"고만 했음을 주목하라) 훗날 망했든지 혹은 이 이름들이 여호수아 전쟁과 여호수아 사후 사사기의 정복 작전 모두에서 이스라엘 사람들의 표적이 된 네피림 혈통의 부족(또는 족속)의 상징이었을 수도 있다. 만일 우리가 헤브론의 상황이 가나안의 상황을 대표하는 것이라고 추정한다면, 정복기사에서 언급된 다양한 도시들은 아낙에 속한 다양한 족속이나 가족 집단들의 본향이었을 수 있다. 가나안의 전인구가 아낙 사람이었다는 것까지 가지 않더라도 아낙 사람의 수가 엄청났다는 그림도 잘 그려지지 않는다. 도우크는 아낙 사람이 그 땅 전역에 편만했다는 인식의 증거로 신 9:1-2과 수 11:21-22를 제시한다(Brian Doak, *The Last of the Rephaim: Conquest and Cataclysm in the Heroic Age of Ancient Israel*, Ilex Series 7 [Cambridge: Harvard University Press, 2013], 73-74). 내 견해로는 이는 이 구절들을 지나치게 해석한 결과다. 신 9:1-2은 먼저 일반 거민을 가리키다가 (1절, "너보다 강대한 나라들", 즉 복수로 썼음을 주목하라) 그 다음 그 민족들 중에 사는 아낙 사람을 지목했다고(2절) 읽어야 더 쉽게 이해된다. 수 11:21-22에 "그때에 여호수아가 가서 산지와 헤브론과 드빌과 아납과 유다 온 산지와 이스라엘의 온 산지에서 아낙 사람들을 멸절하고"라는 말이 있다고 해서 아낙 사람이 곧 가나안 인구 전체를 차지한다는 결론을 도출해야 하는 것은 아니다. 오히려 가나안 내에서 아낙 사람과 마주칠 때마다 그들을 멸절했다는 의미로도 얼마든지 해석할 수 있다. 달리 말하면, 아낙이라는 용어를 가나안 내의 "나라들"과 유의어로 만들지 않고서도 얼마든지 이 구절들을 아낙 사람이 가나안 곳곳에 퍼져 있었다는 뜻으로 받아들일 수 있다.

적으로 사용한 경우다.[9] 그 구절에서 무차별적 '헤렘'이 요구된 이유는 민수기 13:32-33의 무차별적 일반화 때문이다. 신명기 7:1-2에 나오는 모세의 말은 모세가 40년 전에 받았던 보고를 반영한다. 그 의미는 그 땅의 모든 거민이 거인이므로 전부 헤렘시켜야 한다는 것이 아니다. 그 의미는 네피림의 후손인 거인 족속이 발견되면, 그곳이 어디든 그들의 혈통을 멸절해야 한다는 것이다. 실제로 가나안 정복전쟁이 시작되자 이 용어는 이런 식으로 이스라엘의 승전 보고에 사용되었다. 보다 적확한 본문들을 통해 이 일반화의 배경을 파악해 보자.

여호수아의 전쟁

시혼과 옥에게 승리한 후 얼마 안 되어, 모세가 끝내 약속의 땅에 들어가지 못하고 죽었다. 민족의 리더십이 여호수아에게로 넘어갔으며(민 27:18-23; 신 34:9; 수 1장), 여호수아는 하나님의 인도하심을 받아 땅을 정탐하고(수 2장) 싯딤이라는 곳에서 요단강을 건넌 후에(수 3-4장), 하나님과 이스라엘 사이의 언약을 갱신한다(수 5장). 정복전쟁은 그 땅의 심장부에 위치한 여리고에서 시작되었다. 심장부의 군사작전은 즉

---

9. 이 용어가 신명기에 사용된 두 구절은 실제로 그 맥락이 정복 후였다. 신 13:12-18은 이스라엘의 정착을 전제로 ("네게 주어 거주하게 하시는 한 성읍") 이스라엘 사람들을 미혹하여 다른 신을 섬기게 하는 자에 대해 '헤렘'을 명하는 것이다. 신 20:10-18은 이스라엘이 그 땅에 정착했을 때 치를 장래의 전쟁에 대한 규범이었다. 이 구절들에서는 이스라엘이 병거를 소유하며(그들이 애굽에서 나올 때는 소유하지 못한 무기다) 표적 도시들에게 평화를 제안하는 것이 허락된다. '헤렘'은 평화를 거부할 경우의 후속조치였다. 그 논리(배교와 우상숭배의 위협)는 동일하다.

각적으로 남과 북의 도시들을 이간시키는 효과를 낳았다. 이는 분할 정복의 전략이었다.

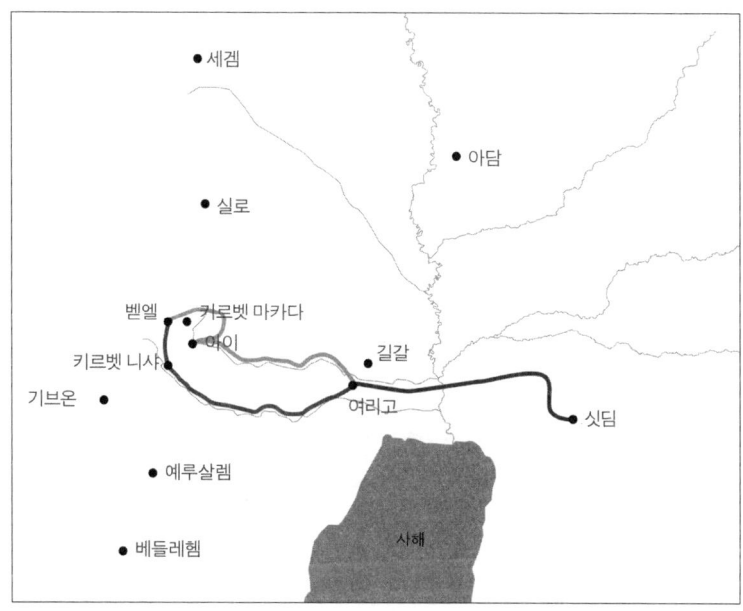

이스라엘 사람 아간의 영적인 실패 이후, 여리고와 마찬가지로(수 6:18, 21) 아이성 역시 "진멸하여 바쳐졌다"(수 8:26).[10] 그 다음 여호수아는 정탐꾼들이 정탐 중에 아낙 사람을 봤던 땅의 남부 산지로 이동했다. 남부의 군사작전은 여호수아 10장에 묘사되어 있다.

---

10. 정복전쟁은 요단강이 유입되는 사해에서 북쪽으로 수 킬로미터 떨어진 요단강 골짜기의 여리고 성읍에서 시작되었다. 따라서 여리고 성읍은 40년 전에 정탐했던 지역 중 하나다. 이 지역들이 '헤렘'에 처해졌기에(다른 지역은 아니었다), 우리는 민 13:28-29의 표현상 이 도시들의 거민 일부가 아낙 사람으로 알려졌다고 결론지을 수밖에 없다.

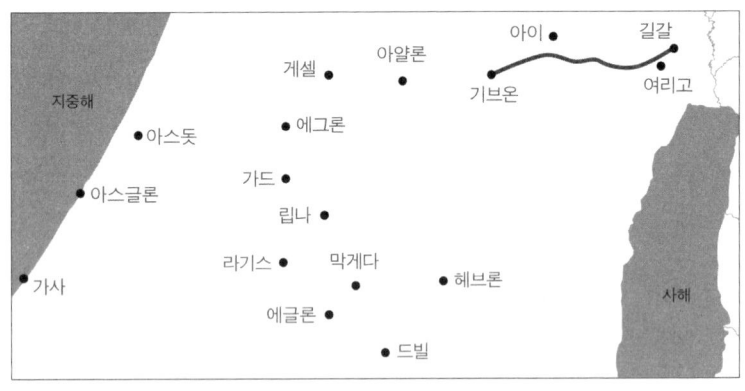

²⁸ 그날에 여호수아가 막게다를 취하고 칼날로 그 성읍과 왕을 쳐서 그 성읍과 그 중에 있는 모든 사람을 '진멸하여 바치고' '한 사람도 남기지 아니하였으니' 막게다 왕에게 행한 것이 여리고 왕에게 행한 것과 같았더라

²⁹ 여호수아가 온 이스라엘과 더불어 막게다에서 립나로 나아가서 립나와 싸우매 ³⁰ 여호와께서 또 그 성읍과 그 왕을 이스라엘의 손에 붙이신지라 칼날로 그 성읍과 그 중의 모든 사람을 쳐서 멸하여 '한 사람도 남기지 아니하였으니' 그 왕에게 행한 것이 여리고 왕에게 행한 것과 같았더라

³¹ 여호수아가 또 온 이스라엘과 더불어 립나에서 라기스로 나아가서 대진하고 싸우더니 ³² 여호와께서 라기스를 이스라엘의 손에 넘겨 주신지라 이튿날에 그 성읍을 점령하고 칼날로 그것과 그 안의 모든 사람을 쳐서 멸하였으니 립나에 행한 것과 같았더라

³³ 그때에 게셀 왕 호람이 라기스를 도우려고 올라오므로 여호수아가 그와 그의 백성을 쳐서 '한 사람도 남기지 아니하였더라'

³⁴ 여호수아가 온 이스라엘과 더불어 라기스에서 에글론으로 나아가서 대진하고 싸워 ³⁵ 그날에 그 성읍을 취하고 칼날로 그것을 쳐서 그 중에 있는 모든 사람을 당일에 '진멸하여 바쳤으니' 라기스에 행한 것과 같았더라

³⁶ 여호수아가 또 온 이스라엘과 더불어 에글론에서 헤브론으로 올라가서 싸워 ³⁷ 그 성읍을 점령하고 그것과 그 왕과 그 속한 성읍들과 그 중의 모든 사람을 칼날로 쳐서 '하나도 남기지 아니하였으니' 그 성읍들과 그 중의 모든 사람을 '진멸하여 바친' 것이 에글론에 행한 것과 같았더라

³⁸ 여호수아가 온 이스라엘과 더불어 돌아와서 드빌에 이르러 싸워 ³⁹ 그 성읍과 그 왕과 그 속한 성읍들을 점령하고 칼날로 그 성읍을 쳐서 그 안의 모든 사람을 '진멸하여 바치고' '하나도 남기지 아니하였으니' 드빌과 그 왕에게 행한 것이 헤브론에 행한 것과 같았으며 립나와 그 왕에게 행한 것과 같았더라

⁴⁰ 이와 같이 여호수아가 그 온 땅 곧 산지와 네겝과 평지와 경사지와 그 모든 왕을 쳐서 '하나도 남기지 아니하고' 호흡이 있는 모든 자는 다 '진멸하여 바쳤으니' 이스라엘의 하나님 여호와께서 명령하신 것과 같았더라 ⁴¹ 여호수아가 또 가데스 바네아에서 가사까지와 온 고센 땅을 기브온에 이르기까지 치매 ⁴² 이스라엘의 하나님 여호와께서 이스라엘을 위하여 싸우셨으므로 여호수아가 이 모든 왕들과 그들의 땅을 단번에 빼앗으니라 ⁴³ 여호수아가 온 이스라엘과 더불어 길갈 진영으로 돌아왔더라(수 10:28-43).

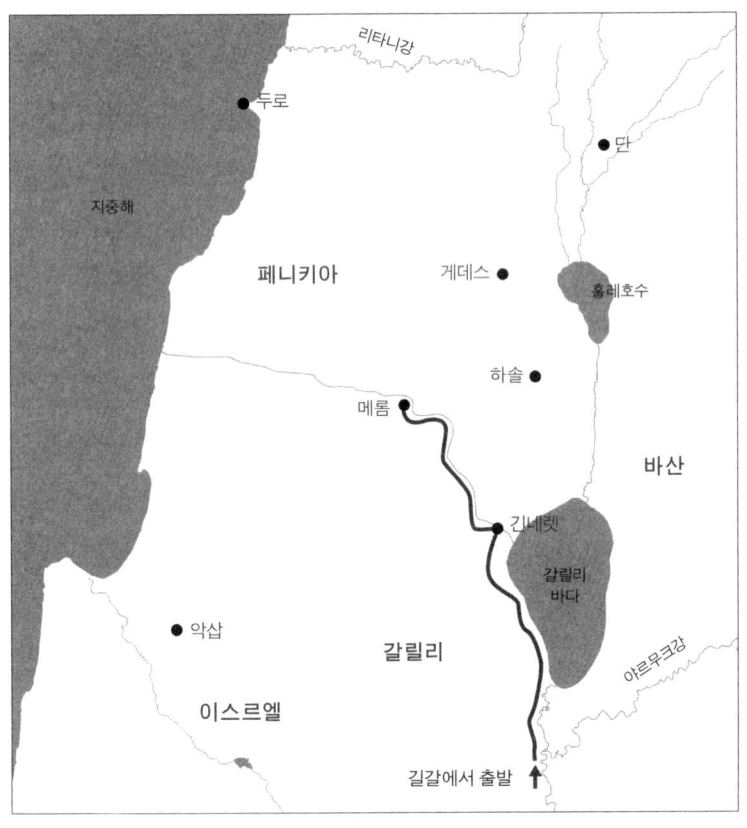

이 산지들의 거민들이 "진멸하여 바쳐졌다"는 표현이 본문 다섯 군데에 나오며, 거기에 더해 여호수아가 "하나도 남기지 않았다"는 편집자의 첨언이 여섯 번 등장한다. 이 시점에서 이스라엘의 전략이 분명하게 드러난다. 이스라엘의 '헤렘'은 아낙 사람이 산다고 알려진 지역에, 즉 그 지역의 특정 도시들에 초점이 맞춰져 있었다(민 13:28-29의 보고). 그 지역과 마을에 살고 있는 다른 사람들도 당연히 위협에 처했다. 말하자면, 그들은 마침 잘못된 시기에 잘못된 곳에 있었던 것이다. 여호수아와 그 군대는 아낙 사람이 아닌 자들을 추려내기 위한 신원확인이나 주민면담 같은 것을 실시하지 않았다. '헤렘' 지역으로 정해진 곳에 이르면 어떤 아낙 사람도 살려두지 않는 것이 작전 방침이었다.

여호수아는 남부 산지를 공략한 이후에 북진하여 동일한 작전을 수행했다. 북부 작전은 여호수아 11장에 묘사되어 있다. 11장에 거명된 다양한 민족 집단들이 열두 정탐꾼이 아낙 사람(3절; 헷, 여부스, 아모리)을 보았다고 한 민수기 13:28-29에도 등장한다. 흥미롭게도 여호수아는 바산 인근에 있는 헤르몬 산 출신의 용사들과도 마주쳤다(4절). 다시금 우리는 여호수아의 군대가 "한 사람도 남기지 아니하고"(8절) 그 지역의 도시들을 진멸하여 바쳤다는(12절) 이야기를 듣는다.

파괴는 일견 불필요해 보이지만 사실 필요한 것이었다. '헤렘'의 논리가 여호수아 11:21-23에 나온다.

> 21 그때에 여호수아가 가서 산지와 헤브론과 드빌과 아납과 유다 온 산지와 이스라엘의 온 산지에서 아낙 사람들을 멸절하고 그가 또 그들의 성읍들을 진멸하여 바쳤으므로 22 이스라엘 자손의 땅에는 아낙 사람들이 하나도 남지 아니하였고 가사와 가드와 아스돗에만 남았더라 23 이와 같이 여호수아가 여호와께서 모세에게 말씀하신 대로 그 온 땅을 점령하여 이스라엘 지파의 구분에 따라 기업으로 주매 그 땅에 전쟁이 그쳤더라.

이 단락은 '헤렘'의 목표물이 아낙 사람이었다는 증거다. 결정적으로 중요한 점은 이 구절에서 "유다의 산지"와 "이스라엘의 산지"라는 언급이 나온다는 것이다. 이 언어가 앞뒤가 맞으려면 (아직 일어나지 않은) 여호수아의 지파 간 땅 배분 이후, 그리고 수 세기가 지난 미래의 일인 르호보암 통치기인, 이스라엘 분단 이후여야 한다. 여호수아서가 그 책에 묘사된 사건들이 일어난 시점보다 한참 후에 쓰였음을 알 수 있는 대목이다. 이렇게 다른 연대기를 반영하는 언어는 중요한 단서다. "유다의 산지"는 남부 군사작전(유다는 르호보암 때의 분단 이래로 남왕국이었다)을 가리킨다. "이스라엘의 산지"는 북부 군사작전을 말한다(이스라엘은 분단 후 북왕국이었다). 여호수아 11:21-23이 우리에게 일러주는 바는 두 군사작전 모두 아낙 사람을 대상으로 했다는 것이다.[11]

마치 이것만으로는 독자들의 관심을 네피림 혈통으로 돌리기에 부족하다고 말하는 듯, 저자는 22절에 아낙 사람이 "가사와 가드와 아스돗에만 남았더라"라고 덧붙인다. 왜 그런 말을 덧붙였을까? 가사, 가드, 아스돗은 블레셋 성읍이었다. 가드의 골리앗과 골리앗의 형제들만 떠올려 봐도 여호수아서의 저자가 이 혈통의 멸절이 다윗 시대로

---

11. 그러므로 이 구절은 민 11:28-29의 일반화된 묘사를 더 명료하게 해 준다. 앞서 논한 바와 같이 정탐꾼들은 가는 곳마다 아낙 사람을 봤다는 과장된 일반화 진술을 했다. 그 지역 중 하나가 헷, 여부스, 아모리인이 거하던 산지였다. 이 민족 집단들은 여호수아 11장의 북부 군사작전을 묘사할 때 등장한다. 신 9:1-2은 2절의 아낙 사람이 1절에서 묘사한 인구의 하위집단으로 등장하는 것으로 보여 이 접근을 뒷받침하는 것으로 보인다. 신 9:1-2은 정복전쟁에 타당성을 제공하는 구절들로 꼽힌다는 점에서 중요하다. 이스라엘은 원주민보다 수적으로 열세였을 뿐 아니라(신 9:1), 민 13:33에서 이스라엘이 두려워했던 거인 아낙 사람을 처리해야만 했다(신 9:2). 헨델(Hendel)은 거인 족속에 대해 비슷한 논점을 제기한다. "이 모든 [성경] 전승 속 네피림-르바임의 역할은 일정하다. 그들은 홍수로, 모세에 의해, 다윗에 의해, 다른 이들에 의해 멸절되기 위해 존재한다…세일, 암몬, 가사의 거인 토착민 역시 완벽하게 진멸되었으며 일반적으로 그 진멸의 주체가 여호와였음을 주목하라(신 2:12, 20-23). 또한 신 9:1-3, 암 2:9를 참조하라"(Ronald S. Hendel, "Of Demigods and the Deluge: Toward and Interpretation of Genesis 6:1-4" *Journal of Biblical Literature* 106.1[March 1987]: 21 and 40번 각주).

이어지는 일임을 내다보고 무대를 준비하고 있음을 알 수 있다.¹²

---

12. 참조. 수 13:2-3; 삼상 17:4, 23; 삼하 21:15-22; 대상 20:4-8. 흥미로운 점은 고대의 성경 이외의 본문들에서는 블레셋이 해양민족(Sea Peoples)으로 알려져 있다는 것이다. 해양민족은 에게 해 출신으로 대략 주전 1200-1150년에 가나안과 애굽 연안을 침공한 민족이었다. 그들의 출신지 중 하나가 에게 해의 크레타(갑돌)섬이다. 렘 47:4과 암 9:7은 분명하게 블레셋과 갑돌을 연결한다. 갑돌 사람은 신 2:20-23에서 아낙 사람과 연결되어 거론된 여러 민족 중 하나다. 골리앗은 블레셋 성읍인 가드 출신이었다. 구약에는 가드 출신의 다른 거인들로 라바(Rapha)의 후손들이 있는데(삼하 21:16, 18, 20, 22; 대상 20:4, 6, 8) 많은 학자들이 라바를 르바임과 연결시킨다(참조. B. Becking, "Rapha" in *Dictionary of Deities and Demons in the Bible*, 2nd ed. [ed. Karel van der Toorn, Bob Becking, and Pieter W. van der Horst, Leiden, Boston, Cologne, Grand Rapids, MI, Cambridge: Brill, Eerdmans, 1999], 687). 골리앗이라는 이름은 루비안 또는 리디안이다. 즉, 에게 해 지역과 연결된 문화권 중 하나에서 파생된 것이다(참조. Aharon Kempinski, "Some Philistine Names from the Kingdom of Gaza," *Israel Exploration Journal* 37:1 [1987]:20-24). 가드에서 골리앗이라는 이름처럼 보이는 문자가 새겨진 비문이 출토되었다(참조. Aren M. Maeir, Stefan J. Wimmer, Alexander Zukerman, and Aaron Demsky, "A Late Iron Age I/Early Iron Age II Old Canaanite Inscription from Tell es-Safi/Gath, Israel: Palaeography, Dating, and Historical-Cultural Significance," *Bulletin of the American Schools of Oriental Research* 351 [2008]: 39-71 [esp. 48-50]). 마지막으로, 50년전 맥로린(E. C. B. MacLaurin) 이 성경의 '아나킴'(아낙 사람)이 헬라 문학에서 신들과 신화 속 영웅들을 가리키는 호칭인 헬라어(digamma) anx의 대응어일 수 있다는 흥미로운 논제를 제시했다 (MacLaurin, "Anak/$av\xi$" *Vetus Testamentum* 15:4 [1965]: 468-74). 맥로린은 한발 더 나아가 '아나킴'과 성경에서 블레셋의 사령관을 가리키는 용어인 '세라님'이 상관성이 있다는 주장을 한다(예. 사 3:3; 16:5). 몇몇 성경 구절에 나타난 아낙 사람과 블레셋의 분명한 연관성, 블레셋을 에게 해 출신 해양민족으로 분류한 점 등을 감안할 때, 비록 추측에 불과하지만 이 상관관계는 충분히 고민해 볼 만하다. 세부사항은 관련 웹사이트를 참조하라. 이 민족 집단들 간에 어떤 관계가 존재했음은 확실하지만 그 정확한 실체는 분명하지 않다. 또한 국지적 홍수설의 맥락에서 이 연결점들은 홍수 후 거인들의 역사적 궤적에 대한 가능성을 제공한다고 말하는 것이 공평할 것이다.

전혀 이상할 것 없는 초자연적 지향성

이 간략한 재구성이 말하는 바는 이스라엘 백성이 거인 족속의 남은 자들만 살육했다는 것이 아니다. 다른 이들도 분명 살육당했다. 주요 논점은 '헤렘'의 정당성이 네피림 후손을 구체적으로 제거하는 데 있다는 것이다. 그 땅에서 네피림의 혈통을 근절하는 것이 그들의 동인이었다.[13] 만일 민수기 13:28-29을 믿는다면, 아낙 사람은 가나안 땅 전역에 산재해 있었다. 여호수아 11:21-23은 모든 가나안인이 아니라 바로 이들이 말살의 표적이었음을 분명히 한다.

사실 정복 기사에는 '하람' 외에 반드시 살상을 의미하는 것은 아닌 다른 동사들도 활용된다.[14] 이것이 나타내는 바는 모든 군사작전의 목표가 '헤렘'은 아니었다는 것이다. 모든 묘사들을 하나로 조합할 때

---

13. 헤렘이란 무언가를 하나님께 전적으로 바치는 것이다. 노드(Naudé)가 고찰했듯, 이 동사는 "성소를 위한 영속적이고 확정적인 제물로 무언가 또는 누군가를 성별하는 행위 또는 전쟁에서 한 도시와 그 거민을 파괴하기로 성별하여 그 파괴를 실행하는 것이다."("חָרַם (I), חֵרֶם(I)," 276). 표적이 된 적대적 신들의 자녀로 인식된 혈통의 제거는 여호와께 다시금 번제물로 바치는 행위라는 논리다. 다른 신들은 자기에게 주어진 권역의 경계를 넘어 여호와의 분깃을 침해했을 뿐 아니라(신 32:9), 여호와의 자녀들이 여호와의 땅을 상속받는 것을 막기 위해 전사들을 길러냈다. 그런 땅을 점령하는 유일한 길은 그 점령을 막기 위해 양성된 거인-용사 족속을 제거하는 것이었다. '헤렘'은 여호와가 소유한 땅에서 여호와가 소유한 자녀들에 대항하여 다른 신들이 가하는 치명적 위협에 대한 맹렬한 심판이었다.
14. 즉, 다른 동사들에는 '하람'이 지닌 구체성이 없었다. 특정 사례에서 성경 본문이 한 도시나 지역에 "아무도 남지 않았다"라고 말할 때, 이것이 전원 사망이라고 명시하지 않는 한 전원 사망을(즉, '헤렘'의 희생자였음을) 의미한다고 단정할 순 없다. 정복 명령에 다른 어휘도 사용되므로 쫓겨나거나 도피한 사람들도 있을 수 있다. 가령, 히브리어 '가라쉬'(쫓아내다: 출 23:28, 29, 30, 31; 33:2; 신 33:27; 수 24:12, 18), '야라쉬'가 있다(박탈하다, 몰아내다: 출 34:24; 민 21:32; 33:52, 53, 55; 수 3:10; 12:1; 13:6; 17:12, 13; 23:5, 9).

나타나는 그림은 이스라엘 군대가 거인 족속의 일원이나 거인 족속의 자손으로 알려진 이들을 맞닥뜨리면 그들을 '헤렘'에 처했다는 것이다. 다른 이들도 전쟁에서 죽임을 당했다. 하지만 다른 이들의 생명은 민수기 13:26-33, 신명기 2-3장, 여호수아 11:21-23에서 드러나는 초자연적-신학적 지향성이 요구하는 바에 해당하지 않았다.

이 민족 집단의 체격이 예사롭지 않은 것은 신적인 기원 때문인 것으로 여겨졌고, 이는 초자연에 대한 믿음에서 비롯된 것이었다. 그렇다고 이를 핑계 삼아 본문을 공상 만화처럼 유별나게 읽어서는 안 된다.[15]

성경의 거인들은 얼마나 컸을까? 성경 본문에 존재하는 유일한 치수는 골리앗의 신체 사이즈다.[16] 전통 마소라 본문에는 골리앗이 "여섯 규빗과 한 뼘"(삼상 17:4), 즉 대략 300센티미터라고 되어 있다. 사해 두루마리는 사무엘상 17:4에 대해 다르게 해석하여 골리앗이 "네 규빗과 한 뼘", 대략 200센티미터라고 한다. 거의 모든 학자들이 사해 두루마리의 해석이 더 우월하고 권위가 있다고 본다.[17]

---

15. 나는 여기서 성경의 거인을 수십 또는 수백 피트 더 크게 묘사하는(보통 인터넷상에서, 동료 평가를 전혀 받지 않는 환경에서 생성된) 담론을 말하는 것이다.
16. 23장에서 옥의 침상 규격이 옥 자신의 체격을 정확히 알려주는 것은 아니라고 했음을 상기하라. 그 침상 규격은 신화적 체구의 마르둑 신의 성스러운 결혼 침상에 대한 명시적인 연결점이다. 신 3:11에서 옥을 르바임 거인으로 말했음은 의심의 여지가 없지만 그의 침상 규모만으로 그가 얼마나 키가 컸는지를 파악할 순 없다.
17. 더 작은 체격은 칠십인역의 해석이기도 하다. 아래의 논평을 참조하라. P. Kyle McCarter Jr., *1 Samuel: A New Translation with Introduction, Notes and Commentary*, Anchor Yale Bible 8 (New Haven: Yale University Press, 2008), 286. 일반적으로 사무엘서에 대해 사해 두루마리와 마소라 본문이 불일치할 경우, 특히 사해 두루마리가 칠십인역과 일치할 경우, 사해 두루마리의 해석이 더 우월하다고 여긴다. 베르겐(Bergen)의 생각

고대 근동 전역에서 이루어진 고고학 작업은 당시의 기준으로는 200센티미터의 신장이 거인이었음을 인정한다.[18] 이스라엘 문화를 연구하는 어느 학자의 고찰에 의하면 족장시대 고대 이스라엘 사람의 평균 신장은 152센티미터였다.[19] 저명한 성경 고고학자 어니스트 라이트의 고찰이다. "게제르에서 주전 3천 년경의 유골이 최소 100구 발견되었다. 다양한 무덤과 퇴적물에서 3세기와 2세기의 많은 다른 유해들이 특히 므깃도, 여리고, 게제르에서 발견되었다…비정상적인 체구를 가진 원주민의 유골은 전혀 없었다."[20] 마지막 발언은 주목할 만한 가치가 있다. 이 지역들이 거인 족속의 정착촌이 있으리라 예상되던 곳이기 때문이다. 현재까지 시리아-팔레스타인(가나안)에서 비정상적

이 이를 잘 나타내준다. "마소라 본문을 통해 우리에게 전해진 본문의 품질에 관하여 심각한 우려가 (아울러 종종 상당히 부정적인 평가들이) 제기되었다…이 사안을 연구한 대부분의 현대 연구자들은 한 구절의 표현에 대해 불일치가 존재하는 경우 대부분 칠십인역의 해석이 마소라 본문의 해석보다 우월하다고 결론 내렸다"(Robert D. Bergen, *1,2 Samuel*, New American Commentary 7 [Nashville: Broadman & Holman, 1996], 26).

18. 참조. Daniel J. Hays, "The Height of Goliath: A Response to CLyde Billington," *Journal of the Evangelical Theological Society* 50.3 (2007): 509-16. 내가 빌링턴(Billington)과 교신한 내용에 대해서는 관련 웹사이트를 참조하라.

19. Victor Matthews, *Manners and Customs in the Bible*, rev. ed. (Peabody, MA: Hendrickson, 1991), 3.

20. G. Ernest Wright, "Troglodytes and Giants in Palestine," *Journal of Biblical Literature* 57.3 (September 1938): 305-09 (esp. 307). 고고학 보고서는 다음을 참조하라. A. Macalister, "Report on the Human Remains Found at Gezer, 1902-3," *Palestine Exploration Quarterly* 35.4 (1903): 322-26. 또한 참조. Yossi Nagar, "Human Osteological Database at the Israel Antiquities Authority: Overview and Some Samples of Use," *Bioarchaeology of the Near East* 5 (2011):1_8, http://anthropology.uw.edu.pl/05/bne-05-01.pdf, Baruch Arensburg, "The Peoples in the Land of Israel from the Epipaleolithic to Present Times: A Study Based on Their Skeletal Remains"(Phd. diss., Tel-Aviv University, 1973), B. Arensburg and Y. Rak, "Jewish Skeletal Remains from the Period of the Kings of Judaea," *Palestine Exploration Quarterly* 117.1 (1985): 30-34.

인 신장을 가진 인간 유골의 증거는 발굴되지 않았다.[21] 이는 성경시대의 지중해 사회에서도 마찬가지다.[22] 이는 놀랄 일이 못 된다. 고대 이스라엘은 당시 여느 가나안 민족들처럼 시신을 방부처리하지 않았다. 그렇다 보니 주전 2천 년 이전에

---

21. 아마추어 연구자들과 웹사이트에서 요단 동편의 텔 엣 사이디예(Tell es-Sa'idiyeh)에 위치한 주전 12세기의 무덤에서 213cm 신장의 여자 유골 두 구를 발굴했다고 주장했다. 이 주장의 출처는 펜실베니아대학 제프리 티게이 교수가 쓴 신명기 주석이다(J. Tigay, *Deuteronomy*, JPS Torah Commentary [Philadelphia: Jewish Publication Society, 1996, 17). 티게이는 이런 발견이 있었다는 주장을 언급한 후 아래의 각주 정보를 제시하였다. "이 요단강 유역의 발견은 대영박물관의 조나단 터브(Jonathan Tubb)가 1995년 펜실베니아대학에서 행한 강의에서 보고한 내용이다. 대영박물관의 향후 Excavations at Tell es-Sa'idiyeh III/2 를 관람하라." 그러나 이는 사실이 아닌 것으로 밝혀졌다. 나는 대영박물관의 터브 교수에게 편지를 써서 티게이의 각주를 언급하며 이 두 유골에 대한 보고서가 출간되었는지를 물었다. 다음은 터브의 답변이다(2014년 4월 29일). "실망시켜드려 죄송합니다만 그 각주는 내가 일전에 사이디예에 대해 펜실베니아에서 행한 강의 중에 한 발언에서 비롯된 것으로 사료됩니다. 사실 사이디예의 묘지에서는 이례적으로 큰 유골이 발견되지 않았습니다. 우리는 무덤에 대한 최종 보고서를 준비하는 단계이며, 그 저작에 모든 신체 규격이 수록될 것입니다." 이메일 원본 사진은 관련 웹사이트에서 확인할 수 있다. 현재까지 가나안에서 기이한 신장을 가진 유골은 발견된 바 없다.
22. 이 방면에서 독자들에게 애드리엔 메이어(Adrienne Mayor)의 선구적인 연구를 읽을 것을 강력하게 권한다(*The First Fossil Hunters: Paleontology in Greek and Roman Times* (Princeton: Princeton University Press, 2001). 메이어는 이 고대 보고들이 당시의 사람들은 미처 몰랐던 동물을 인간으로 오인한 것이었음을 입증하기 위해, 거대 인간의 유골을 보았다는 내용을 담은 고대 그리스와 로마 시대 본문에 대한 모든 보고서를 조사한 후 그 소재지를 공룡과 거대한 선사시대 포유류(예. 마스토돈) 뼈의 고생물학적 발굴지와 연결시켰다. 메이어는 후속 저작인 *Fossil Legends of the First Americans* (Princeton: Princeton University Press, 2005)에서 동일한 유형의 연구를 북미 거인 유골 보고에 대해 수행했다. 고생물학자들도 비슷한 연구를 했다. 참조. James L. Hayward, "Fossil Proboscidians and Myths of Giant Men," *Transactions of the Nebraska Academy of Sciences and Affiliated Societies* 12 (1984): 95-102. 정체를 식별하는 문제에 대한 동일한 종류의 착오가 고생물학이 현재 수준의 전문성에 도달하기 수 세기 전에도 일어났다. 1643년 거인 유골로 여겨진 무언가가 벨기에에서 발견되었다. 수 년 후 이것들은 매머드의 허벅지 뼈로 밝혀졌다(Taika Helola Dahlbom, "A Mammoth History: The Extraordinary Journey of Two Thighbones," *Endeavour* 31.3 (2007): 110-14.

묻혔던 인간의 유골이 잔해로 남아 있는 일은 흔치 않다. 그 2천 년 간 고대 시리아-팔레스타인에 살았던 수백만 인구 중 유골이 남은 경우는 수천에 불과하다. 고대 이집트는 시신을 방부처리하는 관습이 있었기 때문에 상황이 훨씬 낫다. 대체로 엘리트 계층에 속한 사람들의 시신이 방부처리됐고, 이는 그들이 우월한 영양상태와 건강, 그리고 최적의 신체 상태였던 사람들임을 의미했다. 미이라 연구를 토대로 추정한 이집트 남자의 평균 신장은 152-167센티미터였다.[23]

그렇다고 성경 이외의 문헌에서 성경시대의 가나안에 이례적으로 장신인 사람들이 있었다는 증거가 없었던 것은 아니다. 프리차드가 "아시아 지리학의 문제"라는 제목의 장에서 묘사한 람세스 2세 시대의 한 이집트 본문은 구체적으로 이 논점을 다룬다. 본문의 내용은 다음과 같다.

> 좁다란 골짜기의 덤불 밑에는 베두인이 숨어 있어 위험하다. 그 중에는 코부터 발끝까지 4 또는 5규빗이며 험상궂은 얼굴을 한 이들이 더러 있다. 그들의 마음은 온유하지 않으며 감언이설에 넘어가지도 않는다.[24]

---

23. Sonia R. Zakrewski, "Variation in Ancient Egyptian Stature and Body Proportions," *American Journal of Physial Anthropology* 121.3 (2003): 219-29, P. H. K. Gray, "The Radiography of Mummies of Ancient Egyptians," *Journal of Human Evolution* 2.1 (1973): 51-53, Michelle H. Raxter, Christopher B. Ruff, Ayman Azab, Moushira Erfan, Muhammad Soliman, and Aly ElSawaf, "Stature Estimation in Ancient Egyptians: A New Technique Based on Anatomical Reconstruction of Stature," *American Journal of Physical Anthropology* 136.2 (2008): 147-55.

24. James Bennett Pritchard, ed. *The Ancient Near East: An Anthology of Texts and*

성경본문과 고고학을 통해 수면 위로 부상하는 그림은 가나안 전역에 걸쳐 여느 민족 집단들 가운데 뿔뿔이 흩어져 있는 네피림 혈통의 잔류들이다. 정복전쟁의 목표는 모든 거민을 축출하고 그 과정에서 네피림 혈통을 제거하는 것이었다. 우리에게는 이런 사고가 낯설지만, 이는 성경 기자들의 초자연적 세계관의 일부였다.

물론 이스라엘은 그 일을 해내지 못하고 실패했다. 수 세기가 지나서야 모세와 여호수아가 꿈꾸던 왕국이 출현했지만 그 왕국도 문제투성이였다. 우리는 여호수아 이후의 구약 성경을 마치 사람들의 관심을 끌기 위해 살인과 섹스와 추문 이야기를 사이사이에 끼워넣은 방대한 족보정도로 여기는 경향이 있다. 그러나 사실 훨씬 풍성한 내용이 그 안에 담겨 있다.

Pictures, 3rd ed. with supplement (Princeton:Princeton University Press, 1969), 477. "4-5 규빗"은 213-273cm일 것이며 현대의 경험에서는 예사롭지 않은 장신으로 알려진 범위다. 이 이집트 본문이 흥미로운 이유는 람세스 2세가 바로 대부분의 성경학자들이 출애굽 당시의 바로라고 지목하는 사람이기 때문이다.

단원 요약
Unseen Realm

모세와 여호수아가 이끈 정복전쟁의 목표는 경쟁관계에 있는 신적 혈통을 땅에서 진멸하고, 여호와의 기업 곧 자녀들을 여호와가 그들을 위해 정하신 곳에 정착시키는 것이었다. 여호와의 지상통치가 이제 가나안에 다시 확립될 것이다.

솔직히 가나안은 에덴과 많은 면에서 달랐다.

에덴의 목가적인 출발과 달리, 이스라엘을 가나안 땅에 심는 과정은 폭력적이었다. 신들과 인간들의 갈등으로 충만한 세상은 창조주가 아닌 자신의 의지를 좇는 자유로운 형상 담지자들로 인해 타락했다. 이런 세상에서 여호와의 원래 비전을 되살리기 위해서는 폭력적 수단이 필요했다. 여호와는 그저 말씀만으로도 이스라엘을 그 땅에 정착시키실 수 있었다. 여호와는 자신의 지상통치를 회복하기 위해 최고 주권자로서 일방적으로 행동하실 수 있었다. 그러나 본래 에덴에서 여호와가 내린 결정은 형상 담지자들인 인간의 (혹은 신적 존재들의) 자유를 뒤집지 않아야 함을 의미했다. 여호와는 자신에게 신실한 형상 담지자들이 자신에게 불충한 형상 담지자들과 맞서게 함으로써 자신의 목적을 달성하는 길을 택하셨다. 이 땅에서 여호와의 원조 형상 담지자인 인류에 대한 여호와의 헌신은 왜 인류(이스라엘)가 하나님의 통치 회복에 실패하자 하나님이 예수 그리스도로, 친히 인간이 되심으로써 직접 일을 해결하셨는지를 설명해 주는 대목이다. 이는 또한 우리가 종종 간과하는 이유이기도 하다.

세상은 (바벨에서 여호와가 내리신 심판의 결과로 적대적 라이벌이 된) 다른 신들의 통치 아래 있었고, 결과적으로 여호와의 임재는 세상에서 환영받지 못했다. 전쟁이 일어날 것이며 사망자가 속출할 것이다. 땅은 다시 회복되어 거룩해져야 했다. 가나안은 여호와의 우주적 지형의 교두보가 되고, 이스라엘은 그곳에서 자신의 사명을 완수할 수 있을 것이다. 이스라엘은 제사장 나라가 될 것이며, 상속권을 박탈당하고 흩어진 지상 열국은 이스라엘의 번영을 목도하게 될 것이다. 주변 민족들은 이스라엘 하나님의 소문을 듣고 그분의 비할 데 없는 권능을 목도하며 그분의 언약적 사랑을 갈구하게 될 것이다. 열국은 다시 회복될 것이다. 하지만 이는 억지로가 아니라 창조주이자 만유의 주이신 참 하나님께로 돌이키려는 자유로운 형상 담지자들의 선택에 의해 이루어질 것이다.

적어도 계획은 그랬다.

우리는 결국 이스라엘이 실패했음을 안다. 그 실패의 씨앗은 정복 사건들 속에 있었다. 이유가 무엇이든(믿음 부족이든 노력 부족이든, 또는 둘 다이든), 이스라엘은 원수를 쫓아내는 데 실패했다. 이스라엘은 자신들이 표적으로 삼았던 혈통의 잔류 세력들이 그 땅의 블레셋 성읍들에 남아 있는 것을 허용했다. 이스라엘은 공존을 택했다(삿 1:27-36). 이에 눈에 보이는 여호와이신 천사가 "어찌하여 그리하였느냐"라는 수사적 물음을 던진 후 다가올 후과를 선포한다. "그러므로 내가 또 말하기를 내가 그들을 너희 앞에서 쫓아내지 아니하리니 그들이 너희 옆구리에 가시가 될 것이며 그들의 신들이 너희에게 올무가 되리라 하였노라"(삿 2:2-3). 여호와의 천사가 이 말을 한 곳은 적절하게도 히브리어로 '슬피 울다'를 뜻하는 '보김'이라는 이름으로 역사에 남게 되었다(삿 2:5).

당연한 일이지만 이스라엘의 나머지 역사는 암울한 롤러코스터였다. 여호와에 대한 신실함(곧 다른 신들에 대한 예배를 거절하는 것)이야말로 구약에 담긴 구원 사상의 요체였다. 땅의 소유는 아브라함 언약으로까지 거슬러올라가는 이 신실함과 연결되어 있다(창 17:1-2, 8-10; 22:15-18). 시내산 언약은 그 연결성을 강화했다(레 26장, 신 4:25-27, 39-40; 11:18-24). 이 신실함 측면에서 실패한 결과 이스라엘은 타국으로 사로잡혀 가고 말았다. 즉 약속의 땅에서 추방당했다.

그러나 여호와는 이스라엘을 완전히 포기하실 의향이 없으셨다. 사사기는 여호와가 이스라엘의 회개와 배교에 대해 일관되게 응답하실 것임을 분명히 보여준다. 기드온(삿 6장)과 삼손(삿 13장)의 경우처럼 간혹 눈에 보이는 여호와가 모습을 드러내셨다. 그러나 이스라엘의 마지막 사사인 신실한 사무엘에 이르러서야 비로소 여호와의 현현이 덜 희귀한 일이 되었다.

이스라엘 왕조는 사울로 인해 고전하다가 다윗과 그의 아들 솔로몬 아래에서 흥왕했다. 그러나 그 이후로 왕조는 와해되었고 하나님의 왕국이 수 세기 동안 배교와 내전의 수렁에 빠져 있다가 결국 하나님의 심판으로 파국을 맞았다.

끔찍한 최후는 신학적 교훈을 제공했다. 즉, 본래 에덴에서 그랬던 것처럼, 여호와의 상시적 임재 없이는 에덴이 임할 수도, 살아남을 수도 없다는 것이다. 인간의 힘으로는 하나님 나라를 건설할 수 없다. 이스라엘이 실패의 막바지 단계에 이르자, 하나님은 선지자들을 통해 계획이 변경되었다고 발표하신다. 에덴이 회복되려면 하나님의 자녀들의 마음속에 하나님이 상시적으로 임재하셔야 했고, 여호와에 대한 신실함을 잃지 않을 이상적인 왕이 필요했다. 하나님은 친히 둘째 아담이자 다윗의 아들, 완벽한 통치를 이룰 종을 주실 것이다.

가나안 정복 이후의 구약 역사는 좌절된 가능성의 이야기다. 그러나 여호수아서 이후의 구약성경을 길게 늘어진 부고 기사 정도로 읽어서는 안 된다. 영적 전쟁은 아직 끝나지 않았다. 성경 기자들은 그들의 초자연적 세계관을 배경으로 뭔가 소통할 메시지를 가지고 있었다. 선지자와 왕들의 이야기는 단순한 성경 통속극이 아니다. 보이지 않는 현실 세계를 다룬 프로그램이 동시에 진행되고 있다. 우리의 나머지 여정은 그 채널에서 방영되는 내용으로 채워질 것이다.

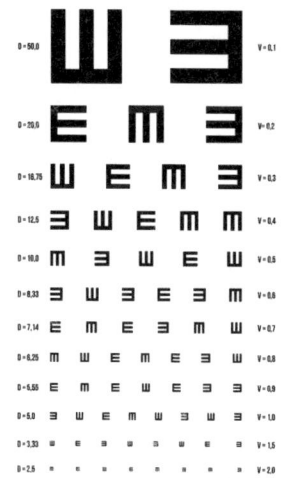

Part 6. 이제 여호와께서 말씀하시니라

26. 산과 골짜기

가나안으로 뚫고 들어가 하나의 독립국가를 수립했다고 해서 이스라엘에게 우주적 지형에 따른 문제가 해소된 건 아니었다.[1] 오히려 충돌은 더욱 첨예해졌다. 적개심 가득한 열국과 그들의 신들이 이스라엘을 사방에서 에워쌌을 뿐 아니라, 이스라엘 내부에서도 저항의 움직임이 일어났다.

사사시대와 왕정시대는 군사적이면서 영적인 투쟁의 이야기다. 땅에서는 정복전쟁의 진멸을 피한 르바임/네피림의 잔류들과 주변 세력들의 침입이 여전히 이스라엘의 발목을 잡았다. 바로 앞장에서 우리는 여호수아 11:21-23을 통해 아낙 사람이 완전히 진멸되지 않았음을 배웠다. 여호수아서 기자는 그 단락에서 아낙 사람 일부가 훗날 블레셋

---

1. 앞서 15장에서 우리는 간략하게 역사서들과 왕정시대의 성경 본문에 내재한 우주적 지형 사상에 대해 논의했다(예. 삼상 26:17-19; 왕하 5:15-19).

으로 불릴 여러 성읍들에 살고 있다고 했다(블레셋은 통일왕조 시대에 이스라엘의 주적이었다). 영적으로 보면 이런 충돌은 매우 위협적이었다. 이런 충돌은 곧 다른 신들이 침입하여 이스라엘의 예배자들을 자신들의 종교로 빼나갈 수 있었기 때문이다. 여호와의 보호하심을 누릴 뿐 아니라 여호와가 그 땅에 계속 머무시려면 이스라엘은 여호와에 대한 믿음의 신실함을 잃지 말아야 했다. 따라서 영적 전투는 물리적 전투만큼이나 큰 위협이 되었다.

사사기, 사무엘서, 열왕기서는 분명 군사적 충돌에 대한 기술이다. 이는 현대의 관점과 세계관으로도 쉽게 파악할 수 있는 내용이다. 그러나 물밑에서는 다른 성격의 전쟁이 치열하게 전개되고 있었다. 그 몇 가지 사례를 이번 장에서 다루고자 한다.

거룩한 땅

성경은 하나님이 모세에게 성막과 기구들을 지으라 명하실 때 어떻게 만들어야 하는지에 대해서도 구체적으로 계시하셨다고 말한다("너는 산에서 보인 양식대로 성막을 세울지니라", 출 26:30). 앞서 22장에서 우리는 어떻게 성막 묘사가 다른 신들, 특히 우가리트 신들의 거처와 연결되는지를 논했다. 여기서 그 성막을 다시 살펴볼 필요가 있다. 성막 이야기는 보다 영구적인 성전, 즉 '그 이름'이 머물게 될 곳의 준비 과정이기 때문이다.

하나님이 모세에게 직접 알려주신 양식을 따르게 하셨다는 것은 지상에 지어질 성막용 장막의 구조가 천상에 있는 장막의 복제본이어야 함을 의미한다. 즉, 하늘에서 이룬 것같이 땅에서도 이루어진다는 것이다. 이사야 40:22을 통해 우리는 천상에 있는 장막의 원형이 하늘 그 자체였음을 안다("그는 땅 위 궁창에 앉으시나니 땅에 사는 사람들은 메뚜기 같으니라 그가 하늘을 차일 같이 펴셨으며 거주할 천막 같이 치셨고"). 달리 말하면 하늘과 땅은 여호와의 참 성막 또는 성전으로 고안된 것이었다. 이스라엘이 세운 지상 (장막) 거처는 우주의 웅장한 거처를 모방한 것이었다.[2]

성막은 단지 여호와의 처소만이 아니었다. 성막은 여호와의 보좌가 있는 어전회의실이기도 했다. 여호와는 지구 위에 있는 천상 장막 안에서 발을 지상에 둔 채 궁창 위에 있는 물 위에 있는 보좌에 좌정해 계신다("여호와께서 이와 같이 말씀하시되 하늘은 나의 보좌요 땅은 나의 발판이니", 사 66:1).[3] 그곳에는 여호와의 임재("그 이름")와 연관된 성물, 곧 언약궤가 있었다.[4]

---

2. 일부 학자들은 우주, 성막, 성전이 구약에서 유사한 용어로 묘사되었다는 사실을 주목했다. 그 사례로 다음을 참조하라. Moshe Weinfeld, "Sabbath, Temple and the Enthronement of the Lord," *Mélanges bibliques et orientaux en l'honneur de M. Henri Cazelles* (ed. A. Caquot, and M. Delcor, Alter Orient und Altes Testament 212, Kevelaer and Neukirchen-Vluyn, 1981), 501-12, Daniel T. Lioy, "The Garden of Eden as a Primordial Temple or Sacred Space for Humankind," Conspectus: *The Journal of the South African Theological Seminary* 10 (2010): 25-57, Gordon Wenham, "Sanctuary Symbolism in the Garden of Eden Story," in Cult and Cosmos: *Tilting toward a Temple-Centered Bibllical Theology, Biblical Tools and Studies* 18 (ed. L. Michael Morales, Leuven: Peeters, 2014), 161-66.
3. 참조. 욥 9:8; 시 104:2. 이스라엘의 우주론에 대한 정보는 관련 웹사이트를 참조하라.
4. 삼하 6:1-2(비교. 삼상 4:4; 렘 7:12)의 내용이다. "다윗이 이스라엘에서 뽑은 무리 삼만 명을 다시 모으고 다윗이 일어나 자기와 함께 있는 모든 사람과 더불어 바알레유다로 가서 거기서 하나님의 궤를 메어 오려 하니 그 궤는 그룹들 사이에 좌정하신 '만군의 여호와의 이름으로' 불리는 것이라." 이 구절에 '셈'이라는 단어가 두 번 나온다("궤는 그 '이

성막은 약속의 땅으로 향하는 여정에서 줄곧 이스라엘과 함께 이동했다. 이스라엘이 가나안으로 입성하자, 언약궤(그리고 성막 구조물)가 '하나님의 집'을 뜻하는 벧엘에 자리잡았다(삿 20:27). 당신도 지금쯤이면 벧엘을 잘 알고 있을 것이다. 벧엘은 야곱이 "사다리" 꼭대기에 있는 여호와와 그 천상회의의 천사들을 만난 장소였다(즉, 지구라트, 창 28:10-22). 벧엘은 야곱이 형 에서를 피해 도망칠 때 "하나님의 천사들"이 다시 그에게 나타난 곳이었다(32:1-5). 벧엘은 야곱이 눈에 보이는 여호와의 현현을 기념하기 위해 제단과 돌탑을 쌓은 곳이었다(31:13; 비교. 35:1-7).[5]

시간이 흐른 후 성막은 벧엘에서 실로로 옮겨졌다. 성막이 이전되고 나서 사람들은 "하나님의 집"이 실로에 있다고 말하기 시작했다(삿 18:31; 삼상 1:24; 렘 7:12). 구약성경은 실로가 제사를 드리는 곳이 되었다고 가리킨다(삿 21:19; 삼상 1:3). 실로에서 우리는 소년 사무엘이 육신을

름', 만군의 여호와의 '이름'으로 불리는 것이라"). 요점은 그 궤가 "그 이름", 곧 여호와이신 분과 동일하게 인식된다는 것이다. 여호와가 그룹 위에 좌정하고 계시기 때문이다. 많은 영역본은 "만군의 주의 이름으로 불리는 것이라"와 같은 식으로 '셈'을 한 번 누락한 번역을 하여 이 대목의 히브리어 본문의 뜻을 가렸다. 이는 많은 학자들이 '셈'의 중복을 본문 비평가들이 '중복 오사'(誤寫)라고 부르는, 필사자의 실수에 의한 반복이라고 간주하기 때문이다(참조. P. Kyle McCarter Jr., *II Samuel: A New Translation with Introduction, Notes, and Commentary*, Anchor Yale Bible Commentary 9 [New Haven: Yale University Press, 1964, 2008], 163). 그럴 가능성도 있지만 마소라 본문이 이미 언급한 신적인 공동섭정(co-regency, 두 여호와에 의한)의 증거를 제시하고 있다고 본다면 본원적인 해석상의 문제는 없다. 궤가 '그 이름'(the Name)이신 여호와의 임재의 자리를 차지하므로, 궤가 '그 이름'으로 불리는 것은 이해할 만하다. 동일한 연관성이(의인화 언어를 주목하라) 삼하 7:2에서 그 '궤'가 장막에 '거할 것'이라는 대목을 통해 전달된다.

5. 벧엘은 또한 여선지자 드보라가 종려나무 아래 살았던 곳이었다(삿 4:5). 나는 이 책에서 점술(divination)과 같은 주제는 거의 다루지 않았다. 이 주제가 천상회의와 이스라엘의 초자연적 세계관에 어떤 영향을 미쳤는지에 대해서는 관련 웹사이트를 참조하라.

입은 여호와, 곧 '말씀'과 만나는 장면을 목도한다(삼상 3장).

엘리 제사장은 어리석게도 언약궤를 전장에 내보내 블레셋의 수중에 들어가게 만들었다. 블레셋은 언약궤를 아스돗으로 가져가 그들의 신 다곤의 신전에 안치한다. 우주적 지형과 관련된 기가 막힌 (한편으로 우스운) 사건이 일어나고, 여호와의 임재가 다곤 신상을 파괴한다. 사무엘상 5:5에 블레셋 제사장들의 반응이 나온다. "그러므로 다곤의 제사장들이나 다곤의 신전에 들어가는 자는 오늘까지 아스돗에 있는 다곤의 문지방을 밟지 아니하더라." 이 문지방이 이제는 그들이 감히 밟지 못하는 여호와의 지리적 영토가 되었다.[6]

결국은 궤가 예루살렘으로 돌아왔다. 처음에 다윗은, 궤를 위한 성전을 짓겠다는 생각으로, 임시 장막을 세우고 그곳에 궤를 안치했다(삼하 6:17; 대하 1:3-4).[7]

---

6. 우리가 다른 곳에서 이야기한 성경 본문과 메소포타미아 간의 초자연적/신학적 연결점의 견지에서 다곤이 메소포타미아적 뿌리도 가지고 있음을 언급할 만한 가치가 있다. 힐리(Healey)의 글이다. "다곤은 셈족 종교계에서 가장 끈질기게 존속한 신들 중 하나다. 주전 3천 년 경부터 다곤 숭배에 대한 풍성한 증거가 〈에블라〉(Ebla) 본문들에 나온다. 다곤은 〈사르곤〉(Sargon) 본문들에도 등장한다. 하지만 〈에블라〉와 〈사르곤〉 문헌 둘 다 이 신의 정확한 실체에 대한 단서를 제공하지 않는다…사르곤왕은 메소포타미아 북서부 정복을 다곤의 은덕으로 돌렸고 투툴에서 다곤을 숭배했다. 이는 다곤의 권위가 국지적이었으며 남부 메소포타미아는 엔릴(Enlil)을 비롯한 다른 신들의 영역으로 남겨두었음을 확증하는 대목이다. 다곤은 구 바벨론 북메소포타미아의 아모리인의 주요 신들 중 하나로 〈마리〉(Mari) 본문들에서 충분히 입증되었다."(참조. J. F. Healey, "Dagon," in Dictionary of Deities and Demons in the Bible, 2nd ed. [ed. Karel van der Toorn, Bob Becking, and Pieter W. van der Horst, Leiden, Boston, Cologne, Grand Rapids, MI, Cambridge: Brill, Eerdmans, 1999], 216-17).

7. 훗날 아들 압살롬이 내란을 일으키자 다윗은 궤를 재이전한다(삼하 15:24-25). 한편 제사 장소는 옛날 모세의 '회막'이 있던(대하 1:3) 기브온이었다(왕상 3:4). 솔로몬 시대에 기브온은 예배하는 산당(높은 곳)이었다. 기브온에 있는 '회막'에서 제사를 드렸으므로, 사실 회막이 모세의 성막이었다(모세 시절에는 회막에서는 제사를 드리지 않았다). 예루살렘

성막과 마찬가지로 성전 역시 놀랄 만큼 에덴과 연관성이 깊은 이미지를 담고 있다. 에덴은 울창한 동산이자 거룩한 산이었다.[8] 성막의 장막 덮개에도 에덴의 이미지를 떠올리게 하는 기물과 장식이 있다.[9] 이 모든 (장막, 산, 동산) 모티프들이 (여호와가 거하시며 지상과 천상의 회의 기구에 명을 내리시는 곳으로 간주되는, 고정된 장소인) 성전 안에서 하나로 수렴된다.

우주적 장막 처소인 성전

많은 성경 독자들은 일단 성전이 지어진 후에 성막이 잊혀지거나 영구히 해체되었을 것이라고 생각한다. 사실 (지성소를 포함한) 성막용 장막은 궤와 더불어 성전 내부로 옮겨졌다.

성막 안에는 차양으로 덮인 성소라는 또 다른 구조물이 있었음을 상기하라. 이 방은 휘장에 의해 두 칸으로 나뉘어 있었고, 휘장 뒤에 궤가 놓인 지성소가 있었다(출 26장).

의 궤와 기브온의 성막이 분리된 상황은 솔로몬의 성전 완공 때까지 계속되었다.
8. 참조. 6장.
9. 참조. 22장.

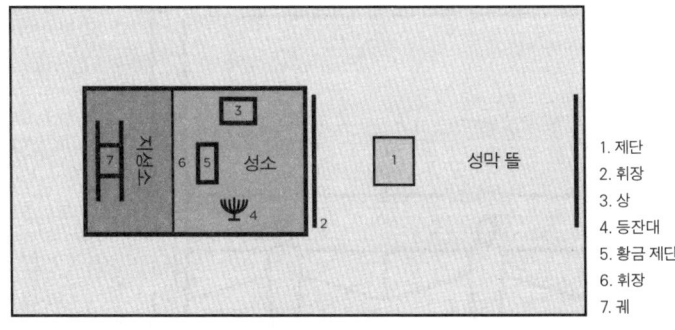

성전 내부 역시 동일한 유형의 내실 구조로 되어 있었다.

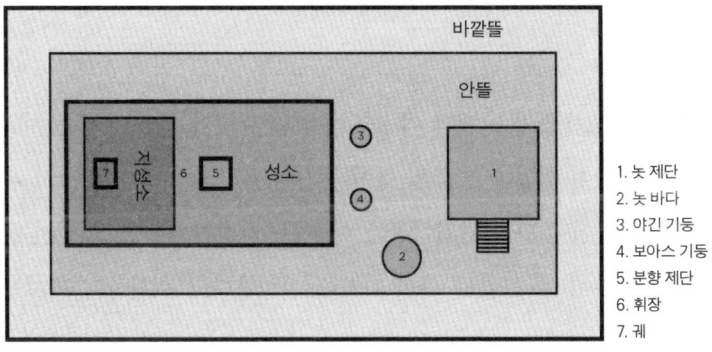

하지만 성전의 내부 성소와 성막의 내부 성소 사이에 한 가지 주요한 차이점이 있었다. 성전 내실에는 아래처럼 두 거대한 그룹들이 나란히 서 있으며, 두 그룹들의 활짝 편 날개 끝이 서로 맞닿도록 만들어졌다.

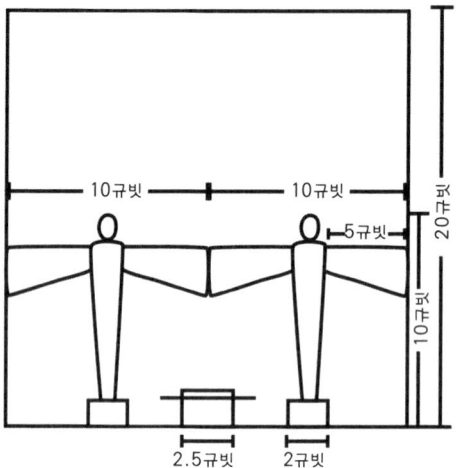

이로써 그룹들의 날개가 여호와를 위한 보좌가 되었고 궤는 여호와의 발등상이 되었다. 그룹들 사이 공간의 폭과 높이는 장막으로 된 지성소가 들어갈 만한 규격이었다. 이 때문에 장막 지성소를 성전 안으로 반입하여 두 그룹들 사이 아래에 설치했다고 추정하는 학자들도 있었다.[10] 성전 안에는 보좌에 계신 여호와 이미지와 옛적 장막에

---

10. 참조. R. E. Friedman, "Tabernacle," in *Anchor Bible Dictionary* (ed. David Noel Freedman, New York, Doubleday, 1992), 6:292-300, Friedman, "The Tabernacle in the Temple," *Biblical Archaeologist* 43 (1980): 241-48. 지성소뿐 아니라 성막 구조물의 더 많은 부분을 성전 내부로 들여놓았다는 프리드먼의 발상은 신랄한 비판을 받았다(참조. Victor Avigdor Hurowitz, "The Form and Fate of the Tabernacle: Reflections on a Recent Proposal," *Jewish Quarterly Review* 86.1-2 [July-October 1995]. 127-51). 내 입장은 성막의 장막 지성소가 솔로몬 성전의 지성소 내부에 있었다는 것만큼은 설득력이 있다고 본다. 출 38-39장에 의하면 성막용 장막 공간(지성소와 성소)의 규격은 폭 10규빗, 길이 30규빗이었다. 지성소의 면적은 10제곱규빗이었다. 이에 상응하는 솔로몬 성전의 공간은 더 컸다. 길이 60규빗, 폭 20규빗, 높이 30규빗이었고(왕상 6:2) 지성소는 20제곱규빗이

서 "거주하시는" 여호와 이미지가 둘 다 보존되어 있었다.[11]

우주적 산과 동산인 성전

이스라엘 내 여호와의 성전은 (새로운 시내산으로 알려진 예루살렘의 시온 산에 위치해 있었던 까닭에) 자연스레 시내산처럼 우주적 산인 여호와의

었다. 광야 성막의 지성소를 성전의 가장 안쪽의 성소에 배치할 경우 공간 확보의 어려움은 없었을 것이다. 내가 보기에 이는 성전과 관련된 일부 '장막' 언어를 설명해 준다(아래 각주를 참조하라). 그룹 보좌 그림의 출처는 다음과 같다. Martin Metzger, *Königsthron und Gottesthron: Thronformen und Throndarstellungen in Ägypten und im Vorderen Orient im dritten und zweiten Jahrtausend vor Christus und deren Bedeutung für das Verständis von Aussagen über den Thron im Alten Testament* (Kevelaer: Butzon and Bercker, 1985).

11. 몇몇 다른 고찰을 통해서도 성막의 장막 구조물(미쉬칸)이 성전 안으로 반입되었음을 알 수 있다. 왕상 8:4-8에 의하면 궤뿐 아니라 성막과 그 기물들도 완공된 성전 안으로 반입되었다. 비록 이 구절에 장막이 성전 성소 내부로 반입되었다는 명백한 진술은 없지만, 다른 구절들은 장막과 성전이 어떤 식으로든 공통된 정체성을 지녔음을 시사한다. 솔로몬 시대 한참 후인 대하 24:6을 보면, 요아스 왕이 성전 수리를 명령할 때 역정을 내며 이렇게 묻는 장면이 있다. "네가 어찌하여 레위 사람들을 시켜서 여호와의 종 모세와 이스라엘의 회중이 '성막을 위하여' 정한 세를 유다와 예루살렘에서 거두게 하지 아니하였느냐"(대하 29:3-7). 여기서 히스기야가 성전의 쇠락한 상태를 개탄하며 불평했던 그 표현에는 성전과 성막이 둘 다 들어 있다. "첫째 해 첫째 달에 '여호와의 전 문들을 열고' 수리하고 제사장들과 레위 사람들을 동쪽 광장에 모으고 그들에게 이르되 레위 사람들아 내 말을 들으라 이제 너희는 성결하게 하고 또 너희 조상들의 하나님 여호와의 전을 성결하게 하여 그 더러운 것을 성소에서 없애라 우리 조상들이 범죄하여 우리 하나님 여호와 보시기에 악을 행하여 하나님을 버리고 얼굴을 돌려 '여호와의 성막[미쉬칸]을' 등지고 또 낭실 문을 닫으며 등불을 끄고 성소에서 분향하지 아니하며 이스라엘의 하나님께 번제를 드리지 아니하므로." 흥미롭게도 후로비츠(Hurowitz)가 프리드먼의 제안에 대해 쓴 장황한 반박문 어디에도 이 열왕기상과 역대하 구절은 찾아볼 수 없었다.

거처라는 개념과 연결되었다.[12] 시편 48편에 이 개념이 분명하게 드러난다.

> [1] 여호와는 위대하시니 우리 하나님의 성,
> 거룩한 산에서 극진히 찬양받으시리로다
> [2] 터가 높고 아름다워 온 세계가 즐거워함이여
> 큰 왕의 성
> 곧 북방(문자적으로, 북쪽 꼭대기)에 있는
> 시온 산이 그러하도다(시 48:1-2).

스가랴 8:3에도 동일한 개념이 반복된다. "여호와가 이같이 말하노라 내가 시온에 돌아와 예루살렘 가운데에 거하리니(샤칸, '장막을 치리니') 예루살렘은 진리의 성읍이라 일컫겠고 만군의 여호와의 산은 성산이라 일컫게 되리라."

예루살렘에 가본 사람이라면 누구나 시온산이 그리 대단한 산이 못 된다는 것을 안다. 시온산은 지리적으로 북쪽에 있지도 않다(사실 이 나라의 남부에 있다). 그런데 "북쪽 꼭대기에 있는" 시온산이란 대체 무슨 뜻일까?

이스라엘과 이웃한 이방인들, 특히 우가리트인들에게는 이 묘사가

---

12. 참조. Ronald E. Clements, "Sacred Mountains, Temples, and the Presence of God," in *Cult and Cosmos: Tilting toward a Temple-Centered Biblical Theology*, Biblical Tools and Studies 18 (ed. L. Michael Morales; Leuven: Peeters, 2014), 69-85; Richard J. Clifford, "The Temple and the Holy Mountain," in Morales, *Cult and Cosmos*, 85-98.

낯설지 않을 것이다. "북쪽 꼭대기"(우가리트어로 "짜폰의 꼭대기")는 바알이 거주하며 최고의 신 엘과 천상회의의 명을 받들어 우주를 관장하던 곳이었다.[13] 시편기자는 바알의 영광을 훔쳐 영광을 받아 마땅하신 여호와 한 분께 영광을 돌리고 있는 것이다. 이는 신학적, 문학적인 일격으로 일종의 논쟁을 일으키려는 시도라 할 수 있다.

바로 그래서 이 표현이 예루살렘의 실제 지리와 맞지 않는 것이고, 이사야와 미가가 "여호와의 전의 산"(사 2:2; 미 4:1) 같은 표현을 사용한 이유다. 이 표현은 지리적 논점이 아니라 신학적 논점을 전달하기 위한 의도가 담겼다. 시온은 우주의 중심이며 바알이 아닌 여호와가 시온의 왕이고 여호와의 천상회의가 행정부다.

성전은 또한 울창한 식물과 동물로 빽빽한 에덴적 동산이기도 하다. 열왕기상 6-7장의 성전 건축 묘사에서 이 점이 분명하게 드러난다.[14] 성전은 꽃, 종려나무, 박넝쿨, 삼나무, 그룹, 사자들, 석류 등이 곳

---

13. 히브리어로 '북쪽'이라는 단어는 '짜폰'이다. 우가리트어는 '짜파누'다. 두 언어 모두에서 이 용어는 지리적 위치와 천상회의의 거처인 북단의 우주적 산을 지칭한다. 참조. H. Niehr, "Zaphon," in *Dictionary of Deities and Demons in the Bible*, 2nd ed. (ed. Karel van der Toorn, Bob Becking, and Pieter W. van der Horst; Leiden; Boston; Cologne; Grand Rapids, MI; Cambridge: Brill; Eerdmans, 1999), 927-29; Richard J. Clifford, *The Cosmic Mountain in Canaan and the Old Testament*, Harvard Semitic Monographs 4 (Cambridge: Harvard University Press, 1972) 57-79, 131-60; C. Grave, "The Etymology of Northwest Semitic ṣapānu", *Ugarit Forschungen* 12 (1980): 221-29; E. Lipinski, "El's Abode," *Orientalia Lovaniensia Periodica* 2 (1971): 13-68.

14. 참조. Lawrence E. Stager, "Jerusalem and the Garden of Eden," in Morales, *Cult and Cosmos*, 99-118; Victor A. Hurowitz, "Yhwh's Exalted House-Aspects of the Design and Symbolism of Solomon's Temple," in *Temple and Worship in Biblical Israel*, Proceedings of the Oxford Old Testament Seminar, rev. ed.; (ed. John Day; London: Bloomsbury/T & T Clark, 2007), 63-110 (esp. 87-90).

곳에 특징적인 장식물로 아로새겨져 있었다.

에스겔이 본 새 성전 환상 속에서(겔 40-48장), 성전은 높은 산 위에 세워져 있었고(40:2) 뜰로 향하는 현관 기둥에 종려나무가 새겨져 있었다(40:31-34). 실내에는 더 많은 종려나무와 그룹이 장식으로 새겨져 있었다(41:17-20). 에스겔이 본 성전-동산은 에덴처럼 물이 넉넉했고 다른 모든 것에 초자연적으로 생명을 공급하는 강이 흘렀다(47:1-2).

이스라엘의 신학에서 에덴, 성막, 시내산 그리고 성전은 일관되게 여호와와 그분의 천상회의의 거처를 의미했다. 성막과 성전을 가진 이스라엘은 늘 마음속에 우주적 산과 우주적 동산의 하나님이 이스라엘 가운데 거하시며, 하나님께 순종하면 언젠가 시온이 여호와가 통치하시는 왕국이 되고 바벨에서 상속권을 박탈당한 열국이 여호와께로 되돌아오는 장소가 되리라고 생각했다. 미가 4장에 이 점이 잘 표현되어 있다.

¹ 끝날에 이르러는
여호와의 전의 산이
산들의 꼭대기에 굳게 서며
작은 산들 위에 뛰어나고
민족들이 그리로 몰려갈 것이라
² 곧 많은 이방 사람들이 가며 이르기를
오라 우리가 여호와의 산에 올라가서
야곱의 하나님의 전에 이르자
그가 그의 도를 가지고 우리에게 가르치실 것이니라
우리가 그의 길로 행하리라 하리니

이는 율법이 시온에서부터 나올 것이요

여호와의 말씀이 예루살렘에서부터 나올 것임이라(미 4:1-2).

거룩하지 않은 땅

이스라엘의 우주적 지형 사상에서 하늘과 땅의 교차점인 성전과 명백하게 대조를 이루는 음산한 장소가 가나안 안에 있었다. 이 장소들은 어둠의 세력, 구체적으로 르바임/네피림 혈통의 잔류들과 연결되어 있었다.

우리는 앞서 정복전쟁에 대해 논의할 때 르바임을 다루었다. 르바임은 거인들이었다. 신명기에 의하면 삼숨밈(신 2:20)처럼 아낙 족속도 르바임으로 간주되었다(신 2:11). 바산 왕 옥은 "르바임 족속의 남은 자"였으므로(신 3:11), "바산을 옛적에는 르바임의 땅"으로 불렀다(신 3:13).

여호수아 11:22에 의하면 정복전쟁에서 아낙 사람을 진멸하는 데 실패한 후 아낙 사람 일부가 블레셋 성읍인 가사, 가드, 아스돗에 남았다. 르바임은 다윗 시대까지 그 땅에 존속했다. 가드 출신의 거인 골리앗(삼상 17:4, 23)이 아낙/르바임 난민의 후손이었다. 역대상 20장은 골리앗에게 형제들이 있었다고 한다.

⁴ 이 후에 블레셋 사람들과 게셀에서 전쟁할 때에 후사 사람 십브개가 키가 큰 자의 아들 중에 십배를 쳐죽이매 그들이 항복하였더라 ⁵ 다시 블레셋 사람들과 전쟁할 때에 야일의 아들 엘하난이 가드 사

람 골리앗의 아우 라흐미를 죽였는데 이 사람의 창자루는 베틀채 같 았더라 ⁶ 또 가드에서 전쟁할 때에 그 곳에 키 큰 자 하나는 손과 발에 가락이 여섯씩 모두 스물넷이 있는데 그도 키가 큰 자의 소생이라 ⁷ 그가 이스라엘을 능욕하므로 다윗의 형 시므아의 아들 요나단이 그를 죽이니라 ⁸ 가드의 키 큰 자의 소생이라도 다윗의 손과 그 신하의 손에 다 죽었더라(4-8절).

모세 시대의 요단 동편에 있던 르바임은 바산뿐 아니라 아스다롯과 에드레이와도 연관성이 있었다. 아스다롯과 에드레이는 우가리트 문학에서 지하세계로 들어가는 관문으로 여겨진 두 도시였다. 다윗 시대에 르바임은 주변적인 존재들이었지만, 개념적으로는 유사한 방식으로 죽음과 연관성이 있었다.

구약에는 '르바임의 골짜기'로 알려진 장소에 대한 언급이 무려 열 번이나 나온다. 몇 군데에서는 블레셋이 그곳에 진을 쳤다고 나온다 (삼하 5:18, 22; 23:13).¹⁵ 여호수아 15:8과 18:16에 의하면 르바임의 골짜

---

15. 그렇다고 해서 블레셋 진영 내부에서 골짜기 이름을 르바임으로 지었다고 단정할 수는 없다. 성경에는 그 골짜기 이름의 기원에 대한 언급이 없다. 하지만 르바임과 어떤 연관성이 있음은 분명하다. 다음은 에델스타인(Edelstein)의 고찰이다. "사해 두루마리에서 그 골짜기를 부르는 이름은 다음과 같다. (1) 르바임의 골짜기 (헬라어로 '라파임', 삼하 23:13), (2) 타이탄스의 골짜기(헬라어로 '타이타논', 삼하 5:18) (3) 거인들의 골짜기 (헬라어로 '기간톤', 대상 11:15; 14:9). 이는 '르바임'을 거인과 동격으로 보는 해석 전통을 반영한 것이다. 본문에 거인의 후손인 블레셋 사람들(삼하 15-22장)이 세 용사의 지략을 당하지 못하며(삼하 23:13-17 = 대상 11:15-19), 결국 '거인의 골짜기'에서 다윗 군대에게 패한다 (삼하 5:17-25 = 대상 14:8-17)는 이야기가 나오는 것은 의도적인 선택이었을 가능성이 있다(비교. Hesiod *Theog.* 132-60, 207-10). 참조. Gershon Edelstein, "Rephaim Valley of (Place)," in *Anchor Yale Bible Dictionary*, vol. 5 (ed. David Noel Feedman, New York, Doubleday, 1992), 676.

기는 다른 골짜기, 즉 힌놈의 골짜기와 맞닿아 있는데, 힌놈은 힌놈의 아들의 골짜기로도 알려져 있다.[16] 히브리어에서 '힌놈의 골짜기'는 '게 힌놈'으로 '게헨나'라는 이름의 어원이다.

신약 시대에 '게헨나'는 죽은 자의 불타는 세계, 즉 지옥이나 '하데스'를 일컫는 말이었다. 힌놈 골짜기의 역사가 부분적이나마 이 개념화의 근거가 되었음은 의심의 여지가 없다. 대개는 히브리어 '게 힌놈'을 '통곡의 골짜기'로 번역한다. 이곳에서 아이들을 불살라 제사를 드렸음을 생각하면 왜 이런 이름이 붙었는지 충분히 알 만하다. 이곳 힌놈의 골짜기에서 아하스 왕과 므낫세 왕이 자기 아들들을 번제로 불살라 몰렉 신에게 바쳤다(대하 28:3; 33:6). 희생제는 도벳(불타는 곳)이라고 부르는 사당에서 행해졌고, 이로 인하여 훗날 힌놈 골짜기를 도벳이라는 지명으로 부르게 되었다(렘 7:32; 19:6).

몰렉(히브리어로 m-l-k)의 의미와 정체를 두고 학자들 간에 의견이 분분하다.[17] 그러나 우연이라고 보기 어려운 분명한 연관성이 한 가지 있다. 몰렉의 이름은 옥에 대한 성경의 기술(신 1:4; 수 9:10; 12:4)을 통해 알려진 지명인 아스다롯(우가리트어 'ttrt)이라는 도시와 결부되어 우가리트의 두 뱀 주문 two snakes charms에 등장한다.[18] 또 다른 우가리트 본문

---

16. 참조. Duane F. Watson, "Hinnom Valley (Place)"*Anchor Bible Dictionary*, 3:202. 수 8:16은 "르바임 골짜기 북쪽 끝에 있는 힌놈의 아들 골짜기"로 되어 있다.
17. 참조. G. C. Heider, "Molech," in *Dictionary of Deities and Demons in the Bible*, 2nd ed. (ed. Karel van der Toorn, Bob Becking, and Pieter W. van der Horst; Leiden; Boston; Cologne; Grand Rapids, MI; Cambridge: Brill; Eerdmans, 1999), 581-85.
18. 헤이더(Heider)의 고찰이다. "…MLk에 대한 우가리트 호칭인 'ttrt은 암몬의 북쪽 접경 지역에 있는 바산의 아스다롯이라는 도시일 수 있다. 요약하면 셈어 사이의 비교에 따른 증거를 통해 그려지는 몰렉의 초상은 고대의 저승신으로서, 죽은 조상을 (그리고 어원인

은 르바임의 후견자인 르푸^Rpu 신 역시 아스다롯에 있다고 한다. 이 본문들을 통해 우리가 얻을 수 있는 최소한의 정보는 몰렉과 르바임 간에 밀접한 종교적 연관성이 있었다는 것이다. 이는 구약에서 르바임 골짜기와 힌놈 골짜기 간에 지리적 관계가 있었음을 감안할 때 설득력이 있다.

특히 흥미진진한 (또는 혼란스런) 대목은 이 골짜기들의 위치가 여호와의 임재가 있는 성전이 자리한 곳, 즉 예루살렘 시온산에서 바로 남쪽에 인접해 있다는 것이다.

영적 골짜기

이 사례들은 성경 기자들과 그들이 속한 시대의 우주적 지형 세계관의 맛보기에 불과하다. 광범위한 구약의 일화들과 사건들 이면에는 영적인 충돌이 자리하고 있다. 어둠의 권세들과 여호와의 임재 사이에서 벌어지는 충돌은 고대 이스라엘 사람에게는 상시로 존재하는 삶의 일부였다. 안타깝게도 성경의 기록은 이스라엘 백성이 그 권세들에 미혹되거나 그 권세들을 적극 받아들인 사례들로 넘쳐난다.

이스라엘은 사울, 다윗, 솔로몬이 다스리는 동안 (열두 지파 모두가 단일한 왕 아래 연합되었다는 의미에서) 통일왕국으로 지냈다. 그 나라의 시작은 미약했다. 왕을 달라는 이스라엘의 요구(삼상 8장)는 나라 안에서

---

mlk의 서부 셈어의 의미를 놓고 볼 때 어쩌면 그들의 왕을) 섬기는 종교의 신이다.

공의를 집행하고 안정을 도모할 누군가를 달라는 요청이 아니었다. 사실 그 요구는 순종하는 자기 백성을 위해 능히 싸우실 수 있는 여호와를 거부한 것이었다(삼상 8:20). 백성은 출애굽을 행하시고 아낙 족속과의 전쟁에 앞장선 용사이신 하나님을 내버리고, 아이러니하게도 이스라엘에서 가장 장신인 사람을 선택했다(삼상 9:2). "다른 민족들처럼 우리에게도 왕을 세워주소서!" 하나님은 그들이 달라는 대로 주셨고 그들은 그 대가를 치렀다.

왕국은 하나님의 마음에 합한 자인 다윗의 시대에 공고해졌다. 사실 하나님은 바로 그 일을 위해 다윗을 뽑으셨고(삼상 16장), 르바임의 거인 골리앗과 벌인 단번의 싸움에서 이기게 하심으로 그의 자리를 확인해 주셨다. 하나님은 오직 다윗의 자손만이 왕권을 이을 정당한 계승자가 될 것이라 선포하시면서 다윗과 언약관계까지 맺으셨다(삼하 7장).

승계는 솔로몬이 왕으로 있을 때까지 단 한 세대만 지속되었다. 솔로몬이 죽자 왕국은 북이스라엘(열 지파)과 예루살렘에 수도를 둔 남유다(두 지파), 이렇게 두 왕국으로 분열되었다. 두 왕국 모두 시차만 있을 뿐 여호와에 대한 신실함을 버리고 우상숭배에 굴복했다. 북왕국은 그 길을 향해 지체없이 내달렸다. 이스라엘 최초의 패역한 왕, 여로보암은 신도시 세겜을 첫 수도로 삼았다(왕상 12:25). 세겜은 여호수아가 죽기 전에 이스라엘을 소집하여 정복전쟁을 완수할 것을 당부하고 여호와 앞에 순전함을 지키라는 헌신의 결단을 받아낸 곳이었다(수 24장). 여로보암은 자신의 영역 범위를 표시하기 위해 헤르몬 산 근방의 바산 지역에 있는 단과 여호와가 족장들에게 나타나셨던 벧엘 두 군데에 바알숭배를 위한 산당을 세웠다(왕상 12:26-33).[19] 이 결정들 속에 담긴 영적 전쟁의 상징성은 명백하다. 여호와의 신실한 신자라면 누구도 이 결정에 의도적인 경멸의 감정이 깔려 있음을 눈치채지 못할 리가 없다. 이제 이스라엘의 열두 지파 중 열 지파가 다른 신들의 다스림 아래 놓이게 되었다. 여호와는 앗수르 제국을 사용하셔서 주전 722년 이스라엘을 멸망시키신다.

겉으로 보기에는 다윗과 여호와에게 충성하는 듯한 남왕국 유다 역시 망할 것이다. 유다의 왕들 중에도 여호와를 저버리는 이들이 나올 것이다. 결국 다윗 왕조는 붕괴되었고 유다 백성은 하고많은 곳 중에 하필 바벨론으로 사로잡혀 간다.

우리는 하나님이 백성의 마음을 돌이키려 애쓰지 않으셨다고 선불리 단정해서는 안 된다. 하나님은 바로 그 목적으로 선지자들을 세우셨다. 선지자로 세움 받으려면 먼저 하나님과 그의 천상회의를 대면해야 했다.

---

19. 참조. Donald J. Wiseman, *1 and 2 Kings: An Introduction and Commentary*, Tyndale Old Testament Commentaries 9 (Downers Grove, IL: InterVarsity Press, 1993), 154-55.

27. 천상회의 앞에 서다

선지자들은 성경 독자들에게 그리 많이 알려져 있지 않다. 선지자들은 가나안 정복전쟁 이후의 사사들과 다윗, 솔로몬보다 독자의 관심도에서 뒤로 밀려나 있다. 보통은 죄나 심판에 대한 좋은 설교 자료가 필요할 때나 선지서를 찾게 된다. 일반 기독교인의 머릿속에 담긴 선지자 이미지는 이글거리는 눈빛으로 심판과 멸망을 외치는 광신도의 모습이다.

이런 과장된 이미지가 전혀 근거가 없진 않지만, 이것은 선지자들이 누구였는지, 왜 하나님이 그들을 세우셨는지, 그들의 사명이 무엇이었는지에 대한 정확한 그림은 아니다. 여호와가 주권자로서 인간 지도자를 택하실 때는 독특한 패턴이 있었다. 그리고 그 패턴에는 천상회의가 포함되어 있었다.

선지자는 누구인가?

이 패턴의 풍성한 함의를 알아내려면, 먼저 '선지자'라는 용어가 뜻하는 바를 이해해야 한다. 장차 일어날 사건을 예고하는 것은 선지자라는 인물이 행하는 일과 정체성의 작은 일부분에 불과했다. 한마디로 선지자는 하나님을 대신해서 말하는 사람이었다. 즉, 하나님의 지시를 받아 당시 이스라엘 백성의 눈을 똑바로 쳐다보며 이렇게 말하는 것이다. "너희는 너희를 살리신 하나님, 이 땅의 다른 모든 사람들 중에 오직 너희와 특별한 관계를 맺으신 하나님을 저버리고 있다." 선지자들은 윤색하지 않은 진실을 가감없이 사람들에게 전했고, 종종 그로 인한 대가를 치렀다.

(이사야 예레미야, 에스겔 같은) '고전적 선지자들'은 (사울 왕부터 시작되는) 왕정시대에 활동했다. 그러나 하나님은 그보다 훨씬 오래전부터 자신을 대변하여 말할 사람들을 선발하셨다. 가령 마지막 사사였던 사무엘도 선지자였다(삼상 3:20). 사무엘은 사사시대부터 이스라엘 초대 왕까지 걸쳐 있는 전환기의 인물로서 최초의 선지자로 꼽힌다. 그러나 사실 사무엘은 최초의 선지자가 아니다. 선지자를 단순히 하나님의 대변인으로 정의한다면 최초의 선지자는 최초의 시작점으로 거슬러 올라간다.[1]

---

1. 예수님도 이 관점을 따르셨다. 예수님은 바리새인들이 아담의 의로운 아들인 아벨부터 시작하여 하나님이 백성에게 파송하신 모든 선지자들의 피를 흘렸다고 고발하셨다(눅 11:49-51). 왜 예수님은 아벨을 선지자로 칭하셨을까? 그 이유는 아담과 하와의 두 자녀 중 경건한 아들이었던 아벨이 하나님을 대표했기 때문이다. 우리는 선지자가 하나님을 대변한다고 말할 수 있지만, 더 폭넓게 보자면 선지자는 하나님이 인간 형상 담지자 무

최초의 선지자

에덴은 여호와의 거주지였고 여호와가 자신의 회의와 더불어 통치하시던 곳이었다. 인류는 하나님의 가족과 통치기구인 회의에 속하도록 창조되었다. 이는 창세기를 본래의 고대적 맥락에서 접근하면 쉽게 알 수 있는 내용이다. 그러나 아담을 선지자적 위상으로 보려면 창세기 밖으로 나가야 한다. 욥기 15:7-8에서 욥의 친구 엘리바스가 욥에게 흥미로운 질문을 던진다. "네가 제일 먼저 난 사람이냐 산들이 있기 전에 네가 출생하였느냐 네가 하나님의 회의에 들어가 들었느냐 지혜를 홀로 가졌느냐?"(ESV)

분명 이 질문들은 수사적이다. 그러나 대조법을 사용하여 각각의 질문에 대한 답변을 예상한다면 '아니오'가 된다. 물론 욥이 제일 먼저 난 사람이 아니라 아담이 최초의 사람이었다. 욥은 하나님의 회의(히브리어로 '소드 엘로아')에 들어가 듣지 않았다. 수사적 대조법이 암시하는 바는 아담이 하나님의 회의에 참여하여 들었다는 것이다. 아담의 거주지였던 에덴이 회의가 열리는 장소였고 인간이 지상에서 하나님의

리 중 하나님의 으뜸 대표자로 간주하시거나 부르시는 사람을 가리킨다. 물론 아담은 하나님의 원조 형상 담지자였고, 아벨은 하나님과 동행한 자로서 지상에서 자신을 지으신 이를 형상화하며 아버지 아담의 자리를 계승했다. 가인이 아벨을 죽이자 아버지 아담의 '모양'이며 '형상'이었던 셋이 아벨을 대체했다. 이 용어들의 출처가 창 1:26인 것은 우연이 아니다. 모든 인간은 하나님의 형상 담지자이지만 우리의 타락한 환경 속에서 우리의 잠재력만큼, 하나님이 의도하신 만큼 하나님을 형상화하지 못한다. 성경이 가르치는 바는 사람은 하나님께 계속 충성하기보다는 스스로 자신의 주인이 되려는 성향을 가지고 있다는 것이다. 따라서 우리가 자유의지를 남용하여 그 성향대로 따라가지 못하게 하려면 하나님의 개입과 하나님이 지정하신 지도자가 필요하다.

자녀가 되고 하나님의 회의에 속하는 것이 하나님의 의도였음을 감안할 때, 이는 맥락에 맞는 이야기다.

다시 내가 앞서 인유한 바, 여호와가 사람의 형체로 인간에게 다가가시는 창세기 3:8의 모습을 생각해 보자. 하나님의 명령을 어긴 아담과 하와가 갑자기 "그날 바람이 불 때 동산에 거니시는 여호와 하나님의 소리를 들었다." 이 '거닐다'^{walk}라는 용어가 시사하는 바는 하나님이 그들에게 사람의 형체로 나타나셨다는 것이다(영혼은 걸어 다니지 않는다). 본문에 의하면 아담과 하와는 그분이 하나님임을 알았다. 즉, 어떤 놀람이나 충격도 없었다. 그들은 이전에도 이런 경험을 했던 것이다. 아담과 하와는 하나님의 임재 가운데 있는 일에 익숙했다. 다른 인간은 없었으므로 우리는 이를 선지자적 차원에서 생각하지 않지만, 만일 다른 인간이 있었다면 아담과 하와는 하나님과 다른 인간들, 즉 자기 자녀들 사이에서 중재자 역할을 했을 것이다.

여호와가 "거니신다"는 표현은 이스라엘 성막 안에서 이루어지는 하나님의 활동적 임재를 가리킬 때도 사용된 적이 있다. 이로써 우주적 산인 에덴과 성막 성소 간에 또 다른 연결점이 생겼다.² 구약을 아무리 뒤져봐도 여호와가 지성소 위 구름으로 나타나셨다는 이야기는 있어도 이스라엘 진영 주변을 '거닐었다'는 사례는 없다. 따라서 이스라엘 진영 중에 '거니신다'는 묘사는 하나님이 문자적으로 이스라엘 백성과 손인사를 하시며 걸어 다닌다는 뜻이 아니다. 오히려 이 언어는 여호와의 거처가 이스라엘 중에 있었음을 다른 방식으로 말한 것

---

2. 참조. 레 26:12; 신 23:14(히브리 성경 15절); 삼하 7:6-7.

이었다. 즉, 여호와의 집이 있는 곳에 그의 회의가 있었다는 것이다. 휘장 저편에서 여호와와 그의 회의를 발견할 수 있었다는 것이다.

에녹과 노아

'거닐다'가 임재를 표현하는 언어라는 발상을 낯설게 여겨서는 안 된다. 우리도 "하나님과 동행한다"walking with God고 말할 때 이런 언어를 사용한다. 우리가 생각하는 개념은 교제나 관계다. 성경에서는 그런 수준에서 이 표현을 사용하기도 하지만 이는 신적인 임재와의 더 직접적인 접촉을 의미할 수도 있다. 그리고 "하나님과의 만남"meeting with God 이라는 개념을 이해하는 것은 하나님의 대변자가 된다는 의미를 이해하는 데 결정적이다. 하나님이 누군가를 자신의 대변자로 선택하실 때, 즉 누군가를 인류나 하나님 소유의 백성에게 하나님을 대표할 자로 선택하실 때, 하나님은 먼저 그 사람과 '만나셔야' 했다. 이것이 성경에서 섬김으로의 '부르심' 이면에 있는 개념이다.

구약성경에는 "하나님과 동행한" (이 동행을 가리키는 용어가 앞에서 하나님의 '거니심'을 묘사할 때 사용한 바로 그 히브리어 동사다) 두 사람이 등장한다. 그들은 모두 선지자적 인물이었던 에녹과 노아다. 비록 성경이 자세히 밝히지는 않았지만 이 두 사람이 하나님과 직접 대면했음은 분명하다.

에녹은 창세기 5:22, 24을 통해 결코 죽음을 맛보지 않은 자로 우리의 뇌리에 각인되어 있다. 이 구절은 에녹이 하나님과 동행했고 하나님이 그를 데려가셨다고 기록한다. 중간기의 유대 문헌은 이 몇 개의 단어들로 이루어진 구절을 천상회의와 결부시켰다. 에녹1서(12:1 이하)에서 창세기 5:22, 24의 사건은 에녹의 천국 환상과 하나님의 어전 회의실 환상의 발판 역할을 한다. 유대 독자들이 에녹을 하나님의 대변자로 여겼던 주된 이유는 에녹이 창세기 6:1-3의 사건 이후 하나님의 부패한 아들들에게 하나님의 심판의 말씀을 전한 자였기 때문이다(에녹1서 13-16장). 신약은 또한 에녹이 "예언했다"고 증언한다.

> 아담의 칠대 손 에녹이 이 사람들에 대하여도 예언하여 이르되 보라 주께서 그 수만의 거룩한 자와 함께 임하셨나니 이는 뭇 사람을 심판하사 모든 경건하지 않은 자가 경건하지 않게 행한 모든 경건하지 않은 일과 또 경건하지 않은 죄인들이 주를 거슬러 한 모든 완악한 말로 말미암아 그들을 정죄하려 하심이라 하였느니라[3] (유 14-15절).

창세기 6:9에 의하면 노아 역시 하나님과 동행했다. 하나님은 노아 이전의 아담과 노아 이후의 여러 선지자들에게 그러셨듯, 노아에게도 직접 말씀하셨다. 노아는 하나님의 대변자로서 당시 사람들에게 장차 다가올 홍수에 대해 예언하며 임박한 심판에 대해서도 경고했다(벧후 2:5).

---

3. 인용글의 출처는 에녹1서 1:9이다. (에녹1서에서) 하나님의 타락한 아들들에게 가할 형벌을 고지하는 에녹의 역할과 신약 성경과의 연결점에 대한 더 자세한 정보는 이 책 38장을 보라.

족장들[4]

'하나님 혹은 천상회의와의 조우'라는 것으로 한 사람의 선지자 신분을 검증하는 패턴은 족장들에게서 더욱 뚜렷하게 나타난다. 이미 앞의 여러 장에서 이 주제를 다루었지만 이 사건들 이면의 패턴을 이해하려는 목적으로 다루지는 않았으므로, 여기서 간략하게 다시 다루고자 한다.

독자들은 분명 여호와가 수차례 아브라함에게 '나타나셨음'을 기억할 것이다(창 12:1-7; 15:1-6; 비교. 행 7:2-4). 이 만남에 대해 내가 지금껏 언급하지 않은 사항이 하나 있다. 그것은 바로 창세기 12:6-7에서 여호와가 아브라함에게 나타나신 장소가 세겜 땅 '모레의 상수리나무'였다는 사실이다. 이후에 소돔과 고모라 멸망 직전에 여호와가 아브라함을 방문하신 장소도 '마므레의 상수리나무'였다(창 18:1).

학자들은 '모레의 상수리나무'와 '마므레의 상수리나무'를 각각 테레빈스[terebinth]라고 부른다. 테레빈스는 신적인 존재의 출현으로 인해 신성하다는 명성을 얻은 신성한 나무를 뜻한다. 사실 '모레의 상수리나무'는 문자적으로 '선생의 상수리나무'[Oak of the Teacher]를 뜻한다. 어떤 신적인 인물이 이 장소에서 사람들을 가르치거나 우리가 흔히 신탁이라고 여기는 정보를 나눠주었다는 것이다. 테레빈스는 거룩한 땅이자

---

4. 족장 논의에서 요셉을 제외한 이유는 요셉의 삶 속에 나타난 하나님의 활동이 섭리적 차원에서 묘사되었기 때문이다. 그러나 많은 해석자들이 요셉이 '어떤 사람'과 만난 이야기(창 37:12-17, 특히 15절)를 육체를 덧입은 천사와의 만남으로 받아들인다. 본문만 보아서는 이 추론이 정확한지 확실히 가늠할 수 없다. 하지만 이 사건은 세겜 땅 모레 상수리나무에서 일어났다(성스러운 나무들과 여호와의 천사에 대한 논의를 참조하라).

하나님이 계신 장소로 여겨졌기에[5] 사랑하는 자의 매장지로 적합하게 여겨졌다. 물론 성경 기자들은 신적인 지식과 신적인 명령이 베풀어지는 일을 천상회의와 결부시킨다(욥 15:7-8; 왕상 22:13-23). 이 연결점은 우리가 고전적 선지자들을 살펴볼 때 더욱 분명하게 드러날 것이다.

하나님이 아브라함을 여호와의 새로운 지상 기업의 조상으로 택하신 때는 열국을 여호와보다 하등한 엘로힘들에게 내버리신 바벨탑 사건 이후(신 32:8-9)였고, 아브라함이 아직 이교도였을 때다. 아브라함은 상속권을 박탈당하고 흩어진 열국에게 하나님의 진리를 전하는 통로가 되었다. 아브라함의 아들 이삭 역시 아브라함과 동일한 신분을 누렸고 여호와는 이삭에게도 나타나셔서 언약을 확증하셨다(창 26:1-5). 야곱은 수차례나 신적인 존재와 대면했다(창 28:10-22; 31:11-13; 32:22-32). 야곱은 아버지와 할아버지에게서 언약에 따른 선지자의 신분을 상속받았다.

족장들의 대서사에서 드러나는 패턴은 하나님이 자신을 대표하도록 누군가를 선택하면, 반드시 먼저 그 사람과 만나신다는 것이다. 그 만남은 부득이하게 인간의 감각으로 지각할 수 있는, 눈에 보이는 여호와의 모습으로 만나는 것이라야 했다. 신령한 임무를 맡기기 위한 접견 장소는 대부분 하나님의 집 또는 본거지로 묘사된, 천상회의가 소집되는 곳이었다.

---

5. 참조. 대상 10:12; 창 35:8.

모세, 여호수아, 사사들

당연히 선지자 신분에 대한 하나님의 승인 패턴은 모세에게도 적용된다. 신명기 34:10은 모세가 선지자였으며 그가 숱하게 하나님과 대면한 일이 그의 선지자 신분을 확증한다는 점을 분명히 밝히고 있다(출 3:1-3; 24:15-18; 33:7-11). 이스라엘 백성의 입장에서는 하나님과의 조우야말로 모세가 하나님의 사람이라는 확증이었다. 출애굽기 19:9에서는 이 연관성이 명백하게 드러난다. "여호와께서 모세에게 이르시되 내가 빽빽한 구름 가운데서 네게 임함은 내가 너와 말하는 것을 백성들이 듣게 하며 또한 너를 영영히 믿게 하려 함이니라."

그 함의는 명백하다. 사람들은 하나님의 임재와의 조우를 통해 검증된 사람의 말을 들어야 하며 또 들을 것이다.

초반에 여호수아의 선지자적 신분을 확증한 것 역시 하나님과의 조우였다. 출애굽기 24:13에서 모세와 이스라엘 장로들이 시내산에서 여호와와 같이 식사하는 장면 직전의 내용이다. "모세가 그의 부하 여호수아와 함께 일어나 모세가 하나님의 산으로 올라가며." 이 구절이 암시하는 바는 여호수아가 하나님을 뵈러 모세와 동행했다는 것이다. 출애굽기 33:9-11은 여호수아가 여호와와 접촉한 것을 좀 더 분명하게 밝히고 있다.

⁹ 모세가 회막에 들어갈 때에 구름 기둥이 내려 회막 문에 서며 여호와께서 모세와 말씀하시니 ¹⁰ 모든 백성이 회막 문에 구름 기둥이 서 있는 것을 보고 다 일어나 각기 장막 문에 서서 예배하며 ¹¹ 사람이 자기의 친구와 이야기함 같이 여호와께서는 모세와 대면하여 말씀

하시며 모세는 진으로 돌아오나 눈의 아들 젊은 수종자 여호수아는 회막을 떠나지 아니하니라(출 33:9-11).

신명기 31:14-23에서는 여호와가 모세에게 여호수아를 회막으로 데려오라고 구체적으로 지시하시며, 그곳에서 하나님이 친히 여호수아를 모세의 후임자로 임명하신다.

고전적 선지자들

어쩌면 선지자 위임과 더불어 여호와의 존전으로 나아간 (그리고 여호와의 천상회의, 곧 보좌가 놓인 어전회의실로 출두한) 가장 유명한 사례는 이사야일 것이다. 이사야 6:1-2의 내용이다.

> [1] 웃시야 왕이 죽던 해에 내가 본즉 주께서 높이 들린 보좌에 앉으셨는데 그의 옷자락은 성전에 가득하였고 [2] 스랍들이 모시고 섰는데 각기 여섯 날개가 있어 그 둘로는 자기의 얼굴을 가리었고 그 둘로는 자기의 발을 가리었고 그 둘로는 날며.

8절은 왜 이사야가 소환되었는지를 분명히 밝힌다.

> 내가 또 주의 목소리를 들으니 주께서 이르시되 내가 누구를 보내며 누가 우리를 위하여 갈꼬 하시니 그때에 내가 이르되 내가 여기 있나이다 나를 보내소서 하였더니.

이사야 6:8의 "'내'가 누구를 보내며 누가 '우리'를 위하여 갈꼬"가 놓치지 말아야 할 중요한 문구다. 우리가 이전 장에서 천상회의에 대해 살펴보았듯, 여기서도 하나님이 자신의 천상회의를 참여시켜 더불어 통치하시는 장면이 분명히 나타난다.[6] 위촉자는 하나님이시지만 그 위촉은 또한 천상회의에서 발원한 것이기도 하다.

에스겔 역시 이사야와 똑같이 신적인 의식을 경험한다. 하지만 에스겔의 부르심은 보다 극적이었다. 에스겔이 여호와의 보좌 앞으로 들리는 대신 여호와와 그의 수행원들이 에스겔에게 나오셨고(1:1-28), 에스겔을 여호와의 대변자로 위촉하셨다(2:1-3). 에스겔은 자신의 책을 이렇게 시작한다.

> [1] 서른째 해 넷째 달 초닷새에 내가 그발 강 가 사로잡힌 자 중에 있을 때에 하늘이 열리며 하나님의 모습이 내게 보이니…
> [4] 내가 보니 북쪽에서부터 폭풍과 큰 구름이 오는데 그 속에서 불이 번쩍번쩍하여 빛이 그 사방에 비치며 그 불 가운데 단 쇠 같은 것이 나타나 보이고 [5] 그 속에서 네 생물의 형상이 나타나는데…
> [26] 그 머리 위에 있는 궁창 위에 보좌의 형상이 있는데 그 모양이 남보석 같고 그 보좌의 형상 위에 한 형상이 있어 사람의 모양 같더라…
> [28] 그 사방 광채의 모양은 비 오는 날 구름에 있는 무지개 같으니 이는 여호와의 영광의 형상의 모양이라 내가 보고 엎드려 말씀하시는 이의 음성을 들으니라.

---

6. 참조. 3장.

²:¹ 그가 내게 이르시되 인자야 네 발로 일어서라 내가 네게 말하리라 하시며 ² 그가 내게 말씀하실 때에 그 영이 내게 임하사 나를 일으켜 내 발로 세우시기로 내가 그 말씀하시는 자의 소리를 들으니 ³ 내게 이르시되 인자야 내가 너를 이스라엘 자손 곧 패역한 백성, 나를 배반하는 자에게 보내노라 그들과 그 조상들이 내게 범죄하여 오늘까지 이르렀나니.

예레미야 선지자에게도 동일한 패턴이 적용된다. 우리는 이전 장에서 육체를 덧입은 말씀이 예레미야에게 나타나셔서 사명을 위촉하신 것을 보았다.

> ⁷ 내가 너를 누구에게 보내든지 너는 가며
> 내가 네게 무엇을 명령하든지 너는 말할지니라
> ⁸ 너는 그들 때문에 두려워하지 말라
> 내가 너와 함께 하여 너를 구원하리라
> 나 여호와의 말이니라 하시고
> ⁹ 여호와께서 그의 손을 내밀어 내 입에 대시며
> 여호와께서 내게 이르시되
> 보라 내가 내 말을 네 입에 두었노라 (렘 1:7-9).

예레미야서에서 육체를 덧입은 여호와에 의한 예레미야의 극적 부르심이 매우 중요한 이유는 그 부르심이 참된 선지자 신분의 근거가 되었기 때문이다. 모세 시대에 모세와 그와 함께 섬기던 자들의 부르심을 공적으로 인증했던 방식이, 이제 이스라엘 백성의 머릿속에서 하나님의 통로를 자처하는 사람이라면 누구나 거쳐야 할 리트머스 시험지로 정착된 것이다. 예레미야 23장에서 우리는 하나님이 거짓 선지자들에 대해 하신 말씀을 듣는다.

> [16] 만군의 여호와께서 이와 같이 말씀하시되 너희에게 예언하는 선지자들의 말을 듣지 말라 그들은 너희에게 헛된 것을 가르치나니 그들이 말한 묵시는 자기 마음으로 말미암은 것이요 여호와의 입에서 나온 것이 아니니라 [17] 항상 그들이 나를 멸시하는 자에게 이르기를 너희가 평안하리라 여호와의 말씀이니라 하며 또 자기 마음이 완악한 대로 행하는 모든 사람에게 이르기를 재앙이 너희에게 임하지 아니하리라 하였느니라
> [18] 누가 여호와의 회의에 참여하여
> 그 말을 알아들었으며
> 누가 귀를 기울여 그 말을 들었느냐
> [21] 이 선지자들은 내가 보내지 아니하였어도
> 달음질하며
> 내가 그들에게 이르지 아니하였어도
> 예언하였은즉
> [22] 그들이 만일 나의 회의에 참여하였더라면
> 내 백성에게 내 말을 들려서
> 그들을 악한 길과
> 악한 행위에서 돌이키게 하였으리라(렘 23:16-18, 21-22).

그 함의는 명백하다. 참된 선지자는 여호와의 천상회의에 참여하

여 그 말을 듣지만, 거짓 선지자들은 그러지 않는다.

이스라엘 사람들에게는 신과의 직접적인 대면이 하나님을 대신하여 말한다고 주장하는 사람을 검증하는 리트머스 시험지가 되었다. 이 기준은 결코 사라지지 않았고 신약시대까지 남아 영향력을 발휘했다. 앞으로 마지막으로 구약에 할애된 세 장을 통해 '여호와의 궁극적인 인간 음성'을 다루기 위해 우리의 사고를 준비하는 과정을 밟을 것이다. 선지자들은 여호와에 대한 이스라엘의 신실함을 지속시키거나 회복시키지 못했다는 점에서 사역에 실패한다. 이스라엘의 실패는 왕국의 통치를 복원하기 위한 여호와의 접근방식이 수정된다는 것을 의미했다. 선지자가 전하는 메시지는 심판과 구속으로 변할 것이며 그 수단은 의도적으로 베일에 가려질 것이다. 하나님의 충성스런 천사들조차 정확히 하나님이 계획하시는 바가 무엇인지 파악할 수 없었다(벧전 1:12).

당신과 나는 무슨 일이 일어났는지 이미 알고는 있다. 그럼에도 우리가 무엇을 살펴볼 것인지 파악할 필요가 있다.

28.
신의 오도

우리는 현재 새 에덴에서 인간 및 신적 존재들로 이루어진 가족과 더불어 통치하기 원하시는 하나님의 갈망과 인류에 대한 하나님의 목표의 대서사에서 의미심장한 단계에 다다랐다. 에덴 사태 이래로 하나님은 사람들을 사용하여 본래의 비전을 구현하려고 노력하셨다. 이 노력이 가장 가시적으로 드러난 것이 아브라함과 사라를 통한 새 가족, 곧 이스라엘의 창조였다. 그러나 이스라엘의 역사는 미완의 정복전쟁부터 열두 지파와 통일왕국의 분열, 다윗 왕조의 붕괴, 바벨론 유수(바벨론은 수천 년 전 하나님이 열국의 상속권을 박탈하고 자신의 민족을 창조하기로 결정하신 바로 그곳이었다)까지 처절한 실패의 연속이었다.

백성의 배교와 뒤이은 포로생활은 지상에 여호와의 통치를 복원시키려는 여호와의 접근 방법에 변화를 일으켰다. 비록 여호와가 인류의 존속을 친히 맹세하셨지만 그렇다고 더 이상 인간에게 의지할 수 없는 상황이었다. 여호와로서는 인간 형상 담지자들의 역할을 포기하는 것은 그들을 파괴하는 것이나 다름없었다. 여호와가 인류를 자신의 형상대로 창조하셨다는 것은 인류가 자유의지를 가진 자신의 대리자임을 의미했다. 그러므로 여호와 왕국의 회복과 통치에는 반드시 인류가 참여해야 했다. 그렇지 않으면 에덴의 비전이 근간부터 흔들릴 것이다. 해결책은 두 개의 전략으로 구현되었다(사실 이것은 하나다). 하나님은 자신의 뜻을 완전하게 달성하는 일을 믿고 맡길 존재는 자신밖에 없음을 아셨다. 그러므로 하나님은 인간이 되셔야 했고, 더 나아가 자녀들의 마음속에 거하시고자 했다.[1] 하나님이 성막이나 성전에 거하시는 것으로는 부족했다. 하나님은 자신을 따르기로 선택한 자들 속에 거하셔야 했다.

이 두 번째 전략은 명백하다. 하나님은 남왕국 유다가 바벨론에 함락되기 전, 선지자 예레미야를 통해 유다가 망해도 그의 백성과 새로운 언약을 맺겠다고 공표하셨다(렘 31:33). "곧 내가 나의 법을 그들의 속에 두며 그들의 마음에 기록하여 나는 그들의 하나님이 되고 그들은 내 백성이 될 것이라 여호와의 말씀이니라." 여호와가 성령을 보내셔서 백성의 마음속에 거하게 하실 것이다. 자유를 가진 백성을 신뢰할 순 없지만, 그들의 자유를 말소하지 않으실 것이고 그들을 무능한 상태로 놔두지도 않으실 것이다.[2] 그러나 첫 번째 전략은 훨씬 더 암호적이다. 이것이 이번 장의 나머지 부분에서 우리가 주목할 부분이다.

---

1. 이는 성경신학에서 성육신의 필요를 제기하는 유일한 궤적은 아니지만 필수불가결한 궤적이다.
2. 성령과 성령강림에 대한 생각의 궤적에 대해서는 신약에 초점을 맞춘 이어지는 장들에서 다룰 것이다.

당신이 기대하던 메시아가 아니다

독자들은 본능적으로 하나님이 사람이 되는 이 "첫 번째 전략"이 메시아에 대한 구약의 예언임을 알아차렸을 것이다. 그러나 그것은 우리에게 신약이 있기 때문이다. 우리는 무슨 일이 일어났는지 이미 아는 상태에서 이 글을 읽고 있다. 이스라엘 백성과 유배 당했던 유대인들은 이런 혜택을 누리지 못했다. 이 단절은 생각보다 훨씬 깊었다.

하나님은 성경 속 메시아를 여기저기 흩어져 있는 낱낱의 조각들을 모두 취합한 '후'에야 비로소 식별 가능한 모자이크 '프로필'로 고안하셨다. 그 이유를 바울이 고린도전서 2:6-8에서 설명한다. 만일 메시아의 사명을 향한 하나님의 계획이 속이 훤히 보이게 드러났다면 어둠의 권세는 결코 예수님을 죽이지 않았을 것이다. 즉, 그들은 예수님의 죽음과 부활이 (하나님이) 열국을 영구적으로 되찾을 열쇠임을 알아차렸을 것이다.[3]

당신은 신약이라는 사전지식으로 구약을 (메시아에 관한 너무나도 '분명한' 예언이라고) 오독하는 일을 수백 번도 더 경험했을 수 있다. 그렇다면 구약의 메시아 프로필이 의도적으로 베일에 가려져 있다는 내 말에 적잖이 놀랐을 수 있다. 예를 들어보자.

'메시아'(마쉬아흐)로 번역된 단어는 구약에서 상당히 흔하며 30번 넘게 등장한다. 그 의미는 단순하게 '기름부음 받은 자'anointed이다. 구약에는 기름부음 받은 자가 많았다. 특히 왕들은 모두 기름부음을 받

---

3. 바울의 흑암권세에 대한 어휘는 이 책 37장을 참조하라.

은 자들이었다. 하지만 그들 중 많은 이들이 부패했거나 무능력했거나, 혹은 둘 다인 경우였다. 구약에서 장래에 구원자가 나타날 것을 언급하며 '마쉬아흐'를 쓴 경우는 손으로 꼽을 정도다. 게다가 때로는 '마쉬아흐'로 예고된 그 기름부음 받은 자가 여호와를 따르는 자인지조차 불분명한 경우도 있었다.[4] 그리고 구약 어디에도 죽었다가 다시 살아나는 '마쉬아흐'에 대한 구절이 없다. 이사야 53장은 예외라고 생각한다면 그렇지 않다. 그 본문에는 '마쉬아흐'라는 단어가 나오지 않는다. 그렇다고 이사야 53장이 메시아 프로필이 아니라는 말은 아니다. 즉, 이사야 53장의 내용은 더 큰 그림의 한 조각에 불과하다는 말이다.[5] 작은 조각들을 여기저기 흩어놓은 것은 큰 그림을 가리기 위함이었다.

이는 예수님이 죽기 위해 예루살렘으로 올라가셔야 했음을 베드로가 이해하지 못한 이유 등 신약의 여러 일화들을 설명해 준다. 베드로는 예수님이 메시아임을 믿었다(헬라어로 '크리스토스'는 기름부음 받은 자다). 예수님이 자신이 예루살렘에서 죽게 될 것이라고 선포하자, 베

---

4. 가령 시 2:2은 "세상의 군왕들"을 언급했기에 구약시대에 살던 유대인이라면 이를 먼 미래의 때를 가리키는 표현으로 받아들였을 공산이 크다. 유대인 독자가 단 9:25-26을 얼마나 먼 미래로 상정했을지는 다니엘서가 언제 쓰였는지에 달려 있다. 종말론을 심도 있게 공부한 사람이라면 다들 알겠지만, 이 구절이 제2성전기나 그 이후에 실현될 이야기라는 주장은 상당히 설득력이 있다. 아울러 이 구절이 "기름부음 받은" 군주 한 명을 말하는지 또는 두 명을 말하는지, 그가 선인인지 악인인지에 대해서도 불분명하다. 하나님이 이교도인 페르시아의 고레스를 '마쉬아흐'로 부르셨다는 사실(사 45:1)이 이 개념의 유연성과 모호성을 단적으로 드러내는 예다.
5. 사 53장을 죽었다가 다시 사는 메시아 신학에 대한 타당성을 제공하는 내용으로 취급하는 전문가들에 대해서는 다음을 참조하라. John D. Barry, *The Resurrected Servant in Isaiah* (Downers Grove, IL: InterVarsity Press, 2012). 배리의 연구는 모자이크 프로필의 한 조각인 이사야의 종 모티프에 초점을 맞추었다.

드로는 "저도 알아요, 성경에서 읽었어요"라고 대답하지 않았다. 베드로가 성경에서 이를 읽지 못한 이유는 그런 사상을 전하는 구절이 하나도 없었기 때문이다. 죽었다가 다시 살아나는 메시아 개념은 구약에 산재된 파편들을 조심스레 모아다가 꿰어내야만 도출된다. 각각의 파편을 따로 놓고 보면 전혀 메시아를 상정한 것처럼 보이지 않는다. 파편들 중 어느 것도 최종적으로 조합해 낸 결과를 계시하지 않는다.

심지어 부활 이후에도 제자들은 초자연적으로 마음이 열리는 체험을 하기 전까지는 수난 받는 메시아 개념을 이해하지 못했다. 누가복음 24장에서 부활하신 예수님이 이 점을 명백하게 말씀하신다.

> [44] 또 이르시되 내가 너희와 함께 있을 때에 너희에게 말한 바 곧 모세의 율법과 선지자의 글과 시편에 나를 가리켜 기록된 모든 것이 이루어져야 하리라 한 말이 이것이라 하시고 [45] 이에 그들의 마음을 열어 성경을 깨닫게 하시고(눅 24:44-45).

요점은 분명하다. 퍼즐의 결과물을 알고 있는 사람만이, 즉 메시아 모자이크의 모든 구성요소들이 어떻게 맞물리는지를 아는 자만이 이 조각들을 이해할 수 있었다. 예수님은 제자들에게 구약이 감추는 동시에 계시하는 바를 이해할 수 있는 능력을 부여하셨다. 성경 여기서 한 절, 저기서 한 절, 이렇게 읽어서 될 일이 아니었다.

안타깝게도 오늘날 대다수의 기독교인은 누가복음 24:44-45이 계시하는 복합성을 이해하지 못한다. 오히려 기독교인들이 반복적으로 듣는 내용은 신약으로부터 구약을 거꾸로 읽어 들어간 것이다. 이것이 안타까운 이유는 신약 저자들이 구약 구절을 인용할 때 전혀 전달할 의도가 없었던 의미를 우리가 그 인용구에 부여하기 때문이다.

창세기 3:15이 좋은 예시다. 하나님은 뱀(나하쉬)에게 그의 후손 중 하나가 하와의 후손의 발꿈치를 상하게 할 것이며 하와의 후손이 뱀의 머리를 상하게 할 것이라고 말씀하셨다. 이는 종종 수난 당하고 죽었다가 부활하심을 통해 악의 세력에 대해 승리를 거두는 메시아에 대한 증거로 여겨진다. 그러나 신약에서는 그런 의도로 이 구절을 인용하지 않았다. 사실 이 구절은 바울이 로마서 16:20에서 인유한 것으로, 바울은 뱀이 (머리만 상하는 게 아니라, 그리고 상하는 수준을 넘어서서) 산산이 박살나는 전망을 언급한 것이다. 그러나 이렇게 철저히 뭉개버리는 일은 하와의 아들이자 부활하신 메시아인 예수님에 의해 실행되는 게 아니었다. 오히려 바울은 하나님이 뱀을 신자들의 발 아래에서 뭉개버리실 것이라고 말한다![6]

또 다른 예는 아브라함이 이삭을 제물로 바치는 사건에 대한 기술이다(창 22장). 신약 저자 중 이 이야기를 십자가 처형이나 부활을 그린 것으로 거론한 사람은 한 명도 없었다. 게다가 이삭은 이 사건에서 죽지 않았다. 하늘로부터 "이는 내 사랑하는 아들이요 내 기뻐하는 자라"는 음성이 들렸던 예수님의 세례 장면이 이 구절의 인유라고 보는 이도 더러 있다. 하지만 이는 창세기 22장의 음성이 말한 내용이 아니다(참조. 마 3:17; 막 1:11; 눅 3:22).[7]

---

6. 롬 16:20에서 뱀을 사탄과 동일시한다는 사실을 주목하라. 내가 8장에서 히브리어 '사탄'을 논할 때 지적했듯 구약은 한 번도 에덴의 신적인 반역자를 가리키는 용어로 '사탄'이라는 단어를 쓴 적이 없다. '사탄'이라는 용어의 의미(대적자)가 개념적으로 적절하기에 구약 시대 이후 하나님의 태초의 대적을 부르는 이름표로 사용되었을 뿐이다.
7. 여기서 다른 대안적 인유가 있을 수도 있지만 실은 어떤 인유도 없을 수 있다. 신약 저

이것과 몇몇 구약 본문들이 신약 기자들이 주장하지 않은 방식으로 메시아와 그가 한 일에 대한 내용으로 둔갑됐다. 이는 현대 주석가들의 작품이다. 성경본문이 연결하지 않은 점과 점을 우리가 연결해선 안 된다. 오히려 본문 안에서 실제로 발견되는 바를 더 주의깊게 묵상해야 한다.

인류를 구속하고 열국을 다시 찾고 에덴을 복원하려는 하나님의 계획은 둘째 여호와의 성육신과 사망과 부활에 달려 있었다. 십자가 이야기는 에덴에서 상실한 모든 것을 되찾기 위해 하나님이 직접 마련하신 회복 계획의 성경적, 신학적 촉매였다. 그 십자가 이야기를 구약 전반에 걸쳐 속이 훤히 보이는 발언들로 아로새길 순 없는 노릇이었다. 십자가 이야기는 어둠의 권세를 오도^{誤導}하기 위해 정교한 암호를 사용하는 방식으로 표현되어야 했다. 그리고 그렇게 표현되었다. 천사들조차 그 계획을 알지 못했다(벧전 1:12).[8]

자들은 하늘의 음성에 관하여 이것이 어떤 구체적인 성경구절이 "응하려고 일어났다"고 말하지 않는다.

8. 37장에서 나는 간략하게 두 가지 관련 내용을 논할 것이다. (1) 고전 2:8의 바울의 발언이다. 바울은 만일 "이 세대의 통치자들"이 하나님의 구속 계획의 실체를 알았다면, 즉 메시아가 구원을 이루기 위해 죽어야 했음을 알았다면, "영광의 주를 십자가에 못 박지 아니하였을 것"이라고 했다. (2) 약 2:19 ("네가 하나님은 한 분이신 줄을 믿느냐 잘하는도다 귀신들도 믿고 떠느니라")의 의미. (1)에 대해 생각해 보자면, 복음서에서 예수님을 알아본 귀신들에 대한 기술을 보면 어둠의 권세가 메시아가 임한 사실을 알고 있었음이 분명하다. 성경에서 오직 귀신들만 예수님을 "지극히 높으신 자의 아들"이라고 부른다(막 5:7; 눅 8:28). 그러나 귀신들은 구원을 이루고 에덴 왕국을 복원할 하나님의 감춰진 계획을 몰랐다. 그래서 바울이 이런 발언을 한 것이다. 온전한 메시아 프로필과 구원 계획은 구약 전반에 걸쳐 베일에 가려져 있고 암호문처럼 분산되어 있다.

쉽게 보이지 않도록 감춰지다

이제 나는 당신에게 이스라엘의 소망과 상속권을 박탈당한 열국(성경 신학적으로는 전인류)을 향한 하나님의 비밀스런 계획을 잠시 살펴보고자 한다. 우리는 의미심장한 사고 패턴을 형성하는, 단순하지만 근본적인 메시아 모자이크의 조각들에 초점을 맞출 것이다.[9]

우선 아담에서 시작해 보자. 아담의 역할과 정체성이 "최초의 사람"임은 자명한 사실이다. 그러나 아담을 좀 더 면밀히 관찰해 보자. 만일 내가 "아담이 성경 이야기에 어떤 배역으로 등장하는가?"라고 묻는다면 아담에 대한 색다른 관점의 생각들이 모습을 드러낸다. 아담은 하나님의 아들이었다. 왕(하나님)의 아들로서 그는 왕족이었다.[10] 아담은 아버지에게 에덴의 통치자로 임명을 받았다. 아담은 또한 땅을

---

9. 메시아 모자이크에는 많은 조각이 있고 그 패턴은 복잡다단하다. 더 많은 사례와 세부 사항에 대해서는 관련 웹사이트를 참조하라.

10. 제2성전기 유대 문학은 아담과 모세의 왕권에 대해 많은 이야기를 한다(아래 참조). 이 신학은 예수 시대 이전에 유대인들이 기대하는 메시아상의 중요한 일부분이었다. 이 방면의 주요 연구들은 다음을 참조하라. D. E. Callender, *Adam in Myth and History: Ancient Israelite Perspectives on the Primal Human*, Harvard Semitic Studies 48 (Winona Lake, IN: Eisenbrauns, 2000), 21-65; Crispin H. T. Fletcher-Louis, *All the Glory of Adam: Liturgical Anthropology in the Dead Sea Scrolls*, Studies of the Texts of the Desert of Judah 42 (Leiden: Brill, 2002); Charles Gieschen, *Angelomorphic Christology: Antecedents and Early Evidence*, Arbeiten zur Geschichte des antiken Judentums und des Urchristentums 42 (Leiden: Brill, 1998), 153-55; 163-67; John R. Levison, *Portraits of Adam in Early Judaism: from Sirach to 2 Baruch*, Journal for the Study of the Pseudepigrapha Supplement Series 1 (Sheffield: JSOT Press, 1988); Wayne Meeks, *The Prophet-King: Moses Traditions and the Johannine Christology*, Supplements to Novum Testamentum 14 (Leiden: Brill, 1965); M. E. Stone, *A History of the Literature of Adam and Eve* (Early Judaism and Its Literature 3 (Atlanta: Society of Biblical Literature, 1992).

'경작'하도록 동산에 배치되었다(창 2:15). 아담의 활동을 표현하는 히브리어 기본형은 '아바드'이다.

동산에서 추방됨으로 아담은 하나님의 왕국에서 쫓겨나 고난을 겪게 되었고, 경작은 힘든 고역이 되었다. 그러나 그게 다가 아니었다. 아담은 지상에서의 불멸성을 상실했다. 아담은 죽었다. 다만 성경은 아담의 계보가 거기서 끝나지 않고 가장 위태로웠던 노아를 거쳐 아브라함과 그 이후에는 이스라엘로, 마침내 예수님에게까지 이어졌음을 족보를 통해 꼼꼼하게 고찰한다.[11] 하나님은 자신의 권세로 아담의 영생을 보장하시지만, 아담의 몸이 새 에덴에 귀환하는 것은 "죽은 자들 가운데서 먼저 나신" 그리스도의 부활에 달려 있다(골 1:18; 계 1:5).

우리는 아담의 프로필을 이렇게 요약할 수 있다.

아담
하나님의 아들
통치자-왕(하나님의 대리통치자)
종(에베드)
고난 당함(죄의 결과)
추방과 죽음(지상에 더 이상 존재하지 않음)
후손들을 통해 계속 이어짐(부활에 달려 있음)

이제 이스라엘에 대해 생각해 보자. 이스라엘은 아담의 계보에서

---

11. 참조. 눅 3:23-38.

나온 후손이랄 수 있다. 그러나 이 민족의 이야기를 자세히 들여다보면 아담의 프로필과 놀랄 만한 유사성이 있음을 알게 된다. 하나님은 이스라엘 민족을 자신의 아들이라고 부르신다(출 4:23; 호 11:1).[12] 이스라엘은 열국을 비추는 빛일 뿐 아니라(사 42:6; 49:6) 하나님의 의도대로라면 열국을 다스리는 자였다(신 15:6; 26:19; 28:1; 롬 4:13). 하나님은 열국의 통치자시며(시 22:28), 이스라엘은 하나님의 아들임을 감안할 때 이는 앞뒤가 맞는 이야기일 수밖에 없다. 물론 이 비전의 실현 여부는 다윗의 계승자인 메시아에 달려 있다(슥 9:9-10; 시 89:27).

이스라엘은 공동체적인 의미에서 하나님의 종('에베드', 기본형은 '아바드', 사 41:8-9; 44:1-2, 21; 45:4; 49:3)으로 불린다. 아담이 범죄했을 때도 그랬듯, 이스라엘의 범죄의 결론은 신성한 임재가 머무는 장소로부터 추방당하는 것이다(사 2:6-8; 겔 7-9장; 렘 13:10).[13] 그 결과는 여러 차례에 걸쳐 이방 강대국들과 사악한 왕들 치하에서 고난을 당하는 것이었다. 최종적으로 이스라엘은 유배되어 한 민족으로서의 명맥이 끊겼다. 그러나 선지자들은 이스라엘의 부활을 예언했고, 가장 생생한 예언이 마른 뼈 환상이었다(겔 37장). 이스라엘 민족은 유배 이후 바벨론에서 귀환하는 유다 거민의 형태로 재탄생한다. 표로 정리한 이스라엘의 프로필이 낯익다.

---

12. 이 개념에 대한 내용은 다음을 참조하라. John J. Schmitt, "Israel as Son of God in Torah," *Biblical Theology Bulletin: A Journal of Bible and Theology* 34.2 (2004): 69-79.
13. 확실진 않지만 호 6:7이 이스라엘을 아담에 비교한 것일 수 있다. 그 절의 '아담'이라는 용어는 한 도시를 지칭하거나 인류에 대한 일반적 호칭일 수도 있다.

아담	이스라엘
하나님의 아들	하나님의 아들
통치자-왕 (하나님의 대리통치자)	열국 중 최고 (이스라엘의 왕이 가장 높음)
종(에베드)	종(에베드)
고난 당함(죄의 결과)	고난 당함(죄의 결과)
추방과 죽음 (지상에 더 이상 존재하지 않음)	추방과 죽음 (지상에 더 이상 존재하지 않음)
후손들을 통해 계속 이어짐 (부활에 달려 있음)	유다를 통해 계속 이어짐 (부활에 달려 있음)

다음은 모세다. 믿는 이스라엘 사람으로서 모세는 아브라함의 자손이었고, 따라서 하나님의 아들이었다(롬 4:11-12, 16; 갈 3:7, 23-29). 모세의 신분이 특별했던 이유는 하나님이 그를 민족의 구원자이자 통치자로 임명하셨기 때문이다. 흥미롭게도 여호와는 모세가 형 아론과 "바로에게 하나님/신(엘로힘) 같이" 될 것이라고 모세에게 이르신다(출 4:16; 7:1). 당연히 하나님은 '모세를 통해' 애굽에 표적과 기사를 행하실 것이다. 모세는 사람에 불과했지만, 지도자로서 하나님의 권능이 흘러가는 통로가 될 것이고, 이스라엘 백성은 자연스레 모세를 준[準]신급의 인물로 볼 것이다.[14]

---

14. 제2성전기의 유대 작가들은 바로를 치는 여호와의 도구로서의 모세의 역할과 하나님의 영광이 그의 신체적 외관에 미친 효과, 이 두 가지 차원에서 모세를 준신급의 인물로 보는 관점을 취했다(출 34:29-30). 참조. Wayne Meeks, "Moses as God and King," *Reli-*

모세는 하나님의 종으로 불렸다('에베드', 기본형은 '아바드', 출 14:31; 민 12:7; 신 34:5; 수 8:31). 모세는 자신의 죄로 인해 고난을 겪었고 약속의 땅 입성을 허락받지 못했다(민 20:1-12; 신 1:37; 34:4-6). 다만 임종 전에 먼 발치에서나마 땅을 내려다보는 것이 허락되었다(34:4-6). 변화산 사건(마 17:1-4)은 모세가 그 후로도 계속 하나님과 살았음을 보여준다. 하지만 다른 모든 사람과 마찬가지로 새 에덴에서의 모세의 부활 역시 앞으로 오실 자에 달려 있다. 이제 모세를 우리의 표에 추가할 수 있을 것이다.

아담	이스라엘	모세
하나님의 아들	하나님의 아들	하나님의 아들
통치자-왕 (하나님의 대리통치자)	열국 중 최고(이스라엘의 왕이 가장 높다)	통치자-왕(하나님의 백성을 통치하는 자)
종(에베드)	종(에베드)	종(에베드)
고난 당함(죄의 결과)	고난 당함(죄의 결과)	고난 당함(죄의 결과)
추방과 죽음(지상에 더 이상 존재하지 않음)	추방과 죽음(지상에 더 이상 존재하지 않음)	추방과 죽음(지상에 더 이상 존재하지 않음)
후손을 통해 계속 살아감 (부활에 달려 있음)	후손을 통해 계속 살아감 (부활에 달려 있음)	하나님과 함께 계속 살아감 (부활에 달려 있음)

이번에는 이스라엘의 왕을 살펴볼 차례다. 우리가 현재 다윗 언약

---

gions in Antiquity 69 (1968): 361-65.

이라고 부르는 언약에서 하나님이 다윗의 왕위를 영원히 견고케 하실 것이라고 약속하셨음을 상기하라(삼하 7장; 시 89편). 구약 시대에는 유배로 인한 백성 이스라엘의 죽음으로 이 약속의 성취가 좌절될 것이다. 그러나 다윗 지파 유다를 통한 이스라엘의 부활로 그 약속이 계속 이어질 것이다. 앞으로 더 상세하게 보겠지만, 이 약속의 성취는 성육신한 여호와인 예수님의 초림 때 본격화될 것이다. 이 약속의 완성은 아직 이루어지지 않은 장래의 일이다. 여기서 우리의 목적에 한정시켜 보면, 어떻게 이스라엘의 (다윗) 왕권과 다윗의 메시아적 자손 속에서 이 패턴이 모습을 드러낼까?

모세와 모든 믿는 이스라엘 백성처럼 다윗은 여호와의 지상 아들이었다. 그러나 우리는 특정 시편들을 통해 다윗 계열의 왕들 역시 즉위한 왕에게만 하는 기름부음 형태의 입양 행위로 "하나님의 아들"로 불렸음을 안다(시 2:7). 왕은 여호와의 기름부음을 받은(마쉬아흐) 유다의 후손이자(창 49:10), 땅의 모든 자녀 중 하나님의 통치 대표자였다(시 2:2). 모세와 마찬가지로 왕의 자리는 이 입양 언어 덕분에 준(準)신급으로 인정되었다(시 45:6-7).[15] 시편 89:27은 다윗의 보좌가 열국 중 '지

---

15. 고대 근동의 맥락에서 이스라엘의 신령한 왕권에 대한 정보는 다음을 참조하라. Adela Y. Collins and John Joseph Collins eds., *King and Messiah as Son of God: Divine, Human, and Angelic Messianic Figures in Biblical and Related Literature* (Grand Rapids: Eerdmans, 2008); Arthur E. Cundall, "Sacral Kingship Old Testament Background," *Vox Evangelica* 6 (1969): 31-41; K. M. Heim, "Kings and Kingship," *Dictionary of the Old Testament: Historical Books* (Downers Grove, IL: InterVarsity Press, 2005), 610-22; Tryggve N. D. Mettinger, *King and Messiah: The Civil and Sacral Legitimation of the Israelite Kings* (Lund: CWK Gleerup, 1976); Aubrey R. Johnson, *Sacral Kingship in Ancient Israel* (Wales: University of Wales Press, 1967); J. J. M. Roberts, "The Enthronement of YHWH and David: The Abiding Theological Signifi-

극히 높다'(엘룐)고 기술한다. 사람들은 다윗의 궁극적인 아들이 "모세와 같은 선지자"일 것이라고 추정했다(신 18:15; 비교. 행 3:22; 7:37).

아담, 모세, (공동체적인) 이스라엘만 하나님의 종인 것이 아니라, 다윗 왕과('에베드', 기본형 '아바드', 삼하 3:18; 7:5, 8; 시 89:3) 다른 경건한 왕들도 여호와의 종이었다(왕상 3:7; 대하 32:16). 유다 지파와 다윗 계보에서 나온 한 '가지' 또는 후사가 하나님이 이스라엘을 구원하기 위해 사용하실 종이 될 것이다(사 11:1; 49:5 [비교. 49:3]; 렘 23:5; 33:15; 슥 3:8; 6:12). 공동체적인 종인 이스라엘처럼 이 종은 고난당하고 죽을 것이나(사 53:1-9), 살아서 그의 섬김으로 의롭게 된 큰 무리(사 53:11)인 후사를 볼 것(사 53:10)이다.[16]

이제 메시아상이 드러나기 시작한다.

아담	이스라엘	모세	왕/메시아
하나님의 아들	하나님의 아들	하나님의 아들	하나님의 아들
통치자-왕(하나님의 대리통치자)	열국 중 최고(이스라엘의 왕이 가장 높음)	통치자-왕(하나님의 백성의 통치자)	통치자-왕(다윗과 이스라엘을 대표하고 하나님의 백성과 만민을 다스림)

---

cance of the Kingship Language of the Psalms," *Catholic Biblical Quarterly* 64.4 (2002): 675-86.

16. 공동체적 종과 개인적 종 간의 상호작용과 모자이크 속 종 모티프의 관계에 대해서는 다음을 참조하라. G. P. Hugenberger, "The Servant of the Lord in the Servant Songs of Isaiah: A Second Moses Figure," *Irish Biblical Studies* 1 (1979): 3-18.

종(에베드)	종(에베드)	종(에베드)	종(에베드) (이스라엘을 대표하고, 실패한 종 이스라엘을 속량함)
고난 당함 (죄의 결과)	고난 당함 (죄의 결과)	고난 당함 (죄의 결과)	고난 당함 (이스라엘과 열국, 즉 타인의 죄의 결과)
추방과 죽음 (지상에 더 이상 존재하지 않음)	추방과 죽음 (지상에 더 이상 존재하지 않음)	추방과 죽음 (지상에 더 이상 존재하지 않음)	추방과 죽음 (지상에 더 이상 존재하지 않음)
후손을 통해 계속 살아감 (부활에 달려 있음)	유다를 통해 계속 살아감 (부활에 달려 있음)	하나님과 함께 계속 살아감 (부활에 달려 있음)	(하나님의 권세와 계획으로 부활, 이스라엘부터 열국 중 그에 속한 모든 이가 부활하여 그와 함께 다스릴 것임)

성경의 어느 한 구절로는 (심지어 많은 구절로도) 메시아의 정체와 목적을 파악할 수 없다. 이 프로필은 개념적 궤적을 따라 전개되다가 결국 하나의 초상으로 융합된다. 바로 그래서 예수님이 엠마오 도상에서 두 남자에게 하신 질문(눅 24:26)이 절묘하게 맞아떨어지는 것이다. "그리스도가 이런 고난을 받고 자기의 영광에 들어가야 할 것이 아니냐." 물론 그래야 했다. 하지만 사전에 답을 알고 있지 않는 한, 이 점을 알기는 어렵다. 메시아 초상은 백여 개의 용어, 표현, 비유, 상징을 조합해야만

식별이 가능하고, 개별 조각들은 그 패턴과 수렴점을 간파해야만 자체적인 의미가 드러난다.

 당신에게 보여줄 조각이 몇 개 더 있다. 그 내용은 한 장을 통째로 할애할 만한 가치가 있다.

29.
구름을 타고 오시는 이

바로 앞장에서 우리는 구약의 메시아 모자이크의 몇몇 근간이 되는 요소들을 살펴보았다. 그 중 하나가 왕권이었다. 나는 이스라엘의 왕이 준*신급의 특성을 가지고 있음을 지적했다. 이는 고대 근동 전역에서 일반적인 현상이었다. 고대 근동 문명권에서 왕정은 신에 의해 수립되며, 따라서 왕은 신의 후손이라는 믿음이 있었다. 그 의미와 구현 방식은 각 사회마다 다르게 나타났다. 이스라엘의 경우 인간 왕은 여호와의 통치를 구현하는 '하나님의 아들'로서의 역할을 수행하기 위해 선택되거나 입양된 자였다. 이스라엘에서 이 공적 지위를 합법적으로 부여받은 유일한 왕조가 다윗의 계보였다.

이것이 메시아임을 확인하는 작업에 중요한 요소가 되리라는 것은 분명하지만, 한 가지 중요한 의문도 남는다. 과연 메시아가 참 신, 즉 성육신한 여호와일까? 아니면 (입양에 의해) 신으로 간주되는 사람일까?¹ 예수님의 출생 당시에도 여호와가 (육신을 입는 것을 포함하여) (최소한) 인간의 형체로 나타나신다는 사상은 당시 유대인의 지적 풍토에서 그리 생소한 개념이 아니었다. 성육신은 유대인의 관념에서 한발 더 나아간 것이었다. 실제로 구약성경에는 다윗 계보를 이은 이스라엘의 최후 통치자가 '사람이 된 하나님'임을 분명하게 드러낸 대목이 있다. 이 사상은 신약, 특히 신약에 나오는 한 위력적인 장면에 의해 강화된다.

다니엘 7장의 천상회의 모임

모든 길은 어딘가에서 천상회의와 교차하는 듯하다. 메시아의 신성$^{\text{divine nature}}$ 역시 예외가 아니다. 이 관념은 다니엘 7장의 천상회의 장면에서 비롯되었다. 다니엘 7장은 기이한 환상으로 시작한다(단 7:1-8). 이 환상에서 다니엘은 네 짐승이 바다에서 올라오는 것을 본다.² 네 번째 짐승이 가장 무섭고 위압적이다. 우리는 다니엘 2장에 등장하는 느부갓네살의 꿈처럼 네 짐승이 네 제국의 상징임을 안다.

다음의 묘사가 중요하다.

---

1. 이 질문이 바로 하나님이 인간 남자인 예수를 메시아로 선택하셨다는 이단적 발상인 '양자 기독론'의 요체다. 이 사상은 예수님이 실제로 성육신한 여호와일 필요가 없다고 주장하며, 사실상 성육신을 부인한다.
2. 단 7장은 아람어로 되어 있다. '바다'로 번역된 히브리어와 아람어 기본형은 '얌'이다.

⁹ 내가 보니 왕좌들이 놓이고 옛부터 항상 계신 이가 좌정하셨는데 그의 옷은 희기가 눈 같고 그의 머리털은 깨끗한 양의 털 같고 그의 보좌는 불꽃이요 그의 바퀴는 타오르는 불이며 ¹⁰ 불이 강처럼 흘러 그의 앞에서 나오며 그를 섬기는 자는 천천이요 그 앞에서 모셔 선 자는 만만이며 심판을 베푸는데 책들이 펴 놓였더라(단 7:9-10).

대번에 눈에 들어오는 점이 몇 가지 있다. 첫째, 우리는 "옛부터 항상 계신 이"가 이스라엘의 하나님임을 안다. 그 보좌가 불꽃이며 바퀴가 달려 있다는 묘사가 에스겔 1장의 환상과 맞아떨어지기 때문이다. 에스겔의 환상에도 하나님의 보좌에 앉은 인간 형상을 한 존재가 등장한다(겔 1:26-27). 둘째, 하늘에 하나가 아닌 많은 보좌들이 있다 ("왕좌들이 놓이고"). 이 보좌들은 천상회의의 존재를 나타낸다.³ 셋째, 천상회의는 짐승들, 곧 제국들의 운명을 결정하기 위해 소집됐다. 넷째, 짐승을 죽이고 모든 짐승의 지배권을 빼앗자는 회의의 결정(11-12

---

3. 앞으로 보겠지만 단 7장은 기독교에 선행하는, 하늘에 두 (선한) 권능이 있다는 고대 유대교 교리의 핵심 구절이다. 유대교의 두 권능 교리는 예수를 하나님으로 믿는 기독교 신앙에 유용한 논리를 제공한다는 이유로 결국 이설로 단정됐다. 두 권능 교리와 이로 말미암은 유대교 내 신학적 갈등에 대한 학문적 논의는 다음을 참조하라. Alan F. Segal, *Two Powers in Heaven: Early Rabbinic Reports about Christianity and Gnosticism* (reprint, Waco, TX: Baylor University Press, 2012); Daniel Boyarin, "The Gospel of the Memra: Jewish Binitarianism and the Prologue to John," *Harvard Theological Review* 94.3 (July 2001): 243-84. 더욱이 바벨론 포로기 이후 유대교의 일부 종파들은 자신들의 성경에도 나오는 천상회의를 포함한 모든 류의 신적 복수성 개념에 반발했다. 결과적으로 랍비들은 단 7장에는 하나님과 다윗왕의 보좌, 이렇게 두 개의 보좌만 있다는 논증을 시도했다. 이 발상이 어불성설인 이유를 하나만 들면, 이 장면에서 구체적으로 지목된 두 번째 인물("하나님의 아들")이 착석한 상태가 아니라는 것이다. 실제로 단 7장은 ⟨Ugaritic Baal Cycle⟩에 나온 천상회의 장면을 (문자적으로) 따르고 있다.

절)은 종말론적 중요성은 있지만 우리 논의의 초점에선 벗어나 있다.[4] 다니엘 7:13-14은 메시아가 참 신인가를 탐구하는 우리의 여정에 도움이 된다. 다니엘은 다음과 같이 말한다.

> [13] 내가 또 밤 환상 중에 보니 인자 같은 이가 하늘 구름을 타고 와서 옛적부터 항상 계신 이에게 나아가 그 앞으로 인도되매 [14] 그에게 권세와 영광과 나라를 주고 모든 백성과 나라들과 다른 언어를 말하는 모든 자들이 그를 섬기게 하였으니 그의 권세는 소멸되지 아니하는 영원한 권세요 그의 나라는 멸망하지 아니할 것이니라.

여기에는 풀어봐야 할 꾸러미가 꽤 있다. 본문을 보면 옛적부터 항상 계신 이(이스라엘의 하나님)와 "인자 같은 이"가 한 장면에 등장한 별개의 인물임이 분명하다. '인자'는 구약에서 꽤 빈번하게 나오는 표현이다. 가령 에스겔서에서는 에스겔을 열댓 번 '인자'라고 불렀다(예. 겔 2:1-8). 이 표현은 단순하게 '한 인간'을 뜻한다. 다니엘 7:13은 옛적부터 계신 이에게로 구름을 타거나 구름과 함께 나타난 사람처럼 보이는 누군가를 그리고 있다. 이 묘사야말로 이 장면의 두 번째 신적 인물의 정체를 가리키고 있다. 우리는 앞서 구약에서 살펴본 두 여호와 위상 개념으로 되돌아왔다.

---

4. 이 천상회의의 종말론적 함의에 대한 추가 정보는 30장을 참조하라.

구름을 타고 오는 자

우리가 이해해야 할 첫 번째 사실은 이 묘사의 폭넓은 고대적 배경이다. 우리는 이스라엘 북쪽 이웃국가였던 우가리트의 고대 문헌에 대해 상당히 많은 이야기를 나눴다. 우가리트 문헌에서 바알 신은 '구름 타는 자'로 불린다.[5] 이 묘사는 고대 근동 사회 전반에 걸쳐 신의 계급으로 여겨졌던 바알의 공식 호칭이 되었다. 이스라엘 사람이든 아니든 지중해 전역의 고대인들에게 '구름 타는 자'는 신이었다(그 신적 위상에 이의를 제기하는 이는 없었다). 결과적으로 이 호칭으로 불리는 모든 존재는 그가 누구든 신이었다.

구약기자들은 바알에 대해 매우 익숙했다. 바알은 우상숭배로 치닫는 이스라엘의 성향과 관련해 경악하게 되는 주요 원인이었다. 성경 기자들은 바알이 아닌 이스라엘의 하나님, 곧 여호와가 경배 받아 마땅한 분임을 강조하기 위해 간혹 '구름 타는 자'라는 전형적인 바알 수식어를 훔쳐다가 여호와를 가리키는 수식어로 사용했다(아래 구절의 고딕체 강조는 추가된 것임).

---

[5] 바알의 이 호칭에 대해서는 다음을 참조하라. W. Hermann, "Rider upon the Clouds," in *Dictionary of Deities and Demons in the Bible*, 2nd ed. (ed. Karel van der Toorn, Bob Becking, and Pieter W. van der Horst, Leiden, Boston, Cologne, Grand Rapids, MI, Cambridge, Brill, Eerdmans, 1999), 703-05. 단 7장은 실제로 〈Ugaaritic Baal Cycle〉의 한 장면을 문자 그대로 따르고 있다. 내 학위논문에서 발췌한 내 글을 참조하려면 관련 웹사이트를 보라. "The Baal Cycle as Backdrop to Daniel 7: An Old Testament Rationale for Jewish Binitarianism"(paper presented at the Annual Meeting of the Evangelical Theological Society, Atlanta, GA, November 2003).

여수룬이여 하나님 같은 이가 없도다 그가 너를 도우시려고 하늘을 타고 궁창에서 위엄을 나타내시는도다(신 33:26).

땅의 왕국들아 하나님께 노래하고 주께 찬송할지어다(셀라) 옛적 하늘들의 하늘을 타신 자에게 찬송하라 주께서 그 소리를 내시니 웅장한 소리로다(시 68:32-33).

내 영혼아 여호와를 송축하라 여호와 나의 하나님이여 주는 심히 위대하시며 존귀와 권위로 옷 입으셨나이다 주께서 옷을 입음 같이 빛을 입으시며 하늘을 휘장 같이 치시며 물에 자기 누각의 들보를 얹으시며 구름으로 자기 수레를 삼으시고 바람 날개로 다니시며 바람을 자기 사신으로 삼으시고 불꽃으로 자기 사역자를 삼으시며(시 104:1-4).

애굽에 대한 경고라 보라 여호와께서 빠른 구름을 타고 애굽에 임하시리니 애굽의 우상들이 그 앞에서 떨겠고 애굽인의 마음이 그 속에서 녹으리로다(사 19:1).

이런 문학 기법 속에는 어떤 신학적 메시지가 담겨 있다. 즉 이렇게 함으로써 바알의 자리를 차지하고 모욕하면서, 합법적으로 하늘을 타고 세상을 살피며 통치하시는 신으로 여호와를 우뚝 세우는 것이다.

보통은 이 모호하지 않은 신적 호칭으로 이스라엘의 하나님을 지칭하는 것이 일반적 패턴인데, 다만 유일한 예외가 있다. 다니엘 7:13이다. 여기서는 인간인 두 번째 인물에 대해 이 표현을 사용했다. 이 표현은 고대 사회 전반에 걸쳐 바알에 대한 묘사로 알려져 있었다. 아무도 바알의 신적 위상에 토를 달지 않았다. 따라서 다니엘 7장은 하늘에 두 권세가 있음을 묘사하는 것이다. 즉, 구약의 다른 모든 곳에서는 여호와가 구름 타는 자이므로 두 여호와가 계시다는 말이다.

똑같이 중요한 대목이 있다. 바로 다니엘 7:13의 구름 타는 자가 옛적부터 항상 계신 이로부터 영원히 지속될 왕위를 받는다는 내용이다. 우리가 앞장에서 보았듯 오직 다윗의 자손만이 영원히 지속되는 왕권을 계승할 수 있다. 우리는 이제 막 메시아 모자이크에 더 많은 조각을 채워 넣었다. 다윗의 궁극적인 아들인 메시아 왕은 인간(인자)인 동시에 신(구름 타는 자)일 것이다.

이것이야말로 우리가 신약에서 마주하게 될 실상이다.

다니엘서의 인자, 구름 타는 자 되신 예수

신약 연구에서 '인자'라는 기술적 표현은 치열한 논쟁거리다. 많은 학자들은 인자의 의미가 '한 인간'이고 구약에서 선지자들에게 썼던 호칭이므로, 여기에서는 신적 위상이 부여되지 않는다고 본다. 예수님에 대해 이 표현을 썼던 대부분의 경우도 이에 해당한다고 본다. 그러나 신약 저자가 다니엘 7:13을 인용할 때는 이야기가 달라진다. 여기서는 다니엘 7장의 배경과 이 표현의 신적 속성을 웬만큼 완강하게 외면하지 않는 한 그가 신이라는 메시지를 피해갈 수 없다.

누가복음의 두 구절은 수난 받는 메시아(기름부음 받은 자, 헬라어로 '크리스토스')의 프로필과 '인자'라는 표현을 선명하게 연결시키고 있다.

번개가 하늘 아래 이쪽에서 번쩍이어 하늘 아래 저쪽까지 비침같이 인자도 자기 날에 그러하리라 그러나 그가 먼저 많은 고난을 받으며 이 세대에게 버린 바 되어야 할지니라(눅 17:24-25).

그리스도가 이런 고난을 받고 자기의 영광에 들어가야 할 것이 아니냐 (눅 24:26).

그러나 예수님이 신적 존재로서의 인자임을 보여주는 가장 극적인 본문은 마태복음 26장에 있다. 바로 예수님이 유죄판결과 십자가 처형 전에 가야바 앞에 서신 장면이다.

[57] 예수를 잡은 자들이 그를 끌고 대제사장 가야바에게로 가니 거기 서기관과 장로들이 모여 있더라 [58] 베드로가 멀찍이 예수를 따라 대제사장의 집 뜰에까지 가서 그 결말을 보려고 안에 들어가 하인들과 함께 앉아 있더라 [59] 대제사장들과 온 공회가 예수를 죽이려고 그를 칠 거짓 증거를 찾으매 [60] 거짓 증인이 많이 왔으나 얻지 못하더니 후에 두 사람이 와서 [61] 이르되 이 사람의 말이 내가 하나님의 성전을 헐고 사흘 동안에 지을 수 있다 하더라 하니 [62] 대제사장이 일어서서 예수께 묻되 아무 대답도 없느냐 이 사람들이 너를 치는 증거가 어떠하냐 하되 [63] 예수께서 침묵하시거늘 대제사장이 이르되 내가 너로 살아 계신 하나님께 맹세하게 하노니 네가 하나님의 아들 그리스도인지 우리에게 말하라 [64] 예수께서 이르시되 네가 말하였느니라 그러나 내가 너희에게 이르노니 이 후에 인자가 권능의 우편에 앉아 있는 것과 하늘 구름을 타고 오는 것을 너희가 보리라 하시니 [65] 이에 대제사

장이 자기 옷을 찢으며 이르되 그가 신성 모독하는 말을 하였으니 어찌 더 증인을 요구하리요 보라 너희가 지금 이 신성 모독하는 말을 들었도다 [66] 너희 생각은 어떠하냐 대답하여 이르되 그는 사형에 해당하니라 하고(마 26:57-66).

예수님은 가야바의 단도직입적인 질문에 암호문 같은 대답을 하며 다니엘 7:13을 인용하신다. 그러자 즉각 직설적인 반응이 날아왔다. 가야바는 예수님이 스스로 다니엘 7:13의 둘째 여호와의 위상을 지닌 존재라고 주장했음을 알아챘다. 이것은 참을 수 없는 신성모독이었다. 예수님의 답변은 대제사장에게는 사형에 해당하는 혐의였지만, 우리에게는 예수님이 다윗의 마지막 아들이며 성육신한 여호와이자 여호와가 바벨에서 상속권을 박탈하신 열국을 되찾으실 통로라는 예수님 자신의 명료한 증언이다.

여호수아가 이끈 고대 정복전쟁처럼, 지배는 충돌 없이 이루어질 수 없다. 그러나 이번 작전은 실패로 돌아가지 않을 것이다. 전지구적인 에덴 비전에 대적하는 신들에게 여호와가 주신 메시아 모자이크의 메시지는 "너희는 생각도 못한 일일 것이다"였다. 그러나 왕국이 예수님 휘하에서 출범하기 전, 여호와는 대적하는 신들에게 한마디 더 하실 말씀이 있으셨다. "너희가 내 계획을 막으려 할 테지만, 너희 모두는 필시 사람처럼 죽을 것이다."

30.
죽음을 준비하다

구약 시대는 암담하고 처절한 상황으로 막을 내렸다. 결국 (여호와가 바벨에서 열국을 내버리신 후 아브라함을 통해 기르신 가족인) 여호와의 분깃 중에 (유다와 베냐민) 두 지파만 남았다. 이들을 집합적으로 유다 왕국이라고 불렀다. 그러나 바벨론의 무리, 즉 느부갓네살의 군대가 쳐들어와 예루살렘이 최후를 맞이할 때조차 선지자들은 한 줄기 소망의 빛을 제시했다. 그렇다. 여호와는 등을 돌려 다른 신들을 따라간 자녀들을 벌하실 테지만, 남은 자들^{remnant}이 있을 것이고 그들은 살아남을 것이다. 여호와의 계획은 좌절된 게 아니다. 여호와는 계획을 되살릴 한 종을 보내실 것이다. 그리고 에덴 왕국이 도래할 것이다. 하지만 이는 구약시대가 아닌 더 먼 장래의 일이 될 것이다.

나는 앞의 두 장에서, 장차 오실 왕과 그의 왕국에 대한 암호화된 신호들을 짧게 살펴보았다. 앞장에서 우리는 다니엘 7장에서 구원자의 신성에 대해 살펴보았다면, 이번 장은 구원자의 출현을 포로기 이

후 소망의 메시지와 연결시켰다. 구약에서는 하나님의 왕국이 실패했지만, 신적인 왕이 나타나면 폐허 가운데서 왕국이 재건될 것이다. 그 메시아적 왕이 세울 나라는 온 땅으로 확장될 것이고 종국에는 에덴이 회복될 것이다.

이는 익숙한 발상이다. 그러나 이처럼 겉으로 선명하게 드러나지 않는 개념이 구약에 하나 있는데, 바로 하나님 나라의 출범이 신들과 인간들 간의 전쟁이라는 성격을 띤다는 것이다. 이번 장에서 나는 간략하게 이 관점을 개괄하고자 한다. 그동안 우리가 숱하게 살펴봤던 신명기 32장 세계관이 큰 그림으로 나타난다. 왕국은 임할 것이다. 여호와께 충성하는 신적인 거룩한 자들과 여호와의 백성이 그 왕국을 확장할 여호와의 대행자들이다. 그러나 열국과 그 열국을 다스리는 신들이 (다니엘의 표현으로는 '군주들') 대적할 것이다. 하나님의 나라가 확장될수록 어둠의 권세들이 차지하던 영토는 줄어들 것이고 그 신들은 결국 소멸할 것이다.

왕국이 도래할 것이다

다니엘 7장의 천상회의 장면에서 둘째 여호와의 위상을 지닌 인자에게 영원히 지속될 왕국이 주어졌다. 그러나 반드시 짚고 넘어갈 점은 다니엘 7장의 도입부에서 다니엘이 환상을 통해 목격한 바, 먼저 천상회의가 네 짐승(네 제국)을 심판하겠다는 결정을 내렸고, 왕국의 도래는 그 후의 일이라는 점이다. 다니엘은 다음과 같이 진술한다.

> ¹¹ 그때에 내가 작은 뿔이 말하는 큰 목소리로 말미암아 주목하여 보는 사이에 짐승이 죽임을 당하고 그의 시체가 상한 바 되어 타오르는 불에 던져졌으며 ¹² 그 남은 짐승들은 그의 권세를 빼앗겼으나 그 생명은 보존되어 정한 시기가 이르기를 기다리게 되었더라 ¹³ 내가 또 밤 환상 중에 보니 인자 같은 이가 하늘 구름을 타고 와서 옛적부터 항상 계신 이에게 나아가 그 앞으로 인도되매 ¹⁴ 그에게 권세와 영광과 나라를 주고 모든 백성과 나라들과 다른 언어를 말하는 모든 자들이 그를 섬기게 하였으니 그의 권세는 소멸되지 아니하는 영원한 권세요 그의 나라는 멸망하지 아니할 것이니라(단 7:11-14).

이 왕국에 대한 더 자세한 묘사가 뒤이은 15-28절에 나온다. 우리는 이 단락의 진술을 꼼꼼히 고찰해야 한다.

> ¹⁵ 나 다니엘이 중심에 근심하며 내 머리 속의 환상이 나를 번민하게 한지라 ¹⁶ 내가 그 곁에 모셔 선 자들 중 하나에게 나아가서 이 모든 일의 진상을 물으매 그가 내게 말하여 그 일의 해석을 알려 주며 이르되 ¹⁷ 그 네 큰 짐승은 세상에 일어날 네 왕이라 ¹⁸ 지극히 높으신 이의 거룩한 자들(개역개정, "성도들")이 나라를 얻으리니 그 누림이 영원하고 영원하고 영원하리라(단 7:15-18).

환상 속에서 다니엘은 천상회의에 참석한 신적 존재들 중 하나에게(단 7:16, "그 곁에 모셔 선 자들 중 하나") 그가 목격한 것의 의미를 묻는다. 그가 들은 바는 이렇다. 네 큰 짐승들은 세상에 일어날 네 왕들이다. 하지만 "그 나라"는 "지극히 높으신 이의 거룩한 자들"에게 주어질 것이며 거룩한 자들이 결코 그 소유를 빼앗기지 않을 것이다.

두 가지 점이 주목할 만하다. 첫째, 13-14절에서 지극히 높으신 자로부터 영원히 지속되는 왕국을 받은 자가 신적 인물인 인자였다고 본 해석이 흥미롭다. 그러므로 이 영원한 왕국의 수혜자들은 인자와 지극히 높으신 이의 거룩한 자들, 이렇게 둘이다. 거룩한 자들holy ones(개역개정, "성도들")의 신원을 파악하려면 더 읽어봐야 한다. 둘째, 13-14절은 인자가 왕국을 받기 전 어떤 충돌이 있었다는 묘사는 없고, 다만 왕국이 주어지기 전 네 짐승이 심판을 받았다는 내용만 있다. 우리는 더 많은 정보가 필요하다는 다니엘의 말에 수긍한다. 다니엘이 곁에 모셔 선 자에게 묻는다.

> [19] 이에 내가 넷째 짐승에 관하여 확실히 알고자 하였으니 곧 그것은 모든 짐승과 달라서 심히 무섭더라 그 이는 쇠요 그 발톱은 놋이니 먹고 부서뜨리고 나머지는 발로 밟았으며 [20] 또 그것의 머리에는 열 뿔이 있고 그 외에 또 다른 뿔이 나오매 세 뿔이 그 앞에서 빠졌으며 그 뿔에는 눈도 있고 큰 말을 하는 입도 있고 그 모양이 그의 동류보다 커 보이더라 [21] 내가 본즉 이 뿔이 거룩한 자들과 더불어 싸워 그들에게 이겼더니 [22] 옛적부터 항상 계신 이가 와서 지극히 높으신 이의 거룩한 자들을 위하여 원한을 풀어 주셨고 때가 이르매 거룩한 자들이 나라를 얻었더라(단 7:19-22).

여기서 사건의 연대기에 보충설명이 더해진다. 넷째 짐승이 거룩한 자들과 전쟁을 벌여 이긴다는 내용이다(이는 11절에서 짐승이 죽임을 당하기 전에 일어난 일이 분명하다). 이로 인해 지극히 높으신 자가 거룩한 자들을 위해 행동을 취하시고, 그 결과 거룩한 자들이 왕국을 소유한다. 이는 넷째 짐승이 죽임을 당한 후에 일어난 일이 분명하다. 그 해석과 연대기는 아래와 같이 되풀이된다.

> [23] 모신 자가 이처럼 이르되 넷째 짐승은 곧 땅의 넷째 나라인데 이는 다른 나라들과는 달라서 온 천하를 삼키고 밟아 부서뜨릴 것이며 [24] 그 열 뿔은 그 나라에서 일어날 열 왕이요 그 후에 또 하나가 일어나리니 그는 먼저 있던 자들과 다르고 또 세 왕을 복종시킬 것이며 [25] 그가 장차 지극히 높으신 이를 말로 대적하며 또 지극히 높으신 이의 거룩한 자들을 괴롭게 할 것이며 그가 또 때와 법을 고치고자 할 것이며 거룩한 자들은 그의 손에 붙인 바 되어 한 때와 두 때와 반 때를 지내리라 [26] 그러나 심판이 시작되면 그는 권세를 빼앗기고 완전히 멸망할 것이요 [27] 나라와 권세와 온 천하 나라들의 위세가 지극히 높으신 이의 거룩한 자들의 나라(히브리어로 '암', 개역개정, "백성")에게 붙인 바 되리니 그의 나라는 영원한 나라이라 모든 권세 있는 자들이 다 그를 섬기며 복종하리라 [28] 그 말이 이에 그친지라 나 다니엘은 중심에 번민하였으며 내 얼굴빛이 변하였으나 내가 이 일을 마음에 간직하였느니라(단 7:23-28).

넷째 짐승이 "지극히 높으신 이의 거룩한 자들을 괴롭게 할 것"(25절)이라는 언급은 21절의 "거룩한 자들"에 대한 짐승의 승리를 가리킨다. 원수("작은 뿔")가 "거룩한 자들"을 이긴다. 이에 대응하여 넷째 짐승을 처리하기(무찌르기) 위해 (다니엘이 목격하고 있는 회합인) 천상회의(어전회의)가 소집된다. 27절의 회의 결과는 왕국이 "지극히 높으신 이의 거룩한 자들의 나라"에 주어진다는 것이다. 흥미롭게도 앞서 그 왕국은 "지극히 높으신 이의 거룩한 자들"에게 주어졌고(18, 22절), 그 전에는 (14절) 신적 존재인 인자에게 주어졌다.

이 단락은 한 가지 점에서는 분명하다. 즉, 영원한 왕국을 받기 전 넷째 짐승이 멸망한다는 것이다. 누가 왕국의 상속자가 될지는 분명하지 않다. 세 후보자가 있는데, 바로 인자, 지극히 높으신 이의 거룩한 자들, 지극히 높으신 이의 거룩한 자들의 나라(개역개정, "지극히 높으신 이의 거룩한 백성")다.

지극히 높으신 이의 거룩한 자들

앞장에서 우리는 다니엘 2장의 환상과 7장의 환상이 나란히 병행하고 있음을 간략하게 살폈다. 이들 세 당사자들이 받을 나라는 다니엘 2:44-45에서 "사람의 손으로 만들지 아니한" 왕국이며 결코 망하지 않을 하나님 나라다.

물론 성경 독자들과 학자들은 넷째 나라의 정체를 밝히기 위해 논쟁한다. 넷째 나라의 시대에 하나님 나라가 출현한다는 점에 비춰보면, 다니엘 2:44은 로마를 가리키는 것임이 분명하다.[1] 물론 신약에서 하나님 나라는 로마제국 시대에 예수님의 초림으로 시작됐지만 여전

---

1. 넷째 짐승/나라가 다른 짐승/나라를 포괄하기에 단 2:44에서 "이 여러 왕들의 시대에"라는 표현을 쓴 것이다.

히 도래하는 과정 중에 있다.[2]

이 나라에 대한 묘사는 신적인 요소와 지상적인 요소를 모두 갖추고 있다. 이는 전지구적 에덴 복원이라는 하나님의 계획이 한편으로 인간의 참여를 요구하면서도 다른 한편으로 초자연적 통치라는 면에서 충분히 예상되는 점이다. "거룩한 자들"의 정체를 고민해 보면 이 점을 새롭게 발견하게 될 것이다.

"거룩한 자들"이라는 표현은 히브리어 '케도쉼'(또는 다니엘 7장의 아람어 '케도쉰')을 번역한 것이다. 이 용어는 천상회의의 신적 구성원들을 지칭하는 것일 수 있다(예. 시 89:5-7).[3] 그러나 이 용어는 또한 사람들을 지칭하는 것일 수도 있다. 레위기에서 여러 차례 백성을 집합적으로 '케도쉼'으로 칭했다. 이것 역시 의외가 아니다. 왜냐하면 제사장 제도, 성막, 성전의 이미지는 하나님의 어전회의실이라는 신성한 공간에 대한 비유이며 또한 천상에서 여호와께 나아갈 수 있는 자들, 곧 여호와의 신적인 가족이자 천상회의의 비유이기 때문이다.[4]

'케도쉼' 용례의 범위는 다니엘 7장의 "거룩한 자들"을 해석하는 데 도움이 된다. 이 표현은 여호와의 인간 추종자들과 여호와의 천상회의의 일원들 둘 다를 지칭한다. 두 가족들이 여호와의 나라에서 함께 통치하되, 인간의 형체로 계신 여호와인 인자, 곧 부활하신 그리스도와

---

2. 예. 마 12:28; 막 1:15; 눅 8:1, 10; 16:16; 21:31; 롬 14:17; 골 1:13; 비교. 고전 15:24, 50; 딤후 4:1, 18.
3. 히브리어 '케도쉼'이 이 구절에 두 번 등장한다. 일부 영역본은 사람으로 해석해 '성도들'(saints)로 번역하지만 이는 오역이다.
4. 참조. 레 11:44-45; 19:2; 20:7, 26; 21:6; 시 16:3; 34:9. 시 16:3의 그 땅에 있는 '케도쉼'이라는 표현은 이 용어가 사람들을 지칭하는 것이 분명함을 보여준다.

더불어 통치할 것이다. 우리는 이것이 어떻게 전개되는지를 이어지는 장들에서 더 자세히 살펴볼 계획이다. 우선 여기에 예고편이 있다.

하나님의 나라는 예수님의 초림 때 재탄생한다. 예수님의 오심은 어둠의 권세에 의한 통치가 종식되는 시작점이자 다른 신들의 치하에 있던 열국이 여호와에 의해 탈환되는 시작점을 나타낸다. 예수님은 인자이며 그 나라는 그의 것이다. 예수님과 함께하는 통치는 여호와의 (그리고 예수님의) 회의에 속한 거룩한 자들(성도들)의 몫이다.

다니엘 7:27은 이 나라가 "지극히 높으신 이의 거룩한 자들의 나라"에게 주어진다고 했지만, 여전히 하나님의 나라("그의 나라")로 일컬어졌음을 주목하라. 이는 하나님 나라의 연합통치적 특성을 에둘러 표현한 것이다. 거룩한 자들의 나라^{the nation of the holy ones}는 여호와 및 그분의 회의와 함께하는 여호와의 인간 추종자들을 가리킨다. 이어지는 장들에서 살펴보겠지만, 신약신학에서 모든 신자는 유대인이든 이방인이든 하나님의 백성이며 아브라함 언약을 유업으로 물려받은 자다 (갈 3:7-9, 23-29). 다니엘 7장의 왕국 언어는 상속권을 박탈당한 후 부패한 신들의 다스림을 받던 모든 열국이 하나님과 그의 백성 모두에게 다스림 받을 것임을 우리에게 알려준다.[5] 이를 근거로 요한계시록은 신자들을 이렇게 표현한다. "이기는 자와 끝까지 내 일을 지키는 그에게 열국(개역개정, "만국")을 다스리는 권세를 주리니…이기는 그에게는

---

5. 일부 역본은 단 7:27의 '그의 나라'를 '그들의 나라'라고 옮겼다. 이렇게 해석하려면 아람어 접미대명사가 지칭하는 대상이 '그 백성'이라고 보아야 한다. 그런데 이 대명사는 단수다. 단수대명사가 한 집합적 무리를 지목할 수도 있지만 일반적으로 대명사는 가장 근접한 선행사를 지목하는데, 이 경우 가장 근접한 선행사는 단수의 '지극히 높으신 이'다.

내가 내 보좌에 함께 앉게 하여 주기를 내가 이기고 아버지 보좌에 함께 앉은 것과 같이 하리라"(계 2:26; 3:21).

신들과 인간들의 임박한 전쟁

하나님 나라의 승리는 성경에서 여호와의 날$^{the\ day\ of\ the\ Lord}$로 알려진 최후의 충돌이 있기 전에는 임하지 않을 것이다. 스가랴 14장의 말이 이를 잘 표현하고 있다.

> ^{1} 여호와의 날이 이르리라 그날에 네 재물이 약탈되어 네 가운데에서 나누이리라 ^{2} 내가 이방 나라들을 모아 예루살렘과 싸우게 하리니 성읍이 함락되며 가옥이 약탈되며 부녀가 욕을 당하며 성읍 백성이 절반이나 사로잡혀 가려니와 남은 백성은 성읍에서 끊어지지 아니하리라 ^{3} 그때에 여호와께서 나가사 그 이방 나라들을 치시되 이왕의 전쟁 날에 싸운 것같이 하시리라 ^{4} 그날에 그의 발이 예루살렘 앞 곧 동쪽 감람 산에 서실 것이요 감람 산은 그 한 가운데가 동서로 갈라져 매우 큰 골짜기가 되어서 산 절반은 북으로, 절반은 남으로 옮기고 ^{5} 그 산 골짜기는 아셀까지 이를지라 너희가 그 산 골짜기로 도망하되 유다 왕 웃시야 때에 지진을 피하여 도망하던 것같이 하리라 나의 하나님 여호와께서 임하실 것이요 모든 거룩한 자들이 주와 함께 하리라(슥 14:1-5).

여호와가 여호와의 날에 자신의 하늘 군대와 함께 임하셔서 적대적인 초자연적인 권세들을 무장해제시키고 패퇴시키실 것이다. 이사야도 똑같은 이야기를 했다.

> [21] 그날에 여호와께서
> 하늘에 있는 천군을 벌하시며
> 땅에 있는 땅의 왕들을 벌하시리니
> [22] 그들이 죄수가 깊은 옥에 모임 같이 모이게 되고
> 옥에 갇혔다가 여러 날 후에 형벌을 받을 것이라
> [23] 그때에 달이 수치를 당하고
> 해가 부끄러워하리니
> 이는 만군의 여호와께서 시온 산과 예루살렘에서 왕이 되시고
> 그 장로들 앞에서 영광을 나타내실 것임이라(사 24:21-23).

여호와가 자신의 지상 거처인 시온산을 다시 통치하고자 인간 대적들("땅의 왕들")과 초자연적 원수들("하늘에 있는 천군")을 벌하신 다음 (여기서는 장로들이라고 한) 자신의 천상회의 앞에서 다스리실 것이다.[6]

신들이 심판을 당할 때는 과연 어떤 일이 벌어질까? 이를 파악하려면 이 책에서 여호와의 천상회의를 처음 언급한 시편 82편으로 돌아가야 한다. 이 시편의 첫 도입부 몇 절은 여호와가 회의석상에서 부패한 하나님의 아들들을 고발하시는 내용이다. 바벨탑 사건 이후 상

---

6. "하늘에 있는 천군"(the host of heaven in heaven)을 더 직역하자면 "하늘들 가운데 있는 하늘의 주재"(the host of heaven in the heavens)이다. 이 표현은 신적이고 초자연적인, 인간이 아닌 존재를 가리킨다.

속권을 박탈당한 열국을 배정받은 신들은 공의로 다스림을 행하지 않았다. 그들은 오히려 백성을 미혹하여 지극히 높으신 자로부터 멀어지게 만들었다. 여호와가 그들로부터 열국을 되찾으시는 때, 곧 하나님 나라의 정점이 그들의 마지막 날이다. 마지막 몇 절이 그들의 운명을 예고한다. 이스라엘 하나님의 말씀이다.

> ^{6} 내가 말하기를 너희는 신들이며
> 다 지존자의 아들들이라 하였으나
> ^{7} 그러나 너희는 사람처럼 죽으며
> 고관의 하나 같이 넘어지리로다(시 82:6-7).

그러고 나서 시편기자는 선포한다.

> 하나님이여 일어나사 세상을 심판하소서
> 모든 나라가 주의 소유이기 때문이니이다(시 82:8).

지극히 높으신 자가 언젠가 상속권을 박탈하셨던 열국을 되찾으실 때 신들의 통치가 종식될 것이다. 다니엘 7장은 여호와께 충성하는 신적인 가족과 인간 가족이 모두 여호와의 통치에 참여할 것임을 분명히 드러내고 있다.

열국에게 다시 상속권을 부여하실 장래

여호와의 날은 심판의 때이지만 성경에서는 이를 여호와의 백성이 기뻐하는 때로 그리기도 한다. 신들의 통치가 무너지기 시작할 때, 여호와는 열국 가운데서 자신에게 속한 자들을 부르실 것이다. 이사야 66장은 부활 후 복음의 폭발적인 확산을 설명하는 핵심 구절이다. 이 구절은 구약시대에 희미한 장래에 도래할 심판과 소망을 묘사하고 있다.

> [16] 여호와께서 불과 칼로 모든 혈육에게 심판을 베푸신즉
> 여호와께 죽임 당할 자가 많으리니
> [17] 스스로 거룩하게 구별하며
> 스스로 정결하게 하고 동산에 들어가서
> 그 가운데에 있는 자를 따라
> 돼지고기와 가증한 물건과 쥐를 먹는 자가
> 다 함께 망하리라 여호와의 말씀이니라
> [18] 내가 그들의 행위와 사상을 아노라 때가 이르면
> 뭇 나라와 언어가 다른 민족들을 모으리니
> 그들이 와서 나의 영광을 볼 것이며
> [19] 내가 그들 가운데에서 징조를 세워서
> 그들 가운데에서 도피한 자를 여러 나라 곧
> 다시스와 뿔과 활을 당기는 룻과 및
> 두발과 야완과 또
> 나의 명성을 듣지도 못하고
> 나의 영광을 보지도 못한 먼 섬들로 보내리니

그들이 나의 영광을 뭇 나라에 전파하리라 ²⁰ 나 여호와가 말하노라 이스라엘 자손이 예물을 깨끗한 그릇에 담아 여호와의 집에 드림 같이 그들이 너희 모든 형제를 뭇 나라에서 나의 성산 예루살렘으로 말과 수레와 교자와 노새와 낙타에 태워다가 여호와께 예물로 드릴 것이요. ²¹ 나는 그 가운데에서 택하여 제사장과 레위인을 삼으리라 여호와의 말이니라 ²² 내가 지을 새 하늘과 새 땅이 내 앞에 항상 있는 것같이 너희 자손과 너희 이름이 항상 있으리라 여호와의 말이니라(사 66:16-22).

믿기지 않겠지만, 상속권을 박탈당했던 열국으로부터 사람들이 그들의 신들의 통치에서 벗어나 여호와께로 돌아올 것이다. 이스라엘이 제사장 나라의 사명에 실패했던 바로 그 곳에서(출 19:6) 여호와가 친히 나서서 그 일을 이루실 것이다. 여호와 스스로 그 사명을 이룰 대행자가 되실 것이다. 이것이 바로 신약이 들려주는 에덴의 재탄생 이야기다.

마지막 충돌에 대해서는 더 할 말이 있다. 종말론 안에는 깜짝 놀랄 만한 천상회의 세계관과의 연결점들이 들어 있다. 그러나 말세 때까지 기다려야 구약의 초자연적 세계관과 신약을 연결지을 수 있는 것은 아니다. 그 점에서 신약은 이미 달음질을 시작했다.

단원 요약
Unseen Realm

이스라엘 왕조 이야기는 다윗과 골리앗의 전투, 다윗의 게릴라 전술과 사울의 추격전, 밧세바와의 충동적인 정사, 아들 솔로몬이 지혜와 아내를 축적한 이야기가 전부가 아니다. 우리는 사울, 다윗, 솔로몬에 집착하는 경향이 있는데, 이는 사무엘에서부터 말라기까지 우리가 흔히 접하는 내용이 그들의 이야기이기 때문이다. 그러나 (거의 성경의 절반에 해당하는) 구약의 책들에는 왕들의 이야기만 있는 것이 아니다.

이스라엘 열왕의 이야기가 흥미로운 것은 사실이지만, 왕정시대의 역사를 기록한 자들의 목표는 전기를 기록하는 것이 아니었다. 그들의 메시지는 일차적으로 신학적이었다. 그들에게는 전해야 할 이야기가 있었다. 그 이야기는 이스라엘의 실패에 대한 영적 인과관계, 하나님의 진노, 에덴의 구상이 폐허 속으로 사라지는 것을 막기 위한 여호와의 계획에 대한 것이었다.

역사서와 선지서는 성경 기자들의 초자연적 세계관의 반경 안에서 작동한다. 열국은 여전히 적대적인 이방신들의 지배하에 있었다. 이스라엘과 원수 나라들과의 충돌은 끊이지 않았다. 사사시대에는 영적, 도덕적 배교가 만연했다. 누구나 자기 소견에 옳은 대로 행했다. 정복전쟁의 실패로 하나님의 에덴적 통치의 부활이 아닌, 개척시대 미국 서부 상황과 비슷한 무법천지가 임했다.

무정부상태는 왕을 달라는 요구로 귀결되었다. 이는 빗나간 동기에서 비롯된 섣부른 선택이었다. 그러나 여호와는 다윗이 태어나기도 전에 마지막 사사이자 제사장이자 선지자이자 왕들을 기름붓는 자인 사무엘의 사역을 통해 다윗의 등장을 계획하셨다. 다윗은 결국 명망을 얻었지만 (큰 키를 보는 패역한 이스라엘이 선택한) 사울과 (중심을 보시는 여호와가 선택한) 다윗 사이에 동족상잔이 벌어졌다. 이는 땅과 백성을 놓고 벌이는, 보이지 않는 영적 전쟁의 상징이었다. 르바임의 잔류들이 남아 있었고 언약궤와 성막은 각각 다른 장소에 있어 제사장직이 분열되었다.

결국 위기는 해소되었다. 다윗의 사람들이 골리앗의 형제들을 제거했다. 솔로몬은 성전 건축 후 언약궤와 성막을 통합했다(대하 5:1-14). 아브라함이 약속받은 땅은 솔로몬의 통치와 관할 하에 놓이게 되었다(왕상 4:21; 비교. 창 15:18). 그리고 나서 솔로몬 사후에 모든 것이 무너져 버렸다.

이스라엘과 유다, 두 왕조가 연이어 패망하는 가운데 두 가지 일이 일어났다. 여호와가 선지자들을 부르셔서 그들과의 신적인 만남을 통해 자신의 임재와 권능을 확인시키시고 에덴적 통치를 재건하기 위한 새 언약, 새 해법을 선포하셨다. 가장 쓰라린 역설은 바벨론이 여호와의 분깃을 집어삼켰다는 것이다. 상황은 완전히 역전된 듯했다. 그러나 겉으로 드러나는 모습은 실상과 다를 수 있다.

진짜 아이러니는 예레미야, 에스겔, 하박국과 같은 선지자들이 누구든지 듣고자 하는 사람에게 알렸던 것처럼, 바벨론이 여호와의 도구였다는 것이다. 유다가 마지막 숨을 몰아쉬고 있을 때에도 여호와는 지리적으로 제한될 수 없는 영원한 왕국을 계획하고 계셨다. 또 다른 하나님이시며 죽었다가 다시 일어난 "한 사람"이 그 왕국을 다스릴 것이다. 그는 죄의 저주를 뒤엎고 죽은 자의 군주가 가진 권세를 빼앗으며 에덴의 영원한 생명이 이 땅을 에워싸게 할 것이다. 그러기 위해서는 오랫동안 그의 정체를 감춰야만 했다.

이 모든 것이 신약신학에서 모습을 드러낼 것이다. 학자들은 오랫동안 이 내러티브를 '이미' 임한 왕국과 '아직' 임하지 않은 왕국의 두 차원으로 사유했다.

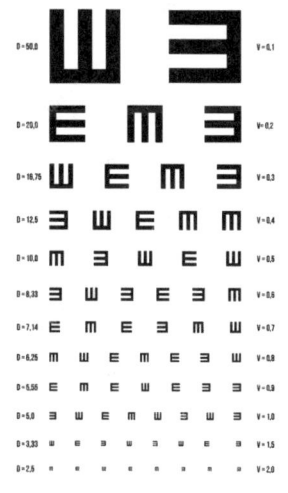

Part 7. 이미 임한 왕국

31. 누가 우리를 위하여 갈꼬?

이스라엘의 메시아 예수님의 오심은 하나님의 에덴 재건 계획이 현실화되도록 만드는 지렛대다. 성경 대서사의 중심은 예수님이다. 물론 누군가가 예수님을 직접 만나려면 그 전에 먼저 성경 4분의 3을 지나와야 하지만, 직접 만나기 전에도 예수님은 그곳에 항상 그림자로 계신다. 그렇다. 예수님은 출생 이전부터 이 땅의 사람이 아니라 여호와로 계셨다. 그는 에덴 이래로 눈에 보이는 둘째 여호와로서 인간의 형체로 성경 이야기에 등장하셨다.

여호와의 두 번째 위격은 구약시대가 끝난 지 4백여 년이 지나서 우리가 나사렛 예수로 알고 있는 인간 남자로 동정녀 마리아에게서 태어나셨다. 하나님의 형상 담지자인 인류에게는 필멸이라는 연약함, 그리고 자유의지를 사용하여 하나님을 등지고 자율적인 존재가 되려는 보편적 성향이 있다. 이 성향으로 말미암아 인간이 에덴 비전에서 제거되는 일을 막기 위해 예수님이 인간이 되셔야만 했다.

인간의 참여가 없는 에덴의 재건은 결국 하나님의 형상 담지자인 인류의 제거를 꿈꾸는 '나하쉬'의 승리가 될 것이다. 인간의 연약함도, 한 천상회의 구성원의 자기 뜻에 따른 반역도 하나님의 계획을 바꾸지 못했다. 하나님은 인류를 없애거나 인간의 자유를 (그와 더불어 하나님의 형상을) 제거하지 않으면서도 원하는 바를 성취하실 수 있었다. 전지전능한 존재는 속임수를 쓰지 않고도 승리할 최고의 방책을 알고 계셨다. 그리고 대적을 미궁에 빠뜨릴 최고의 방법도 알고 계셨다.

우리는 이미 구약의 초자연적 세계관과 신학에 예수님을 포함시켰다. 우리는 여호와의 천상회의에 속한 신적 아들들 가운데 예수님이 독보적인 위치를 차지하고 있음을 살펴보았다.[1] 우리는 말씀이자 구름 타고 오는 자이신 예수님의 구약적 배경에 대해 다루었다.[2] 그러나 그것은 수박 겉핥기에 불과하다.

이번 장을 통해 우리는 두 가지 목표를 달성하고자 한다. 우리는 예수님과 둘째 여호와 간의 연결점을 더 고찰함으로써 메시아 모자이크의 조각들을 더 많이 채워보려고 한다. 그리고 나서 예수님의 공생애 시작의 배경이 된 천상회의를 간략하게 살펴보겠다.[3]

---

1. 이 책 4장의 독생자(모노게네스) 관련 논의를 참조하라.
2. 각각 16장, 29장을 참조하라.
3. 지면상의 제약으로 인해, 요 10:34-35에서 예수님이 자신의 신성을 옹호하기 위해 시편 82:6을 인용하는 부분은 제외했다. 현대 주석가 중 이 구절을 천상회의를 초점으로 하는 원래의 시편 82편의 배경에서 조명한 이는 거의 없었다. 이상하게도 주석가들은 시 82:6의 엘로힘을 단순한 인간으로 보았다. 이로 말미암아 예수님의 자기변론이 다른 모든 유대인이 그럴 수 있으므로 예수님도 스스로를 하나님의 아들이라고 부를 수 있다는 식의 해명으로 축소되었다. 주석가들의 해석은 이 구절에 나타난 예수님의 신성 주장과 그 인용이 그의 신성을 시사하는 두 가지 내용의 책갈피 노릇을 하지 못하게 만든다. (1) 예수님은 천상회의의 주 되신 아버지와 자신을 동일시하셨다(요 10:30). (2) 아버지가 예

그 이름, 예수

앞장에서 우리는 그 안에 '여호와의 이름'the Name이 있는 여호와의 천사가 여호와의 본체 또는 임재를 가리키는 또 다른 표현임을 배웠다 (출 23:20-23).[4] 신약은 몇몇 본문에서 이 개념을 예수님에게 적용한다. 가령 요한복음 17장에 나온 예수님의 유명한 겟세마네 기도를 보자.

> [5] 아버지여 창세 전에 내가 아버지와 함께 가졌던 영화로써 지금도 아버지와 함께 나를 영화롭게 하옵소서.
> [6] 세상 중에서 내게 주신 사람들에게 내가 아버지의 이름을 나타내었나이다 그들은 아버지의 것이었는데 내게 주셨으며 그들은 아버지의 말씀을 지키었나이다…[11] 나는 세상에 더 있지 아니하오나 그들은 세상에 있사옵고 나는 아버지께로 가옵나니 거룩하신 아버지여 내게 주신 아버지의 이름으로 그들을 보전하사 우리와 같이 그들도 하나

수님 '안에' 있다고 주장하셨다(요 10:38). 요 10장에서 시 82:6을 인용한 것을 해석할 때, 시편 본래의 (인간이 아닌) 신적 존재를 언급하는 배경을 외면해선 안 된다. 그 신적 존재를 배경으로 한 것에서 인용의 위력이 나타나기 때문이다(즉 유대인의 성경이 하나님의 '비인간' 아들들에 대해 증거한다는 것이다). 이 논점이 바로 시 82:6의 요체다. 요 10장은 예수님을 아버지와 동일시하는 두 발언 사이에 시 82:6 인용구를 병치한 짜임새로 되어 있다. 맥락상 시 82편 인용으로 생성된 신학적 논점은 예수님이 단지 하나님의 신적인 아들일 뿐 아니라 천상회의의 주 되신 하나님과 동일한 존재, 즉 모든 하나님의 신적인 아들들보다 우월한 존재라는 것이다. 관련 웹사이트에 제공된 학술 논문에서 이 사안을 다루었다. Michael S. Heiser, "Jesus' Quotation of Psalm 82:6 in John 10:34: A Different View of John's Theological Strategy"(presented at the Pacific Northwest Regional Meeting of the Society of Biblical Literature, Gonzaga University, Spokane, WA, May 13-15, 2011).

4. 참조. 18장.

가 되게 하옵소서 ¹² 내가 그들과 함께 있을 때에 내게 주신 아버지의 이름으로 그들을 보전하고 지키었나이다 그 중의 하나도 멸망하지 않고 다만 멸망의 자식뿐이오니 이는 성경을 응하게 함이니이다…
²⁵ 의로우신 아버지여 세상이 아버지를 알지 못하여도 나는 아버지를 알았사옵고 그들도 아버지께서 나를 보내신 줄 알았사옵나이다 ²⁶ 내가 아버지의 이름을 그들에게 알게 하였고 또 알게 하리니 이는 나를 사랑하신 사랑이 그들 안에 있고 나도 그들 안에 있게 하려 함이니이다(요 17:5-6, 11-12, 25-26).

예수님은 자신이 하나님의 이름을 제자들에게 나타냈노라고 성부 하나님께 말씀하셨다(요 17:6). 이는 하나님의 이름에 대해 제자들에게 가르치셨다는 뜻이 아니다. 제자들도 구약을 읽을 수 있었고 수천 군데에서 그 이름에 대한 내용을 발견할 수 있었다(예. 출 3:1-14). 제자들에게 하나님의 이름을 계시하셨다는 것은 그들에게 하나님이 누구시며 어떤 분이신지 보여주셨음을 의미한다. 예수님은 제자들 가운데 사람으로 살며 그 일을 하셨다. 예수님은 제자들 가운데 계신 하나님이셨다. 예수님은 성육신하신 하나님의 본체였다(히 1:3).[5]

하나님의 이름을 계시함으로써 하나님을 알린다는 관념은 우리를 다시금 구약에 등장하는 여호와의 천사에게로 이끈다. 여호와의 천사

---

[5] 히 1:3의 인용은 종종 '본체'로 번역된 헬라어 '휘포스타시스'를 주목하게 한다. 이 용어는 '본질, 실체, 실재'를 가리킨다(참조 William F. Arndt, F. W. Gingrich, Frederick W. Danker, and Walter Bauer, *A Greek-English Lexicon of the New Testament and Other Early Christian Literature* [Chicago:University of Chicago Press, 2000], 1040). 앞으로 BDAG로 축약하기로 한다).

가 인간의 형체를 한 여호와였음을, 즉 여호와의 '이름' 또는 임재가 그 천사 안에 거했음을 기억하라(출 23:20-23). 요한은 예수님을 하나님으로 제시하며 구약의 그 언어를 끌어다 썼다.[6] 예수님이 "아버지의 이름으로 그들을 보전하였다"고 말씀했을 때, 그것은 아버지가 예수님에게 맡기신 제자들을 하나님의 권세와 임재, 즉 이제는 예수님 안에 성육신한 '그 이름'을 힘입어 지켰다는 것을 의미한다.

이 지점에서 짚고 넘어가야 할 점이 있다. '그 이름'은 여호와를 의미하는 다른 표현이었는데, 예수님을 가리키는 표현으로도 사용되었다.[7] 일례로 로마서 10장을 보자.

[9] 네가 만일 네 입으로 예수를 주로 시인하며 또 하나님께서 그를 죽은 자 가운데서 살리신 것을 네 마음에 믿으면 구원을 받으리라 [10] 사람이 마음으로 믿어 의에 이르고 입으로 시인하여 구원에 이르느니라 [11] 성경에 이르되 누구든지 그를 믿는 자는 부끄러움을 당하지 아니하리라 하니 [12] 유대인이나 헬라인이나 차별이 없음이라 한 분이신 주

---

6. 우리가 이어지는 장에서 논의할 바는 신약 역시 하나님의 임재가 각 신자 속에 거하신다고 말한다는 것이다. 요 17장의 언어를 보면 예수님과 관련하여 내주하는 임재(그 이름)는 분명히 단순한 내주 개념을 넘어선다. 요 17장에서는 예수님이 창세 전에 아버지와 함께 계셨다고 말한다(17:5; 비교. 요 1:1-14). 이 언어는 또한 예수님이 하나님이 '되셨다'거나 세례를 받은 시점에 하나님을 '받아들이셨다'는 개념을 넘어서는 것이다. 예수님이 요 17:24에서 아버지가 "창세 전부터" 나를 사랑하셨다고 말씀하셨기 때문이다.

7. 바레트(C. K. Barrett)가 행 5:40-42에 대해 지적했듯, "유대인은 '하나님'이라는 말을 피하기 위해 'םשׁ'(솀; 그 이름)을 사용했는데, 기독교인은 이를 예수님을 가리키는 표현으로 사용했다. 그러므로 기독교인은 예수님을 하나님으로 생각했다"(C. K. Barrett, *A Critical and Exegetical Commentary on the Acts of the Apostles; The Acts of the Apostles, vol.1* [Edinburgh: T&T Clark International 2004], 301).

께서 모든 사람의 주가 되사 그를 부르는 모든 사람에게 부요하시도다 ¹³ 누구든지 주의 이름을 부르는 자는 구원을 받으리라(롬 10:9-13).

여기서 짚고 넘어가야 할 중요한 점은 13절이 요엘 2:32의 인용구라는 것이다. 구약 본문은 "누구든지 여호와의 이름을 부르는 자는 구원을 얻으리니"이다. 사도 바울은 9절의 "네 입으로 예수를 주로 시인"하는 것과 구약 선지자의 발언을 매끄럽게 연결시켰다. 이는 유독 바울의 저술에서 반복적으로 일어나는 일이다.[8] '그 이름'과 여호와는 이스라엘 신학에서 교환적으로 사용되었다. 따라서 "여호와의 이름"을 신뢰한다는 것은 여호와를 신뢰한다는 것과 같은 말이었다. 이와 마찬가지로 구약 인용구에서 여호와인 주의 이름을 신뢰한다는 것은 곧 예수님을 주로 고백한다는 것과 같다.

여호와의 천사, 예수

예수님이 '그 이름'을 육체화한 존재이므로 예수님은 곧 눈에 보이는 여호와이자 여호와의 천사라는 등식이 성립된다. 이는 유다서 5절에 분명하게 드러난다.

---

8. 어떻게 구약 인용구에서 예수님이 "여호와로 바꿔치기"(swapped for Yahweh) 되었는가에 대한 학문적 연구는 다음을 참조하라. David C. Capes, *Old Testament Yahweh Texts in Paul's Christology* (Tübingen: Mohr Siebeck, 1992).

너희가 본래 모든 사실을 알고 있으나 내가 너희로 다시 생각나게 하고자 하노라 예수께서 백성을 애굽에서 구원하여 내시고 후에 믿지 아니하는 자들을 멸하셨으며.

이 짧은 구절에는 예수님이(개역개정, "주께서") 이스라엘을 애굽에서 구원해 내셨다고 되어 있다.[9] 관련 구절은 그 안에 '그 이름'이 계신 주의 천사가 이스라엘의 출애굽 대오의 선봉에 서셨다는 출애굽기 23:20-23이다(비교. 삿 2:1-2). 유다서 5절의 멸하심에 대한 언급은 애굽인들의 죽음에 관련된 것일 수도 있지만, 광야 방황과 가나안 정복전쟁(비교. 수 5:13-15) 중 여호와의 원수들을 심판하여 불신자들을 멸망케 한 시내산 이후의 사건들을 가리킬 가능성이 더 크다.

---

9. 이 절의 표현에 대해 모든 신약 헬라어 필사본이 동일한 것은 아니다. '예수'는 유다서의 가장 오래된 원본 중 일부에 등장한다(예. 알렉산드리아와 바티칸 사본). 일부 신약학자들은 '예수'가 아닌 '퀴리오스'('주', 여호와 자신을 지칭할 가능성이 크다)로 읽는 것을 선호한다. 그 근거는 원래의 표현이 모호한데다 만일 유다가 성육신을 염두에 두었다면 '예수'라고 썼을 가능성이 크기 때문이다(참조. Richard J. Bauckham, *2 Peter, Jude*, Word Biblical Commentary 50 (Dallas: Word, 1998], 42-43). 물론 이 견해가 맞다면 다른 신약 저자들이 예수에게 적용한 인간의 형체를 한 여호와라는 구약 모티프에 대해 유다가 무지했다고 가정해야 한다. 달리 말하면, 인간의 형체를 한 여호와(삿 2:1-2은 여호와의 천사가 이스라엘을 애굽에서 구원했다고 한다)와 성육신이 본질적으로 정확하게 일치하는 것은 아니지만 양자 간에 뚜렷한 개념적 상관관계가 있다는 것이다. 유다는 5절에서 성육신을 염두에 두지 않고도 '예수'라고 쓸 수 있었다. 유다는 그저 구약의 눈에 보이는 여호와 전통과 예수를 동일시한 것이었고, 이는 신약에서 전혀 이상한 것이 아니다. 눈에 보이는 여호와도 여호와이므로 천사들을 벌하는 것에 대한 언급은 성육신한 예수님과의 연결고리에 대한 반론이 될 수 없다. 이 방면의 논의는 다음을 참조하라. Thomas R. Schreiner, *1, 2 Peter, Jude*, New American Commentary 37 (Nashville:Broadman & Holman, 2003), 444.

회의가 열리다

우리는 예수님의 공생애의 시작을 뭔가 조용하고 평범한 일로 생각하는 경향이 있다. 그렇지 않다. 성육신한 여호와의 공생애는 하루하루가 어둠의 세력들을 향한 영적 공격이었다. 그것은 (성부이신) 보이지 않는 여호와에게 속했던 정당한 소유물을 되찾고 천상회의 가족의 일원이었던 인간들을 되찾기 위한 목적이 있었다. 그렇기에 복음서는 이 지점에서 저 지점으로 이동하는 따분한 여행일지가 아니다.

우리는 예수님이 세례 받으시는 장면을 수십 번도 더 읽었지만 정작 실제적인 배경은 파악하지 못했을 수 있다. 요한복음(요 1:19-23, 29-31)은 이런 식으로 세례의 배경을 설정한다.

[19] 유대인들이 예루살렘에서 제사장들과 레위인들을 요한에게 보내어 네가 누구냐 물을 때에 요한의 증언이 이러하니라 [20] 요한이 드러내어 말하고 숨기지 아니하니 드러내어 하는 말이 나는 그리스도가 아니라 한대 [21] 또 묻되 그러면 누구냐 네가 엘리야냐 이르되 나는 아니라 또 묻되 네가 그 선지자냐 대답하되 아니라 [22] 또 말하되 누구냐 우리를 보낸 이들에게 대답하게 하라 너는 네게 대하여 무엇이라 하느냐

[23] 이르되

나는 선지자 이사야의 말과 같이

주의 길을 곧게 하라고

광야에서 외치는 자의 소리로라 하니라…

²⁹ 이튿날 요한이 예수께서 자기에게 나아오심을 보고 이르되 보라 세상 죄를 지고 가는 하나님의 어린 양이로다 ³⁰ 내가 전에 말하기를 내 뒤에 오는 사람이 있는데 나보다 앞선 것은 그가 나보다 먼저 계심이라 한 것이 이 사람을 가리킴이라 ³¹ 나도 그를 알지 못하였으나 내가 와서 물로 세례를 베푸는 것은 그를 이스라엘에 나타내려 함이라 하니라(요 1:19-23, 29-31).

놀라운 점은 세례 요한이 인용한 본문이다. 요한은 자신이 이사야 40:3의 여호와의 오심을 목청껏 외치는 무명의 목소리라고 한다. 그 각별한 의미가 영어 역본에는 가려져 있다.

¹ 너희의 하나님이 이르시되 너희는 위로하라 내 백성을 위로하라
² 너희는 예루살렘의 마음에 닿도록 말하며 그것에게 외치라
그 노역의 때가 끝났고 그 죄악이 사함을 받았느니라
그의 모든 죄로 말미암아 여호와의 손에서 벌을 배나 받았느니라 할지니라 하시니라
³ 외치는 자의 소리가 광야에서 이르되 너희는 여호와의 길을 예비하라
사막에서 우리 하나님의 대로를 평탄하게 하라
⁴ 골짜기마다 돋우어지며
산마다, 언덕마다 낮아지며
고르지 아니한 곳이 평탄하게 되며
험한 곳이 평지가 될 것이요
⁵ 여호와의 영광이 나타나고
모든 육체가 그것을 함께 보리라(사 40:1-5).

우리는 이사야 40:1의 화자가 하나님임을 안다. 하나님은 내가 고딕 글씨로 표시한 네 번의 명령을 내리신다. 네 번의 명령 모두 히브리어 문법상 복수형이다. 이것이 의미하는 바는 여호와가 '무리'에게 명령하신다는 것이다. 그 무리가 이스라엘 백성들이나 공동체 이스라엘에 대한 호칭일 가능성은 희박하다. 여호와가 위로하고 말하고 외치라는 대상이 이스라엘이기 때문이다. 지금쯤이면 이 무리의 정체를 눈치챘을 것이다. 그렇다. 이 무리는 천상회의다.[10]

이사야 40장의 맥락은 이스라엘의 새로운 시작이다. 남아 있는 두 지파인 유다 백성은 바벨론에 사로잡혀 70년 간 포로생활을 했다. 하나님은 그들을 유배지에서 끌어내 귀환시키셨다. 그러나 (이 대목이 우리가 종종 간과하는 점인데) 다른 열 지파는 결코 유배지에서 빠져나오지 못했다. 그들은 여호와가 상속권을 박탈하신 열국들 사이에 뿔뿔이 흩어져 잃어버린 바 되었다. 그러나 메시아의 오심은 '모든' 지파의 구속으로 귀결될 것이다. 여호와께서 (아브라함의 문자적 자손이든 아니든 관계없이) 자신의 자녀들을 모든 지파와 열국(모든 족속과 나라) 가운데서 이끌어내실 것이다.[11]

---

10. 물론 히브리어 학자들은 오래전에 이사야서 초반 몇 절의 문법형태를 통해 천상회의의 존재를 파악했다. 참조. Frank Moore Cross, "The Council of Yahweh in Second Isaiah," *Journal of Near Eastern Studies* 12 (1953): 274-77; Christopher R. Seitz, "The Divine Council: Temporal Transition and New Prophecy in the Book of Isaiah," *Journal of Biblical Literature* 109.2 (1990): 229-47.

11. 예레미야가 "내가 내 양 떼의 남은 것을 그 몰려 갔던 **모든 지방**에서(from all the lands) 모아 다시 그 우리로 돌아오게 하리니"(렘 23:3; 강조는 추가된 것)라는 주의 말씀을 선포했을 때 그가 생각한 것은 모든 지파였다. 렘 29:14 역시 ("모든 나라들과" "모든 곳에서") 동일한 비전을 제시하고 있다. 에스겔도 동일한 류의 포괄적 귀환을 예언한다(겔 36:22-36). 참조. 사 49:6; 겔 37:19; 47:13, 21-22; 48:1-31.

이사야 40:1-2의 명령에 대한 답으로, 고독한 답이 돌아온다.

> 외치는 자의 소리가 광야에서 이르되 너희는 여호와의 길을 예비하라 사막에서 우리 하나님의 대로를 평탄하게 하라(사 40:3).

이 구절은 세례 요한이 제사장들과 레위인들에게 답변한 내용이다. 이사야 40:3은 응답하는 회의의 일원이 누구인지 밝히지 않는다. 앞서 이사야 6:8에서 여호와가 "내가 누구를 보내며 누가 우리를 위하여 갈꼬"라고 물으셨을 때, 선지자 이사야가 "내가 여기 있나이다! 나를 보내소서!"라고 응답했다. 그러나 그건 수 세기 전의 일이었다. 이사야 40장의 대화는 천상회의의 한 구성원이 앞으로 나와 아합을 끝장낼 계획을 제안하는 열왕기상 22장의 천상회의 장면을 연상케 한다.

메시아가 오셨을 때, 사도 요한은 세례 요한을 이사야 역할로 설정한다. 옛적의 선지자처럼 세례 요한은 "회의에 참여하여"(렘 23:16-22) 부르심에 응답한다. 구약에 익숙한 유대인이라면 틀림없이 이 패턴을 알아챘을 것이다. 이사야 시대에 그랬던 것처럼 여호와의 회의는 배교한 이스라엘의 운명을 결정하기 위해 소집되었다. 이사야는 영적 소경이자 귀머거리인 나라에 파송되었다. 세례 요한이 목청껏 외치는 이 이야기가 독자에게 말하는 바는 여호와의 천상회의가 다시 소집되었으며, 이번 회의의 목표는 (이제는 사람으로 성육신한) 둘째 여호와를 주축으로 한 하나님 나라의 출범이라는 것이다.

새 출애굽을 이끄는 성육신한 여호와

예수님이 세례 받으시는 이야기가 앞으로 펼쳐질 드라마에 (그 내용을 파악할 안목이 있는 자들을 위해) 추가되었다. 마가가 기록한 세례 이야기 (막 1:9-11)는 우리가 이제껏 추적해 온 구약의 세계관과 연결되는 핵심적인 통찰을 제시한다.

⁹ 그때에 예수께서 갈릴리 나사렛으로부터 와서 요단 강에서 요한에게 세례를 받으시고 ¹⁰ 곧 물에서 올라오실새 하늘이 갈라짐과 성령이 비둘기 같이 자기에게 내려오심을 보시더니 ¹¹ 하늘로부터 소리가 나기를 너는 내 사랑하는 아들이라 내가 너를 기뻐하노라 하시니라.

이 단락에는 영어 번역에서는 제대로 전달되지 못한 두 가지 중요한 내용이 들어 있다.

첫째, 하늘의 "갈라짐"에 대한 마가의 언급이 의미심장하다. 헬라어 기본형은 '스키조'다. 학자들이 예수님의 물세례와 관련하여 마가가 선택한 이 단어에 주목하는 이유는 예수님과 사도들이 사용했던 (구약의 헬라어 역본인) 칠십인역의 '스키조' 용례 때문이다. 출애굽기 14:21에서 홍해의 기적적인 갈라짐을 묘사하기 위해 쓰인 단어가 바로 이 '스키조'였다. 이는 우연의 일치가 아니다.¹²

---

12. 마가복음에서 예수의 공생애 및 사역과 관련한 사건들을 새 출애굽으로 묘사하기 위해 구약을 사용한 용례에 대한 훌륭한 학술서가 있다. Rikki E. Watts, *Isaiah's New Exodus and Mark* (Tübingen: Mohr-Siebeck, 1997; rev. and repr., Grand Rapids, MI:

출애굽 사건에 대한 우리의 논의를 재고해 보자.[13] 애굽으로부터의 구원은 적대적인 신들에 대한 승리였다. 출애굽기 15:11에서 모세는 "신 중에 주와 같은 자가 누구니이까"라는 수사적 질문을 던졌다. 물론 답은 그런 자가 없다는 것이다. 출애굽은 종살이에서 해방된 사건이었다. 여호와가 백성을 애굽에서 건져내신 것은 그들을 한 나라로 다시 세우고 지상에 에덴 왕국의 통치를 재건하시기 위함이었다.

마가는 독자들에게 새 출애굽 사건이 벌어지고 있음을 알리고 싶어했다. 하나님 나라가 돌아왔다. 이번에는 나사렛 예수로 성육신한, 눈에 보이는 여호와가 인도하시므로 실패하지 않을 것이다.[14] 그 이미지는 이번 장 앞부분에서 살펴본 유다서 5절을 감안할 때 더욱 놀랍게 다가온다. 유다는 예수님이 백성을 애굽에서 건져내셨다고 한다. 그 구절에서 말하는 바는 인간의 형체로 나타난 여호와이자 눈에 보이는 천사가 애굽에서 이스라엘을 건져내어 약속의 땅으로 인도하셨다는 것이다(삿 2:1-2; 비교. 출 23:20-23).

둘째, 마가복음 1:11에서는 "너는 내 사랑하는 아들이라 내가 너를 기뻐하노라"는 하나님의 음성이 하늘로부터 임한다.[15] 우리는 이를 감격에 찬 선포로 보거나 말로 전하는 애정 표현으로 간주하는 경향이 있다. 사실 그보다 훨씬 많은 것이 담겨 있다. 하나님이 예수님을 "내

Baker Academic, 2001).
13. 참조. 19장.
14. 마가복음 속 다른 출애굽 모티프에 대해서는 다음을 참조하라. Watts, *Isaiah's New Exodus and Mark*.
15. 참조. 마 3:17; 눅 3:22.

사랑하는" 자라고 하셨을 때 하나님은 예수님의 왕권, 즉 다윗 왕권의 합당한 계승자로서 그의 신분을 인정하신 것이다.

여기서 핵심어는 "사랑하는"이다. 학자들은 다윗 보좌의 최초 계승자인 솔로몬에 대해서도 이 용어를 썼음을 주목한다. 영어 번역에서는 히브리어를 '여디디야'라는 고유명사로 번역했기에 이 점을 간파하기 어렵다. 사무엘하 12:24-25에서 솔로몬은 '여디디야'로 불린다.

> ²⁴ 다윗이 그의 아내 밧세바를 위로하고 그에게 들어가 그와 동침하였더니 그가 아들을 낳으매 그의 이름을 솔로몬이라 하니라 여호와께서 그를 사랑하사 ²⁵ 선지자 나단을 보내 그의 이름을 여디디야라 하시니.

문구를 주목하라. 나단은 여호와가 솔로몬에게 '여디디야'라는 이름 또는 단어를 부여하길 원하신다고 다윗에게 전했다. 히브리어 이름은 '여디댜후'이고, 이는 '사랑받는 자'를 뜻하는 또 다른 고유명사인 '다윗'(다위드)과 관련이 있다.¹⁶ 솔로몬에게 부여된 '여디디야'라는 이름은 솔로몬이 다윗 언약의 정당한 왕위 계승자임을 나타내는 명패가 된다.¹⁷ 예수님에 대해서도 동일한 메시지가 발신되었다. 하나님이 자

---

16. 히브리어 성경에서는 다윗이 두 가지 철자법으로 표기된다. 참조. Ludwig Koehler et al., *The Hebrew and Armaic Lexicon of the Old Testament* (Leiden, New York, Brill, 1999). 215.

17. 참조. Tryggve N. D. Mettinger, *King and Messiah: The Civil and Sacral Legitimation of the Israelite Kings* (Lund: C. W. K. Gleerup, 1976), 30-31; Nicolas Wyatt, "'Jedidiah' and Cognate Forms as a Title of Royal Legitimization," *Biblica* 66 (1985): 112-25 (republished in *"There's Such Divinity Doth Hedge a King": Selected Essays of Nicolas*

신의 음성으로 "이는 왕이요, 다윗 보좌의 합당한 계승자"라고 선포하신 것이다.

신약의 그 다음 이야기는 여호와가 나사렛 예수라는 사람으로 나타나신다는 소식을 공표할 누군가를 보내라고 천상회의에 요청하는 장면을 극적으로 재방문하는 것으로 시작된다. 이 정도는 적군이나 아군, 인간이나 신 등을 무론하고 누구나 훤히 이해할 수 있다. 그러나 왕의 출현 그 이면의 전략은 베일에 가려져 있다.[18] 때는 유다가 포로 생활에서 귀환한 지 5백년이 지난 후였다. 은밀하게 출생하고 성장했던 예수님이 물에서 나와 마침내 모습을 드러내셨고, 이로써 신의 영역과 인간의 영역을 넘나드는 지략 전쟁이 발발했다.

Wyatt on Royal Ideology in Ugaritic and Old Testament Literature, Society for Old Testament Study Monographs; [Farnham, Surrey: Ashgate, 2005], 13-22.
18. 참조. 28장.

32. 유명한 장소

바로 앞장에서 우리는 세례 요한과 메시아 예수님의 오심이 이사야 40장의 천상회의 본문을 배경으로 전개된다는 점을 살펴보았다. 요한의 출현과 예수님의 세례는 익숙한 일화지만 자칫 이사야가 제공하는 신학적 틀을 못 보고 넘어가기가 쉽다.

예수님이 하신 발언의 초자연적 배경 역시 간과하기가 쉽다. 지면의 제약상 몇 가지 사례만 언급하겠다. 지금쯤이면 독자들도 익숙해졌을 구약의 천상회의 세계관을 우주적 배경으로 놓고 보면 그 사례들이 쉽게 파악될 것이다. 심지어 너무 많은 사례들이 그런 세계관을 배경으로 함에도 불구하고, 복음서가 한 지점에서 다른 지점으로 이동하는 따분한 여행일지처럼 가르쳐지는 경우가 너무 많다. 사실 복음서는 훨씬 풍성한 내용을 담고 있다. 이번 장은 복음서에 대한 새로운 접근을 제시할 것이다.

내 아버지의 세상이다

앞장에서 우리는 어떻게 복음서가 예수님의 세례를 새 출애굽으로 묘사했는지를 살펴보았다. 물론 출애굽은 약속의 땅에서 실현될 하나님 나라 회복의 서막이었다. 이스라엘 백성들은 춤을 추고 모세는 "신 중에 주와 같은 자가 누구니이까"라고 노래했다. 모세가 이스라엘 백성을 이끌고 혼돈의 물과 이방신들의 거룩하지 않은 땅을 통과했던 것처럼, "모세와 같은 선지자"(행 3:22; 7:37)이신 예수님 역시 그 나라를 시작하시기 전에 먼저 (세례를 받으심으로) 물을 통과하셨다.

예수님의 사명은 단지 이스라엘이라는 단일 민족과 영토에 국한된 것이 아니었다. 여호와는 바벨에서 기존 열국을 하등한 신들의 통치 아래 두신 이후에 이스라엘을 창조하셨다. 성육신한 여호와의 오심은 그 열국을 되찾아오는 과정의 시작점이기도 했다. 그러나 어둠의 신들이 아무 저항 없이 순순히 자기 영역을 내어줄 리가 없었다. 그리고 전투는 예수님이 물에서 나와 미처 몸을 말릴 새도 없이 급박하게 시작되었다.

복음서 기자들이 우리에게 알려주는 바는 예수님이 세례를 받고 나서 곧바로 성령의 인도를 받아 마귀에게 시험을 받기 위해 광야로 가셨다는 것이다(마 4:1; 막 1:12; 눅 4:1-13). 그 사건이 일어난 장소를 생각해 보자. 다름 아닌 광야다. 이는 누가 봐도 문자적인 유대 광야를 가리키는 것이 틀림없지만(마 3:1), 거룩하지 않은 땅에 대한 은유이기도 했다.

우리는 그 구체적 사례를 이미 살펴보았다. 개념적으로 광야는 이스라엘이 아사셀을 포함한 '광야 귀신들'의 거처라고 믿었던 장소다.

아사셀 관련 자료가 특히 많은 메시지를 담고 있다. 앞에서 살펴본 것처럼 예수님 시대의 유대인은 속죄제로 '아사셀을 위한' 염소를 예루살렘 밖 광야로 내쫓고 돌아오지 못하게 벼랑 아래로 떠밀어 버리는 관습을 준행했다.[1] 광야는 귀신적인 것과 연관된 장소였으므로 이곳에서 예수님이 마귀와 만났다는 것은 놀랄 일이 아니었다.

그러나 왜 성령은 예수님이 광야로 가서 마귀와 대면하도록 인도했을까? 그 답을 얻으려면 앞장으로 돌아가 예수님의 세례와 하나님 나라의 회복을 새 출애굽 사건으로 제시한 복음서를 살펴봐야 한다. 구약에서 하나님의 아들인 이스라엘(출 4:23)은 바다를 통과한 다음(출 14-15장) 여호와의 나라를 재건하기 위해 가나안으로 향하는 여정에 광야로 들어갔다. 그러나 이스라엘은 도중에 여호와에 대한 믿음의 신실함이 흔들렸고(삿 2:11-15), 이스라엘 백성은 결국 광야를 본거지로 하는 적대적인 신적 권세들(귀신들)의 미혹을 받았다(신 32:15-20). 하나님의 메시아 아들이자 그 나라의 왕족 대표자인 예수님은 이스라엘이 실패한 바로 그 지점에서 성공하셨다. 다음은 프랜스의 고찰이다.

이 이야기를 이해하는 데 가장 의미심장한 열쇠는 예수님이 인용하신 구약의 세 구절에 있다. 모두 모세가 가나안 입성 전 이스라엘 백성에게 광야 40년의 경험을 상기시키며 했던 신명기 6-8장의 발언을 인용한 것이다. 광야는 준비기였고 하나님의 신실하심을 입증하는 시기였다. 하나님은 의도적으로 자기 백성에게 궁핍이라는 교과

---

1. 참조. 22장.

과정을 밟게 하셨다. 그들은 하나님을 신뢰하고 순종하며 산다는 것이 무엇을 의미하는지를 배워야 했고 또 배웠다…이제 또 다른 '하나님의 아들'이 신적인 부르심에 착수하기 위한 준비과정으로 40년이 아닌 40일 동안 광야에 계셨다. 그는 광야에서 동일한 시험에 직면하며 이스라엘이 너무도 불완전하게 파악한 교훈들을 익혀 나가신다. 하늘 아버지는 궁핍의 학교에서 예수님을 시험하셨고, 예수님은 마귀의 제안을 성공적으로 물리침으로 부자간의 유대를 다지고 앞으로 펼쳐질 충돌을 이겨낼 저력을 비축하셨다. 이스라엘의 약속의 땅 정복은 그들이 요단강에 당도했을 때 품었던 희망에 대한 미완의 성취로 끝났다. 하지만 이 새 '하나님의 아들'은 실패하지 않을 것이며 새 출애굽(우리는 그 인유를 2장에서 살펴보았다)은 성공할 것이다. "옛적 이스라엘이 넘어진 곳에서 새 이스라엘이신 그리스도는 굳건히 섰다…따라서 광야 시험 이야기는 예수님 자신이 참 이스라엘이며 '하나님의 아들'로서 하나님이 그 백성을 구속할 통로가 되실 것을 알리는 정교한 모형론의 제시다."[2]

예수님의 첫 번째 시험에서 사탄은 돌로 떡을 만들어 주린 배를 채우라고 유혹했다. 당연히 이 굶주림은 이스라엘이 가나안으로 가는 광야 여정에서 겪었던 문제다. 예수님은 신명기 8:3을 인용해 대답하

---

2. R. T. France, *The Gospel of Matthew*, New International Commentary on the New Testament (Grand Rapids, MI:Eerdmans, 2007), 128. 프랜스의 인용문 중 일부는 다음에서 재인용한 것이다. M. D. Goulder, *Midrash and Lection in Matthew* (London: SPCK, 1974), 245.

신다. "(여호와가) 너를 낮추시며 너를 주리게 하신 '다음', 또 너도 알지 못하며 네 조상들도 알지 못하던 만나를 네게 먹이신 것은 사람이 떡으로만 사는 것이 아니요 여호와의 입에서 나오는 모든 말씀으로 사는 줄을 네가 알게 하려 하심이니라." 예수님의 답변의 골자는 보이지 않는 여호와 한 분께만 신실할 것이며 다른 어떤 이에게도 복종하지 않겠다는 것이었다.

두 번째 유혹은 첫 번째 유혹과 비슷했다. 사탄은 예수님에게 성전 꼭대기에서 뛰어내려 자신이 천사들의 보호를 받는 하나님의 아들임을 입증해 보라고 도전했다. 예수님은 신명기 6:16을 인용하신다. 이 역시 여호와 한 분께만 복종해야 한다는 맥락이다. "너희가 맛사에서 시험한 것같이 너희의 하나님 여호와를 시험하지 말고 너희의 하나님 여호와께서 너희에게 명하신 명령과 증거와 규례를 삼가 지키며"(신 6:16-17).

마지막으로 궁극의 유혹이 임했고 그 지점은 예수님의 궁극의 사명, 곧 여호와께 속한 열국을 되찾아오는 사명이었다.

> [8] 마귀가 또 그를 데리고 지극히 높은 산으로 가서 천하 만국과 그 영광을 보여 [9] 이르되 만일 내게 엎드려 경배하면 이 모든 것을 네게 주리라(마 4:8-9).

사탄은 예수님께 여호와가 바벨에서 상속권을 박탈하셨던 열국을 주겠다고 제안한다. "세상의 통치자"(요 12:31)가 하는 제안이니 빈말만은 아니었을 것이다. 반역의 원조였던 창세기 3장의 '나하쉬'(비교. 계

12:9)가 신약시대에는 여호와의 반대진영의 우두머리로 등극했다.³ 이는 사탄이라는 용어를 인칭 고유명사로 그에게 귀속시키게 된 논리적 근거가 되었다. 또한 '나하쉬'가 내침을 당한 곳인 '에레츠'가 단지 땅을 뜻할 뿐 아니라 죽은 자의 영역인 스올을 가리키기도 한다는 점을 상기하라.⁴ 제2성전기와 신약신학에서 땅/스올을 자신의 권역으로 삼은 '원조 반역자' 나하쉬/사탄은 다른 모든 반역자들과 그들의 영역을 다스리는 가장 높은 권세로 인식되었다. 결과적으로 사탄은 신명기 32장 세계관에서 열국을 다스리는 신들을 통치하는 우두머리로 간주된 것이다.

만일 예수님이 유혹에 넘어가셨다면, 열국을 차지하기 위해서는 사탄의 허락을 '받아야 함'을 인정한 셈이 되었을 것이다. 그렇지 않다. 사탄은 궁극적으로 자신의 것이 아닌 하나님의 것에 대해 스스로 권세와 소유권을 가졌다고 착각했다. 예수님의 답변 이면의 메시지는 분명하다. 여호와가 자신의 때에 자신의 방법으로 열국을 '되찾으신다'는 것이다. 하나님은 열국을 얻기 위해 흥정을 벌이실 필요가 없었다.

---

3. 구약에서 히브리어 '사탄'(대적, 도전자)이 고유명사가 아니었음을 상기하라(참조. 8장). 영적 전쟁과 하나님을 대적하는 보이지 않는 세력의 위계질서에 대한 신학은 계시의 진전과 더불어 변화하고 발전했다. 참조. G. H. Twelftree, "Demon, Devil, Satan," in *Dictionary of Jesus and the Gospels* (ed. Joel B. Green and Scot McKnight; Downers Grove, IL:InterVarsity Press, 1992); T. Elgvin, "Belial, Beliar, Devil, Satan," in *Dictionary of New Testament Background: A Compendium of Contemporary Biblical Scholarship* (ed. Craig A. Evans and Stanley E. Porter; Downers Grove, IL: InterVarsity Press, 2000); Philip S. Alexander, "The Demonology of the Dead Sea Scrolls," in *The Dead Sea Scrolls after Fifty Years: A Comprehensive Assessment* (Leiden: Brill, 1998-99), 2:351-53.

4. 참조. 10-11장, 그리고 이 장의 9번 각주.

예수님은 하늘 아버지께 신실하셨다. 열국을 되찾는 일은 에덴에서 벌어진 타락의 여파로부터의 구원 및 구속과 연결되어 있었다. 따라서 만일 예수님이 사탄의 제안을 수락하셨다면 십자가 대속의 필요성이 훼손되었을 것이다.[5]

계속되는 대결

이 정면대결 직후에 예수님은 "성령의 능력으로 갈릴리에 돌아가" 갈릴리 지역 회당에서 말씀을 전하시고 나사렛 고향 사람들의 배척을 받으셨다(눅 4:14-15). 마태와 마가에 의하면, 예수님은 나사렛을 떠나 가버나움에 머무셨다(마 4:12-16). 가버나움은 예수님이 "회개하라 천국이 가까이 왔느니라"(마 4:17)라는, 단순하지만 시의적절한 메시지로 마침내 사역을 시작하신 곳이다. 그 후 예수님은 두 가지 일을 행하셨다. 먼저 첫 제자들(베드로, 안드레, 야고보, 요한)을 부르셨고, 그 다음 귀신들린 남자를 고치셨다(막 1:16-28; 눅 4:31-5:11). 성전$^{holy\ war}$이 시작된 것이다.[6]

---

5. 28장에서 내가 지적했고 37장에서 간략하게 논한 바와 같이 어둠의 권세들은 하나님의 구원 계획을 간파하지 못했다. 광야에서 사탄이 그랬던 것처럼 그들은 여호와의 메시아가 임할 것이며, 메시아의 목적이 열국을 여호와의 통치 아래로 되찾아오는 것임을 알았다. 그러나 그들은 그 계획의 뇌관이 메시아의 죽음이라는 것을 알아차리지 못했다. 메시아의 죽음, 장사, 부활은 결국 하나님의 가족을 그리스도와 연합한 한 몸인 교회로 재건할 것이었고, 이 교회는 '중성 할례'(circumcision neutral)이지, 아브라함의 육신적 후손에 결부된 것이 아니었다.
6. 다른 학자들은 어떻게 하나님 나라의 선포가 귀신 축출과 동시에 일어났는지를 주목했

믿기 어렵겠지만, 이는 성경 전체를 통틀어 인간에게서 귀신이 축출된 최초의 사건이었다. 구약에는 이런 사건 기록이 단 한 건도 없다. 예수님이 사탄의 시험을 물리치시고 승리를 거두신 직후에 연속적으로 일어난 귀신들의 패배는 지상에 하나님 나라가 세워지기 시작했음을 나타낸다. 예수님은 스스로 이 연관성을 아주 명백하게 밝히셨다. "내가 만일 하나님의 손을 힘입어 귀신을 쫓아낸다면 하나님의 나라가 이미 너희에게 임하였느니라"(눅 11:20). 그리고 구약에서 열국을 다스리는 하등한 신들인 엘로힘들이 귀신^{demon}으로 설정되었으므로 우리의 연구와 관련된 함의 역시 명백하다. 예수님의 사역이 열국의 탈환과 그 엘로힘들의 패배의 시작이라는 것이다.[7]

누가는 예수님이 최초의 축귀 사역 후 복음을 전하고 병을 고치며 더 많은 귀신을 쫓아내셨다고 기술한다. 예수님은 또한 더 많은 제자를 불러 모으셨다. 누가복음 9장에서 예수님은 열두 제자를 부르시고

다. 참조. Craig A. Evans, "Inaugurating the Kingdom of God and Defeating the Kingdom of Satan," *Bulletin for Biblical Research* 15.1 (2005): 49-75.

7. 신 32:8-9에서 세워진 열국의 신들과 신 32:17의 귀신들(히브리어로 '셰딤')의 연결점을 추적하려면 신 32:8-9을 신 4:19-20; 17:3; 29:25-26; 32:17과 비교해 보라. 이 구절들의 연관성 때문에 신명기 32:17에서 '셰딤'(귀신들)을 '엘로힘'(신들)으로 칭한 것이다. 많은 영역본에서는 이 모든 사실이 가려져 있으며, 문법과 구문을 무시한 매우 어색한 번역들이 많다. 참조. Michael S. Heiser, "Does Deuteronomy 32:17 Assume or Deny the Reality of Other Gods?" *Bible Translator* 59.3 (July 2008): 137-45. 이전 장들에서 지적했듯 '셰딤'이라는 용어의 어원은 아카디아어에서 수호신을 뜻하는 '샤두'이다. 신 32:17의 단어 선택은 신 32:8-9의 배경 및 우주적 지형을 고려할 때 적절하다. 즉, 열국은 다른 신들이 다스리는 영역이며, 다른 신들은 열국의 수호신들이다. 이 신적 존재들은 여호와의 권세 아래 여호와의 공의로 열국을 다스림으로써 열국이 이스라엘과 아브라함 언약 조항(창 12:3)을 통해 여호와께로 돌아올 길을 예비해야 했지만 그렇게 하지 않았다. 오히려 그들은 여호와의 자녀를 미혹하여 자신들을 숭배하게 했고, 이로써 자신들에게 맡겨진 소임의 경계를 범했다(시 82편).

그들에게 귀신을 제어할 능력과 권세를 부여하신 후에 하나님 나라를 선포하도록 파송하신다(9:1-6). (여호와의 영역인 이스라엘의 열두 지파에 상응하는) 열두 제자 선발의 상징적 메시지는 자명하다.

마치 이것으로는 부족하다는 듯, 예수님은 다음 장에서 뭔가 극적인 일을 행함으로써 그 의도를 더 명확하게 드러내며 바벨의 우주적 지형을 이해하는 이들에게 선명한 메시지를 전하신다.

> 그 후에 주께서 따로 칠십 인을 세우사 친히 가시려는 각 동네와 각 지역으로 둘씩 앞서 보내시며(눅 10:1).

예수님이 '칠십 인'의 제자를 파송하셨다. 이 수는 우연적인 것이 아니다.[8] '칠십'은 창세기 10장에 그 이름이 나열된 바벨에서 흩어 내버려진 열국의 수다. 칠십 인은 "기뻐하며 돌아와"(눅 10:17) 예수님에게 "주여 주의 이름이면 귀신들도 우리에게 항복하더이다!"라고 보고했다. 예수님은 이에 대해 "사탄이 하늘로부터 번개 같이 떨어지는 것을

---

8. 일부 역본은 70명이 아니라 72명으로 되어 있다. 두 가지 해석에 대한 신약 헬라어 사본상의 증거를 보면 그 차이가 매우 오래된 사본 전통들에서 비롯되었음을 알 수 있다. 그 차이는 창세기 10장에서 열국의 수를 72라고 한 칠십인역 기술에서 비롯된 것이다. 전통적인 마소라 본문에 나타난 열국의 숫자는 70이다. 결과적으로 어느 수든지 모두 바벨에서 분화된 열국에 상응하는 수이며, 신 32:8-9의 우주적 지형 세계관을 가리킨다. 외적 근거를 보자면, 우가리트의 천상회에 참여한 '엘의 아들들'의 수가 70명이었다. 이 증거를 감안한다면 전통적인 마소라 본문의 70이라는 숫자가 최상의 선택이다. 다음은 피츠마이어(Fitzymer)가 신 32:8을 고찰하며 쓴 글이다. "70이라는 숫자는 종종 창 10:2-31의 열국 목록에 나온 세상 나라들을 반영하며, 열두 제자는 이스라엘로 파송되지만 칠십인의 제자들은 이방인과 유대 디아스포라의 복음화를 담당할 주역을 상징한다"(Joseph A. Fitzmyer S. J., *The Gospel according to Luke X-XXIV: Introduction, Translation, and Notes*, Anchor Yale Bible 28A [New Haven: Yale University Press, 2008], 847).

내가 보았노라"(10:18)고 말씀하셨다. 그 함의는 분명하다. 예수님의 사역이 곧 사탄과 열국 신들의 몰락을 알리는 서막이라는 것이다. 대반전이 시작된 것이다.[9]

대반전의 최초 지점, 지옥의 문

어둠의 권세들에 맞선 영적 접전의 증거는 예수님의 공생애 전반에 걸쳐 드러난다. 가장 극적인 증거 중 하나가 마태복음 16:13-20에 있다. 예수님이 제자들과 함께 가이사랴 빌립보 지역으로 이동하시던 도중 "사람들이 나를 누구라 하느냐"는 그 유명한 질문을 제자들에게 던지

---

9. 신약은 '나하쉬'(뱀)와 계 12:9의 히브리어 '사탄'(대적)을 결부시켰다. 이를 보면 히브리어 성경에서 묘사한 '사탄'의 사법적 역할(욥 1-2장)은 주목할 만하다. 욥기에서 사탄의 역할은 온 땅을 두루 돌아다니는 것이었다. 욥 1-2장의 신적인 법정의 맥락에서 사탄이 두루 돌아다닌 표면적인 목적은 인류 중 누가 하나님께 순종하는가를 (또는 불순종하는가) 파악하기 위함이었다. 바로 그래서 하나님이 욥을 화제에 올리신 것이다. 사탄은 하나님의 평가와 하나님이 세상을 통치하시는 일의 정당성에 이의를 제기한다. 욥이 그 도전의 초점이 되고 욥의 진실성이 (그리고 그것이 암시하는 하나님의 진실성이) 도마에 오른다. 신약 저자들은 사탄의 고발자 역할을 전제로 눅 10:17-18에서 천국에서 사탄이 추방되었음을 전하며 하나님 나라의 시작과 함께 "형제를 고발하는 자"로서의 사탄의 역할이 끝났다는 신학적 메시지를 전한다. 하나님은 더 이상 하나님이 의인으로 여기시는 자에 대한 도전에 귀기울이지 않으신다. 메시아에 의한 하나님 나라의 출범이 의미하는 바는 죽은 자의 주(主)인 사탄이 하나님의 법정(회의)에서 그 나라에 속한 자를 정죄할 '법적' 권한을 가지지 못한다는 것이다. 욥 1-2장과 고발자에 대해서는 다음을 참조하라. Peggy Day, *An Adversary in Heaven: Satan in the Hebrew Bible*, Harvard Semitic Monographs 43 (Atlanta: Scholars Press, 1988), 79-83. 하나님의 법정을 학문적으로 다루고 히브리어 성경과 제2성전기를 거쳐 신약시대까지의 구성 개념을 추적하며 취급한 연구에 대해서는 다음을 참조하라. Meira Z., Kensky, *Trying Man, Trying God*, Wissenschaftliche Untersuchungen zum Neuen Testament 289, second series (Tübingen: Mohr-Siebeck, 2010).

신다. 베드로가 "주는 그리스도시요 살아계신 하나님의 아들이시니이다"라고 답하고 예수님은 베드로를 칭찬하신다.

> ¹⁷ 예수께서 대답하여 이르시되 바요나 시몬아 네가 복이 있도다 이를 네게 알게 한 이는 혈육이 아니요 하늘에 계신 내 아버지시니라 ¹⁸ 또 내가 네게 이르노니 너는 베드로라 내가 이 반석 위에 내 교회를 세우리니 지옥의 문(개역개정, "음부의 권세")이 이기지 못하리라(마 16:17-18, ESV).

이는 성경에서 가장 논란이 많은 본문 중 하나다. 로마 가톨릭은 이 구절을 근거로 예수님이 베드로를 초대 교회의 지도자(즉 초대 교황)로 삼으셨다고 주장한다. 로마 가톨릭과 반대자들 사이의 논쟁은 바로 이 구절로 수렴된다. 하지만 여기에는 훨씬 더 우주적인 어떤 일이 벌어지고 있다. 이 사건이 일어난 장소(가이사랴 빌립보)와 "지옥의 문"에 대한 언급이 예수님이 말씀하시는 "반석"의 배경이 된다.

거인 족속과의 전쟁에 대한 우리의 이전 논의 덕분에 독자들에게는 가이사랴 빌립보가 자리한 곳이 낯설지 않을 것이다.

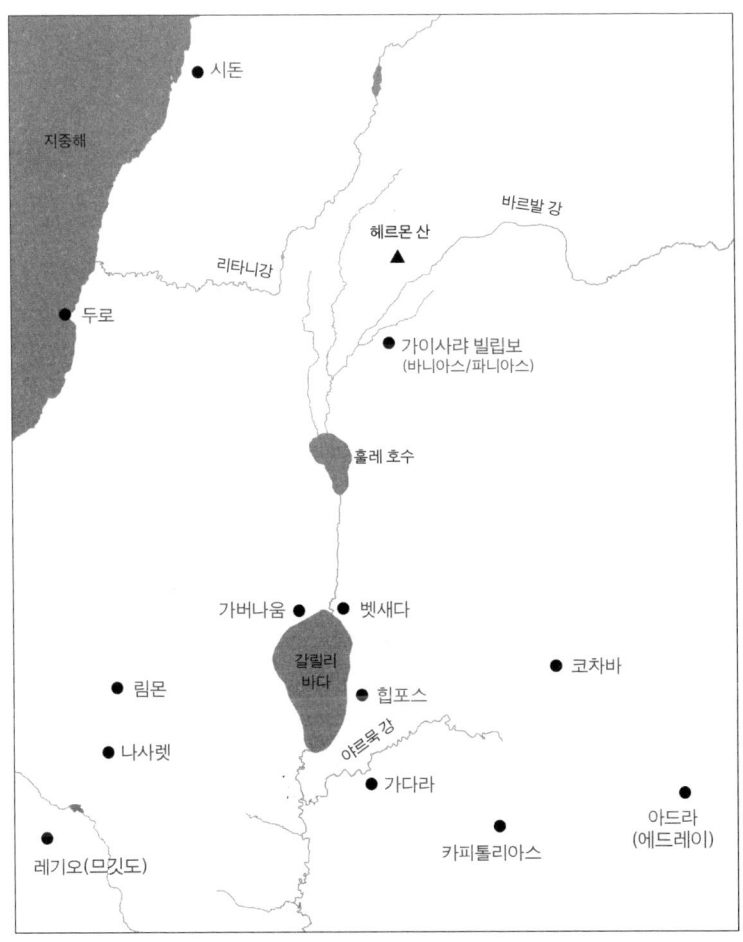

가이사랴 빌립보는 바르발 강 인근에 있다. 그 지리적 입지를 주목하면 예수님이 베드로에게 "이 반석"과 "지옥의 문"에 대한 유명한 말씀을 하셨을 때 정확히 무엇을 의미했는지를 알 수 있다.

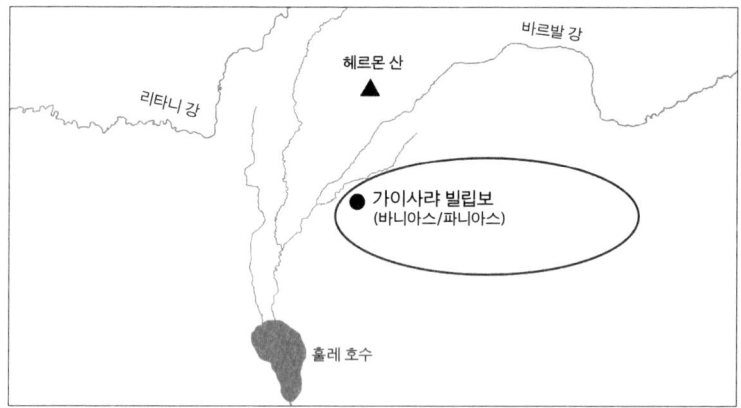

가이사랴 빌립보는 구약의 헤르몬 산 아래 "뱀의 자리"인 바산 지역 북쪽에 있었다.[10]

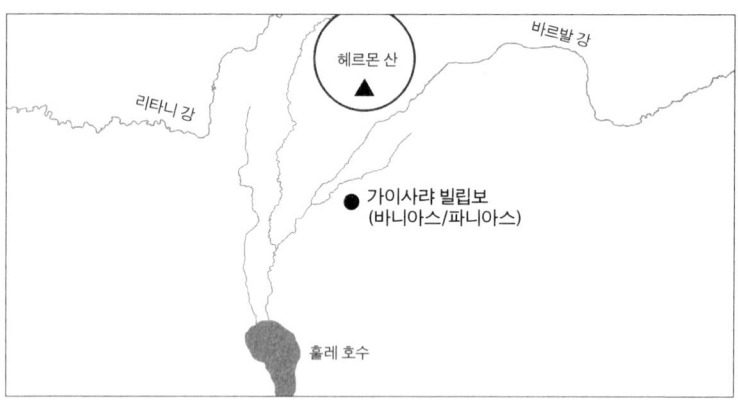

---

10. 참조. 24장. 성경 역사지리학을 연구하는 어떤 학자의 고찰이다. "가나안의 북방 경계선은 지중해에서 시작하여 게발(Gebal/Byblos) 북쪽의 호르산(Hor)까지 이어진다. 나르 이브라힘(Nahr 'Ibrahim)에 있는 아페카('Afqa)에서 비롯하여 레바논 계곡의 르보-하맛(Labweh)까지 뻗어나가 다마스커스와 요단 동편 바산 북부와 긴네렛 호수의 남단까지 아우른다…가나안 밖 요단동편(Extra Canaanite Transjordan)은 바산까지 아우른다…따라서 이스라엘 땅은 헤르몬 산, 바산, 길르앗, 아르논 강까지 닿는 평원(Mishor)으로 이뤄진 북부와 중부의 트랜스요르단(요단 동편) 지역을 포괄한다(Zecharia Kallai, "The Patriarchal Boundaries, Canaan, and the Land of Israel: Patterns and Application for Biblical Historiography," *Israel Exploration Journal* 47.1-2 [1997]: 71-73).

예수님 시대에도 영적 지배의 개념은 별반 달라진 게 없었다. 지도를 보면 가이사랴 빌립보의 다른 이름이 파니아스임을 알 수 있다. 다음은 초기 교회 역사가 유세비우스의 고찰이다. "오늘날까지 파니아스 앞의 산과 레바논은 헤르몬으로 알려져 있고 여러 나라가 헤르몬을 귀한 성지로 여긴다."[11]

파니아스는 고대사회에서 '판'이라는 이름의 신을 숭배하는 중심지이자, 또 예수님 시대에 사람들이 가이사 아구스도(아우구스투스)로 성육신했다고 믿었던 제우스 신의 신전이 있는 곳으로 유명했다.[12] 다음은 한 권위자의 고찰이다.

> 헤르몬 산과 그 인근에는 이십여 개가 넘는 신전들이 있다. 이는 페니키아 연안의 다른 지역에 비해 월등히 많은 수준이다. 신전들은 헤르몬 산 거민의 사교^{cult} 활동의 중심지였으며 가나안/페니키아의 일월성신을 섬기는 대표적인 야외 신당들이었다.[13]

위의 인용문에서 "일월성신"$^{celestial\ gods}$에 대한 언급은 바벨에서 열

---

11. 인용. Rami Arav, "Hermon, Mount (Place)", in *Anchor Yale Bible Dictionary* (ed. David Noel Freedman; New York: Doubleday, 1992), 159. 파니아스는 헬라어 '바니아스'의 아라비아 식 발음이다.
12. 참조. "Archaeological Sites in Israel-Banyas: Cult Center of the God Pan," at the website for the Israel Ministry of Foreign Affairs: htttp://www.mfa.gov.il/MFA/IsraelExperience/History/Pages/default.aspx. 바니아스/파니아스와 그 종교적 역사와 성경의 바산과 헤르몬과의 연계성에 대한 치밀한 학문적 연구는 다음을 참조하라. Judd. H. Burton, "Religion, Society, and Sacred Space at Banias: A Religious HIstory of Banias/Caesarea Phillippi, 21 BC-AD 1635"(PhD diss., Texas Tech University, 2010).
13. Arav, "Hermon, Mount(Place)," 159.

국을 다스리는 권한을 부여받은 하나님의 아들들(신 32:8-9), 즉 이스라엘이 숭배해선 안 되는 "천군"$^{host\ of\ heaven}$을 연상시킨다(신 4:19-20; 17:3; 29:25).

교회가 베드로의 지도력 위에 세워져야 한다는 로마 가톨릭의 주장은 베드로의 이름의 뜻이 '바위'^{stone}라는 주장을 근거로 한다.[14] 물론 베드로의 고백에는 언어유희적 요소가 있지만 나는 여기에 중요한 중의법이 있음을 제안하고자 한다. 즉, '반석'^{rock}은 예수님이 그 발언을 하신 산의 '소재지'를 가리킨 것이다. 이 관점에서 보면 베드로는 '이 반석'(이 '산' 곧 헤르몬 산)에서 예수님을 그리스도요 살아 계신 하나님의 아들로 고백한 것이다. 왜 그럴까? 이곳이 구약시대에 죽은 자의 세계로 들어가는 관문, 즉 '지옥의 문'으로 여겨졌기 때문이다.[15]

여기서 드러나는 신학적 메시지는 이루 말할 수 없이 극적이다. 예수님은 자신의 교회를 세우겠다고 말씀하시고 "지옥의 문"이 교회를 넘어서지 못할 것이라고 하신다. 우리는 이 표현을 보며 사탄과 그 귀신들을 용감하게 방어하는 하나님의 백성을 머릿속에 그리지만, 이는 완전히 엉뚱한 해석이다. 관문은 방어용 구조물이지 공격용 무기가 아니다. 공격수는 하나님 나라다.[16] 예수님은 신구약의 우주적 지형의 최

---

14. 베드로(Peter)라는 이름은 대략 바위(stone)를 뜻하는 헬라어 '페트로스'다. 마 16:18에서 반석(rock)으로 번역된 단어는 '페트로스'와 밀접하게 관련된 '페트라'(초석, 거대한 바위 구조물)이다. 참조. BDAG, 809. 베드로의 다른 이름은 '게바'(요 1:42; 갈 2:11)였는데, 이 또한 '반석'을 뜻하는 아람어 '케파'를 어원으로 하는 '케파스'의 음역이다. 그 언어유희에 대해서는 다음을 참조하라. Gerald L. Borchert, *John 1-11*, New American Commentary 25A (Nashville: Broadman & Holman, 1996), 143-44.

15. 참조. 24장.

16. 아래의 논의를 참조하라. John Nolland, *The Gospel of Matthew: A Commentary on*

초 지점에서 대반전이 시작되었음을 선포하셨다. 지옥의 문이 공격을 받았으며, 그 문들은 교회의 공략을 견디지 못할 것이다. 어느날 지옥은 사탄의 무덤이 될 것이다.

원수에게 미끼 던지기

상상하기 힘들겠지만, 영적 충돌은 베드로의 고백 이후 한층 더 첨예해진다.

독자들이 기억하듯, 헤르몬 산은 에녹1서와 같은 유대 문학에서 창세기 6:1-4의 하나님의 아들들이 여호와께 반역한 곳이었다. 예수님은 보이지 않는 원수들에게 아직 하실 말씀이 남아 있었다.

마태, 마가, 누가 모두 하나같이 예수님의 공생애에서 변화산 사건이 베드로의 그리스도 고백 후에 일어났다고 기술한다.

> [2] 엿새 후에 예수께서 베드로와 야고보와 요한을 데리시고 따로 높은 산에 올라가셨더니 그들 앞에서 변형되사 [3] 그 옷이 광채가 나며 세상에서 빨래하는 자가 그렇게 희게 할 수 없을 만큼 매우 희어졌더라 [4] 이에 엘리야가 모세와 함께 그들에게 나타나 예수와 더불어 말하거늘 [5] 베드로가 예수께 고하되 랍비여 우리가 여기 있는 것이 좋사오니 우리가 초막 셋을 짓되 하나는 주를 위하여, 하나는 모세를

---

the Greek Text, New International Greek Testament Commentary (Grand Rapids, MI: Eerdmans, 2005), 675.

위하여, 하나는 엘리야를 위하여 하사이다 하니 ⁶ 이는 그들이 몹시 무서워하므로 그가 무슨 말을 할지 알지 못함이더라 ⁷ 마침 구름이 와서 그들을 덮으며 구름 속에서 소리가 나되 이는 내 사랑하는 아들이니 너희는 그의 말을 들으라 하는지라 ⁸ 문득 둘러보니 아무도 보이지 아니하고 오직 예수와 자기들뿐이었더라(막 9:2-8).

우리는 이미 예수님과 관련하여 '내 사랑하는 자'라는 표현의 각별한 의미를 배웠다. 즉, 이는 다윗의 보좌, 곧 하나님의 지상 나라에 대한 합법적 계승자임을 나타내는 신적 칭호다.[17] 여기서 우리의 초점은 변화산 사건 그 자체에 있다.

많은 이들이 초기 교회 전승을 근거로 변화산이 다볼 산이라고 믿었다.[18] 이 전승에 대한 최초의 증언은 주후 4세기로 거슬러 올라간다.[19] 복음서에는 산의 이름이 구체적으로 명기되어 있지 않으므로 이 전승은 성경에 근거한 것은 아니다. 헤르몬 산(2590m)은 다볼 산(561m)보다 훨씬 높다. 이는 마가(그리고 마 17:1)의 "높은 산"이라는 묘

---

17. 참조. 31장.
18. 참조. G. Mussies, "Tabor" in *Dictionary of Deities and Demons in the Bible, 2nd ed.* (ed. Karel van der Toorn, Bob Becking, and Pieter W. van der Horst; Leiden; Boston; Cologne; Grand Rapids, MI; Cambridge: Brill; Eerdmans, 1999), 828.
19. 무지스(Mussies)의 글이다. "예루살렘의 키릴(348-c. 386 CE)이 이 전승을 지나가는 말로 언급했다. '그들(모세와 엘리야)은 예수가 다볼 산에서 변화되었을 때 예수와 함께 있었고 제자들에게 예수가 예루살렘에서 완수할 최후에 대해 이야기했다'(*Catech.* 12, 16). 그와 동시대 인물인 제롬(348-420 CE) 역시 유스토키움(Eustochium)에게 자기 어머니 파울라(Paula)가 근동을 여행한 이야기를 하던 중 가볍게 이 내용을 언급했다. '어머니는 주님이 변화하셨던 다볼 산에 오르셨다'(*Epistle* 108, 13)"(Mussies, "Tabor" in *Dictionary of Deities and Demons in the Bible*, 828).

사에 더 적합하다.[20] 다볼 산을 고집하는 학자들도 있지만, 많은 학자들이 가이사랴 빌립보가 헤르몬 산에 인접해 있고 양자 사이의 관계로 생성되는 상징적-종교적 연관성을 감안할 때 헤르몬 산이 더 논리적인 대안이라는 데 의견을 같이 한다.[21]

그럴 경우 그 이미지는 가히 충격적이다. 우리는 이미 베드로와 유다의 저술이 창세기 6:1-4의 하나님의 아들들, 곧 순찰자들의 계보에 대한 유대 전승의 영향을 받았음을 살펴보았다. 이제 우리는 그 전승에서 밝혔던 바로 그 장소에서 예수님의 변화 사건이 일어났음을 본다. 예수님은 베드로, 야고보, 요한에게 자신의 정확한 실체(육신을 덧입은 하나님의 영광/본질이자 성육신으로 가시화된 하나님의 이름)를 드러낼 장소로 헤르몬 산을 택하셨다. 그 의미는 자명하다. 나는 보이지 않는 세계의 적대적인 권세들에게 경고한다. 나는 내 것을 되찾기 위해 이 땅에 왔다. 하나님 나라가 가까이 왔다.

헤르몬 산 기슭에서 이루어진 베드로의 고백과 헤르몬 산의 거룩하지 않은 산등성이에서 일어난 예수님의 변화 사건 계시에 대한 이야기는 (특별히 마가복음이 제시하는) 예수님의 공생애에서 분수령을 이루는 지점이었다. 예수님은 변화산에서 출사표를 던지신 후 죽음을 향해 예루살렘으로 나아가기 시작하신다. 어떤 학자는 이를 이렇게

---

20. Avraham Negev, *The Archaeological Encyclopedia of the Holy Land*, 3rd ed. (New York: Prentice Hall Press, 1990); "Tabor, Mount (Place)," in *Anchor Yale Bible Dictionary*, vol. 6 (ed. David Noel Freedman; New York: Doubleday, 1992), 305.

21. 참조. John R. Rousseau and Rami Arav, *Jesus and His World: An Archaeological and Cultural Dictionary* (Minneapolis; Fortress, 1995), 209-10. 헤르몬 산은 시 68:15에 비추어봐도 더 설득력 있는 대안이다. 바산에 대한 추가 정보는 33-34장을 참조하라.

표현한다.

마가는 예수님 생애의 마지막 몇 주 또는 몇 달 동안의 동선에 대해 일관되고 역사적으로 개연성 있는 기술을 제시했다…실제로 마가 기술의 역사적 정확성을 인정할 만한 근거는 다분하다. 그 기간이 얼마나 되는지는 규명할 수 없다. 가이사랴 빌립보 인근에서 베드로의 그리스도 고백이 이루어진 거의 같은 시점에, 예수님은 대중이나 유력자들에게는 이런 인정을 받을 수 없으며 하나님 나라가 임하기 전에 예루살렘으로 올라가 말세의 수난을 당해야 한다는 확신을 표명하셨다.[22]

원수는 예수님의 정체를 알았다. 하지만 앞서 지적했듯, 어둠의 세력은 예수님의 계획까지 파악하진 못했다.[23] 예수님은 그들이 행동을 취하도록 미끼를 던지셨고 그들은 행동을 취했다. 예수님은 긴 밧줄을 던져주셨고, 그들은 그 줄로 자신들의 목을 감아 힘껏 잡아당기게 될 것이다. 예수님은 아버지가 자신을 위해 준비하신 잔을 마시고자 예루살렘으로 올라가실 것이다. 그러나 죽음의 도구야말로 하나님 나라의 강력한 출발의 기폭제가 될 것이었다.

---

22. 참조. Chester Charlton McCown, "The Geography of Jesus' Last Journey to Jerusalem," *Journal of Biblical Literature* 51:2 (1932):107-29. 맥카운은 대다수의 학자들과 같이 복음서 기술이 예수의 공생애에 대한 신뢰할 만한 전기를 제시한다고 보지 않는다. 오히려 각 복음서는 나름의 문학적-신학적 의제를 따라 쓰였고, 그래서 사복음서가 예수의 공생애를 기술하는 내용들에는 각기 지리적 차이가 나타난다. 맥카운은 마가복음이 가장 간결한 기록이며, 따라서 가장 신뢰할 만한 역사 기술이라고 본다.
23. 참조. 이번 장 5번 각주.

33. 유익한 죽음

구약시대에 바산으로 알려진 지역에서 앞서의 (가이사랴 빌립보에서의 베드로의 고백과 헤르몬 산에서의 예수님의 변화) 사건들이 일어날 무렵, 예수님은 죽음의 때가 신속하게 다가오고 있음을 아셨다. 예수님은 여러 해에 걸친 공생애 기간 중 다양한 방식으로 지능적인 악의 세력을 자극하여 정면대결을 촉발하셨다. 그 중에서도 다음 두 곳에서 예수님이 행하시고 말씀하신 내용이 유독 더 도발적이었다. 이는 계산된 행동이었다.

바산의 수소

사복음서 모두 예수님의 십자가 처형 장면을 각기 세부사항의 차이를 두고서 묘사한다. 그 중 마태복음의 묘사가 가장 치밀한 편이다.

³⁵ 그들이 예수를 십자가에 못 박은 후에 그 옷을 제비 뽑아 나누고 ³⁶ 거기 앉아 지키더라 ³⁷ 그 머리 위에 이는 유대인의 왕 예수라 쓴 죄패를 붙였더라 ³⁸ 이때에 예수와 함께 강도 둘이 십자가에 못 박히니 하나는 우편에, 하나는 좌편에 있더라 ³⁹ 지나가는 자들은 자기 머리를 흔들며 예수를 모욕하여 ⁴⁰ 이르되 성전을 헐고 사흘에 짓는 자여 네가 만일 하나님의 아들이어든 자기를 구원하고 십자가에서 내려오라 하며 ⁴¹ 그와 같이 대제사장들도 서기관들과 장로들과 함께 희롱하여 이르되 ⁴² 그가 남은 구원하였으되 자기는 구원할 수 없도다 그가 이스라엘의 왕이로다 지금 십자가에서 내려올지어다 그리하면 우리가 믿겠노라 ⁴³ 그가 하나님을 신뢰하니 하나님이 원하시면 이제 그를 구원하실지라 그의 말이 나는 하나님의 아들이라 하였도다 하며 ⁴⁴ 함께 십자가에 못 박힌 강도들도 이와 같이 욕하더라

⁴⁵ 제육시로부터 온 땅에 어둠이 임하여 제구시까지 계속되더니 ⁴⁶ 제구시쯤에 예수께서 크게 소리 질러 이르시되 엘리 엘리 라마 사박다니 하시니 이는 곧 나의 하나님, 나의 하나님, 어찌하여 나를 버리셨나이까 하는 뜻이라(마 27:35-46).

많은 독자들이 마태가 이 묘사에서 시편 22편을 좇아가고 있음을 알아챘을 것이다. 그 대응점들을 못 보고 넘기기란 거의 불가능하다.

마태복음 27장	시편 22편
그 옷을 제비 뽑아 나누고(35절).	내 겉옷을 나누며 속옷을 제비 뽑나이다(18절).

지나가는 자들은 자기 머리를 흔들며…그와 같이 대제사장들도 서기관들과 장로들과 함께 희롱하여(39, 41절).	나를 보는 자는 다 나를 비웃으며 입술을 비쭉거리고 머리를 흔들며 말하되…그들이 나를 주목하여 보고(7, 17절).
예수님께서 크게 소리 질러 이르시되 엘리 엘리 라마 사박다니 하시니 이는 곧 나의 하나님, 나의 하나님, 어찌하여 나를 버리셨나이까 하는 뜻이라(46절).	내 하나님이여 내 하나님이여 어찌 나를 버리셨나이까(1절).

마태복음 27장과 시편 22편 본문 사이의 연결고리는 분명하다. 이에 더하여 학자들은 오래전부터 시편 22편의 구성요소들이 십자가 처형을 당했을 때 입은 상해 및 상태에 대한 묘사와 일치한다는 사실에 주목했다.

- 나는 물 같이 쏟아졌으며 내 모든 뼈는 어그러졌으며(14절).
- 내 힘이 말라 질그릇 조각 같고 내 혀가 입천장에 붙었나이다(15절).[1]

---

1. 내가 16절(히브리어 본문으론 17절, "그들이 내 수족을 찔렀나이다")을 놓쳤다고 생각한 독자들도 있을 테지만 놓친 게 아니다. 대부분의 히브리어 필사본에서는 수족을 찔렀다는 언급이 없으며 다만 다음과 같은 분위기로 표현했을 따름이다. "사자(lion)처럼 그들이 내 수족에 있나이다"(LEB) 또는 "내 수족이 오그라들었나이다"(NRSV). 이 구절은 구약에서 가장 난해한 본문 중 하나라고 할 수 있다. 우리의 후속 논의와 관련하여 사자의 이미지를 주목해야 하는 이유는 이 이미지가 신약에서 마귀에게 적용되었기 때문이다(벧전 5:8). 찌름에 대해서는 슥 12:10을 참조하라. 이 절에 대한 학술자료는 풍성하다. 해석적 난제를 잘 예시하는 연구는 다음과 같다. John Kaltner, "Psalm 22:17b: Second Guessing 'The Old Guess,'" *Journal of Biblical Literature* 117:3 (1998): 503-06; Brent A. Strawn, "Psalm 22:17b: More Guessing," *Journal of Biblical Literature* 119:3

본문에 천상회의 세계관과 우주적 성전holy war이라는 맥락과의 연결점은 덜 분명하게 나타난다. 그럼에도 보이지 않는 세계에 대한 우리의 여정 이 시점에서 시편 22편을 처음부터 끝까지 읽는다면, 단번에 12절이 눈에 들어올 것이다. "많은 황소가 나를 에워싸며 바산의 힘센 소들이 나를 둘러쌌으며."

바산의 힘센 소들?

이제 우리는 바산이 신학적으로 풍성한 의미가 있다는 사실을 안다.[2] 바산은 구약판 지옥의 문, 곧 죽은 자의 지하세계로 들어가는 관문이다. 바산은 성경 외 자료에서는 "뱀serpent의 자리"로 알려져 있다. 유대인들은 창세기 6:1-4의 패역한 하나님의 아들들이 지상에 강림한 장소가 바산이었다고 믿었다.

단순화하면, 유대인들은 마귀와 죽음의 이미지를 불러오고 싶을 때 바산을 언급했다. 시편 22편의 구성요소들이 십자가 죽음에 대한 예시가 맞다면, 바산을 언급한 것도 그 배경에서 다뤄진 것이라고 보면 될 것이다. 그러나 바산에 대한 언급을 이해하려면 더 많은 배경 자료를 확보해야 한다.

나는 앞서 바산에 대한 논의에서 간략하게 북방의 단 지역에 사교

(2000): 439-51; Kristin M. Swenson, "Psalm 22:17: Circling around the Problem Again," *Journal of Biblical Literature* 123:4 (2004): 637-48.

2. 참조. 24장.

숭배의 신당이 존재했음을 언급했다. 그곳은 사마리아의 우상숭배로 악명이 높은 곳이었다. 사마리아는 솔로몬 사후 다윗 왕조를 등진 이스라엘 열 지파가 여로보암을 옹립하여 세운 패역한 북 이스라엘의 수도였다(왕상 12:25-33). 따라서 바산의 정체성 가운데는 ('셰딤', 즉 귀신으로 불린 신들인) 이방신 숭배가 있었다.

이는 우리가 "바산의 소들"이 등장하는 아모스 4장을 이해하는 데도 도움이 된다.

> ¹ 사마리아의 산에 있는 바산의 암소들아 이 말을 들으라 너희는 힘 없는 자를 학대하며 가난한 자를 압제하며 그들의 남편들에게(개역개정, "가장에게") 이르기를 술을 가져다가 우리로 마시게 하라 하는도다 ² 주 여호와께서 자기의 거룩함을 두고 맹세하시되 때가 너희에게 이를지라 사람이 갈고리로 너희를 끌어 가며 낚시로 너희의 남은 자들도 그리하리라 (암 4:1-2).

"바산의 암소들"이 그들의 남편들에게 말했다고 하기 때문에, 학자들은 보편적으로 아모스가 말한 바산의 암소가 황금 송아지 우상을 숭배한 북 이스라엘의 상류층 여자들이라는 데 의견을 같이 한다. 나는 이 의견에 굳이 반대할 생각은 없으나, 여기에 더 풍성한 의미가 있다고 본다.

아모스가 질타한 대상은 남자 제사장들과 더불어 이방신을 숭배한 신전의 여사제들일 수 있다. 상당히 그럴듯한 또 다른 해석은 바산의 암소들이 우상 형태의 신이라는 것이다. 그들의 범죄를 돌아보면 이 해석이 더 그럴듯하게 다가온다. "가난한 자(달림)를 압제하며" "힘

없는 자(에브요님)를 학대하며." 정확히 동일한 범죄로 부패한 엘로힘들을 고발하는 시편 82편에서도 이 두 히브리어 단어가 똑같이 사용되었다(시 82:3-4).[3]

우리의 목적에 한해서 보면, 바산에 대해 우리가 확실히 아는 점은 그것이 귀신의 권세와 확실한 연관성이 있다는 것이다. 비록 시편 22편의 원래 초점이 메시아는 아니지만 마태가 이 시편을 사용한 방식이 그 연관성을 확실하게 만들었다.[4] 시편 22편의 함의는 "바산의 소들"이, 즉 수천 년 간 여호와와 그의 자녀들을 대적한 마귀적인 엘로힘들이 죽음과 고통의 순간에 처한 예수님을 에워쌌다는 것이다.[5]

바산의 몰락

바산은 구약의 귀신들이 머무는 본거지였다. 그러나 그 용어가 연상

---

3. 만일 3절의 '하르몬'이라는 단어를 '헤르몬'으로 바꾸면 그 연관성은 한층 강화된다. 학자들은 '하르몬에 던져지리라'는 표현에 당혹스러워하는데, 이는 '하르몬'이라는 지명이 없기 때문이다. 본문을 바꿔 "쓰레기장"으로 해석한 학자들도 있지만, 대부분의 학자들은 원문을 '헤르몬'으로 읽어야 한다고 본다. '하르몬'에서 h소리를 내는 히브리어 철자(ח)는 케르몬/헤르몬(ה) 소리를 내는 글자와 생김새가 거의 동일하다. 따라서 대부분의 학자들은 이 난제가 단순한 필사의 오류라고 본다. 참조. Elmer H. Dyck, "Harmon(Place)," in *The Anchor Yale Bible Dictionary* (ed. David Noel Freedman, New York: Doubleday, 1992), 60-61.
4. 시편 22편에는 메시아(마쉬아흐)라는 단어가 전혀 등장하지 않는다. 메시아 예언의 암호적 속성에 대해서는 28장을 참조하라.
5. C. S. 루이스가 바산을 염두에 두고 쓴 글인지는 확신할 수 없지만, 『사자와 마녀와 옷장』 중 돌판 위에서 자발적으로 죽어가는 아슬란 주변을 하얀 마녀의 명령을 받는 기괴한 생물 떼가 에워싼 모습은 시 22:12의 논점에 대한 생생한 유비이다.

케 하는 온갖 어두운 이미지에도 불구하고, 구약에서 바산에 대한 언급이 죄다 음산한 것은 아니다. 시편 68:15-23은 여호와가 바산을 차지할 때를 묘사하고 있다.

> ¹⁵ 바산의 산은 하나님의 산임이여
> 바산의 산은 높은 산이로다
> ¹⁶ 너희 높은 산들아 어찌하여
> 하나님이 계시려 하는 산을 시기하여 보느냐
> 진실로 여호와께서 이 산에 영원히 계시리로다
> ¹⁷ 하나님의 병거는
> 천천이요 만만이라
> 주께서 그 중에 계심이 시내 산 성소에 계심 같도다
> ¹⁸ 주께서 높은 곳으로 오르시며 사로잡은 자들을 취하시고
> 선물들을 사람들에게서 받으시며
> 반역자들로부터도 받으시니 여호와 하나님이
> 그들과 함께 계시기 때문이로다.

이 단락에서 맨 먼저 시선을 끄는 대목은 악명 높은 바산의 산을 "하나님의 산"이라고 부른 점이다(68:15). "하나님의 산"이라는 표현은 실제 히브리어로는 '엘로힘의 산'(하르 엘로힘)이다. 이는 '하나님의 산' 또는 '신들의 산' 둘 다로 번역될 수 있음을 뜻한다.

'신들의 산'으로 번역하는 것이 '하나님의 산'보다 더 설득력이 있는 이유는 이 단락에 등장하는 두 산, 곧 바산과 시내산이 시편 초두에 대립하는 구도로 나오기 때문이다. 신들의 산(바산)이 여호와의 산인

시내산을 "시기하여 본다." 하나님은 시내산을 거처로 삼기 원하시고, 시편 기자는 바산에게 "왜 시기하느냐?"라고 묻는다. 만일 바산이 이미 여호와의 휘하에 있었다면 앞뒤가 맞지 않게 된다.

시편 기자는 서로 대비되는 연상 효과를 의도하고 있다. 구약에서 시내산은 여호와 및 이스라엘과 확고한 연관성을 가지고 있다. 바산은 시내산과 대척점에 있다. 바산은 불경건한 땅의 상징이다.

이 시편의 나머지 부분은 여호와와 그의 거룩한 군대가 바산을 공략하는 장면을 그리고 있다. 구약에서 이스라엘이 바산 공략 전쟁을 한 적이 없으므로, 그리고 17절이 신적인 군대에 대한 내용임이 분명하므로, 우리는 이 묘사가 영적 전쟁을 가리키는 것임을 안다. 신적인 용사인 여호와가 언젠가 바산의 견고한 진을 무너뜨리실 것이다. 여호와가 사로잡은 자를 줄줄이 끌고 그 산에서 내려오실 것이다(18절).

포로를 사로잡음

여호와가 한 무리의 포로를 끌고 오는 시편 68:18의 장면이 낯설지 않다면 바울이 에베소서 4장에서 이 구절을 인용했기 때문이다.

시편 68:18	에베소서 4:8
주께서 높은 곳으로 오르시며 사로잡힌 자들을 취하시고 선물들을 사람들에게서 받으시며(LEB).	그러므로 이르기를 "그가 위로 올라가실 때에 사로잡힌 자들의 무리를 이끄시고 사람들에게 선물을 주셨다" 하였도다(ESV).

자세히 살펴보면, 이 인용에는 문제점이 하나 있다. 바울이 인용한 시편 68:18은 예수님이 위로 올라가시며 인류에게 선물을 '주신다'고 한다. 즉 예수님이 시편 68편의 성취인 것이다. 그러나 구약 본문은 하나님이 올라가 선물을 '받으신다'고 한다.

이 상충하는 생각들을 조화시키려면 먼저 배경을 파악해야 한다.

시편 68편은 다른 고대 문헌, 고대 조각, 도상학圖像學을 통해 알려진 정복에 대한 표준적 묘사를 제공하고 있다. 승리한 군대의 사령관이 대오의 선봉에 서고 적의 포로들이 뒤따른다. 포로는 전쟁의 인간 전리품이다.

바울이 에베소서 4:8에서 시편 68:18을 인용하면서 염두에 둔 존재는 예수님이었다. 바울의 말을 둘러싼 해석상의 혼동은 너무 많은 주석가들이 에베소서 4장의 포로가 '해방된' 포로라고 전제한 것에서 비롯되었다. 그러나 실상은 그렇지 않다. 그런 개념은 익히 알려진 구약의 이미지와 완전히 상충된다. 해방은 없다. '정복'이 있을 뿐이다.

바울의 단어들은 예수님을 여호와와 동일시한다. 시편 68:18에서 마귀의 견고한 진을 정복한 자는 여호와다. 바울은 이를 예수님이라고 한다. 즉, 마귀적인 엘로힘인 "바산의 소들"로 에워싸였던 성육신한 둘째 여호와가 시편 68편의 이미지를 성취했다는 것이다. 예수님은 악한 신들에 대해 "(십자가로) 그들을 이기심으로써"(LEB) 그들의 "수치를 드러내셨다."(골 2:15, ESV). 해방이 아닌 정복의 관점에서 본다면 시편 68:18과 에베소서 4:8은 일치한다.

그렇다면 '주다'와 '받다'의 문제는 어떻게 해결되는 것일까? 바울의 문구가 정복이 일어났음을 부정하는 것은 아니다. 다만 바울은 정복의 '결과'를 지목할 따름이다.

고대사회에서 정복자는 포로를 구경거리 삼아 끌고 다니며 자신에게 조공을 바칠 것을 요구한다. 예수님은 시편 68편의 정복자시다. 따라서 전리품은 응당 예수님 차지다. 그러나 전리품은 정복전쟁 이후에 '배분'된다. 바울은 이 점을 알았다. 바울은 예수님이 원수 마귀를 정복하신 후에 정복에 따른 '은택'을 백성인 신자들에게 배분하신다는 논점을 전하고자 시편 68:10을 인용한 것이다. 구체적으로 그 은택이란 사도, 선지자, 복음 전도자, 목사, 교사다(엡 4:11).

그러나 바울은 어떻게 그런 생각을 하게 되었을까? 에베소서 4:9-10에서 바울이 보충설명을 제공한다.

시편 68:18	에베소서 4:8-10
주께서 높은 곳으로 오르시며 사로잡은 자들을 취하시고 선물들을 사람들에게서 받으시며(LEB).	그러므로 이르기를 그가 위로 올라가실 때에 사로잡은 자들의 무리를 이끄시고 사람들에게 선물을 주셨다 하였도다 (올라가셨다 하였은즉 낮은 곳, 땅으로 내리셨던 것이 아니면 무엇이냐? 내리셨던 그가 곧 모든 하늘 위에 오르신 자니 이는 만물을 충만하게 하려 하심이라)(ESV).

8절에서 그리스도의 정복은 (정복하고) 올라가신 후에 그의 백성에게 선물을 나눠주시는 것으로 귀결된다. 그러나 그 올라감은 ("땅 아래 낮은 곳으로") 내려감을 수반했다.

바울의 논리는 얼핏 보면 전혀 선명하지 않다. 도대체 어떤 올라감과 내려감에 대해 말하는 것인가? 본문은 사건들에 순서가 있는 건지, 아니면 적어도 어떤 의도한 순서가 있기는 한 건지 '여부'조차 분명하게 밝히지 않는다.

바울의 사고를 이해하는 열쇠는 '내려감'이다. 여기에 두 가지 가능한 설명이 있다. 가장 흔한 견해는 예수님이 죽으셨을 때 '이 땅의' 낮은 곳으로 강하하셨다는 것이다. 이렇게 에베소서 4:9을 해석한 역본이 많다. 이 경우 그 언어는 무덤과 (지하세계인) 우주적 스올 둘 다를 말한다. 신약의 다른 곳을 보면 예수님이 "옥에 있는 영들", 즉 창세기 6장의 범죄한 하나님의 아들들을 만나기 위해 지하세계로 내려가셨다는 내용이 있다(벧전 3:18-22).[6] 그러나 여기서 바울이 말하는 바가 그 방문은 아닐 것이다.

두 번째 견해는 내가 에베소서 4장의 번역으로 사용한 ESV 번역에 드러나 있다. ESV 성경은 "땅 아래 낮은 곳"lower parts of the earth이라고 하지 않고 쉼표를 써서 "낮은 곳, 땅"the lower regions, the earth이라고 했음을 주목하라. 쉼표의 효과는 예수님이 "낮은 곳으로, 즉 '땅'"으로 내려가셨다는 것이다. 이 해석이 문맥과 더 잘 맞아보이고(물론 선물은 지상[땅]의 사람들에게 주었다) 다른 구절에 대한 해석에도 이점이 따른다. 만일 이 해석이 맞다면, 9-10절의 내려감은 예수님이 무덤에서 보내신 시간이 아니라 예수님의 정복의 승천 이후에 오순절에 이 땅으로 오신 성령강림을 가리키는 것이 된다.

---

6. 참조. 12장.

예수님과 성령

이 견해는 올라감(승리)이 부활을, 내려감이 후일의 오순절 성령강림을 지목한다는 점에서 더 설득력이 있다. 둘 다 승리다. 그러나 여기서 당연하게 제기되는 질문이 하나 있다. 바울이 예수님과 성령을 혼동하고 있는 것은 아닐까?

어쩌면 우리가 진짜 물어야 할 질문은 성령이 어떤 면에서 예수님인가다. 이상하게 들리는 질문이지만 이는 사람이신 예수님이 어떻게 하나님인가라고 묻는 것과 유사하다. 그 답은 우리가 앞서 보았듯 예수님이 구약의 둘째 여호와, 곧 육신을 덧입은 여호와라는 데 있다. 성령도 마찬가지다. 성령이 곧 여호와이고 예수님이다. 성령은 예수님이지만 성육신하거나 육신을 덧입지는 않았다. 그렇다고 성령이 예수님이 아닌 것도 아니다. 이와 마찬가지로 예수님이 성부 여호와가 아닌 것도 아니다. 구약의 '두 여호와' 사상과 동일한 유형이 신약의 예수님과 성령에 대한 내용에서 발견된다. 이것이 바로 삼위일체 신학의 원천이다.[7]

---

[7]. 이 사상의 맹아는 구약에도 있다. 구약에서는 여호와의 천사와 하나님의 구분이 모호하며, 이와 마찬가지로 성령과 하나님 사이의 경계도 모호하다. 가령, 사 63:7-11의 광야 방황에 대한 기술에서는 여호와가 자신의 임재인 천사(9절)와 같이 언급된다(7절). 여호와가 이스라엘의 구원자이지만(8절), 천사 또한 구원자였다(9절). 그러니까 기자가 두 존재를 호환적으로 쓴 것이다. 10절에서는 이스라엘 백성이 "반역하여"(히브리어 '마라') 성령을 "근심케 하였다"(히브리어로 '아짜브'). 시 78:40-41이 사 63:7-11의 대응구인데, 이 시편에서는 반역과 근심케 함(히브리어 단어들은 똑같다)의 대상이 하나님의 익히 알려진 호칭인 "이스라엘의 거룩한 자"이다. 종합하면, 두 단락은 여호와, 천사, 성령을 교환적으로 사용한다. 겔 8장에서 선지자는 사람의 형체로 나타난 신적 존재를 본다(2절). 그 존재가 에스겔에게 손을 뻗었다. 그러므로 그는 육신을 덧입은 존재이기도 했다(3절) 그러

이런 배경을 놓고 볼 때 예수님과 성령이 동일시될 수 있다는 생각은 그리 이상한 것이 아니다. 사실 이런 생각은 신약 저자들이 성령에 대해 했던 말을 이해하는 데 도움이 된다.

예수님과 성령이 다른 위격이라는 점은 분명하다. 이는 예수님의 세례(마 3:16), 시험(마 4:1), 그 밖의 다른 구절들(마 28:18-20; 행 7:55)을 통해 여실히 드러난다. 예수님은 또한 그와 아버지가 성령을 보내실 것이라고 말씀하셨다(요 14:26; 15:26; 비교. 눅 24:49). 성령이 오셔서 신자들 안에 내주하시며 권능을 주실 것이다. 사도행전 2장의 오순절 사건이 성령강림의 표지다.

그러나 신약은 또한 성령을 예수님과 동일시하기도 한다.[8]

⁶ 성령이 아시아에서 말씀을 전하지 못하게 하시거늘 그들이 브루기아와 갈라디아 땅으로 다녀가 ⁷ 무시아 앞에 이르러 비두니아로 가고자 애쓰되 예수의 영이 허락하지 아니하시는지라(행 16:6-7).

⁹ 만일 너희 속에 하나님의 영이 거하시면 너희가 육신에 있지 아니하고 영에 있나니 누구든지 그리스도의 영이 없으면 그리스도의 사람

나 에스겔의 머리채를 잡아 들어올린 것은 주의 '영'(the Spirit)이라고 되어 있다(3절). 나중에 (5-6절) 그 존재는 에스겔에게 말하며 성전을 "나의 성소"라고 부른다. 이 존재가 "나의 성소"라고 언급했기 때문에 여호와와 동일시되는 성령일까 혹은 성령인 것처럼 보이기도 하는 육신을 덧입은 여호와일까? 여기서 요지는 이 단락의 언어가 세 위격(여호와, 육신을 덧입은 둘째 여호와, 성령) 간의 경계를 모호하게 한다는 것이다.

8. 이 구절들은 예수님과 하나님을 상호 교환할 수 있는(transposable) 존재로 만드는 효과가 있음을 주목하라(즉, 하나님의 영과 예수님의 영은 동일한 영이고, 따라서 예수님과 하나님은 호환가능하다[interchangeable]).

이 아니라 ¹⁰ 또 그리스도께서 너희 안에 계시면 몸은 죄로 말미암아 죽은 것이나 영은 의로 말미암아 살아 있는 것이니라(롬 8:9-10).

이것이 너희의 간구와 예수 그리스도의 성령의 도우심으로 나를 구원에 이르게 할 줄 아는 고로(빌 1:19).

⁴ 때가 차매 하나님이 그 아들을 보내사 여자에게서 나게 하시고 율법 아래에 나게 하신 것은 ⁵ 율법 아래에 있는 자들을 속량하시고 우리로 아들의 명분을 얻게 하려 하심이라 ⁶ 너희가 아들이므로 하나님이 그 아들의 영을 우리 마음 가운데 보내사 아빠 아버지라 부르게 하셨느니라(갈 4:4-6).

¹⁰ 이 구원에 대하여는 너희에게 임할 은혜를 예언하던 선지자들이 연구하고 부지런히 살펴서 ¹¹ 자기 속에 계신 그리스도의 영이 그 받으실 고난과 후에 받으실 영광을 미리 증언하여 누구를 또는 어떠한 때를 지시하시는지 상고하니라(벧전 1:10-11).

바울의 인용은 두 가지 중요한 면에서 우리의 이목을 집중시킨다. 첫째, 예수님의 십자가 희생은 우주의 악의 권세를 상징하는 바산의 몰락만을 뜻하는 것이 아니라 성령이라는 선물로 교회가 권능을 받는 촉발점이 되었다. 둘째, 그 승리와 권능의 부여는 또한 오순절과 관련이 있었다.

에베소서 4장에서 표현된 오순절에 대한 바울의 생각은 굉장히 절제된 발언이다. 실제로 오순절에 벌어진 일은 우주적 지형, 즉 신명기

32장의 세계관 없이는 이해할 수 없다. 복음서의 내용이 그렇듯, 사도행전 2장 역시 우리의 생각보다 훨씬 풍성한 내용이 그 이면에 담겨 있다.

34.
침투

해마다 수많은 기독교인이 오순절 사건을 기념한다. 사도행전 2장은 아마도 복음서 다음으로 우리에게 친숙한 신약 본문일 것이다. 그러나 여기에서 묘사된 사건은 정말 기이하게 들린다.

¹ 오순절 날이 이미 이르매 그들이 다같이 한 곳에 모였더니 ² 홀연히 하늘로부터 급하고 강한 바람 같은 소리가 있어 그들이 앉은 온 집에 가득하며 ³ 마치 불의 혀처럼 갈라지는 것들이 그들에게 보여 각 사람 위에 하나씩 임하여 있더니 ⁴ 그들이 다 성령의 충만함을 받고 성령이 말하게 하심을 따라 다른 언어들로 말하기를 시작하니라 ⁵ 그때에 경건한 유대인들이 천하 각국으로부터 와서 예루살렘에 머물러 있더니 ⁶ 이 소리가 나매 큰 무리가 모여 각각 자기의 방언으로 제자들이 말하는 것을 듣고 소동하여 ⁷ 다 놀라 신기하게 여겨 이르되 보라 이 말하는 사람들이 다 갈릴리 사람이 아니냐 ⁸ 우리가 우리

각 사람이 난 곳 방언으로 듣게 되는 것이 어찌 됨이냐 [9] 우리는 바대인과 메대인과 엘람인과 또 메소보다미아, 유대와 갑바도기아, 본도와 아시아, [10] 브루기아와 밤빌리아, 애굽과 및 구레네에 가까운 리비야 여러 지방에 사는 사람들과 로마로부터 온 나그네 곧 유대인과 유대교에 들어온 사람들과 [11] 그레데인과 아라비아인들이라 우리가 다 우리의 각 언어로 하나님의 큰 일을 말함을 듣는도다 하고 [12] 다 놀라며 당황하여 서로 이르되 이 어찌 된 일이냐 하며 [13] 또 어떤 이들은 조롱하여 이르되 그들이 새 술에 취하였다 하더라(행 2:1-13).

오순절 사건 기사에는 천상회의 이미지가 곳곳에 섞여 있으며 우리가 상세하게 논의했던 신명기 32장의 초자연적 세계관과도 분명한 연결점들이 보인다. 이를 파악하는 것이 사도행전 2장에서 일어나고 있는 일과 그 일이 여호와의 열국 탈환 및 에덴 복원 계획에서 어떤 역할을 차지하는지를 이해하는 열쇠다.

하나님의 위임

첫 번째로 오순절에 대한 기사에서 관심을 요하는 두 가지 논점은 "급하고 강한 바람"과 "불의 혀처럼 갈라지는 것"이다. 둘 다 하나님의 임재를 연상시키는 구약의 이미지다. 즉, 제자들은 옛적의 선지자들처럼 천상회의에서 하나님의 위임을 받고 있다.

휘몰아치는 바람은 엘리야(왕하 2:1, 11, "회오리 바람")와 욥(욥 38:1, 40:6, "폭풍우")이 하나님과 조우하는 장면에 나오는 익숙한 이미지다.

마찬가지로 에스겔이 신적 위임을 받을 때에도 보좌에 앉으신 여호와가 큰 바람과 함께 임하셨다(겔 1:4, "폭풍"). 휘몰아치는 바람 모티프는 종종 폭풍 이미지와 함께 나오며 여기에는 불(화염)이 포함되기도 한다(사 30:30).[1] 하나님의 임재를 묘사하는 데 '바람'이라는 요소가 들어가는 것은 '바람'으로 번역된 히브리어가 '영/성령'(루아흐)으로도 해석될 수 있음을 볼 때 설득력이 있다. 특히 에스겔의 사명 위임은 시사하는 바가 크다. 여호와가 바람과 함께 임하실 뿐 아니라 바람과 더불어 "번쩍번쩍하는 불"로도 임하시기 때문이다(겔 1:4). 타오르는 불은 보좌가 있는 천상회의 장면에 익숙한 요소다(예. 사 6:4, 6; 단 7:9). 이는 시내산 장면에서도 두드러지게 나타난다(출 3:2; 19:18; 20:18; 사 4:5).[2] 구약에서 불은 하나님의 임재, 곧 여호와의 영광과 본체의 가시적 현현을 상징하는 소재였다.[3] 이것은 하나님을 섬기는 신적 존재들을 묘사하는 한 가지 방식이기도 했다(삿 13:20; 시 104:4).[4]

---

1. 참조. E. J. Mabie, "Chaos," in *Dictionary of the Old Testament: Wisdom, Poetry & Writings* (ed. Trem- per Longman III and Peter Enns; Downers Grove, IL: InterVarsity Press, 2008), 41-54 (esp. 46-47).

2. 또한 참조. 삼하 22:9-13.

3. 또한 참조. 창 15:17; Patrick D. Miller, "Fire in the Mythology of Canaan and Israel," *Catholic Biblical Quarterly* 27 (1965): 256-61.

4. 창 3:24의 불꽃은 실제로 별개의 신적 존재를 묘사한 것일 수 있다(참조. Ronald Hendel, "'The Flame of the Whirling Sword': A Note on Genesis 3:24," *Journal of Biblical Literature* 104:4 [1985]: 671-74). 여호와의 보좌에서 수종드는 사 6:2, 6의 스랍(세라핌) 역시 (이 명사가 동사 '사라프'[불타다]의 파생어라면) 불타는 존재였을 가능성이 있다. 사실 스랍은 히브리어 명사 '사라프'(뱀)에서 파생되었을 가능성이 더 크다. 그렇다면 스랍이라는 단어를 이집트의 보좌 수호신에 대한 용어와 개념에서 끌어왔을 가능성도 있다. 이집트의 보좌 수호신 역시 불의 이미지와 관련이 있다. 참조. Philippe Provencal, "Regarding the Noun saraph in the Hebrew Bible," *Journal for the Study of the Old Testament* 29.3 (2005): 371-79.

천상회의 장면에 익숙한 독자들은 알 것이다. 사도행전 2장의 바람과 불이 그 자리에 모인 예수님의 제자들이 신적 만남 가운데 위임을 받고 있음을 알리는 장치라는 것을 말이다. 제자들은 예수님이 행하신 일에 대한 복음을 전하기 위해 선택된 자들이었다. 불은 보좌가 놓인 어전회의실과 제자들을 연결시켜준다. 혀는 그들이 위임받은 말씀 전하는 사역을 상징한다.[5]

다시 바벨로

얼핏 보면 오순절 기사가 구약의 우주적 지형 면에서나 신학적인 면에서 너무도 중요한 바벨탑 사건과는 별 연관성이 없는 것 같다. 그러나 이는 잘못된 생각이다.

오순절 본문에는 도저히 못보고 지나칠 수 없는 방식으로 바벨과의 연관성을 드러내는 두 핵심 단어가 있다. 바로 불타는 혀의 '갈라짐'[divided](헬라어로 '디아메리조')과 모든 열국에서 온 유대인 무리의 '소동

---

5. 오순절에 일어난 일은 전혀 의외의 사건이 아니었다. 예수님이 세례 받던 날 세례 요한은 예수님이 장차 "성령과 불"로 세례를 베푸실 것이라고 말한 바 있다. 하지만 오순절에 모인 제자 중 예수님이 세례 받던 곳에 있었던 사람은 분명 없었을 것이다(마 3:11; 눅 3:16). 그러나 우리가 행 1:1-5을 통해 아는 바는 예수님이 부활 후 성령을 보내겠다는 말씀과 함께 그 사건을 기다리라는 명령을 제자들에게 미리 주셨다는 것이다(참조. 요 14:26; 15:26; 눅 24:49; 요 7:39). 아울러 "성령과 불"의 세례가 성령과 불을 각기 별개로 받는 것처럼 들리지만, 단락의 문법과 구문상 두 요소의 동격화 또는 동일시가 가능하다. 즉, 두 요소가 같은 것을 말한다는 것이다. 이는 불이 하나님의 임재를 상징한다는 면에서 말이 된다. 참조. David L. Turner, *Matthew*, Baker Exegetical Commentary on the New Testament (Grand Rapids, MI: Baker Academic, 2008), 115-16.

함'confused(헬라어로 '쉰케오')이다.⁶

두 번째 단어 '쉰케오'(6절)는 칠십인역 창세기 11:7의 바벨탑 이야기에 나온다. "자, 우리가 내려가서 거기서 그들의 언어를 혼잡하게(칠십인역: 쉰케오) 하여."⁷ 오순절에 많은 열국이 예루살렘에 나타났다는 것은 바벨과의 또 다른 연결점이다. 각 나라들은 모국어를 가지고 있었다. 더 중요한 점은 사도행전 2:9-11에 등장한 모든 열국이 바벨에서 여호와에 의해 나뉠 때(갈라질 때) 상속권을 박탈당했다는 것이다.

또 다른 중요한 단어 (3절의 '디아메리조') 역시 칠십인역에 사용되었지만 창세기 11장에는 사용되지 않았다. 이 단어는 우주적 지형에 맞게 사고를 하는 사람이라면 응당 기대할 만한 곳에 등장한다. 바로 신명기 32:8이 그것이다("지극히 높으신 자가 민족들에게 기업을 주실 때에, 인종을 나누실[디아메리조] 때에…백성들의 경계를 정하셨도다").⁸ 이는 누가가

---

6. 두 번째 용어의 더 전문적이고 바른 음역은 '쉰케오'이다. 일반적으로 통용되는 본문의 음역은 발음상의 편의를 위한 것이다.

7. 소수의 신약 주석가들이 이 연결점을 발견했지만 구약학자들이 익히 알고 있던 천상회의 세계관이 결여되어 있었기에 그들은 이 연결점을 어떻게 해석해야 할지 알지 못했다. 바레트(C. K. Barrett)의 말이다. "이 단어의 사용은 바벨 이야기를 인유하려는 의도성을 시사한다. 하지만 그 단어 또는 단어들(쉰케인, 쉰퀴네인)은 흔히 사용되는 단어다(신약의 사도행전에서만 2:6; 9:22; 19:33; 21:27, 31에 사용되었다). 따라서 이것이 언어 분화로 인한 인류의 흩어짐의 반전이라는 생각을 너무 강하게 밀어붙이는 것은 지혜롭지 못하다"(*A Critical and Exegetical Commentary on the Acts of the Apostles, The Acts of the Apostles*, 2 vols. [Edinburgh: T&T Clark International, 2004], 119). 흩어짐의 반전이 '언어의 다양성'과는 '직접적인' 연관성이 전혀 없다는 바레트의 지적은 옳다. 그러나 신 32:8-9의 바벨탑 사건에서 여호와가 흩어 내버려두신 열국을 다시 되찾아 불러모으시는 것과는 긴밀한 연관성이 있다.

8. 칠십인역은 히브리어 '브네 엘로힘'(하나님의 아들들)을 '천사들'이라고 해석한다. 전체 논의에 대해서는 다음을 참조하라. Michael S. Heiser, "Deuteronomy 32:8 and the Sons of God," *Bibliotheca Sacra* 158 (January - March 2001): 52-74.

오순절 사건을 묘사하기 위해 칠십인역을, 그리고 구체적으로 창세기 11장과 신명기 32:8-9의 바벨탑 이야기를 끌어왔음을 강하게 시사하는 대목이다. 오순절에 일어난 일은 바벨에서 일어난 일과 모종의 관계가 있다. 대체 무슨 관계일까?

오순절에 혀들이 '갈라졌다'(디아메리조). 또는 오순절 무리에게 복음을 전하라는 위임을 받을 때 혀들이 제자들에게 '배분되었다'^{distributed}고 하는 게 더 맞을 것이다. 오순절을 기념하고자 예루살렘에 모인 유대인들이 예수님과 그의 부활에 대한 복음을 듣고 받아들였고, 예수님을 메시아로 영접한 그들은 그 소식을 가지고 자신들의 고향, 즉 열국으로 돌아갈 것이다. 바벨 사건에서 비롯된 열국의 상속권 박탈이 성육신한 둘째 여호와인 예수님과 그의 성령의 메시지로 말미암아 바로잡힐 것이다. 열국은 다시 예수님의 소유가 될 것이다.

온 땅으로 가라

사도행전 2장에서 진짜 놀라운 대목은 사람들이 종종 주의깊게 살피지 않은 채 지나가는 열국 목록이다. 누가가 기록하는 이 목록이 발신하는 신호를 이해하려면 창세기 11장으로 거슬러 올라가야 한다. 여기 창세기 11장에서 갈라진 창세기 10장의 민족들(열국)이 표시된 지도가 있다.[9]

---

9. 일부 성경 지도에는 '게델'(Gether)이 인도 근처로 나와 있지만 이는 전혀 사실과 맞지

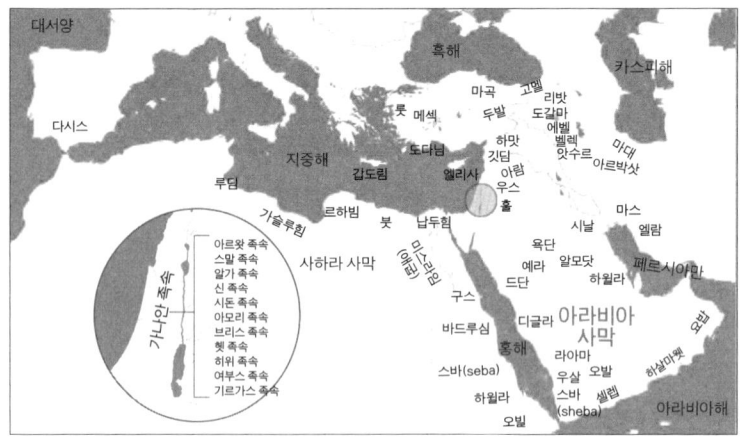

이 지도에서 무엇을 보는가? 여기서 우리는 창세기의 '열국 목록'이 창세기가 기록될 당시에 알려진 세계라는 점을 명심해야 한다. 구약은 성경 기자들이 살았던 고대 근동 시대의 산물이다. 구약에는 (또는 성경 어디에도) 중국, 남미, 북미, 호주 같은 지명이 등장하지 않는다. 따라서 창세기 11장과 신명기 32:8-9에서 열국의 상속권이 박탈당하는 사건에 대한 구약의 기록이 성경시대에 알려진 나라들에 기초한다는

않다. 베이커(David Baker)가 *Anchor Bible Dictionary*에서 한 지적이다. "열국 목록(창 10:23)에 의하면, 게델은 노아의 아들인 셈의 아들로서 아람인 또는 시리아인의 조상이다. 따라서 게델과 그의 자손은 셈족에 속한다. 대상 1:17의 해당 족보에서는 게델이 셈의 아들이자 아람의 형제로 나온다. 이는 초기 필사자가 있는 그대로 복제하는 과정에서 발생한 단순한 오류일 가능성이 크다. 즉 필사자가 첫줄을 누락하고 첫줄과 똑같이 '아람'이라는 단어로 끝나는 둘째 줄로 넘어감으로써 여전히 창세기에 남아 있는 '아람의 아들들'이라는 원문이 누락된 것이다. 아람과의 연관성이 아람 도시임을 시사하지만, 그 밖에 게델의 정체나 지리적 위치에 대해서는 거의 알려진 바가 없다(참조. David W. Baker, "Gether [Person]," in *The Anchor Yale Bible Dictionary* [ed. David Noel Freedman: New York: Doubleday, 1992], 997).

것이다. '열국 목록'은 동에서 서까지, 동부 메소포타미아부터 서쪽 끝 다시스까지(창 10:4) 당대에 알려진 나라들을 열거한 것이다. 우리가 현재 지브롤터 해협이라고 부르는 다시스 너머의 지역은 성경 기자들에게는 완전한 미지의 세계였다.

사도행전 2장의 열국 목록은 창세기 10장의 모든 이름을 단순히 반복한 것이 아니다. 다른 이름들이 여럿 있다. 그러나 사도행전의 목록을 관찰해 보면, 그 우주적 지형상의 중요성과 창세기 목록과의 상관관계가 드러난다.

첫째, 사도행전은 당대에 알려진 세계로의 복음 전파를 다루고 있다. 이 책은 성령을 만난 제자들이 알려진 세계에 예수님을 증거해야 한다는 사도행전 1:8의 진술로 시작한다. "오직 성령이 너희에게 임하시면 너희가 권능을 받고 예루살렘과 온 유대와 사마리아와 땅 끝까지 이르러 내 증인이 되리라." 누가와 사도 바울이 살던 시대의 "땅 끝"은 로마제국의 경계였다.

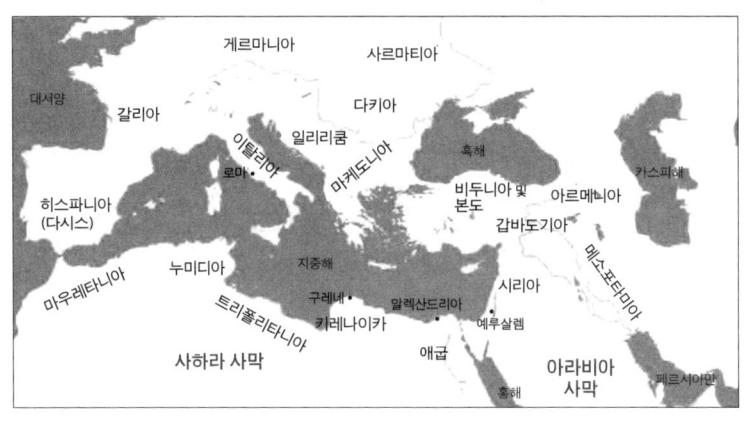

이로써 우리는 두 번째 중요한 고찰과 마주하게 된다. 바로 지리적

경계의 측면에서 사도행전에서 기록한 복음 전파의 범위는 알려진 세계의 동쪽 끝부터 서쪽 끝까지를 말한다는 것이다. 이 사실을 확립하려면 사도행전 2:9-11의 오순절 사건에서 열거한 나라들을 더 면밀히 검토해야 한다.

⁹ 우리는 바대인과 메대인과 엘람인과 또 메소보다미아, 유대와 갑바도기아, 본도와 아시아, ¹⁰ 브루기아와 밤빌리아, 애굽과 및 구레네에 가까운 리비야 여러 지방에 사는 사람들과 로마로부터 온 나그네 곧 유대인과 유대교에 들어온 사람들과 ¹¹ 그레데인과 아라비아인들이라 우리가 다 우리의 각 언어로 하나님의 큰 일을 말함을 듣는도다 하고(행 2:9-11).

사도행전 2장의 열국 목록에는 성령강림 및 제자들의 대위임 명령과 연결된 의미심장한 패턴이 있다. 이 목록은 "바대인과 메대인과 엘람인과 또 메소보다미아"로 시작한다(2:9). 신구약 중간기의 유대 문헌을 통해 우리가 아는 바로는 당시 바대(페르시아)에 유대인이 있었다는 것이다(마카비1서 15:15-22).[10] 이들은 포로기가 끝난 다음 예루살렘 귀환을 택하지 않고 바사로 귀화했다. 메대인은 구약에서 앗수르가 이스라엘의 열 지파를 사로잡아 강제 이주시킨 지역과 연관된 민족이다(왕하 17:6; 18:11). 바사인과 메대인은 구약에서 한 묶음으로 언급되며(에 1:19; 단 5:28; 6:8; 12,15) 메대의 왕들은 엘람인과도 같이 언급된다(렘 25:25). 그렇게 보면 사도행전의 열국 목록은 유대 거민이 살고 있는 동쪽 끝에서 시작해 서쪽으로 진행하고 있다.

사도행전의 목록은 메소포타미아를 거쳐 서진西進하다가 지중해에서 갈라지는 땅을 따라 자연스레 남과 북으로 갈라진다. 남쪽 갈림길은 유대와 아라비아를 거쳐 뻗어나간다.[11] 크레타 섬도 언급이 되어 있다. 바울은 남쪽과 북쪽 지역 모두로 복음을 가지고 갔다(딛 1:5; 갈 1:15-17). 대부분의 경우 바울의 선교 여정은 소아시아와 그리스를 통과하는 북쪽 경로를 따라갔다. 그러나 오순절에는 남쪽 경로에 있는 나라들에서 온 사람들도 있었다. 우리는 복음이 나일 강을 따라 에디오피아로 내려갔으며(행 8:26-40) 구레네에서 열매 맺었음을 안다(행

---

10. 마카비1서의 해당 구절은 로마제국 내 여러 지역에 사는 유대인에 대한 로마의 지원책을 다루고 있다. 22절의 아르사케스(Arsaces 또는 Arsakes)에 대한 언급은 아르사케스가 페르시아의 왕이었기에 우리가 논의하는 내용과 관련이 깊다. 또한 참조. Josephus, *Antiquities* 15.2.2 par. 14.
11. 학자들은 왜 유대인들이 외국어를 구사하는 이민족 집단으로 이뤄진 이 사도행전 목록에 들어가 있는지를 고민했다. 일부 초기 교부들은 이것이 본문상의 문제일 수 있다고 생각하여 다른 지명을 제안하기도 했다. 가장 자연스러운 해결책은 메소포타미아 이후에 언급되는 "유대"가 유프라테스부터 이집트까지 미치는 구약의 옛 다윗 왕국의 지경을 가리킨다고 보는 것이다. 다윗 왕국은 '비옥한 초승달 지대'(시리아와 다마스커스; 비교. 갈 1:15-21)의 대부분을 차지했다. 이 지역에는 외국인과 외국어가 포함되어 있었다.

11:20; 13:1).

오순절의 지역 목록은 계속 서진하여 로마까지 간다. 이 목록은 바벨론 유배의 영향으로 유대 거민이 남아 있던 동쪽에서 시작하여 서진함으로써 바울이 강조한 하나님의 복음전파 전략(복음은 먼저 유대인을 위한 것이고 그 다음 이방인을 위한 것이다. 롬 1:16)을 확증한다. 오순절로 말미암아 삼천 명이 예수님을 믿었고(행 2:41), 그 삼천 명의 유대인 회심자들이 오순절 순례 이후 자기 나라로 돌아갔다. 이 새로운 제자들이 여호와가 열국을 되찾으실 비전을 이룰 복음의 씨앗이었다.

사도행전은 바울이 구금 이후 가이사에게 항소하러 올라갔던 로마에서 끝난다. 그러므로 누가의 기술에서는 로마가 사도행전의 서쪽 끝이었다. 그러나 열국이 상속권을 박탈당한 사건을 되돌리려면 로마보다 더 멀리 가야 했다. 구약의 '열국 목록'에서 서쪽 끝지점은 다시스였다. 오순절에서 시작된 대반전의 패턴에 다시스도 포함될까? 놀랍게도 그렇다.

서바나로 가리라

신약과 초기 교회 전승이 시사하는 바는 바울이 옥에서 풀려난 후 로마에 의해 최종적으로 2차 구금되기 전에 '더 멀리' 서쪽으로 갔다는 것이다.[12] 사실 바울은 사도행전에서 언급된 로마 투옥 후 서바나로 가

---

12. 바울의 투옥과 순교에 대한 가장 치밀한 연구는 Harry W. Tajra, *The Martyrdom of St. Paul: Historical and Judicial Context, Traditions, and Legends*, vol. 3 (Tübingen:

리라는 확신을 사람들에게 피력했다. 로마 교인들에게 보낸 서신에서 바울은 서바나로 갈 의향을 두 번씩이나 밝힌 바 있다(롬 15:24, 28).

> ²² 그러므로 또한 내가 너희에게 가려 하던 것이 여러 번 막혔더니 ²³ 이제는 이 지방에 일할 곳이 없고 또 여러 해 전부터 언제든지 서바나로 갈 때에 너희에게 가기를 바라고 있었으니 ²⁴ 이는 지나가는 길에 너희를 보고 먼저 너희와 사귐으로 얼마간 기쁨을 가진 후에 너희가 그리로 보내주기를 바람이라 ²⁵ 그러나 이제는 내가 성도를 섬기는 일로 예루살렘에 가노니 ²⁶ 이는 마게도냐와 아가야 사람들이 예루살렘 성도 중 가난한 자들을 위하여 기쁘게 얼마를 연보하였음이라 ²⁷ 저희가 기뻐서 하였거니와 또한 저희는 그들에게 빚진 자니 만일 이방인들이 그들의 영적인 것을 나눠 가졌으면 육적인 것으로 그들을 섬기는 것이 마땅하니라 ²⁸ 그러므로 내가 이 일을 마치고 이 열매를 그들에게 확증한 후에 너희에게 들렀다가 서바나로 가리라 (롬 15:22-28).

Mohr Siebeck, 1994)이다. 타지라(Tajra)의 주장에 의하면, 로마 검찰의 무능으로 인해 정한 기한 내에 바울의 항소건이 종결되지 못했다. 그 결과 바울은 최소 2년여 간 석방되었고, 그 기간에 그는 스페인을 방문했다. 바울은 후에 네로 통치기에 재구속되었고 제국에 대해 반역을 기도한 혐의로 처형되었다. 유세비우스(주후 260-339년, *Hist. eccl.* 2.22), 무라토리아 정경(주후 170년경), 베드로행전(주후 2세기말), 로마의 클레멘트(주후 96년경, 제1차 고린도서신 5장)와 같은 초기교회 저술들에도 바울이 스페인을 방문했다는 믿음을 뒷받침하는 증거가 있다. 클레멘트는 바울이 석방 후 "서구의 가장 먼 경계"에 도달했다고 한다. 한 학자가 지적했듯 "서구의 가장 먼 경계"는 로마 작가들이 스페인을 칭하기 위해 종종 사용했던 표현으로서, 로마인에게 이는 이베리아 반도를 뜻하는 것일 수밖에 없다"(Otto F. A. Meinardus, "Paul's Missionary Journey to Spain: Tradition and Folklore," *The Biblical Archaeologist* [1978]: 61-63).

서바나가 우리와 무슨 상관이 있는가? 그리고 왜 바울은 그토록 그곳에 가고 싶어했을까? 바울 시대에는 서바나가 다시스가 있던 곳이었다. 다시스는 훗날 서바나가 된 페니키아의 식민지였다.

여기에는 깊은 뜻이 있다. 바울은 이방인, 즉 상속권을 박탈당한 열국의 사도로서 필생의 사명을 완수하려면 반드시 서바나로 가야 한다고 굳게 믿었던 것이다.[13] 믿기 어려운 이야기처럼 들리지만 바울은 예수님이 자신에게 주신 사명이 알려진 세계의 서쪽 끝인 다시스까지 복음을 전파하여 바벨에서 벌어진 열국의 상속권 박탈을 되돌리는 것이라는 의식을 가지고 있었다.

이방인의 충만한 수

바울은 로마서 11장에서 독자들에게 서바나로 가고 싶다는 말을 하기 전부터(롬 15:24, 28) 이런 신념을 시사했다. 이를 논하려면 바울이 열국, 즉 이방인을 되찾는 것에 관련된 구약의 본문들을 어떻게 추적했는지를 고찰해야 한다.

---

13. 바울의 언어를 보면 그가 서바나로 갈 것을 기대했음을 엿볼 수 있다. '호탄'과 동일한 가정법으로서의 '호스 안'에 대한 다음의 논의를 참조하라. Friedrich Blass, Albert Debrunner, and Robert Walter Funk, *A Greek Grammar of the New Testament and Other Early Christian Literature* (Chicago: University of Chicago Press, 1961), 237. 바울이 얼마나 긴박하게 서바나로 가기를 바랐는지에 대한 구약적 배경은 다음을 참조하라. Roger Aus, "Paul's Travel Plans to Spain and the 'Full Number of the Gentiles' of Rome XI 25," *Novum Testamentum* 21:3 (July, 1979): 232-62.

²⁵ 형제들아 너희가 스스로 지혜 있다 하면서 이 신비를 너희가 모르기를 내가 원하지 아니하노니 이 신비는 이방인의 충만한 수가 들어오기까지 이스라엘의 더러는 우둔하게 된 것이라 ²⁶ 그리하여 온 이스라엘이 구원을 받으리라 기록된 바 구원자가 시온에서 오사 야곱에게서 경건하지 않은 것을 돌이키시겠고 ²⁷ 내가 그들의 죄를 없이 할 때에 그들에게 이루어질 내 언약이 이것이라 함과 같으니라(롬 11:25-27).

바울은 "이 신비를 너희가 알기를 원한다"고 말한다. 무슨 신비를 말하는가? 하나님 자신의 분깃이자 아들인 이스라엘의 마음이 강퍅해졌다는 것이다. 얼마나 오랫동안 그렇다는 말인가? "이방인의 충만한 수가 들어오기까지"다. 왜 이방인의 편입이 중요할까? "그리하여 온 이스라엘이 구원을 받으리라." 바울은 상속권을 박탈당했던 열국에서 온 사람들을 이스라엘, 즉 여호와의 가족에 포함시킨다. 이 가족의 재결합은 "구원자가 시온에서 오실" 때에 비로소 일어날 것이다.

그러나 왜 바울은 "이방인의 충만한 수"를 서바나(다시스)와 결부시켰을까? 왜 바울은 자신의 인생과 사역이 거기에 다다를 때까지는 끝나지 않으리라고 믿었을까? 그것은 바울이 이사야 66:15-23을 알았기 때문이다. 이 구절은 단지 사도행전 2장뿐 아니라 다른 본문들과의 연관성을 통해서도 오순절 사건과의 상관관계를 드러낸다(앞장에서 우리는 바울이 에베소서 4장에서 예수님의 승리와 오순절 성령강림을 논하며 어떻게 [바산정복을 포함해] 시편 68편을 인용했는지 살펴보았다.) 나는 아래의 표에서 그 상관관계를 열거했고 읽는 데 참조할 만한 각주를 추가했다.

이사야 66:15-23	기타 본문과 각주
보라 여호와께서 불에 둘러싸여 강림하시리니 그의 수레들은 회오리바람 같으리로다 그가 혁혁한 위세로 노여움을 나타내시며 맹렬한 화염으로 책망하실 것이라 여호와께서 불과 칼로 모든 혈육에게 심판을 베푸신즉 여호와께 죽임 당할 자가 많으리니(15-16절).	홀연히 하늘로부터 급하고 강한 바람 같은 소리가 있어…마치 불의 혀처럼 갈라지는 것들이 그들에게 보여…(행 2:2-3). 바산의 산은 하나님의 산임이여…하나님이 계시려 하는 산…하나님의 병거는 천천이요 만만이라…주께서 높은 곳으로 오르시며 사로잡은 자들을 취하시고 선물들을 사람들에게서 받으시며…(시 68:15-18).
때가 이르면 뭇 나라와 언어가 다른 민족들을 모으리니 그들이 와서 나의 영광을(주1) 볼 것이며(18절).	그때에 경건한 유대인들이 천하 각국으로부터 와서 예루살렘에 머물러 있더니…이 소리가 나매 큰 무리가 모여 각각 자기의 방언으로…(행 2:5-6).
내가 그들 가운데에서 징조를 세워서 그들 가운데에서 도피한 자를(주2) 여러 나라 곧 다시스와 뿔과 활을 당기는 룻과(주3) 및 두발과 야완과 또 나의 명성을 듣지도 못하고 나의 영광을(주4) 보지도 못한 먼 섬들로 보내리니 그들이 나의 영광을 뭇 나라에 전파하리라(19절).	갑바도기아, 본도와 아시아, 브루기아와 밤빌리아(주5), 애굽과 및 구레네(주6)에 가까운 리비야…(행 2:9-10).

너희 모든 형제를(주7) 뭇 나라에서 나의 성산 예루살렘으로 말과 수레와 교자와 노새와 낙타에 태워다가 여호와께 예물로 드릴 것이요 나는 그 가운데에서 택하여 제사장과 레위인을 삼으리라 여호와의 말이니라(20-21절). 내가 지을 새 하늘과 새 땅이 내 앞에 항상 있는 것같이 너희 자손과 너희 이름이 항상 있으리라 여호와의 말이니라 여호와가 말하노라 매월 초하루와 매 안식일에 모든 혈육이 내 앞에 나아와 예배하리라(22-23절).	바울의 선교를 이방인에 대한 사도로 보라.

주1. 예루살렘은 이스라엘에서 하나님의 영광이 거하는 장소다.
주2. 유대인의 "도피한 자들"(survivors)은 유배생활에서 살아남은 유대인들이다. 이사야는 하나님이 유배 심판을 내리심으로 이스라엘과 유다인들이 결국으로 파송되어 거기서 여호와에 대한 지식을 전파할 것("그의 영광을 선포")이라고 예언했다. 바울은 오순절이 사 66:19의 성취라고 본다(즉, 예수를 영접한 유대인들이 자신이 살던 열국으로 돌아가 "하나님의 영광을 선포"했다). 20절 참조.
주3. LEB와 같은 일부 영역본은 이를 '뿔'로 옮겼지만(Pul, 개역개정도 포함), 실은 '붓'(Put, 칠십인역)이 되어야 맞다. 그 이유는 고대사에는 '뿔'이라는 이름으로 알려진 민족이나 나라가 없기 때문이다(ESV 참조). 칠십인역의 '붓'이 더 논리적이다. '붓'은 룻(Lud)과 더불어 구약의 다른 구절에서 종종 등장하는 나라다(예. 렘 46:9; 겔 27:10; 30:5; 38:5). 참조. Shalom M. Paul, *Isaiah 40-66: Translation and Commentary* (Eerdmans Critical Commentary, Grand Rapids, MI, Cambridge, UK: William B. Eerdmans Publishing Company, 2012), 627.
주4. 붓, 룻, 다시스, 야완은 모두 창 10장의 열국 목록에 등장하는 이름들이다. 붓과 룻은 북아프리카(이집트 서부)의 리비아와 구스(에디오피아)와 관련이 있다. 두발과 야완은 소아시아와 (이오니아 해의) 그리스에 해당한다. 참조. Shalom M. Paul, *Isaiah 40-66*, Eerdmans Critical Commentary, Grand Rapids, MI, 2012), 627-28, David W. Baker, "Lud(Person)," in *The Anchor Yale Bible Dictionary* (ed. David Noel Freedman, New York: Doubleday, 1992), 397.
주5. 이 지명들은 모두 실제로 소아시아에 있는 지명이다(오순절 관련 열국 지도 참조).
주6. 이 지명들은 모두 북아프리카에 실제로 있는 지명이다(오순절 관련 열국 지도 참조). 사도행전 8장에는 복음이 에디오피아로 전파되는 내용이 나온다.
주7. 달리 말하면 유대인 복음전도자들이 더 많은 사람들(이젠 '형제'로 부르는 이방인)을 "주님께 바치는 제물"로 데려온다는 것이다. 이는 온 이스라엘이 제사장 나라가 되어 열국에 대한 복의 통로가 된다는 아브라함 언약의 성취다(창 12:1-3).

왜 바울은 스페인(다시스)으로 가기 원했을까? 바울은 자신의 사역을 (여호와가 모든 나라[열국]의 백성을 자신의 자녀로 부르시겠다는) 이사야 66장 예언의 성취로 보았다. 바울은 자신이 "이방인의 충만한 수"를 채우기 위한 도구라고 믿었다. 도구로서 자신의 사역이 완수되고 그 수가 다 차고 나면 모든 참 이스라엘, 즉 예수님을 믿는 자들이 구원을 얻게 될 것이다(롬 11:25-27).[14] 다시스는 이사야 66장 목록에는 있지만 오순절 목록에는 없다. 오순절 목록에서 서쪽 끝지점은 로마다(행 2:10). 바울은 서바나(다시스)가 이사야 66장이 예언한 사명의 일부임을 알았다. 바울의 "이방인을 제물로 드리는 것이 성령 안에서 거룩하게 되어 받으실 만하게" 되기 위해서는 서바나가 필요했다(롬 15:16).

다락방을 가득 채운 유대인들이 성령으로부터 직접 위임을 받아 밖으로 나갔고, 그렇게 상속권을 박탈당했던 열국이 여호와의 가족으로 되돌아오는 과정이 시작되었다. 유대인들이 아는 세계와 알지 못했던 세계를 종횡무진하며 결국 전지구적 에덴으로 귀결되는, 누구도 멈출 수 없는 복음의 행군이 거기 오순절에서 시작되었다.

---

14. 이를 바울이 갈 3:7-9, 28-29에 쓴 말과 비교해 보라. "[7] 그런즉 믿음으로 말미암은 자들은 아브라함의 자손인 줄 알지어다 [8] 또 하나님이 이방을 믿음으로 말미암아 의로 정하실 것을 성경이 미리 알고 먼저 아브라함에게 복음을 전하되 모든 이방인이 너로 말미암아 복을 받으리라 하였느니라 [9] 그러므로 믿음으로 말미암은 자는 믿음이 있는 아브라함과 함께 복을 받느니라··[28] 너희는 유대인이나 헬라인이나 종이나 자유인이나 남자나 여자나 다 그리스도 예수 안에서 하나이니라 [29] 너희가 그리스도의 것이면 곧 아브라함의 자손이요 약속대로 유업을 이을 자니라."

35.
하나님의 아들들과 아브라함의 자손

우리는 상속권을 박탈당했던 열국을 되찾고 하나님의 통치를 회복하려는 하나님의 계획을 기술하는 데 많은 지면을 할애했다. 복습해 보자. 처음부터 여호와의 의도는 온 인류가 여호와의 지상가족이 되어 여호와와 그의 천상가족과 합력하여 통치하는 것이었다. 구약성경은 일련의 태곳적 반역으로 말미암아 여호와의 그런 염원이 깨지는 것을 그리고 있다. 그러나 원래 목표는 무산된 것이 아니라 지연됐을 뿐이었다. 바벨의 반역 사건 이후 여호와는 열국을 한켠에 제쳐놓으시고 아브라함을 부르심으로써 새로운 출발을 도모하셨다.

하지만 여호와가 한 남자와 그의 아내와 더불어 왕국 계획에 착수하실 때에도 열국을 잊지 않으셨다는 암시들이 있다. 하나님은 아브라함을 통해 열국이 복을 얻을 것이라고 하셨다(창 12:3). 그 복은 아브라함의 궁극의 아들인 메시아로 수렴될 것이다. 예수님의 부활 이후에 예수님과 구약의 선지자들이 약속한 성령이 오순절에 임했고 대반전이 시작됐다. 알려진 세계 속 모든 열국에 복음이 전해졌고 이로써 다른 신들에게 사로잡혀 있던 사람들이 여호와의 자녀로 변모했다.[1]

그리스도께 속하면 당신도 아브라함의 자손이다

우리는 바로 앞장에서 바울이 오순절 이후 하나님의 열국 침투 계획을 이해했으며, 다메섹 도상에서 예수님을 만난 후에는 그 계획에서 자신의 역할이 무엇인지도 이해했음을 살펴보았다. 바울은 서신서에서 하나님이 (상속권을 박탈하신 열국에 속한) 이방인을 어떻게 아브라함과 함께 시작하신 가족의 완전한 일원으로 삼으실지를 언급하며 이를 신비라고 했다. 여호와에 의해 상속권을 박탈당했던 이방인이 이젠 참하나님의 공동 상속자가 되었다. 바울이 대다수가 이방인이었던 에베소 교회에 쓴 편지다.

---

1. 그리스도인과 관련된 하나님의 아들 됨에 대한 상세한 학문적 연구가 있다. 참조. Brendan Byrne, *"Sons of God"-"Seed of Abraham": A Study of the Idea of the Sonship of God of All Christians in Paul Against the Jewish Background* (Analecta Biblica 83; Rome: Pontifical Biblical Institute Press, 1979); James M. Scott, *Adoption as Sons of God: An Exegetical Investigation Into the Background of Yiothesia in the Pauline Corpus* (Wissenschaftliche Untersuchungen zum Neuen Testament 48; Tübingen: Mohr Siebeck, 1992); Matthew Vellanichal, *The Divine Sonship of Christians in the Johannine Writings* (Analecta Biblica 72; Rome: Pontifical Biblical Institute Press, 1977). Shorter articles include: Michael Peppard, "Adopted and Begotten Sons of God: Paul and John on Divine Sonship," *Catholic Biblical Quarterly* 73:1 (Jan 2011):92-110; James Tabor, "Firstborn of Many Brothers: A Pauline Notion of Apotheosis,"(Society of Biblical Literature Seminar Papers 21; Chico: Calif.: Scholars Press, 1984), 295-303.

¹ 이러므로 그리스도 예수의 일로 너희 이방인을 위하여 갇힌 자 된 나 바울이 말하거니와 ² 너희를 위하여 내게 주신 하나님의 그 은혜의 경륜을 너희가 들었을 터이라 ³ 곧 계시로 내게 비밀을 알게 하신 것은 내가 먼저 간단히 기록함과 같으니 ⁴ 그것을 읽으면 내가 그리스도의 비밀을 깨달은 것을 너희가 알 수 있으리라 ⁵ 이제 그의 거룩한 사도들과 선지자들에게 성령으로 나타내신 것같이 다른 세대에서는 사람의 아들들에게 알리지 아니하셨으니 ⁶ 이는 이방인들이 복음으로 말미암아 그리스도 예수 안에서 함께 상속자가 되고 함께 지체가 되고 함께 약속에 참여하는 자가 됨이라(엡 3:1-6).

바울이 갈라디아 교회에 보낸 메시지도 마찬가지로 극적이다.

⁶ 아브라함이 하나님을 믿으매 그것을 그에게 의로 정하셨다 함과 같으니라 ⁷ 그런즉 믿음으로 말미암은 자들은 아브라함의 자손인 줄 알지어다 ⁸ 또 하나님이 이방을 믿음으로 말미암아 의로 정하실 것을 성경이 미리 알고 먼저 아브라함에게 복음을 전하되 모든 이방인이 너로 말미암아 복을 받으리라 하였느니라 ⁹ 그러므로 믿음으로 말미암은 자는 믿음이 있는 아브라함과 함께 복을 받느니라…²⁶ 너희가 다 믿음으로 말미암아 그리스도 예수 안에서 하나님의 아들이 되었으니 ²⁷ 누구든지 그리스도와 합하기 위하여 세례를 받은 자는 그리스도로 옷 입었느니라 ²⁸ 너희는 유대인이나 헬라인이나 종이나 자유인이나 남자나 여자나 다 그리스도 예수 안에서 하나이니라 ²⁹ 너희가 그리스도의 것이면 곧 아브라함의 자손이요 약속대로 유업을 이을 자니라(갈 3:6-9, 26-29).

그리스도 안에서 신자들은 "하나님의 아들들"이다. 유업^{inheritance}이라는 표현은 그 의미가 명쾌하기 그지없다. 이는 인간이 처음부터 하나님의 '가족'에 속하도록 지음받았다는 구약 사상에서 유래하고 발전된 개념이다. 신약 저자들이 교회의 본질을 말하는 대목에서 '구원받아 여호와의 가족이 되는 것'을 "입양", "상속자", "유업(기업)" 같은 단어로 줄곧 설명하는 것은 결코 우연한 일이 아니다. 신약 저자들은 교회의 본질이 '신적 존재들과 인간들로 구성된 하나님의 가족'의 재건이라고 보았던 것이다. 신자의 운명은 본래의 아담과 하와의 상태로 돌아가는 것이다. 즉, 불멸의 영화로운 하나님의 형상 담지자이자 하나님의 자녀로 하나님의 임재 안에 사는 것이다.² 우리가 구약 전반에 걸쳐 추적한 대서사의 맥락에서 이 신학적 메시지를 못 보고 넘어가기란 불가능하다.

¹¹ 자기 땅에 오매 자기 백성이 영접하지 아니하였으나 ¹² 영접하는 자 곧 그 이름을 믿는 자들에게는 하나님의 자녀가 되는 권세를 주셨으

---

2. 제2성전기 유대교의 천사론과 신약 기독교의 천사론의 천사-인간 관계에 대한 근래의 연구는 신자의 '천사화'(angelification) 또는 '신성화'(divinization)에 초점을 맞추고 있다. 일례로 이 소재에 집중한 한 학자는 인류는 본디 "천사의 형태를 지닌(angelomorphic) 신적 존재"였다고 결론 지었다(Crispin Fletcher-Louis, "The Worship of Divine Humanity as God's Image and the Worship of Jesus," in *The Jewish Roots of Christological Monotheism: Papers from the St. Andrews Conference on the Historical Origins of the Worship of Jesus* (ed. Carey C. Newman, James R. Davila, Gladys S. Lewis: Leiden: E. J. Brill, 1999), 112-128 (esp. 113-120). 또 다른 고찰이 있다. "인간을 천사에 비교하고 결부시키는 것은 바울 시대 유대 종교생활의 중요한 일면이었다"(Guy Williams, *The Spirit World in the Letters of Paul the Apostle, A Critical Examination of the Rold of Spiritual Beings in the Authentic Pauline Espistles*, Forschungen zur Religion und Literatur des Alten und Neuen Testaments 231 [Göttingen: Vandenhoeck & Ruprecht, 2008] 113-14).

니 ¹³ 이는 혈통으로나 육정으로나 사람의 뜻으로 나지 아니하고 오직 하나님께로부터 난 자들이니라(요 1:11-13).

¹ 보라 아버지께서 어떠한 사랑을 우리에게 베푸사 하나님의 자녀라 일컬음을 받게 하셨는가, 우리가 그러하도다 그러므로 세상이 우리를 알지 못함은 그를 알지 못함이라 ² 사랑하는 자들아 우리가 지금은 하나님의 자녀라 장래에 어떻게 될지는 아직 나타나지 아니하였으나 그가 나타나시면 우리가 그와 같을 줄을 아는 것은 그의 참모습 그대로 볼 것이기 때문이니(요일 3:1-2).

⁴ 때가 차매 하나님이 그 아들을 보내사 여자에게서 나게 하시고 율법 아래에 나게 하신 것은 ⁵ 율법 아래에 있는 자들을 속량하시고 우리로 아들의 명분을 얻게 하려 하심이라 ⁶ 너희가 아들이므로 하나님이 그 아들의 영을 우리 마음 가운데 보내사 아빠 아버지라 부르게 하셨느니라 ⁷ 그러므로 네가 이 후로는 종이 아니요 아들이니 아들이면 하나님으로 말미암아 유업을 받을 자니라(갈 4:4-7).

¹⁵ 너희는 다시 무서워하는 종의 영을 받지 아니하고 양자의 영을 받았으므로 우리가 아빠 아버지라고 부르짖느니라 ¹⁶ 성령이 친히 우리의 영과 더불어 우리가 하나님의 자녀인 것을 증언하시나니 ¹⁷ 자녀이면 또한 상속자 곧 하나님의 상속자요 그리스도와 함께 한 상속자니 우리가 그와 함께 영광을 받기 위하여 고난도 함께 받아야 할 것이니라(롬 8:15-17).

> ⁴ 곧 창세 전에 그리스도 안에서 우리를 택하사 우리로 사랑 안에서 그 앞에 거룩하고 흠이 없게 하시려고 ⁵ 그 기쁘신 뜻대로 우리를 예정하사 예수 그리스도로 말미암아 자기의 아들들이 되게 하셨으니 (엡 1:4-5).

물론 우리는 교회가 "그리스도의 몸"이라는 사고에 익숙하다. 분명 교회는 그리스도의 몸이 틀림없다. 그런데 이 표현은 가족 은유를 주목하게 한다. 교회가 '그리스도의 몸'이라는 개념은 (유대인이든 이방인이든) 신자가 그리스도의 육체적 성육신과 육체적 죽음과 육체적 부활을 통해 하나님 가족의 일원이 된다는 진실을 반영한다. 다시 바울을 인용해 보자. "이는 이방인들이 복음으로 말미암아 그리스도 예수 안에서 함께 상속자가 되고 함께 지체가 되고 함께 약속에 참여하는 자가 됨이라"(엡 3:6).

아브라함 계보의 선택받은 하나님의 아들들을 열국으로부터 부름 받은 하나님의 아들들과 하나 되게 하시는 분은 그리스도다. 그리스도의 십자가 사역이야말로 유배당한 자들과 상속권을 박탈당한 자들이 만나 하나의 새로운 실체를 형성하는 지점이다. 그러나 그것은 우리 정체성의 일부분에 불과하다.

상속자의 권한: 가족 기업에 대한 지분

신자는 하나님의 가족 그 이상이다. '하나님의 아들들'이 된다는 것은 하나님의 통치기구인 회의의 일원이 된다는 뜻도 된다. 신자에게는 하나님이 정해 주신 과업이 있다. 아담과 하와의 과업은 온 세상을 에덴으로 만드는 일이었다. 즉, 하나님의 왕국 통치를 확산시킴으로 우리가 아버지 되신 하나님의 사랑을 누릴 수 있게 하는 것이었다. 그 과업은 지금도 변함이 없다.

고대 이스라엘의 사고에서 하나님의 집은 하나님 가족이 사는 곳이자 회의가 소집되는 장소이기도 했음을 상기하라. 둘은 동일한 장소였으며 구성원도 동일했다. 신약도 마찬가지다. 신약 기자들은 가족 용어를 사용하여 교회를 묘사했다. 그들이 천상회의를 떠올리게 하는 구약의 용어를 사용한 것 역시 우연이 아니다. 에베소서 1:5, 11-19이 좋은 출발점이다.

> ⁵ 그 기쁘신 뜻대로 우리를 예정하사 예수 그리스도로 말미암아 자기의 아들들이 되게 하셨으니…¹¹ 모든 일을 그의 뜻의 결정대로 일하시는 이의 계획을 따라 우리가 예정을 입어 그 안에서 기업이 되었으니 ¹² 이는 우리가 그리스도 안에서 전부터 바라던 그의 영광의 찬송이 되게 하려 하심이라 ¹³ 그 안에서 너희도 진리의 말씀 곧 너희의 구원의 복음을 듣고 그 안에서 또한 믿어 약속의 성령으로 인치심을 받았으니 ¹⁴ 이는 우리 기업^{inheritance}의 보증이 되사 그 얻으신 것을 속량하시고 그의 영광을 찬송하게 하려 하심이라
> ¹⁵ 이로 말미암아 주 예수 안에서 너희 믿음과 모든 성도를 향한 사랑을 나도 듣고 ¹⁶ 내가 기도할 때에 기억하며 너희로 말미암아 감사하기를 그치지 아니하고 ¹⁷ 우리 주 예수 그리스도의 하나님, 영광의 아버지께서 지혜와 계시의 영을 너희에게 주사 하나님을 알게 하시고 ¹⁸ 너희 마음의 눈을 밝히사 그의 부르심의 소망이 무엇이며 성도 안

에서 그 기업의 영광의 풍성함이 무엇이며 ¹⁹ 그의 힘의 위력으로 역사하심을 따라 믿는 우리에게 베푸신 능력의 지극히 크심이 어떠한 것을 너희로 알게 하시기를 구하노라.

영어성경 본문에는 구약의 천상회의와의 중요한 연결고리 하나가 가려져 있다. 18절의 (그리고 신약의 다른 부분의) "성도"라는 단어는 '거룩한 자들'을 뜻하는 '하기오이'다. 바울은 에베소 교인들에게 신자는 "거룩한 자들 가운데"among the holy ones 영광스러운 기업을 가지고 있다고 말한다.

우리는 앞서 구약의 "거룩한 자들"이라는 표현을 논한 바 있다.[3] 이는 여호와의 천상회의에 참여한 신적 존재들을 일컫는 표현이었다(예. 욥 5:1; 15:15; 시 89:5-7; 슥 14:5). 히브리어로는 '케도쉼'이다. 신약 기자들이 사용한 구약의 헬라어 번역본인 칠십인역은 이 용어를 '하기오이'로 옮겼고, 에베소서 1:18에도 '하기오이'가 쓰였다. 아울러 우리는 앞서 구약에서 (다른 이방 신들을 숭배하는 죄를 범하여 유배를 당하는 비극에서 제외된 사람들) 특별히 믿는 이스라엘 사람들을 가리키는 표현으로 '케도쉼'을 사용했음을 살펴보았다(시 16:3; 34:8; 비교. 레 26:14-33).

우리는 앞서 30장에서 두 가지 용례가 결정적으로 다니엘 7장에서 수렴됨을 보았다. 그 핵심 장에서 인간의 형체를 한 둘째 여호와, 인자가 보좌에 앉으신 옛적부터 항상 계신 이로부터 영원한 왕국을 받는다. 그 왕국은 또한 (신적 존재와 인간으로 이루어진) 거룩한 자들에

---

3. 참조. 30장.

게도 주어진다(단 7:22, 27). 이 단락은 하나님 나라의 공동 통치 개념을 담고 있다.

바울은 에베소서에서 우리가 거룩한 자들 가운데 기업을 가지고 있다고 말함으로써 이 개념을 반향한다. 우리는 하나님의 신적 가족에 속한 상속자와 자녀일 뿐 아니라 예수님과 함께 통치하고 다스릴 권한을 상속받은 자들이다. 바울은 골로새서 1:11-13에서 우리의 왕국 기업을 다음과 같이 묘사했다. 바울이 골로새 교인들을 위해 한 기도다.

> ¹¹ 그의 영광의 힘을 따라 모든 능력으로 능하게 하시며 기쁨으로 모든 견딤과 오래 참음에 이르게 하시고 ¹² 우리로 하여금 빛 가운데서 성도(거룩한 자들)의 기업^{inheritance}의 부분을 얻기에 합당하게 하신 아버지께 감사하게 하시기를 원하노라 ¹³ 그가 우리를 어둠의 권세에서 건져내사 그의 사랑의 아들의 나라^{kingdom}로 옮기셨으니.

일단 열국이 복음을 통해 여호와께로 돌아오면, 신자들이 현재 열국을 지배하는 신적 존재들의 자리를 대신 차지하고 여호와의 자녀이자 공동 통치자로서 열국을 다스릴 것이다. 바울이 다른 곳에서 썼던 것처럼 신자들은 "천사들을 심판"할 것이다(고전 6:3; 개역개정, "천사들을 판단할 것").⁴ 요한도 계시록 2장에서 바울만큼이나 직접적으로 말했다.

---

4. 앞서 지적한 바와 같이 다른 학자들은 이 가르침을 신자 공동체의 '천사화'라고 부른다 (참조. Williams, *Spirit World in the Letters of Paul the Apostle*, 117-18).

²⁵ (예수께서 이르시되) 다만 너희에게 있는 것을 내가 올 때까지 굳게 잡으라 ²⁶ 이기는 자와 끝까지 내 일을 지키는 그에게 만국을 다스리는 권세를 주리니 ²⁷ 그가 철장을 가지고 그들을 다스려 질그릇 깨뜨리는 것과 같이 하리라 나도 내 아버지께 받은 것이 그러하니라 ²⁸ 내가 또 그에게 새벽 별을 주리라 (계 2:25-28).

이 단락의 위력은 요한이 요한계시록 2:27에서 인용한 시편 2편의 메시아 통치 묘사 구절에 있다("네가 철장으로 그들을 깨뜨림이여 질그릇 같이 부수리라"). 이 말씀 전에 여호와는 메시아에게 "너는 내 아들이라 오늘 내가 너를 낳았도다 내게 구하라 내가 이방 나라를 네 유업으로 주리니 네 소유가 땅 끝까지 이르리로다"라고 말씀하신다 (시 2:7-8). 메시아이신 예수님은 영원한 왕국을 상속받으신 다음 이를 재림 때까지 "이기는 자"인 자녀들과 공유하신다. 계시록 다음 장에서 요한이 우리에게 단도직입적으로 말하는 바는 이기는 자가 예수님과 함께 다스리고 통치하리라는 것이다.

²⁰ 볼지어다 내가 문 밖에 서서 두드리노니 누구든지 내 음성을 듣고 문을 열면 내가 그에게로 들어가 그와 더불어 먹고 그는 나와 더불어 먹으리라 ²¹ 이기는 그에게는 내가 내 보좌에 함께 앉게 하여 주기를 내가 이기고 아버지 보좌에 함께 앉은 것과 같이 하리라 (계 3:20-21).

신자의 운명은 단지 하나님의 집에 들어갈 입장권을 얻는 것에 그치지 않고 "거룩한 자들 가운데서" 예수님과 함께 다스리는 것이다 (엡 1:18).

새벽별

바로 앞에서 인용한 요한계시록 2:28에는 예사롭지 않은 표현이 있다. 예수님이 이기는 자에 대해 하신 "그에게 새벽별을 주리라"는 말씀이다. 이 기이한 표현은 예수님과 더불어 열국을 공동으로 통치한다는 개념에 힘을 실어준다.

'새벽별'이라는 표현은 우리를 다시 구약으로 인도한다. 구약은 때때로 천체 용어를 사용하여 신적 존재들을 묘사했는데, 욥 38:7이 대표적인 예다. "그때에 새벽별들이 기뻐 노래하며 하나님의 아들들이 다 기뻐 소리를 질렀느니라."[5] 고대인의 세계관에서 별들은 밝은 빛을 내는 살아 있는 신적 존재였다. 별들은 하늘에서 움직이며 인간 영역을 넘어선 곳에 존재하기 때문이다.

요한계시록 2:28의 새벽별 언어는 메시아와 관련 있다. 즉, 새벽별은 유다로부터 나올 한 신적 존재를 가리킨다. 이 점을 알려면 동시에 다른 두 구절을 살펴보아야 한다.

민수기 24:17에서 우리는 "한 별이 야곱에게서 나오며 한 규가 이스라엘에게서 일어나서"라는 예언을 접한다. 민수기 24:17은 (신약 기자들과 무관하게) 유대교에서 메시아 구절로 여겨졌다.[6] 달리 말하면, 학식 있는 독자들은 요한의 글을 읽을 때 새벽별이 문자적인 밝은 빛에 대한 것이 아님을 알았을 것이다. 새벽별은 메시아가 다스리시는 회복된

---

5. 또한 참조. 삿 5:20; 단 8:10; 12:3; 계 1:20; 12:4, 9.
6. 참조. Testament of Levi 18:3; Testament of Judah 24:1; 1QM 11:6-7; 4QTestim 9-13; CD 7:18-20.

하나님 나라가 밝아온다는 것을 말한다. 요한계시록 후반부에서 예수님은 새벽별이라는 표현을 사용해 자신의 메시아적 지위를 말씀하신다. "나는 다윗의 뿌리요 자손이니 곧 광명한 새벽 별이라"(계 22:16).

요한계시록 2장의 표현은 우리가 이 배경을 이해하고 읽을 때 더욱 위력적이다. 예수님은 자신이 요한계시록 22:16의 메시아적 새벽별이라고 '이야기'하실 뿐 아니라 "(이기는) 그에게 새벽별을 주리라"(계 2:28)고 하시며 예수님과 공동 통치할 권한을 우리에게 부여하신다.

이 사상이 사뭇 극적이지만 다음 장에서는 이 모든 것을 압도하고도 남을 사상을 살펴볼 것이다. 우리는 단지 하나님의 자녀이거나 하나님의 아들^{Son}의 공동 통치자가 아니다. 우리는 예수님의 '형제들'^{siblings}이며, 우리 각 사람이 예수님 곁에 서서 천상회의와 만날 것이다.

36.
엘로힘보다 못하게 하시며

지난 장은 우리의 삶을 뒤바꿀 만한 사상을 우리에게 소개했다. 즉, 우리는 하나님의 자녀이며, 현재 열국을 통치하고 있는, 신실하지 못하며 이미 패배한 하나님의 아들들의 자리를 대신 차지할 운명이라는 것이다. 예수 그리스도를 믿는 제자들이야말로 인류를 신적인 가족-회의에 합류시키고 에덴을 복원하려는 하나님 계획의 성취물이다.

그러나 이것이 이야기의 전부가 아니다. 우리는 예수님과 같이 될 것이다(요일 3:1-3). 우리는 신적 존재^{divine}가 될 것이다. 이번 장에서 나는 이것이 의미하는 바가 무엇이고, 의미하지 않는 바가 무엇인지를 상술할 것이다. 우선 우리의 죽음 이후에, 또는 예수님이 재림하실 때 우리가 살아 있다면 생전에 만나게 될 천상회의로부터 이야기를 풀어가 보자.

예수님, 천사들, 우리

신약에서 히브리서 1-2장만큼 천상회의 신학을 강력하게 나타내는 본문은 없다. 일단 천상회의 세계관을 이해하면, 이 장들의 의미가 풍성해진다. 현 시점까지 우리가 다룬 여러 용어와 개념을 아래 본문에서 확인하게 될 것이다.

> ¹ 옛적에 선지자들을 통하여 여러 부분과 여러 모양으로 우리 조상들에게 말씀하신 하나님이 ² 이 모든 날 마지막에는 아들을 통하여 우리에게 말씀하셨으니 이 아들을 만유의 상속자로 세우시고 또 그로 말미암아 모든 세계를 지으셨느니라 ³ 이는 하나님의 영광의 광채시요 그 본체의 형상이시라 그의 능력의 말씀으로 만물을 붙드시며 죄를 정결하게 하는 일을 하시고 높은 곳에 계신 지극히 크신 이의 우편에 앉으셨느니라 ⁴ 그가 천사보다 훨씬 뛰어남은 그들보다 더욱 아름다운 이름을 기업으로 얻으심이니(히 1:1-4).

예수님은 만유의 상속자시다. 그분은 여호와이시고, 전지구적 에덴에서 인류의 자리와 역할을 견고히 회복시키기 위해 육신이 되셨기 때문이다. 예수님은 천사들보다 뛰어나시다(4절). 기자는 5절과 6절에서 이를 설명한다.

> ⁵ 하나님께서 어느 때에 천사 중 누구에게
> 너는 내 아들이라
> 오늘 내가 너를 낳았다 하셨으며

> 또 다시
> 나는 그에게 아버지가 되고
> 그는 내게 아들이 되리라 하셨느냐
> ⁶ 또 그가 맏아들을 이끌어 세상에 다시 들어오게 하실 때에
> 하나님의 모든 천사들은 그에게 경배할지어다 말씀하시며(히 1:5-6).

예수님이 천사보다 뛰어난 이유는 하나님이 예수님을 아들로 낳으셨기 때문이다. 이 '낳다'begotten라는 용어는 현대 영어에서는 거의 쓰이지 않는 고어적 표현이다. 이 단어에는 '출산/생식'procreation부터 모호하게는 '생기게 하다'bring forth까지 폭넓은 의미가 있다.[1] 이 용어가 예수님이 어느 시점엔가 창조되었다는 의미로 사용되었을 리는 없다. 예수님은 인간의 형체로 계신 여호와 자신이며, 이 사상은 구약에서 비롯되었다.

이 용어에 대한 최상의 이해는 고유한 방식으로 나타났다는 의미로 '생기게 하다'이다. 그렇다면 이 경우에 '낳다'라는 용어는 여호와의 온전한 성육신을 가리킨다. 예수님은 경배 받아 마땅한 하나님의 독생자시다. 그분은 인간의 몸을 입으셨고 지금은 죽음에서 부활하신, 그러나 창조되지는 않은, 여호와의 본체시기 때문이다.

에덴 통치와 계획을 복원하려는 하나님의 시도 과정에서 이스라엘은 실패하여 넘어졌다. 이로 말미암아 우리는 하나님이 다시는 실패하지 않을 새로운 전략을 세우셨음을 보았다. 이는 구약에서 새 언약으

---

1. BDAG, 193-94.

로 알려져 있고(렘 31:31-33), 이 언약은 성령이 신자의 마음속에 하나님의 통치를 심으실 것이라는 내용이다. 하나님이 의지하실 대상은 자기 자신 밖에 없으셨다.

하나님의 원래 계획에 인간의 참여가 포함되어 있으므로 인류를 배제하는 것은 불가능했다. 해결책은 하나님이 직접 인간이 되어 새 에덴을 건설하는 데 필요한 일을 하시는 것이었다. 그래서 하나님 자신이 나사렛 예수님으로 사람이 되셨다. 예수님의 죽음과 부활이 그 촉매제였다. 그래서 예수님이 최후의 만찬 때 자신의 살과 피가 새 언약이라고 하셨던 것이다. 히브리서 기자는 예수님이 죽기까지 순종하시고 부활하시며 성령이 강림하신 결과를 제시하는 대목에서, 하나님의 계획을 언급하며 예수님과 천사 사이의 차이를 설명한다.

> [7] 또 천사들에 관하여는
> 그는 그의 천사들을 바람으로,
> 그의 사역자들을 불꽃으로 삼으시느니라 하셨으되
> [8] 아들에 관하여는
> 하나님이여 주의 보좌는 영영하며
> 주의 나라의 규는 공평한 규이니이다
> [9] 주께서 의를 사랑하시고 불법을 미워하셨으니
> 그러므로 하나님 곧 주의 하나님이 즐거움의 기름을 주께 부어
> 주를 동류들보다 뛰어나게 하셨도다 하였고
> [10] 또, 주여 태초에 주께서 땅의 기초를 두셨으며
> 하늘도 주의 손으로 지으신 바라
> [11] 그것들은 멸망할 것이나 오직 주는 영존할 것이요

> 그것들은 다 옷과 같이 낡아지리니
>
> ¹² 의복처럼 갈아입을 것이요
>
> 그것들은 옷과 같이 변할 것이나
>
> 주는 여전하여 연대가 다함이 없으리라 하였으나
>
> ¹³ 어느 때에 천사 중 누구에게
>
> 내가 네 원수로 네 발등상이 되게 하기까지
>
> 너는 내 우편에 앉아 있으라 하셨느냐
>
> ¹⁴ 모든 천사들은 섬기는 영으로서 구원 받을 상속자들을 위하여 섬기라고 보내심이 아니냐(히 1:7-14).

그 차이를 파악했는가? 예수님은 통치권과 지배권을 유업으로 받으셨지만 천사들은 그렇지 않다. 천사들은 "섬기는 영들"일 뿐이며, 구원을 상속받고 하나님의 가족으로 입양된 인간 신자들을 섬기는 자들이다.

우리가 바로 앞장에서 배운 바를 배경으로 놓고 보면 이는 가히 폭탄과도 같은 발언이다. 천사가 아닌 우리가 그리스도와 연합한 자라니. 우리야말로 통치의 신임장인 새벽별을 예수님에게 친히 받은 자들이다. 우리야말로 열국 위에 세워질 자들이다. 다시금 바울의 말을 되풀이하면 이렇다. "우리가 천사를 판단할 것을 너희가 알지 못하느냐"(고전 6:3).

히브리서 기자는 이 점을 알았다.

예수님, 천상회의에 속한 우리의 형제

히브리서 2장은 그리스도의 우월성과 그것이 신자들에게 의미하는 바를 설명한다.

> ¹ 그러므로 우리는 들은 것에 더욱 유념함으로 우리가 흘러 떠내려가지 않도록 함이 마땅하니라 ² 천사들을 통하여 하신 말씀이 견고하게 되어 모든 범죄함과 순종하지 아니함이 공정한 보응을 받았거든 ³ 우리가 이같이 큰 구원을 등한히 여기면 어찌 그 보응을 피하리요 이 구원은 처음에 주로 말씀하신 바요 들은 자들이 우리에게 확증한 바니 ⁴ 하나님도 표적들과 기사들과 여러 가지 능력과 및 자기의 뜻을 따라 성령이 나누어 주신 것으로써 그들과 함께 증언하셨느니라(히 2:1-4).

천사들을 시켜서 하신 말씀이 "견고하게 되어 모든 범죄함과 순종하지 아니함이 공정한 보응을 받았다"? 물론 천상회의가 시내산에서 율법 수여 장면을 목격하고 있었다.² 표적, 기사, 기적, 성령이 나누어 주신 것은 무엇인가? 오순절과 바산의 정복을 기억하는가?³ 바울은 오순절 성령강림이 어둠의 세력을 상징하는 바산의 패배가 실현된 것이라고 보았다(엡 4:8-10).

---

2. 참조. 21장.
3. 참조. 33장.

물론 오순절 성령강림은 열국을 되찾는 일의 시작이었다. 히브리서 2:5-8에 의하면 이 상속권을 박탈당한 열국에게 다시 상속권을 부여하시는 일$^{re\text{-}inheritance}$의 최종 결과는 그 열국을 가장 우월하신 그리스도로부터 권한을 부여받은 신자들이 통치하는 것이다.

> ⁵ 하나님이 우리가 말하는 바 장차 올 세상을 천사들에게
> 복종하게 하심이 아니니라
> ⁶ 그러나 누구인가가 어디에서 증언하여 이르되
> 사람이 무엇이기에 주께서 그를 생각하시며
> 인자가 무엇이기에 주께서 그를 돌보시나이까
> ⁷ 그를 잠시 동안 천사보다 못하게 하시며
> 영광과 존귀로 관을 씌우시며
> ⁸ 만물을 그 발 아래에 복종하게 하셨느니라(히 2:5-8).

이 땅이 하나님의 신적인 가족(천사들)이 아닌 하나님의 인간 가족에게 속하도록 창조되었음을 히브리서가 분명히 밝히고 있음을 주목하라. 천상회의가 에덴에서 하나님과 함께 했고 하늘과 땅은 원래 하나가 될 것이었으나 하나님의 선한 세계를 관리하는 과업은 우리 인간의 몫이었다. 하나님의 계획은 우리가 하나님의 신적인 가족-회의에 비해 열등한 존재였음에도 불구하고 그렇게 하기로 되어 있다.

히브리서 2:6-8에 인용된 구약 본문은 시편 8:4-6이다. 히브리어 원문은 인류가 "엘로힘보다 조금 못하게" 창조되었다고 되어 있다. 이는 에덴에 있을 때도 그랬다. 인간은 엘로힘들보다 못했다. 하지만 하나님의 계획은 인류를 승격시켜 하나님의 가족으로 편입시키고 하나

님의 새 지상 영역을 맡기시는 것이었다.[4]

⁸ 만물을 그 발 아래에 복종하게 하셨느니라 하였으니 만물로 그에게 복종하게 하셨은즉 복종하지 않은 것이 하나도 없어야 하겠으나 지금 우리가 만물이 아직 그에게 복종하고 있는 것을 보지 못하고 ⁹ 오직 우리가 천사들보다 잠시 동안 못하게 하심을 입은 자 곧 죽음의 고난 받으심으로 말미암아 영광과 존귀로 관을 쓰신 예수를 보니 이를 행하심은 하나님의 은혜로 말미암아 모든 사람을 위하여 죽음을 맛보려 하심이라(히 2:8-9).

히브리서 1장에 언급되는 (여호와의 본체이신) 둘째 여호와는 모든 이를 위하여 죽음을 당하고자 사람으로 성육신하셨다. 그리고 그의 인간되심으로 말미암아 우리가 그의 형제자매siblings가 된다. 언젠가는

---

4. 이로 인해 초기 기독교 사상가들은 천상회의의 일원으로서 하나님께 신임을 받던 하나님의 보좌를 호위하는 천사가 시기심으로 인류에 대해 계책을 꾸몄다고 추측했다. 그 예로 Apocalypse of Sedrach 5:1-2이 있다. "세드라흐가 그에게 말하기를 나의 주인이시여 아담이 속은 것은 당신의 뜻으로 인함이니이다. 당신이 천사들에게 아담을 경배하도록 명하셨지만 천사 중 으뜸인 자가 당신의 명을 어기고 아담을 경배하지 않았나이다. 당신의 계명을 범하고 당신이 손으로 지으신 피조물을 (경배하고자) 앞으로 나오지 않았다는 이유로 당신은 그를 추방하셨나이다."(James H. Charlesworth, ed. *The Old Testament Pseudepigrapha* [New Haven: Yale University Press, 1983], 1:610). 또한 참조. *Life of Adam and Eve* 16. 이 주제를 다루고 있는 학술서는 G. A. Anderson, "The Exultation of Adam and *the fall* of Satan," *Journal of Jewish Thought and Philosophy* 6:1 (1997): 105-134 (=G. Anderson, M. E. Stone, and J. Trump, eds., *Literature on Adam and Eve: Collected Essays*, Studia in Veteris Testamenti Pseudepigraphica 15 [Leiden: Brill, 2000], 83-110), C. L. Patton, "Adam as the Image of God: An Exploration of *the fall* of Satan in the Life of Adam and Even," *Society of Biblical Literature Seminar Papers* 33 (ed. E. H. Lovering Jr., Atlanta: Society of Biblical Literature, 1994), 294-300.

예수님이 우리를 천상회의와 만나게 하실 것이며, 우리 같은 사람됨을 부끄러워하지 않으실 것이다. 예수님이 우리처럼 되신 것은 우리가 그처럼 되기 위함이었다.

> [10] 그러므로 만물이 그를 위하고 또한 그로 말미암은 이가 많은 아들들을 이끌어 영광에 들어가게 하시는 일에 그들의 구원의 창시자를 고난을 통하여 온전하게 하심이 합당하도다 [11] 거룩하게 하시는 이와 거룩하게 함을 입은 자들이 다 한 근원에서 난지라 그러므로 형제라 부르시기를 부끄러워하지 아니하시고 [12] 이르시되
> 내가 주의 이름을 내 형제들에게 선포하고
> 내가 주를 집회 가운데서^{in the midst of the assembly} 찬송하리라 하셨으며
> [13] 또 다시
> 내가 그를 의지하리라 하시고
> 또 다시
> 볼지어다 나와 및 하나님께서 내게 주신 자녀라 하셨으니
> [14] 자녀들은 혈과 육에 속하였으매 그도 또한 같은 모양으로 혈과 육을 함께 지니심은 죽음을 통하여 죽음의 세력을 잡은 자 곧 마귀를 멸하시며 [15] 또 죽기를 무서워하므로 한평생 매여 종 노릇 하는 모든 자들을 놓아 주려 하심이니(히 2:10-15).

믿기 어려울 정도로 놀라운 본문이다. 10절은 예수님이 하나님의 공동 창조자라고 하면서도 예수님이 인간이 되셨다고 한다. 바로 이 예수님이 많은 아들들을 신적 가족으로 데리고 들어가셨다. 예수님은 천상회의의 엘로힘들 앞에서 자신의 사람됨을 (잠시 낮은 존재가 된 것을) 부

끄러워하기는커녕 도리어 크게 기뻐하신다. 예수님은 천상회의 가운데 서서 ("집회 가운데서", 개역개정, "교회 중에서") 우리를 소개하신다. 볼지어다, 나를 보라, 그리고 여호와가 나에게 주신 자녀들을 보라. 우리는 이제 하나가 되었고 영원토록 함께 할 것이다. 이것이야말로 태초에 시작된 계획이었다.

> [16] 이는 확실히 천사들을 붙들어 주려 하심이 아니요 오직 아브라함의 자손을 붙들어 주려 하심이라 [17] 그러므로 그가 범사에 형제들과 같이 되심이 마땅하도다 이는 하나님의 일에 자비하고 신실한 대제사장이 되어 백성의 죄를 속량하려 하심이라 [18] 그가 시험을 받아 고난을 당하셨은즉 시험 받는 자들을 능히 도우실 수 있느니라(히 2:16-18).

우리가 그와 같이 되리라

하나님의 신적 가족에 합류하는 것은 예수님처럼 된다는 것, 즉 하나님과 같이 된다는 신약의 개념과 불가분의 관계에 있다. 성경신학에서 이 논점을 설명하는 학술 용어는 '데오시스'^{theosis}다.[5] 다음은 한 복음주의 신학자의 탄식어린 발언이다.

---

5. 학술서적에 등장하는 데오시스(theosis)의 다양한 유의어들에는 divinization, glorification, deification 등이 있다.

속량 받은 인간의 본성이 어떤 식으로든 하나님의 생명 그 자체에 참여한다는 신성화 개념divinization은 비록 대다수의 서구 기독교인들이 (심지어 많은 신학자들도) 이에 대해 무지함에도 불구하고 기독교 역사 전반에 걸쳐 놀라울 정도로 두루 발견되는 사상이다.[6]

데오시스 개념은 강력한 성경적 뿌리를 가지고 있으며 천상회의 세계관, 특히 인간이 신적 가족에 합류한다는 에덴의 원래 목표에서 비롯되었다.[7] 태초에 하나님은 자기를 형상화하도록, 하나님을 닮도록,

---

6. Robert Rakestraw, "Becoming like God: An Evangelical Doctrine of Theosis," *Journal of the Evangelical Theological Society* 40.2 (1997): 255. 가톨릭과 다른 모든 주요 종교 개혁자들이 데오시스 사상을 부분적으로 수용했는데, 사실 데오시스는 동방정교 신학의 핵심요소다. 물론 데오시스 개념에 대한 신학적 표현은 교파마다 다르다. 참조. John McClean, "'Perichoresis,' 'Theosis' and Union with Christ in the thought of John Calvin," *Reformed Theological Review* 68.2 (2009): 130-41; Vladimir Kharlamov, "Theosis in Patristic Thought," *Theology Today* 65.2 (2008): 158-68; S. T. Kimbrough Jr., "Theosis in the Writings of Charles Wesley," *St. Vladimir's Theological Seminary Quarterly* 52.2 (2008): 199-212; Daniel B. Clendenin, "Partakers of Divinity: The Orthodox Doctrine of Theosis," *Journal of the Evangelical Theological Society* 37 (1994): 365-379; Michael J. Christensen and Jeffery A. Wittung, eds., *Partakers of the Divine Nature: The History and Development of Deification in the Christian Traditions* (Grand Rapids, MI: Baker Academic, 2008). 데오시스에 대한 내 자신의 견해는 라케스트로(Rakestraw)의 견해와 통한다. 데오시스는 우리가 삼위일체에 합류하듯이 하나님이나 예수님이 되는 것이 아니다. 몰몬교 사상처럼 우리가 본체론적으로 여호와와 동격의 신이 되는 것이 아니다. 다만 바울의 표현대로 '하늘에 속한 몸'(celestial flesh, 고전 15:42-54)인 영화롭게 된 몸을 받아 예수님 같이 되는 것이다. 이 몸의 본질에 대해서는 이번 장 7번 각주의 *We Are Being Transformed*를 참조하라.

7. 데오시스에 대한 몇 가지 유익한 연구는 다음을 참조하라. G. L. Bray, "Deification," *New Dictionary of Theology* (ed. S. B. Ferguson, D. F. Wright and J. I. Packer; Downers Grove: InterVarsity, 1988) 189; M. David Litwa, "2 Corinthians 3:18 and Its Implications for Theosis." *Journal of Theological Interpretation* 2 (2008): 117-34; idem, *We Are Being Transformed: Deification in Paul's Soteriology* (Beihefte zur Zeitschrift fur die Neutestamentliche Wissenschaft und die Kunde der Alteren Kirche 187; Berlin: Walter

자기과 함께 거하도록 사람을 창조하셨다. 하나님은 천상에 있는 자기의 형상 담지자들처럼 우리를 지으셨고, 새로운 세상의 신령한 삶에 동참하도록 인류를 높이심으로 자기의 두 가족을 통합하고자 이 땅에 오셨다.

데오시스의 메시지는 그리스도 안에서 우리가 그와 닮은꼴로, 즉 하나님의 완전한 형상 담지자로 변모한다는 것이다. 우리의 연구에서 이미 보았듯 "예수님이지만 예수님이 아닌" 성령이 우리를 예수님의 형상을 본받도록 만드신다. 성경이 분명히 밝히는 바는 신성화된 인간으로 불멸하는 것이 신자의 운명이며, 그리스도 안에서 이루어지는 현재의 우리 삶은 우리의 참모습이 되어가는 과정이라는 것이다.

> 하나님이 미리 아신 자들을 또한 그 아들의 형상을 본받게 하기 위하여 미리 정하셨으니 이는 그로 많은 형제 중에서 맏아들이 되게 하려 하심이니라(롬 8:29).

> [17] 주는 영이시니 주의 영이 계신 곳에는 자유가 있느니라 [18] 우리가 다 수건을 벗은 얼굴로 거울을 보는 것같이 주의 영광을 반영하면서 (개역개정, "영광을 보매") 그와 같은 형상으로 변화하여 영광에서 영광에 이르니 곧 주의 영으로 말미암음이니라(고후 3:17-18).

> 그가 나타나시면 우리가 그와 같을 줄을 아는 것은 그의 참모습 그대

---

de Gruyter, 2012). 리트와(Litwa)의 책은 하늘에 속한 몸(celestial body)의 본질에 대한 최신 논의를 상세하게 기술하고 있다.

로 볼 것이기 때문이니(요일 3:2).

² 하나님과 우리 주 예수를 앎으로 은혜와 평강이 너희에게 더욱 많을지어다 ³ 그의 신기한 능력으로 생명과 경건에 속한 모든 것을 우리에게 주셨으니 이는 자기의 영광과 덕으로써 우리를 부르신 이를 앎으로 말미암음이라 ⁴ 이로써 그 보배롭고 지극히 큰 약속을 우리에게 주사 이 약속으로 말미암아 너희가 정욕 때문에 세상에서 썩어질 것을 피하여 신성한 성품에 참여하는 자가 되게 하려 하셨느니라(벧후 1:2-4).

⁴⁴ 육의 몸이 있은즉 또 영의 몸도 있느니라 ⁴⁵ 기록된 바 첫 사람 아담은 생령이 되었다 함과 같이 마지막 아담은 살려 주는 영이 되었나니 ⁴⁶ 그러나 먼저는 신령한 사람이 아니요 육의 사람이요 그 다음에 신령한 사람이니라 ⁴⁷ 첫 사람은 땅에서 났으니 흙에 속한 자이거니와 둘째 사람은 하늘에서 나셨느니라 ⁴⁸ 무릇 흙에 속한 자들은 저 흙에 속한 자와 같고 무릇 하늘에 속한 자들은 저 하늘에 속한 이와 같으니 ⁴⁹ 우리가 흙에 속한 자의 형상을 입은 것같이 또한 하늘에 속한 이의 형상을 입으리라.

⁵⁰ 형제들아 내가 이것을 말하노니 혈과 육은 하나님 나라를 이어 받을 수 없고 또한 썩는 것은 썩지 아니하는 것을 유업으로 받지 못하느니라 ⁵¹ 보라 내가 너희에게 비밀을 말하노니 우리가 다 잠 잘 것이 아니요 마지막 나팔에 순식간에 홀연히 다 변화되리니 ⁵² 나팔 소리가 나매 죽은 자들이 썩지 아니할 것으로 다시 살아나고 우리도 변

화되리라 ⁵³ 이 썩을 것이 반드시 썩지 아니할 것을 입겠고 이 죽을 것이 죽지 아니함을 입으리로다 ⁵⁴ 이 썩을 것이 썩지 아니함을 입고 이 죽을 것이 죽지 아니함을 입을 때에는 사망을 삼키고 이기리라고 기록된 말씀이 이루어지리라(고전 15:44-54).

이처럼 하나님은 자신의 원래 계획이 반역에 의해 좌초되었을 때, 인류를 멸하는 대신 언젠가 한 인간이 그 타락을 역전시킬 것이라고 약속하셨다. 하나님이 바벨에서 인류의 상속권을 박탈하실 때 하나님은 인류를 영영 포기하신 것이 아니었다. 오히려 하나님은 "아브라함의 자손들을 붙들어 주려"(히 2:16) 인간이 되셨다.

37.
전쟁을 의미하다

바로 앞장에서 우리는 하나님 나라(왕국)의 출범에 집중했다. 에덴 프로그램 복원을 위한 여호와의 계획은 (이스라엘이 실패한 지점에서 성공하기 위해 인간이 되시겠다는) 그분의 새 언약 계획의 일환으로 실행되었다. 이제 최초의 의도대로 여호와의 선한 통치가 온 세상을 덮을 것이다.

그러나 열국의 신들이 아무 저항도 안 할 것이라고 생각한다면, 혹은 그들 스스로 저항이 무의미하다고 순순히 포기하리라 생각한다면, 그것은 틀린 생각이다. 실제로 신약이 우리에게 제시하는 영적 세계에 대한 시각은 그렇지 않다.

하등한 엘로힘들은 여호와에 의해 지배권을 부여받았음에도 부패한 통치를 일삼으며 지극히 높으신 자에게 불충을 저질렀다. 오히려 그들은 오직 여호와에게만 돌려져야 할 경배를 자기들 것으로 가로챘다(신 17:3; 29:25).

여호와는 이런 엘로힘들에게 그들이 사람들처럼 죽을 것이라고,

즉 그들의 불멸성을 거두실 것이라고 말씀하셨다(시 82:6-8). 하지만 그 위협으로 여호와에 대한 자세가 누그러진 것처럼 보이지는 않는다. 신약이 분명히 밝히는 바는, 어둠의 권세들이 (자신들이 이겼다고 생각한) 십자가와 부활에 속았음을 깨달았을 때, 자신들에 대한 심판이 이미 시간표대로 실행되고 있음을 인지했다는 것이다(계 12:12).

시편 82편에 등장하는 천상회의의 엘로힘들에 대한 심판은 열국의 소유권 회수와 연결되어 있었다(시 82:8, "하나님이여 일어나사 세상을 심판하소서 모든 나라가 주의 소유이기 때문이니이다"). 소유권 회수를 막거나 반대한다면 전투는 계속될 것이다. 그리고 여호와가 이 소유권 회수 작업에 인간을 참여시키셨으므로, 어둠의 세력은 여호와에 저항하는 이 전쟁을 오래 끌 수 있겠다는 그럴듯한 근거가 생겼다. 모세가 이끌던 시대에도 왕정시대에도 여호와는 늘 백성 가운데 사셨지만, 백성들은 미혹을 받아 여호와로부터 멀어졌기 때문이다.

신약은 하나님 나라 출범에 의해 발생한 보이지 않는 세계의 영적 갈등을 기술하고 있다. 그 충돌에 대한 묘사, 그리고 그 충돌과 구약의 천상회의 세계관과의 상관관계를 이해하는 것이 이번 장의 목표다.

보이지 않는 전투원들: 일반 용어

우리는 앞서 히브리어 성경에서 영적 세계의 거민을 가리키기 위해 엘로힘이라는 용어를 사용했음을 살펴보았다. 영적 세계 안에 위계가 존재하는 것은 분명하지만 엘로힘이라는 단어 자체는 영적 세계 구성원들 사이에 존재하는 위계상의 차이를 드러내지 못한다. 가령 여호와는 엘로힘이지만 다른 엘로힘들은 여호와가 아니다. 엘로힘이라는 용어만으로는 보이지 않는 세계의 위계질서에 대한 고대 독자들의 해석에 대해 아무것도 알려주지 못한다. 신약에서 사용된 특정 헬라어 대응어들도 마찬가지다.¹

영적 전쟁이라는 주제가 등장하면 대부분의 성경 연구자들은 천

---

1. 신약의 천사론과 마귀론은 많은 학문적 논란이 있는 주제다. 몇 가지 현상이 거의 모든 사안에서 공감대 형성을 어렵게 만든다. (1) 신약 용어들은 드물게 사용된다. 그리고 그나마 용례가 존재하는 경우에도 한 유형의 영적 존재와 다른 존재가 어떻게 관련 있는지에 대해선 모호한 경우가 대부분이다. (2) 신약 용어에 대한 정보를 제공하고 특정 진술들에 대해선 이따금 상응하는 본문을 제공하는 제2성전기의 자료들도 서로 엇갈린다. 이로 인해 구약시대 이후 보이지 않는 세계에 대한 유대교의 관점을 이해하기 위해 일관된 그림을 만들 수가 없다. (3) 신약 기자의 진술이 보다 과거에 속한 헬레니즘적 유대 세계관에서 비롯된 것인지, 아니면 그리스-로마적 관점에서 비롯된 것인지 파악하기 어려울 때도 더러 있다. 결국 이번 장은 이 주제에 대해 기본적인 개괄만 제공하려 한다. 여기서 제시한 일부 사안에 대한 추가 논의는 관련 웹사이트를 참조하라. 1세기 유대교와 기독교의 천사론과 마귀론에 관련된 중요한 학문적 연구는 다음을 참조하라. Bennie H. Reynolds, "Understanding the Demonologies of the Dead Sea Scrolls: Accomplishments and Directions for the Future," *Religion Compass* 7.4 (2013): 103-14; Maxwell Davidson, *Angels at Qumran: A Comparative Study of 1 Enoch 1-36; 72-108 and Sectarian Writings from Qumran*, Journal for the Study of the Pseudepigrapha Supplement Series 11 (Sheffield: Sheffield Academic Press, 1992); Aleksander R. Michalak, *Angels as Warriors in Late Second Temple Jewish Literature*, Wissenschaftliche Untersuchungen zum Neuen Testament 330 (Tübingen: Mohr Siebeck, 2012); Eric Sorensen, *Possession and Exorcism in the New Testament and Early Christianity*, Wissenschaftliche Untersuchungen zum Neuen Testament 157, second series (Tübingen: Mohr Siebeck, 2002); Kevin P. Sullivan *Wrestling with Angels: A Study of the Relationship between Angels and Humans in Ancient Jewish Literature and the New Testament* (Leiden: Brill, 2004); Graham H. Twelftree, *Jesus the Exorcist: A Contribution to the Study of the Historical Jesus*, Wissenschaftliche Untersuchungen zum Neuen Testament 54, second series (Tübingen: Mohr Siebeck, 1993); Guy Williams, *The Spirit World in the Letters of Paul the Apostle: A Critical Examination of the Role of Spiritual Beings in the Authentic Pauline Epistles*, Forschungen zur Religion und Literatur des Alten und Neuen Testaments 231 (Göttingen: Vandenhoeck & Ruprecht, 2009).

사와 마귀를 떠올린다. 천사와 마귀는 매우 광범위한 용어로서, 보이지 않는 세계 내의 계급과 권력에 대한 신약 기자들의 사상에 대해서는 알려주는 바가 별로 없다.

신약에는 천사[angels]라는 용어가 대략 175회 나온다(앙겔로스/앙겔로스). 히브리 대응어인 '말라크'처럼 이 헬라어는 메신저를 의미한다. 근본적으로 이 용어는 신적 존재가 수행하는 임무를 설명할 뿐 신적 존재의 실체를 설명하지 않는다.[2]

'앙겔로스'라는 단어의 사용 빈도는 제2성전기와 신약시대에까지 계속 증가했고, 따라서 그 의미가 '다이모니온'처럼 점점 일반화되었다.[3] 즉, '앙겔로스'라는 단어를 메시지 전달 임무라는 맥락 외에 신적

---

2. 존재론(ontology, 한 존재의 실체가 무엇인가)과 기능(한 존재가 무엇을 하는가)의 차이점은 예를 들어 쉽게 설명할 수 있다. 가령, '인간'이라는 단어는 존재론적 용어다. 인간(성별구분 없이)은 의사, 변호사, 정비공, 엔지니어, 메신저일 수 있다. 이 모든 용어들은 기능이나 임무를 묘사한 것이다. '천사'라는 단어는 후자로 분류된다.

3. 논의가 진행되는 과정에서 차차 살펴보겠지만 '다이몬'과 '다이모니온'은 중립적 용어들로서 그것이 가리키는 존재가 선한 영인지 악한 영인지는 문맥에 따라 달라진다. 신약에는 '천사'가 악하거나 흉하다는 언급은 별로 없으며(마 25:41; 고전 6:3; 11:10; 고후 11:14; 벧후 2:4; 계 9:11) 창세기의 창조 이전이나 창조 도중에, 혹은 인류 타락 이전에 태고의 천사가 타락했다는 내용은 아예 없다. 이런 관념은 교회 전승과 밀튼의 『실낙원』같은 널리 영향을 미친 저작들에서 유래한 것이다. "범죄한 천사들"과 같은 언급은 성경에서 유일하게 신적 존재들의 집단적 반역을 묘사한 창세기 6:1-4을 지목한다. 더 일반적으로 보자면, '악한 영들'(evil spirits) 같은 표현은 마귀든 사탄이든 큰 원수에게 신적 존재로 구성된 동맹이 있다는 관념을 전달한다. 혹은 제2성전기 유대 문헌에서는 악한 영의 기원이 사망한 네피림 거인들에 있다고 보기도 한다(예. 에녹1서). 이 주제에 대해서는 다음을 참조하라. Archie T. Wright, *The Origin of Evil Spirits, The Reception of Genesis 6:1-4 in Early Jewish Literature*, Wissenschaftliche Untersuchungen zum Neuen Testament 198, second series (Tübingen: Mohr Siebeck, 2013). 마지막으로 데일 마틴(Dale Martin)의 최근 논문은 오늘날의 기독교 마귀론에 대한 신약 이후 그리스도인의 사고에서 어쩌다 성경적 근거가 취약하게 되었는지에 대한 훌륭한 분석을 담고 있다. 그러나 마틴은 알 수 없는 이유로 바울이 마귀에 대해 말한 바와 신명기 32장과 구약시대 이스라

존재들의 무리를 묘사하기 위해 사용한 경우가 더러 발견된다(예. 눅 15:10).

히브리서 1:4-5과 2:7-9은 '앙겔로스'의 의미론적 확장을 엿볼 수 있는 구절이다. 두 번째 단락에서 히브리서 기자는 시편 8:4-6을 인용하며 '앙겔로스'라는 단어를 사용한다. 이로써 히브리서 2:7은 인류를 "천사보다 조금 낮은" 존재로 묘사하는 반면, 시편 8:5의 히브리어 원문은 인류가 "엘로힘보다 조금 낮은" 존재라고 되어 있다. 히브리어 원문에서는 인류가 "하나님(엘로힘)보다 조금 낮게" 창조되었음을 의미할 수도 있다. 하지만 히브리서 기자가 사용하는 헬라어 역본(칠십인역)에서는 엘로힘을 복수로 해석하여 '앙겔로이'(천사들)라고 번역했다. 이는 '앙겔로스'가 구약에서 엘로힘이 사용되는 것과 똑같은 방식으로 초자연계의 일원에 대한 일반적 묘사에 적절한 단어로 간주되었음을 알려 준다.[4]

엘의 우상숭배 경험과의 연결점을 간과했다. 이 글에서 마틴은 바울의 발언을 그리스-로마의 우상숭배와만 결부시킨다. 참조. Dale Basil Martin, "When Did Angels Become Demons?" *Journal of Biblical Literature* 129.4 (2010): 655-77. 38장과 더불어 후속 논의와 각주의 관련 문헌을 참조하라.

4. 3장과 4장의 논의를 참조하라. 일부 학자들은 '천사'라는 단어가 천상회의라는 개념을 격하시키거나 제거하기 위해 사용되었다고 주장한다. 이 생각이 잘못된 이유는 칠십인역 역시 복수형 엘로힘이나 엘림을 '데오스'(신)로 번역하기 때문이다. 이는 엘로힘이나 엘림이 단독으로 사용되거나(출 15:11; 시 82:1b[헬라어 81:1b]; 95:3-4[헬라어 94:3-4]; 97:9[헬라어 96:9]) '브네 엘로힘'과 같은 문구에 등장하든지 (시 29:1[헬라어 28:1]; 신 32:43; 사해 두루마리) 마찬가지다. 참조. R. B. Salters, "Psalm 82:1 and the Septuagint," *Zeitschrit für die alttestamentliche Wissenschaft* 13.2(1991): 225-39. 이 개념은 흔히 성경 기자들이 다신론에서 유일신론으로 종교적 진화 과정을 거쳤다는 주장을 옹호하기 위해 사용된다. 이는 쿰란 자료에 비추어 봐도 잘못된 것이다. 쿰란 자료(sectarian material)에는 복수형 엘로힘이나 엘림이 무려 180회 가까이 등장하고, 그 중 많은 경우는 명백한 천상회의 배경에서 등장한다. 참조. Michael S. Heiser, "Monotheism and the

신약에서 귀신[demon]으로 번역된 두 헬라어는 '다이몬'과 '다이모니온'이다. 영어 'demon'은 사실 헬라어를 번역한 것이 아니라 음역한 것이다. 신약시대보다 시기적으로 앞선 헬라어 고전문학에서 '다이몬'이라는 용어는 그 본성(선하거나 악하거나)과 무관하게 신적 존재를 일컫는다. '다이몬'은 남신 또는 여신일 수 있고, 하등한 신적 권세나 죽은 인간의 영일 수도 있다.[5] 결론적으로 '다이몬'은 일반적인 의미에서 볼 때 히브리어 '엘로힘'과 유사하다.

신약은 귀신의 기원에 대해 침묵한다.[6] 에덴 이전의 태곳적 반역으로 인해 천사가 은혜로부터 떨어져 마귀로 전락했다는 내용의 성경 구절은 없다. (에녹1서와 같은) 성경 밖 유대 문헌에서는 귀신의 기원을 창세기 6:1-4 사건에 귀속시킨다. 이 본문들에 따르면 한 네피림이 살해당했을 때 육체를 떠난 영이 귀신으로 간주되었다. 이 귀신들이 인간들을 괴롭히기 위해 지상을 떠돈다. 신약은 이 믿음을 드러내놓고 받아들이지는 않지만, (다시 육신을 덧입으려 시도하는 듯한) 귀신 들린 사람들이 나오는 대목을 보면 이런 사고가 언뜻 엿보이기도 한다.

놀랄 일은 아니지만 신약에서 '다이몬'과 '다이모니온'이라는 용어

Language of Divine Plurality in the Hebrew Bible and the Dead Sea Scrolls," *Tyndale Bulletin* 65.1 (2014): 85-100.

5. J. E. Rexine, "Daimōn in Classical Greek Literature," *Greek Orthodox Theological Review* 30.3 (1985): 335-61.

6. 이런 개념과 관련하여 종종 거론되는 계 12:7-17은 여기서 묘사한 전투가 메시아 출생 이후의(메시아 출생과 관련된) 사건임을 분명히 한다(계 12:5). 유대 사상 속 귀신의 기원에 대한 주요 연구는 Archie T. Wright, *The Origin of Evil Spirits: The Reception of Genesis 6:1-4 in Early Jewish Literature*, Wissenschaftliche Untersuchungen zum Neuen Testament 198, second series (Tübingen: Mohr Siebeck, 2013)이다.

는 거의 늘 부정적인 의미로 쓰인다.[7] 즉 이 용어들은 악하고 사악한 권세들을 가리킨다.[8] 이는 일부분 제2성전기 유대교의 영향으로 볼 여지도 있지만, 칠십인역의 용례 때문일 가능성이 크다. 칠십인역 역자들은 이방신에 대해 '다이몬'이라는 단어를 한 번 사용했다(사 65:11).[9] '다이모니온'은 우상(예. 시 96:5 [칠십인역 95:5])과 이스라엘이 섬기지 말아야 할 열국의 이방신들(예. 시 91:6 [칠십인역 90:6])을 가리키는 말로 아홉 번 등장한다.[10]

신약에서 이 명사들에 상응하는 동사들(다이모나오, 다이모니조마이)은 다이몬에 사로잡힌 상태를 가리키며 늘 부정적으로 쓰였다. 몇몇 단락에서 다이모니온은 '더러운 영'(개역개정, "더러운 귀신")의 상응어로 등장한다(예. 눅 8:29; 9:42; 비교. 눅 4:33).

기이하게도 성경에서 사탄과 귀신이 함께 언급된 구절은 딱 한 구절밖에 없다. "너희 말이 내가 바알세불을 힘입어 귀신을 쫓아낸다 하니 만일 사탄이 스스로 분쟁하면 그의 나라가 어떻게 서겠느냐"(눅

---

7. '다이몬'은 한 번 쓰인 반면(마 8:31), '다이모니온'은 60회 이상 쓰였다.
8. 한 가지 예외가 그리스인들이 바울을 가리켜 "이방 신들[다이모니온]을 전하는 사람인가보다"라고 했던 사도행전 17:18이다. 여기서는 중립적으로 사용되었다.
9. 해당 신은 히브리어 갓(Gad)이며 칠십인역에서는 운명(Fortune)으로 번역된다. 참조. S. Ribichini, "Gad," in *Dictionary of Deities and Demons in the Bible, 2nd ed.* (ed. Karel van der Toorn, Bob Becking, and Pieter W. van der Horst; Leiden; Boston; Cologne; Grand Rapids, MI; Cambridge: Brill; Eerdmans, 1999), 339.
10. 아홉 번의 칠십인역 용례에는 바룩(Baruch)의 책에 있는 두 용례가 포함된다. 시편 91:6(헬라어 90:6)의 해당 신은 케테브(Qeteb)이다. 참조. N. Wyatt, "Qeteb," in *Dictionary of Deities and Demons in the Biblie*, 673. NETS(New English Translation of Septuagint)는 '다이모니온'을 귀신(demon)으로 옮겼다. 이방신(참조. 신 32:8-9, 17)은 개념정의상 지리적 수호신인 귀신(demon)이었다. 참조. 4장, 14장, 15장.

11:18). 이 구절은 사탄이 귀신을 다스리는 상위의 권세자임을 강력하게 암시하지만 모든 귀신이 사탄의 권세 아래 있는지 혹은 어떻게 이런 권세를 갖게 되었는지에 대해서는 분명히 밝히지 않는다. 구약에도 '사탄'이라는 명사는 고유명사가 아니었으며 에덴 동산의 원수에 대해서도 '사탄'이라는 단어를 쓰지 않았다. 따라서 구약도 이 문제에 대해 침묵한다고 볼 수 있다.[11]

바울의 용어 고찰

동일하게 바울의 글도 사탄과 (하나님을 대적하는) 다른 신적 존재들 간의 관계를 다룸에 있어 모호한 데가 있다. 바울은 에베소서 6:11-12에서 마귀의 궤계에 맞선다는 이야기를 한 직후 초자연적 원수들을 가리키는 다른 여러 용어를 열거했다. 이를 통해 우리는 그들 사이에 모종의 관계가 있음을 짐작할 수 있지만 거기에는 구체적인 설명이 없다.

---

11. 참조. 8장. 신약 시대에 이르러 사탄은 고유명사가 되었다. 참조. G. H. Twelftree, "Demon, Devil, Satan," *Dictionary of Jesus and the Gospels* (ed. Joel B. Green and Scot McKnight, Downers Grove, IL: InterVarsity Press, 1992), 163-71. 바울은 자주 이 헬라어 단어에 정관사를 붙였는데, 이는 히브리어의 상황과 달리 이 단어를 고유명사나 칭호로 사용했다는 뜻이다. 하지만 이 고찰 외에는 사탄에 대한 제2성전기의 유대 사상에 대해서는 대체로 혼란스러운 분위기다. 윌리엄이 고찰했듯 "이 시기의 많은 문학작품에서는 사탄을 구체적으로 언급하지 않는다(대표적인 예가 Ben Sirach, Philo, Josephus다). 더욱이 사탄을 언급할 때에도 보통 천사의 한 '유형'(type)으로 언급하며 종종 복수형(사탄들)으로 썼다. 이 존재에 대한 표준화된 명명법이 없었으므로 사탄에 대한 유대 교리라고 부를 만한 체계는 찾아볼 수 없다(Williams, *Spirit World in the Letters of Paul the Apostle*, 88, 강조는 추가된 것임).

많은 성경 독자들이 이 방면에서 명쾌하다고 여기는 유사한 구절들은 사실 그리 명쾌하지가 않다. 가령 고린도후서 4:4에는 인류의 눈을 멀게 한(개역개정, "믿지 아니하는 자들의 마음을 혼미하게 한") "이 세상의 신"the god of this age에 대한 언급이 나온다. 거의 모든 학자들이 이 존재를 사탄으로 규정하지만 해당 구절이나 배경 본문에 그 이름이 명시적으로 나오지 않는다.[12] 추가적으로 "이 세상의 신"이라는 표현은 하나님 자신을 가리키는 것일 수도 있다. 이 구절이 하나님이 이사야에게 "믿지 않는 자들의 눈을 감기게 하라"고 말씀하시는 이사야 6:9-10(칠십인역)에서 가져왔을 가능성도 있다.[13]

사탄과 연관된 또 다른 구절은 "공중의 권세 잡은 임금"(ESV)에 대해 말하는 에베소서 2:2이다. 그러나 이 구절도 자세히 검토해 보면, 그 임금의 구체적인 이름이나 마귀에 대한 어떤 구체적인 언급도 들어있지 않다.

여기서 바울이 염두에 둔 바가 정확하게 무엇이었는지는 알기 어렵다. 창세기 3장에서 '땅'earth(땅이나 스올을 가리킬 수 있는 히브리어 '에레츠')으로 내침을 당한 원래의 반역자에 대한 우리의 이전 논의를 상기

---

12. "이 세상의 신"을 사탄과 동일시하는 주장의 근거는 두 가지다. (1) 여기서 쓰인 호칭이 요한복음의 "이 세상의 임금"이라는 관용구와 유사하며(요 12:31; 14:30; 16:11) "이 세상의 임금"이 사탄이 아닌 다른 어떤 신적 존재라고 보긴 어렵다. (2) 말세(eschaton)에 사탄에게 속아 넘어간 사람들이 있다는 바울의 말 때문이다(살후 2:9-10).

13. 참조. Donald E. Hartley, "2 Corinthians 4:4: A Case for Yahweh as the 'God of this Age'"(paper presented at the 57th Annual Meeting of the Evangelical Theological Society, Valley Forge, PA, 2005); Hartley, "The Congenitally Hard-Hearted: Key to Understanding the Assertion and Use of Isaiah 6:9-10 in the Synoptic Gospels"(PhD diss., Dallas Theological Seminary, 2005).

하라. 그 신적 반역자를 세상의 주^{lord of earth}(처음에는 반역했다가 세상 권세를 잡은 주)로 보는 것은 이해할 만하다. 이 주권은 '공중'^{air}(하늘)으로까지 확장될 수 있다. 고대 이스라엘의 우주론에서 공중이라는 공간은 하나님의 권역 아래 있으며 땅의 물들 위에 있다고 간주되었다(욥 22:12; 암 9:6; 시 29:10; 148:4).[14]

그러나 만일 바울이 그리스-로마 우주론의 관점에서 생각하고 있었다면 공중은 "달 아래와 땅 위의 지역"이므로 이 설명은 성립되지 않는다.[15] 바울이 그리스-로마 배경에서 공중이라는 표현을 가져왔다고 볼 근거로는 바울이 다른 대목에서 '스토이케이아'라는 다른 용어를 사용한 것이 거론된다. 이 헬라어 기본형은 다음 네 가지 중 하나를 가리킬 수 있다. (1) 종교적 가르침의 기본 원리(예. 율법) (2) 물리적 세계의 기본 요소 (3) 일월성신(별에 대한 신화들) (4) 일반적인 영적 존재들.[16] 이 용어가 그리스-로마 우주론의 사고에 강력하게 뿌리를 내

---

14. 참조. Michael S. Heiser, "Genesis and Ancient Near Eastern Cosmology," *Faithlife Study Bible* (ed. John D. Barry, Michael S. Heiser, Miles Custis, et al.; Bellingham, WA: Logos Bible Software, 2012); G. F. Hasel, "The Polemic Nature of the Genesis Cosmology," *Evangelical Quarterly* 46 (1974): 81-102; John H. Walton, *Ancient Near Eastern Thought and the Old Testament: Introducing the Conceptual World of the Hebrew Bible* (Grand Rapids, MI: Baker Academic, 2006), 165-78. 고대 이스라엘의 우주론에 대한 주요한 학술연구는 다음을 참조하라. Luis I. J. Stadelmann, *The Hebrew Conception of the World: A Philological and Literary Study*, Analecta Biblica 39 (Rome: Pontifical Biblical Institute Press, 1970).

15. Frank Thielman, *Ephesians*, Baker Exegetical Commentary on the New Testament (Grand Rapids, MI: Baker Academic, 2010), 123-24.

16. 참조. D. G. Reid, "Elements/Elemental Spirits of the World," *Dictionary of Paul and His Letters* (ed. Gerald F. Hawthorne, Ralph P. Martin, and Daniel G. Reid, Downers Grove, IL: InterVarsity Press, 1993), 229. 내가 가능성 있게 파악한 위의 목록은 라이드(Reid)의 목록을 나만의 방식으로 쪼개어 분류한 것이다.

리고 있으므로 에베소서에서 바울이 쓴 "공중"이라는 용어 역시 그런 의미일 수 있다.[17]

---

17. 히 5:12의 '스토이케이아' 용례는 종교적 가르침(율법)을 가리키는 것이 분명하다. 벧후 3:10, 12은 보다 문자적으로 물리적 세계의 요소를 가리킨다. 학자들 사이에서는 바울이 '스토이케이아'를 어떤 의미로 사용했는지에 대한 합의된 중론이 없다(갈 4:3, 9; 골 2:8, 20). 문제는 바울이 갈 4:3, 9과 골 2:8, 20에서 영적 실체나 일월성신을 가리키기 위해 이 용어를 사용했는지 여부다. 넷 중 세 사례에 "of the world"가 딸려 있다(코스모스, 즉 '세상의 스토이케이아'). 하지만 그렇다고 해서 의미가 명쾌해지는 건 아니다. 갈 4장과 골 2장에 나타난 바울의 논의는 영적 세력(angels, principalities and powers, false gods)을 망라하는 맥락이므로 '스토이케이아'가 신적 존재들을 가리킨다고 볼 수도 있다. 바울은 '스토이케이아'를 어떤 면에서는 그리스도 안의 구원과 대비시키고 있다. 바울이 유대인과 이방인 둘 다에게 말하고 있으므로 바울이 각 청중마다 다른 방식으로 용어를 썼을 가능성도 있다. '스토이케이아'를 '율법'으로 본다면 이방인에게는 앞뒤가 안 맞겠지만 유대인에게는 와닿는 표현일 것이다. 내가 보기에 갈 4:3에서는 바울이 유대인 청중을 염두에 두고 율법과 신앙적 가르침이라는 의미로 '스토이케이아'를 사용했을 가능성이 크다(비교. 갈 4:1-7). 갈 4:8-11에서는 청중이 이방인으로 바뀌었으므로 갈 4:9의 '스토이케이아'는 신적 존재들, 아마도 일월성신(the "Fates", 인간의 운명을 통제한다고 알려진 세 여신, 아트로포스)을 가리킨다고 보는 것이 논리적일 듯하다. 갈 4:8의 청중이 (유대인은 이미 참 하나님에 대해 알고 있고) 이교도로 바뀌었으므로 "날과 달과 절기와 해"를 삼가 지킨다는 언급(갈 4:10)은 유대력(Jewish calendar)이 아니라 일월성신 숭배를 가리키는 것이다. 따라서 바울은 천상의 실체(해, 달, 별)가 신이라는 것을 부정한다. 바울의 이방인 독자들은 자신들의 운명이 천상의 실체들에게 지배받는다는 생각에 매여 종노릇해서는 안 된다. 이와 관련된 사안으로, 여기서 바울의 용어 선택을 언급하며 다른 신들의 존재 자체를 부인하는 근거로 사용해선 안 된다. 고전 8:4-6에서 바울이 다른 신들의 존재를 부인하긴 했지만 이는 동일한 주제를 다루고 있는 고전 10:20-21의 문맥에서 해석해야 한다. 바울은 일월성신이 우리의 운명을 좌우하는 신이 아니라고 말하고 있을 따름이다. 이 접근은 골 2:8, 20과 관련해서도 유용하다. 여기서의 맥락은 이교도의 천사숭배(다시 말해, 물질세계의 기본요소를 다스리는 권세가 있다고 간주되는 신적 존재들에 대한 숭배)와 금욕주의인 것으로 보인다. 참조. E. Schweizer, "Slaves of the Elements and Worshipers of Angels: Gal 4:3, 9 and Col 2:8, 18, 20," *Journal of Biblical Literature* 107 (1988): 455-68, Clinton E. Arnold, "Returning to the Domain of the Powers: 'Stoicheia' as Evil Spirits in Galatians 4:3, 9," *Novum Testamentum* 38.1 (January 1996): 55-76.

바울과 신명기 32장 세계관

바울의 글은 우리가 이 책에서 상세하게 논의한 우주적 지형 세계관에 대한 인식을 드러낸다.

바울의 언어를 탐구하는 시작점에서 특별히 칠십인역의 '다이모니온' 용례 하나가 주목할 만하다. 이 '다이모니온'이라는 용어는 신명기 32:17의 다른 대목에서 엘로힘이라고 부르는 (이스라엘 백성을 미혹한) 귀신들(히브리어 '셰딤')을 번역하기 위해 사용되었다.[18] 이 언급은 바울이 고린도전서 10:20-21에서 우상에게 제물로 바친 고기를 먹음으로써 귀신(다이모니온)과 교제하는 것에 대해 경고한 점에 비추어 볼 때 중요하다. 그 단락에서 바울은 신명기 32:17을 인용한다. 분명한 함의는 바울이 이 존재들이 실제로 존재하며 위험하다고 여겼다는 것이다.[19] 그래서 바울은 이런 고기를 먹는 문제에 대해 논의하면서, 여호와와 예수님에게 속하지 않은 백성 가운데 다른 많은 신(데오이)과 많은 주가 있음을 인정했다(고전 8:1-6).[20] 바울은 열국이 하등한 엘로힘들의 다스

---

18. 구약 칠십인역에서 히브리어 '셰딤'을 헬라어 '다이모니온'으로 번역한 다른 용례는 단 하나 밖에 없다(시 106:37). '다이모니온'은 또한 사 13:21의 '염소 귀신'(스이림, 개역개정, "들양")과 사 34:14의 '사막 짐승'(찌임, 개역개정, "들짐승")의 번역어로도 사용되었다. 레 16장의 (속죄일의) 아사셀에 대한 논의에서 이스라엘 백성이 사막이 음산한 악의 영역이며 '염소 귀신들'에게 희생제를 바친다고 믿었음을 상기하라(레 17:7).
19. 고전 10:20-21에 대한 상세한 논의는 38장을 참조하라.
20. 영역본에서는 고전 8장의 이 용어들이 아이러니한 인용처럼 오역되어 마치 바울이 비아냥거리는 것처럼 그릇된 인상을 준다. 우리는 고전 10:20-21을 통해 바울이 비아냥거리지 않았다는 것을 안다. 고전 10장의 바울의 논의는 실제로 신명기 32장을 추적한 것이다. 고전 10:20-21에 대한 논의와 이 논점들에 대한 추가 연구를 위한 참고문헌은 39장을 참조하라.

림 아래 있다는 천상회의 세계관을 충분히 인식하고 있었으며, 그 엘로힘들이 한때는 이스라엘을 위협했듯 신자들에게도 위협이 된다고 보았다.

고린도전서 8장과 10장의 바울의 발언을 함께 살펴보면 (주제는 동일하다) 바울의 '다이모니온'과 '데오스'(신)라는 두 단어 사이에는 공통분모가 있음을 깨닫게 된다.[21] '데오스'라는 단어는 만신전과 지상의 지리적 영역 이렇게 두 곳 모두에서 권한이 있는 고위급 영적 존재를 가리키는 데 쓰였다. 그렇다면 '데오스'라는 단어는 열국 위에 세워진 신적 존재들과 개념적으로 중첩되는 부분이 있다.

다른 곳에서 사도 바울이 쓴 어휘를 보면 바울이 신명기 32장의 세계관을 이해했고 또 상정하고 있음을 분명히 알 수 있다.[22]

---

21. 고대 헬라 문헌에서 모든 '다이몬'이 '데오스'를 가리키는 것은 아니다. 참조. Rexine, "Daimōn," 339.
22. 바울의 신 32장 세계관 채택에 대한 상세한 개관은 다음을 참조하라. Rohn Johnson, "The Old Testament Background for Paul's Principalities and Powers,"(PhD diss., Dallas Theological Seminary, 2004). 개별 용어에 대한 간략한 논의는 다음을 참조하라. D. G. Reid, "Principalities and Powers," in *Dictionary of Paul and His Letters*, 746-52. 구약신학을 수단으로 한 신약신학의 상황화(31-36장)와 관련하여 우리가 논의한 내용의 상당부분은 그 자체의 고대 근동 배경에서 규명되었으며 신 32장 세계관을 전제로 한다. 에덴의 원래 목표, 열국이 이방신을 섬기는 이유, 이스라엘의 하나님 아들 됨, 여호와와 이스라엘의 언약적 관계, 한 인간을 통해 열국을 되찾아야 할 필요성, 여호와의 다윗적 성육신 등, 이 모든 것이 신명기 32장 세계관과 불가분의 관계로 얽혀 있다. 우리가 이 책 34장에서 보았듯, 신구약 모두 성경 기자들에게 알려진 세계인 창 10장의 70개국을 그 신학적 틀로 삼고 있다. 우리는 물론 세상이 그보다 넓다는 것을 알고 있다(하나님도 아셨다). 하나님의 구상에 우리가 알고 또 하나님이 아시는 전 세계 만국이 포함된다는 사실은 인류의 상실된 상태와 복음화 명령의 '보편성'으로 입증된다(예. 롬 3:9, 23; 5:12, 18; 딛 2:11; 히 5:9). 복음에는 제약이 없듯, 신 32장 세계관 역시 창 10장에서 (당시에) 알려진 열국과 이스라엘에 국한되지 않는다. 신 32장 세계관의 신학은 단순명쾌하며 시간을 초월하여 지상 모든 열국에 적용된다. 여호와를 신으로 섬기지 않는 모든 열국은 하등한 신들의 다스림 아래 있다. 여호와를 하나님으로 섬기지 않는 모든 민족은, 구

- 통치자^{rulers}(아르콘톤 또는 아르콘)
- 정사^{principalities}(아르케)
- 권세$^{powers/authorities}$(엑수시아)
- 능력^{powers}(뒤나미스)
- 주권$^{dominions/lords}$(퀴리오스)
- 왕권^{thrones}(드로노스)[23]
- 세상 주관자$^{world\ rulers}$(코스모크라토르)

원을 주지 못하며 불의하고 사랑 없는 하등한 신들에게 노예로 잡혀 있다. 이 영적 딜레마와 그 해법(여호와에 대한 믿음의 신실함)은 성경시대나 오늘날이나 동일하다. 지상의 인간에 대한 이런 분석은, (다양한 국면에서 일어난) 인류 반역의 결과이며 열국에 대한 여호와의 공의로운 심판의 결과이자 여호와가 택하신 한 부부를 통해 새로운 민족 이스라엘을 세우시고 이를 통해 에덴의 원래 비전을 복원시키시려는 여호와의 결정에 따른 결과다. 흩어 내버려두심을 당한 인류가 그들을 통해 구속받게 될 것이다. 오늘날의 독자들과 이 책에서 논의한 구약의 고대 근동적 배경 사이에 수 세기라는 시대적 간극이 있는 탓에 구체적인 사항들이 종종 결여되어 있지만, 초기 교회 저자들은 신 32장 세계관과 다른 열국의 이방신들과의 관련성을 알고 있었다. 이 주제에 대한 초기 기독교 작가들의 사상을 개괄한 최고의 자료는 Gerald R. McDermott, *God's Rivals: Why Has God Allowed Different Religions? Insights from the Bible and the Early Church* (Downers Grove, IL: InterVarsity Press, 2007). 맥더모트(McDermott)는 버지니아 살렘의 로어노크 대학(Roanoke College) 종교철학부 교수다. 그는 천상회의 관념을 잘 알고 있다(예. 16쪽과 그의 책 3장: "The Lord of Hosts: The Old Testament and the Real Existence of Other Gods").

23. 신약에는 이 용어가 단 한 번 밖에 안 나온다. "만물이 그에게서 창조되되 하늘과 땅에서 보이는 것들과 보이지 않는 것들과 혹은 왕권들이나(thrones, 드로노이) 주권들(powers)이나 통치자들(rulers)이나 권세들(authorities)이나 만물이 다 그로 말미암고 그를 위하여 창조되었고"(골 1:16). 이 용어는 초자연적 맥락 속 지리적 통치를 나타내는 다른 기본형들과 병행적으로 쓰였다. 관련 논의를 참조하라. 네 가지 기본형(드로노이, 퀴리오테스, 아르카이, 엑수시아이)이 열거된 골 1:16은 학자들의 관심 대상이었다. 학자들은 이 목록에서 (다시 말해, 뒤로 갈수록 계급이 낮아진다는 전제 하에) 일관된 위계질서를 찾아내려 했지만 성공하지 못했고, 공감대를 도출해 내지도 못했다. 이 용어들의 외부 용례들은 위계의 존재를 드러내지 않는다.

이 용어들에는 무언가 공통점이 있다. 신약 및 다른 헬라 문헌 모두 '지리적 지배권'을 표시하기 위해 이 용어들을 사용했다. 때로는 이 용어들이 인간에 대해 사용되었지만 몇몇 용례에서는 바울이 영적 존재들을 염두에 두고 썼음이 드러난다. 바울이 사용한 이 용어들은 앞으로 간략하게 살펴보기로 하겠다.

우리는 열국을 하등한 신들의 권세 아래에 두신 여호와의 결정을 이해하기 위해 신명기 32:8-9과 추가적으로 다니엘 10장을 살펴보았다. 다니엘 10장에서 우리는 열국을 다스리는 신적 존재들이 있으며 다니엘이 그들을 "군주들"(사르/사림)이라고 불렀음을, 그리고 칠십인역에서 사본상의 증거에 의존하여 미가엘을 가장 높은 '아르콘톤' 또는 '아르콘' 중 하나로 가리켰음을 살펴보았다.[24]

에베소서 6:12에도 위에서 열거한 몇몇 용어들이 들어 있다. "우리의 씨름은 혈과 육을 상대하는 것이 아니요 통치자들(아르케)과 권세들(엑수시아)과 이 어둠의 세상 주관자들(코스모크라토르)과 하늘에 있는 악의 영들(프뉴마티코스)을 상대함이라."

바울은 에베소서 앞부분에서 이 보이지 않는 세계의 적대적 존재들을 언급했다. 바울은 하나님이 예수님을 죽은 자 가운데서 일으키

---

24. 그렇다고 해서 신적 권세들(powers)과 (이스라엘 및 여호와의) 인간 대적들의 관계를 배제하겠다는 것은 아니다. 단 7:20-28; 슥 14:1-5; 사 24:21-23 같은 구절을 통해 보았듯, 성경에서 인간과 신적 존재가 함께 등장하는 곳마다 충돌이 그려진다. 물론 이 관점은 사해 두루마리, 특히 전쟁 두루마리(The War Scroll, 1QM)에 두드러지게 나타난다. 대중적인 기독교 소설과 픽션물에서 영적 전쟁을 과장하고 환상적으로 그리는 경향으로 인해 학자들은 단 10장과 다른 구절의 초자연적 요소를 강조하기를 주저했다. 일례로, 다음 논의를 참조하라. David E. Stevens, "Daniel 10 and the Notion of Territorial Spirits," *Bibliotheca Sacra* 157 (2000): 410-31.

셨고 "하늘에서 자기의 오른편에 앉히사 모든 통치(아르케)와 권세(엑수시아)와 능력(뒤나미스)과 주권(퀴리오스)과 이 세상뿐 아니라 오는 세상에 일컫는 모든 이름 위에 뛰어나게 하셨다"고 썼다(엡 1:20-21).[25] 그리스도가 다시 사신 후에야 하나님의 계획이 "하늘에 있는 모든 통치자(아르케)와 권세들(엑수시아)에게 알려졌다"(엡 3:10, ESV). 이 우주적 세력들은 십자가에 의해 무력화되고 수치를 당한 "통치자들(아르케)과 권세들(엑수시아)"이다(골 2:15). 만일 이 "통치자들"(아르콘톤)이 하나님의 계획이 성공하기 위해 반드시 메시아가 죽어야 했음을 일찍 알았더라면 그들은 결코 예수님을 십자가에 못 박지 않았을 것이다(고전 2:8).[26]

에베소서 1:21의 '주권'(퀴리오스, 복수형은 퀴리오테스)은 바울이 불신자들에게 많은 신(데오이)과 많은 주(퀴리오이)가 있지만 신자에게는 오직 한 분 하나님, 곧 여호와와 한 분 주님, 곧 예수님만 있다(고전 8:5)고 했을 때 사용한 단어와 관련이 있다. 바울은 이 많은 신과 많은 주가 실제로 존재하며 신자들에게 위협이 된다고 보았다(고전 10:20-21).

---

25. 흥미롭게도 일부 칠십인역 필사본은 단 8:10의 신적 "주재"(host)를 권능(powers, '뒤나미스', 복수형은 '뒤나메이스')으로 번역했다. 초자연적 권능에 대해서는 롬 8:38을 참조하라.

26. 이 문단의 성경 구절은 모두 ESV 번역이다. 고전 2장의 맥락은 하나님의 계획, 즉 하나님의 지혜다. '아르콘'(바울의 다른 어휘들과 더불어)이 신약과 다른 곳에서는 인간 통치자를 가리키는 말로 쓰였지만 바울이 인간이 메시아의 죽음과 부활에 연루된 하나님의 신비/계획을 알지 못했다는 사실에서 역설을 발견했다는 것은 말이 안 된다. 오니(Aune)의 고찰이다. "아르콘테스'라는 용어가 천사적인 존재에 대한 지시어로 처음 사용된 것은 칠십인역 단 10:13이었고 Theod. 단 10:13, 20-21, 12:1에 7회 등장한다. 이에 대한 칠십인역의 번역은 '스트라테고스'(사령관, 치안판사)이고 이는 모두 아람어 '사르'(군주)의 번역이다. 여기서 통치자들(rulers)이 악한 초자연적 어둠의 권세(powers)라는 해석은 오리겐, 터툴리안, 저스틴 같은 교부들의 해석이다(참조. D. E. Aune, "Archon," in *Dictionary of Deities and Demons in the Bible*, 82-85).

그러므로 신약을 통해 떠오르는 그림에는 명쾌한 점도 있고 모호한 점도 있다.[27]

적어도 사탄이 일부 어둠의 권세들의 우두머리라는 점은 분명하다. 원조 반역자인 사탄은 고대 독자들의 머릿속에서 서열 1순위로(또는 최악의 존재로) 꼽혔을 가능성이 크다. 우리가 앞서 살펴본 대로, 사탄이 광야에서 예수님과 대면했고, 세상 나라들을 주겠다고 제안한 사실 역시 많은 것을 시사한다. 뚜렷하게 구분된 위계질서가 드러나지 않는다는 사실은, 보이지 않는 세계가 여호와와 그 백성을 대적한다는 공통 목표에도 불구하고 여러 의제들의 각축장이라는 가능성을 시사한다.[28]

비교적 명쾌한 두 번째 논점은 바울이 신명기 32장 세계관을 파악하고 있었다는 것이다. 이는 바울이 구약에 정통했음을 감안할 때 당연한 일이다. 이제 새롭게 출범하여 지경을 확장해 가는 하나님 나라가 보이지 않는 신적 권세들이 다스리는 세상 가운데 있다. 그 권세들은 명백히 지리적 통치권을 뜻하는 용어로 묘사되었다. 우리는 이 용어들이 서로 어떤 관계가 있는지, 혹은 그 용어들이 위계질서와 관련해 무엇을 드러내는지 전해들은 바가 없다. 하지만 그 용어들이 우주적 지형상의 메시지를 전달하고 있음은 분명히 알 수 있다.

---

27. 해석적 문제와 모호성에 대한 조사는 다음을 참조하라. Williams, *Spirit World in the Letters of Paul the Apostle*, 127-40.
28. 많은 신약학자들이 신적 존재들 간의 관계에 대한 신약의 침묵에 대해 논평했다. 상세한 논의는 관련 웹사이트를 참조하라.

베드로서신과 유다서의 "영광스러운 자들"

베드로후서 2:10과 유다서 8절에 "영광 있는 자들"(독사스, 유다서 "영광")이라는 호칭이 나온다. 이 용어는 아마도 (제2성전기 본문들에 묘사된 존재들인) 하나님의 영광스러운 임재에 가까이 있는 (천상회의의) 신적 존재들을 가리킬 공산이 크다.[29] 베드로후서와 유다서의 이 단락들은 영광스러운 자들을 비방하는 (인간) 신성모독자들을 말하고 있다. 베드로후서 구절은 그 인간 신성모독자들보다 더 큰 힘과 능력을 가진 천사들도 감히 그런 비방은 하지 못한다는 논평을 담고 있다. 표현을 보면 천사들과 '거룩한 자들' 사이에 어떤 서열상의 (그리고 어쩌면 권력상의) 구별이 있는 듯하다. 가령 에녹2서 21:3에서는 성경과 다른 제2성전기 문헌에서 천사장으로 널리 알려진 가브리엘의 정체가 "주님의 영광스러운 자들" the glorious ones of the Lord 중 하나라고 했다.[30]

---

29. 참조. 1QH 10:8; 2 Enoch 22:7, 10; Martyrdom and Ascension of Isaiah 9:32; Philo, *Spec. Leg.* 1:45; T. Jud 25:2; T. Levi 18.5.

30. 몇몇 신약학자들이 이 흔적을 추적했다. 보컴(Baukham)의 글이다. "천사들을 가리키는 용어인 '독사이'(문자적으로 '영광들')는 사해 두루마리(נכבדים)에 그 증거가 있다…'영광스러운 자들'이라고 부르는 이유는 그들이 하나님의 영광에 참여하거나 영광을 나타내기 때문일 것이다(비교. T. Jud. 25:2; T. Levi 18:5; Heb 9:5; Philo, *Spec. Leg.* 1.8.45). נכבדים은 또한 저명한 사람들, 존귀한 자들을 칭할 수도 있다(사 3:5; 23:8; 나 3:10; 시 149:8; 1QpHab 4:2; 4QpNah 2:9; 3:9; 4:4; 1QM 14:11). 그러나 그 경우에 칠십인역은 '독사이'라고 쓰지 않으며 만일 이것이 유다가 뜻한 바였다면 보다 관용적인 헬라어 표현으로 번역했을 것이다. 여하튼 '존귀한 자들'은, 특히 10절의 병행문구를 고려했을 때, 가능성이 희박하다. 알렉산드리아의 클레멘트는 이미 유다서의 '독사이'를 천사들로 해석했다"(Richard J. Bauckham, *2 Peter, Jude*, Word Biblical Commentary 50 [Dallas:Word, 1998], 57). 보컴의 알렉산드리아의 클레멘트 언급의 출처는 *Comments on the Epistle of Jude and 2 Peter* (Ante-Nicene Fathers 2:573)이다. "They speak evil of majesty, that is, of the angels"(그들은 존엄에 대하여, 즉 천사들에 대하여 악한 말을 한다). 이는 Gene L.

구약 천상회의의 위계질서 내에서 '천사들'은 신명기 32장 세계관에서 "하나님의 아들들"에게 맡겨진 지리적 영역 통치와는 대조되는 낮은 수준의 임무나 책임(메신저로서 메시지를 전달하는 등)을 맡은 자로 나온다. 달리 말하면 인간 세상과 똑같이 영적 세계에서도 신적 존재들은 (독보적인 여호와를 제외하고는) 모두 동일 '종'種에 속하지만 서열상의 차이가 있다. 3장에서 논한 '권속'household 은유가 예시하는 바가 크다. 바로의 통치 치구에 속한 자가 수천 명에 달하지만 그 중에서도 더 높은 접근 권한, 신분, 위임을 받아 내부자 집단에 속한 이들이 있었다. 따라서 "거룩한 자들"은 하나님의 영광에 더 가까이 접근할 수 있기 때문에 그런 이름이 붙여졌을 가능성이 크다.

Green, *Jude and 2 Peter*, Baker Exegetical Commentary on the New Testament [Grand Rapids, MI:Baker Academic, 2008] 76-77의 인용을 보컴이 가져온 것이다. 마지막으로 켈리(J. N. D. Kelley)의 고찰이다. "이 용어는 상위의 권세를 지칭하는 것이 아니며 동일한 근거로 공동체의 지도자를 지칭하는 것일 리도 없다. 이는 맥락에 전혀 부합하지 않으며 이 의미로 쓰인 설득력 있는 사례가 없다…전후맥락(비교. 9절)과 이 구절을 차용한 벧후 2:10에 비춰볼 때 여기서 이 용어가 일군의 천사적 존재들을 지목한다는 것은 의심할 여지가 없다. 그리고 칠십인역의 출 15:11도 이 명사의 용례를 뒷받침한다. '영광'(독사)는 원래 하나님 자신에게 귀속된 광채를 상징한다(예. 출 24:16f.; 33:18-23; 시 19:1). 하지만 후일에 하나님을 둘러 선 천사들이 이 광채를 공유하는 것으로 간주되었다(비교. Philo, *Spec. leg.* i 8.45: 'by thy glory I understand the powers which keep watch around thee'(당신의 영광으로 나는 당신을 에워싸고 지키는 권세들을 이해합니다.)(J. N. D. Kelley, *The Epistles of Peter and of Jude*, Black's New Testament Commentary [London: Continuum, 1969], 263).

신성한 공간과 영역 구분

신약성경은 그리스도인의 삶 자체가 (심지어 그리스도인이라는 존재만으로도) 영적인 영토 전쟁을 촉발하는 것으로 그린다. 그러나 우리는 이 메시지를 놓칠 때가 많다.

신성한 공간과 영역을 구분하는 일은 비단 구약의 개념만은 아니다. 우리는 앞서 이스라엘의 성막 및 성전과 관련하여 이 두 개념을 상술했다. 그러나 이에 대한 신약 언어는 독자를 흥미진진한 방향으로 인도한다. 믿든지 말든지 당신이 바로 신성한 공간 sacred space 이다.

특히 바울은 신자가 바로 하나님이 장막을 치고 거하시는 곳이라고 말한다. 즉 우리 각 사람이 개별적으로나 공동체로서 하나님의 성전이다. 이는 바울이 고린도 교인들에게 "너희가 하나님의 성전"(고전 3:16)이며 "너희 몸이 하나님의 성령의 전"(고전 6:19)이라고 말한 두 구절의 영어 번역에서 가장 명확하게 드러난다. 전자는 교회가 공동체적 성전이라는 이야기며 후자는 각각의 신자 개인에게 초점을 맞추고 있다.[31] 바울은 동일한 메시지를 다른 곳에서도 전하고 있다.

> [19] 그러므로 이제부터 너희는 외인도 아니요 나그네도 아니요 오직 성도들과 동일한 시민이요 하나님의 권속이라 members of the household of God [20] 너희는 사도들과 선지자들의 터 위에 세우심을 입은 자라 그리스

---

[31] 이 고찰은 특정 문맥에 위치한 해당 문구를 토대로 이뤄진 것일 뿐 아니라, 문법적 분석을 근거로 한 것이다. 고전 3:16의 2인칭 동사형("너희가 하나님의 성전이라")은 문법적으로 복수형이다.

도 예수께서 친히 모퉁잇돌이 되셨느니라 21 그의 안에서 건물마다 서로 연결하여 주 안에서 성전이 되어 가고 22 너희도 성령 안에서 하나님이 거하실 처소가 되기 위하여 그리스도 예수 안에서 함께 지어져 가느니라(엡 2:19-22).

우리는 하나님이 거하시는 처소다. 구약에서 성전을 가득 채웠던 바로 그 임재가 우리 속에 거하신다.

동일한 개념이 다른 구절들에서는 다소 분명하지 않게 드러난다. 가령, 대부분의 그리스도인이 성막에 대해 들어보았을 것이다. 그러나 바울이 이스라엘 진영에서 거룩한 땅으로 상징된 바로 그 임재가 신자들 속에 내주한다는 논점을 제기하고자 성막 언어를 신자들에게 대입했다는 사실은 모르는 이들이 많다. 고린도후서에서 사도 바울이 한 말이다.

1 만일 땅에 있는 우리의 장막 집이 무너지면 하나님께서 지으신 집 곧 손으로 지은 것이 아니요 하늘에 있는 영원한 집이 우리에게 있는 줄 아느니라 2 참으로 우리가 여기 있어 탄식하며 하늘로부터 오는 우리 처소로 덧입기를 간절히 사모하노라(고후 5:1-2).

고린도전서에서 바울은 신자의 몸이 하나님의 성전이라고 했다(고전 6:19). 바울이 이번에는 신자의 몸을 '장막'[tent]에 빗대고 있다. '장막'으로 번역된 헬라어 '스케노스'는 고린도후서 5:1-4에서 이스라엘의 성막을 가리키는 용어로 사용되었으며, 이는 칠십인역에서 성막을 가리키는 '스케네'(예. 출 29:4)와 밀접한 관련이 있다.

여기에는 놀라운 함의가 들어 있다. 우리 모두 "두세 사람이 내 이름으로 모인 곳에는 나도 그들 중에 있느니라"는 예수님의 말씀을 알고 있다(마 18:20). 그러나 다른 신약 언어의 맥락과 구약의 성막과 성전 이미지를 배경으로 이 말씀을 보면, 신자들이 존재하고 모일 때마다 그들이 차지하는 영적인 땅이 어둠의 권세들 한가운데서 거룩하게 된다는 것을 의미한다.

만일 우리가 영적인 눈으로 볼 수 있다면, 어둠의 세계에 여호와의 임재의 빛이 흩뿌려지는 장면이 보일 것이다. 그 빛은 점차 확산되다가 서로 만나고, 상속권을 박탈당했던 열국의 땅을 마침내 대적으로부터 되찾기 위해 가차없이 퍼져나갈 것이다. 물론 그 빛들이 어둠에 둘러싸인 모습 역시 눈에 들어올 것이다.

이 이미지는 큰 그림에서 보아야 한다. 멀지 않은 과거의 어느 한 시점에 적대적인 신들의 권역에 틈새를 비집고 들어온 한줄기 빛이 있었다. 그 빛은 거의 소실될 뻔했지만 가까스로 작은 불씨가 되어 알려진 세계 곳곳으로 흩어졌다. 그러던 중 고독하지만 위대한 또 다른 빛이 어둠을 비췄다(사 60:1; 마 4:16). 그 빛은 어둠을 빛으로 바꿀 것이며(사 42:16) 열국이 그 빛에 이끌려 나올 것이다(사 60:1-3).

영적 전쟁에 대한 신약의 묘사는 독자들이 감당해야 하는 과업을 제시한다. 여호와의 임재인 '그 이름'을 소유한 하나님의 백성은 이전에 그랬던 것처럼 우겨쌈을 당할 것이다. 사도들은 이 점을 이해했지만 낙담하지 않았다. 어둠 한가운데 있는 거룩한 땅을 넘겨주는 일은 없을 것이다. 사도들은 초기 신자들에게 주변에서 치열하게 벌어지는 보이지 않는 충돌을 기리기 위해 어떤 일들을 준행하라고 가르쳤다. 누구든 어느 한편을 선택해야 했다.

38.
어느 편을 선택할 것인가?

전쟁을 겪은 사람이라면 누구든 그 참상을 잘 알 것이다. 그런 충돌 상황에선 어느 편에 속할지 선택해야 한다. 오늘날 많은 사람들, 특히 선진국 시민들은 외교와 중립노선으로 더 현명한 길이 있다고 믿고 싶어 한다. 그러나 어떤 전쟁과 어떤 대적은 그런 선택지를 주지 않는다. 대적이 원하는 것이 오직 당신의 패배와 섬멸이라면 중립은 죽음을 선택하는 것과 다름없다.

보이지 않는 세계에서 여호와의 형상을 담지한 인간의 영혼을 놓고 벌어지는 사투가 바로 그런 전쟁이다. 중립은 선택지에 없다. 우리는 바울이 자신의 글에서 하나님 나라의 통치권 확장을 여호와와 적대적 신들 사이에 벌어지는 영토 전쟁으로 그린 것을 살펴보았다. 그 영적 충돌은 두 가지 의외의 장소에서 가장 극적으로 드러난다.

세례, 거룩한 전쟁

베드로전서 3:14-22은 신약에서 가장 난해한 구절로 꼽힌다. 그러나 천상회의 세계관을 배경으로 놓고 보면 쉽게 이해할 수 있다.

> [14] 그러나 의를 위하여 고난을 받으면 복 있는 자니 그들이 두려워하는 것을 두려워하지 말며 근심하지 말고 [15] 너희 마음에 그리스도를 주로 삼아 거룩하게 하고 너희 속에 있는 소망에 대한 이유를 묻는 자에게는 대답할 것을 항상 준비하되 온유와 두려움으로 하고 [16] 선한 양심을 가지라 이는 그리스도 안에 있는 너희의 선행을 욕하는 자들로 그 비방하는 일에 부끄러움을 당하게 하려 함이라 [17] 선을 행함으로 고난 받는 것이 하나님의 뜻일진대 악을 행함으로 고난 받는 것보다 나으니라
> [18] 그리스도께서도 단번에 죄를 위하여 죽으사
> 의인으로서 불의한 자를 대신하셨으니
> 이는 우리를 하나님 앞으로 인도하려 하심이라
> 육체로는 죽임을 당하시고
> 영으로는 살리심을 받으셨으니
> [19] 그가 또한 영으로 가서 옥에 있는 영들에게 선포하시니라
> [20] 그들은 전에 노아의 날 방주를 준비할 동안 하나님이 오래 참고 기다리실 때에 복종하지 아니하던 자들이라 방주에서 물로 말미암아 구원을 얻은 자가 몇 명뿐이니 겨우 여덟 명이라
> [21] 물은 예수 그리스도께서 부활하심으로 말미암아 이제 너희를 구원하는 표니 곧 세례라 이는 육체의 더러운 것을 제하여 버림이 아니

요 하나님을 향한 선한 양심의 간구니라 22 그는 하늘에 오르사 하나님 우편에 계시니 천사들과 권세들과 능력들이 그에게 복종하느니라 (벧전 3:14-22).

베드로전서의 전체 주제는 그리스도인이 박해를 견디고 믿음 가운데 인내해야 한다는 것이다. 이 본문에서 명료한 것은 고작 그 정도다. 그 외에 세례, 방주, 노아, 옥에 있는 영들은 대체 무엇을 말하고 있는 걸까? 세례가 우리를 구원한다는 메시지를 전하는 건가?

베드로의 생각을 이해하려면 학자들이 '모형'type 또는 '모형론'typology이라고 부르는 개념을 알아야 한다. 모형은 일종의 예언이다. 장래에 일어날 일을 예견하는 구두 예언이 무엇인지 우리는 안다. 이는 선지자가 장래에 어떤 일이 일어날 것이라고 '공표'하는 것이다. 때로는 하나님이 선지자의 머리에 어떤 생각을 불어넣으신 다음 선지자가 그 생각을 발설하는 형태로 예언이 갑작스럽게 임한다. 예언은 말하는 것으로 제시된다. 모형은 다르게 작동한다.

모형은 기본적으로 '무언'無言의 예언이다. 모형은 장차 일어날 무언가의 전조가 되는 하나의 사건, 사람 혹은 제도를 말한다. 모형은 그 일이 실현될 때까지는 드러나지 않는다. 가령 바울은 로마서 5:14에서 아담이 그리스도의 모형(튀포스)이라고 말한다. 이 '튀포스'라는 헬라어는 '종류' 또는 '표시'나 '유형'을 뜻하며, 이 단어가 모형론의 어원이 된다. 바울은 어떤 방식으로든 아담이 예수님에 대한 무언가의 전조 또는 반영이라고 말하고 있는 것이다. 아담의 경우 그 무언가는 어떻게 아담의 행위(죄)가 전인류에 영향을 미쳤는가 하는 것이다. 아담처럼 예수님 역시 전인류에 영향을 미칠 무언가를 (사망과 부활) 행하셨다.

또 다른 예가 유월절이다. 유월절은 '하나님의 어린양'으로 불린 예수님의 십자가 죽음을 예표한다. 핵심은 모형(아담)과 학자들이 '원형'anti-type이라고 부르는 그 반영(예수님) 사이에 모종의 유사한 연결점이 있다는 것이다.

베드로는 베드로전서 3:14-22에서 모형론을 사용한다. 구체적으로 베드로는 창세기 6-8장의 대홍수, 특히 창세기 6:1-4의 하나님의 아들들과 관련된 사건이 복음과 부활의 모형 또는 전조가 되었다고 본다. 베드로에게 이 사건이 세례를 통해 기억된다는 것이다. 그 상관관계가 겉으로 드러나지 않으므로 해설이 필요하다.

앞서 우리는 창세기 6:1-4과 베드로후서와 유다서 간에 긴밀한 연결고리가 있음을 보았다.[1] 우리는 베드로후서와 유다서가 (창세기에는 나오지 않으나 제2성전기의 에녹1서에 나온) 홍수와 하나님의 아들들에 대한 무언가를 전달하고 있음을 발견했다. 구체적으로 에녹1서 6-15장은 어떻게 창세기 6:1-4의 범죄한 하나님의 아들들이 (이 고서에서는 '순찰자들'이라 부른다) 죄에 대한 형벌로 땅 아래 갇혔는지를 기술한다. 그 투옥 사건이 베드로전서 3:19의 "옥에 있는 영들" 언급 이면에 있다.[2]

베드로후서 2:4-5에서 타락한 신적 존재들이 던져진 감옥이 '타르

---

1. 참조. 12장.
2. 나는 일부 학자들이 이 투옥된 영들이 대홍수로 사망한 사람들의 영혼이라고 주장한다는 것을 알고 있다. 이 사안과 벧전 3장의 폭넓은 주제의 의미를 면밀하게 다룬 연구는 Bo Reicke, *The Disobedient Spirits and Christian Baptism: A Study of 1 Peter 3:19 and Its Context*, Acta Seminary Neotestamentici Upsaliensis 13 (Coenhagen: E. Munksgaard, 1946, repr., Eugene, OR: Wipf and Stock, 2005). 라이케(물론 다른 학자들도)는, 초기 교회가 수용했고 사도신경에서 발견되는, 이 단락에 대한 초자연적 해석을 뒷받침하는 탄탄한 증거를 제시한다.

타루스'였음을 상기하라. 이 용어에 해당하는 헬라어는 종종 영어로 '지옥'hell이나 '음부'Hades로 번역되지만 그 해석에는 오해의 여지가 있다. 물론 '타르타루스'는 문자적 지명이 아니라 영적 세계의 언어다. '타르타루스'는 (성경의 스올인) 지하세계의 일부였으며, 고대의 경험에 따르면 죽은 자가 매장되어 가는 곳이 땅속이었기 때문에, 땅속으로 이해되었다. 넓게 말해서, 지하세계는 지옥이 아닌 사후세계, 죽은 자가 가는 장소나 영역이다. 그 '장소'는 나름의 '지역성'을 가지고 있다. 영적 세계에서 어떤 이들은 하나님과 더불어 영생을 경험하고 다른 이들은 그렇지 않다.[3]

에녹1서 이야기에서 순찰자들은 선고된 형에 반발하여 성경에서 결코 죽음을 경험하지 않은 선지자 에녹에게(창 5:21-24) 하나님께 자신들의 사정을 대변해 달라고 하소연한다(에녹서 6:4). 하나님은 그들의 청을 거부하셨고 에녹은 옥에 갇힌 순찰자들을 찾아가 비보를 전해야 했다(에녹1서 13:1-3; 14:4-5). 여기서 중요한 점은 에녹이 범죄한 순찰자들이 있는 "성읍의 나쁜 구역"에 있는 영적 세계를 방문했다는 것이다.

베드로후서 2:4, 그리고 여기서 '타르타루스'에 투옥되었다는 언급과 마찬가지로 베드로전서 3장을 쓸 때에도 베드로의 머릿속에는 에녹1서의 이야기가 있었다. 이는 베드로의 말을 이해하는 열쇠다.

---

3. 지옥, 음부, 천국, 스올 등의 용어를 이 맥락에서 이해한다면 (이 용어들은 모두 사후세계와 그 영적 지역성에 대한 표현들이다) 사도신경이나 다른 초기 기독교 가르침을 비성경적이라고 비판할 필요가 없음을 알게 된다. 사도신경에는 예수님이 "음부로 내려가사"(descended to Hades)로 되어 있다. 중요한 것은 예수님이 형벌의 장소인 지옥으로 가신 것이 아니라 죽은 자의 세계로 가셨다는 것이다. 즉 예수님이 사망하셨다는 것이다.

베드로는 창세기 6장의 사건들과 복음 및 부활 사이에 신학적 유비analogy가 있다고 보았다. 달리 말하면, 베드로는 창세기 6장의 사건을 신약의 사건들과 사상들의 모형 또는 전조로 여겼다.

바울이 예수님을 둘째 아담으로 여긴 것과 똑같이 베드로에게는 예수님이 둘째 에녹이었다. 에녹은 옥에 갇힌 타락한 천사들에게 내려가 그들의 운명을 전했다. 베드로전서 3:14-22에서는 예수님이 이와 동일한 "옥에 있는 영들"에게 내려가셔서 예수님의 십자가 죽음에도 불구하고 그들이 여전히 패배했음을 알리신다. 하나님의 구원과 왕국 통치 계획은 좌절된 게 아니었다. 사실 계획대로 차분히 진행되고 있었다. 기실 십자가 죽음은 하나님을 대적하는 모든 마귀 세력에 대한 승리였다. 베드로전서 3:14-22에서 예수님이 죽은 자 가운데서 일어나 하나님 우편에, 즉 모든 천사들과 권세들과 능력들 위에 계신다는 이야기로 베드로전서를 끝맺은 것 역시 이런 승리 선포의 일환이었다. 그 메시지는 매우 의도적이며, 그 중심부에는 창세기 6:1-4에 대한 초자연적 관점이 함의되어 있는 것이다.

그렇다면 이것이 세례와 무슨 관계가 있을까? 이 질문에 답하기 위해 세례가 "예수 그리스도께서 부활하심으로 말미암은…하나님을 향한 선한 양심conscience의 간구appeal니라"고 한 21절의 두 용어에 초점을 맞추고자 한다.

고딕으로 표시한 이 단어들을 천상회의 세계관에 비추어 다시 고찰해 볼 필요가 있다. 대부분 '간구'(에페로테마)로 번역되는 21절의 단어는 여기서 '서약'pledge으로 이해하는 것이 옳다. 다른 곳에서도 이런 의미로 쓰인 용례가 있다.⁴ 마찬가지로 '양심'(쉬네이데시스)이라는 단어는 이 본문에서는 옳고 그름에 대한 내면의 소리를 말하는 것이 아니라 신실함이라는 성향을 가리킨다. 이 용례는 다른 맥락과 헬라 문헌에서 찾아볼 수 있다.⁵

그렇다면 세례는 구원을 낳는 원인이 아니다. 세례가 '구원한다'고 하는 이유는 부활하신 구주에게 신실하겠다는 서약, 즉 마음의 결심을 반영하기 때문이다. 실제로 신약신학에서 세례는 충성 서약이다. 즉, 선악이 충돌하는 우주적 전쟁에서 누가 주님 편에 섰는가를 공개적으로 선언하는 것이다.⁶ 그러나 이것이 다가 아니다. 세례는 타락한 천사들에게 그들이 이미 패배했음을 일깨워주는 강력한 경종이다. 모든 세례는 복음과 하나님 나라 도래 이후 타락한 천사들에게 임한 멸망을 재선포하는 의식이다. 초기 그리스도인들은 이 단락이 가지고 있는 모형론적 의미, 그리고 창세기 6장의 타락한 천사들과 연결된다는 점을 이해했다. 바로 이러한 이유로 초기 세례 예식에는 사탄 그리고 그의

---

4. BDAG, 285.
5. 같은 책, 967-68. BDAG는 이 기본형을 이런 식으로 얼버무린다. "의무에 대한 주의깊은 관심, 깨어 있는 의식"(p. 968). 이 뜻에 대한 근거와 2차 인용한 학술자료는 모두 신약의 딤전 1:5; 고전 10:25, 27-29; 히 9:9, 14로 수렴된다. 이 사례들에서 '양심'을 (선악을 해석하는 '도덕적 자이로스코프'에 반하는 개념으로) 어떤 방향성 있게 행동하는 경향 또는 기질로 생각하는 것이 도움이 된다. 클레멘트1서 2:4; 34:7과 같은 동시대의 본문들에도 전자의 용례와 뜻이 예시되어 있다. 참조. H. Osborne, "Συνείδησις," Journal of Theological Studies 32 (1931): 167-78; B. Reicke, The Disobedient Spirits and Christian Baptism, 174-82 (more external examples); Margaret E. Thrall, "The Pauline Use of "Συνείδησις," New Testament Studies 14.1 (1967): 118-25; Paul W. Gooch, "'Conscience' in 1 Corinthians 8 and 10," New Testament Studies 33.2 (1987): 244-54.
6. 이것이 신자의 세례와 유아세례에서 (후자가 구원 교리와 분리되었음을 전제로) 어떻게 작동하는지에 대해서는 관련 웹사이트를 참조하라.

천사들을 내쫓겠다는 선언이 포함되어 있었다.⁷ 세례는 예나 지금이나 여전히 영적 전쟁이다.

우리의 서약을 새롭게 일깨우기

두 번째 역사적인 기독교 예전인 "주의 만찬" 또는 성찬 역시 천상회의와 연관이 있다. 하지만 세례와 마찬가지로 이 역시 그 연관성이 겉으로 드러나진 않는다. 이번에는 고린도전서 8:1-6에서 시작해 보자.

> ¹ 우상의 제물에 대하여는 우리가 다 지식이 있는 줄을 아나 지식은 교만하게 하며 사랑은 덕을 세우나니 ² 만일 누구든지 무엇을 아는 줄로 생각하면 아직도 마땅히 알 것을 알지 못하는 것이요 ³ 또 누구든지 하나님을 사랑하면 그 사람은 하나님도 알아 주시느니라
> ⁴ 그러므로 우상의 제물을 먹는 일에 대하여는 우리가 우상은 세상에 아무 것도 아니며 또한 하나님은 한 분밖에 없는 줄 아노라 ⁵ 비록 하늘에나 땅에나 신이라 불리는 자가 있어 많은 신과 많은 주가 있으나
> ⁶ 그러나 우리에게는 한 하나님 곧 아버지가 계시니
> 만물이 그에게서 났고 우리도 그를 위하여 있고
> 또한 한 주 예수님 그리스도께서 계시니

---

7. 예. Tertullian: *On the Crown* 3, *On the Shows* 4, *On the Soul* 35.3. 참조. Ansgar Kelly, *The Devil at Baptism: Ritual, Theology, and Drama* (Ithaca, NY: COrnell University Press, 1985), 94-105.

만물이 그로 말미암고 우리도 그로 말미암아 있느니라.[8]

고린도전서 8장에서 바울은 우상에게 바친 제물을 먹는 문제에 대해 쓰고 있다. 바울은 그것이 허용되는 이유는 "우상이 아무것도 아니기" 때문이며(8:4), 먹든 안 먹든 사람이 그것으로 인해 더 유익이 되거나 해가 되는 게 아니기 때문이라고 했다(8:8). 그러나 바울은 이런 지식이 없는 신자는 제물 먹는 것을 삼가야 한다고 경고했다(8:9).

바울은 자신이 내린 결정의 근거를 우상이 아무것도 아니라는 사실에 두고 있다. 하지만 4-6절의 발언을 보면 그가 우상 배후에 실체가 있다고 믿었음을 알 수 있다. 바울은 구약에 정통한 자였다.

이 책 초반에 나는 천상회의를 소개하며 이스라엘의 신학적 신조인 신명기 6:4의 쉐마가 다른 신들의 존재를 부인하지 않는 방식으로 표현되었음을 고찰했다("'우리' 하나님 여호와는 오직 유일한 여호와이시니"). 바울의 고린도전서 8장의 문구도 동일한 느낌을 전달한다. 사실 대부분의 학자들은 바울이 구체적으로 쉐마를 염두에 두었다고 믿는다.[9]

---

8. 이 구절은 종종 '많은 신'과 '많은 주'를 인용부호 안에 넣은 채로 번역되어 마치 바울이 자기가 말하는 바를 진지하게 생각하지 않는 듯한 인상을 주었다. 헬라어 필사본에는 이런 부호가 없다.

9. 예. Larry Hurtado, *One God, One Lord: Early Christian Devotion and Ancient Jewish Monotheism* (London: Continuum, 2003), 97-99. 야고보 역시 쉐마를 염두에 두고 "네가 하나님은 한 분이신 줄을 믿느냐 잘하는도다 귀신들도 믿고 떠느니라"(약 2:19)고 썼다. 야고보가 귀신이 하나님을 믿기에 두려워 떤다고 말하지 않았음을 주목하라. 야고보의 말은 귀신이 하나님이 한 분이신 줄 믿는다는 것이고, 그로 인해 무서워 떤다는 것이었다. 쉐마의 근간을 이루는 신학적 논점은 하나님의 구속 대상과 통로는 오로지 하나의 나라와 공동체, 즉 아브라함의 후손들밖에 없다는 것이다. 이스라엘은 바벨탑 사건에서(창 11:1-9) 하나님이 지상 열국을 흩어 내버려두신 후(창 10장) 하나님의 초자연적 개입으로 생겨났다. 우리가 이 책에서 누차 살펴본 신 32:8-9은 이 내버려두심을 이렇게

물론 쉐마가 수록된 신명기라는 책에는 다른 신들을 귀신으로 간주하는 동시에 그들이 실재하는 실체라고 보는 언급들이 있다(신 32:17). 신명기 기자가 다른 신들의 존재를 정말로 믿지 않았다면 귀신의 존재 역시 부인했을 것이다. 신명기 기자는 다른 신들이 실재함을 알았고, 그래서 다른 신들의 존재를 부인하지 않으면서도 ("우리 하나님") 여호와에 대한 신실함을 요구했다.[10]

묘사했다. "지극히 높으신 자가 민족들에게 기업을 주실 때에, 인종을 나누실 때에 하나님의 아들들의 수효대로 백성들의 경계를 정하셨도다 그러나 여호와의 분깃은 자기 백성이라 야곱은 그가 택하신 기업이로다"(ESV). 바벨탑 심판 이후 하나님은 아브라함을 부르셨다(창 12:1-3). 두 사건은 서로 등과 등을 맞대고서 나란히 배치되었다. 하나님이 아브라함을 부르시고 그의 '분깃'이 될 이스라엘 민족을 아브라함과 사라를 통해 창조하겠다고 약속하셨다. 그때 하나님은 다른 모든 열국을 흩어 내버려두셨고 그들을 다른 천상의 존재들인 하나님의 아들들에게 배정하셨다. 그 신적 존재들은 신명기의 다른 대목에서 천상의 주재(천군), 신(엘로힘), 귀신(셰딤)으로 불렸다(신 4:19-20; 17:3; 29:24-26; 32:17). 구약신학에 따르면 이 "지극히 높으신 자의 아들들"(시 82:6)이 심판에 처한 이유는 그들이 공의로 다스리지 않고 이스라엘 백성을 미혹하여 참 하나님이 아닌 자신들을 섬기게 했기 때문이었다(신 29:24-26; 32:17; 시 82편). 약 2:19과 쉐마의 연결점과 관련된 두 가지 중요한 신학적 논점이 있다. 첫째, 하등한 엘로힘들의 주권 아래 있는 천하 만민은 구원 계획 바깥에 있었다. 예수님의 유대인 제자들(즉, 야고보서의 청중[약 1:1-3])은 쉐마를 알았고 인정하는 올바른 선택을 했다. 그들은 예수님을 믿어도 "우리 하나님 여호와는 오직 유일하시니"라는 신조를 폐기하지 않았다. 예수님이 성육신한 여호와였기 때문이다(참조. 16-18장). 예수님의 유대인 제자들에게는 "하나님은 한 분이시다"라는 믿음은 구원을 제공하실 분은 하나님 한 분 밖에 없다는 믿음의 표현이었다(그리고 하나님이 예수님의 사역을 통해 그 일을 이루셨다는 것이다). 둘째, 하나님의 패역한 아들들 역시 쉐마의 의미를 알았다. 그들에게 쉐마는 심판 아래 놓여 인간처럼 죽게 될 형벌을 받고 (시 82:6-7; 참조. 30장) 참 하나님의 임재로부터 영원히 추방된 자신들의 처지를 일깨워 주었다. 바로 이런 이유로 그들이 무서워했던 것이다. 그들은 하나님의 실존 때문에 무서워한 것이 아니었다. 참조. Christopher R. Bruno, 'God Is One': The Function of 'Eis Ho Theos' as a Ground for Gentile Inclusion in Paul's Letters, Library of New Testament Studies 497 (London: Bloomsbury Publishing, 2013).

10. 신 32:17의 영역본들은 귀신(셰딤)이 신이라고 했다가 다시 아니라고 하는 방식으로 매우 혼란스런 오역을 담고 있다(예. ESV). 제대로 된 번역은 LEB에 있다(개역개정과 일치함). "그들은 하나님이 아닌 그들이 알지 못하던 신들인 귀신들에게 제사하였으니." 신

바울이 신명기 32:17을 고린도전서 10:14-22에서 인용한 것을 볼 때 우리는 바울이 이 사안과 관련하여 신명기 32:17의 귀신적 실체를 염두에 두었음을 확신할 수 있다.[11]

[14] 그런즉 내 사랑하는 자들아 우상 숭배하는 일을 피하라 [15] 나는 지혜 있는 자들에게 말함과 같이 하노니 너희는 내가 이르는 말을 스스로 판단하라 [16] 우리가 축복하는 바 축복의 잔은 그리스도의 피에 참여함이 아니며 우리가 떼는 떡은 그리스도의 몸에 참여함이 아니냐 [17] 떡이 하나요 많은 우리가 한 몸이니 이는 우리가 다 한 떡에 참여함이라 [18] 육신을 따라 난 이스라엘을 보라 제물을 먹는 자들이 제단에 참여하는 자들이 아니냐 [19] 그런즉 내가 무엇을 말하느냐 우상의 제물은 무엇이며 우상은 무엇이냐 [20] 무릇 이방인이 제사하는 것은 귀신에게 하는 것이요 하나님께 제사하는 것이 아니니 나는 너희가 귀신과 교제하는 자가 되기를 원하지 아니하노라 [21] 너희가 주의 잔과 귀신의 잔을 겸하여 마시지 못하고 주의 식탁과 귀신의 식탁에 겸하여 참여하지 못하리라 [22] 그러면 우리가 주를 질투하게 하겠느냐 우리가 주보다 강한 자냐(고전 10:14-22).

32:17과 그 번역에 대한 나의 글은 다음을 참조하라. Michael S. Heiser, "Does Deuteronomy 32:17 Assume or Deny the Reality of Other Gods?" *Bible Translator* 59.3 (July 2008): 137-45.

11. 학자들은 고전 10장, 특히 14-22절에서 바울이 신 32장의 이스라엘 이야기에 호소함으로써 그의 논증을 전개하고 있음을 인정했다. 참조. Guy Prentiss Waters, *The End of Deuteronomy in the Epistles of Paul*, Wissenschaftliche Untersuchungen zum Neuen Testament 221 (Tübingen: Mohr Siebeck, 2006), 131-47. esp. 134n12. 여기서 저자는 신 32:17과 고전 10:20의 확실한 연관성을 인정한 주석가들의 긴 명단을 제시한다.

바울에게는 이교도의 신들이 귀신이었다. 이를 정확하게 동일한 상관관계를 제시하는 신명기 32:17에 비추어 보면 완벽하게 앞뒤가 맞는다. 바울이 완전히 단정적으로 말하지 않았다는 점은 흥미롭다. 그는 시장에서 파는 고기를 먹어도 된다고 했지만(고전 10:25), 다른 상황에서는 "주를 질투하게" 하는 것을 우려한다. 이 표현은 신들을 귀신이라고 칭한 신명기 32:17 앞의 16절에서 가져온 것이므로 중요한 단서를 제공한다.

> [15] 그런데 여수룬(이스라엘)[12]이 기름지매 발로 찼도다
> 네가 살찌고 비대하고 윤택하매
> 자기를 지으신 하나님을 버리고
> 자기를 구원하신 반석을 업신여겼도다
> [16] 그들이 다른 신으로 그의 질투를 일으키며
> 가증한 것으로 그의 진노를 격발하였도다
> [17] 그들은 하나님께 제사하지 아니하고 귀신들에게 하였으니
> 곧 그들이 알지 못하던 신들,
> 근래에 들어온 새로운 신들
> 너희의 조상들이 두려워하지 아니하던 것들이로다(신 32:15-17).

바울이 우상에게 바쳐진 고기와 관련된 사안을 다룰 때 귀신에게

---

12. 참조. Sharon Pace Jeansonne, "Jeshurun," *The Anchor Yale Bible Dictionary* (ed. David Noel Freedman; New York: Doubleday, 1992), 3:771-72.

제물 바치는 것을 우려했다는 점은 분명하다. 진짜 문제는 고기가 아니라 제사에 참여하는 일 자체였다. 고린도 교회의 일부 교인들은 우상이 나무나 돌 조각에 불과하므로 제사 참여가 하나님을 분노케 하지 않으리라고 추측했다. 그래서 그들은 고기를 먹는 것을 넘어 제사에 참여했던 것으로 보인다. 바울은 그렇게 하면 안 된다는 것을 가르쳐야 했다. 그리고 그것을 가르치고자 성찬을 비유로 들었다(고전 10:14-18).

바울에게 중간지대란 없었다. 성찬에 참여하는 일은 여호와에 대한 결속과 충성을 의미했다. 성찬은 단지 예수님의 죽음을 기념하는 일일 뿐 아니라(고전 11:23-26), 여호와가 수찬자와 맺으신 언약 관계를 기념하는 일이었다. 다른 신들에게 바치는 제사에 참여하는 것은 언약관계를 어기고 열국의 신들의 편에 줄서는 것이나 마찬가지의 행위였다.

사탄에게 넘겨지다

세례와 성찬은 충성 서약식이었다. 여호와의 가족은 여호와 앞에서 온전하며 신실함을 지켜야 했고, 세례와 성찬 의식은 그 신실함의 표현이었다. 이 맥락은 고린도전서 5장의 많은 논란을 야기한 문구를 이해하는 데에도 도움이 된다.

교회 내 "믿음의 권속들(개역개정, "가정들")"(갈 6:10) 가운데 신실함이 약해져 여호와가 정하신 도덕적, 교리적 선을 넘어버리는 이들이 종종 있었다. 이때 바울이 신자들에게 준 지침은 회개하지 않는 (형제라 일컫는) 가족 구성원을 교회에서 내쫓으라는 것이었다(고전 5:9-13). 더 구체적으로 바울은 불충한 자를 "사탄에게 내줄 것"(고전 5:5)을 요구했다. 그는 더 나아가 이런 결정을 내리는 목표가 "육신은 멸하고 영은 주 예수의 날에 구원을 받게" 하기 위함이라고 했다.

이 문구에서 바울이 의미하는 바는 무엇일까? "육신은 멸한다"고 하면서 바울이 사용한 육신이라는 단어는 '사르코스'다. 바울은 종종 이 용어를 물리적인 몸을 가리키는 것으로 썼지만, 때로는 하나님의 은총을 공로로 획득하기 위해 우리 자신의 행위를 의지하는 자기기만이나 불경건한 삶의 방식을 지칭하는 용어로도 썼다.[13] 교회에서 쫓겨난 사람이 그 결과로 금방 죽었다는 내용은 없다. 따라서 고린도전서 5장에는 두 번째 용례가 더 적합하다. 바울은 회개하지 않는 사람을 교회에서 쫓아냄으로써 그가 자기 죄 가운데 살면서 그 행동의 결과를 몸소 겪게 하라고 주장하는 것이다. 구원은 결코 인간의 공로에 근거하는 것이 아니므로 신자는 잘못을 저지를지라도 결국에는 구원을 얻게 될 것이다. 하지만 자기를 파멸로 이끄는 죄악된 행위로 말미암아 다른 신자들을 미혹시키지 않기 위해 신중하게 처신하고 삼가야 한다.

그러나 "사탄에게 내주었다"는 것은 무슨 의미인가? 이스라엘 백성들이 그들의 땅을 거룩한 땅으로 여겼고 이스라엘 이외의 열국의 영토는 악한 신들의 통제 아래 있다고 여겼음을 상기하라. 이스라엘은 그곳에 여호와의 임재가 있으므로 거룩한 땅이었다. 다른 모든 지역

---

13. BDAG, 916, H. R. Balz and G. Schneider, *Exegetical Dictionary of the New Testament* (Grand Rapids, MI: Eerdmans, 1993), 3:231.

은 거룩하지 않은 땅이었다.

바로 앞장에서 우리가 살펴본 바는 바울이 신자의 모임 역시 동일한 관점으로 바라보았다는 것이다. 하나님의 임재는 비단 예루살렘 성전에 국한된 것이 아니라 그리스도의 몸 된 성전에 계셨다(고전 3:16-17). 그러므로 고린도 교회는 거룩한 땅이었고, 그 모임 바깥 영역은 귀신의 세계였다. 교회에서 쫓겨난다는 것은 사탄의 영역으로 추방되는 것이었다.

하나님 왕국(나라)의 도래로 촉발된 영적 전쟁에는 중립지대가 없다. 모세는 황금 송아지 사태 이후 "누가 여호와의 편에 서 있는가?"라고 입장을 정할 것을 요구했다(출 32:26, ESV). 마찬가지로 오늘날에도 우리 모두가 그 질문 앞에 선다. 구원을 얻을 다른 이름은 없다. 과거에도, 현재에도 열국의 구원을 이룰 그 이름은 여호와의 임재이자 지상 장막인 육신을 덧입은 예수님의 이름밖에 없다(요 1:14).

단원 요약
Unseen Realm

하나님 나라는 이미 현실로 임했지만 아직 실현되지 않은 부분이 있다. 세례 요한이 하나님 나라를 선포하고 그 왕을 소개했다. 예수님은 하나님 나라의 도래를 전파하셨고, 하나님이 다스리시는 에덴적 세상에서의 삶이 어떠할지에 대한 그림, 곧 질병도, 연약함도, 대적하는 귀신도 없는 세상에 대한 이상과 가능성을 제시하셨다.

많은 사람들이 신약을 예수님과 사도들의 행적 사이사이에 바울이 이상한 이름을 가진 교회들에게 보낸 서신서를 끼워넣은 것이라고 생각한다. 신약은 우리가 읽은 인물들의 행적과 그들이 주고받은 서신보다 훨씬 풍성한 내용을 담고 있다.

신약은 수천 년 간 누적된 갈등의 부활을 담고 있다. 하나님의 백성은 외세의 지배 아래 고립되었고 억눌렸다. 모세, 다윗, 솔로몬, 선지자 시대에 있었던 하나님의 임재는 아련한 추억일 뿐이었다. 그러던 중 천사들이 마리아와 사가랴를 방문하여 예수님과 요한의 임박한 출생을 예고함으로써 수 세기에 걸쳐 계속된 하나님의 침묵이 깨졌다. 삼십여 년이 지나면 유대가 소용돌이칠 것이다. 보이지 않는 세계의 영적 충돌도 한층 격화될 것이다.

신약의 모든 장이 이 충돌을 하나씩 보여준다. 구약의 우주적 지형은 신약에서도 분명하게 드러난다. 예수님이 어디를 가시든, 무슨 말을 하고 무엇을 행하시든 그곳에는 항상 보이지 않는 권세들과의 정면 대결이 벌어졌다. 그 충돌은 예수님이 죽음을 맞이하는 순간까지 이어졌으나, 이는 하나님이 미리 계획하시고 예수님이 촉발시킨 일이기도 했다. 십자가의 발치와 빈 무덤 입구에서 하나님 나라의 영구적인 교두보가 마련되었다.

신약의 나머지 부분은 상당 부분 구약의 모티프들을 끌어온 것이다. 예수님은 떠나셨지만 임재하신다. 그것은 마치 여호와가 하늘에 보이지 않는 존재로 계시지만 인간의 형체로 지상에 임하신 것과 같다. 유배되어 뿔뿔이 흩어졌던 아브라함의 자손은, 적대적인 이방신의 지배 아래 있는 모든 열국에 은밀히 심겨진 영적 세포 집단 같은 기능이 있음이 밝혀졌다. 왕국은 느리지만 중단없이, 한 번에 하나의 새 신자를 확보하며 지경을 넓혀간다. 모든 교회는 새로운 레지스탕스 거점이며, 모든 세례는 지극히 높으신 자에 대한 또다른 충성 서약이다. 모든 성찬은 하등한 군주들과의 교제를 거부하며 여호와의 비밀스런 계획의 성공을 선포하는 자리다.

전선이 형성되었다. 승패에는 막대한 지분이 걸려 있다. 대적은 필사적이다. 이방인의 충만한 수가 차면 모든 이스라엘이 구원받을 것이며 구원자가 천상의 시온으로부터 임하실 것이다.

결국 시간 문제일 뿐이다.

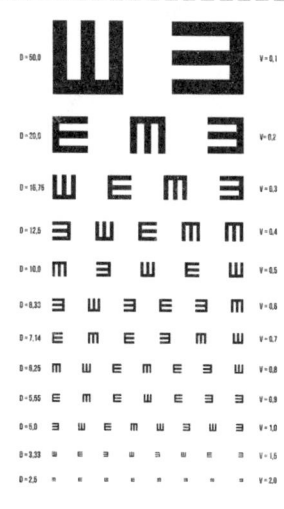

Part 8. 아직 완성되지 않은 왕국

39. 최후 평결

우리는 이제 이 하나님의 이야기의 무대에서 현재가 퇴장하고 미래가 입장하는 시점에 다다랐다. 많은 학자들과 학생들이 성경이 말세에 대해 말하는 바를 해석하고자 온갖 설명들을 제시했지만, 정확한 근사치에 도달하는 것은 불가능하다.

이유는 단순하다. 인류 구원과 에덴 복원을 위한 메시아적 해법에 대한 구약의 예언은 의도적으로 암호화되어 있기 때문이다.[1] 아직 성취를 앞두고 있는 예언 역시 마찬가지다. 성경 본문은 확실한 현대 종말론 체계 구축을 저해하는 모호성으로 가득하다. 예언의 성취에 대해 이야기하는 신약 기자들조차 구약을 늘 문자적으로 해석한 것은 아니었다. 고대 근동 세계관의 틀 속에서는 많은 것들이 은유로 전달

---

1. 참조. 28장.

되었다. 결과적으로 주어진 예언이 어떻게 구현될지에 대한 우리의 현대적 기대는 본질적으로 불안정하다.[2]

앞으로 세 장에 걸쳐 내가 달성하려는 바는 종말에 대한 또 하나의 추측 체계를 제시하는 것이 아니다. 내 목표는 우리가 이제껏 탐구한 천상회의의 우주적 지형 세계관이 여호와를 대적하는 기나긴 전쟁의 결말에 어떤 의미심장한 빛을 던져주는가를 제시하는 것이다. 성경 신학이 다 그렇지만, 여기서도 보이지 않는 세계에서 벌어지는 일이 논의를 규정하는 틀이 될 것이다.

성경의 왕국 이야기를 천상회의를 염두에 두고 가르치는 경우는 흔치 않다. 하지만 천상회의는 왕국 이야기가 전개되는 모든 과정에 걸쳐 중요한 역할을 한다. 성경의 패턴은 하나님이 왕국을 진전시키기 위해 전략적 방식의 행동을 준비하실 때, 천상회의가 그 의사결정에 참여하는 것이다. 천상회의는 하나님이 그분의 명을 발표하시는 수단이다. 이번 장의 목적은 하나님이 적대적인 어둠의 권세들을 물리치고 에덴 복원 계획을 완성하는 일에 착수하실 때, 하나님의 목적이 구현되고 최종적으로 실현되는 과정에서 천상회의가 어떤 역할을 하는지 되짚어보는 것이다.

---

2. 이 해석적 장애물의 사례에 대해서는 관련 웹사이트를 참조하라.

에덴, 바벨, 시내산, 이스라엘: 천상회의에서의 일과 인간의 실패

성경에 계시된 인간 드라마의 맨 첫 장면부터 여호와의 천상회의가 출연했다.[3] 우리가 우리 여정의 시작점에서 이미 살펴보았듯, 여호와는 먼저 인류를 창조하겠다는 뜻을 공표하셨다. "우리의 형상을 따라 우리의 모양대로 우리가 사람을 만들고"(창 1:26). 여호와는 자신의 신적 가족을 창조하실 때처럼 인류를 자신의 형상 담지자로 창조하셨고, 인류가 여호와의 일을 실행하는 데 참여하게 하셨다. 이 경우 여호와의 일이란 여호와의 영향력과 에덴의 경이를 지상의 나머지 영역으로 확산시키는 것을 의미했다. 인류는 출산을 통해 광대한 지구와 그 생명체를 관리할 하나님의 형상 담지자들을 낳고 번성하게 될 것이었다(창 1:27-28; 5:1).

최초의 인간 형상 담지자들은 실패했다. 그 다음 여호와와 그의 천상회의가 등장한 것은 바벨 참사 때였다. 여호와가 인간 형상 담지자들의 불순종을 감찰하기 위해 내려오셨다(창 11:6). 앞서 여호와는 대홍수로부터 생존자들을 남기셨고, 그들에게 아담과 하와에게 주셨던 명령을 다시 주셨다(창 9:11). 그러나 인류는 지상으로 퍼져나가는 대신 바벨(바벨론)로 결집했다. 인류는 여호와의 영향력과 지식을 세상에 전파하는 대신 여호와를 자신들 수준으로 끌어내리려 시도했다.

이에 대한 응답으로 여호와는 천상회의에 "자, 우리가 내려가서 거기서 그들의 언어를 혼잡하게 하자"고 말씀하셨고(창 11:7), 실제로 그렇

---

3. 참조. 5-9장.

게 하셨다. 여호와는 또한 인류와의 협업체제를 포기하기로 작정하셨다. 사람들을 뿔뿔이 흩으신 후에, 여호와는 그들의 상속권을 박탈하시고 그들을 하등한 엘로힘들의 지배 아래 두셨다(신 32:8-9).[4] 여호와는 이제 자식을 낳기에는 너무 연로한 아브라함과 사라 부부를 통해 자신의 민족을 창조하고자 하셨다. 이스라엘은 여호와의 지상 분깃이 될 것이다(신 32:9). 아브라함의 자손들을 통해 나머지 열국이 복을 받게 될 것이다(창 12:1-3).

이스라엘은 애굽에서 노예가 되어 모진 고생을 겪었다. 하나님은 이스라엘 백성을 구원하고 애굽의 신들에게 맞설 신적 권능을 지닌 대행자, 모세를 세우셨다. 백성을 시내산으로 이끌어낸 후, 여호와와 그의 천상회의는 신생국 이스라엘에 율법을 수여하셨다.[5] 이제 하나님이 약속하신 땅으로 백성을 인도하는 일만 남았다. 그 목적을 위해 여호와가 가시적인 인간의 형체로 나타난 ('그 이름'을 지닌) 천사로 백성과 동행하셨다. 그러나 이스라엘은 실패했다.

이스라엘의 그리 길지 않은 왕정 역사의 여러 시점에 천상회의가 이따금 모습을 언뜻 드러냈다. 백성에게 여호와에 대한 신실함을 촉구하고 반역에 대한 징벌을 경고하도록 선지자들이 위임을 받을 때 그 현장에 천상회의가 있었다(사 6:1-7; 겔 1장; 렘 1장; 23:21-22). 미가야 선지자가 걷어 올린 천상의 커튼 너머로 우리는 여호와의 신적 존재들이 모여 아합의 최후를 결정하는 장면을 목격한다(왕상 22:13-28). 이스

---

4. 참조. 14, 15장.
5. 참조. 신 33:1-2; 행 7:52-53; 갈 3:19; 히 2:2; 이 책 21장.

라엘은 결국 또 다시 실패할 것이다. 여호와는 그들을 징계하기 위해 하고 많은 곳 중 하필 바벨론으로 추방하여 유배시키신다.

다 잃은 것은 아니다

천상회의는 유배 이후 우리가 앞서 살펴본 의미심장한 세 장면에서 다시 출연한다.

다니엘 선지자는 유배기간에 천상회의 장면을 환상으로 목격한다. 그 환상은 다니엘 7장에 기록되어 있다. 앞서 상술한 것처럼 다니엘은 이스라엘의 하나님("옛적부터 항상 계시던 이")이 다수의 보좌들 가운데 좌정하신 모습을 본다(단 7:9).[6] 신적 존재들의 어전회의가 소집되었고 그 회의의 목적은 네 짐승으로 묘사된 지상제국(단 7:1-8)의 장래 운명을 결정하기 위함이었다(단 7:9-12).

결정이 내려졌다. 넷째 짐승이 망해야 하고 다른 짐승들의 멸망이 임할 때까지 짐승들의 지배력은 줄어들 것이다. 그 다음 둘째 여호와가 구름을 타고 나타나신다(단 7:13). 하나님은 이 신적 인물인 "인자"에게 "모든 백성과 나라들과 다른 언어를 말하는 모든 자들"을 다스릴 영원한 권세를 허락하신다(단 7:14). 즉위한 왕은 자신의 주권을 "지극히 높으신 자의 거룩한 자들"과 "지극히 높으신 자의 거룩한 자들의 백성"과 공유한다(단 7:22, 27). 비록 그 배경은 백성이 유배당한 곳인

---

6. 참조. 29-30장.

바벨론으로 설정되어 있지만, 이 환상은 하나님이 최종적으로 승리하시고 인자를 통해 열국을 되찾을 것임을 전하고 있다.[7]

시편 82편의 배경은 다니엘 7장만큼 분명하지 않지만 대부분의 학자들은 시편 82편의 배경을 포로기로 본다.[8] 앞서 고찰한 것처럼 지상 열국이 여호와께로 돌아오면, 열국을 지배하던 하등한 엘로힘들이 쫓겨나고, 여호와의 회의로 새롭게 구성된 (신적 존재로 거룩하게 된) 지상의 아들과 딸들이 (하등한 엘로힘들을 대신하여) 열국을 다스릴 것이다.[9] 시편 82편에서 여호와로부터 열국을 다스리는 권한을 받았으나 백성을 지극히 높으신 자로부터 이간시킨 신들의 권한은 종식될 것이다. 여호와가 자신의 소유를 되찾으실 때 신들은 "사람처럼 죽을 것"이다 (시 82:6-8).

여호와께 여전히 신실한 천상회의 일원들이 유다 백성의 유배가 끝날 무렵 다시 등장한다. 다윗 왕조와 그 백성의 죄가 사함을 받는 때, 여호와가 천상회의에 (모두 문법적으로 복수형인) 일련의 명령들을 연달아 내리신다.

---

7. 단 7:14의 '언어'에 대한 언급을 보면 바벨에서의 언어 분화와 상관관계가 있는 열국 분열에 대한 언급을 더 잘 이해할 수 있다(창 11:1-9).
8. 이런 배경 설정은 이스라엘이 다신론에서 유일신론으로 진화했다는 선입견에 종종 기인한다. 이 설정으로 시편 82편을 신들의 "진멸"로 보게 된다. 나는 몇 가지 근거로 이 진화적 개념을 거부한다. 진화 이론의 전제는 몇 가지 차원에서 그릇되었으며, 시 82편과 신 32:8-9에 대한 억지 해석을 초래한다. 참조. Michael S. Heiser, "Does Divine Plurality in the Hebew Bible Demonstrate an Evolution from Polytheism to Monotheism in Israelite Religion?" *Journal for the Evangelical Study of the Old Testament* 1.1 (2012):1-24, Heiser, "Monotheism and the Language of Divine Plurality in the Hebrew Bible and the Dead Sea Scrolls," *Tyndale Bulletin* 65.1 (2014) 85-100.
9. 참조. 35장.

¹ 너희의 하나님이 이르시되 너희는 위로하라 내 백성을 위로하라
² 너희는 예루살렘의 마음에 닿도록 말하며 그것에게 외치라
그 노역의 때가 끝났고 그 죄악이 사함을 받았느니라
그의 모든 죄로 말미암아 여호와의 손에서 벌을 배나 받았느니라
할지니라 하시니라(사 40:1-2).[10]

이사야 40장의 맥락은 이스라엘의 새로운 시작이다. 하나님은 이 스라엘의 신분에 변화를 일으키고자 행동에 돌입하신다. 이스라엘은 시온으로 돌아와 도래할 왕을 기다려야 한다.[11] 그 다음 천상회의에서

---

10. 참조. 31장.
11. 여기에는 성전 재건과 스룹바벨의 귀환보다 훨씬 풍성한 내용이 들어 있다. 스룹바벨의 계보에 대해서는 다음을 참조하라. Derek Kidner, *Ezra and Nehemiah: An Introduction and Commentary* Tyndale Old Testament Commentaries 12 (Downers Grove, IL:InterVarsity Press, 1979). 키드너의 스룹바벨에 대한 고찰이다(40-41쪽). "그는 여호야긴의 장자인 스알디엘(3:2, et al.)의 아들로 알려졌다. 그러나 대상 3:19의 히브리어 본문에 의하면 스룹바벨은 스알디엘의 동생인 브다야의 아들이다. 이 본문이 옳다면 브다야가 스알디엘의 처와 계대결혼을 했다는 뜻이다. 계대결혼으로 태어난 첫 소생은 혈통 보존을 위해 스알디엘의 소생이 된다(비교. 신 25:5f; 룻 4:10). 스룹바벨이 스알디엘의 상속자였다면 그는 왕위 계승자 1순위가 된다." 학자들은 이 계보로부터 자연스럽게 많은 유대인이 다윗 왕조의 회복, 심지어 메시아적 회복에 대한 소망을 품게 되었다는 발상을 도출해 낸다. 스룹바벨이 다윗 계보에 속한 것은 맞다. 하지만 유배지로부터의 귀환과 그 이후 시점의 성경 자료들은 스룹바벨이 다윗 언약에 따른 왕조의 계승자로 내정되지 않았음을 풍성하게 증거한다. 내 견해로는 이 방면에서 두 가지 주목할 만한 내용이 있다. 첫째, 선지자 스가랴가 스룹바벨을 성전 완성을 위한 하나님의 대행자로 상정하면서도(슥 4:6-9), 이 선지자의 국운에 대한 종말론적 전망의 초점은 대제사장 여호수아에게 더 맞춰져 있다(슥 3:1-10; 6:9-15). 물론 히브리어 본문에서 "여호수아"는 예수의 히브리어 대응어인 '예수아'(구원)이다. 신약이 회고적 관점에서 쓰였음을 감안한다면, 이 이름에는 예표까지는 아니더라도 언어유희가 담겨 있는 것으로 보인다. 둘째, 스룹바벨이라는 이름은 "바벨의 씨"를 뜻한다. 그 이름이나 스룹바벨에 대한 성경의 기술이 스룹바벨이라는 인물의 오점이 될 수 있지만, 그 이름은 우리에게 어떤 신학적 메시지를 암호적으로 전달하는 것일 수 있다. 즉, 여호와가 바벨로부터 그의 씨를 취하셨지만, (즉, 그들을 건

한 음성이 (다시금 복수형 명령으로) 외친다.

> 너희는 광야에서 여호와의 길을 예비하라
> 사막에서 우리 하나님의 대로를 평탄하게 하라(사 40:3, ESV).

이사야 40:6에서 한 음성이 그 외침에 응답한다.[12] 복음서 기자들이 세례 요한 및 그의 메시지와 관련하여 이 단락을 인용했다는 사실은 왕의 오심을 나사렛 예수인 메시아와 연결시킨다.

예수님의 오심과 더불어 왕국의 회복이 시작된다. 이는 예수님의 공생애 시작점인 세례 때 공식화되었고 십자가 죽음 및 부활로 불가

지셨다) 여호와는 궁극의 다윗 왕이 바벨론과 어떤 식으로든 붙어 다니는 것을 허용하지 않으셨다. 바로 그래서 비록 이 나라가 여호와의 아들이었지만 마태는 여호와가 그의 씨를 바벨론으로부터 부르셨다는 유비(analogy)를 전혀 발견하지 못했던 반면(하나님의 아들인 이스라엘이 바벨론에 간 이유는 배교 때문이었다), 애굽에 대한 유비는 발견했다(호 11:1, 이스라엘이 애굽에 간 이유는 하나님이 야곱에게 애굽으로 가라고 지시하셨기 때문이다, 창 46:1-4). 우리는 또한 렘 31:31-33의 새 언약의 조건으로 인해 그 귀환이 하나님 나라가 아님을 분별할 수 있어야 한다. 예레미야와 이사야 둘 다 왕국의 삶을 완전히 새로운 사회로 묘사하며 성령과 신적인 메시아의 임재와 인간의 신성화 없이는 달성될 수 없는 것으로 보았다. 참조. J. J. M. Roberts, "The Divine King and the Human Community in Isaiah's Vision of the Future," in *The Quest for the Kingdom of God: Studies in Honor of George E. Mendenhall* (Winona Lake, Ind:Eisenbrauns, 1983), 127-36.

12. 사 40:6에서 전통 히브리어 본문(MT)은 "그리고 누군가 말했다"로 되어 있다(문자적으로 '한 음성이 말했다'). 사해 두루마리는 "그리고 내가 말했다"로 되어 있다. 후자는 선지자 자신이 응답한 것이다. 즉, 선지자가 이 회의에 출석했음을 암시한다. 이는 이사야 6장에서 이사야를 선지자 소명으로 부르신 일과 일관된 묘사이며, 세례 요한과 같은 선지자적 인물에 적용하는 데 더 설득력 있는 해석이다. 많은 학자들은 사해 두루마리의 해석이 우월하고 권위가 있다고 본다. 이사야 40장의 천상회의 맥락에 대해서는 다음을 참조하라. Cross, "The Council of Yahweh in Second Isaiah," 274-277, Seitz, "The Divine Council: Temporal Transition and New Prophecy in the Book of Isaiah," 234-235.

역적인 것이 되었다. 하나님의 아들이시며 종인 자가 (하나님의 인간 및 공동체적 아들이자 종인) 이스라엘이 실패한 지점에서 승리하셨고 이후로도 승리하실 것이다.

여호와의 지상 통치는 진보하고 있으며, 보이지 않는 어둠의 권세들과 그 권세들 아래 종노릇하는 인류에 맞서 지경을 넓히고 있다. 이 왕국은 분명한 목표가 있다. 바로 열국을 되찾고 온 지구에 에덴을 복원시키는 것이다. 그 목표가 달성되면 (신적 존재와 인간을 망라한) 형상 담지자들로 이루어진 가족-회의를 두시려던 하나님의 원래 의도가 성취될 것이다. 인류는 하나님^{divine}처럼 될 것이며 고유한 하나님의 아들이신 부활하신 예수님의 권세 아래, (열국을 다스리던) 하등한 엘로힘들을 대신할 것이다.

우리는 하나님 나라가 확장되는 시기에 살고 있다. 우리는 이미 하나님 나라 안에 있지만 그 나라는 아직 미완성이다. 우리의 몸은 우리가 아직 온전하게 경험하지 못한 영광의 지상 장막이다. 우리는 우리의 참모습이 되어가는 과정 중에 있다. 그 참모습이란 여호와의 신-인간 자녀이자 여호와의 권속-회의다.

하나님이 그 계획의 최종국면을 실행하기 위해 다시금 움직이실 때 천상회의가 또 소집될 것이다. 우리는 요한계시록 4-5장을 통해 아직 일어나지 않은 일을 엿볼 수 있다.

여호와의 천상회의의 장로들

학자들은 오랫동안 요한계시록 4-6장에 기록된 요한의 환상을 천상회의 장면으로 규정했다.[13] 어떤 신약학자는 요한계시록 주석에서 다음과 같이 지적한다.

> 보좌 환상의 초점은 천상의 어전회의에서 신하 노릇을 하는 다양한 천사적 존재들과 하등한 신들[deities](천사, 천사장, 스랍, 그룹)에 둘러싸여 보좌에 좌정하신 하나님이다. 천상의 어전회의 가운데 보좌에 좌정하신 하나님에 대한 모든 묘사는 이스라엘뿐 아니라 메소포타미아, 우가리트, 페니키아의 천상회의 또는 회의에 대한 고대적 관념을 토대로 한다.[14]

우리가 이제껏 다뤄온 내용을 감안하면, 요한의 환상에 대한 묘사가 상당히 친숙하게 다가올 것이다.

¹ 이 일 후에 내가 보니 하늘에 열린 문이 있는데 내가 들은 바 처음에 내게 말하던 나팔 소리 같은 그 음성이 이르되 이리로 올라오라 이 후에 마땅히 일어날 일들을 내가 네게 보이리라 하시더라 ² 내가 곧 성령에 감동되었더니 보라 하늘에 보좌를 베풀었고 그 보좌 위에

---

13. Joseph M. Baumgarten, "The Duodecimal Courts of Qumran, Revelation and the Sanhedrin," *Journal of Biblical Literature* 95 (1976): 59-78, esp. 65-70. 바움가르텐의 글이다. "학자들이 이십사 장로와 관련된 주해 문제를 다루면서 최후 심판에 장로들이 참여한 사실이 성경과 종말론적 사상에 뿌리를 둔 유대교의 뿌리깊은 관념임을 언급하지 않았다는 것이 놀랍다. 천상의 재판소 자체는 고대 근동의 이교도 문화의 동족어(cognates)와 비교되는 성경 이미지의 익숙한 요소다"(67쪽).
14. David E. Aune, *Revelation 1-5*, Word Biblical Commentary 52A (Dallas: Word, 1998), 277.

앉으신 이가 있는데 ³ 앉으신 이의 모양이 벽옥과 홍보석 같고 또 무지개가 있어 보좌에 둘렸는데 그 모양이 녹보석 같더라 ⁴ 또 보좌에 둘려 이십사 보좌들이 있고 그 보좌들 위에 이십사 장로들이 흰 옷을 입고 머리에 금관을 쓰고 앉았더라 ⁵ 보좌로부터 번개와 음성과 우렛소리가 나고 보좌 앞에 켠 등불 일곱이 있으니 이는 하나님의 일곱 영이라 ⁶ 보좌 앞에 수정과 같은 유리 바다가 있고 보좌 가운데와 보좌 주위에 네 생물이 있는데 앞뒤에 눈들이 가득하더라 ⁷ 그 첫째 생물은 사자 같고 그 둘째 생물은 송아지 같고 그 셋째 생물은 얼굴이 사람 같고 그 넷째 생물은 날아가는 독수리 같은데 ⁸ 네 생물은 각각 여섯 날개를 가졌고 그 안과 주위에는 눈들이 가득하더라 그들이 밤낮 쉬지 않고 이르기를

거룩하다 거룩하다 거룩하다 주 하나님 곧 전능하신 이여
전에도 계셨고 이제도 계시고 장차 오실 이시라 하고
(계 4:1-8).

거룩 삼창의 경배는 누가 봐도 천상회의 장면이 분명한 이사야 6:3으로 우리를 인도한다. 이외에도 다른 천상회의 환상들과 비교하면 생물들(비교. 겔 1, 10장의 그룹), 생물들의 날개(비교. 사 6장의 스랍), 보좌에 앉으신 하나님(사 6장; 겔 1장; 단 7장), 다수의 보좌들(단 7장), 보석, 색, 유리 바다(겔 1장), 신적인 영들(divine spirits, 왕상 22장) 등 유사성이 보인다. 요한의 환상은 사실 이전의 천상회의의 특징들을 한데 모아

하나의 환상으로 종합한 것이다.[15]

하나님을 둘러 선 이들은 보좌에 앉은 24인의 장로들이다. 이 장로들의 정체를 둘러싸고 의견이 분분하다. 다음은 24인의 정체에 대한 여러 제안이다.

- 천상의 존재들로서 이스라엘의 24 제사장 반열에 상응하는 우주적 존재들 또는 이스라엘의 열두 지파와 열두 사도의 신적인 대표자들
- 모든 신자를 대표하는 영화롭게 된 인간 신자들
- 구약의 신자들(비교. 히 11장)
- 천상회의의 비인간 구성원들.[16]

요한계시록 5장에 묘사된 장면에서는 장로들을 천사들과 구별하며(계 5:11), 특별히 천사가 아닌 장로들이 천상회의에서 하나님의 보좌를 가까이에서 둘러 섰다고 한다. 이는 다니엘 7장의 이미지와 흡사하다.[17] 이 책 35장에서 죽음이나 부활 후 인간이 신성화되는 것^{divinization}에 대해 상술했는데, 이 장에 등장하는 장로들을 신적 존재가 된 인간으로 볼 수도 있다. 그러나 요한계시록 6:9-11의 장면에 순교자들을 포함시킨 것은 장로들이 영화롭게 된 신자들과 구별되어야만 가능한

---

15. G. K. Beale, *The Book of Revelation: A Commentary on the Greek Text*, New International Greek Testament Commentary (Grand Rapids, MI; Carlisle, Cumbria: Eerdmans; Paternoster Press, 1999), 320-22.
16. 이뿐 아니라 오니(Aune)는 다른 접근들도 제시했다(*Revelation 1-5*, 288-89).
17. 참조. Aune, *Revelation 1-5*, 286.

일이다. 장로들과 순교자들 모두 흰 옷을 입었다고 묘사되었지만(계 4:4; 6:11), 순교자들은 장로들에 대한 묘사 이후에 옷을 받았고, 그때 장로라 칭함을 받지 않는다.[18]

어떤 면에서 보면, 장로를 인간으로 규정하는 것은 우리가 이제껏 논의한 다른 천상회의 자료들, 즉 예수님이 천상회의에서 영화롭게 된 신자들을 내세우시는 장면과 상당히 일관된다(히 1-2장).[19] 역으로 장로들을 신적 존재로 규정한다고 해서 천상회의에 인간 존재가 발붙일 여지가 없는 것도 아니다. 천상회의와 에덴 복원을 위한 하나님의 계획과 관련하여 하늘과 땅, 신성과 인성은 쉽게 분리될 수 있는 것이 아니다.

장로들을 여호와의 천상회의에 속한 신적 존재들로 보는 해석이 중요한 이유는 이 독법이야말로 열국과 그 신들에게 심판을 내리는 구약의 천상회의 장면들과 잘 들어맞기 때문이다.

천상회의를 묘사하기 위해 "장로들"을 선택한 것은 이사야 24:23에서 비롯되었는데, 이 단락이 요한계시록처럼 종말론을 장르로 하고 있는 것은 결코 우연이 아니다.

[21] 그날에 여호와께서

---

18. 장로들이 인간인지 신적 존재인지를 규명하는 것은 그 장면을 천상회의 장면으로 규정하는 데 결정적이지 않다. 설령 장로들이 신적 존재라고 해도 그들을 하나님의 백성과 동일시할 수 없는 것은 아니다. 천상회의의 목적이 하나님의 지상 승리의 최종 국면을 달성하는 것이고 하나님의 원래 의도가 인간을 천상회의의 통치에 포함시키는 것이기 때문이다. 하늘과 땅, 신성(divinity)과 인성(humanity)은 인류를 향한 하나님의 계획과 천상회의와 관련해 쉽게 분리될 수 없는 것들이다.
19. 참조. 19-36장.

하늘에서 천상의 주재를 벌하시며

땅에서 땅의 왕들을 벌하시리니

²² 그들이 죄수가 깊은 옥에 모임 같이 모이게 되고

옥에 갇혔다가 여러 날 후에 형벌을 받을 것이라

²³ 그때에 달이 수치를 당하고

해가 부끄러워하리니

이는 만군의 여호와께서 시온 산과 예루살렘에서 왕이 되시고

그의 장로들 앞에서 영광을 나타내실 것임이라(사 24:21-23, ESV).

이사야 24:23은 여호와의 원수들인 신적 존재들 및 그들과 손잡은 지상 왕들에게 내리는 종말론적 심판에 대한 묘사다.[20] 그들의 심판이 완료되면 여호와가 "그의 장로들 앞에서" 영광을 나타내실 것이다. 이사야서의 이 예사롭지 않은 언어에 초점을 맞춘 학자들은 두 가지 궤적으로 장로들의 신적 속성을 부각시켰다. (1) 구약의 장로들에 대한 비교 구절들을 보면 장로들이 왕실 권속 중 특별히 선택된 자들임이 확실하다. (2) 요한계시록 4-5장의 장로 묘사와 다른 천상회의 장면에 나오는 신적 존재들에 대한 묘사가 비슷하다.[21]

---

20. "천상의 주재"(host of heaven, 천군)라는 문구는 신적 존재들, 즉 비(非)지상 세계의 선하거나 악한 존재들을 지칭하는 일반적 지시어다. 그러나 "천상의 주재"는 여호와와 그 백성의 원수들인, 열국의 통치자로 세워진 하등한 엘로힘들과 뚜렷한 연관성을 가지고 있다(신 4:19; 17:3).

21. 참조. John D. W. Watts, *Isaiah 1-33*, rev. ed., Word Biblical Commentary 24 (Nashville: Thomas Nelson, 2005), 389; Timothy M. Willis, "Yahweh's Elders (Isa 24,23): Senior Officials of the Divine Court," *Zeitschrift für die alttestamentliche Wissenschaft* 103.3 (1991): 375-85. 상당수의 학자들이 시온과 예루살렘에 대한 언급뿐 아니라 모세,

천상회의의 목적은 삼중적이다. (1) 죽임 당한 어린 양을 드높임 (계 4:11; 5:11-12). (2) 어린양의 승리를 축하함(계 5:1-5). 어린양의 승리는 그를 따르는 자들을 "우리 하나님 앞에서 나라와 제사장들을 삼으셨으니 그들이 땅에서 왕 노릇"(계 5:10)하게 만든 사건이었다. (3) 일곱 인을 뗌(계 6장).[22] 요한계시록 4-6장의 장면을 통해 우리가 알 수 있는 바는 신약 기자들이 하나님의 계획의 결정적인 분기점에서 구약의 천상회의 활동의 패턴을 각별히 주목했다는 것이다. 요한계시록 4-6장의 천상회의 장면은 이사야 24:23에서 그린 여호와의 최후 지상 심판의 시작점이며, 그 종착점은 인자가 영원한 주권을 획득하여 인자와 여호와께 충성하는 거룩한 자들 및 거룩한 자들의 백성과 그 주권을 함께 나누는 다니엘 7장과 만난다.[23]

아론, 나답, 아비후와 70인의 장로들이 이스라엘의 하나님을 목도한 출 24:9-11 같은 구절을 근거로 이 구절에 등장하는 장로들을 이스라엘의 인간 장로들과 동일시한다. 그리고 이를 근거로 일부 학자들은 "그의 장로들"(his elders)을 "그것의 장로들"(its elders, 즉 시온 또는 예루살렘의 장로들)로 번역하려 한다. 만일 이 주장이 맞다면, 이 여성 명사들과 문법적으로 일치하는 여성형 접두대명사가 나와야 한다. 그런데 사 24:23은 복수형 명사("장로들")에 3인칭 남성 단수 접두사가 붙여진 형태다. 이는 히브리어 성경의 다른 곳에서 딱 한 번 나오는데(시 105:22), 그 맥락은 분명하게 애굽의 바로 왕의 권속 중 어전회의 고관들을 칭하는 것이다. 덧붙여, 시온과 예루살렘에 대한 언급을 꼭 문자적으로 읽어야 하는 것은 아니다. 이 용어들 역시 종말론적 배경에서, 그리고 보다 일반적으로는 신약의 성경신학에서 분명하게 입증된 종말론적 '개념들'이기 때문이다. 참조. C. C. Newman, "Jerusalem, Zion, Holy City," *Dictionary of the Later New Testament and Its Developments* (ed. Ralph P. Martin and Peter H. Davids, Downers Grove, IL:InterVarsity Press, 1997).

22. 오니(Aune)의 고찰이다. "일곱 인이 있는 책 또는 두루마리는 22:5까지의 종말론적 사건들의 전체 시나리오를 담고 있는 것으로 이해할 수 있다. 일곱 인에는 일곱 나팔이 들어 있으며 일곱 나팔에는 일곱 대접이 들어 있다"(*Revelation 1-5*, 276).

23. 계 4-5장의 천상회의 장면과 관련된 바움가르텐(Baumgarten)의 고찰이다. "심판은 단순히 일회적인 사건이 아니라 다양한 종말론적 사건들을 통일하는 틀이다"(Baumgarten,

요한계시록 4-6장은 한편에는 여호와와 그의 백성이 있고, 반대편에는 어둠의 권세들과 그 피지배자들이 있는 최후 대결의 무대를 준비하고 있다. 우리는 앞으로 두 장에 걸쳐 이 교전의 목적이 단지 인류의 영혼과 지상 열국을 차지하기 위함이 아니라, 보이지 않는 세계 자체의 지배권을 얻기 위함임을 살펴볼 것이다.

"Duodecimal Courts" 66). 바움가르텐은 구체적으로 시 82편의 열국 신들에 대한 심판을 이 단락과 연결시키고 있다(69쪽).

40. 북방의 대적

성경의 대서사는 천상의 형상 담지자들과 함께 하시면서도 인간 형상 담지자들을 통해 창조세계를 통치하시려는 하나님의 원래 의도에서 비롯되었다. 하늘이 땅으로 임했다. 하나님은 자신의 신적 형상 담지자들과 인간 형상 담지자들 모두에게 자유의지를 주기로 결정하셨다. 우리는 그 결정 이후에 어떻게 모든 일이 틀어졌는지를 보았다. 하지만 이는 필연적인 결정이었다. 자유의지를 행사하며 신실함과 반역 사이에서 선택할 수 있는 하나님의 능력과 속성을 공유하지 않는 피조물이라면, 진정한 의미에서 창조주의 닮은꼴이 아니기 때문이다.

무너진 것을 회복시키려는, 하지만 너무 오래 질질 끄는 것처럼 보이는 하나님의 계획 역시 있어야 할 일이었다. 하나님은 타락 후에 얼마든지 개입하셔서 자유의지를 제거하고 그 자유의지를 남용한 신적 존재들과 인간 반역자들도 일거에 제거하실 수 있었다. 그러면 에덴은 확고해질 것이고 모든 일이 제대로 마무리될 수 있었다. 그렇게 했다면 원하던 목표는 달성되었겠지만, 이는 원래의 방편^{means}을 포기하는 것을 의미했다. 즉 이는 하나님처럼 되도록 설계된 자유의지를 가진 하나님의 대행자들이 하나님의 창조세계에 자유롭게 참여하는 것을 포기하겠다는 것이다. 말하자면 그 방편을 통한 시도가 처음부터 매우 흠결 많은 발상이자 대실패였음을 자인하는 것이다. (자유의지와 그것을 가진 존재들을 제거함으로 원래의 방편을 포기하는) 이런 식의 해결책은 성경의 하나님과 어울리지 않고, 바람직하지도 않다. 하나님의 원래 목적은 하나님이 의도하신 방식으로 실현되어야만 했다.

많은 역사가들이 지적했듯, 이 땅의 지리는 인간 운명의 결정적인 요소다. 고대 이스라엘 사람에게 지리는 문자적이면서도 초자연적 특성을 둘 다 가지고 있었다. 이 두 가지 측면에 대한 우리의 논의는 다음 두 가지 요소에 지향점을 두고 진행되었다. (1) 여호와가 열국의 상속권을 박탈하시고 아브라함을 통해 자신의 민족을 세우기로 결정하신 성경의 사건(신 32:8-9)으로 대두한 우주적 지형 세계관. (2) 약속의 땅의 북쪽 끝에 있는 바산 지역. 이번 장에서 우리는 두 번째 요소에 초점을 맞출 계획이다. 이스라엘의 사고의 밑바탕에는 북쪽의 땅에 대한 심리적이며 초자연적인 공포심이 내재해 있었기 때문이다. 이 두려움은 고대인의 사고 속에서 적그리스도로 알려진 종말론적 대적과 복잡하게 얽혀 있었다.

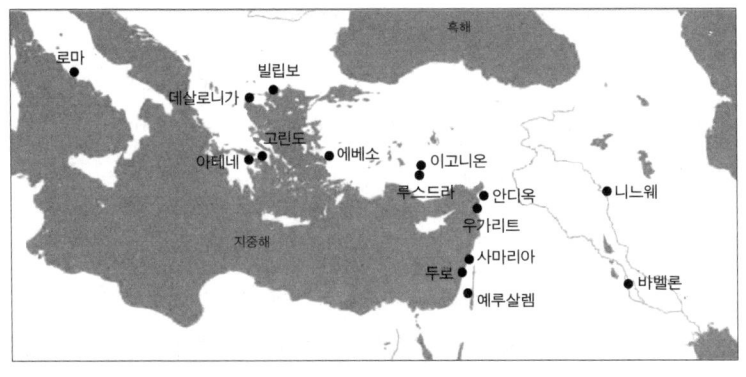

문자적인 지리적 북방: 멸망의 전조

고대 근동의 문명 발상지인 이집트와 메소포타미아는 지역 전체의 패권을 놓고 각축전을 벌였고 지중해 동쪽에 자리한 가나안은 고래들 틈에 새우처럼 끼어 있었다. 가나안과 이스라엘 민족은 북방과 남방의 외국 군대가 이동할 때마다 외침을 당했다. 강대국들은 이스라엘을 점령하여 완충지대로 삼았다.

성경에는 이런 사건에 대한 기록이 더러 있다. 그러나 가장 큰 상흔을 남긴 외침은 늘 북방의 침략이었다. 주전 722년 앗수르가 북이스라엘의 열 지파를 정복하여 제국 전역으로 백성을 강제 이주시켰다. 주전 605년부터 586년까지 세 차례에 걸친 바벨론 침공으로 유다와 베냐민 지파로 구성된 남왕국이 몰락했다. 메소포타미아 지역에 위치한 앗수르와 바벨론 둘 다 북쪽으로부터 가나안을 침략했다. 이 침략의 트라우마가 상속권을 박탈당한 열국(습 1:14-18; 2:4-15; 암 1:13-15; 욜 3:11-12; 미 5:15)과 그들의 신적 지배자들(사 34:1-4; 시 82편)에 대한 종말

론적 최후심판 묘사의 관념적 배경이 되었다.[1]

바벨론 침공의 트라우마는 이루 말할 수 없을 정도였다. 유다 왕국의 거민들은 북왕국 지파들의 비참한 최후를 잘 알고 있었다. 그러나 유다는 다윗 지파였고 예루살렘은 여호와의 성전이 있는 곳이었다. 유다 땅은 거룩한 땅이었다. 그러므로 유다는 결코 포로로 잡혀 가지 않을 것이라는 믿음이 있었다. 그러나 시온의 불가침성은 헛된 믿음으로 판명되었다. 주전 586년 느부갓네살이 예루살렘과 성전을 파괴했다. 그 사건은 물리적 황폐함과 심리적, 신학적 절망을 초래했다.

고대인들은 여호와의 성전 파괴와 그에 따른 여호와의 보좌 파괴를 겪으며 이 모든 일들 이면에 영적 전쟁이 있다고 생각했을 것이다. 바벨론과 다른 문명권의 사람들은 바벨론의 신들이 마침내 이스라엘의 하나님인 여호와를 물리쳤다고 생각했을 것이다. 많은 이스라엘 백성도 동일한 생각을 했을 것이다. 혹은 하나님이 언약의 약속들을 저버리신 것은 아닌가 하는 의구심을 품었을 것이다(예. 시 89:38-52). 하나님이 바벨론의 신들보다 약하든지 아니면 하나님이 약속을 저버리셨든지, 둘 중 하나였다.

포로기에 하나님이 세우신 에스겔, 다니엘, 하박국과 같은 선지자들은 다른 관점을 가지고 있었다. 여호와가 자신의 백성을 징계하기

---

1. 참조. Joel Aaron Reemtsma, "Punishment of the Powers: Deut 32:8 and Psalm 82 as the Backdrop for Isaiah 34,"(paper presented at the annual meeting of the Evangelical Theological Society, November 19, 2014; San Diego, CA; Ronald Bergey, "The Song of Moses (Deut 32:1-43) and Isaianic Prophecies: A Case of Intertextuality?" *Journal for the Study of the Old Testament* 28:1 (2003):33-54; Thomas A. Keiser, "The Song of Moses as a Basis for Isaiah's Prophecy," *Vetus Testamentum* 55 (2005): 486-500.

위해 다른 신들의 휘하에 있는 외국 군대를 소환하셨다는 것이다. 이 모든 상황은 여호와가 통제하고 계셨다. 그런 상황을 야기한 것은 이스라엘의 영적 불충성이었다.

불길한 초자연적 북방

히브리어에서 북쪽(북방)은 '짜폰'(또는 일부 음역에서는 '자폰')이다. 이는 흔하게 쓰이는 방향 지시어다. 그러나 이스라엘 사람들은 북쪽에 무언가가 도사리고 있다는 믿음이 있었고, 그 때문에 이 단어는 이 세상 것이 아닌 무언가를 상징하게 되었다.[2]

그 단적인 예가 바산이다. 우리는 바산이라는 장소가 죽은 자의 세계와 신적인 대적들의 후손이라고 여겨진 르바임과 같은 거인 족속 거민들과 연관이 있음을 주목했다. 바산은 또한 유대교 신학에서 헤르몬 산과 연관이 있다고 여겨지는 곳이다. 헤르몬 산은 창세기 6장에서 하나님의 패역한 아들들이 반역을 저지르기 위해 내려온 장소다.

그러나 바산 너머 더 북쪽에는 모든 이스라엘 사람들이 여호와를 대적하는 다른 신들과 깊은 연관이 있다고 보는 무언가가 있었다. 바로 바알 숭배의 중심지인 시돈, 두로, 우가리트 같은 지역이 이스라엘의 북쪽 국경 너머에 있었다. 페니키아와 시리아에 속한 이 도시들은

---

2. 참조. Ludwig Koehler et al., *The Hebrew and Aramaic Lexicon of the Old Testament* (Leiden; New York: Brill, 1999), 1046-47 (esp. entry number 7); Cecelia Grave, "The Etymology of Northwest Semitic *sapanu*," *Ugarit-Forschungen* 12 (1980): 221-29.

바알의 본거지였다.³ 바알 숭배의 중심지가 접경 지역이었다는 사실이 이스라엘 북왕국의 배교에 일조했다.

구체적으로 바알의 거처는 현재 '제벨 알-아크라'로 알려진 우가리트 북방에 위치한 산이었다. 고대에 이 산은 단순하게 '짜폰'(북쪽, 우가리트어로 '짜파누')으로 알려졌다. 이는 신령한 산으로서 바알이 가나안 만신전의 신들을 다스릴 때 회의를 소집한 장소였다.⁴ 바알의 궁전은 "짜파누/자폰 꼭대기"에 있는 것으로 여겨졌다.⁵

가나안 지역에서 바알보다 서열이 높은 자는 엘 밖에 없었다. 그러나 바알은 엘의 모든 일을 관장했고, 이는 왜 우가리트와 다른 곳에서 바알을 "신들의 왕" 또는 "지극히 높은 자"로 가리켰는지를 설명해 준다.⁶ 우가리트 본문에서 바알은 "짜폰의 주"(바알 짜파누)이다.⁷ 바알은

---

3. 여기에 힛타이트도 포함시킬 수 있다. Jebel al-Aqra, Mount Zapohn 역시 힛타이트 종교의 중심지였다. 참조. H. Niehr, "Zaphon," in *Dictionary of Deities and Demons in the Bible*, 2nd ed. (ed. Karel van der Toorn, Bob Becking, and Pieter W. van der Horst; Leiden; Boston; Cologne; Grand Rapids, MI; Cambridge: Brill; Eerdmans, 1999), 927.
4. 바알의 회의에 대한 언급이 엘의 회의와 별개로 바알 자신의 천상회의가 있었다는 뜻인지, 아니면 엘의 회의에서 바알이 엘의 부통치자였다는 것인지에 대해 학자들의 의견이 엇갈린다. 그러나 후자가 확실하며 바알이 별개의 천상회의를 가졌다는 전자의 개념이 불확실하다는 것이 중론이다.
5. 우가리트 본문은 다음을 참조하라. *KTU* 1.4 v:55; vii:6; *KTU* 1.3 i:21-22; 1.6 vi:12-13; *KTU* 1.3 iv:1, 37-38; 1.4 v:23. 또한 참조. W. Herrmann, "Baal," in *Dictionary of Deities and Demons in the Bible*, 133.
6. 우가리트 본문은 다음을 참조하라. *KTU* 1.16.Iiii:6,8; *KTU* 1.3.v:32; 1.4.Iv:43; 1.4.viii:50. 참조. Nicolas Wyatt, "The Titles of the Ugaritic Storm-God," *Ugarit Forschungen* 24 (1992): 403-24; Herrmann, "Baal," in *Dictionary of Deities and Demons in the Bible*, 131-39; J. C. L. Gibson, "The Theology of the Ugaritic Baal Cycle," *Orientalia Roma* 53.2 (1984): 202-19.
7. 참조. H. Niehr, "Baal Zaphon," in *Dictionary of Deities and Demons in the Bible*, 152-53.

또한 "군왕"^prince (우가리트어로 zbl)으로도 불린다. 바알의 또 다른 호칭은 "군왕, 지하세계의 주"(zbl ba'al 'arts)이다.[8] 물론 죽은 자의 세계에 대한 연결점은 창세기 3장의 등장인물인 뱀에 대한 우리의 논의와 잘 들어맞는다. '제벨 바알'(zbl ba'al)이 후기 유대 문학과 신약에서 사탄과 연관된 호칭인 바알세불^Beelzebul 과 바알세붑^Baal Zebub 이 된 것은 자연스러운 일이다.[9]

간략하게 말하면, 이스라엘 사람들이 신학적 차원에서 북쪽을 생각할 때 떠올리는 것은 바산, 헤르몬 산, 바알이었다. 후기 유대인들은 북쪽을 창세기 3장의 큰 대적과 연결시켰을 것이다.

이 배경을 알면 구약 후기부터 제2성전기와 신약시대의 유대인이 말세와 악에 대한 하나님의 최후심판과 하나님 통치의 궁극적 회복에 대해 가진 생각을 이해하기가 쉬워진다. 그 배경을 이해하려면 먼저 유배^exile 개념에서 출발해야 한다.

---

8. 우가리트와 히브리어에서 '바알'이라는 단어의 의미는 "주, 주인"이다. 이 호칭 안에 '에레츠'라는 단어가 들어 있음을 주목하라. 이는 우가리트어에서 "땅, 토지"를 뜻하는 일상어이며 히브리어에서도 같은 뜻이다(에레쯔, 아레쯔). 우리는 10장과 11장에서 '나하쉬'(뱀)가 땅/지하세계로 쫓겨난 것과 관련하여 이 단어를 짤막하게 논한 바 있다.

9. 참조. 10-11장. 바알세불에 대해서는 마 10:25; 12:24 (비교. 막 3:22; 눅 11:15); 마 12:27(비교. 눅 11:18, 19)를 참조하라. 학자들은 어떤 연관성이 있다는 것에는 견해를 같이 하지만, 바알세붑(왕하 1:2, 3, 6, 16)과 바알세불의 어원학적 발전과 양자 사이의 개념적 관계에 대해서는 견해가 엇갈린다. 참조. W. Herrmann, "Baal Zebub," in *Dictionary of Deities and Demons in the Bible*, 154-56; E. C. B. MacLaurin, "Beelzeboul," *Novum Testamentum* 20:2 (1978): 156-60.

여전히 유배 중

성경에 대한 큰 오해 중 하나가 주전 539년부터 수년에 걸쳐 이뤄진 바벨론 귀환으로 이스라엘의 유배 문제가 해소되었다는 생각이다. 사실은 그렇지 않다. 선지자들은 '열두 지파 모두'가 흩어졌던 곳으로부터 귀환하는 그림을 기대했다. 주전 539년 또는 구약이라는 틀 내에서 어떤 시기에도 그런 일은 일어나지 않았다.

이 기대감을 단적으로 보여주는 사례가 예레미야 23:1-8이다.

> ¹ 여호와의 말씀이니라 내 목장의 양 떼를 멸하며 흩어지게 하는 목자에게 화 있으리라 ² 그러므로 이스라엘의 하나님 여호와께서 내 백성을 기르는 목자에게 이와 같이 말씀하시니라 너희가 내 양 떼를 흩으며 그것을 몰아내고 돌보지 아니하였도다 보라 내가 너희의 악행 때문에 너희에게 보응하리라 여호와의 말씀이니라 ³ 내가 내 양 떼의 남은 것을 그 몰려 갔던 모든 지방에서 모아 다시 그 우리로 돌아오게 하리니 그들의 생육이 번성할 것이며 ⁴ 내가 그들을 기르는 목자들을 그들 위에 세우리니 그들이 다시는 두려워하거나 놀라거나 잃어버리지 아니하리라 여호와의 말씀이니라
>
> ⁵ 여호와의 말씀이니라 보라 때가 이르리니
> 내가 다윗에게 한 의로운 가지를 일으킬 것이라
> 그가 왕이 되어 지혜롭게 다스리며 세상에서 정의와 공의를 행할 것이며
>
> ⁶ 그의 날에 유다는 구원을 받겠고
> 이스라엘은 평안히 살 것이며

그의 이름은

여호와 우리의 공의라 일컬음을 받으리라

⁷ 그러므로 여호와의 말씀이니라 보라 날이 이르리니 그들이 다시는 이스라엘 자손을 애굽 땅에서 인도하여 내신 여호와의 사심으로 맹세하지 아니하고 ⁸ 이스라엘 집 자손을 북쪽 땅, 그 모든 쫓겨났던 나라에서 인도하여 내신 여호와의 사심으로 맹세할 것이며 그들이 자기 땅에 살리라 하시니라.

3절은 명쾌하다. 여호와가 자기 백성을 흩어졌던 모든 곳으로부터 돌아오게 하겠다 약속하고 계신다. 언젠가는 유다와 이스라엘 두 왕국 모두가 본토로 귀환할 것이다(6절). "이스라엘 집 자손"을 "북쪽 땅"과 흩어졌던 "모든 나라"에서 돌아오게 하겠다는 것이다. 이 구체적인 언급은 이스라엘의 "잃어버린 지파들"인 열 지파의 첫 유배에 대한 언급이며 여기에는 일말의 모호성도 없다.

이와 관련한 다른 단락들 역시 메시지가 분명하다. 다음은 그 유명한 마른 뼈 환상에 대한 에스겔 37장에서 여호와가 하신 말씀이다.

¹⁶ 인자야 너는 막대기 하나를 가져다가 그 위에 유다와 그 짝 이스라엘 자손이라 쓰고 또 다른 막대기 하나를 가지고 그 위에 에브라임의 막대기 곧 요셉과 그 짝 이스라엘 온 족속이라 쓰고 ¹⁷ 그 막대기들을 서로 합하여 하나가 되게 하라 네 손에서 둘이 하나가 되리라 ¹⁸ 네 민족이 네게 말하여 이르기를 이것이 무슨 뜻인지 우리에게 말하지 아니하겠느냐 하거든 ¹⁹ 너는 곧 이르기를 주 여호와께서 이같이 말씀하시기를 내가 에브라임의 손에 있는 바 요셉과 그 짝 이스라

엘 지파들의 막대기를 가져다가 유다의 막대기에 붙여서 한 막대기가 되게 한즉 내 손에서 하나가 되리라 하셨다 하고 [20] 너는 그 글 쓴 막대기들을 무리의 눈 앞에서 손에 잡고 [21] 그들에게 이르기를 주 여호와께서 이같이 말씀하시기를 내가 이스라엘 자손을 잡혀 간 여러 나라에서 인도하며 그 사방에서 모아서 그 고국 땅으로 돌아가게 하고(겔 37:16-21, ESV).

또 다시 이스라엘과 유다를 모두 언급하며 여호와의 백성을 흩어졌던 '여러 나라(열국)'^{nations} (복수임을 주목하라)에서 모으겠다고 하신다.

이것이 의미하는 바는 예수님 시대의 유대인의 관점에서 이스라엘은 여전히 유배 중이었다는 것이다.[10] 열 지파가 아직 귀환하지 않았다(그리고 많은 유대인들이 기회가 주어졌는데도 바벨론에 남기를 선택했다). 여호와가 그들을 구원할 것인가? 마침내 어둠의 권세들을 이길 날이 올까?

구원 그리고 저항

유대인이 기대하는 메시아상에 군사적 구원자가 포함된 이유에는 이스라엘과 유다 모든 지파의 재규합과 위대한 메시아 목자/왕의 출현이

---

10. 이러한 심리학적 조건화는 배교와 유배에 대한 성경의 설명에서 비롯된 것이며, 토라에 대한 절대 복종이 유대교의 요체가 된 이유 중 하나였다. 토라에 겹겹이 율법을 추가한 것은 토라 위반을 방지하기 위함이었다. 바로 이 토라에 지파들의 회복(또는 처벌)이 걸려 있었다.

나란히 진행될 것이라는 선지자들의 가르침도 한몫했다. 우리가 방금 살펴본 모든 지파의 회복을 묘사하는 에스겔 37장 직후에는 이런 내용이 덧붙어 있다.

²⁴ 내 종 다윗이 그들의 왕이 되리니 그들 모두에게 한 목자가 있을 것이라 그들이 내 규례를 준수하고 내 율례를 지켜 행하며 ²⁵ 내가 내 종 야곱에게 준 땅 곧 그의 조상들이 거주하던 땅에 그들이 거주하되 그들과 그들의 자자손손이 영원히 거기에 거주할 것이요 내 종 다윗이 영원히 그들의 왕이 되리라 ²⁶ 내가 그들과 화평의 언약을 세워서 영원한 언약이 되게 하고 또 그들을 견고하고 번성하게 하며 내 성소를 그 가운데에 세워서 영원히 이르게 하리니(겔 37:24-26, ESV).

성경신학적 차원에서, 이 기대는 하나님 나라의 도래와 오순절 사건으로 성취되었다. 하지만 단순히 상속권을 박탈당했던 열국을 되찾는 일이 오순절에 시작되었다는 것 그 이상의 의미가 있다. 유월절 사건 때 성육신한 여호와인 예수님을 믿고 회심하여 성령과 새 언약에 따른 약속의 상속자가 된, (유배로 여전히 열국에 남아 있다가 오순절에 예루살렘에 모인) 유대인 순례자들을 방편으로 삼아, 그 열국을 되찾는 일이 성취된다는 것이다.

바울이 갈라디아서 3장에서 말하듯, 그리스도를 따르는 자는 유대인이든 이방인이든 누구나 아브라함의 참 자손이다. 유배지였던 모든 열국에서 온 유대인들이 그 땅으로 돌아가 더 많은 이들을 모으라는 그리스도의 사도적 지상명령을 수행할 것이다. 바울은 에베소서 4장에서 오순절 사건을 북쪽 지역인 바산의 패배로 규정했다. 이스라엘의 사고에서 바산은 영적 전쟁의 중심지였다. 만일 우리가 오순절의 차원에서만 생각한다면 (당대에 사탄과 동일시되던) 죽은 자의 흑암의 주(바알 세불)는 패배한 것처럼 보인다.

그러나 그것은 섣부른 판단이다. 이는 또한 (유배된 백성에게 구원이 임하고 장차 목자/왕이 오시리라는) 에스겔 37장의 예언 이후에 일어날 일과도 상충된다. 이 모든 복음의 기쁜소식 이후에 환난이 임할 것이다. 북쪽으로부터 말이다.

곡, 마곡, 바산

에스겔 38-39장의 "마곡 땅에 있는…곡"(겔 38:1, 14-15)의 침략에 대한 예언적 묘사는 학계와 일반인의 모두에서 그 해석을 둘러싸고 논란이 무성한 유명한 구절이다. 확실한 점은 곡이 "북쪽 꼭대기"(개역개정, "북쪽 끝")에서 올 것이라는 사실이다(38:15; 39:2). 많은 학자들이 이 문구의 문자적, 지리적 측면에 집중했다. 하지만 소수의 학자들은 우가리트/가나안 종교에서 죽은 자의 군주인 바알과의 신화적 연관성에 주목했다.

고대 독자라면 북쪽으로부터의 침략을 초자연적 차원의 침략으로 상정했을 것이다. 달리 말하면, 에스겔의 언어는 단지 인간 침략자나 인간 군대에 관한 것이 아니다. 아울러 고대 독자라면 이 침략이 지파들이 통일되고 약속의 땅에서 평화롭고 안전하게 거할 때 (달리 말하면, 포로기가 끝난 후) 닥치게 될 것임을 알아차렸을 것이다.

곡과 마곡의 전투는, 열국을 되찾고 나아가 유대인이든 이방인이든 그 열국으로부터 자녀들을 이끌어내려는 여호와의 계획이 실행에 옮겨진 후 일어날 일이었다. 곡의 침략은 메시아와 그의 왕국에 저항하는 초자연적 악의 세력이 벌이는 반격일 것이다. 이것이야말로 정확히 요한계시록 20:7-10에서 묘사하고 있는 바다.[11]

곡은 초자연적 악으로부터 권능을 부여받은 인물 또는 하나님의 백성을 멸망시키는 일에 혈안이 된 악한 세력으로 초자연계의 준(準)신급의 존재로 인식되었을 것이다.[12] 이런 이유로 많은 성경학자들은 곡

---

11. 모든 종말론 체계에서 이 단락이 사용되었고 또 남용되었다. (비록 예언에 내재된 모호성을 감안할 때 어려운 일이긴 하지만) 그 견해들에 대한 비판은 이번 장과 이 책의 범위를 한참 벗어난 것이다. 더 상세한 논의는 관련 웹사이트를 참조하라. 여기서는 한 가지 논점을 제기하는 것만으로도 충분하리라 생각한다. 즉 종말론 연구의 설명에 끼워 맞추기 위해 계 20:7-10의 곡과 마곡이 겔 38-39장의 곡과 마곡과 다르다고 가정하는 것은 부당한 성경 해석이다. 우리의 신학적 체계를 세우기 위해 성경에 무언가를 추가해선 안 된다. 어떤 체계든지 마치 에스겔의 이상화된 성전이 겔 40-48장에 뒤따라 나오는 것처럼 계 20:7-10 그리고 예루살렘 성전과 에덴 회복이 계 21-22장에 잇따라 나온다는 사실을 해명할 수 있어야 한다. 그 상응성과 순차적 배열은 우연이 아니다. 곡과 마곡에 대한 학문적 논의는 다음을 참조하라. Sverre Bøe, *Gog and Magog: Ezekiel 38-39 as Pretext for Revelation 19, 17-21 and 20, 7-10*, Wissenschaftliche Untersuchungen zum Neuen Testament 135 (Tübingen: Mohr Siebeck, 2001); William A. Tooman, *Gog of Magog: Reuse of Scripture and Compositional Technique in Ezekiel 38-39*, Forschungen zum Alten Testament 52, second series (Tübingen: Mohr Siebeck, 2011).

12. 이 연관성 "역시…종말론적 폭군에 [대한]…외경 자료에 나타나 있다(1 Enoch 90:9-16, *Assumptions of Moses* 8, 2 Baruch (Syriac Apocalypse) 36-40, 70; 4 Ezra 5:1-13; 12:29-33; 13:25-38" 참조. L. J. Lietaert Peebolte, "Antichrist," in *Dictionary of Deities and Demons in the Bible*, 62). 다른 개념적 연결고리들 역시 풍성한 시사점을 가지고 있다. 첫째, 때로는 칠십인역에서 곡과 (바산의 거인인) 옥의 이름을 뒤섞어 쓴다. 다음은 어떤 학자의 고찰이다. "신명기 3:1, 13과 신 4:47에 대한 칠십인역(LXX^B)의 번역에서 곡은 히브리어 옥(바산의 왕)을 상징한다. 또 한편 P 967은 겔 38:2에서 곡 대신 옥이라고 되어 있다"(참조. J. Lust, "Gog," in *Dictionary of Deities and Demons in the Bible*, 374.) 둘째, 겔 38-39장의 곡이라는 이름은 만일 그 어원이 수메르어 '구그'(어둠)라면 인격화된 영적 어둠의 반영일 수 있다. 그러나 이는 확실하지 않다. 참조. Daniel I. Block, *The Book of Ezekiel: Chapters 25-48*, New International Commentary on the Old Testament

이 신약의 적그리스도에 해당하는 본보기라고 본다.[13]

곡에 대한 예언에서 마곡과 "북쪽 꼭대기"가 정확하게 정의되지는

(Grand Rapids, MI: Eerdmans, 1997-1998), 433-31 (Block cites this possibility from a study by P. Heinisch, *Das Buch Ezechiel* (Bonn: Hanstein, 1923), 183.) 셋째, 암 7:1의 칠십인역 본문은 곡이 그 장에 묘사된 메뚜기 떼 공격을 이끈 왕으로 되어 있다. 구약에서 침략군을 메뚜기로 형상화한 것은 흔한 일이지만, 계 9장은 메뚜기 언어를 무저갱에서 올라온 귀신적 실체와 연결한다. 이것이 의미심장한 것은 무저갱(헬라어로 '아뷔소스')이 지하세계/스올과 연결되어 있으며, 창세기 6장의 패역한 하나님의 아들들(비교. 벧후 2:4; 유 6절; 에녹1서 6-11장)이 이런 장소에 갇히었기 때문이다. 따라서 계 9장은 말세에 그들이 하나님 및 예수님과의 대결돌에 참여하기 위해 풀려난 것을 묘사한 것일 수 있다. 이런 개념 체계는 곡의 침략이 어떤 지상의 적이 아니라 초자연적, 귀신적 원수를 묘사함을 우리에게 알리기 위해 고안된 것일 수 있다. 그러나 우리가 이미 살펴보았듯, 성경 이야기에서는 두 가지 현실의 지평이 만나는 경우가 종종 있다. 넷째, 에녹1서 7:6에서 살후 2:8에서 적그리스도적 인물을 묘사하기 위해 사용한 바로 그 헬라어 기본형을 사용하여 네피림 거인들을 "무법한 자들"(아노몬)이라고 묘사했다. 다섯째, 유대 전승은 대홍수(그리고 창세기 6:1-4의 사건)가 천문학적으로 '플레이아데스'(묘성)의 출현과 일치한다고 되어 있다. 이것이 의미심장한 이유는 '플레이아데스'가 천문학적으로 오리온(거인) 별자리와 연결되어 있고, 쿰란 욥기의 아람어 탈굼에서는 히브리어 '케실'(오리온)을 '네필라'(거인)로 번역했기 때문이다. 참조. L. Zalcman, "Orion," in *Dictionary of Deities and Demons in the Bible*, 648; Zalcman, "Pleiades," in ibid., 657-58.

13. 북쪽에서 온 대적이라는 주제는 다니엘 11장에 등장한다. 많은 학자들은 이 구절이 어떤 식으로든 적그리스도와 연관된다고 믿는다. 다니엘의 종말론적 대적은 여러 번 북쪽과 연결되어 언급되었다. 주전 167년의 안티오쿠스 4세의 예루살렘 침공은 단 11장에 묘사된 여러 세부사항과 일치한다. 안티오쿠스는 북쪽에서 침공했고(그는 소아시아의 북쪽 셀레우코스 제국 출신이었다), 제단에서 돼지를 제물로 바침으로써 성전을 유린하는 가증한 일을 행했고(비교. 단 9:24-27), 할례와 같은 유대 관행을 사형에 해당하는 죄로 규정했다. 이런 행위로 예루살렘에 민란이 일어났고, 그 결과 유대는 단기간에 독립을 누렸다. 따라서 안티오쿠스를 원수 곡으로 보았던 사람들은 그 유대 독립국이 최후의 하나님 나라라고 생각했을 수 있다. 역사가 우리에게 가르쳐주는 바는 그렇지 않다. 더욱이 학자들의 고찰에 의하면 안티오쿠스 4세와 단 11장 간에 일치점이 있지만, 단 11장에는 안티오쿠스 침공 기록과 명백하게 상충되는 부분도 있다. 거의 2세기가 지나서 예수님은 여전히 멸망의 가증한 것에 대한 예언(단 9:24-27)이 아직 실현되지 않았다고 보셨다(마 24:15-21). 안티오쿠스 문제와 별개로, 단 11장의 '북쪽 출신의 적'과 안티오쿠스의 연관성은 '북방 출신의 적'의 모티프가 중요함을 보여준다. 훗날 유대 랍비들과 초기 기독교 학자들도 이 모티프를 주목했다.

않았지만, 논점은 문자적 지리 그 자체가 '아니다.' 전반적인 "북쪽의 적"이라는 개념의 초자연적 배경이야말로 이런 지리적 언급을 중요하게 만드는 것이다. 물론 고대 유대인이라면 재건된 여호와의 왕국이 북쪽에서 온 원수에 의해 (예전에 그랬던 것처럼) 무너질 것을 예상할 것이다. 그런 고대 유대인이라면 또한 초자연적 차원으로 생각했을 것이다. 말세의 초자연적 원수라면 바알의 권좌에서 나오리라 예상되는데, 이는 북쪽 꼭대기에 위치한, 죽은 자들의 초자연적 영역인 지하세계일 것이다. 곡은 명백하게 이런 차원에서 묘사되었다. 그러나 학자들은 고대 유대교와 초기 기독교에 또 다른 유사한 사상의 궤적이 있음을 고찰했다. 바로 적그리스도가 바산에 위치한 단 지파에서 나올 것이라는 사상이다.[14]

---

14. 저명한 교부 이레네우스가 이런 사고의 초기 원천이었다(*Against Heresies* 5:30.2-3). 그러나 이 사상을 가장 풍성하게 언어화한 자료는 히폴리투스의 저술에서 발견된다. 참조. Charles E. Hill, "Anti-Christ from the Tribe of Dan," *Journal of Theological Studies* 46.1 (1995): 99-117. 이레네우스는 이 의혹을 지하세계와 창 6:1-4의 하나님의 타락한 아들들과 결부시켰다. 이레네우스는 벧후 2:4의 타락한 자들이 투옥된 무저갱이라는 단어가 흔히 예상하는 '아뷔소스'가 아니라 '타르타루스'임을 주목했다. '타르타루스'는 그리스 신화에서 통상 지하세계보다 더 낮은 영역으로 간주되었고(참조. BDAG, 99), 구체적으로 준신급의 거인 타이탄들이 투옥된 곳이었다. '타이탄'(티타노스, titanos)는 구약의 여러 본문에서 다양한 거인 족속의 이름으로(예. 르바임) 사용된 헬라어였다. 이레네우스는 이 단어의 여러 표기법 중 하나(테이탄, teitan)의 합이 헬라어 게마트리아로 666이 된다는 점을 발견했다(*Against Heresies* 5.30.3). 게마트리아는 알파벳 문자에 수적인 가치를 부여하여 단어를 숫자로 풀이하거나, 역으로 숫자를 단어로 풀이하는 언어적 속성이다. 이레네우스는 타이탄이 특정 통치자나 인물의 이름이 '아니라,' 그 이름이 귀신의 세계에 연결된 악한 폭군인 점을 근거로 이것이 짐승의 수에 대한 해답이 된다고 보았다. 참조. G. Mussies, "Titans," in *Dictionary of Deities and Demons in the Bible*, 873, G. K. Beale, *The Book of Revelation: A Commentary on the Greek Text*, New International Greek Testament Commentary (Grand Rapids, MI, Carlisle, Cumbria: Eerdmans: Paternoster Press, 1999), 718-20.

이 사상의 요체가 메시아 모자이크의 일부인 창세기 49장에 모습을 드러낸다. 이스라엘을 다스릴 권한은 유다 지파에게 있으며 그 철장을 쥐는 자는 "사자"^{lion}였다(창 49:9-10). 이와 대조적으로 단 지파는 자신의 백성을 "심판"할 뱀^{serpent}이라고 했는데(창 49:16-17), 이는 바산에 걸맞는 이미지다. 신명기 33:22은 이 주제의 연장선상에서 "단은 바산에서 뛰어나오는 사자의 새끼로다"라고 했다. 단은 바산으로부터 나와서 공격할, 갑자기 떠오른 하급자다. 그래서 단은 "내부의 외부자", 즉 여호와의 백성을 대적할 자다. 이 문구를 이런 식으로 해석하는 사람들은 하나같이 단이 요한계시록 7장에서 십사만사천 성도를 이룬 지파 명단에서 누락되었음을 지적한다.

나의 논점은 적그리스도에 대한 특정 견해를 주장하는 데 있지 않다. 모든 종말론 체계는 여러 면에서 추론적이다. 요지는 고대 이스라엘과 유대교의 초자연적 세계관이 우리의 사고에 배경으로 작용해야 한다는 것이다. 성경 기자들의 고정적인 세계관은 (여호와의 천상회의에 맞서 악한 음모를 꾀하는 회의가 위치한) 그 초자연적인 북쪽에서 우주적 원수가 나온다는 것이었다. 특히 우리의 다음 초점인 아마겟돈에 대해서는 더욱 그러하다.

41. 집회의 산

성경에 문외한이라도 아마겟돈^{Armageddon}에 대해서는 들어보았을 것이다. 이 용어를 조사하다 보면 아마겟돈이 므깃도^{Megiddo}라는 지명에서 나왔으며 므깃도 혹은 그 근방에서 일어날 전투를 가리킨다는 내용을 접하게 된다. 더 연구해 보면, 스가랴 12:11에서 '므깃도'라는 지명의 (히브리어) 철자 끝에 '눈'(ן)이 있다는 사실을 발견할 것이고, 이로써 므깃도라는 장소와 아마겟돈이라는 용어 사이에 연관성이 더 뚜렷해진다는 생각을 갖게 될 것이다.

이 모든 것이 상당히 그럴듯하게 들리지만 사실은 틀린 생각이다. 우리는 이번 장에서 아마겟돈을 므깃도와 동일시하는 견해가 설득력이 없음을 지적할 것이다. 아마겟돈이라는 단어 자체와 그 사건에 대한 성경의 묘사와 이 요소들 모두에 결부된 초자연적 개념들을 보면 아마겟돈에 대한 당연할 것 같은 이해가 그릇되었음을 분명히 알 수 있다.

아마겟돈의 의미

전통적인 개념 정의의 문제는 그 용어 자체에서 시작된다. 요한계시록 16:12-16이다.

> ¹² 또 여섯째 천사가 그 대접을 큰 강 유브라데에 쏟으매 강물이 말라서 동방에서 오는 왕들의 길이 예비되었더라 ¹³ 또 내가 보매 개구리 같은 세 더러운 영이 용의 입과 짐승의 입과 거짓 선지자의 입에서 나오니 ¹⁴ 그들은 귀신의 영이라 이적을 행하여 온 천하 왕들에게 가서 하나님 곧 전능하신 이의 큰 날에 있을 전쟁을 위하여 그들을 모으더라 ¹⁵ 보라 내가 도둑 같이 오리니 누구든지 깨어 자기 옷을 지켜 벌거벗고 다니지 아니하며 자기의 부끄러움을 보이지 아니하는 자는 복이 있도다 ¹⁶ 세 영이 히브리어로 아마겟돈이라 하는 곳으로 왕들을 모으더라.

계시록의 저자 요한은 우리에게 아마겟돈이 히브리어임을 명백하게 알려주고 있다. 요한이 이 점을 밝힌 이유는 요한계시록이 헬라어로 쓰였기 때문이다. 아마겟돈으로 번역된 헬라어에는 헬라어 독자를 위해 이 용어가 히브리어로부터 이 구절 속으로 유입된 외래어임을 해명해야만 하는 무언가가 있었다.

헬라어를 읽을 줄 안다면, 혹은 헬라어 알파벳만 알아도 (우리가 아마겟돈으로 읽는) 헬라어 Ἁρμαγεδών가 영어 글자 h-a-r-m-a-g-e-d-o-n으로 음역될 수 있음을 알아챌 것이다. 만일 당신이 헬라어를 모른다면 이 음역의 h가 어디서 온 것일지 당장 궁금할 것이다. 첫 글자 h는 헬라어 문자에서 대문자 A 앞에 오는(행 윗부분에 표기하는) 작은 따옴표(')에 해당한다. 헬라어에서는 보통 이것을 기식 부호로 간주한다. 헬라어에는 'h'라는 문자가 없으므로 이 기식 부호를 사용해 'h'의 음가를 대신한다.

그러므로 요한이 말세 전투의 절정을 묘사하기 위해 사용한 올바른 (히브리어) 용어는 '하르마게돈'harmagedon이다. 일단 이 히브리어 용어의 의미를 파악하려고 들면 그 철자법의 중요성이 드러난다. 이 용어의 첫 부분인 '하르'의 의미는 쉽다. 히브리어에서 '하르'는 산을 의미한다. 그러므로 우리의 용어는 '하르-마게돈'으로 쪼갤 수 있다. 즉 '마게돈의 산'이 된다. 여기서 의문은 '마게돈'이 무엇인가이다.

역사적으로 이 질문에 대해 두 가지 의견이 답으로 제시되었다. 첫째는 내가 앞서 언급한 '므깃도'라는 전통적 의견이다. '므깃도 산'이라는 것이다. 많은 성경교사들이 아무 의심없이 아래와 같은 므깃도 사진을 보고 이 문구를 수용한다.

문제는 사진 속에 있는 산이 고고학적 '텔'(둔덕)이라는 것이다. 즉 수천 년 간 누적된 건축과 거주의 잔존물로 생긴 인공 둔덕이라는 것이다. 이는 자연적으로 형성된 것이 아니다. 이는 산이 아니며 사실 므깃도 지역 어디에도 산은 없다. 사진은 므깃도라는 지역이 얼마나 '평평한지'를 보여줄 뿐이다.

요한계시록 19:11-21을 통해 우리가 분명히 알 수 있는 점은 예수님이 육신으로 이 땅에 재림하실 때 짐승, 즉 적그리스도를 무찌르고 아마겟돈 충돌을 종식시키신다는 것이다. 16:16에 의하면 그 절정의 사건이 아마겟돈에서 일어난다. 성경의 예언을 공부하는 이들에게는 익숙한 구절일 것이다.

이제 스가랴 12:11이 내가 이번 장 도입부에 언급한, 히브리어 철자가 '눈'으로 끝나는 므깃도가 나오는 구절임을 상기하면서 스가랴 12:9-11을 살펴보도록 하자. 만일 우리가 12:11을 맥락에 따라 읽으면 아마겟돈이 므깃도에 있을 수 없다는 점을 발견할 것이다. 그러므로 마지막 글자 '눈'은 이 용어가 므깃도라는 도시를 지목한다는 증거가 될 수 없다.

> ⁹ 예루살렘을 치러 오는 이방 나라들을 그날에 내가 멸하기를 힘쓰리라 ¹⁰ 내가 다윗의 집과 예루살렘 주민에게 은총과 간구하는 심령을 부어 주리니 그들이 그 찌른 바 그를 바라보고 그를 위하여 애통하기를 독자를 위하여 애통하듯 하며 그를 위하여 통곡하기를 장자를 위하여 통곡하듯 하리로다 ¹¹ 그날에 예루살렘에 큰 애통이 있으리니 므깃도 평야plain (개역개정, "골짜기") 하다드림몬에 있던 애통과 같을 것이라 (슥 12:9-11, ESV).

최후의 충돌이 므깃도가 아닌 예루살렘에서 일어난다는 것은 명약관화하다. 므깃도는 그 충돌로 초래될 끔찍한 애통과 비교하기 위해 거론됐을 뿐이다.[1] 스가랴 12장은, 십자가에 못박혔으나 부활하신 그리스도를 열국이 목격할 최후의 전투 장소가 예루살렘이라고 언급할 뿐 아니라, 11절도 므깃도가 산이 아니라 평야(개역개정, "골짜기")임을 명백하게 말하고 있다!

그러면 이 모든 것의 결론은 '마게돈'이 예루살렘이라는 말인가? 다음의 두 가지 점에 비추어 볼 때 그렇게 보인다. (1) 이 최후 전투를 묘사하는 '하르-마게돈'이라는 용어, 그리고 (2) 스가랴 12:9-11에서 분명하게 충돌 발생지를 예루살렘이라고 밝히고 있다는 점이다.

초자연적 집회의 산

사실 '마게돈'은 매우 극적인 방식으로 예루살렘을 가리킨다. '하르-마게돈'은 예루살렘이다. 열쇠는 이 용어가 히브리어에서 온 것임을 기억하는 데 있다.

히브리어를 모르는 사람에게는 므깃도^{Megiddo}가 마게돈^{magedon}처럼 보일 수도 있다. 두 단어 모두 m-g-d가 들어 있기 때문이다. 그러나 헬라어(그리고 영어) 'g'로 음역된 히브리어는 실제로 두 글자다. 므깃도에 해당하는 히브리어 글자를 보자.

---

1. 므깃도 평야의 하다드-림몬에서의 애통은 그 평야에서 요절한 사랑받던 요시야 왕에 대한 애도를 말한다(대하 35:20-25).

멤 - 김멜 - 달렛

M - G - D

같은 의미이지만, 이 "m-g-d"의 가운데에 다른 철자를 놓고 다른 식으로 표현할 수도 있다.

멤 - 아인 - 달렛

M - ' - D

헬라어나 영어 모두 ('ㄱ' 소리가 나는) g 외에 '아인'(ע) 소리에 근접한 음가를 가진 글자가 없다. 그래서 열린 작은 따옴표(')로 표시되는 학술적 음역을 하는 것이다. '아인'의 음가는 목 뒷부분에서 발성하는 ('ㄱ' 소리의) g와 비슷하다. 어쩌면 히브리어 '아인'으로 시작하지만 영어로 음역하면 g로 표시되는 히브리 단어의 대표적 예는 고모라[Gomorrah](히브리어로 '아모라')일 것이다.[2] 이 익숙한 '고모라'라는 단어는 므깃도의 g처럼 히브리어 '김멜'(ג)로 철자를 표기하지 않으며 '아인'(ע)으로 표기한다.

이것이 뜻하는 바는 우리의 신비에 싸인 히브리어 용어에 대한 요한의 헬라어 음역이 실제로는 h-r-m-'-d라는 것이다. 이게 무슨 뜻일까? 만일 첫 부분(h-r)이 히브리어 단어 '하르'(산)라면 히브리어

---

2. 다음의 음역을 참조하라. James Swanson, *Dictionary of Biblical Languages with Semantic Domains: Hebrew (Old Testament)* (Oak Harbor, WA: Logos Research Systems, 1997). The *DBL* word number is 6686 (Strong's number 6017).

구약 성경에 har m-ʿ-d 가 있을까?

있다. 그리고 그 내용은 아마겟돈 전투라는 측면에서 볼 때, 그리고 우리가 앞장에서 초자연적인 북쪽과 적그리스도에 대해 논한 바에 비추어 볼 때 가히 충격적이다.

문제의 문구는 히브리어 성경에 '하르 모에드'[har moʿed]로 존재한다.[3] 믿기 어렵겠지만 이는 많은 독자들이 즉각 알아볼 구절인 이사야 14:13에 나온다.

> [12] 너 아침의 아들 계명성이여 어찌 그리 하늘에서 떨어졌으며
> 너 열국을 엎은 자여 어찌 그리 땅에 찍혔는고
> [13] 네가 네 마음에 이르기를
> 내가 하늘에 올라 하나님의 뭇 별 위에 내 자리를 높이리라
> 내가 자폰의 정상에 있는 집회의 산[the summit of Zaphon] (하르 모에드; 개역개정, "북극 집회의 산") 위에 앉으리라

---

3. 내가 아는 어떤 복음주의 학자가 이 연결점을 주장한다. 참조. Meredith Kline, "Har Magedon: The End of the Millennium," *Journal of the Evangelical Theological Society* 39.2 (June 1996): 207-22. 클라인은 이 논점들을 들어 요한계시록을 새롭게 해석해야 한다고 주장한다. 그는 계 20:7-10이 계 16장과 19장 일화의 반복이므로, 계 20:1-6의 "천년"이라는 반복적 표현이 교회시대 뒤에 올 문자적 천년왕국이 아니라, 교회시대 자체라는 것을 인정해야 한다고 주장한다. 나의 종말론적 견해는 클라인의 무천년주의와 다르며 사실 다른 어떤 종말론 체계와도 같지 않다. 하지만 클라인이 아마겟돈이라는 용어의 실체와 함의를 정확하게 파악한 점은 인정한다. 참조. C. C. Torey, "Armageddon," *Harvard Theological Review* 31 (1938): 237-48. 그레고리 빌이 클라인의 분석에 대해 한 말이다. "[클라인은] 직접적 맥락과 광의의 맥락과의 유기적 평행성을 제시한다. 아마겟돈의 어원이 '하르 모에드'라는 분석이 맞다고 전제한다면, 클라인의 요한계시록에 대한 문맥 분석은 상당히 설득력이 있다"(참조. G. K. Beale, *The Book of Revelation: A Commentary on the Greek Text), New International Greek Testament Commentary* [Grand Rapids, MI: Carlisle, Cumbria: Eerdmans, Paternoster Press, 1999], 840).

¹⁴ 가장 높은 구름에 올라가

지극히 높은 자와 같아지리라 하는도다.

¹⁵ 그러나 이제 네가 스올

곧 구덩이 맨 밑에 떨어짐을 당하리로다(사 14:12-15).

앞의 11장에서 우리는 '하르 모에드'가 여호와와 그의 천상회의의 거처, 즉 우주적 산을 묘사하는 여러 용어 중 하나임을 살펴보았다. 그렇다면 히브리어와 구약을 둘 다 아는 사람에게는 신학적 의미가 충만한 문구로 다가올 것이다. 그런데 왜 여호와의 거처를 "자폰의 정상"이라고 했을까? 우리가 앞장에서 배운 바로는 그곳은 바알의 처소가 아니었던가?

시편 68:15-16에서 여호와가 "바산의 산"을 자신의 것으로 삼기 원하셨음을 상기하라. 즉, 여호와는 어둠의 세력을 물리치고 그들의 본 거지를 자신의 것으로 취하기 원하셨다. 자폰에 대해서도 마찬가지다. 시편 48편의 메시지를 보자.

¹ 여호와는 위대하시니 우리 하나님의 성,

거룩한 산에서 극진히 찬양 받으시리로다

² 터가 높고 아름다워 온 세계가 즐거워함이여

큰 왕의 성

곧 북방에 있는(문자적으로, "북쪽 꼭대기") 시온 산이 그러하도다.

시편 48편은 대담한 신학적 진술이다. 이 시편은 바알을 그의 거처에서 추방하고 그의 천상회의를 그 점유지에서 발길질하여 내쫓는다.

시편 기자는 바알이 아닌 여호와가 우주와 인간사를 다스리신다고 선포한다. 시편 48편은 바알을 우회적으로 공격하고 있다.

이사야 14장도 마찬가지다.

이 두 본문은 성경 기자들이 어떻게 다른 이교도 문화, 이 경우에는 우가리트 문헌에서 발견되는 소재를 가져와서는 살짝 방향을 비틀어 여호와를 높이고 하등한 신들을 깔아뭉개는지를 보여주는 대표적인 사례다. 히브리어 성경에는 이런 사례가 많다. 하지만 이런 사례는 성경 기자들의 고대 세계관을 이미 알고 있는 히브리어 독자의 눈에만 선명하게 보인다.

아마겟돈의 경우 그 결과는 사뭇 극적이다. 요한은 이 고대 히브리어 문구를 차용함으로써 실은 예루살렘에서 벌어진 절정의 전투를 가리키고 있다. 왜 그럴까? 예루살렘이 곧 산이기 때문이다. 즉, 시온산이기 때문이다. 그리고 만일 바알과 다른 열국의 신들이 여호와가 지극히 높으신 자라는 주장과 더불어 여호와가 자폰/시온산 정상에서 우주를 경영한다는 주장을 싫어한다면, 그들은 이에 대해 뭐라도 시도할 수 있다.

그리고 그들은 물론 그렇게 한다. 아마겟돈은 (적그리스도, 즉 어둠의 군주[죽은 자의 주, 곧 바알], 바알 군왕[zbl ba'al], 바알세불로부터 권한을 위임받은) 믿음 없는 열국이 (여호와가 천상회의를 여는 장소인) 시온산, 곧 예루살렘에서 예수님을 무찌르기 위해 마지막으로 벌이는 처절한 몸부림에 관한 것이다. 요한계시록과 스가랴는 이 대목에서 일치한다.[4] 아마

---

4. '마게돈' 끝에 있는 '눈'(ן)에 관한 한, 요한은 슥 12:11의 이상한 철자법을 채택했다. 그 이유는 (그 구절은 분명하게 므깃도가 평야이며 그 구절의 나머지는 예루살렘을 지목하고 있으

겟돈은 모든 초자연적 땅과 지상의 땅을 차지하기 위해 예루살렘에서 벌어지는 전투다. 므깃도는 아무리 봐도 그런 그림에 맞지 않다.

신들과 인간들의 전투: 스가랴와의 또 다른 연결점

스가랴 12:9-11은 구약에서 아마겟돈 사건을 다룬 유일한 구절이 아니다. 앞서 30장에서 우리는 스가랴가 여호와가 (그의 천상회의의 다른 신적 존재들인) 그의 거룩한 자들 함께 임하셔서 (여전히 여호와의 통치에 저항하는) 열국의 악한 자들과 벌이시는 최후의 충돌을 예언했음을 보았다.

> ³ 그때에 여호와께서 나가사 그 열국을(개역개정, "이방 나라들을") 치시되 이왕의 전쟁 날에 싸운 것같이 하시리라 ⁴ 그날에 그의 발이 예루살렘 앞 곧 동쪽 감람 산에 서실 것이요 감람 산은 그 한 가운데가 동서로 갈라져 매우 큰 골짜기가 되어서 산 절반은 북으로, 절반은 남으로 옮기고 ⁵ 그 산 골짜기는 아셀까지 이를지라 너희가 그 산 골짜기로 도망하되 유다 왕 웃시야 때에 지진을 피하여 도망하던 것같

므로) 므깃도를 지명으로 지목하기 위해서가 아니었다. 오히려 슥 12:10에서 언급되는 메시아의 가시적 귀환을 계 16:16에 언급되는 땅의 운명을 결정짓는 최후의 우주적 지형상의 충돌과 연결시키기 원했기 때문이다. 달리 말하면, 익숙하고 신학적으로 충만한 의미가 담겨 있는 용어인 '하르 모에드'를 사용하고 슥 12:11에서 가져온 '눈'(ן)을 추가함으로써 요한은 효과적으로 사 14:13과 슥 12:10의 신학적 이미지와 계 16:16에 묘사된 전투를 통합하고 있다.

이 하리라 나의 하나님 여호와께서 임하실 것이요 모든 거룩한 자들이 주와 함께 하리라(슥 14:3-5).

여호와는 이 본문에서 인간의 모습으로 등장하신다("그의 발이…감람산에 서실 것이요"). 요한은 아마겟돈의 절정인 계시록 19:11-16에서 이 스가랴 본문과 그 인간 여호와 이미지를 끌어다 쓴다.

¹¹ 또 내가 하늘이 열린 것을 보니 보라 백마와 그것을 탄 자가 있으니 그 이름은 충신과 진실이라 그가 공의로 심판하며 싸우더라 ¹² 그 눈은 불꽃 "같았고"(개역개정, "같고") 그 머리에는 많은 관들이 "있었고"(개역개정, "있고") 또 이름 쓴 것 하나가 있으니 자기밖에 아는 자가 없고 ¹³ 또 그가 피 뿌린 옷을 "입었었는데"(개역개정, "입었는데") 그 이름은 하나님의 말씀이라 칭하더라 ¹⁴ 하늘에 "있는" 군대들이 희고 깨끗한 세마포 옷을 입고 백마를 타고 그를 따르더라 ¹⁵ 그의 입에서 예리한 검이 나오니 그것으로 만국을 치겠고 친히 그들을 철장으로 다스리며 또 친히 하나님 곧 전능하신 이의 맹렬한 진노의 포도주 틀을 밟겠고 ¹⁶ 그 옷과 그 다리에 이름을 쓴 것이 있으니 만왕의 왕이요 만주의 주라 하였더라.

성육신한 여호와는 지극히 높으신 자의 "그 이름"을 갖고 계시다. 그는 인간의 형체를 한 하나님의 말씀이시다. 그는 천상의 군대를 거느리신다. 이 언어는 신적 존재들을 가리키는 구약의 "만군의 여호와"^Lord of hosts 라는 문구를 가져온 것이 분명하다.

종말론에 대한 전통적 접근은 예수님이 신적 존재들로 구성된 (천사적) 군대와 함께 재림하시는 것은 인정하지만, 하나님의 지상 자녀들이 신성화되는 것과 그들이 여호와의 가족-회의로 편입되는 것은 종종 간과한다. 그 이유는 안타깝게도 '하기오이'(거룩한 자들)를 인간으로 이해하고 '성도'로 번역했기 때문이다. 적그리스도와 그 거대한 무리들들의 최후를 목격하는 천상의 군대는 여호와의 엘로힘들과 신적 존재가 된 인간들의 조합이다.

> 인자가 자기 영광으로 모든 천사와 함께 올 때에 자기 영광의 보좌에 앉으리니(마 25:31).

> 너희 마음을 굳건하게 하시고 우리 주 예수님께서 그의 모든 성도와 함께 강림하실 때에 하나님 우리 아버지 앞에서 거룩함에 흠이 없게 하시기를 원하노라(살전 3:13).

> 환난을 받는 너희에게는 우리와 함께 안식으로 갚으시는 것이 하나님의 공의시니 주 예수님께서 자기의 능력의 천사들과 함께 하늘로부터 불꽃 가운데에 나타나실 때에(살후 1:7).

> 보라 주께서 그 수만의 거룩한 자들과 함께 임하셨나니 이는 뭇 사람을 심판하사(유 14-15절, ESV).

마지막으로 요한계시록 19장에서 묘사하는 예수님의 승리의 재림 장면에 미묘하게 추가된 부분이 있다. 바로 "친히 그들을 철장으로 다스리며"이다(15절). 이 언어는 시편 2:2에서 유래한 것이다. 이는 요한이 앞서 요한계시록 2:26-28에서 부활한 내세에서 신성화되어 예수님과 함께 열국을 다스리고 통치할 '인간' 신자들을 가리키기 위해 인용한 내용이다.

> [26] 이기는 자와 끝까지 내 일을 지키는 그에게 열국(개역개정, "만국")을 다스리는 권세를 주리니 [27] 그가 철장을 가지고 그들을 다스려 질그릇 깨뜨리는 것과 같이 하리라 나도 내 아버지께 받은 것이 그러하니라 [28] 내가 또 그에게 새벽 별을 주리라(계 2:26-28, ESV).

물론 그 함의는 그리스도와 함께 재림하는 천상의 군대는 단지 천상회의의 비非인간 구성원이 전부가 아니라는 것이다. 천상의 군대에는 천상회의의 일원으로 승격되어 열국의 신들의 자리를 대신 차지하기 위해 돌아온 신자들도 포함될 것이다. 그리스도인이여, 당신이 어떤 존재인지 알고 있는가? 엘로힘들이 인간처럼 죽게 될 날이 올 것이고, 그날에 당신은 천사들을 심판할 것이다(고전 6:3, 개역개정, "우리가 천사를 판단할 것을 너희가 알지 못하느냐").

42.
형언할 수 없는 것을 묘사하기

머나먼 과거 어느 날에 하나님은 (최초의 에덴 구상에 따라 공동 통치자로 삼으려 했던) 열국의 상속권을 박탈하고 가족에서 쫓아내 흩으신 다음, 아브라함으로부터 새 가족을 창조하는 길을 선택하셨다(신 32:8-9). 하나님에 의해 상속권을 박탈당한 열국은 하등한 엘로힘들인 하나님의 신적 아들들의 권한 아래 놓이게 되었다. 그러나 엘로힘들도 부패하게 되고, 유한한 존재가 되어 죽음을 맞게 되는 형벌을 선고받았다(시 82:6-8). 구약은 기본적으로 원래의 에덴 구상을 다시금 실현하기 위한 여호와와 신들의 기나긴 전쟁, 여호와의 자녀들과 열국 간의 기나긴 전쟁을 기록한 책이다.

성육신한 여호와가 다시 오셔서 (여호와의 도성을 위협하는) 열국을 지휘하던 짐승(적그리스도)을 무찌르는 아마겟돈에서의 승리는, 엘로힘들을 그들의 보좌에서 폐위시키는 사건이기도 하다. 그날은 여호와의 날이며, 모든 악한 자들이 심판받고 신실한 믿음으로 이긴 자들은 하나님의 불충한 아들들의 자리를 대신 차지하는 때다. 하나님의 나라는, 영화롭게 된 신자들의 참여로 다시 구성된 천상회의의 다스림을 받음으로써, 지상에서 온전하게 실현될 것이다. 믿음을 소유한 인류의 충만한 수가 부활의 영화로운 몸을 입고 새 에덴적 세상을 경험하게 될 것이다.

타락으로 황폐해졌던 것이 여호와의 성육신과 대속적 죽음과 부활로 회복되고, 그 회복은 이제 불가역적이다. 그러나 이 모든 것은, 최후의 때에 임하여 영원히 남게 될 것을 다루는 본문들에 비하면 상대적으로 논하기 쉽다.

당신이라면 묘사할 수 없는 것을 어떻게 묘사하겠는가? 바울은 이 문제를 분명하게 파악했다. 나는 아직도 시적 운율이 감도는 킹제임스 성경만큼 바울의 정서를 잘 전달한 성경은 없다고 생각한다.

Eye hath not seen, nor ear heard,
neither have entered into the heart of man,
the things which God hath prepared
for them that love him
(고전 2:9 KJV).

하나님이 자기를 사랑하는 자들을 위하여
예비하신 모든 것은
눈으로 보지 못하고 귀로 듣지 못하고
사람의 마음으로도 생각하지 못하였다

얼마나 온당한 문장인가! 그러나 이 책의 마지막 장에서 나는 성경 기자들이 부활한 신자들의 영화로운 몸과 새 에덴의 영속성에 대해 썼을 때 무슨 생각을 했을지를 스케치하고자 한다.

하늘에 속한 몸

우리는 신약에서 신자에 대해 사용된 아들됨, 가족, 양자와 같은 용어들을 개괄하는 데 많은 관심을 쏟았다(예. 갈 3:7-9, 23-28; 요 1:11-12; 요일 3:1-3; 벧후 1:2-4; 갈 4:4-6; 롬 8:15-23; 엡 1:4-5).[1] 지금쯤이면 이 언어의 논리가 상당히 분명하게 다가올 것이다. 옛적에 신적 존재인 하나님의 아들들이 지켜보는 가운데 여호와가 세상을 창조하셨다(욥 38:7-8). 그 다음 여호와가 하나님의 아들들처럼 자신의 형상 담지자인 인간을 창조하겠다는 뜻을 천상회의에 밝히셨다(창 1:26-27). 우리는 하나님을 몸으로 반영하는 존재로 디자인되었다. 성경신학의 이 논점이야말로 (우리가 그리스도 안에서 죽고 그리스도와 함께 부활해야만 갈 수 있는 곳인) 새 에덴에서의 우리의 모습을 상세하게 전달한 바울의 묘사의 핵심이었다. 다음은 바울이 고린도전서 15장에 쓴 글이다.

[35] 누가 묻기를 죽은 자들이 어떻게 다시 살아나며 어떠한 몸으로 오느냐 하리니 [36] 어리석은 자여 네가 뿌리는 씨가 죽지 않으면 살아나

---

1. 참조. 35-36장.

지 못하겠고 ³⁷ 또 네가 뿌리는 것은 장래의 형체를 뿌리는 것이 아니요 다만 밀이나 다른 것의 알맹이 뿐이로되 ³⁸ 하나님이 그 뜻대로 그에게 형체를 주시되 각 종자에게 그 형체를 주시느니라 ³⁹ 육체는 다 같은 육체가 아니니 하나는 사람의 육체요 하나는 짐승의 육체요 하나는 새의 육체요 하나는 물고기의 육체라 ⁴⁰ 하늘에 속한 형체도 있고 땅에 속한 형체도 있으나 하늘에 속한 몸의 영광이 따로 있고 땅에 속한 몸의 영광이 따로 있으니 ⁴¹ 해의 영광이 다르고 달의 영광이 다르며 별의 영광도 다른데 별과 별의 영광이 다르도다

⁴² 죽은 자의 부활도 그와 같으니 썩을 것으로 심고 썩지 아니할 것으로 다시 살아나며 ⁴³ 욕된 것으로 심고 영광스러운 것으로 다시 살아나며 약한 것으로 심고 강한 것으로 다시 살아나며 ⁴⁴ 육의 몸으로 심고 신령한 몸으로 다시 살아나나니 육의 몸이 있은즉 또 영의 몸도 있느니라 ⁴⁵ 기록된 바 첫 사람 아담은 생령이 되었다 함과 같이 마지막 아담은 살려 주는 영이 되었나니 ⁴⁶ 그러나 먼저는 신령한 사람이 아니요 육의 사람이요 그 다음에 신령한 사람이니라 ⁴⁷ 첫 사람은 땅에서 났으니 흙에 속한 자이거니와 둘째 사람은 하늘에서 나셨느니라 ⁴⁸ 무릇 흙에 속한 자들은 저 흙에 속한 자와 같고 무릇 하늘에 속한 자들은 저 하늘에 속한 이와 같으니 ⁴⁹ 우리가 흙에 속한 자의 형상을 입은 것같이 또한 하늘에 속한 이의 형상을 입으리라

⁵⁰ 형제들아 내가 이것을 말하노니 혈과 육은 하나님 나라를 이어 받을 수 없고 또한 썩는 것은 썩지 아니하는 것을 유업으로 받지 못하느니라 ⁵¹ 보라 내가 너희에게 비밀을 말하노니 우리가 다 잠 잘 것이 아니요 마지막 나팔에 순식간에 홀연히 다 변화되리니 ⁵² 나팔 소리가 나매 죽은 자들이 썩지 아니할 것으로 다시 살아나고 우리도 변

화되리라 ⁵³ 이 썩을 몸이 반드시 썩지 아니할 것을 입겠고 이 죽을 몸이 죽지 아니함을 입으리로다(고전 15:35-53).

이 본문은 몇 가지 의문을 제기한다. 가장 근본적인 의문은 의심할 나위 없이 "영적"('프뉴마티코스', 44절, 개역개정, "신령한")이고 불멸하는 (52-53절) 모종의 "하늘에 속한 몸"(40절)이 있다는 바울의 주장이 의미하는 바다. 그 언어에 담긴 바울의 진짜 의도가 무엇이었든 간에 이는 모든 신자에게 중요한 문제다. 신자들이 "하늘의 (둘째) 사람의 형상을 입을 것"이기 때문이다(45-49절).

실제로 고린도전서 15장의 바울 사상은 많은 학문적 관심의 대상이었다.² 바울이 속한 고대 헬레니즘의 그리스-로마 사회에서는 죽은 자가 내세에 혈과 육이 아닌, "더 훌륭하고 더 순수한 물질"로 이루어진 몸을 가지게 된다는 믿음이 있었다.³ 바울 시대의 많은 이들이 이 물질을 '에테르'aether라 불렀고 별이 에테르로 이루어졌다고 믿었다. 이는 왜 그렇게도 많은 비성경작가들이 내세에 죽은 자가 별이나 별과

---

2. 이 주제에 대한 최근의 가장 상세한 학문적 연구는 M. David Litwa, *We Are Being Transformed: Deification in Paul's Soteriology*, Beihefte zur Zeitschrift für die neutestamentliche Wissenschaft 187 (Berlin: Walter de Gruyter, 2012), 119-71.
3. Litwa, *We Are Being Transformed*, 137. 리트와는 고전 15장의 바울의 묘사에 몇 가지 측면에서 개념적으로 상응하는 스토아 철학의 "영혼"(soul)에 대한 논의를 상세하게 취급하며 이 논점을 제기한다. 그러나 리트와는 한발 더 나아가 바울이 개념화한 것의 여러 독특한 요소에 초점을 맞춘다. 달리 말하면, 비록 바울의 '영적 몸'에 대한 개념화가 차별점은 있지만 바울이 속한 문화에 이질적인 것은 아니었다. 리트와의 고찰에 의하면 핵심적 차이는 바울이 말하는 영적 몸의 불멸성과 부패불가성이다. 리트와는 "비록 키케로가 유사한 주장을 하지만 다른 스토아 문헌은 영혼의 불멸성을 부정한다"고 썼다 (139쪽).

유사한 존재가 된다고 주장하는지를 설명해 준다. 별은 신들이 살아가는 세계의 신적인 일원으로 간주되었다. 그러므로 그 발상은 자체적인 맥락에서는 앞뒤가 맞는다. 그러나 바울의 사고는 이 방정식을 초월한다.[4]

천상의 불멸성에 대한 바울의 사상은 그리스-로마 이교사상에 의존한 것이 아니었다. 구약에 이 개념의 싹이 담겨 있으며, 제2성전기의 많은 유대 문학 작품도 이 주제를 다루고 있다. 다니엘 12:2-3에서는 부활 생명을 하늘(그리고 별들)과 연결시키지만, 부활한 존재의 본질에 대한 추측은 하지 않는다.

> [2] 땅의 티끌 가운데에서 자는 자 중에서 많은 사람이 깨어나 영생을 받는 자도 있겠고 수치를 당하여서 영원히 부끄러움을 당할 자도 있을 것이며 [3] 지혜 있는 자는 궁창의 빛과 같이 빛날 것이요 많은 사람을 옳은 데로 돌아오게 한 자는 별과 같이 영원토록 빛나리라.

신약에도 유사한 개념이 있다. 마태복음 13:43은 "그때에 의인들은 자기 아버지 나라에서 해와 같이 빛나리라 귀 있는 자는 들으라"고 했다. 이 천체 유비의 골자는 언젠가 신자의 몸이 예수님의 몸과 같이 된다는 것이다. 변화산에 계시던 예수님의 모습도 이와 유사한 차원에

---

4. 참조. Litwa, *We Are Being Transformed*, 139-46. 신자와 관련된 '별 언어'에 대한 간략한 논의는 20장을 참조하라. 저명한 초기교회 학자 오리겐은 신자의 영화(glorification)의 틀을 에테르와 별들에 대한 논리로 설명하려 했다. 참조. Alan Scott, *Origen and the Life of the Stars: The History of an Idea*, Oxford Early Christian Studies (Oxford: Oxford University Press, 1994).

서 묘사되었다. "그 얼굴이 해 같이 빛나며 옷이 빛과 같이 희어졌더라"(마 17:2). 제2성전기의 유대 문헌에는 부활한 의인들에 대해 동일한 개념이 서술된다.[5]

결국 이런 류의 천체를 사용한 비유 언어는 단순하지만 형언할 수 없을 만큼 심오한 사상을 전달하려는 시도다. 하나님과 함께 하는 내세의 영생에서 신자들은 예수님이 부활 후 소유했던 몸과 동일한 류의 몸을 가질 것이다. 우리가 지금은 성령과 하나되었듯 부활하신 예수님과 몸으로 하나될 것이다. "주와 합하는 자는 주님과 한 영이 되느니라"(고전 6:17, ESV).[6]

우리의 지금 언어로 표현하면, 부활하신 그리스도의 몸은 지상에 사는 인간의 한계에 제약을 받지 않는 물질 형태로 고침 받고 변화된 상태라고 말할 수 있을 것이다. 이 몸은 "영광의 몸"(빌 3:21)이며 땅에 속하면서도 땅에 속하지 않은 몸이다. 이 부활 때의 변화는 그리스도

---

5. 예를 들어, 에녹1서 39:7 ("그리고 나는 성령의 주 날개 아래 거처를 보았고 그 앞에 선 모든 의로운 택자들이 불빛처럼 눈부시게 빛나리니"); 104:1-4 ("내가 너에게 맹세하니 하늘에서는 천사들이 크신 자의 영광 앞에서 너를 영원히 기억할 것이며 너의 이름은 크신 자의 영광 앞에 기록될 것이다. 네가 이전에는 악과 수고로 사그러들었지만 이제는 하늘의 빛처럼 환하게 빛날 것이요 네가 보이게 될 것이니 소망을 가지라…소망을 가지고 네 소망을 버리지 말라. 이는 너를 위한 불이 있을 것이며 하늘의 천사들처럼 크게 기뻐하게 될 것이라."). 번역 출처는 James H. Charlesworth, ed. *The Old Testament Pseudepigrapha* (New Haven: Yale University Press, 1983), 1:85이다.

6. 바울은 고전 6:17에서 일원론(monism)을 주창하고 있는 것이 아니다. 바울은 지존자이시며 인격적인 신이시며 보이는 세계와 보이지 않는 세계의 만물을 창조하신 여호와라는 영적 존재와의 통일성을 표현하고 있다(고전 1:15-17). 바울의 머릿속에 있는 상(象)은 지구 밖의 비물질적 차원의 창조세계와 구별되지 않는 비인격적 힘 속으로 흡수되는 것이 아니라 새 지상 에덴에서의 존재의 통일성이다(즉, 여호와의 거처에서 그의 회의에 합류하기).

의 형상으로 변화하는 것의 최종적이고 상상을 불허하는 문자적 표현이다(고후 3:18). 어떤 학자는 이를 이렇게 요약했다.

> 그리스도의 영광의 몸과 일치하게 된다는 것은 신적 존재와 "같은 형상"으로 변화한다는 내용임이 분명하다(고후 3:18). 그러므로 히브리어 성경에서 말하는 바, 하나님의 광채를 발하는 이 물질성이 그리스도 안에 참예함을 통해 바울의 회심자들에게 주어졌다. 그들은 신적인 그리스도의 초월적 몸$^{super\ body}$으로 동화되었다. 그들은 그리스도의 신적 몸의 실체를 공유하고, 이는 그리스도의 속성인 썩지 아니함과 불멸성을 함께 가진다는 것을 말한다.[7]

전지구적 성소

요한계시록은 종종 신자를 (시작이요 끝인 하나님의 어린양 되신) 그리스도에 대한 믿음을 붙듦으로써 (이 책에서 묘사한) 악의 공격을 "이겨낸" 자들로 그린다. 이 "이겨낸"이라는 단어는 '영생'이라는 상급과 나란히 여섯 차례 사용되었다. 여기서 떠오르는 이미지는 놓칠 수가 없다. 바로 구약의 신성한 공간(즉 최초의 에덴, 이후에는 방주와 성막, 그리고 새로운, 부활한 대제사장인 예수님이 거하시는 천상의 거처)에 대한 구약의 묘사에서 끌어온 것이기 때문이다. 새 에덴에서 산다는 것은 하나님과 그의

---

[7] Litwa, *We Are Being Transformed*, 151.

가족-회의를 위해 예비된 신성한 공간(성소)을 차지한다는 것을 의미한다.

요한계시록 2:7, 11에서 예수님은 이기는 자에 대해 말씀하신다. "이기는 그에게는 내가 하나님의 낙원에 있는 생명나무의 열매를 주어 먹게 하리라…이기는 자는 둘째 사망의 해를 받지 아니하리라"(ESV). 생명나무에 대한 언급은 분명 에덴적이다. 요한계시록 2:11은 덜 확연하지만 이 역시도 에덴의 반영이다. 첫째 사망은 아담의 죄와 에덴으로부터의 추방으로 초래된 물리적 죽음을 말한다. 신자든 불신자든 모든 인간은 심판 전에 부활하며 둘째 사망은 최후심판이다(계 21:8). 하나님과 더불어 계속 사는 자들은 새로운 에덴적 세상에서 살아가게 될 것이다.

요한계시록 2:17이 우리에게 말하는 바는 이기는 자는 "감추었던 만나"와 "그 위에 받는 자 외에는 아무도 알지 못하는 새 이름이 기록된 흰 돌"을 받는다는 것이다. 물론 만나는 광야 방황기 동안 초자연적으로 제공된 음식이었다(출 16장). 만나는 하늘에서 내려온 떡이었으며 영생의 원천되신 예수님에 대한 유비다(요 6:31-58). 만나가 "감추어졌다"고 한 이유는 끝까지 믿음을 지킨 자에게만 주어진다는 뜻이다.[8] 지성소의 언약궤 안에는 "주 앞에" 만나가 담긴 그릇이 놓여졌다(출 16:33; 히 9:4). 제2성전기의 유대 저술에 의하면 사람들은 만나가 천사

---

8. 참조. David E. Aune, *Revelation 1-5*, Word Biblical Commentary 52 A (Dallas:Word, 1998), 189. *Second Baruch (Syriac Apocalypse)* 29:8에는 이런 말이 있다. "그때에 만나의 곳간지기가 높은 곳에서 다시 내려올 것이고 시간의 완성점에 다다른 사람들은 그 만나를 먹게 될 것이다"(비교. *Sibylline Oracles* 7.149). 번역 출처는 Charlesworth, *Old Testament Pseudepigrapha*, 1:631이다.

들과 하나님의 아들들의 음식이라고 여겼다.⁹

흰 돌의 의미는 확실하지 않다. 제2성전기 유대문헌에서 상응하는 부분을 근거로 보면, 흰 돌은 법적 무죄를 상징하거나 또는 의인의 무리에 속한다는 징표였다. 따라서 그 의미는 요한계시록 3:5에서 이긴 신자들이 흰 의복을 받는 장면과 매우 흡사하다. "이기는 자는 이와 같이 흰 옷을 입을 것이요 내가 그 이름을 생명책에서 결코 지우지 아니하고 그 이름을 내 아버지 앞과 그의 천사들 앞에서 시인하리라." 우리가 36장에서 보았듯, 예수님이 몸소 우리를 천상회의에 소개하신다. 흰 돌과 흰 의복은 하나님의 가족에 속한다는 징표였다.¹⁰

요한계시록 3:12은 성전을 끌어온다. 예수님은 이렇게 말씀하신다. "이기는 자는 내 하나님 성전에 기둥이 되게 하리니 그가 결코 다시 나가지 아니하리라 내가 하나님의 이름과 하나님의 성 곧 하늘에서 내 하나님께로부터 내려오는 새 예루살렘의 이름과 나의 새 이름을

---

9. 같은 책., 189. 참조. *Joseph and Aseneth* 16:14.
10. 다음은 빌의 고찰이다. "흰 돌은 통상 무죄 투표(비교. 마카비4서. 15:26; 사도행전 26:10) 또는 찬성표와 연관이 있었다. 거꾸로 검은 돌은 유죄를 나타냈다. 흰 돌은 특별한 경우에는 입장권으로도 사용되었다. 이런 배경을 놓고 볼 때 여기서 흰 돌의 의미는 이긴 자가 우상숭배적인 식사 참여를 거부하여 세상 기관에서 받은 유죄 평결을 뒤집는 것일 수 있다. 마찬가지로 "흰 돌"은 예수의 만찬에 참여하라는 초청일 수도 있다(비교. 19:9). 만찬 식사를 염두에 두었다는 개념은 "만나"에 대한 언급으로 뒷받침된다. 유대 전승에 의하면 하늘에서 만나와 보석이 같이 떨어졌다(비교. *Midr*. Ps. 78.4). 일부 주석가들은 대제사장의 에봇의 어깨 부분에 열두 지파의 이름이 새겨진 두 개의 보석이 박혀 있는 것이 이와 연관이 있다고 본다(출 28:9-12). 또 다른 유대 전승에 의하면 이 제사장의 돌들은 메시아 시대에 개봉될 감춰진 궤에 보관되었다(비교. 바룩2서 6:7-8)." 참조. G. K. Beale, *The Book of Revelation: A Commentary on the Greek Text*, New International Greek Testament Commentary (Grand Rapids, MI, Carlisle, Cumbria: Eerdmans: Paternoster Press, 1999), 252-53.

그이 위에 기록하리라." 이는 고린도전서 3:16과 6:19 같은 구절을 통해 많이 들어본 낯익은 언어지만 여전히 충격적이다. 여호와의 성전은 신성한 공간이었다. 그런데 우리가 그 성전의 일부라니! 우리가 구약을 통해 배웠듯, 성전은 '그 이름' 곧 여호와의 임재의 처소였다. 그런데 우리가 이제 '그 이름'을 지니고 있다.

요한계시록 21:7은 하나님의 아들됨, 그리고 악과 열국을 이기는 것 사이의 가장 확연한 연결고리다. "이기는 자는 이것들을 상속으로 받으리라 나는 그의 하나님이 되고 그는 내 아들이 되리라." "상속"heritage은 물론 기업(유업)을 의미한다. 이스라엘은 여호와의 기업이자 그의 분깃이었다(신 32:9). 우리는 그 일부이며(갈 3:26-29), 여호와의 왕족인 신적인 권속-회의의 자녀로서 다스린다. 신자의 기업은 그리스도 및 하나님과 함께 지배하는 것이다.

저주의 역전

요한계시록 끝부분은 생명나무에 대한 유일한 맥락인 에덴 이미지임이 분명하다.

> ¹ 또 그가 수정 같이 맑은 생명수의 강을 내게 보이니 하나님과 및 어린 양의 보좌로부터 나와서 ² 길 가운데로 흐르더라 강 좌우에 생명나무가 있어 열두 가지 열매를 맺되 달마다 그 열매를 맺고 그 나무 잎사귀들은 열국(개역개정, "만국")을 치유하기 위하여 있더라 ³ 다시 저주가 없으며 하나님과 그 어린 양의 보좌가 그 가운데에 있으리니

그의 종들이 그를 섬기며…

¹⁴ 자기 두루마기를 빠는 자들은 복이 있으니 이는 그들이 생명나무에 나아가며 문들을 통하여 성에 들어갈 권세를 받으려 함이로다…

¹⁹ 만일 누구든지 이 두루마리의 예언의 말씀에서 제하여 버리면 하나님이 이 두루마리에 기록된 생명나무와 및 거룩한 성에 참여함을 제하여 버리시리라(계 22:1-3, 14, 19, ESV).

생명나무가 구체적으로 "열국을 치유하기" 위함이라는 문구를 주목하라. 이는 바벨에서 하등한 신들에게로 넘겨진 열국을 되찾는 것에 대한 분명한 언급이다(신 32:8-9). 그 결과 역시 설명되어 있다. "다시 저주가 없으며." 타락으로 인해 땅과 인류에 임한 저주가 역전되었다. 생명나무에 대한 다른 두 언급은 자연스레 신자의 영생을 (모든 생명의 근원이신 하나님이 거하시는 곳) 에덴에 머무는 것과 결부시킨다.

구약은 저주의 역전과 전지구적 왕국의 도래를 에덴의 상황을 반영하는 놀라운 방식으로 암시하고 있다.

- 모든 병자와 장애인의 온전한 건강이 회복될 것이다(사 29:18-19; 30:26; 미 4:6-7).
- 모든 사람이 젖과 꿀과 과실과 소산의 초자연적 풍요를 누릴 것이다(사 4:2; 7:21-22; 25:6-9; 30:23-24; 욜 3:18; 암 9:13-15).
- 모든 피조 세계(호 2:18; 사 11:1-10; 비교. 겔 34:25-28)와 온 이스라엘(사 10:20; 52:6; 겔 39:22)에 평화가 임할 것이다
- 모든 열국(사 19:19-25; 비교. 겔 38:23)이 여호와가 하나님임을 알게 될 것이다.

바다가 다시 있지 않더라

성경에서 내가 가장 좋아하는 구절 중 하나가 요한계시록 21:1이다. 다음은 요한의 기록이다.

또 내가 새 하늘과 새 땅을 보니 처음 하늘과 처음 땅이 없어졌고 바다도 다시 있지 않더라.

고대세계에서 바다는 공포의 대상이었다. 바다는 예측불허이고 길들일 수 없으며, 인간이 살 수 없는 곳이었다. 따라서 바다는 혼돈과 파괴와 사망의 은유로 종종 사용되었다. 바다의 위력과 통제할 수 없는 혼돈은 구약과 광범위한 고대 근동 문학에서 리워야단과 라합 등 온갖 이름으로 알려진 용이나 바다 괴물로 상징화되었다(예. 시 74:14; 89:10).[11]

---

11. 리워야단은 구약시대까지 살아 남았던 선사시대의 문자적 바다생물이 아님은 분명하다. 그 이름은 우가리트와 같은 다른 가나안 문헌에도 등장하며 히브리어 성경에 등장한 것과 동일한 방식으로 언급된다. 리워야단은 알려진 고대세계 전역에서 유명한 혼돈의 상징이었다. 참조. C. Uehlinger, "Leviathan," in *Dictionary of Deities and Demons in the Bible*, 2nd ed. (ed. Karel van der Toorn, Bob Becking, and Pieter W. van der Horst; Leiden; Boston; Cologne; Grand Rapids, MI; Cambridge: Brill; Eerdmans, 1999), 511-15; K. Spronk, "Rahab," in ibid., 684-86; C. H. Gordon, "Leviathan: Symbol of Evil," in *Biblical Motifs: Origins and Transformations* (ed. A. Altmann; Cambridge, MA: Harvard University Press, 1966) 1-9; John Day, *God's Conflict with the Dragon and the Sea*, University of Cambridge Oriental Publications 35 (Cambridge, UK: Cambridge University Press, 1985); M. K. Wakeman, *God's Battle with the Monster* (Leiden: Brill, 1973). 리워야단과 카오스(chaos)는 반드시 다뤄야 하는 중요한 성경신학적 개념으로서 다음 기회에 다룰 것을 기약한다.

바다는 성경의 맨 처음부터 이런 개념의 이미지를 가지고 있었다. 태곳적 심연(창 1:2)은 하나님이 잔잔케 하시고 누그러뜨려야 하는 대상이었다. 창조주가 이 바다를 복종케 했을 때, 애굽의 신들이 패배했다(출 14장). 예수님이 바다 위를 걸으시자, 바다는 즉각 복종했다. 고대인의 사고에서 이런 사건들은 혼돈을 다스리는 권세, 인류에게 위해와 사망을 가져올 모든 것을 통제하는 힘을 상징했다. 혼돈의 부재는 모든 것이 완벽한 하나님의 질서와 평온 가운데 있음을 의미했다.

그래서 마지막에 하나님이 재림하셔서 그의 가족과 영원히 새 땅에 거하시는 것으로 요한계시록이 끝나는 것이다. 에덴이 임하면 더 이상 바다는 없다. 하나님이 전지구적 에덴의 비전에서 원래 의도하셨던 것이 남김없이 실현되었다. 최종적 에덴에는 죽음이 없다. 한때 하나님의 계획을 훼방한, 자유의지를 갖춘 하나님의 형상 담지자들이 내렸던 선택으로 야기된 문제들도 해결되었다. 인간과 신적 존재로 이루어진 모든 하나님의 형상 담지자들은 바른 선택을 내린 자들이다. 즉 그들은 신들 중의 신이신 여호와를 믿었고 여호와의 방식이 최상임을 믿었다. 그들의 뜻은 하나님의 뜻과 일치할 것이다. "이미 그러나 아직"이었던 부분이 마침내 실현되었다. "그러나 아직"에 속했던 부분이 '지금'과 '영원히'에 자리를 내주었다.

에필로그 _Unseen Realm

우리의 여정 도입부에서 나는 고대 이스라엘 사람과 1세기의 유대인과 기독교인의 머릿속으로 들어가 본 나의 경험을 나누면서, 그 경험 이후로는 도저히 예전처럼 성경을 볼 수 없게 되었다는 점을 나누었다. 그것은 기분좋게 나를 허물어뜨렸다. 그러나 이는 시간이 흘러 회고적 관점에서만 할 수 있는 말이다. 그 경험을 할 당시 나는 이미 대학에서 신학을 가르쳤고 이 나라에서 가장 권위 있는 히브리어 성경 프로그램을 수강 중이었다. 그런데도 나의 성경에 대한 사유는 명료하지 않았다. 나는 이 책에 쓴 내용의 상당 부분에 무지했다. 성경에 관한 한, 특정 사안들은 구석으로 밀어두려는 나 자신의 경향과 전통으로 인해 눈먼 자였다. 그때는 내 인생에서 내가 믿는 바를 재고하고 재평가하는 격동을 통과하기에는 최악의 시점이었다. 나는 겸손해져야 했고 이것은 학문을 하는 사람들에게는 쉽지 않은 일이다.

나는 보이지 않는 초자연적 세계를 수용했던 근대 이전 사람처럼 성경을 읽어야 한다는 점을 깨달았다. 그러자 학자로 살아온 이래로 가장 환하게 성경의 내용이 눈에 들어왔다. 수년 간 이 책에 담긴 깨달음을 사람들과 나누면서 가장 많이 받았던 질문은 스스로에게도 숱하게 물었던 질문이기도 했다. 그 전에는 어째서 이런 이야기를 못 들어본 걸까? 오랜 세월에 걸쳐 성경을 설교하고 가르쳐왔음에도 우리가 여기서 추적한 중요하고도 가슴 설레는 진실에 대해 내게 경종을 울린 이가 아무도 없었다. 나는 이 점이 기가 막혔다.

나는 그 질문에 대한 답이 단순하지 않다는 것을 알게 되었다. 하나님은 내가 그것을 곱씹기보다는 그에 대해 뭔가 행동을 취하도록 떠미셨다. 성경을 공부하는 대부분의 사람들은 헬라어와 히브리어, 그리고 더 이상 사용하지 않는 죽은 고대어를 배우지 않는다. 대다수는 성경연구로 박사학위를 받지 않는다. 따라서 그들은 진짜 성경본문이 말하는 바와 (근대적 전통과 거리가 먼) 본문 자체의 고대적 배경에서 왜 이런 이야기를 했는지를 억지로라도 생각해 볼 기회가 없다. 그러나 이런 학문적 훈련으로 거둔 유익은 모든 사람이 조금이나마 누리게 해야 한다. 그래서 나는 데이터를 분석하고 종합하여 더 많은 사람이 성경의 초자연적 세계관을 재발견하여 난생 처음 성경을 읽는 듯한 그 짜릿함을 경험하게 하려는 야심을 갖게 되었다.

『보이지 않는 세계』는 그 노력의 첫걸음이다. 만일 당신이 나와 같은 부류라면 여기서 읽은 내용은 한동안 묵상할 거리가 될 것이다. 그리고 진실을 말하자면, 그것은 단지 출발점에 불과하다. 이 책이 내가 아래에 나열한 매우 중요한 원칙들에 눈을 뜨는 계기가 되었기를 바란다. 아래의 원칙은 성경 전반에 흐르는 성경신학적 개념을 추적하는 전략이기도 하다. 이 원칙들은 지당한 것처럼 보이지만 끊임없이 나 자신에게 일깨워 줘야 할 내 연구의 지침이다.

1. 성경이 있는 모습 그대로 존재하게 하라. 그리고 성경이 보이지 않는 영역에 대해 말하는 내용이 사실일 수도 있다는 생각에 개방된 자세를 취하라. 분명 성경 기자들은 그런 태도를 가졌다. 나의 조언은 성경 기자

들의 생각을 이해하고자 할 때 그들이 '우리'가 아님을 확고하게 견지하는 것이 좋은 해석학적 전략이라는 것이다. 이것은 대단히 심오한 조언 같지는 않지만 성경을 쓰인 대로 읽는 데 결정적이다.

2. 성경의 내용은 지금 우리의 맥락 속에서 말이 되든 안 되든, 당시의 그 자체 맥락 속에서 이해되어야 한다. 창세기 6:1-4에 대한 우리의 논의를 다시 생각하지 않을 수 없다. 이 단락의 내용은 성경 기자가 자신의 세계관 속에서 기술한 내용이다. 다른 맥락에 있는 사람의 구미에 맞도록 이 구절에 보다 '합리적인'(즉, 초자연적이지 않은) 의미를 부여하는 것은 본문의 목표를 지워내는 행위다. 성경의 일부 구절들이 우리 세계에서는 얼토당토않은 것 같고 그 내용에 미간을 찌푸리게 되더라도 우리의 불편함을 덜기 위해 성경 기자들이 의도했던 맥락을 변경하는 것은 건전한 해석방법이 아니다.

3. 성경 기자들이 해석을 위해 성경구절들을 연결시키는 방식이 우리 자신의 성경 해석의 길잡이가 되어야 한다. 이를 학계의 전문용어로 상호본문성^{intertextuality}이라고 한다. 성경 기자의 생각과 행동을 이해하는 데 상호본문성은 중요하다. 상호본문성은 아이디어들이 정경을 통해 구슬처럼 꿰어지는 방식이다. 우리의 주석은 대부분 단락과 구절을 구성요소로 쪼개는 과정인데 반해, 성경 기자들은 본문들 간에 연결점을 생성했다. 우리가 피해 갈 수 없는 사실은 성경이 일종의 인위적 결과물이라는 것이다. 그러므로 이 상호본문성에 신중한 관심을 기울여야 한다. 너무 많은 경우 우리는 고립된 파편들에 시선을 쏟다가 한 조각이 다른 조각들과 어떻게 잇닿는지를 관찰하지 못한다. 상호본문성에 주목하는 법을 배우는 것은 영감의 빵 부스러기 흔적을 추적하는 것이다.

4. 신약 저자들이 구약을 자기 목적에 맞게 인용한 방식은 성경해석에 결정적이다. 달리 말해 칠십인역이 중요하다는 것이다. 신약이 구약에 대한 영감된 주해임을 우리 자신에게 상기시키는 것만으로는 부족하다. 그들이 사용했던 성경(또는 사용하지 않았던 성경)을 변별해야 한다.

5. 은유적 의미는 문자적 의미(어떻게 정의되었는가)보다 "덜 실재적" 이지 않다. 좋든 싫든 성경 기자들은 우리만큼 문자주의에 천착하지 않았다. 솔직히 나는 성경연구에 대한 모든 세미나와 대학원 과정에 성경 기자들과 1세기 유대교의 해석학 방법을 필수 강좌로 포함시켜야 한다는 신념을 가지고 있다. 이는 사람들을 잠에서 깨우는 경종이 될 것이다. 성경 기자들은 종종 그들의 글과 생각에서 개념적 은유를 사용했다. 그것은 그들이 인간이기 때문이었다. 개념적 은유는 추상적 개념을 전달하기 위해 구체적 용어나 개념을 사용하는 방식을 가리킨다. 만일 우리가 단어의 구체적인 (문자적인) 의미에만 붙잡힌다면 많은 경우 저자가 염두에 둔 논점을 놓치게 될 것이다. 만일 내가 '베가스'라는 단어를 썼을 때 당신 머릿속에 떠오른 생각이 위도와 경도밖에 없다면 당신은 내가 그 단어를 사용한 취지를 제대로 파악하지 못한 것이다. 성경 단어들은 그 구체적 의미를 초월하는 큰 화물을 운반한다. 영감은 언어가 그 자체로서 작동하는 방식을 무력화시키지 않는다.

마지막으로 독자들을 위해 기도한다. 하나님이 이 책의 내용을 나의 영적 여정에서 사용하셨던 것처럼, 당신의 삶 가운데 이 책을 사용하시기를, 당신도 나처럼 성경 내러티브의 복잡미묘함에 경탄하며 인간 자녀들에 대한 하나님의 사랑의 복을 만끽하기 바라며, 나아가 구원을 상속하는 일에 '보이지 않는 세계'가 어떻게 기여하는지 인정하게 되기 바란다(히 1:14).

감사의 글_Unseen Realm

이 책이 세상에 나오기까지 오랜 시간이 걸렸다. 책에 대한 아이디어가 떠오른 것은 내가 위스콘신-매디슨 대학원에 있을 때였다. 나는 비전문가들을 위해 성경을 자체의 맥락에서 읽을 필요성에 대해 내가 배운 바를 풀어내고 싶었다. 학자들이 성경을 읽는 방식과 성경이 교회에서 읽혀지는 방식 사이에 너무 큰 간극이 있었다. 일반인과 목회자들은 성경 기자들의 세계관이라는 틀에 의거해 진지한 본문 주해글 시도할 때 얻어지는 많은 해석적 유익을 놓치고 있었다. 물론 성경의 초자연적 내러티브의 아름다운 일관성은 말할 나위도 없었다. 나는 어떤 식으로든 그 골을 메우고 싶었다.

책을 쓰기 위한 준비작업으로 내가 한 첫 번째 일은 비공식 인터넷 토론방을 만드는 것이었다. 나는 이를 천상회의 스터디 그룹 Divine Council Study Gruop (약칭 DCSG)로 이름 지었다. 원래의 참가자들은 제임스 R. 블랙, 론 존슨, 도우그 바렐, 스티븐 휴브서, 찰스 케네디였다. 토론은 자극이 되었고 유익했다. 그들은 내가 쓰게 될 내용에 포함되어야 할 많은 소재를 분별하는 데 도움을 주었고 독자들이 반드시 제기할 질문을 제기해 주었다. DCSG는 또한 천상회의 세계관에 관련된 모든 것의 광범위한 참고문헌을 생성하는 모태가 되었다. DCSG는 내가 박사과정을 졸업하고 〈로고스 바이블 소프트웨어〉에 입사한 2004년에 해산되었지만 글쓰기와 자료수집을 시작하는 데 방향을 잡아주었다.

그로부터 얼마 후 『그 신화는 사실이다』The Myth That is True라는 제목 하에 책 작업을 시작했다. 매달 무언가를 창조해 내도록 스스로를 채찍질하기 위해 월간 뉴스레터를 창간했고, 가입자들에게 이메일로 내가 쓴 글을 보내기 시작했다. 거의 8년 간 이 일을 실행했고 그 기간 동안 나는 뉴스레터를 접고 블로그를 시작했다. 초고(혹은 내가 초고라고 생각했던 것)는 2012년에 완성되었다. 그 세월 동안 나는 여기서 일일이 이름을 다 거론하기에 너무 많은 독자들로부터 피드백을 받았다. 초기 원고를 검토해 주고 이 프로젝트에 격려를 보내준 이들은 마크 루조우, 케빈 부시, 팀 로빈슨, 제임스 코크, 캐시 호크, 데이빗 브루어, 브라이언 로페즈, 크리스 푸트남, 벤 스탠호프, 조나단 몰리나, 제프 시버슨, 본 글리슈카, 마이클 크라우즈, 케네스 콘클린, 케이스 젠토프트, 도우그 오버마이어, 앤 에드젤, 러스 화이트, 게아론 서브렛, 존 D. 베리, 엘리 에반스, 빈센트 세터홀름, 칼 자크스, 콜비 아모스, 마이크 브랜트, 윌 펜란드, 도우그 밴 돈, 브라이언 고다, 스티브 런지, 칼 샌더스, 스튜어트 위테이커, 닐 반 데르 구그텐, 마크 룬드그렌, 샤론 쉽워쉬, 존 던, 론 두프리, 데니스 린스콤, 폴 드실바, 마르고 하우츠, 저스틴 블라이스톤, 그레그 라일, 마크 윌슨, 제이 브래들리, 에이미 브래들리, 제프 플랭클린, 제시카 타이슨이다. 마이크 아다모, 디노 슐메이어, 멜리사 니엔휘스, 에릭 조엘 올티즈는 내가 현재까지 축적한 3천 건에 달하는 천상회의 참고문헌을 정리하는 데 구체적으로 도움을 주었다.

천상회의와 관련해 내가 처음 학술지에 발표한 글("신명기 32:8과 하나님의 아들들," 2001)을 리뷰 과정을 통해 지도해 준 밥 치즈홀름 박사께 특별한 감사를 전한다. 그의 인정과 조언이 결정적인 도움이 되었다. 게리 브레셔스 박사는 초창기부터 내가 하는 일의 가치를 알아준 또 한 분의 학자였다. 그는 초안 작업을 계속할 수 있도록 끊임없이 격려해 주었다. 데이빗 버네트와 천상회의 세계관과 관련된 그의 연구에 감사한다. 다시는 데이빗과 같은 박사과정 학생을 만날 수 없을 것이다. 그는 ETS 회의에서 천상회의에 대한 나의 초창기 논문 작업에 참여했는데, 그가 자료에 빠져들어가는 과정을 지켜보는 것은 즐거운 일이었다. 댁스 스완슨 목사 역시 시종일관 격려를 아끼지 않았다. 단지 이 프로젝트뿐 아니라 지역 교회에서 사람들에게 이 내용을 가르칠 수 있는 방법에 대해서도 격려해 주었다. 또한『보이지 않는 세계』의 독자 검토본을 받아 인정해 주고 독서를 장려해 준 모든 이에게 감사드린다.

특별히 거명해야 할 몇몇 사람들의 헌신과 노고가 없었다면 이 책은 결코 당신 손에 도달하지 못했을 것이다. 내가 로고스에서 일하던 시절, 수년 간 이 회사의 부회장이었던 데일 프리체트와 책의 내용에 대해 많은 대화를 나눴다. 데일은 초기의『그 신화는 사실이다』초고를 내 웹사이트에서 완독했고 후일에 교정보지 않은『보이지 않는 세계』를 수차례 읽은 후, 책의 전도사가 되어 주었다. 현재 로고스(지금은 모기업인 〈페이스라이프〉[Faithlife] 아래 있다)의 CEO인 그의 아들 밥 프리쳇은 데일이 전도한 사람 중 하나였다. 밥은 초안을 읽고서 이 책이 한가로운 취미 프로젝트로 끝나서는 안 된다고 작정했다. 그는『보이지 않는 세계』이면의 불굴의 추진력이 되어 주었다. 밥은 현명하게도 소머솔트 그룹을 고용하여 편집과 홍보 과정을 인도하도록 했다. 초고를 읽어본 사람은 편집자 데하와 램버트가 얼마나 대단한 일을 했는지를 금세 알아차릴 것이다. 데하와는 노련한 편집자이며 그의 편집을 받는 것은 즐거운 경험이었다. 카피 편집자인 밥 배닝은 놀랄 만치 치밀하고 통찰력 있는 작업을 했다. 존 소이어와 재닛 테일러도 시장분석과 홍보 전략 면에서 동일한 능력자들이다. 나는 그들의 수고를 통해 출판에 대해 많은 것을 배웠다. 내용에 대한 그들의 열정 역시 큰 힘이 되었다. 에밀리 바너는 내가 바라던 대로 학계에 책을 소개하는 일에 유능한 길잡이 역할을 했다. 페이스라이프/로고스에서 출판영업 디렉터를 맡고 있는 빌 니엔휘스는 모든 관련 당사자 간에 연락책(날 '다루는 사람') 역할을 했다. 그는 우리 중 누구도 해야 할 일을 간과하지 않도록 박차를 가했다. 빌, 나는 당신이 전업으로 일해 줬으면 좋겠어요!

마지막으로 아내 드레나에게 감사를 전한다. 내가 한 모든 일은 아내 덕분에 가능했다.

주제 색인

가

가나안 족속(사람) 222, 339, 340, 341, 351-354
가브리엘 560
가이사랴 빌립보 475-479, 483-484
가인 161, 162, 164, 165, 319, 395
거룩한 자들(케도쉼) holy ones(qedoshim), 437-440, 524
거인
  네피림 182-186
  네피림의 후손 318-320
  모세 및 여호수아와 만남 194n4
  물리적 증거 부족 364-365
  바벨탑 342-343, 344n13
  순찰자(하나님의 아들들)의 후손으로서 as offspring of Watchers (sons of God), 172n16, 180, 183nn16-17, 190n20, 331n17
  신적 기원 divine origin of, 363
  신적 유산 divine heritage and, 188
  신장 height of, 363-366
  아나킴(아낙) Anakim, 332-334, 337, 348-353, 355-362
  압칼루의 후손으로서 as offspring of apkallus, 177-179, 181-182, 186, 188-189, 192n1, 199, 318n2, 346n16
  요단 동편의 344-347
  초자연적 세계관 supernatural worldview and, 320-327, 332-333, 348n1, 367
  하나님 아들들의 후손으로서 186, 330
  홍수 이전 162, 320-327
  홍수 이후 162, 163n2, 178n5, 327-331, 344n13, 360n11
거짓 선생 189
곡 612-616
골리앗 203, 387-388, 391
공중의 권세 잡은 임금 prince of the power of the air, 551-553
광야 467
교회 29, 275n4, 480-481, 498, 518-523, 562, 577-579
구름 타는 자 cloud rider, 426-429
구원 209, 210, 297-299, 472n5, 287, 573n9
군대의 주재 prince of the host, 210n8
군주들(사르/사림) princes(sar/sarim), 208, 210, 557
권세(뒤나미스) powers (dynamis), 212, 556
권능/주관자(엑수시아)powers/authorities (exousia), 212, 556
귀신 demons. 다이몬/다이모니온; 셰딤도 보라.
  관련 용어 54, 172n16, 548-550, 554
  곡 613n12
  기원 548
  네피림 347, 548
  바산 Bashan and, 487-492
  바울 60n8, 61-62
  바친 제물 65
  사탄 550
  순찰자 영으로서 Watcher spirits as, 172n16
  신적 존재들로서 divine beings as, 186
  아마겟돈 617

아사셀 Azazel, 309-312, 467-468 554n18
악한 영적 존재 546n3
압칼루로서 178-179, 181–182, 188, 189, 192n1, 199, 318n2, 346n16
엘로힘으로서 59-62
예수님 413n8, 472–475, 480, 570
우상숭배 65, 575–577
이교도의 신들로서 576-577
그룹 cherub, 133, 134, 135, 141, 318n2
그룹들 cherubim, 377n4, 380-383, 354
그리스도 예수님을 보라.
기능 function, 546n2
기드온 255-257
기본형 lemmas, 140n12
길가메쉬 178, 181
길르앗 라못 95
깁보림 192-194

나
나하쉬 nachash, 사탄, 뱀도 보라.
그의 후손 156, 160-161, 317-319, 412
사탄 475n9
에덴 비전 267
에레츠에 내침을 당함 casting down to 'erets, 145, 158, 471, 551
여호와의 대적 우두머리로서 471
용어에 대해 150-152, 317
인간의 위협 451-452
인류를 주관함 157n6, 214
저주 153n3, 154, 156-158
죽은 자의 주로서 as lord of the dead, 346
하와를 유혹함 110-111
나하쉬의 저주 153n3, 154, 156-158. 심판도 보라.
낳다 brought forth, 530-531
낳음 begotten, 530-531
네페쉬(혼) nephesh (soul), 75
네피림. Nephilim. 거인도 보라.
귀신 346
귀신의 영 demon spirits of, 548
그의 후손 319, 328, 337, 341, 348n1, 350, 352, 354, 362
기원 origin of, 321, 325–328
신장 height of, 321n7
용사이자 유명한 사람으로서 as warriors and men of renown, 192–193
혈통 348–354, 362, 367, 387
홍수 이전 163, 321–328
홍수 이후 163n2, 328–331, 548
네피일림 nephiylim, 184-186
네필림 nephilim, 182–186, 192n1, 332n1
넷째 짐승 fourth beast, 425, 435–437, 589
노아 189, 220, 313, 350, 398, 415
노헤쉬(점술사) nochesh (diviner), 150
놉의 성막 Tabernacle at Nob, 204
느부갓네살 95-96, 424, 432, 604
니느웨 63
니므롯 193

다
다곤 379
다니엘 7장 424-426
다니엘 10장 207-210, 557
다니엘 7장의 짐승 425, 433–437, 589
다시스 510-512
다신론 polytheism, 49, 53–55, 202n1, 231, 547n4, 590n8
다윗
골리앗 203, 387–389, 391
메시아 모자이크 in messianic mosaic, 411-414, 429
반인륜적 범죄 298
사울왕 114, 204, 445
언약궤 379–380
에덴 비전 Edenic vision and, 168
왕국 509n11
이스라엘의 왕으로서 391
자손 descendants of, 391
자손이신 예수님 272, 429-431, 528
죄에 대한 심판 263

하나님과의 만남 113-114
하나님의 아들로서 414–417
다윗 언약 418
다윗 왕조 391, 407, 423
다이몬, 다이모니온 daimōn/daimonion, 62, 288n3, 546–549, 554
대속죄일 Day of Atonement, 309-311
데오스 theos, 555
데오시스 theosis, 538-540
도벳 389
독사스(영광 있는 자들) doksas(glorious ones), 560
독생자 only begotten, 66-67
동물, 신적 현현 animals, divine manifestation in, 126-127
두로 왕 130–137, 145
두 여호와의 위상 two figures of Yahweh, 210n8, 256–258, 426–429
둘째 사망 second death, 638
드힌나 150
등잔대 menorah, 307
디아메리조(갈라짐) diamerizo (divided), 503-505

라

레 Re, 262
로마 437, 510, 516
루아흐(영) ruach(spirit), 75, 502. 성령도 보라.
르바임 Rephaim, 132, 145, 334–337, 198–346, 387–389, 391, 605
르바임 골짜기 388, 390
리워야단 Leviathan, 266-267

마

마게돈 magedon, 619–621, 625n4
마곡 612-616
마귀 devil, 100, 160, 318, 325, 467-470, 537, 550-551. 사탄, 뱀도 보라.
마귀의 자녀들 161
마므레 상수리나무 226, 399

마샬 mashal, 144
마쉬아흐 mashiach(messiah), 409, 410, 419, 423, 490n4
마쉬키트(멸하는 자)mashkhit (destroyer), 263, 264
마지막 때 end of days, 322, 331n17, 613n12. 주의 날도 보라.
마츠-짜레이(순찰자) mats-tsarey(watchers), 182
만나 638, 639n10
말라킴 mal'akim, 43, 60n8, 83, 242, 546. 천사도 보라.
말하는 동물들 speech in animals, 125-126
메소포타미아 문헌 Mesopotamian literature, 176-179, 186
메시아 모자이크 messianic mosaic
  다윗 418–420, 429
  메시아의 초상 messianic portrait from, 421
  모세 417–418
  아담 415
  여호와의 메시지 message of Yahweh in, 431
  예수님 409, 451–453, 475, 579
  왕이 됨 kingship and, 423
  이스라엘 415-417
  적그리스도 antichrist and, 614-666
메시아 언어 messianic language, 527–528
메신저(사자) 43, 60n8, 277, 288n3, 546–547, 332.
메시아(마쉬아흐) messiah(mashiach), 272, 409-412, 416, 419, 423, 490n4. 천사도 보라.
멜기세덱 194n4
멸하는 자(마쉬키트) destroyer(mashkhit), 263–264
모노게네스 monogenes, 66–67
모레 상수리나무 221, 399
모세
  거인들 194n4
  메시아 모자이크에서 in messianic mo-

saic, 417–418
성막 376
이스라엘을 애굽에서 구원함 198, 588
여호와와 같은 자가 누구인지 물음 265-269
여호와의 에덴 비전 418
여호와 왕국의 지도자로서 271
요단 동편에서 337–338, 351–352
하나님과의 만남 84, 224n6, 245–247, 263, 271-273, 401
모트 Mot, 310
모형론 Typology, 567-569
몰렉 Molech, 389-390
므깃도 Megiddo, 617, 619–621
미가엘 208, 210
미쉬칸(성막) mishkan(tabernacle), 304, 383n11. 성막도 보라.

바

바다 이미지 sea imagery, 642-643
바다 한가운데 130n4, 280
바로 260-262
바로들 45-46
바벨 61n11, 194n4, 192–197, 209, 271, 342, 344n13, 503–505, 574n9. 신명기 32장 세계관; 열국의 상속권 박탈; 창세기 11장도 보라.
바벨론 63, 178, 186–189, 194
바벨론 왕 144-146
바벨론 침공 603-604
바벨탑 61n11, 194n4, 194-197, 210, 271, 333, 342, 344n13, 503–505, 573n9. 신명기 32장 세계관, 열국의 상속권 박탈, 창세기 11장도 보라.
바사의 군주 prince of Persia, 207-208, 210
바산 Bashan, 341, 342–346, 478, 485-492, 498, 602, 605-607, 611-612
바산의 수소들 bulls of Bashan, 485-488
바산의 암소 cows of Bashan, 489
바알 Baal, 60n8, 82, 130n4, 267-268, 273, 385, 427-429, 605-607, 615, 624-625

바울
귀신 60n8, 61
로마 투옥 510–512
보이지 않는 세계 신학 209
신명기 2장 세계관 554–559
용어 사용 210, 288n3, 550–553
이방인의 사도로서 510–515
반역, 신적 존재의 127, 135–136, 140n13, 141n15, 144n1, 146, 160–163, 189, 552
번성하여 충만함 70, 77, 90, 92, 200, 313. 출산도 보라.
뱀(동물). snake. 뱀을 보라.
뱀 serpent. 나하쉬, 사탄도 보라.
기름부음을 받아 지키는 그룹으로서 135
봉인하는 자로서 as sealer, 139
사탄 100
사탄으로서 412n6
신적 반역자로서 135
신적 존재로서 127-128, 133, 150-152, 317
심판의 언어 156
왕으로서 134
이미지 사용 imagery usage about, 158
죽은 자의 영역 realm of the dead and, 361
죽은 자의 주로서 as lord of the dead, 607
창세기 3장의 126-130, 133-135
초자연적 세계관 156
하와 125
하와를 유혹함 110
후손 412
뱀의 자리 place of the serpent, 346, 478, 488. 바산도 보라.
베냐민 432, 603
베드로(사도) 475–481
베드로전서 3:14-22 566-572
베드로후서 2:1-10 169-174
벧엘 378
변형 transfiguration, 418, 481–482, 635

별들 42-44, 138, 146, 147, 198, 223, 236, 277, 279, 527-528, 635. 하나님의 아들도 보라.
보이지 않는 세계의 성경 신학 28-35. 초자연적 세계관도 보라.
보이지 않는 세계의 신학 28-35. 초자연적 세계관도 보라.
복수형 언어 plurality language, 19-14, 47-53, 69-72, 77, 97, 110, 195, 460
본문 여과하기 filtering the text, 26-27
봉인하는 자 sealer, 136, 139
부패한 엘로힘 48, 51, 103, 199, 490, 543. 엘로힘도 보라.
북방(쪽) north, 601-616
북방(쪽)의 적 foe from the north, 601-616
불 268n7, 281, 154, 161, 500-503, 514, 636n5.
불의 돌 stones of fire, 134, 135, 137, 138
불타는 떨기나무 224n6, 245-247, 248, 253, 256, 314. 불도 보라.
불의 혀 500, 502
블레셋 113-114, 318n3, 336n2, 361n12, 375, 379, 387

사

사도행전 2장 505-510
사람의 딸들 daughters of humankind, 163-166
사르/사림(군주들) sar/sarim(princes), 210, 557, 558n26
사무엘 225-226, 370, 378
사랑하시는 아들 beloved son, 412, 462, 463, 482
사울 113, 203, 370, 445
사탄. 귀신, 나하쉬, 뱀도 보라.
    세례상의 내쫓음 baptismal renunciation of, 571-572
    교회 577-578
    귀신들 549-550
    하늘에서 추방됨 475n9
    추락 fall of, 474

서열 560
뱀 412, 412n6
예수님을 유혹함 467-472, 473
용어 사용 550-552
연관된 호칭 607
회개하지 않음 577-579
사탄 100-101, 475n9
삼숨밈 334, 336, 348n1, 387
삼위일체 Godhead, 70n1, 83n2, 210n8, 229-230, 232, 323
새벽별 morning stars, 42-44, 149, 277-278, 526-528. 하나님의 아들들도 보라.
생명나무 155, 214, 307, 638, 640-641
서바나(스페인) 510-512
선과 악 good and evil, 107, 108, 110-112
선과 악을 알고 있음 knowing good and evil, 108, 110-112
선지자 393-406
성경 기자 29-32, 644-647. 초자연적 세계관도 보라.
성경 신학의 모자이크 mosaic of biblical theology, 27-28, 35-37, 646
성령 69, 70n1, 161, 467, 496-498, 503n5, 516, 517. 영도 보라.
성막 83, 251, 295-296, 304-308, 376-387, 408, 438, 562-564
성육신 incarnation, 210, 224, 229, 299, 323-324, 413, 424, 457n9, 483, 531, 630
성전 376-387, 390, 591n11
성찬 Communion, 572
세례 566-572, 577
세례 요한 459-461, 503n5, 592
세상 주관자 World rulers (kosmokratōr), 556, 557
셈(노아의 아들) 220, 506n9
셈(이름) shem(name), 194-197, 199, 377n4, 455n7
셋 163-166, 395n1
셰딤(귀신들) shedim(demons), 54, 59-62, 186, 473n7, 489, 554, 574nn9-10
소돔과 고모라 169, 227, 228n7, 327n11

솔로몬(여디디야) Solomon(Jedidiah), 304, 379n7, 382n10, 391, 445, 446, 464
순찰자(거룩한 자들) watchers(holy ones), 95–96, 180-182
순찰자(마츠-짜레이) watchers (mats-tsarey), 182
순찰자(하나님의 아들들) Watchers(sons of God), 172n16, 180, 183nn16–17, 189, 190nn20–21, 331n17, 346n18, 483, 568
순찰자의 영들 Watcher spirits, 172n16
쉐마 shema, 60n9, 76n2, 573–574
쉐마인 shemayin, 97
쉰케오 suncheo(confused), 504. 바벨도 보라.
스룹바벨 591n11
스올 Sheol, 132, 145–148, 158, 346n16, 471, 495, 569, 614n12, 624. 죽은 자의 영역, 지하세계도 보라.
스토이케이아 stoicheia, 552
시내산 84, 280–284, 287-290
시내산 율법 언약 293–296, 302. 하나님의 율법도 보라.
시온 383–387, 390. 시온산도 보라.
시온산 84, 383, 441, 624–625
시편 68편 288-289, 491–493
시편 82편 19-24, 33, 46–67, 166-167, 199, 274, 441-442, 544, 590
시혼 Sihon, 337–347
신들의 거처 divine abodes
  바알의 of Baal, 131n4
  불의 돌들 stones of fire as, 137n7
  우가리트의 376
  지구라트 ziggurats as, 199, 343
  신들의 거처와 보좌가 있는 어전회의실 divine abode and throne room
  천상회의 of divine council, 83–84, 130, 137n7, 276, 280-284, 296, 377, 395, 438, 503
  에덴 Eden as, 79, 99, 128
  이사야 402-403
  예루살렘 137n7
  시내산 280–282, 296

성막 83, 251, 296, 304–308, 376–387, 408, 438, 562–564
신들의 모임 divine assembly, 천상회의를 보라
신들의 자리 seat of the gods, 86, 129, 130, 143, 149, 280
신들의 징계 punishment of the gods, 440–444
신들의 회의. assembly of gods. 천상회의도 보라.
신명기 32장 세계관 Deuteronomy 32 worldview, 197–213, 259, 278n7, 308, 350, 471, 474n8, 498–499, 554–559. 창세기 11장, 초자연적 세계관, 바벨탑도 보라.
신성한 공간 sacred space, 301-304, 562–564, 637–640. 성막, 성전도 보라.
신약 기자 New Testament writers, 171–174, 545n1
신자들 하나님의 자녀들도 보라.
  천상회의에서 on divine council, 628-629
  신성화 divinization of, 86–87, 168, 272, 520n2, 524, 538–542, 635n4
  하나님의 가족 안에서 517-522
  영화 glorificaton of, 276–278
  예수님 280, 531-532
  새로운 지상회의로서 as new council on earth, 272–276
  아브라함의 자손으로서 as offspring of Abraham, 272, 277, 279
  하나님과 함께 다스림 ruling with God, 270, 522, 529–531
  신성한 공간으로서 as sacred space, 562-564
  예수님의 형제자매로서 as siblings of Jesus, 536
  하나님의 아들들로서 as sons of God, 78, 272, 517
신자의 신성화 divinization of believers, 86–87, 168, 272, 520n2, 524, 538–542, 635n4

신자의 영화 glorification of believers, 86-87, 168, 272, 520n2, 524, 538–542, 635n4
신적인 반역 divine rebellion, 127, 135–136, 140n13, 141n15, 144n1, 146, 162–163, 191, 552
신적 존재들 divine beings
  광채 luminescence of, 137
  군주 princes as, 208, 210, 557
  귀신. demon. 귀신들을 보라.
  메신저(사자) messengers, 60n8, 288n3, 546, 561
    신약 어휘 New Testament language for, 288n3
  압칼루 apkallus, 178–179, 181–182, 186–189, 192n1, 199, 318n2, 346n16
  엘로힘 elohim, 엘로힘을 보라.
  인간들을 낳음 producing human spawn, 318
  인간의 형체 human form of, 57
  천사들 angels. 천사들을 보라.
  하나님의 아들들 41-45, 53, 162-163
실로 378
심판 judgment
  그날 171
  그 아래 있는 엘로힘 277, 544
  나하쉬에게 on nachash, 153n3, 154, 157-159. 나하쉬도 보라.
  다윗의 죄에 대한 for sin of David, 263
  둘째 사망 second death as, 638
  바벨에서 61n11, 194n4, 194-197, 209, 272, 343-344, 344n13, 503–505, 573n9
  블레셋에게 318n3
  소돔과 고모라의 170-171
  아담에게 152-155
  저주의 역전 reversal of curses, 640-641
  하나님의 부패한 아들들에게 51, 274, 398
  하와에게 152-155
  홍수164
  심판의 날 169-170, 263-264, 331n17, 440-442, 578, 613n12, 615
십계명 294. 하나님의 율법도 보라.

아

아낙(아나킴) Anakim, 332–334, 337, 350, 352, 355n10, 358–362
아담 107, 108, 111, 133-136, 152-155, 415
아도나이 adonai, 228n7
아들 됨 sonship, 166-169, 190, 518, 555n22, 640
아르케(정사) archē (principalities), 212, 556
아르콘톤(통치자) archontōn(rulers), 210, 556-558
아마겟돈(하르마게돈) Armageddon(harmagedon), 617-629
아모리 족속 339-342, 351–359, 359
아벨 163, 164, 166, 394n1
아브라함(아브람)
  계보 220
  멜기세덱과의 만남 194n4
  모노게네스 이삭 66
  새 아담으로서 272
  성육신한 말씀이신 예수님 222-224
  아브라함 언약 51, 194n4, 200, 209, 219, 225, 236, 244, 271, 294, 302, 313, 338, 473n7
  여호와의 시험 235
  자손으로서의 신자 272
  하나님과의 만남 220–224, 227–228, 399–400
  하란에서 220
  후손 66, 279, 293
  후손으로서의 별 277
아사셀 Azazel, 309-312, 467-468, 554n18
아합 93-95
악한 evil, 108-119, 160–162
압수 Apsu, 179
압칼루(현인) apkallus, 178-180,182, 186, 188-189, 192n1, 199, 318n2, 346n16
앗수르 193, 205-206, 392, 509
앙겔로스 aggelos/angelos, 164n3, 323–547.

천사도 보라.
앙겔로스(천사들) angelos (angels), 288n3, 546–547
야곱 이스라엘(야곱)을 보라.
약속의 땅 promised land, 111, 247, 260-261, 268, 298, 319–320, 378, 418
언약궤 ark of the covenant, 204, 295, 303n5, 305n8, 307, 377–382, 446, 638
에녹 397-398, 569-570
에덴 Eden
고대의 배경 ancient context of, 80-81
동산과 산으로서 as gardens and mountains, 79–45, 47, 75, 160–161
물이 넉넉한 거주지 watery habitat of, 83, 84, 129
바다의 한가운데 as heart of the seas, 280
성막 tabernacle and, 304–308
시내산 Sinai and, 280–284
신들의 자리로서 as seat of the gods, 86, 129, 143, 280
에덴에서의 삶 life in, 154-156
우가리트 Ugarit and, 81-83
인류와 함께함 human presence in, 85-86
위치 location of, 88-92
지상 earth and, 49–50, 58–59, 123
최후의 에덴 final Eden, 383
추방 expulsion from, 88, 90
하나님의 거처로서 as divine abode, 79, 99, 127, 280–281
에덴의 두로 왕 prince of Eden/Tyre, 130-133
에레츠 'erets, 139, 145, 148, 158, 471, 551, 607n8
에밈 Emim, 334, 337
에서 237-238
에스겔(선지자) 403
에스겔 84, 129-133, 156-158
에테르 aether, 634
에테메난키 Etemenanki, 342–343

엑수시아(주관자) exousia (authorities), 212, 556
엘 El
그의 아들들 sons of, 140n10, 198n7, 474n8
바알 Baal and, 605-606
숭배 worship of, 273
여호와와 다른 존재로서 as separate deity from Yahweh, 54n2
우가리트의 최고 신으로서 as chief deity of Ugarit, 82, 131, 385
지극히 높은 자로서 as Most High, 131
하급 신들 lesser deities and, 144n1
엘로힘. elohim. 하나님의 아들들도 보라.
거주지 place of residence and, 52
귀신 demons and, 54, 59-60
그들 가운데 위계질서 hierarchy among, 60n8, 62-63
다신론 polytheism and, 53-55
부정어법 denial statements and, 62-63
부패한 corrupt, 48, 51, 103, 201, 490, 543
삼위일체설 Trinitarian view of, 51
셰딤 shedim as, 474n7
신적 속성 divinity of, 52, 57
실재성 realness of, 59-62
심판 아래 있음 under judgment, 276, 544
야곱의 상대로서 as opponent of Jacob, 240-241
여호와에 비길 것이 없음 incomparability with Yahweh, 62-63
영적 존재로서 as spiritual beings, 60n8
예배 worshipping, 61n11, 203
용어 사용 term usage, 46-49, 54-58, 544-546
인간과의 상호작용 human interaction with, 57
인간설 human view of, 51-52
천사로서 as angels, 55
초자연적 세계관 supernatural world-

주제 색인 • 659

view and, 63
하나님의 가족으로서 as family of God, 77-78
하등한 lesser, 198
엘욘(지극히 높은 자) elyon (Most High), 48, 96, 131-132, 146-147, 158, 202, 214, 420, 606, 624
엘-엘욘(지극히 높으신 하나님) el-elyon (God Most High), 132
여디디야(솔로몬) 304, 379n7, 382n10, 390, 391, 445, 464
여호수아 194n4, 252-254, 350–361, 401-402, 431
여호수아의 헤렘 kherem of Joshua, 350–361
여호와의 거처 abode of Yahweh, 신들의 거처와 보좌가 있는 어전회의실을 보라.
여호와 Yahweh, 여호와의 천사, 여호와의 에덴 비전, 하나님을 보라.
가족 family of, 517-520
거처 abode of. 신들의 거처와 보좌가 있는 어전회의실을 보라.
그 이름으로서 as the Name, 250–252, 376, 453–456, 483, 564, 579, 588, 627, 640
나타나심. appearances of. 하나님과의 만남을 보라.
두 등장인물(위상) two figures of, 210n8, 256-257, 425–426
뛰어나심 superiority of, 63, 265-266
모세가 여호와와 같은 자가 누구인지 물음 Moses asking who is like Yahweh, 265-269
모세에게 이름을 계시하심 revealing his name to Moses, 246
바로의 질문 Pharoah questioning of, 260
바산 공략 assault on Bashan, 492–493
비길 자 없는 여호와를 찬양함 praises of unmatchable Yahweh, 265
성경 기자들의 설명 biblical writings describing, 56-57

성령 Spirit and, 496
아들들 sons of, 하나님의 아들들을 보라.
언약의 이름 covenant name of, 246
엘-엘욘(지극히 높으신 하나님)으로서 as el-elyon (God Most High), 132
엘로힘 elohim as, 54
예수님 Jesus and, 493, 494
유일한 하나님으로서 as only God, 62-63
율법 law of, 285-287, 534, 588
이스라엘을 그분의 분깃으로 삼으심 taking Israel as his portion, 51, 61n11, 196, 271, 300-301, 588, 613n12
인간의 형체 human form of, 60n8, 287, 291, 292, 396-397
타자성 otherness of, 299–304
통치기구 46
여호와의 말씀 Word of Yahweh, 94, 223-229, 244, 379, 401-405
여호와의 에덴 비전 Edenic vision of Yahweh, 하나님, 여호와의 계획도 보라.
꺾이지 않음 steadfastness of, 300
다윗 David and, 168
모세 Moses and, 418
반대 opposition to, 368-371, 431
새 에덴을 세움 establishing new Eden, 643
신약 New Testament and, 438
에두트 'edūt, 295-296
열국을 되찾음(탈환) for reclaiming nations, 275, 439, 467-470, 500–510, 512–516, 517-518, 544, 641
예수님 Jesus and, 451
이스라엘의 실패 failure of Israel in, 531
인간의 참여 human participation and, 407–415, 438, 445–447, 452
지상의 새 에덴 for new Edenic Earth, 78, 92
출산 procreation and, 200, 322, 326n10,

531, 587
여호와의 천사 angel of Yahweh, 224n6, 245-247, 253-255. 불타는 떨기나무에서 하나님과의 만남도 보라.
  눈에 보이는 형체로 계신 여호와 as visible form of Yahweh, 231–233
  두 여호와의 위상 two Yahweh figures and, 210n8
  떠남 departure of, 255
  멸하는 자로서 as destroyer, 263–264
  사탄 satan and, 101
  엘로힘 elohim as, 55
  예수님 Jesus as, 456-457
  이스라엘에 말씀하심 speaking to Israelites, 254
  이스라엘의 구원자 as deliverer of Israel, 247-250
  중보자로서 as intermediary, 291n10
  칼을 뽑음 with sword drawn, 252-253
  하나님의 임재 presence of God and, 247-250
열국 nations
  목록 list of, 193, 197, 329, 505-510, 516
  신들에게 배정됨 alloting gods to, 196-197
  여호와의 분깃 portion of Yahweh, 51, 61n11, 196, 271, 301
  탈환(되찾음) reclaiming, 275, 442, 467, 470, 510, 517, 543, 641
  흩어짐과 상속권 박탈 division and disinheritance of, 61n11, 196-201, 273. 바벨탑도 보라.
열국 목록 list of nations, 193, 197, 329, 505–510, 516
열국의 상속권 박탈 disinheritance of nations, 61n11, 200–202, 271–275. 바벨탑도 보라.
열국 탈환 reclaiming nations, 275, 442, 467, 470, 510, 517, 543, 641
염소 goats, 309-311
영 Spirit, 117-119, 408, 496-499, 505, 507-508. 성령도 보라.
영들 Spirits 59-62, 75, 172n16, 287n3, 346, 502, 533, 546n3, 566-568
영광 있는 자들(독사스) glorious ones(doksas), 560-561
영역 구분 realm distinction, 300-312
영원한 왕국 kingdom everlasting, 433-437
영적 충돌 spiritual conflict, 260-263, 390, 492, 544, 557n24, 565-571, 603-605, 612, 617-629
영혼(네페쉬) soul (nephesh), 75
예레미야 228-229, 404-405
예루살렘 84, 620-621, 625-626
예수님 Jesus
  귀신을 쫓음 casting out demons, 472-474
  그의 교회를 세움 building his church, 475-481
  그의 자손 descent of, 494-495
  그 이름으로서 as the Name, 453–456, 286, 343
  다윗의 자손으로서 as descendant of David, 272, 429–431, 528
  마귀(귀신) demons and, 413n8, 472-475, 481, 570
  말씀으로서 as the Word, 223
  메시아 모자이크 messianic mosaic and, 409, 453-456, 483
  베드로의 고백 confession of Peter and, 480-484
  부활 resurrection of, 409-422, 472n5, 496, 531, 566, 570, 632-637
  사랑하시는 아들 as beloved son, 412, 462, 463, 482
  사역 ministry of, 472-475
  사탄의 유혹 temptation by Satan, 466–470
  새 언약 new covenant of, 532, 611
  성령 Spirit and, 496-498, 505
  성육신한 말씀으로서 as incarnate Word, 223-224

세례 baptism of, 412, 458, 462, 466, 592
신자들 believers and, 533, 536-538
십자가형 crucifixion of, 412, 430, 485-487, 498, 544, 558, 568, 592
에베소서 4:8 492-494
여호와와 동일시 identified with Yahweh, 493
여호와의 에덴 비전 Edenic vision of Yahweh and, 451
여호와의 천사로서 as angel of Yahweh, 453
인자로서 as son of man, 429-431
정복 conquest by, 493-495
제자들을 모음 gathering his disciples, 473-474
천사 angels and, 530-533
초자연적 세계관 supernatural worldview and, 451, 462-465
하나님의 계획 plan of God and, 532
하나님의 독생자로서 as only begotten son of God, 66-67
변형된 모습 transfiguration of, 481-484
예수님의 부활 409-421, 472n5, 496, 531, 567, 570, 630-632
예수님의 세례 412, 458, 462, 466, 592
예수님의 십자가형 412, 430, 485-487, 498, 544, 558, 568, 592. 예수님도 보라.
예수님의 칠십인 제자 474-475
예정 predestination, 107, 112-116
예지 foreknowledge, 107, 112-116
오순절 성령강림 Pentecost, 496-505, 508-510, 512-517. 바벨탑도 보라.
옥 341-347, 351, 363n16, 387, 389, 613n12
왕권(드로노스) thrones (thronos), 212, 556
왕이 됨 kingship, 166-168, 423, 429
요단 동편 전쟁 Transjordan wars, 334-351
요셉 241, 259-260, 277, 313, 399n4, 609
욥 103
우가리트 Ugarit, 81-83, 605
우상숭배 idolatry, 64-65, 78, 286n2, 298, 391, 489, 573-575

우주적 지형 세계관. cosmic-geographical worldview, 202-213, 265-268, 387-389, 586, 602. 초자연적 세계관도 보라.
유다 194n4, 387, 391, 603
유다서 5-7절 169-174, 327n11
유대 186, 467, 501, 507, 509n11
유대 문헌 171-173
이드로 245, 261, 273
이름 Name, 247-250, 375, 453-456, 479, 480, 561, 579, 589, 627, 638
이방인 Gentiles, 518-522
이사야(선지자) 402
이사야 14:12-15 43n3, 138, 143-149, 157, 277, 622-623, 626n4
이삭 66, 220-225, 313, 400
이스라엘(나라) Israel (nation)
  거인들과의 전쟁 wars with giants, 362-363
  고대의 신조 creed of ancient, 60n8, 60n9, 75n2, 573-574
  바로와의 대결 confrontation with Pharoah, 262
  상속권을 박탈당한 열국 disinherited nations vs., 196
  새 아담 new Adam, 272
  솔로몬 왕국 이후 after kingship of Solomon, 391
  실패 failure of, 254, 367
  여호와의 기업으로서 as inheritance of Yahweh, 202, 204
  여호와의 분깃으로서 as portion of Yahweh, 61n11, 194n4, 196, 204, 209, 261, 350, 513, 588
  왕 king of, 272
  지도자 모세 Moses as leader of, 467
  통일왕국 united monarchy of, 390-391
  통치 governing of, 272-276
  하나님 God of, 60, 60n9, 61n11
  하나님의 아들로서 as son of God, 272
  하나님의 언약 covenant of God with, 196, 200, 255, 286, 313-314

이스라엘(야곱) Israel (Jacob)
　그의 아들들 sons of, 277
　신적인 아들 됨 divine sonship and, 190
　야곱의 사다리 Jacob's Ladder and, 237
　애굽으로 가라는 명령 commanded to go to Egypt, 259
　에서 Esau and, 237-239
　임종 시 언급 deathbed recounting of, 241-242
　하나님과의 만남 divine encounters of, 236-243, 401
　하나님의 언약 covenant of God with, 313
　하나님이 야곱에게 이스라엘이라는 이름을 지어주심 God renaming Jacob as Israel, 239
이스라엘 백성 Israelites, 61n11, 108, 259, 260-261, 608-610
이스라엘 왕 king of Israel, 272
이스라엘의 군주 prince of Israel, 208, 210
이스마엘 67
이 세상의 신 god of this age, 551
인간 humans
　불멸의 상실 mortality of, 158
　승격 elevation of, 535
　신적 영역에서 in divine realm, 57
　신적 존재들 divine beings and, 50-53
　엘로힘보다 하등한 lesser than elohim, 535
　하나님의 아들로서 as sons of God, 44, 50-53
인자 son of man 283n12, 404, 426-436, 437-439, 535, 589, 609, 628
인류의 타락 fall of humanity, 112-116, 125-129

자

자유의지 free will, 95-107, 109-112, 116-118, 271, 408, 601-602, 643
장로 elders, 273-276, 281, 593-599
재앙 plagues, 261-264

저주의 역전 reversal of curses, 640-642
적그리스도 antichrist, 602, 614-616, 620, 623, 625, 628, 630
점술사(노헤쉬) diviner (nochesh), 150
정사(아르케) principalities (archē), 212, 556
족장들 patriarchs, 399-400
존재론 ontology, 546n2
주(퀴리오스) lords (kyrios), 212
주관자(엑수시아) authorities (exousia), 212, 556-557
주권(퀴리오스) dominions/lords (kyrios), 212, 556, 558
주기도문 68
주님의 천사(주의 천사) angel of the Lord, 264, 457. 여호와의 천사도 보라.
주의 날(여호와의 날/주 예수의 날) day of the Lord, 171, 264, 331n17, 440, 443, 578, 365n12, 368
주의 만찬 Lord's Supper, 572
주의 말씀(여호와의 말씀) Word of the Lord, 223n4, 226, 387, 405
죽은 자의 부활 resurrection of dead, 322
죽은 자의 영역(죽은 자의 세계) realm of the dead, 132, 139, 148, 158, 389, 471, 480, 569n3, 607, 615. 스올, 지하세계도 보라.
지구라트 ziggurats, 199, 342-343
지극히 높으신 이의 거룩한 자들 holy ones of the Most High, 434-437, 439, 589
지극히 높으신 하나님(엘-엘룐) God Most High (el-elyon), 132
지극히 높은 자(엘룐) Most High (elyon), 48, 95, 131-132, 147-148, 158, 202, 214, 420, 442, 624-625
지리적 영역 통치권(지리적 영역에 대한 통치권) geographical domain rulership, 212
지배명령 dominion mandate, 77, 104
지옥의 문 gates of hell, 346, 475-481, 488-490, 292
지하세계 underworld, 139, 141, 143, 158, 179, 345-346, 388, 488, 569, 607, 615. 죽은 자의 영역, 스올도 보라.

주제 색인 • 663

차

창세기 3장
    나하쉬 nachash of, 150–152
    뱀 serpent of, 125–128, 133–141
    본문(배경) context for, 126–130
    에스겔 28장 Ezekiel 28 and, 130–142
    이사야 14장 Isaiah 14 and, 143–149
    하나님의 심판 divine judgment in, 150–159

창세기 6:1–4 162–179, 182, 186–190, 194, 199, 317–331

창세기 11장 194–195, 209, 220, 319, 345n13, 503–506, 573n9, 587, 590n7 신명기 32장 세계관, 바벨탑도 보라.

창조 68–72, 90

창조 이야기 creation language, 68–72, 73, 77, 92, 266–268

천군 heavenly host, 41, 44, 60n8, 87, 127n1, 211n8, 282, 289

천군(천상의 무리/높은 군대) host of heaven, 61n11, 95, 275, 423, 441, 480, 574n9, 598

    천사들 angels
        메신저로서 as messengers, 43, 277, 288n3, 546, 561
        성관계 sexual intercourse and, 321–322
        엘로힘 elohim as, 55
        예수님 Jesus and, 529–538
        용어 사용 term usage, 546–547
        육신을 입고 나타남 corporeal approach to, 321
        위계질서 hierarchy of, 42, 210n8, 589
        죄를 지음(범죄함) sinning, 169–170
        초자연적인 접근 supernatural approach to, 324-325
        하나님의 아들들 sons of God and, 42–43

천사장 archangels, 210n8, 560, 594

천상의 불멸성 celestial immortality, 635–636

천상의 영역 heavenly realm, 46

천상회의 divine council. 엘로힘, 하나님의 아들도 보라.
    결정함 decision making of, 95
    모임 meetings of, 424–431, 458-461
    반대자 dissenter among, 100
    부패함(부패성) corruption in, 51, 104, 199, 490, 543
    시내산 Sinai and, 283
    신들의 거주지(거처/처소)와 보좌가 있는 어전회의실 divine abode and throne room of, 83, 130n4, 137n7, 276, 281–282, 296, 377, 398, 402, 438, 503
    신들의 자리 seat of the gods and, 86, 129, 130, 143, 147, 280
    아합 Ahab and, 95
    위계질서 hierarchy in, 57, 60n8, 83, 544, 561
    영적 존재 spiritual beings and, 60n8
    장로 elders on, 274–276, 281, 593–599
    창조 creation and, 68, 71
    하나님의 계획 plan of God and, 530–533, 585–586, 597n18
    하나님의 요구 need of God for, 58-59
    하나님이 재판하심 God administering judgment in, 47–48

천상회의 세계관 divine council worldview, 49n5, 99, 432–444, 466, 488, 504n7, 529–542, 544, 566–572 초자연적 세계관도 보라.

천체 종교 astral religion, 43n3

초자연적 세계관. supernatural worldview. 우주적 지형 세계관, 신명기 32장 세계관, 천상회의 세계관도 보라.
    거인들 giants and, 320–327, 333–334, 348n1, 367
    바벨탑 Tower of Babel and, 194–197
    베드로 Peter and, 169–174, 570
    별들 stars and, 42–43, 35?, 138, 147–149, 277, 527–528, 634-635
    비성경적인 자료 non-biblical sources and, 625

성경의 기자들에 미치는 전체 영향 overall impact on biblical writers, 22-23, 28-37, 371, 445, 616
신격화된 인간 왕 human divine kingship and, 167-168
엘로힘 elohim and, 63
예수님 Jesus and, 452, 462-465
영역 구분 realm distinction and, 301-303
유다 Jude and, 169-174
인간의 후손(사람의 후손) human offspring and, 318n2
핵심을 이루는 요소 core components of, 191-201
헤렘 kherem and, 349-351
홍수 이전의 사건(홍수 이전 사건들) preflood events and, 342-347
뱀 serpent and, 157
하나님의 아들들 sons of God and, 318n2
출산 procreation, 200, 322, 326n10, 531, 587. 번성하여 충만함도 보라.
출애굽 111, 245-247, 261, 265-269, 462-463, 467.
칠십 나라 seventy nations, 198n7, 273, 274, 474, 565n22
칠십 년 바벨론 포로생활 187, 460
칠십인역 설명 Septuagint described, 210n7
칠십인 장로 seventy elders, 274, 281

카

케도쉼(거룩한 자들) qedoshim (holy ones), 438, 524
퀴리오스(주권) kyrios (dominions/lords), 212, 556, 558
큰 날 great day, 170, 171, 618. 주의 날도 보라.

타

타락한 존재(추락한 자들) fallen ones, 182-186

타르타루스 Tartarus, 169, 171, 179n9, 568-569
태아생명론 pro-life position, 74
태양 신화 solar mythology, 43n3
테레빈스 terebinth, 399
토라(율법) 295
통치자(아르콘톤) rulers (archontōn), 210, 556-557

파

플레이아데스 Pleiades, 614n12

하

하나님. 여호와의 에덴 비전, 계획도 보라. God.
　가족 family of, 41-45, 520-522. 하나님의 아들들도 보라.
　사람이 되심 becoming man, 531
　예지 foreknowledge and, 107, 112-116
　유일하신 완전한 이로서(오직 완전하신 이로서) as only perfect being, 99-107
　이스라엘의 of Israel, 60, 60n9, 61n11
　이스라엘의 실패 failure of Israel and, 531
　인간의 죄와 고통 human sin and suffering and, 106
　인간의 참여 human participation and, 530-533
　인류를 위한 비전 vision for humanity, 407-408, 414-422, 431
　임재 presence of, 248-252
　하나님, 여호와의 of God; Yahweh
　한 분이신 하나님 one God only, 62-63
　형상 담지자 imagers and, 92-98
하나님과의 만남 divine encounters. 여호와의 천사도 보라.
　기드온의 of Gideon, 255-257
　노아의 of Noah, 398
　다윗의 of David, 113-114
　모세의 of Moses, 84, 224n6, 245-249,

263, 273–274, 401
사무엘의 of Samuel, 225–226, 378-379
아브라함(아브람)의 of Abraham (Abram), 222–224, 226–228, 233–235, 399–400
에스겔의 of Ezekiel, 403–404
예레미야의 of Jeremiah, 404–405
요셉의 of Joseph, 241–242
여호수아의 of Joshua, 252–253, 401
이사야의 of Isaiah, 402–403
이삭의 of Isaac, 236, 400
이스라엘(야곱)의 of Israel (Jacob), 236–243, 400
평가 validating, 406
하나님 나라 kingdom of God, 68, 92, 106n2, 437, 439, 461, 463, 473–474, 480, 483-484, 311–312, 580-581
하나님의 계획 plan of God. 여호와, 하나님의 에덴 비전도 보라.
가족 family, 535
계획의 굳건함 steadfastness of, 153–159
구속받은 인류를 위해(구속 받은 인류를 위한) for redeeming humanity, 414–422
구원을 위한 for salvation, 209, 472n5, 484, 574n9
그분의 가족으로 인간이 승격됨 elevating humanity to be included in his
데오시스 theosis and, 538–542
메시아 messiah in, 409–413
반대 opposition to, 319, 341
새 에덴을 세움 establishing new Eden, 643
신자들 believers in, 520–526
예수님 Jesus and, 212–213, 451, 532
온 세상을 에덴으로 만들려는 for all earth to be Eden, 214
인간의 참여 human participation in, 520–522, 530–533
인류를 위한 for humanity, 407–408, 414–422, 431
전지구적 에덴을 위해 for a global Eden, 168, 643
천상회의 divine council and, 534–538, 586–587, 597n18
하나님의 말씀 Word of God, 161, 627
하나님의 별들 stars of God, 56n5, 277. 새벽별도 보라. See also morning stars
하나님의 심판 심판을 보라.
하나님의 아들(하나님의 아들들) sons of God. 42–44. 엘로힘 천사도 보라.
메시아 messiah as, 272
별들로서 as stars, 42–44, 35?, 138, 277, 527
브네 엘로힘 beney elohim as, 42-43, 60n8, 149, 504n8, 547n4
셋 족속 이론 Sethite interpretation of, 163–166
순찰자 Watchers as, 172n16, 180-181, 183nn16–17, 189, 190nn20–21, 331n17, 347n18, 483, 568
신성화 divinity of, 41–45, 52, 166-169
신자 believers as, 78, 272, 520
실재성 realness of, 62
압칼루 apkallus as, 178–179, 181–182, 186, 188-189, 192n1, 199, 318n2, 346n16
열국의 흩어짐 dispersal of nations to, 196–199
엘로힘 elohim as, 48
이 땅의 기초를 놓음 at laying foundation of earth, 42, 67, 71, 632
인간 human beings as, 50–53
초자연적 세계관 supernatural worldview and, 318n2
타락한(부패한) fallen, 51, 276, 398
후손인 거인들(거인 자손들) giants as offspring of, 17?, 186, 330
하나님의 아들들(브네 엘로힘) beney elohim, 42–43, 60n8, 149, 504n8, 547n4. 엘로힘도 보라.

하나님의 아들 son of God, 272, 414–420, 423, 453-454. 예수님도 보라.
하나님의 아들 됨 divine sonship, 167–168, 190, 518, 555n22, 640
하나님의 율법 285–304, 534, 588
하나님의 임재(파님) presence (panim) of God, 249–145
하나님의 자녀들 43, 48, 92–163, 158, 308–312, 314, 374. See also believers
하나님의 천사 138, 147–148. 여호와의 천사도 보라.
하나님의 파님(임재) panim (presence) of God, 249-250
하나님의 형상 image of God, 72-77
하나님의 형상을 담지함 divine image bearing, 72-77
하늘의 모임 heavenly assembly, 천상회의를 보라.
하와 107, 110–112, 125, 150–156, 412
헤렘 kherem, 349–351, 362nn13–14
헤르몬 Hermon, 347, 490n3. 헤르몬 산도 보라.
헤르몬 산 Mount Hermon, 180, 347, 359, 477–480, 482–483, 485, 488, 605, 607
헬렐 벤-샤하르 helel ben-shachar, 147–149, 157
혀, 불타는 tongues, flaming, 500, 501
형상 담지자 imagers
그를 통해 하나님이 일하심 God working through, 92-98

자유의지 free will of, 97–98, 104–107, 116–118, 271, 408, 601-602, 643
정의 definition of, 75–77
호르마 khormah, 351n6
혼돈 abyss, 310, 613n12, 615n14
홍수 flood
노아의 예언 prophecy of Noah, 398
메소포타미아 이야기 Mesopotamian story of, 176-178
생존자 survivors of, 190n20, 330n15, 587
심판으로서 as judgment, 168n8
압칼루 apkallus and, 178n5, 188-189
영들 spirits and, 567
전조 precursor to, 162-163, 169-171
플레이아데스 Pleiades and, 614n12
홍수 이전의 거인들 giants preflood, 163, 320-327
홍수 이전 지식 preflood knowledge, 189, 343n11
홍수 이후 거인들 giants postflood, 162, 163n2, 1782n5, 327–331, 334n13, 360n11, 548
홍해를 건넘 Red Sea crossing, 265-267
회막 tent of meeting, 83, 305n8, 379n7, 401
휘몰아치는 바람 whirlwind, 501, 502
희생양 scapegoat, 309-311
흰돌 white stone, 638–639
히브리서 1-2장 530-538, 597
힌놈 골짜기 Valley of Hinnom, 389-390

성경 색인

창세기

1:2 ----- 643
1:4-5 ----- 266
1:6-7 ----- 266
1:9-10 ----- 266
1:14-18 ----- 266
1:16 ----- 43n3
1:20 ----- 75
1:22 ----- 313
1:26 ----- 34, 70n1, 71, 73, 76, 77, 92, 99, 164n5, 195, 395, 587
1:26-27 --- 77, 88, 348, 632
1:26-28 ----- 69
1:28 ----- 89, 104
1:30 ----- 75
1:31 ----- 90
2:4-5 ----- 54
2:5-14 ----- 84
2:6 ----- 129, 149
2:7 ----- 75
2:8 ----- 79
2:8-10 ----- 129, 149
2:8-14 ----- 88
2:10-14 -- 88, 129, 149, 280
2:12 ----- 308
2:15 ----- 89, 415
2:15-16 ----- 129, 149
3:1-2 ----- 157
3:1-3 ----- 129, 149
3:4 ----- 157
3:5 ----- 34, 107,
----- 110-111, 128, 149
3:8 ----- 129, 149, 216, 287, 313, 396
3:10 ----- 129, 149
3:13-14 ----- 157
3:14 ----- 153n3, 158
3:15 ----- 153, 154, 317, 412
3:16 ----- 154
3:17 ----- 153n3
3:17-19 ----- 153
3:22 ----- 34, 110, 128, 149
3:22-25 ----- 110
3:23-24 ----- 129, 149
3:24 ----- 156, 308, 502n4
4:1 ----- 326n10
4:25-26 ----- 164
5:1 ----- 587
5:3-4 -----164
5:22 ----- 397-398
5:24 ----- 397
6-8 ----- 328, 329n14, 568
6:1-4 ----- 481, 483, 488, 546, 548, 568, 570, 614n12, 615n14, 646
6:4 ----- 167, 182, 189, 203, 320, 327-328, 330n16
6:5 ----- 162-163, 189
6:6 ----- 106
6:9 ----- 189, 328, 398
7:21 ----- 329n14
9:1 ----- 200, 313
9:11 -----587
9:19 ----- 329n14
10 ----- 193, 193n3, 198, 329n14, 345n13, 350, 474n8, 505, 507, 515, 555, 573, 607n8
10:1 ----- 329n14
10:6-12 ----- 193
10:23 ----- 506n9
11:1-9 ----- 194, 209, 215, 319, 573, 590
11:6 ----- 587
11:7 ----- 587
11:31-32 ----- 220
12:1-3 ----- 52, 194n4, 221-222, 293, 515, 574n9, 588
12:1-7 ----- 399
12:3 ---- 209, 297, 473, 517
12:4 ----- 220
12:6 ----- 339n6, 352
12:6-7 ----- 221-222, 399
12:7 ----- 296
13:9 ----- 329n14
13:18 ----- 296
14 ----- 194n4
14:13 ----- 339n4, 340n8
14:18-22 ----- 48
14:20 ----- 132
14:22 ----- 132
15:1-6 -- 222-223, 293, 399
15:2 ----- 228n7
15:5 ----- 278

668

15:8 — 228n7	27:29 — 293	48:14-16 — 242
15:9-10 — 294	28:1 — 339n6, 352	49:9-10 — 616
15:13 — 293	28:1-2 — 237	49:10 — 194n4, 419
15:13-16 — 260, 339	28:6 — 339n6, 352	49:16-17 — 616
15:16 — 340n7, 352	28:10-22 — 236, 378, 400	
15:17 — 502n3	28:13 — 237	**출애굽기**
15:18 — 446	28:14 — 293	1-2 — 260, 264
15:19-21 — 340	28:15 — 293	3:1-3 — 281n11, 224n6, 401
16:2 — 228n7	28:18-19 — 293	3:1-6 — 246
16:5 — 228n7	28:19 — 293	3:1-14 — 454
16:15 — 67	29:32-35 — 326n10	3:2 — 502
17:1-2 — 370	30:16 — 330n16	3:5 — 253
17:8-10 — 370	30:16-24 — 326n10	3:7 — 246
18:1 — 228n7, 399	31:11-13 — 238, 400	3:7-8 — 293
18:1-5 — 227	31:13 — 241, 378	3:8 — 352n7
18:1-8 — 324	32:1 — 239	3:14 — 224n6, 246
18:3 — 228n7	32:1-5 — 378	3:16-22 — 293
18:8 — 227	32:4 — 228n7	4:16 — 417
18:9-14 — 326n10	32:22-23 — 239	4:22 — 271
18:18 — 228n7	32:22-31 — 324	4:23 — 167, 190, 262,
18:25 — 227	32:22-32 — 400	—416, 468
18:27-32 — 228n7	32:24 — 324	5:2 — 260
19:10 — 324	32:24-30 — 239	6:3 — 228n7
20:12 — 165n6	32:27-28 — 259	6:4-6 — 293
21:1-2 — 326n10	32:28-29 — 239	7:1 — 417
21:3 — 67	32:30-31 — 324	12:12 — 262, 263
22 — 412	32:31-32 — 324	12:23 — 263
22:1-2 — 235	33:8 — 228n7	13-14 — 264
22:1-9 — 234	33:13 — 228n7	13:5 — 293
22:10-18 — 234-235	35:1-7 — 378	13:11 — 293
22:11 — 235	35:7 — 55	14-15 — 468
22:15-18 — 370	35:8 — 400n5	14:21 — 462
22:16 — 235	37:9 — 277	14:31 — 418
22:18 — 293	37:12-17 — 399n4	15:4 — 265n3
23:6 — 228n7	38:2 — 167n8	15:11 — 56, 268, 463,
24:18 — 228n7	38:16 — 330n16	— 547n4, 561
25:21 — 326n10	39:14 — 167n8	15:16-18 — 261
26:1-5 — 236, 400	41:57 — 329n14	16 — 638
26:4 — 293	46:3-4 — 259	16:33 — 638
26:23-25 — 236	46:4 — 260	17:15 — 296
27 — 237	48:1-4 — 242	18 — 273

성경 색인 • 669

18:11 — 261	30:26 — 295, 305n8	20:26 — 438n4
19:6 — 200, 297, 444	31:18 — 292n11	21:6 — 438n4
19:9 — 401	32:15-16 — 292n11	21:7 — 167n8
19:16 — 281	32:26 — 579	21:11 — 167n8
19:18 — 281, 502	33:2 — 362n14	21:16-24 — 303n4
20-23 — 294	33:7-11 — 305n8, 401	22:4-6 — 303n3
20:18 — 282, 502	33:9-11 — 401	25:9 — 329n14
22:7-9 — 51n1	33:12-14 — 249n2	25:24 — 329n14
22:20 — 350	34:24 — 362n14	26 — 286n2, 298n18, 370
23:20-22 — 247	34:29-30 — 417n14	26:12 — 396n2
23:20-23 — 250, 254, 453, 455, 457, 463	35:40 — 305n8	26:14-33 — 524
	38:21 — 295	26:14-46 — 286n2
23:21 — 248	38-39 — 382n10	27:28 — 349
23:23 — 352n7	39:10-13 — 134	
23:28-31 — 362n14	39:35 — 295	민수기
24:1-2 — 274	40:3 — 295	1:50 — 295
24:3-8 — 294	40:5 — 295	1:53 — 295
24:4 — 296	40:21 — 295	9:15 — 295
24:9-10 — 84, 274	40:34-35 — 307	10:11 — 295
24:9-11 — 281, 287, 294, 599n21		11:28-29 — 360n11
	레위기	12:5-19 — 307
24:10 — 281	8 — 304	12:17 — 418
24:12 — 292n11	9:23 — 307	13:6 — 352n8
24:13 — 401	11:24-25 — 303n4	13:22 — 353n8
24:15 — 149	11:39 — 303n4	13:26-33 — 363
24:15-18 — 401	11:44-45 — 438n4	13:27 — 332
25:9 — 306	11:45 — 248	13:28-29 — 355n10, 358, 359, 362
25:16 — 295	12 — 303n3	
25:22 — 295	15:1-30 — 303n3	13:30 — 352n8
25:31-36 — 307	16:7-9 — 309	13:32-33 — 34, 194n4, 320, 337, 341, 350, 351, 354
25:40 — 306	16:8 — 309	
26 — 380	17:7 — 310, 554n18	13:33 — 182, 185, 186, 328, 351n13, 332, 348n1, 360n11
26:30 — 306, 376	18:9 — 165n6	
27:21 — 305n8	18:11 — 165n6	
28:9-12 — 639n10	18:17 — 167n8	14 — 111
28:17 — 138n7	18:19 — 303n3	14:15-16 — 261
28:17-20 — 134	19:2 — 297, 302, 438n4	14:33-35 — 333
28-29 — 304	20:7 — 438n4	17:22-23 — 295
28:43 — 305n8	20:17 — 165n6, 167n8	18:2 — 295
29:4 — 563	20:18 — 303n3	18:14 — 349
30:6 — 295	20:21 — 167n8	19:11 — 303n4

19:16 — 303n4	3:10 — 345	— 473n7, 480, 543,
19:19 — 303n4	3:11 — 321n7, 363n16, 387	— 574n9, 598n20
20:1-12 — 418	3:13 — 387	18:15 — 420
20:6 — 307	3:24 — 54	20:10-18 — 354n9
21:2-3 — 351n6	4:6-8 — 297	20:17 — 352n7
21:31-35 — 194n4	4:13 — 292n11	23:10-15 — 303n3
21:32 — 362n14	4:15 — 281n11	23:14 — 396n2
22:22-23 — 101	4:19 — 598n20	25:5 — 591n11
22:23 — 253	4:19-20 — 56, 61n11, 62,	26:19 — 416
24:16 — 48	— 198, 203, 204, 308,	27:22 — 165n6
24:17 — 527	— 473 n7, 480, 574n9	28:1 — 416
27:18-23 — 254n5, 354	— 284, 574n9	28:9-10 — 297
31:19 — 303n4	4:25-27 — 286n2, 370	28:43 — 286n2
31:24 — 303n4	4:35 — 54, 62	28:64-67 — 286n2
33:4 — 262	4:35-38 — 249	29:22-28 — 286n2
33:8 — 265n3	4:37 — 250	29:24-26 — 574n9
33:10-11 — 265n3	4:39-40 — 286n2, 370	29:25 — 56, 60, 61n11,
33:52-53 — 362n14	4:43 — 93	— 203, 480, 543
33:55 — 362n14	5:2 — 281n11	29:25-26 — 56, 473n7
	5:4-5 — 282	31:14-23 — 402
신명기	5:22 — 292n11	31:14-29 — 286n2
1-3 — 194n4	5:22-26 — 282	31:15 — 307
1:4 — 389	6:4 — 60n9, 76n2	32:1-43 — 604n1
1:37 — 418	6:16-17 — 470	32:8 — 196, 197n6, 279,
1:39 — 111	7:1 — 352n7	— 474n8, 649
2-3 — 185, 363	7:1-2 — 353	32:8 (lxx) — 504
2:8-23 — 336	8:3 — 469	32:8-9 — 34, 53n2, 61n11,
2:10 — 348n1	9:1-2 — 353n8, 360n11	— 62, 168n9, 194n4,
2:10-11 — 328	9:1-3 — 360n11	— 195-198, 202, 202n1,
2:11 — 344, 387	9:2 — 348n1	— 203-204, 208, 208n4,
2:12 — 336, 360n11	9:9-10 — 292	— 209-210, 212, 215, 219,
2:19-20 — 336	9:28 — 261	— 272, 308, 350, 400,
2:20 — 344, 348n1, 387	10:17 — 268	— 473n7, 474n8, 480,
2:20-23 — 361n12	11:18-24 — 286n2, 370	— 504-506, 549n10, 557,
2:21 — 328, 336	12:2 — 252	— 573n9, 588, 590n8,
2:23 — 336n2	12:4-5 — 252	— 602, 630, 641
2:26-30 — 338	12:11 — 252	32:9 — 196, 209, 272,
2:34 — 351	13:12-18 — 354n9	— 362n13, 588, 640
3:1-3 — 348n1	15:6 — 416	32:15-17 — 576
3:1-11 — 342, 348	17:2-5 — 61n11	32:15-20 — 468
3:6 — 348, 351	17:3 — 56, 203, 298,	32:17 — 34, 54, 56, 59-62,

------ 186, 203, 473n7, 554, 574-576
32:43 ------ 547n4
33:1-2 ------ 149, 588n5
33:1-4 ------ 289, 293
33:1-4 (lxx) ------ 289
33:26 ------ 428
33:27 ------ 362n14
34:4-6 ------ 418
34:5 ------ 418
34:9 ------ 354
34:10 ------ 401

여호수아

2:8-10 ------ 261
3-4 ------ 354
3:10 ------ 362n14
5 ------ 253, 354
5:13-15 ------ 253, 457
5:13-15 (lxx) ------ 211n8
6:18 ------ 350, 355
6:21 ------ 355
7:7 ------ 339, 352
7:9 ------ 261
8:31 ------ 418
9:9 ------ 261
9:10 ------ 389
10:28-43 ------ 357
11:3 ------ 359
11:4 ------ 359
11:8 ------ 359
11:12 ------ 359
11:14 ------ 348n1
11:21-22 ------ 194n4, 328, 353n8
11:21-23 ------ 359-360, 362-363, 375
11:22 ------ 387
12:1 ------ 362n14
12:4 ------ 389
12:4-5 ------ 345, 347

12:8 ------ 352n7
13:2-3 ------ 361n12
13:6 ------ 362n14
13:11-12 ------ 345n14
13:30-31 ------ 345n14
14:12 ------ 328
14:12-15 ------ 194n4
14:15 ------ 328
15:8 ------ 388
15:14 ------ 353n8
17:12-13 ------ 362n14
18:16 ------ 388, 389n16
20:8 ------ 93
21:38 ------ 93
23:5 ------ 362n14
23:9 ------ 362n14
24:12 ------ 362n14
24:17-18a ------ 249
24:18 ------ 362n14

사사기

1:10 ------ 353n8
1:27-36 ------ 369
2:1 ------ 249
2:1-2 ------ 457, 463
2:1-4 ------ 254
2:2-3 ------ 370
2:5 ------ 370
2:11-15 ------ 468
3:3 ------ 361n12
4:5 ------ 378n5
5:20 ------ 43n3, 527n5
6 ------ 370
6:11-24 ------ 256
6:37 ------ 329n14
11:24 ------ 54
13 ------ 370
13:20 ------ 502
16:1 ------ 167n8
16:5 ------ 361n12
18 ------ 51n1

18:31 ------ 378
20:27 ------ 378
21:19 ------ 378

룻기

4:10 ------ 591n11

사무엘상

1:3 ------ 378
1:15 ------ 75
1:19-20 ------ 326n10
1:24 ------ 378
2:22 ------ 305n8
3 ------ 34, 379
3:19-21 ------ 226
3:20 ------ 394
4:4 ------ 377n4
7:2 ------ 204
8 ------ 390
8:20 ------ 391
9:2 ------ 391
13:3 ------ 329n14
16 ------ 391
16-18 ------ 203
17:4 ------ 361n12, 363, 387
17:23 ------ 361n12, 387
21-22 ------ 204
23:1-13 ------ 113
26:17-19 ------ 204, 375n1
28:13 ------ 55

사무엘하

3:18 ------ 420
5:17-25 ------ 388n15
5:18 ------ 388
5:22 ------ 388
6:1-2 ------ 377n4
6:17 ------ 379
7 ------ 391, 419
7:2 ------ 378n4
7:5 ------ 420

7:6-7 ——396n2	열왕기하	욥기
7:23 ——261	2:1 ——501	1-2 ——34, 157n6,
11 ——298	2:11 ——501	——317n1, 475n9
12:24-25 —— 464	5 —— 205	1:6 ——53, 60n8,
15-22 ——388n15	5:15-19 ——206, 375n1	—— 100-101, 167
15:24-25 —— 379n7	17:6 ——509	1:6-9 ——101
21:15-22 ——361n12	17:16 —— 598n20	1:7——100
21:16 ——361n12	18:11 ——509	1:8 ——102
21:18 ——361n12		1:12 ——101
21:20 ——361n12	역대상	2:1 ——53, 167, 60n8, 167
21:22 ——361n12	1:17 ——506n9	2:1-4 ——101
22:9-13 ——502n2	6:80 ——93	2:6-7 ——101
23:13 ——388	10:12 ——400n5	3:11 ——102
23:13-17 ——388n15	11:15 ——388n15	4:6 ——102
24:8 ——329n14	11:15-19 ——388n15	4:17-19 ——103
24:16 ——263	14:8-17 ——388n15	5:1——524
24:16-17a ——263	14:9 ——388n15	7:11 ——75
	20:4 ——361n12	9:8 —— 307, 377n3
열왕기상	20:4-8 ——361n12, 388	15:7-8 —— 395, 400
3:4 —— 379n7	20:6 ——361n12	15:14-15 ——103
3:7 ——420	20:8 ——361n12	15:15 ——524
4:21 —— 446	21:15 ——263	22:12 ——552
6-7 ——385	21:16 ——253	26:1-6 ——346n16
6:2 ——382n10	32:16 ——420	38:1 ——501
6:20-22 —— 308		38:4-7 —— 41
8:4 —— 305n8	역대하	38:7 —— 52, 56n4, 60n8,
8:4-8 ——383n11	1:3 —— 305n8, 379n7	—— 67, 72, 138, 147, 149,
8:9 ——281n11	1:3-4 ——379	—— 167, 277, 527
8:23 ——56	5:1-14 —— 446	38:7-8 ——632
11:33 ——54	7:20 ——350n5	40:6 ——501
12:25 ——391	24:6 ——295, 383n11	
12:25-33 ——489	28:3 ——389	시편
12:26-33 ——392	29:3-7 ——383n11	2:2 —— 410n4, 419
22 —— 93, 295, 461, 595	33:6 ——389	2:7 —— 167, 190, 272, 419
22:1-15 ——93	35:20-25 —— 621n1	2:7-8 ——526
22:13-23 —61n11, 116, 400		7:17 ——48
22:13-28 ——83, 588	느헤미야	8:4-6 ——535, 547
22:16-23 ——95	9:6 ——56	8:5 ——547
22:19 ——56, 598n20		8:5 (lxx) —— 110-111
22:19-22 —— 57	에스더	16:3 ——438n4, 524
22:19-23 —— 60n8	1:19 ——509	17:14 ——326n10

성경 색인 • 673

18 ----------282	82:3-4----------490	4:2 ----------641
18:13 ----------48	82:6 ---- 51n1, 149, 166, 167,	4:5 ----------502
19:7 ----------295	------- 452n3, 453n3, 574n9,	6 --57, 83, 282, 592n12, 595
19:7-8 ----------285	82:6-7 ----------442, 574n9	6:1-2 ----------402
20:1 ----------251	82:6-8 -------- 544, 590, 630	6:1-7 ----------588
20:7 ----------251	82:7 ----------51	6:2 ---------- 141n14, 502n4
22:1 ----------487	82:8 ---------- 442, 544	6:3 ----------595
22:7 ----------487	88:10-12 ----------346n16	6:4 ----------502
22:12 ----------490n5	89 -------------- 34, 52, 419	6:8 ---------- 403, 461
22:14-15 ----------487	89:3 ----------420	6:9-10 (lxx) ----------551
22:16 ---------- 487n1	89:5-7 ----------52, 438, 524	7:21-22----------641
22:17 ----------487	89:6 -------- 60n8, 149, 167	10:20----------641
22:18 ---------- 486	89:7 ---------- 60, 149, 167	11:1 ----------318n3, 420
28:1 (lxx) ----------547n4	89:10 ---------- 642	11:1-10----------641
29:1 ------ 57, 60n8, 140n10,	89:27----------416, 419	11:10 ---------- 318n3
------------- 148, 167, 547n4	89:38-52 ---------- 604	13:21----------554n18
29:1-2 ---------- 53, 63	90:6 (lxx) ----------549	14:4 ----------144
29:10----------552	91:6 ----------549	14:4b-21 ----------139n8
34:8 ----------524	94:3-4 (lxx) ---------- 547n4	14:5-6----------145
34:9 ----------438n4	95:3 ---------- 56, 268n7	14:7-8----------145
45:6-7 ----------419	95:3-4---------- 547n4	14:9 ---------- 132, 139, 148,
45:7 ---------- 51n1	95:5 (lxx) ----------549	----------------158, 346n16
47:2 ----------48	96:5 ----------549	14:9-11----------145
48:1-2 ------84, 149, 384, 624	96:9 (lxx) ---------- 547n4	14:11-12------------ 157-158
64:9 ----------329n14	97:9 ---------- 56, 63, 547n4	14:12----------148, 157
68:15-16----------624	104:1-4----------428	14:12-13----------138
68:15-17----------149	104:2----------307, 377n3	14:12-15 -------34, 146, 624
68:15-18----------288, 514	104:4----------502	14:13 -------- 84, 149, 626n4
68:15-23 ----------491	104:9----------329n14	14:13-14---------- 43n3, 149
68:18 ----------492-494	106:37---------- 59, 554n18	14:15 ---------- 148, 157-158
68:32-33 ----------428	115:3 ----------56	14:29 ---------- 318n3
72:18 ----------56	127:3----------326n10	19:1 ----------428
74:12-17---------- 266	147:4 ---------- 43n3	19:19-25----------641
74:14 ---------- 642	148:1-5----------56	19:25----------350n5
78:5 ----------295	148:4----------552	23:8 ---------- 560n30
78:40-41 ----------496n7	149:8 ---------- 560n30	24:21----------275
81:1b (lxx) ---------- 547n4		24:21-23 ------ 441, 557n24,
82 ---------- 214-216	이사야	----------------598
82:1 -------48, 110, 149, 167,	2:2 ----------385	24:23---------- 275, 597-599
82:1b ---------- 167, 547n4	2:6-8 ----------416	25:6-9----------641
82:2-4---------- 51	3:5 ---------- 560n30	27:13----------149

29:18-19 — 641	66:15-23 — 513-514	2:1-8 — 426
30:23-24 — 641	66:16-22 — 444	7-9 — 416
30:26 — 641		8:2 — 496n7
30:27-28 — 250	**예레미야**	8:3 — 496n7
33:20-22 — 84	1 — 228, 588	8:5-6 — 496n7
34:1-4 — 603	1:4-9 — 228-229	10 — 595
34:14 — 554n18	1:7-9 — 404	10:9 — 137n7
37:36 — 265	2:7 — 350n5	28 — 137-138n7, 139n8
40:1-2 — 461	4:9 — 229	28:1-8 — 130
40:1-5 — 459	7:12 — 377n4, 378	28:2 — 86, 129, 143, 149, 280
40:3 — 461, 592	7:32 — 389	28:2-6 — 132
40:6 — 592	13:10 — 416	28:8 — 157-158
40:22 — 307, 377	16:18 — 350n5	28:9 — 132
40:25-26 — 43n3	19:6 — 389	28:10 — 132
41:8-9 — 416	23:1-8 — 608	28:11-19 — 140-141
42:6 — 416	23:3 — 460n11	28:12 — 136
42:16 — 564	23:5 — 420	28:12-13 — 133
44:1-2 — 416	23:16-18 — 405	28:12-19 — 137n7
44:2 — 326n10	23:16-22 — 461	28:13 — 84,129, 136,
44:21 — 416	23:21-22 — 405, 588	— 136n6, 137n7
44:24 — 326n10	25:25 — 509	28:13-14 — 129, 280-281
45:1 — 410n4	29:14 — 460n11	28:14 — 84
45:4 — 416	31:31-33 — 532, 592n11	28:14-17 — 135
47:8 — 63	31:33 — 408	28:17 — 157-158
49:3 — 416, 420	32:17 — 56	32:21 — 132, 139
49:5 — 420	32:20 — 329n14	32:24-30 — 132, 139
49:6 — 297, 416, 460n11	33:15 — 420	32:27 — 346n16
51:4 — 297	47:4 — 361n12	32:32 — 132, 139
52:6 — 641		34:25-28 — 641
53 — 410	**에스겔**	36:22-36 — 460n11
53:1-9 — 420	1 — 282, 425, 588, 595	37 — 416
53:10 — 420	1:1 — 403	37:16-21 — 610
53:11 — 420	1:1-28 — 403	37:19 — 460n11
54:6-7 — 106	1:4 — 403	37:24-26 — 611
54:11 — 137n7	1:4-5 — 403	38:1-3 — 364
60:1 — 564	1:4-7 — 137	38:14-15 — 612
60:1-3 — 564	1:26 — 403	38:16 — 350n5
60:3 — 297	1:26-27 — 425	38:23 — 641
63:7-11 — 496n7	1:27-28 — 137	39:2 — 612
65:11 — 549	1:28 — 403	39:22 — 641
66:1 — 307, 377	2:1-3 — 403-404	40:2 — 149, 386

40-48 ········386, 613n11
40:31-34 ···············386
41:17-20··············386
47:1-12 ·········84, 149, 386
47:13 ···············460n11
47:21-22············460n11
48:1-31··············460n11

다니엘

1:1-7 ··················181
2 ·····················424
2:44 ··················437
2:44-45 ················437
4 ············95, 97, 116, 181
4:13-16················95
4:17 ··············95, 96
4:23 ··················95
4:24 ··················96
4:25-26 ················97
4:35 ··················56
5:28 ·················509
6:8 ··················509
6:12 ·················509
6:15 ·················509
7 ···· 34, 282-283, 424-327,
····· 429, 432-433, 438-439,
··········442, 524, 589, 590,
················595-596, 599
7:1-8 ·········424, 589
7:9··············502, 589
7:9-10 ·········282, 425
7:11 ·················435
7:11-14 ··············434
7:13 ··········211n8, 589
7:13-14 ··· 283n12, 426, 435
7:14 ········437, 589, 590n7
7:15-18··············434
7:16 ················434
7:18 ················437
7:19-22 ··············435
7:20-29···········557n24

7:21 ··················436
7:22 ··········437, 525, 589
7:23-28··············436
7:25 ················436
7:27 ········436, 439, 439n5,
·····················525, 589
8:10 ···43n3, 527n5, 558n25
8:11 ············210-211n8
8:25 ·············211n8
9:24-27 ············614n13
9:25-26············410n4
10:6 ··········137, 151, 207
10:12-14············207-208
10:13 ······208, 210, 211n8,
················· 558n26
10:20-21 ······ 208, 558n26
10:21 ··········208, 211n8
11:36 ················211n8
12:1 ············ 208, 211n8,
·················558n26
12:2-3·············278, 635
12:3 ··············527n5

호세아

1:10 ················168n9
2:18 ···············641
9:16 ···············318n3
11:1 --262, 271, 416, 592n11
12:3-4············240, 324

요엘

1:6 ················350n5
2:32 ···············456
3:2 ················350n5
3:11-12··············603
3:18 ··············84, 641

아모스

1:13-15···············603
2:7 ···············167n8
2:9 ·········340n8, 360n11

2:9-10 ················341
4:1-2 ···············489
7:1 (lxx) ············614n12
9:6 ···············552
9:7 ···············361n12
9:13-15················641

요나

2:6 ·················139

미가

4:1 ·················385
4:1-2 ···············387
4:6-7 ···············641
4:13 ················350
5:15 ················603

나훔

3:10 ············· 560n30

스바냐

1:1-7 ················171
1:14-18················603
2:4-15················603
2:15 ·················63

스가랴

3:1-2 ···············101
3:1-10 ··········591n11
3:8 ··············420
4:6-9 ············591n11
6:9-15 ············591n11
6:12 ··············420
8:3 ··············384
9:9-10···············416
12:8-10··············264
12:9-11······· 620-621, 626
12:10 ········ 487n1, 626n4
12:11 -- 617, 620, 625-626n3
14:1-5 ········ 440, 557n24
14:3-5 ··············627

14:5 ---------------------524
14:8 -----------------84, 149

마태복음
2:19 ------------------- 325n8
3:1 ---------------------467
3:11 ------------------503n5
3:16 ---------------------497
3:17 ------ 412, 463n15, 467
4:1 ------------ 467, 497, 564
4:8-9 ---------------------470
4:11 ---------------------325
4:12-16 ------------------467
4:16 ---------------------564
4:17 ---------------------467
6:9-15 --------------------68
12:28------------------438n2
13:43--------------------635
16:17-18 -----------------476
16:18 ---------------346n16
17:1 ---------------------482
17:1-4 -------------------418
17:2 ---------------------636
18:20--------------------564
22:23-33 ----------- 321-322
22:37 ------------------ 76n2
23:33 -------------160, 318
24:15-21 ------------614n13
25:31 --------------------628
25:41 ------------------546n3
26:57-66 -----------------431
27:35 ------------------- 486
27:39 --------------------487
27:41 --------------------487
27:46 --------------------487
27:35-46 --------------- 486
28:5 ---------------------325
28:18-20 -----------------497

마가복음
1:9-11 ------------------462

1:11 --------------------412
1:12 --------------------467
1:13 --------------------325
1:15 ------------------438n2
1:16-28------------------467
5:7---------------------413n8
9:2-8 --------------------482
12:29-30 -------------- 76n2

누가복음
1:11-21 -------------------325
1:30-38 -----------------325
3:16 ------------------503n5
3:22 ----------- 412, 463n15
3:23-38-------------- 415n11
3:36 --------------------190
3:38 --------------------190
4:1-13 --------------------467
4:14-15 ------------------467
4:31-5:11 ---------------467
4:33 --------------------549
8:1 --------------------438n2
8:10 ------------------438n2
8:28 ----------------- 413n8
8:29 --------------------549
9:1-6 ------------------474
9:42 --------------------549
10:1 ------------ 275n4, 474
10:17-18 ------------- 475n9
11:18-19 -----------------607
11:20--------------473, 683
11:49-51-------------- 394n1
15:10-------------------547
16:16 ----------------438n2
17:24-25 ----------------430
21:31 -----------------438n2
24:26----------------421, 430
24:44-45 ----------------411
24:49----------- 497, 503n5

요한복음
1:1 --------------------- 223
1:1-14 ------------ 34, 455n6
1:11-12 ------------------632
1:11-13 -------------520-521
1:12 ------------- 78, 86, 277
1:14 -----------66, 223, 579
1:18 ----------------------66
1:19-23-------------458-459
1:29-31--------------458-459
3:16 ----------------------66
3:18 ----------------------66
4:24 -----------------------57
6:31-58--------------------638
7:39 ------------------503n5
8:44 ----------------160, 318
8:56 -------------------- 224
8:58 -------------------- 224
10:30----------------- 452n3
10:34--------------- 51n1
10:34-35 ------------- 452n3
10:38 ----------------- 452n3
12:31 ----------- 470, 551n12
14:26 ----------- 497, 503n5
14:30 ----------------551n12
15:26 ----------- 497, 503n5
16:11 ----------------551n12
17:5 ---------------- 455n6
17:5-6 ---------------------454
17:6 -------------------454
17:11-12 ------------------454
17:24 ---------------- 455n6
17:25-26 ----------------454

사도행전
1:1-5 ------------------503n5
1:8 ---------------------507
2:1-13 -------------------501
2:2-3 -------------------514
2:3 -------------------- 504
2:5 ---------------------514

2:6 ---------------- 504n7
2:9 ---------------------508
2:9-10 -------------------514
2:9-11 ---------504, 508, 514
2:41 --------------------510
3:22 -------------- 420, 467
4:12 --------------------299
5:19 --------------------325
5:40-42 -------------- 455n7
7:2-4 ------------- 220, 399
7:30-35---------------- 246
7:37 -------------- 420, 467
7:52-53---------284, 588n5
7:53 ------------------ 287
7:55 --------------------497
8:26-40 ----------------509
9:22 ----------------504n7
10:3 ------------ 325, 325n8
11:13 ----------------- 325n8
11:20--------------- 509-510
12:7 --------------------325
13:1 -------------- 509-510
16:6-7 ------------------497
17:18 ---------------- 549n8
17:26-27 -------------- 209
17:28-------------------- 45
19:32 ---------------504n7
21:27 ---------------504n7
21:31 ---------------504n7
26:10 -----------------639n10

로마서

1:16 -------------------510
3:9 ------------------555n22
3:23 -----------------555n22
4:11-12 ----------------417
4:13 --------------160, 245
4:16 -------------------417
4:18 -------------------279
5:12 -----------------555n22
5:14 -------------------567

5:18 ----------------555n22
7:22 -------------------285
8:9-10 ------------------498
8:15-17 ----------------521
8:15-23 ----------------632
8:29 ------------------ 540
8:38 -----------------558n25
10:9-13-----------------456
11:17-24----------------299
11:25-27 ---------- 513, 516
14:17 ---------------- 438n2
15:16 ------------------516
15:22-28 ---------- 511-512
15:24------------------511
15:28------------------511
16:20----------- 412, 412n6

고린도전서

2:6 ---------------------210
2:6-8 ----------------- 409
2:8 -------- 210, 413n8, 558
2:9 -------------------631
3:16-17 ----------------579
3:16 ------------562, 562n31
5:5 --------------------578
5:9-13 ------------------578
6:3 ------- 34, 277, 525, 533,
 ----------------------546n3
6:17 -------------------636
6:19 --------------- 562-563
8:1-6 ---------------554, 572
8:4 ------------------ 65, 573
8:5 ------------------ 558
8:8 --------------------573
8:9 --------------------573
9:21 -------------------299
10:14-18----------------577
10:14-22----------------575
10:18-22 ----------- 34, 65
10:20-------------------- 61
10:20-21 ------ 553-554, 559

10:21-22 ------------- 60n8
10:25 ---------- 571n5, 576
11:10 ---------------546n3
11:23-26 ---------------577
15:24----------------438n2
15:35-49 --------------- 280
15:35-53 ---------------634
15:44-54 ---------------542
15:50 ----------------438n2

고린도후서

3:17-18 --------------- 540
3:18 ----------------- 637
4:4 ---------------------551
5:1-2 -------------------563
5:1-4 -------------------563
11:3 -------------------127
11:14 ----------------546n3

갈라디아서

1:15-17 ----------------509
3:6-9 ------------------519
3:7------------------417
3:7-9 ------ 439, 516n14, 632
3:8 ---------------------225
3:19 -------- 34, 291, 588n5
3:23-28------------------632
3:23-29----------- 417, 439
3:26-29 ------ 210, 272, 276,
 -------- 278n7, 279, 519, 640
3:38-39-------------- 516n14
4:1-11 ---------------- 553n17
4:4-6 ------------- 498, 632
4:4-7 ------------------521
4:5 --------------------- 78
6:2 --------------------299
6:10 -------------------577

에베소서

1:4-5 --------------522, 632
1:5 -----------------78, 523

1:11-19 ─── 523
1:18 ─── 524, 526
1:20-21 ─── 212, 558
1:21 ─── 558
2:2 ─── 211, 551
2:19-22 ─── 563
3:1-6 ─── 519
3:6 ─── 522
3:10 ─── 211, 212, 558
4:8 ─── 289n5, 492-493
4:8-10 ─── 534
4:9-10 ─── 494
4:11 ─── 494
6:11-12 ─── 550
6:12 ─── 212, 557

빌립보서
1:19 ─── 498
3:21 ─── 636

골로새서
1:11-13 ─── 525
1:13 ─── 438n2
1:15-17 ─── 636n6
1:16 ─── 556n23
1:18 ─── 415
2:8 ─── 553n17
2:15 ─── 213, 493, 558
2:18 ─── 553n17
2:20 ─── 553n17

데살로니가전서
3:5 ─── 127
3:13 ─── 628
4:16 ─── 210n8
5:23 ─── 76n2

데살로니가후서
1:7 ─── 628
2:8 ─── 614n12
2:9-10 ─── 551n12

디모데전서
2:15 ─── 156

디모데후서
4:1 ─── 438n2
4:18 ─── 438n2

디도서
1:5 ─── 509
2:11 ─── 555n22

히브리서
1-2 ─── 34, 530, 597
1:1-4 ─── 530
1:3 ─── 454
1:4-5 ─── 547
1:5-6 ─── 531
1:14 ─── 57, 119, 547
2:1-3a ─── 284
2:1-4 ─── 534
2:2 ─── 287, 588n5
2:5-8 ─── 535
2:6-8 ─── 535
2:7 ─── 111, 547
2:7-9 ─── 547
2:8-9 ─── 536
2:10-15 ─── 537
2:10-18 ─── 119
2:16 ─── 542
2:16-18 ─── 538
3:19 ─── 299
4:12 ─── 76n2
5:9 ─── 555n22
9:4 ─── 638
10:22 ─── 299
10:38-39 ─── 299
11 ─── 596
11:17 ─── 66

야고보서
1:17 ─── 56

2:19 ─── 413n8

베드로전서
1:10-11 ─── 498
1:12 ─── 406, 413
1:23 ─── 161
3:14-22 ─── 33, 566-568, 570
3:18-22 ─── 34, 495
3:19 ─── 568
5:8 ─── 487n1

베드로후서
1:2-4 ─── 541, 632
1:4 ─── 280
2:1-4 ─── 189
2:1-10 ─── 170
2:2 ─── 189
2:4 ─── 171n13, 179n9, 327n11, 546n3, 614n12, 615n14
2:4-5 ─── 34, 568
2:4-10 ─── 327n11
2:5 ─── 398
2:9-11 ─── 189
2:10 ─── 189, 561n30

요한일서
3:1 ─── 277
3:1-2 ─── 521
3:1-3 ─── 78, 86, 280, 529, 632
3:2 ─── 549-541
3:8-12 ─── 161
3:12 ─── 319
4:9 ─── 66

유다서
5 ─── 457
5-7 ─── 34, 170, 327n11
6 ─── 614n12, 189
6-7 ─── 327n11
8 ─── 189, 560

8-10 ·······················189	12:4 ················· 527n5	6:1-6 ······················347
14-15 ················ 398, 628	12:5 ················ 548n6	6:4 ·························569
	12:6 ·······················318	6-11 ············ 180, 614n12
요한계시록	12:7-9 ················171n12	6:15 ·······················568
1:4 ··························· 57	12:7-17 ···············548n6	7 ···························181
1:5 ·······················415	12:9 ··········· 127, 470-471,	7:2 ·················183n16
1:15 ······················137	················475n9, 527n5	7:4 ·················183n16
1:20 ·············· 278, 527n5	12:10 ················· 475n9	7:6 ·················614n12
2:7 ·············· 168n9, 638	12:12 ·················· 544	8 ····························189
2:11 ·····················638	16:12-16················618	8:1 ·························310
2:17 ·····················638	16:14 ····················171	9:6 ·························310
2:25-28·················526	19:11-16················627	9:9 ·················183n16
2:26 ···················· 440	19:11-21················620	10:4-8 ····················310
2:26-28 ················629	20:1-6 ·············· 623n3	12:1 ······················398
2:28 ·············· 527, 528	20:7-10 ········· 613, 623n3	13:1 ······················310
3:5 ·······················639	21 ················ 137n7	13:1-3 ····················569
3:12 ·····················639	21:1 ···················· 642	13-16··················398
3:20-21 ·················526	21:7 ···················· 640	14:4-5 ····················569
3:21 ·············· 168n9, 272,	21:19 ················ 137n7	18:1-6 ·············· 137n7
················ 276, 278, 440	21-22··············· 92, 613n11	18:6-11 ··················137
······················159, 258	21:24··················168n9	24-25 ····················137
4-5 ··········· 276, 593, 598,	22:1-3 ···················641	39:7 ··················636n5
······················ 599n23	22:14 ····················641	54:5-6··················310
4-6 ···········593, 599, 600	22:16 ····················528	55:4 ······················310
4:1-8 ·····················595	22:19 ····················641	69:2 ······················310
4:4 ·······················597	26-28 ·············· 168n9	90:9-16··············614n12
4:11 ·····················599		
5:1-5 ·····················599	기타 인용	에녹2서
5:10 ········ 168n9, 197, 599		21:3 ······················560
5:11 ·····················596	마카비전서	22:7 ·············· 560n29
5:11-12 ·················599	15:15-22 ···············509	22:10 ············· 560n29
6:9-11 ···················596	15:26···············639n10	
6:11 ·····················597		
9:11 ················546n3	에녹1서	
12:1-9 ················ 43n3	1:9 ···················398n3